教育部人文社会科学研究重大项目(项目编号:2001ZDXM740006)
浙江省省级社会科学学术著作出版基金资助

中古近代汉语词汇学

上 编

方一新 著

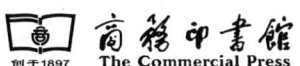
商务印书馆
The Commercial Press
创于1897

目 录

上 编

第一章 概说 …………………………………………… 1
  第一节 词汇学与汉语史 ………………………………… 2
  第二节 中古、近代汉语的提出与汉语史的分期 ………… 6
  第三节 中古近代汉语词汇和词汇学研究的任务、对象及内容 …… 38

第二章 中古近代汉语词汇研究与相关学科的关系 ………… 53
  第一节 中古近代汉语词汇研究和语音学 ………………… 54
  第二节 中古近代汉语词汇研究和语义学 ………………… 60
  第三节 中古近代汉语词汇研究和语法学 ………………… 64
  第四节 中古近代汉语词汇研究和文字学 ………………… 71
  第五节 中古近代汉语词汇研究和训诂学 ………………… 87
  第六节 中古近代汉语词汇研究和方言学 ………………… 91
  第七节 中古近代汉语词汇研究和外来词 ………………… 98
  第八节 中古近代汉语词汇研究和修辞学、语用学 ……… 109
  第九节 中古近代汉语词汇研究和文献学 ………………… 121
  第十节 中古近代汉语词汇研究和古籍辨伪学 …………… 132

第三章 中古近代汉语词汇研究的对象与内容 …… 144
第一节 考察词汇演变的规律——共时研究 …… 145
第二节 考察词义演变的历史轨迹——历时研究 …… 195
第三节 沟通古今,探寻现代汉语词汇的来源——现实研究 …… 212

第四章 中古近代汉语词汇研究的作用和意义 …… 243
第一节 中古近代汉语词汇研究和研读古代白话作品 …… 244
第二节 中古近代汉语词汇研究和大学古文教研 …… 249
第三节 中古近代汉语词汇研究和中学古文教研 …… 264
第四节 中古近代汉语词汇研究和古籍整理 …… 274
第五节 中古近代汉语词汇研究和辞书编纂 …… 295

第五章 近代汉语词汇研究的语料及类型 …… 328
第一节 近代汉语时期的出土文献 …… 329
第二节 近代汉语时期的传世文献 …… 344
第三节 近代汉语语料的语言词汇特点
　　　——以唐宋以来笔记为例 …… 385

第六章 中古汉语词汇研究的语料及类型 …… 400
第一节 言文分离的时代和古白话的产生 …… 400
第二节 中古汉语的语料特点和价值 …… 404
第三节 中古时期的出土文献 …… 407
第四节 中古时期的传世文献 …… 415

第七章 语料的选择与鉴别 …… 432

第一节 如何选择、利用语料 ……………………………… 433
第二节 如何鉴别语料 …………………………………… 444
第三节 语料鉴别实例 …………………………………… 458

第八章 汉魏六朝时期的社会现实与词汇发展 …………… 481
第一节 影响词汇发展的外部因素(上):政治、经济、文化 …… 482
第二节 影响词汇发展的外部因素(下):思维交际 ………… 498
第三节 中古语言与文化 ………………………………… 508
第四节 中古汉语词汇的发展及若干特点 ………………… 520

第九章 唐宋元明清时期的社会生活与词汇发展 …………… 564
第一节 唐宋元明清时期的社会政治经济形势与语言的发展 …… 564
第二节 近代汉语词汇与思想文化、社会生活的关系 ………… 588
第三节 近代汉语词汇的发展及特点 ……………………… 606

第十章 中古近代汉语新词的构成方式 …………………… 657
第一节 语音造词 ………………………………………… 658
第二节 语法造词 ………………………………………… 662
第三节 修辞造词 ………………………………………… 713

第十一章 中古近代汉语词义考释法 ……………………… 733
第一节 汉语史研究的基本原则和方法 …………………… 734
第二节 中古近代汉语词义考释的先期工作 ……………… 746
第三节 中古近代汉语词义考释的主体工作(上) …………… 765
第四节 中古近代汉语词义考释的主体工作(下) …………… 795
第五节 从事中古近代汉语词义考释应该注意的几个问题 …… 830

第一章 概　　说

明确或比较明确地从汉语史当中划分出近代汉语和中古汉语时期,是汉语研究史上的一件大事,看似悄无声息,却惊天动地,具有划时代的意义。

以前所说的"古代汉语",通常就是指上古汉语,也就是以先秦典籍为代表的汉语和历代仿古作品的语言(这样的仿古甚至可以延伸到现当代学者,如章太炎喜以艰涩的文言写作,但这并不代表近代的口语),这是汉语发展史上的一条主线。① 然而构成现代汉

---

① 瑞典汉学家高本汉对文言和白话(高氏称之为"俗语")的关系作过论述,他举例说,说话说到"意"时单用"意"是不合适的,必须把"它"扩大成"意思",以便和同音字相区别;而在文字上单写一个"意"就足以代表"意思"。并指出:"文言上这种保守主义不但不会引起义意的含糊不清,而且可以得着一种简洁分明的文体;所以中国人在书写上不喜欢采用新的通俗语体;——从孔子的经典一直到了汉代兴盛的博雅文学,完全是用古式简练的文体写出来的;凡是这样愈古的文学,在传统上愈要受人的欢迎和崇拜。自然事实是如此,中国人认定这古式整肃的文辞,是古代名人的作品,而且在'书写'上,十分简捷和明了,以为这种文辞正是一种'文雅优美'的语言,和俗语的'鄙陋',不值得书写的,恰好相反。所以中国人无论何时,要用文字发表,总继续不断地应用文言,因此在中国地方,就发生了'文言'和'俗语'的区别。"(高本汉[1985:43—44])

语口语和白话文来源主体的却是另一条发展主线:汉代以后接近口语的通俗作品的语言(通称古白话),这是毋庸置疑的事实。中古、近代汉语词汇史研究的主要对象就是汉代以迄明末清初接近口语的作品的语言。这方面的研究在20世纪80年代以前还寥若晨星,近二十多年来却有了长足的发展,表现为学科体系初步确立、研究队伍正在壮大、研究方法渐趋成熟、研究成果不断推出,取得了令人瞩目的成绩。

本章主要讨论三个问题:第一,词汇学与汉语史;第二,中古、近代汉语的提出与汉语史的分期;第三,中古、近代汉语词汇学的任务、对象及内容。

第一节 词汇学与汉语史

词汇和语法、语音并称为语言三要素。汉语是世界上历史最悠久的语言之一,语言独特,词汇浩博,具有极其丰富、生动的表现力。现代词汇存在于人们的日常生活中,古代词汇主要存在于传世的古籍和出土文献中,也部分保留在现代普通话和各地方言里。研究汉语词汇特别是历史词汇,应该重视古代传世及出土的书面文献,也应该重视现代普通话和各地方言。

本节讨论汉语词汇、词汇学,并论及它们与汉语史特别是汉语词汇史的关系,先做"正名"的工作。

一、词汇

词汇是语言学术语,关于它的定义,不少前贤早已论及,例如:斯大林(1950[1964:15])说:"语言中所有的词构成所谓语言的词汇。"

张永言(1982:1)指出:"所谓词汇就是语言里的词和词的等价物(如固定词组)的总和。"

《现代汉语词典》"词汇":"一种语言里所使用的词的总称,如汉语词汇、英语词汇。也指一个人或一部作品所使用的词,如鲁迅的词汇。"(221—222页)

综合起来,我们给词汇下一个定义:词汇是词的总汇,是全体单个词和词组的结合体。词和词组可以组成句子。

二、词汇学

弄清楚了词汇的定义,则词汇学也就"思过半"了。著名学者黄侃(1983:2)指出:"夫所谓'学'者,有系统条理,而可以因简驭繁之法也。"词汇学,顾名思义,是研究词汇的专门学科。

关于词汇学,学者已有较多的研究,比较有代表性的几家观点是:

《现代汉语词典》"词汇学":"语言学的一个分支,研究语言或一种语言的词汇的组成和历史发展。"(222页)

《中国大百科全书》"词汇学":"在语文学时期,是语言学的组成部分,曾经与语音学、语法学并列;在现代语言学里,一般认为音系学、句法学、语义学是语言学的三个组成部分,而词汇学是语义学的一支,也称词汇语义学。前期词汇学注重分类——历时的词义变异的分类(扩大与缩小,褒义与贬义,抽象与具体,本义与转义等)和共时的功能的分类。现代词汇学着重理论模式的建立,力求把前期词汇学已有的分类放在符号与公式的基础上,提高它的精密性和可验证性,同时也探索前期未曾探索的领域,例如不同语言里词汇的共性成分。"(40页)

[英]戴维·克里斯特尔《现代语言学词典》:"词汇学(lexicology)有时用来指对一种语言词汇的总体研究(包括其历史)。"(205页)

张永言(1982:1)说:"任何语言都有自己的语音系统、词汇和语法构造,语言的这三个组成部分在语言学上都有相应的学科来进行研究。词汇学就是其中以词和词汇作为研究对象的一门学科。"

刘叔新(1993:7)说:"词汇学(只就共时的来说)有其自身的复杂任务——研究各种词汇单位的问题和词语类集,研究词汇的范围、规范以及词语的结构组织,揭示词汇的体系性。"

站在今天的学术分类的角度看,词汇学是现代语言学的一个部门,词汇学不同于训诂学,也不同于语义学。[①]汉语词汇学是汉语语言学的分支学科,按照当今学界的一般认识,其下又可分为上古汉语词汇学、中古汉语词汇学、近代汉语词汇学和现代汉语词汇学。

三、汉语历史词汇学与汉语词汇史

这里谈谈汉语历史词汇学与汉语词汇史的关系。

汉语历史词汇学是研究汉语词汇的历史发展的学科,侧重于从方法、理论等宏观的角度对汉语历史词汇进行研究。

"汉语史"既指汉语发展的历史,也指对汉语发展规律(史)进行研究的学科。后者与"汉语历史语言学"性质相近,甚至可以说是"异名而同实"。

蒋绍愚(2005:24—26)曾呼吁"建立汉语历史词汇学",他指

---

① 关于词汇学与训诂学、语义学的关系,详见第二章。

出:"汉语历史词汇学,是对汉语词汇的历史发展作一些理论上的探讨。它无疑是要在吸取我国传统训诂学和现代语义学成果的基础上建立起来的。但它毕竟还不同于训诂学,因为它主要着眼于一些理论性问题的研究,而不是对具体词语的考释;它也不同于语义学,因为它不是谈一般的语义问题,而是对汉语词汇历史发展中的一些问题进行理论上的探讨。如果这方面的研究做好了,那么,它一方面会对汉语词汇历史发展的描写和研究有帮助;另一方面也会对语义学的发展作出贡献。"

众所周知,汉语词汇史的研究对象就是古籍文献所载录的词汇。真正的"(汉语)史"的研究,应该采用共时和历时相结合的方法来对这些词汇进行考察,抉发意义,探寻规律。因此,真正科学意义上的汉语词汇史研究,很大程度上做的就是历史词汇学的研究工作,中古近代汉语词汇史研究当然不例外。蒋绍愚所倡导的建立汉语历史词汇学的意见是很有道理的,这对认识这门学科的性质、明确研究对象和研究目的都大有好处。

就汉语词汇学而言,可大致两分:一为现代汉语词汇学,一为古代(上古、中古)和近代汉语词汇学,后者属于历史词汇学的范畴。

现代汉语词汇学,以现代汉语为研究对象,包括现代汉语书面语和口语。古代(上古、中古)和近代汉语词汇学,以传世的古代书面文献、出土文献为研究对象。因为科学技术的原因,古时人们说话的材料未能记录下来;[①]故与现代汉语词汇学相比,古代、近代

---

① 高名凯(1948)指出:"说的语言一出口就化为乌有,我们没有法子听古人说古话。"

汉语词汇学少了口语这一环。但正如高名凯(1948)所指出的那样:"中古时代的白话文是依据当时的说话而写下的'文',虽然不见得就是当时的白话本身,但却相当地代表那时代的白话。不过因为文言文的尊严的影响,有的地方还掺杂有文言的成分,变成一种不文不白的东西。""尽管古代的白话文如何的不和当时的说话完全一致,我们却除了这写的记录之外,再也找不到其他的材料可以让我们知道古代语言的实况,所以,拿研究古代白话文的办法去探讨古代的语言不但是可能的(写的语言总相当地代表说的语言),而且是唯一的办法。"(参见高名凯1948)我们只能主要根据古代文献记录的书面语言来研究汉语的历史词汇,同时尽可能地用现代汉语方言以及亲属语言等加以印证,这是唯一可行的办法,舍此之外并无他途。

第二节 中古、近代汉语的提出与汉语史的分期

一、分期问题的提出

何谓"汉语史"?王力(1980:1)指出:"汉语史是关于汉语发展的内部规律的科学。"向熹(1993:1)也说:"汉语史就是研究汉语发展规律的历史。"也就是说:"汉语史"是指对汉语发展演变的历史过程进行研究的一门学科,其目的就在于揭示演变的规律。

汉语史的分期问题是一个见仁见智的老问题,但这个问题非常重要,无法回避。就具体的语言描写而言,不解决分期问题当然也可以进行研究;但如果有一个大家公认或基本公认的分期标准和具体分期,则无论对于研究的界定,还是研究的展开,都是有好

处的。

(一)汉语史要否分期

首先应该明确:汉语史要不要分期?古代汉语内部要不要分成上古汉语和中古汉语两期?如果要分,中古汉语从何时开始,到何时结束?

多数学者主张分,但也有少数学者认为,汉语史不需要分期。史存直就是一位。史存直(1989:136—138)说:"对于汉语史要不要分期,目前有两种不同的主张,一种主张应该分期,一种主张不必分期。我个人则不但认为不必分期,甚至积极主张不分期。"史氏不主张分期的最主要理由是:"汉语史上下共有三千多年之久,无论我们把它分为三个时期或四个时期,也无论我们拿什么时候作为两个时期的分界,每个时期至少总有四五百年,语言经过四五百年的发展,我们要想找出它和前一时期的若干差异,总是可以找得出来的。这样,甲可以抓住这一些差异来分期,乙又可以抓住那一些差异来分期,大家没有共同的标准,分期当然也就不会一致。这样的分期究竟有什么用处呢?""事实上,那些采取分期办法的教材,由于人为地把各项发展一再割断,又一再重新起头,不但使学习者难以看清整个发展过程,而且也使教材增加了一些不必要的篇幅。"

史先生的话不无道理。但我们认为,汉语史应该分期。分期问题如能解决,标志着汉语史研究进入到新的发展阶段。正如王力(1980:32)所指出的那样:"谈历史不能不谈分期。分期的作用,是使历史发展的线索更加分明,是使历史上每一个大关键更加突出,因而使读历史的人们更能深刻地认识历史的面貌。汉语史是属于历史范畴的东西,因此,在历史科学中占着重要位置的分期问题,对于汉语史来说,也丝毫不能例外。""我们必须认识到,如果不能解决汉语史的科学的分期问题,那就意味着我们对汉语的历史发展的研究始终还停留在浮面,我们实际上没有看清楚汉语是怎样发展的。"随着研究的深入,人们对汉语各个历史时期的面貌的认识在加深,终究会找出大家基本认同的分期标准,比较科学地划分年代。这对于正确描写、研究汉语的发展历史,总结汉语发展的规律,合理安排研究力量以及从事汉语史的教学和科研都有裨益。我们不能因为难于划分就视汉语史分期问题为畏途,把矛盾交给后人,这不可取。

汉语史应该分期这一大的原则确定了,接着就是确定分期的标准,划分具体的起讫期限。

蒋绍愚(1994:5)在谈到近代汉语的上下限时曾说:"什么时候汉语中出现了较多古代汉语所无、现代汉语所有的语法、语音、词汇的新要素,这就是近代汉语的上限。什么时候汉语的语法、语音、词汇系统开始变得和现代汉语基本一致了,这就是近代汉语的下限。"

蒋先生的话虽是针对近代汉语分期而言的,但其原则也完全适用于上古汉语和中古汉语。换句话说,如果我们能论证从何时开始,汉语三要素具备了和上古汉语明显的差别,就可视为是中古汉语的开始;从何时开始,汉语三要素接近了近代汉语,这就是中古汉语的终结。

(二)汉语史分期的原则

其次要确定分期的原则。在划分汉语史的分期时,通常都首先考虑语音和语法要素。王力(1980:34)说:"从语音、语法、词汇三方面来看,是哪一方面的大转变可以认为语言发展的关键呢?

我们认为应该以语法作为主要的根据。"《汉语史稿》把汉语史分为上古、中古、近代和现代,并概括了各期的特点,这些特点都是语法或语音方面的。魏培泉(2000)提出:"汉语史分期要兼顾语音和语法。"两位先生都没有提到词汇。

我们认为,在讨论汉语史分期问题时首先考虑语法、语音要素是有道理的。这是因为,在语言三要素当中,词汇的变化最快,也最活跃;相比较而言,语法、语音则较为稳定。只有当语法、语音也起了质的变化,产生了许多不同于前代的特征时,才可以说语言进入了一个新的阶段。但与此同时,我们也不应忽略词汇这一重要的语言要素,只有兼顾了语音、语法和词汇,我们的论证才能更加严密,更能让人信服。胡竹安(1983:73)曾批评纯粹根据语音或语法标志给汉语史分期的方法,指出:"'词汇-词义'是语言(特别是口语)的最活跃的要素,当一个历史时期中相当数量的基本词和常用词词义发生了显著的变化时,说它和语言的'质变'(分期的最终根据)没有什么关系,这显然是不可思议的。更何况,古白话是用以记录古代口语的书面语,它的'词汇-词义'的面貌决定了它的性质,丢掉或忽视这个主要标准,古白话不成为古白话,分期云云还能有什么说服力呢?"

由于在客观上词汇的数量大,系统性差,较难梳理和概括,因此,在语言三要素中,词汇要素是最难把握的一个,这也就是学者不把它当作分期标准的原因。[①]但这不等于说,词汇要素在划分汉语史分期方面无能为力,可以忽略不计。随着研究的逐步深入,汉语历

---

① 词汇要素之所以不出现在分期的标准里,跟确定词汇标准十分困难有直接的关系,这一点毋庸讳言。

史词汇的神秘面纱将被揭开,词汇的系统性将展现在人们的面前。

二、近代汉语与汉语史分期

(一) 什么是"近代汉语"

"近代汉语"这一专门术语在语言学界流行开来也就是最近二三十年的事情,通行的辞书如《现代汉语词典》《辞源》《辞海》《汉语大词典》等都没有收入。需要指出的是,"近代汉语"的"近代"和"近代史"的"近代"是两个不同的概念,①"近代汉语"并不等于"近代史时期的汉语",而是指从晚唐五代至清初用接近口语的语言写就的作品中的汉语,"近代汉语"是语言学上的范畴,不是历史学上的范畴。

(二) 近代汉语的提出及划分理由

近代汉语是汉语史的一个分支学科,"近代汉语"阶段的提出并最终确立,是汉语史分期问题上的一场革命。

所谓"汉语史",通俗一点说,就是汉语发展的历史以及对其所作的研究,②前者习惯上也称之为"古代汉语"。③在教育部以往公布的学科门类中,"汉语史"属于"汉语言文学"一级学科下面的二级学科。④通常,人们印象中的"古代汉语"跨度很大,如王力主编

---

① 《现代汉语词典》"近代"条:"①过去距离现代较近的时代,在我国历史分期上多指 19 世纪中叶到五四运动之间的时期。"第 5 版 713 页,商务印书馆,2005。

② 汉语的历史,应该包括汉语的过去和现状,但人们习惯上把"汉语史"看作是研究古代语言的,现代汉语并不包括在内。

③ 严格地说,"汉语史"和"古代汉语"是有区别的,"汉语史"是学科的概念,指"关于汉语发展的内部规律的科学"(王力《汉语史稿·绪论》);而"古代汉语"则是课程的概念,指高等院校中文系和相关系科开设的学习"古代汉族人民的语言"的基础课程。

④ 在国家技术监督局于 1992 年 11 月 1 日发布的"学科代码(国标)"中,"汉语史"属于"语言学"这个大门类下的三级学科,即语言学(740)—汉语研究(740.40)—汉语史(740.4055)。20 世纪 90 年代后期,才把现代汉语、汉语史、汉字学三个二级学科合并为"汉语言文字学"一个二级学科。

的《古代汉语》所选录的作品从先秦的《左传》一直到元代杂剧《西厢记》。在《古代汉语·绪论》里,编者对"古代汉语"的定义是:"古代汉语是一个比较广泛的概念,大致说来它有两个系统:一个是以先秦口语为基础而形成的上古汉语书面语言以及后来历代作家仿古的作品中的语言,也就是通常所谓的文言;一个是唐宋以来以北方话为基础而形成的古白话。根据本课程的目的任务,我们学习和研究的对象主要是前者。"在早期的一些研究汉语通史的著作中,虽然已有对汉语的分期的论述,如太田辰夫、王力等;而且王力还于1954年就在北京大学中文系开设了"汉语史"这门课程,编撰了《汉语史稿》,这为"汉语史"研究最终形成一个学科打下了重要的基础。但就一般人的根深蒂固的看法而言,"现代汉语"以前的汉语都是"古代汉语",谈汉语的历史就是谈"古代汉语",形成了"古代汉语"包打天下的局面。

从历史上看,历代训诂学家都把研究的重点放在先秦两汉,即高文典册的雅诂旧义上,而对于唐宋以后的口语以及用这种语言写成的作品往往不屑一顾。传统语言学兴旺发达的清代乾嘉时期是这样,清代末民国初年以至20世纪三四十年代也是如此。日本学者青木正儿(1982)曾说过:"古书的训诂,我们能够浴于清代学者的余泽中,是很幸运的。然至近世俗语文学之训诂,则还在赤贫如洗的状态。"我国学者早就有过类似的论述,如黎锦熙(1927)曾指出:"五代北宋之词,金元之北曲,明清之白话小说,均系运用当时当地之活语言而创制之新文学作品,只因向来视为文人余事,音释阙如。语词、句法,今多不解。近来青年读物,既多取材于此,训诂不明,何从欣赏? 一查字书,则绝不提及;欲加注释,则考证无从。故宜各就专书,分别归纳,随事旁证,得其确诂,以阐妙文,以惠学子。"吕叔湘(1961)也说:"汉语史研究中最薄弱的部分应该说是语汇的研究。个别词语的考释,古代和现代学者都做了不少,但是在全部汉语语汇中所占比例仍然是很微小的。"基于上述种种原因,古代白话词汇历来是汉语史研究的薄弱环节。也正是由于以往学者"音释阙如""绝不提及",才发轫了近代汉语研究。

只要接触过唐宋以来的白话作品就知道,古白话和文言的区别非常大。王梵志诗、寒山拾得诗不同于唐代文人诗,敦煌变文、禅宗语录不同于唐宋八大家散文,至于元曲、明代白话小说则和仿古作品的区别更加明显,把两种不同主线、特点的语言捏合在一起,用文言来代表或取代白话,并不妥当。

大约从20世纪三四十年代起,就陆续有学者提到"近代汉语"这一概念,①并开始从语言学的角度来研究近代汉语的语音、语法和词汇。语音研究始于30年代,罗常培的《唐五代西北方音》、赵荫棠的《中原音韵研究》以及40年代陆志韦关于近代汉语语音的系列论文都是这一领域的开路先锋,功不可没。语法研究始于吕叔湘,他在40年代撰写的系列研究论文开了近代汉语语法研究的先河,对后世影响很大。海外学者中,日本的太田辰夫也是近代汉语研究的先驱,他的现代汉语、近代汉语语法研究有很高的成就。词汇研究始于徐嘉瑞和张相,他们都从40年代开始了对近代汉语词汇的研究。其中张相《诗词曲语辞汇释》成就尤为突出,影响极其深远。

进入20世纪80年代,吕叔湘大力呼吁加强近代汉语的研究,

---

① 学者们或称"近代汉语",或称"近古汉语",或称"近世汉语",所指称的大多是唐宋元明清时期,故本文统称为"近代汉语",不再细分。

先后在《魏晋南北朝小说词语汇释·序》《近代汉语指代词·序》和《近代汉语读本·序》三篇序中谈到这一问题。提出过两说：一说认为"以晚唐五代为界，把汉语的历史分成古代汉语和近代汉语两个大的阶段是比较合适的"。(《近代汉语指代词·序》)另一说又指出："以语法和词汇而论，秦汉以前的是古代汉语，宋元以后的是近代汉语，这是没有问题的。"考虑到长时期的言文分离，又建议把汉语史分为语音史、文言史、白话史三个部分。(《魏晋南北朝小说词语汇释·序》)这些意见引起学术界的关注和热烈讨论，对近代汉语研究阶段的划分和确立起到了直接的推动作用。近代汉语研究在最近二十多年里蓬勃发展，群星璀璨，成果迭出，真正走上了中兴之路，饮水思源，吕叔湘居功至伟。

朱德熙在20世纪80年代初曾邀请美籍学者梅祖麟到北京大学作近代汉语方面的讲座，他还建议蒋绍愚从事这方面的研究(蒋绍愚1994)，对国内的近代汉语研究起到了推动作用。

此外，像刘坚编撰《近代汉语读本》，从语料方面对近代汉语做了普及和宣传。

由此看来，近代汉语阶段的独立，是语言事实本身所决定的，也是十分必要的。它反映了时代对汉语语言学学科发展的要求，是历史发展的必然结果，或迟或早，总要发生，不以人的意志为转移。

从语言学史的角度看，作为20世纪崛起的新兴的研究领域，近代汉语是传统语言学、汉语史研究领域的拓展和延伸。老一辈学者的大力提倡和身体力行，使得近代汉语研究独立出来并得到迅速发展，丰富了汉语史的内涵，弥补了该领域存在的空白，是20世纪语言学界一件具有深远意义的大事。

(三) 汉语史分期及近代汉语的上下限

和近代汉语相关的研究历史悠久,真正的科学意义上的研究也已经开展了半个多世纪,在具体的汉语史分期问题上,目前学界的看法虽然还有分歧,但已经逐渐趋于一致。

瑞典汉学家高本汉(Bernhard Karlgren)在其名著《中国音韵学研究》中,把汉语史分为五期,即:太古汉语(《诗经》以前)、上古汉语、中古汉语(六朝、唐代)、近古汉语(宋代)、老官话(元明时代)。(20—21页)高氏这本书写于20世纪20—30年代,书中主要是对汉语方言和汉语古音的研究,五期的说法高氏只是有所提及,并未展开论述。即便如此,我们认为高本汉对汉语历史分期的看法是有道理的,他的观点在我国学者中产生了一定的影响。

1949年新中国成立以后,我国的语言学事业得到了较快的发展。较早关注汉语史分期问题的是王力。王力在《汉语史稿》第一章《绪论·汉语史的分期》中提出把汉语史分为四期:①上古期,公元3世纪以前(五胡乱华以前)。(3、4世纪为过渡阶段)②中古期,公元4世纪到12世纪(南宋前半)。(12、13世纪为过渡阶段)③近代,公元13世纪到19世纪(鸦片战争)。(自1840年鸦片战争到1919年五四运动为过渡阶段)④现代,20世纪(五四运动以后)。

王力(1980:32—35)给这四期所定的语言标志是:上古时期:①判断句一般不用系词;②在疑问句里,代词宾语放在动词前面;③入声有两类(其中一类到后代变了去声)。中古时期:①在口语的判断句中系词成为必需的句子成分;②处置式的产生;③完整的"被"字式被动句的普遍应用;④形尾"了""着"的产生;⑤去声字的产生。近代汉语:①全浊声母在北方话里的消失;②-m尾韵在北方话里的消失;③入声在北方话里的消失。现代汉语:①适当地吸收西洋语法;②大量地增加复音词。

以上的分期和各个时期的语言特点还只是一个大体的框架,并不完备,如近代汉语的三个特点全是语音方面的;"大量地增加复音词"当作现代汉语的特点,其实未尝不可以作为中古或近代汉语的特点;鸦片战争标志着中国近代史的开端,但在汉语发展史上并不具有特别重要的意义,等等。尽管如此,王力早在20世纪50年代就把汉语分为四期,明确地提出了汉语的"近代"时期,是颇具远见卓识的。从后来的实际情况看,作者的"四期说"并未引起语言学界足够的重视,学者们研究的重点仍然集中在上古汉语,近代汉语领域的研究相对冷清。

与王力遥相呼应,日本的太田辰夫也对汉语史分期问题进行了探索,他的《汉语史通考》把汉语史分为五段八期,把它和《汉语史稿》作对比,具体是:

太田辰夫	王力
上古	上古
第一期　商(殷)周	3世纪以前
第二期　春秋战国	(3、4世纪为过渡阶段)
第三期　汉	
中古	中古
第四期　魏晋南北朝	4世纪到12世纪(南宋前半)
近古	(12、13世纪为过渡阶段)
第五期　唐五代	
第六期　宋元明	

	近代	近代
第七期	清	13世纪到19世纪(鸦片战争)

(自1840年鸦片战争到1919年五四运动为过渡阶段)

	现代	现代
第八期	民国以降	20世纪(五四运动以后)

和王力《汉语史稿》相比,太田辰夫《汉语史通考》多了一个"近古"期,"上古""近古"两个阶段内部都还分期;王力各个阶段后面都有一个过渡阶段,太田辰夫没有。其余各个阶段的年代界划也颇有区别。(参见太田辰夫1988[1991:2—3])

此外,国内其他学者也有一些看法,如潘允中(1989:1—15)研究词汇史,把汉语词汇史分为四期:①上古(殷商至秦代);②中古(西汉至唐代);③近代(公元10世纪晚唐起至19世纪鸦片战争);④现代(五四运动前后至今)。向熹(1993:40—44)把汉语史分为四期:①上古期(从前18世纪到公元3世纪,即商、周、秦、汉时期);②中古期(从4世纪到12世纪左右,即六朝、唐、宋时期);③近代期(从13世纪到20世纪初,即元、明、清时期);④现代期(从五四运动到现在)。

需要指出的是,语音、语法、词汇是语言的三要素,汉语史的分期应该在汉语语音史、语法史、词汇史分期的基础之上综合起来考虑。就目前的研究状况而言,从事语音史、语法史和词汇史的学者,对分期有各自不同的看法,这是因为这三者的研究对象、分期标准和研究进展不尽一致的缘故。例如,关于汉语语音史的分期,就有许多不同的观点,张渭毅(2002:27—34)归纳汇总各家之说,有18家之多。相对于词汇而言,语音、语法的系统性较强,研究的历史也长、成果丰硕,容易找出公认的分期标准;而词汇的系统性就要差得多,研究状况也比较落后。因此,大力加强词汇史的研究,建立汉语历史词汇学,已经历史地落在了当代从事汉语历史词汇研究的学者们的肩上。

承认了近代汉语从古代汉语中独立出来的合理性,随之而来的就是:"近代汉语从什么年代起头?到什么年代了结?换句话说,近代汉语跟古代汉语,近代汉语跟现代汉语的界限在哪里?"(参见吕叔湘1985b)吕叔湘主张自晚唐五代起为近代汉语的开始,并对此作了阐述:"我们发现,尽管从汉魏到隋唐都有夹杂一些口语成分的文字,但是用当时口语作基础,而或多或少地搀杂些文言成分的作品是直到晚唐五代才开始出现的(如禅宗语录和敦煌俗文学作品),因此我们建议把近代汉语的开始定在晚唐五代即第九世纪。"

关于近代汉语上下限问题,20世纪80年代以来,国内学者中,周祖谟、胡明扬、向熹、蒋绍愚、蒋冀骋等都发表过意见,其中较有代表性的有两大类:一类基本认同王力的意见,认为近代汉语上限始于宋(南宋、元),下限可到五四运动或鸦片战争以前,周祖谟(2000:1—15)、向熹(1993:40—44)等持此说。另一类在上限问题上原则同意吕叔湘的意见,但又有初唐和晚唐二说,下限则到清初或《红楼梦》,胡明扬(1992)认为上限不晚于隋末唐初,下限不晚于《红楼梦》以前;蒋绍愚(1994)的意见与之接近,认为上限可以到唐初,下限可以到18世纪中期(清初);蒋冀骋(1990、1991)则赞同吕叔湘的晚唐五代上限说,下限到明末清初。

关于近代汉语的分期问题,海外学者也发表过意见。

梅祖麟(1986)认为:唐代是近代汉语的分水岭。

孙朝奋(1997)指出:"本文根据目前研究者通常能够接受的说法(Norman 1988,孙朝奋1996)将汉语史分成四个历史时期:上古

(先秦—公元200年)、中古(公元201—1000年)、早期官话(公元1001—1800年)、现代汉语(公元1801—现代)。"

汉语的历史分期问题历来是汉语史研究中的一个棘手问题,迄今尚未有一个明确的结论。如前所述,就已有的各家观点来看,比较有代表性的有五分法、四分法、三分法和两分法,此外还有六分法和不主张分期说(史存直《汉语词汇史纲要》,已见前),见仁见智,存在分歧;但总起来看,把汉语史大致三分(上古、中古和近代),已为学界大多数学者所接受。

比较而言,笔者赞同第二类意见,即近代汉语上限从晚唐五代开始,初唐、中唐是过渡期;下限到清代初期,清代中、晚期是过渡期。胡明扬(1992)曾经根据语音、语法标准,把近代汉语分为早(从隋末唐初到五代北宋)、中(宋元)、晚(元明到清初)三期。为了研究的方便,我们试图在前贤研究的基础上,把近代汉语内部(从晚唐五代至清初)划分为三个时期,即:

(1) 早期——晚唐五代至北宋。语体特征是:口语程度很高的作品如敦煌变文、禅宗语录等大量出现,语言面貌发生质变。语言特征是:①轻唇音开始分化;②浊音清化;③韵类合并;④入声韵尾开始弱化;⑤浊上变去;⑥新兴的指代词陆续产生;⑦处置式、用"被"作介词的被动句等逐渐成熟;⑧动态助词"了、着、过"等普遍使用。

(2) 中期——南宋、金至元代。语体特征是:口语化程度高的作品继续增加,出现了宋儒语录、宋元话本、元杂剧、元代白话碑等新的白话语言文学形式。语言特征是:①舌音分化;②平分阴阳;③入派三声;④用"教""吃"等作介词的被动句普遍使用;⑤处置式趋于成熟。

(3) 晚期——明代至清初。语体特征是：口语化作品占据文坛上风，在戏曲、小说、笔记等门类都出现了新型的白话作品，语言更加俚俗、易懂。语言特征是：①-m 韵尾并入-n 韵尾；②韵类调整合并，韵母系统接近现代北京音；③把字句普通使用；④被动句使用丰富多彩，用"给"等表示被动的被动句大量使用。

三、中古汉语与汉语史分期

(一) 何谓"中古汉语"

和"近代汉语"一样，"中古汉语"也是一个语言学的范畴，"中古"指汉语的一个历史时期，"中古汉语"是指从汉代特别是东汉以来至隋末唐初这一历史时期的汉语。

(二) 为什么要划分中古汉语

划分中古汉语的主要依据在于：从汉代开始，出现了言（口语）文（书面语）分离的现象，并且越来越明显，以致形成两种风格迥异的文献语言。

大约从西汉开始，言文分离就初露端倪，西汉王褒《僮约》、东汉戴良《失父零丁》都记录了当时的口语情况。魏晋以降，则渐趋明显，一方面是规规矩矩的辞赋、骈体文；另一方面则出现了含有较多口语成分的作品，如晋代陆云写给陆机的书信，王羲之的杂帖，束晳的俚俗之赋，晋南北朝的乐府民歌、小说等，这些反映的是中土文献的状况。而自东汉以来，随着佛教传入内地，汉译佛经的兴起，出现了一大批翻译佛经，其中《中本起经》《修行本起经》《六度集经》《生经》《出曜经》《杂譬喻经》《贤愚经》《杂宝藏经》《百喻经》《佛本行集经》等口语成分较多，为中古汉语研究提供了风格独特、数量可观的材料。

研究表明，和近代汉语一样，中古汉语也应该取得独立分期的资格。中古汉语上承上古汉语,下启近代汉语、现代汉语,在汉语发展的历史长河中处于承上启下的关键时期,不容忽视。鉴于此,有学者提出应该把"古代汉语"一分为二,即分为上古汉语和中古汉语。前者以先秦、秦汉(包括秦代和西汉)的作品语言为代表,后者以东汉至隋末唐初反映口语的作品中的语言为代表,这是有道理的。(参见江蓝生1994,汪维辉1994)至于具体的中古汉语的起讫时间,则尚需作进一步的研究。

(三)中古汉语的提出和诸家观点

上面已经提到,在高本汉、王力、太田辰夫、潘允中等前辈学者的汉语史分期中,都有"中古汉语"阶段。可见,早在20世纪的上半叶就已经有了"中古汉语"的提法,但这一阶段的划分,并没有受到应有的重视,通常还是把它划入到上古汉语阶段。后来,中古汉语的划分已经越来越受到语言学界的重视,研究工作呈现出蓬勃发展的势头,但这已经是20世纪80年代以后的事了。

新中国成立以后,"中古汉语"见诸论著,比较早的就是王力《汉语史稿》中的"绪论"部分,在这一节里,王先生把汉语史中的"中古"期定为"公元4世纪到12世纪(南宋前半)",并把"12、13世纪"当作"过渡阶段"(详前)。(参见王力1980:35)

相对于上古汉语而言,中古汉语领域一直没有得到应有的重视,起步较晚,基础薄弱,研究相对滞后。20世纪70年代后期以来,随着近代汉语研究的崛起,中古汉语研究也得到了相应的发展,呈现出良好的发展态势,但一直没有就分期问题展开进一步的讨论。

台湾学者曲守约在其所著《中古辞语考释·凡例》(台湾商务印书馆,1968年初版)中明确提出:"本书以中古为称,其时代所括,为自东汉以迄隋末。"①可惜的是,曲氏的著作并未就此展开论述。

大约在20世纪80年代初期,中国社会科学院语言研究所的何乐士在几篇论文里提出了汉语史分期的新主张。在《〈史记〉语法特点研究》一文的"小结"中,作者指出:"由以上各点可以看到,《史记》语法较之《左传》有重大的发展变化,它们各有自己的显著特色。因而在汉语史分期的问题上,我们初步考虑,先秦与汉似应划分为两个时期。"(何乐士1992:110)在《从〈史记〉和〈世说新语〉的比较看〈世说新语〉的语法特点》一文的"小结"中,又进一步提出了"中古汉语"的主张,指出:"但总起来看,由《史》到《世》语言的变化似不及由《左》到《史》的变化那样显著,如果把两汉、魏晋南北朝时期视为一个过渡时期,名之曰中古汉语,似乎是比较符合汉语发展的实际情况的。"(何乐士1992:178)何先生的意见是具有远见卓识的,值得重视;汉代以后的语法、词汇和先秦时期确实有明显的差异,先秦和汉魏六朝理应分开。

周祖谟把汉语史分为六期,即:

上古前期(前771以前)——商代到西周之末

上古后期(前770—公元219)——周平王东迁后春秋战国时期和秦汉时期

中古时期(220—588)——魏晋南北朝

近古时期(589—1126)——隋唐五代和北宋

近代(1127—1918)——南宋、金、元、明、清到五四运动之前

---

① 参见第六章第三节。

现代(1919以后)[①]

周氏把中古汉语时期定为公元220—588年,也就是从三国到南北朝。

黄征(1994)主张把汉魏六朝隋都划归为"中古汉语",把唐五代宋元明清都划归为"近代汉语"。

到20世纪80年代中期,国务院学位办又批准了若干所高校设立博士点,四川大学、杭州大学都在其中。1986年,四川大学中文系教授张永言开始招收汉语史博士研究生,招生简章上就写明了"中古汉语"的研究方向,这批博士生入校后直接从事中古汉语词汇史的研究。目前活跃在中古汉语词汇史研究领域的朱庆之、汪维辉、董志翘等都先后出自张先生的门下。杭州大学蒋礼鸿、郭在贻两位导师招收博士生,虽然没有明确写出"中古汉语"研究方向,但招收的学生中有一些实际上是在作中古汉语研究,如方一新、梁晓虹、颜洽茂等。此后,王云路、方一新合撰《中古汉语语词例释》(1992)、《中古汉语读本》(1993)两书,都直接以"中古汉语"为名;朱庆之也以《佛典与中古汉语词汇研究》为题,撰写完成了博士毕业论文,并在台湾文津出版社出版(1992)。在《中古汉语语词例释·前言》里,王云路、方一新两人就"中古汉语"的分期问题作了论述,提出把汉语史分为四期的意见:

第一期 上古汉语——先秦、秦汉

[①] 参看周祖谟(2000:1—15)。本文为作者1979年11月应广东语文学会的邀请在华南师范学院所作的讲演内容的一部分,1988年11月重订。在这篇文章的第三部分,作者阐述了"汉语历史时期的划分",指出:"汉语的历史还缺乏全面深入的研究,根据目前我们的理解,可以初步划分为以下几个时期……"又见周祖谟《文字音韵训诂论集》,北京大学出版社,2000。

西汉——上古汉语向中古汉语演变的过渡阶段

第二期 中古汉语——东汉至隋

初唐、中唐——中古汉语向近代汉语演变的过渡阶段

第三期 近代汉语——晚唐五代至清初

清代中、晚期——近代汉语向现代汉语演变的过渡阶段

第四期 现代汉语——五四运动以后至今(参见王云路、方一新 1992:6—8)

当然,这个划分还是粗线条的,在当时的条件下,还没有提出相应的分期标准。

其他学者对中古汉语分期问题的论述有:

高本汉认为:六朝、唐代的语言是中古汉语。(《中国音韵学研究》)说已见前。

马伯乐认为:中古汉语时期包括六朝到宋,并分为两个阶段。[①] 这两位使用的都是纯语音的标准。

苏联语言学家佐格拉夫(И. Т. Зограф)著有《中古汉语,其形成和发展趋势》(莫斯科:科学出版社,1979),是一部研究 10 至 14 世纪语法问题的专著,对宋元时期的语言作了描写。全书共 336 页,序言而外,共分十章。佐格拉夫的"中古汉语"和一般人理解的不同。他"依据纯语法的特征,确定宋、元时期为汉语的中古时期。

---

① 马伯乐将汉语语音史分为"上古音""中古音"和"近代音"三大块,其中"中古音"又分"前期"(六朝唐代)、"后期"(唐末宋代),张渭毅评价说"很有见地"。参看张渭毅(2002:28—29)。

这是狭义的中古汉语"。① 佐格拉夫(1979)还指出:"根据语法特征看,唐代的语言无疑接近于中古汉语,而非上古汉语。或者可以把它看作上古语言到中古语言的过渡,或者看作中古汉语的早期状态。但不论哪种看法,都和宋、元时期的语言有重大区别。"

苏联语言学家谢·叶·雅洪托夫(1969:90—103)也经常提到"中古汉语",似指六朝至宋元,如文中提到,"唐代口语正好是上古汉语和近代汉语成分的均衡混合,处于周代的上古汉语和以话本为代表的中古汉语的中间状态",(《七至十三世纪的汉语书面语和口语》)这应该是从王力《汉语史稿》的分期观点。

志村良治(1984:3)提出"中世汉语"的说法,指出:"这里所说的中世汉语时期,指从魏晋至唐末五代。与此相应,以汉末与北宋初年为参考时期。""把中世时期进而一分为二,一般以六朝为中古前期(公元 220—617 年),唐代为中古后期(公元 618—906 年)。"

高本汉的学生马悦然也对汉语史的分期(中古汉语)发表过意见:"按照纯粹的语音标准,我们可以把现代之前的汉语发展历史分期分为如下几个阶段:①上古汉语时期,大概在周代早期和中期,公元前 1000 年的前一半时间;②中古汉语早期,在公元 601 年的韵书《切韵》中定型化,是 6 世纪晚期的标准文学语言;③中古汉语晚期,晚唐时代(公元 9 世纪)的语言,在宋代的韵图中定型化;④古代官话时期,在 1324 年出版的《中原音韵》中得到体现,从这一时期戏曲作品的用韵看,反映了 13 世纪中叶的语音状况。这一语音阶段的构拟成果主要体现在 Hugh Stimson 的深入研究中。

---

① 参看卫志强(1985)。又见苏联语言学家 C.A.斯塔罗斯京的介绍文章,载《苏联社会科学文摘(语言学类)》1980 年第 3 期。

未来的研究可能会更好地揭示出公元前206—219年的汉代标准文学语音结构,从而架起沟通上古汉语和中古汉语之间的桥梁。在罗常培和周祖谟两位先生令人印象深刻的著作《汉魏晋南北朝韵部演变研究》(北京:科学出版社,1958)第一分册中,已经给这一研究打下了坚实的基础。在这一著作中,基于汉代早期和晚期的诗歌韵律,作者已经考察了两个时期诗歌韵部之间的差异,并且详细说明了当时许多方言都偏离于标准语言。根据周祖谟的口信,计划中本书第一分册的续集早已完成了,但非常遗憾的是,其他分册依然没有出版。"①

台湾学者魏培泉在《东汉魏晋南北朝在语法史上的地位》一文的摘要中说:"我们认为有理由把东汉魏晋南北朝分离出来独立为中古一期,而与上古汉语和近代汉语鼎足而立。"正文指出:"若仅以这数项特征为准,东汉魏晋南北朝所处的地位大概近于先秦汉语和近代汉语间的中点(可能稍微偏近代汉语一点),有理由可以独立为一期。"②

从上述引征的各家之说来看,对分期问题的认识越来越深入,分歧也在缩小。

前面已经指出:谈分期不能离开语言的三要素,汉语史的分期应该在汉语语音史、语法史、词汇史分期的基础之上综合起来考虑。我们应该继续加强对汉语史分期问题的研究,建立比较科学、

---

① 这是马悦然2001年11月在耶鲁大学第42届爱德华·休谟纪念研讨会上所作的报告中的一部分,中文译文见《书城》2002年第2期,吴承学、何志军译。此承友生真大成博士惠告。

② 参看魏培泉(2000:227)。魏文把汉语分期列为三说:二分法、三分法和四分法。在我们看来,还应该加上五分法、六分法和不主张分期说(详上)。

系统的分期标准,提出为多数学者所认同的划分标准和具体的分期意见,求同存异,渐趋统一。

(四) 从词汇史的角度对中古汉语进行分期

如果把从东汉(公元25年)建立到隋代灭亡(公元618年)当作中古汉语时期,则整个时期约为600年。为了研究的方便,我们尝试从词汇史的角度,对中古汉语进行分期,笔者初步的想法是分成三期:

(1) 早期——东汉(25—220),约200年。

(2) 中期——魏晋(220—420),约200年。

(3) 晚期——南北朝、隋(420—618),约200年。

早、中、晚三期各约200年,合起来正好是600年。以这三期为界限,相关的文献资料都属于中古汉语研究的范围,都值得进行研究。

综合上面所说,我们认为,从汉代特别是东汉以来,汉语发生了很大的变化,以东汉为界,把西汉列为过渡期和参考期,把古代汉语分成上古汉语和中古汉语两大块,以东汉魏晋南北朝隋为中古汉语时期,从语法、词汇上看都是比较合理的。语音上也可以找到相应的证明。唐代以后,汉语又有了新的情况,试比较一下南北朝民歌和王梵志诗、六朝小说和《游仙窟》,就可明了。故理应把唐代(起码是晚唐,初唐、中唐可以看作是从中古汉语向近代汉语演变的过渡期或参考期)划入近代汉语时期。①

---

① 梅祖麟(1986:404—405)曾把指代词的发展列为两个表格,指出,"这个简单的表说明:(1)新兴的指代词大多数最早出现于唐代;唐代是古代和近代的分水岭。(2)近代指代词的一个特征是三身代词区别单数和复数,复数用语尾们字。……如果我们理解不误的话,梅氏的意思是说,以唐代为界,可以把(中)古汉语和近代汉语划分开来。

四、中古汉语的语法、语音和词汇特点

随着研究的深入,一个为大多数学者所接受的上古汉语、中古汉语和近代汉语分期的轮廓越来越清晰。准确分期的前提是有鉴别的标准,如能在提出令人信服的鉴别标准的基础上再进行分期,当会更有说服力。我们认为,汉语史分期理应兼顾语音、语法和词汇标准,下面试以中古汉语分期为例加以说明。

(一) 中古汉语的语法

中古汉语时期确实产生了许多先秦未见或罕见的语法形式(参见太田辰夫 1988[1991:11—62]):

1. 疑问句[①]

疑问句包括特指问句、反复问句、选择问句、一般疑问句等。仅以反复问句和选择问句为例,说明中古时期产生的新兴语言形式。

(1) 反复问句

先秦时期,反复问句有两种形式:①VP 否定词;②VP 否定词+语气词。否定词有"不、否",语气词有"乎、耶、也"等。

汉代以后,发生了一些新的变化:

①上述二式继续使用,但否定词则经过了历时替换,"不""否"之外,增加了"未""无"。

② 出现了疑问副词"颇"(叵)、"宁"、"岂"(讵)+VP 否定词(+语气词)的用法。

③东汉以后,产生了"否定副词+VP 否定词"的形式。如:"当复不烝食不?"(《世说新语·轻诋》第 33 则)

[①] 关于选择问句、反复问句,参看:刘子瑜(2003[2005])、高列过(2003)。

④除了这两种形式外,还出现了"VP 否定词 VP"式,始见于《睡虎地秦墓竹简》,如:"甲告乙盗直(值)□□,问乙盗卅,甲诬驾(加)乙五十,其卅不审,问甲当论不当?"(《法律答问释文注释》,103页)"吏从事于官府,当坐伍人不当?"(同上,129页)东汉以降沿而用之。

(2) 选择问句

这里的选择问句指先秦时期的并列式选择问句,①在两个并列问句的句首,往往有"抑""意""将""其"等关联词,在它们的句末几乎全有"与""乎""邪"等语气词。

魏晋南北朝以后,上述特点出现了明显的变化:

①关联词(句首)和语气词(句尾)的使用参差错落,前后两项有的用,有的不用,已经不是齐整出现、非用不可了。如:"玠之吐言,以为宽邪,以为急也?"(《三国志·魏志·毛玠传》)

②出现了一些新的关联词,如"为",六朝时成为选择问句的重要标志,并进一步复词化,产生出"为是""为复""为当"等新型双音节关联词。

③出现了既不用语气词,也不用关联词的新格式。如:"一切人声从所出?从空出?"(失译《伅真陀罗所问如来三昧经》)"太尉王夷甫见而问曰:'老庄与圣教同异?'对曰:'将无同。'"(《世说新语·文学》第18则)"同异"意即是相同还是不同,这是选择问句的紧缩形式。又如:"尔时善友太子即起欢喜,头面礼父王足。左右夫人及诸綵女百千万人互相问言:'善友太子今者为死活耶?'答

---

① 有学者把"子贡曰:'必不得已而去,于斯二者何先?'(《论语·颜渊》)"一类的句子当作范围选择问句,这里不讨论。

言:'太子今者已起,欢喜饮食。'"(《大方便佛报恩经》卷四)"时彼淫女即以白衣裹儿,敕婢弃巷中。无畏王见,即问旁人言:'此是何等?'答言:'此是小儿。'问言:'死活?'答言:'故活。'"(《经律异相》卷三二引《四分律》三分第二卷,179页)"死活"意即是死是活,这是把选择问句紧缩了的结果。① 这一格式一直沿用至今。

2. 代词

自汉代以来,三身代词系统有了新的发展,出现了许多新的人称代词。如第一人称代词有"侬""仆""己""仁",第二人称代词有"你"。太田辰夫1988[1991:16]认为:"'你'是'爾'的古体'尔'作为简体字用,加上'人'字偏旁而成的,传达了'爾'的古音。"第三人称代词有"其""渠""伊""己"等。

与此相关的是产生了人称代词的复数表达法。上古汉语人称代词单复数同形,汉代以来,产生了"曹""等""辈"等表示复数的成分,如"汝曹、吾等、君辈"等。

3. 量词

上古汉语中,表示行为数量时一般不用动量词,而是直接把数词放在动词的前面,如"九合""九死""三败"等,自汉代以降方才使用动量词。比较常见的动量词有"下""遍""过""回(迴)""通""次"等。名量词方面,中古时期产生了很多新的名量词,如"枚""通""所""部""积",并且出现了以量词作词素的复音词"书本""辞条""文卷"等。(参见向熹1993:206—225)这里仅举"积"等名量词为例:

---

① 有学者把"便问人云:此为茶,为茗?(《世说新语·纰漏》第4则)"当作不用语气词、关联词的例子,不当。两个"为"就是表示选择的关联词。

（1）积：堆，"一积"就是一堆。例如：

《古小说钩沉》辑《幽明录》："当就殡敛，发箧笥中，见百余裹胡粉，大小一积。"《南史·吉士瞻传》："始士瞻梦得一积鹿皮，从而数之，有十一领。"《太平广记》卷三九四"徐智通"条（出《录异记》）："吾一声，令十丈旛竿尽为算子，仍十枚为一积。""一积"犹言一堆。①

（2）立：件。例如：

"故褐襦一立。"（《东晋姬瑜妻某随身具物疏》，咸康四年[338]十一月）"故白练福裙一立。"（《前凉姬瑜随身物疏令》，升平十三年（公元369年）七月二日）

（3）具：件，只。例如：

"故银钏二具。"（《东晋姬瑜妻某随身具物疏》，咸康四年[338]十一月）"故玉沫镜敛一具。"（同上）②

4. 系词

研究表明：上古汉语一般不用系词，"是"常见的用法是作指示代词，充当主语。自战国末、秦汉初以来，"是"开始用作系词，如："是是帚彗，有内兵，年大孰（熟）。"（《马王堆汉墓帛书》，梅祖麟1998：17—18）到东汉以后使用更加频繁，并且出现了"不是""非

---

① "积"有堆、垛义，名词。东晋僧伽提婆译《中阿含经》卷三二："于一日中，斫刓斩截，剥裂削割，作一肉聚，作一肉积。"宋元明三本"积"作"蕴"。（1/629c）《异苑》卷九："主人罢入，生乃持刀出门外，倚两薪积间，侧立假寐。""薪积"就是柴堆。《太平广记》卷一二五"崔无隐"条（出《博异记》）："俄而白刃夫出厅东。先是有粪积，可乘而觇宅中。""粪积"，指粪堆。字又作"蕴"。《汉语大字典》"积"有"堆子""垛子"义，首例举唐段成式《酉阳杂俎》，稍晚。

② "立""具"的引例均据王素、李方（1997：84—85，96）。

是"等否定式词组。① 以"非是"为例:"须菩提白佛言:泥洹是限,非是诸法。"(东汉支谶译《道行般若经》卷六,8/456/a)"父母言:是故正道,可从是行。其子言:非是正道。"(《佛说阿阇世王经》卷下,15/403/a)

5. 语序

上古汉语中,当宾语是疑问代词时,往往要放在谓语动词的前面;这到汉代以后就有所变化,即由原先的 SOV 演变成 SVO,和现代汉语相同。太田辰夫(1991:20)举了两个例子:"曰:'乡人长于伯兄一岁,则谁敬?'(赵岐注:'季子曰,敬谁也?')曰:'敬兄。''酌则谁先?'(赵岐注:'季子曰:酌酒则先酌谁。')曰:'先酌乡人。'"(《孟子·告子》)

上古汉语还常常用复指代词"之""是",把宾语提前到动词的前面,如"何厌之有""何马之能知也",在东汉时也可以不提前,"齐宣王问卿。孟子曰:'王何卿之问也?'(赵岐注:'王问何卿也。')"(《孟子·万章下》,太田辰夫 1991:21)

上述只是举例性的,中古汉语的新兴语法特征当然不止这些,可以参看太田辰夫(1991)、魏培泉(2000)。

(二) 中古汉语的语音

和语法、词汇一样,中古时期的语音也有自己的特点,略述如下:②

从声母上看,近半个世纪以来的研究表明,上古汉语声母有复

---

① 参看汪维辉(1998)。又,梁冬青(2002)认为"是是"连言,第二个"是"字应该解作"寔",副词,用在谓语之前,充当状语,对事实的真实性、对动作行为或事态进行强调。

② 中古音特点参考刘广和(2002)。

辅音,而到魏晋以后,复辅音声母消失。如果以《诗经》押韵、汉字谐声的音系代表上古音,以《切韵》音系代表中古音的话,轻唇音、舌上音、照纽二等字都是上古所没有的。

从韵母上看,丁邦新(1975)对魏晋音作了系统的描写和研究,首次拟测魏晋韵母系统,开列从上古到西汉、从西汉到东汉、从东汉到魏晋三个时期的韵母演变规则清单,并分中古音为二期:前期,齐、梁、陈;后期,隋、唐。韵部数量超过上古和近代。

从声调上看,平、上、去、入四声构成中古音的声调,十分齐整。

(三) 中古时期的词汇

既然语法、语音特征重要,是不是就不需要词汇特征了呢?恐怕不能这么说。要提出令人信服的汉语史分期方案,在从语法、语音方面进行论证的同时,倘能结合词汇方面的特征来加以证明,显然更有说服力,也更全面。这可以举现代方言学研究为例。以往讨论方言之间的异同差别,通常都列举其语音、语法特征,但近年来,学者们也开始注意到方言词汇的差异,从注意语法、语音特征到注意词汇特征,这是研究进一步深入和更加细密的标志。

和语音、语法一样,中古时期的词汇也有着鲜明的特征,这些特征体现在如下几个方面:

1. 中古时期语言词汇上的外部特征,就是言文分离,在传统文言作品之外,[①]产生了一批或多或少地反映口语的作品。一般认为,早期的文献语言,包括春秋、战国时期的文献语言,应该看作

---

① 所谓传统文言作品,包括文人创作的诗文、史书等,但即便是这些文献(如正史),也有着相当数量的口语词,不可忽视。参看方一新(1997:前言)。

是反映了当时的口语,即便有差距,也不会太大。正如罗杰瑞(1995:4)所指出的:"像《论语》《孟子》这两种众所周知的周朝文献,很可能和当时文人的语言没多大差别。那种书面语和口语之间的严格区别大概是后来才产生的。"

然而至晚从西汉初年开始,言文分离的情况就开始出现。尽管由于乱世兵燹之祸,汉魏六朝文献保存下来的不到十分之一,但在这少数的文献中,也出现了像王褒《僮约》、戴良《失父零丁》等口语化较强的作品。它们和汉赋等正统文献的语言差别相当大,显示出自汉代起,言文已经开始分离,人们口头说的和书面写的已经是风格迥异的两种语言了。① 晋代的束皙还因"尝为《劝农》及《饼》诸赋,文颇鄙俗,时人薄之"(《晋书》本传)。

但即便是反映口语的作品,由于文体不同、作者不同、风格不同,其高下程度自然会有差异。以诗歌而言,乐府诗较之奉诏应命之作及一般文人诗作,口语性已经比较强,但在其内部也还有不同的特点:南朝的乐府诗歌婉约含蓄,文(言)白(话)相间,文胜于白;北朝的乐府诗则豪放明快,白胜于文。其中的差别,我们在阅读时不难体会。《孔雀东南飞》是南朝乐府的代表,《木兰辞》是北朝乐府的代表。

2. 中古时期词汇的内部特征也逐渐形成,并随着时间的推移,日益明显。这些特征可归总为以下三个方面。

(1) 随着文白分歧日益明显,反映口语的作品逐渐增多,早期

---

① 罗杰瑞(1995)说:"从汉朝(公元前 206—220)开始,书面语和口语出现分歧,但这种分歧当时还不会很大。在书面语言形成之后,书面语和口语之间的差别就以正比的形式向前发展。到了清代(公元 1644—1911)这种书面语和口语之间的距离确实已经很大了。"

白话作品中口语词、俗语词大量增加,[①]形成了或生动直白,或俚俗浅露的语言特色。如以"阿奴"称晚辈,"屏当"表收拾,"㧐"表触碰,"何物"表什么、何人,"那忽"表为何,"谓呼"表认为,"早晚"表何时,都是口语词。以"急手"表急速,"解日"表度日,"呜"表亲吻,"匆匆"表困顿不佳,"不净"指粪便,"大行""小行"指称大小便,均为俚俗语词或委婉语。

以俗语词"鼻涕"为例。王褒《僮约》:"目泪下落,鼻涕长一尺。"以"目泪"称"涕"("眼泪"),"鼻涕"称"洟",应该是当时口语的直接反映。在战国后期、秦及汉代初期,比较口语化的作品中就出现了以"涕"来指代"鼻涕"的用例(参见王云路、方一新 1992:363),而复音词"鼻涕"则是"涕"的更通俗说法(推测系当时口语如此),正统的高文典册绝不使用。据笔者调查 148 部口语化程度较高的汉魏六朝唐宋作品,"鼻涕"总共出现了 10 例,次数相当少。

(2)随着社会的发展,生产力的提高,人类思维的日益缜密,旧的概念使用新的词来表达,词汇复音化成为趋势;词所承载的新义位大量产生,促进了语言词汇的发展。

从战国后期开始,汉语词汇的变化明显加快。以《韩非子》为例,出现了诸如"看""翅""边""瘦"等新词,反映出战国后期词汇方面的剧烈变动。

先看新词。一些先秦时期的单音词,到汉代产生了复音词。以汉代、魏晋的注疏为例,《毛传》,郑玄《三礼注》《毛诗笺》,郭璞注《尔雅》《方言》等,都是产生复音词较多的注疏体著作。《诗·大

[①] 所谓"口语词""俗语词",原本就是两个比较模糊的概念,有学者主张分,有学者则等而同之,本文视为两个内涵有别的概念,但不作详细论证。

雅·瞻卬》：“此宜无罪，女反收之；彼宜有罪，女覆说之。”毛传："收，拘收也。"又《鄘风·相鼠》："相鼠有皮，人而无仪。"郑笺："仪，威仪也。"郭璞注《方言》，周祖谟指出其有五种条例，其中第四条是"用语言里的复音词来解释原书的单音词"。例如："'浑，盛也。'注：'们浑，肥满也。''杜、跻，涩也。赵曰杜，山之东西或曰跻。'注：'邹跻，燥涩貌。'"① 郭璞用"们浑"来解释"浑"，"邹跻"来解释"跻"，"燥涩"来解释"涩"，都是用双音词来解释古代的单音词，说明在东晋时代，许多单音词已经有了它的复音化形式。

中古以来有一些非常能产的构词成分，和其他语素结合后，产生了大量新词。如动词语素"作"（作达、作势、作恶、作贼）、"打"（打扑、打垄、打掷、打稽、打棒），形容词语素"清"（清通、清妙，《世说新语》多见）、"可"（可怜、可念、可憎）等。（参见汪维辉2000：207，志村良治1984[1995：71、84]）

再看新义。中古以来，在旧义继续沿用的基础上，又陆续产生新义。新义、旧义并存，一词多义的情况十分普遍。例如，"看"，在东汉以来的佛典中有"视、瞻""观察、考察""检查、治疗""表示、提示""试探""助词""任凭""难看的'看'""看望""照看、照顾""看护""看管""监视""看待、对待""接待"等15个意义或用法，（参见朱庆之1992：180—184）虽然有些显然属于义位变体而非义位，词典列

---

① 参看周祖谟（1956：14）。按：用双音词解释单音词是郭璞《方言注》的特点。再如：以"急疾"释"疾"、"惋惆"释"怅"、"逡巡"释"逡"、"玩习"释"习"、"操持"释"操"、"形状"释"状"、"往来"释"往"、"劬劳"释"劳"、"市侩"释"侩"、"轻疾"释"疾"、"强戾"释"戾"、"怨怼"释"怼"、"勤剧"释"剧"、"愤懑"释"懑"、"宽缓"释"缓"、"急速"释"猝"、"悚悸"释"悸"、"坚正"释"正"、"悖惑"释"悖"、"吹嘘"释"吹"、"扇拂"释"扇"、"佐助"释"助"、"唤谏"释"谏"、"坚固"释"锢"、"播扬"释"扬"、"蒙幕"释"幕"等，均见于《方言》卷十二。反映了汉语词汇由单音节向双音节演化的进程。

为义项时会作归并,但也可以看出"看"的多义性。

词汇发展的一个重要特征是,基本词汇开始产生变化,许多新词开始与旧词并存,并呈现出"萌芽—并存—取代"的发展轨迹。这里所说的"基本词汇"("基本词"),学者们也称之为"常用词汇"("常用词")。笔者对汪维辉《东汉—隋常用词演变研究》所考察的常用词新、旧词更替演变开始的年代作了一个初步的统计,在总共41组常用词中,情况如下:

总组数	先秦	西汉	东汉	魏晋	南北朝
41	16	12	12	1	0

从上表可以看到,新词产生的年代,以先秦(绝大多数都是战国时代)最多,有16组;西汉、东汉次之,各有12组;魏晋仅1组;南北朝没有。表面上看,战国时代的新词占了一定的比例,但需要指出的是,战国时代的新词基本上集中在《韩非子》《晏子春秋》《庄子》等几部著作中,用例往往也十分少见,有不少仅一见,西汉的情况也与之相似;也就是说,战国、西汉的新词大都处于萌芽状态,只是露了个头,还很不成熟,出现较多的用例以至到了可以和旧词并存并逐步取而代之,一般都要到东汉以后。汪维辉(2000:414—415)指出:(东汉特别是东汉后期)"就常用词而言,更多的是表现出与魏晋南北朝的一致和与先秦西汉的歧异。……把它和魏晋南北朝联在一起恐怕更符合实际。从词汇角度看,把东汉—隋这一阶段作为汉语发展史上一个相对独立的时期,并把它称为'中古汉语'以对应于'上古汉语'和'近代汉语',这样的分期法是合理的。"作者以他的翔实研究证明了这一点。

(3) 构词法有新的变化,附加式复音词大量出现。

先秦时期的汉语复音构词法主要有并列(联合)、偏正、动宾(支配)、附加等。先秦可靠的附加构词成分相当少,词头只有一个

"有",词尾也只有"然""尔""如""若"等。(参见郭锡良 1994)

汉代特别是东汉以来,附加构词法渐趋成熟,词头、词尾数量增多,前附加、后附加式复音词大量出现。复音词大量增多,词汇加速复音化,是东汉词汇有别于前代词汇的一个显著标志,也是汉语词汇系统日趋严密,表意手段日见丰富,构词方式日臻完备的重要标志。在汉语词汇复音化进程中,由一些构词能力很强的语素如"自""复""当"和"家""工""师""匠"等构成的新词大量出现,为一大特色。

前附加成分(词头)。名词词头有"阿",自汉代以来多见。如"每顾问之,多呼其小字阿苏,数加赏赐"。(《三国志·魏志·明帝纪》裴注引《魏略》,100 页)动词词头有"相",如"相为"("王右军问许玄度:'卿自言何如安石?'许未答,王因曰:'安石故相为雄,阿万当裂眼争邪!'"《世说新语·品藻》第 55 则)。(参见志村良治 1984[1995:49])

后附加成分(词尾)。名词词尾有"子""头"等。

"～子"的用例如:

"汝径往门前,伺无人时,取一瓦子,密发其碓屋东头第七椽,以瓦著下。"(《三国志·魏志·管辂传》裴注引《辂别传》,829 页)"瓦子",就是后面的"瓦"。

"～头"的用例也相当多,仅以东汉译经为例,就已经出现了以下这些:

有"鼻头",安世高译《大安般守意经》卷上:"问:'第三止何以故止在鼻头?'报:'用数息相随止观还净,皆从鼻出入,意习故处,亦为易识,以是故著鼻头也。'""鼻头"即鼻。

有"初头",后汉支谶译《道行般若经》卷六《怛竭优婆夷品》:

"譬如然灯炷,用初出明然炷,用后来明然炷? 须菩提言:'非初头明然炷,亦不离初头明然炷;亦非后明然炷,亦不离后明然炷。'""初头"即初。

有"上头""后头",安世高译《阿含口解十二因缘经》:"人生有三因缘:一者合会,二者聚,三者心、意、识。……上头为上,头为心,中央为意,后头为识。""上头"即上面;"后头"即后面。(参见方一新 1997:6—7)

形容词、副词词尾有"自""复""当""尔""可"等,多见于汉代以来典籍,特别是汉译佛经。如:"其教如利刀,难可亲近。"(三国吴支谦译《义足经》卷上)太田辰夫(1988[1991:32])认为"难可"是"难"的复音化。

相关的论述,参见第八章。

第三节 中古近代汉语词汇和词汇学研究的任务、对象及内容

近代汉语、中古汉语研究的兴起和繁荣,是汉语史研究逐步走向深入的重要标志,也是古今汉语沟通的必由之路,预示着汉语史发展的广阔前景。那么,中古近代汉语词汇和词汇学研究的任务、对象和内容有哪些呢? 兹分述如下。

一、中古近代汉语词汇学的任务

中古近代汉语词汇研究,起步于单个词语的考释。所研究的对象,是张相《诗词曲语辞汇释·叙言》中所言既"非雅诂旧义所能赅,亦非八家派古文所习见"的"特殊语词",包括实词和虚词。

随着研究的深入,除了继续考释单个语词外,对这两个时期词汇的全面研究也在进行,如单音词、复音词、同义词、反义词、常用词、熟语、构词法等,专书研究、专题研究、断代研究也在进行,并必将在今后的研究中得到进一步的加强。

在上述研究的基础上更进一步,进行词汇系统的研究,揭示不同时代词汇的面貌和特点,将是新时期中古近代汉语词汇研究的一项重要任务。

在中古近代汉语词汇研究成果日益丰硕的今天,站在现代语言学的立场上考察中古近代汉语词汇史的研究,揭示、廓清中古近代汉语时期词汇的面貌和特点,总结词汇发展演变的规律,归纳研究方法,为本领域研究的深入和进一步拓展提供思路,这就是中古近代汉语词汇学的主要任务。具体而言,可分为以下数端:

(一) 揭示词汇面貌和特点

从词汇史的角度看,中古汉语独立分期的主要原因,就是和上古汉语相比,词汇面貌有了较大的改变。例如,新产生的词多为双音词,用词缀或构词成分构成的附加式复音新词大量产生,口语词、俗语词大量增加。

近代汉语也是如此。比如,新产生了一批量词、代词,篇幅大、口语性强、俚俗化程度高的作品大量增加,口语词大量产生。

面对中古近代汉语词汇的这些新特点、新情况,历史词汇学研究的一个重要任务,就是在系统描写、研究词汇(包括一般语词、基本语词)的基础上,勾勒中古近代汉语的词汇面貌,总结它们的词汇特点,构筑各自的词汇系统。

(二) 总结词汇的发展演变规律

就汉语而言,从最早成系统的甲骨文,到五四白话文运动以前的文言文,始终贯穿了一条主线,就是言(口语)文(书面语)严重分离,写的文章看得懂,说出话来却听不懂。①文言词汇的发展规律,研究上古汉语的专家已有总结。中古和近代汉语词汇的发展规律有哪些呢?

从汉语发展的历史看,构成词汇发展演变规律的要素,主要是受内因和外因两方面的影响。

内因方面,随着生产力的发展,社会的进步,人们对词汇的要求也越来越高,如要求表达更为精密,词语的选择余地更大,这就造成了同义词、多义词的大量产生。而汉民族以俪偶(成双成对)为美的审美观点,也造成了四字格句式的进一步成熟,新生词多以复音词特别是双音词为主的特色。

从构词法来看,语音造词减少,语法造词增加,在语法造词中,除了原有的并列式、偏正式等外,附加式也大量增加,词缀及类似于词缀的成分开始产生,这些都构成了汉语词汇质变的原因。

外因方面,就中古词汇而言,受到外来文化的影响是不容忽视的。例如,以"胡~"命名的物品,"胡梯""胡床""胡粉"等,有不少都和西域文化有关。②"佛""菩萨""和尚""开士""优婆夷""优婆赛"等和佛教传入有关。

近代汉语宋元以后受到阿尔泰语系的影响相当大,这在宋元

---

① 高本汉(1985:46)说:"中国口语和文言有一种特别的关系,尤其是文言的性质,是一种用眼看得懂,而单用耳听不懂的语言。"严格些说,上古(春秋战国)时期的文言文和当时的口语相去不远,也许是说出来也听得懂的语言。

② 要强调的是,并非有"胡"这一词素的名物词一定和西域有关。美国学者劳费尔曾指出:"形容词'胡'字决不能当作标志外国植物的可靠标准,名字上带有'胡'字的植物即使是从外国来的,也不见得指亚洲西部或伊朗的植物。"参见《中国伊朗编》15—25页,商务印书馆,1964。

笔记、元杂剧、元代白话碑等宋元文献中不难找到其蛛丝马迹。明清以来，随着基督教的传入，受西方宗教、文化的影响也是显而易见的，这些都构成了近代汉语词汇发展的外部条件。

（三）总结词汇史研究的方法

一门学科的兴起，必然有其特有的研究方法，方法论科学与否，是否与时俱进，将决定这门学科能否长期健康地发展，能否具有长久的生命力，充满活力。近代汉语、中古汉语词汇研究始于词语考释，其考释方法和训诂学的考释方法一脉相承，汲取了传统的精华；但并不局限于传统所说的形训、声训、义训（或者是互训、义界、推原等），而是推陈出新，在新的时期有了新的发展。总结中古、近代汉语词汇史的研究方法，对本学科的建设和发展都是不无裨益的。

有关研究的方法问题后面将有专章（第十一章）探讨，此处从略。

（四）总结词汇史研究的成就和不足，展望未来

现有的中古汉语、近代汉语词汇史研究已经走过了近百年的历程，取得长足的进步，论著甚夥，新人辈出，但也存在着不少问题。对有代表性的著作进行评述，肯定成绩，指出不足，是我们责无旁贷的工作，对今后的研究工作也应该具有启发意义。

从事汉语历史词汇学研究，要能够透过现象看本质，在深入总结现有成果的基础上，发现、挖掘尚可进一步研究的新领域，提出具有前瞻性的新课题，为今后的研究开拓思路，提供参考。

例如，蒋绍愚1998年发表的《近十年间近代汉语研究的回顾与前瞻》一文，就在全面总结近十年间近代汉语研究的基础上，对今后的近代汉语研究提出了展望，具有指导意义。

相关问题在下编各章有讨论,可以参看。

二、中古近代汉语词汇学的研究对象

近代汉语、中古汉语从诞生之日起,在词汇研究领域,就注定了以研究口语词汇为主的性质,细分起来包括:

(一)中古汉语词汇和词汇学研究的对象

如前所述,中古汉语是指东汉至隋含有较多口语成分的书面语言,研究的起讫阶段是从东汉(公元25年)到隋末(公元618年),前后约六百年;如果算上过渡时期(往前是西汉,往后是初唐、中唐),还要加上几百年。故中古汉语词汇研究的对象自然就是在这一时期的书面文献特别是指口语性比较强的书面文献中的语言词汇。

词汇史研究其实包括了对汉语词汇的共时和历时研究两方面。共时研究如某一时期的专题研究、某部专书的词汇研究等;历时研究如某个专题、专类以及个别词语的历时考察。

中古汉语词汇学研究的对象是:研究、回顾已有的汉语历史词汇和断代词汇史研究成果,在以往相关研究的基础上,总结经验,揭示规律,为今后的研究作理论上的概括和总结。

(二)近代汉语词汇和词汇学研究的对象

近代汉语是指晚唐五代以来直至清初反映口语的书面语言,研究的范围从唐代开始(公元618年),一直到清初(公元1644年以后),长达一千余年;近代汉语词汇研究的对象就是在这一历史时期的书面文献,主要是白话文献。

以唐五代为例,在书面语言中,就出现了或多或少反映口语的作品,如王梵志诗、《游仙窟》等。部分文人诗作也有较高的价值,如韩愈诗、白居易诗等,都有较多的口语词。晚唐五代以来的敦煌变文、禅宗语录(如《祖堂集》《景德传灯录》)等,都是口语词相当集中的作品——这些都是近代汉语早期词汇研究的对象。宋代、元代、明代和清初,也都有风格迥异的代表性作品,都值得深入研究。

和中古汉语一样,近代汉语词汇学研究的对象是已有的历史词汇和断代词汇史研究成果,并对此作出理论上的总结。在这方面,蒋绍愚、蒋冀骋、袁宾等学者都已经有论著出版,做了开创性的工作。

(三) 中古近代汉语词汇史研究和汉语历史词汇学

从词汇领域来看,共时的研究,如现代词汇研究,或古代词汇如先秦词汇研究做得比较好,而历时的研究就显得落后。虽然共时研究是历时研究的基础,历时研究应该建立在共时研究的基础上,但历时研究的滞后,也会在一定程度上限制共时研究的深入,从而影响整个汉语词汇学的研究。因此,加强汉语历史词汇学研究,促进共时研究和历时研究的齐头并进,是时代对我们的要求,也是学科发展到今天所应该实现的目标。

三、中古近代汉语词汇和词汇学研究的类型和内容

中古近代汉语词汇和词汇史研究在近一二十年来发展较快,在研究类型和内容方面已经初具规模。这些研究,根据不同的标准和特点,大致可以分为以下几个方面:

(一) 按研究性质分

就研究性质而言,大体可分为概论型著作和考释型著作两大类。前者以王力《汉语史稿》、向熹《简明汉语史》为代表;后者以张相《诗词曲语辞汇释》、蒋礼鸿《敦煌变文字义通释》为代表。例如,向熹《简明汉语史》中编,除了论述上古汉语词汇的发展外,还分别论述了中古汉语词汇、近代汉语词汇的发展演变,对汉语的历史词汇作了全面而系统的研究。

详见下编第十四、十五两章。

(二) 按研究方法分

就研究方法而言,中古、近代汉语词汇研究方面既有专书及专题研究,也有通代研究,还有比较研究。

1. 专书研究

专书研究是汉语词汇史研究的基础工作,自20世纪80年代以来,已经出版了多部这方面的专著,弥补了相关的研究空缺。

中古汉语词汇方面,有周日健、王小莘主编《〈颜氏家训〉词汇语法研究》等。

近代汉语词汇方面,有董志翘《〈入唐求法巡礼行记〉词汇研究》等。

2. 专题研究

专题研究也是中古近代汉语词汇研究的基础工程。这方面有成绩的著述也不少,例如:

佛经词汇方面:

朱庆之《佛典与中古汉语词汇研究》,采用共时、历时相结合的研究方法。共时方面以东汉《中本起经》为解剖对象,历时方面对东汉以来的翻译佛经作了考释研究,是一部对中古时期的佛典词汇进行了较为系统研究的专著。

六朝诗歌方面:

王云路《汉魏六朝诗歌语言研究》,对汉魏六朝诗歌语言作了比较全面的研究,论述了中古诗歌的复音词构词方式、词汇特点、口语词习用语等。

3. 通代研究

通代研究,是指在语言事实的描写、揭示,总结规律的基础上,把汉语史中的语音、词汇、语法问题贯通起来作研究,这种研究是历时的,考察范围包括整个汉语发展的历史时期。以词汇史研究为例,在考察具体词语的过程中,应考察词义发展的轨迹,探究词义演变的规律,为词汇的发展演变理清线索。

蒋绍愚《近代汉语研究概况》,对1994年以前的近代汉语研究作了全面而深入的介绍。[①] 蒋冀骋《近代汉语词汇研究》,首次对近代汉语词汇作了比较系统的研究。此外,蒋冀骋、吴福祥《近代汉语纲要》、袁宾《近代汉语概论》等也是这方面的著作。详见第十五章。

4. 比较研究

为了构建汉语史,追踪、探寻某一词语或语音、语法现象的历史演变,常常需要对中古、近代汉语中的某些语言现象作历时考察,比较研究。可以是上古汉语和中古汉语之间的比较研究,可以是中古汉语和近代汉语之间的比较研究,可以是上古汉语和近代汉语之间的比较研究,可以是近代汉语和现代汉语之间的比较研究。当然,也可能是三个阶段甚至四个阶段的同时比较研究。

赵元任在谈到"语史跟比较语言学"问题时说:"那么比较时候,可以比较同一个语言的历史上的不同的阶段,同一个语言里可以拿某一时代跟某一时代比,例如拿中国语言里的隋、唐的状态和周、秦的状态比。不一定两个阶段都在过去,比方拿现在跟隋、唐比也是比较。"[②]

程湘清主编的汉语研究系列论文集(从《先秦汉语研究》到《宋

---

① 作者后来对此书作了修订和充实,评述了1994年以后的新进展,于2005年由商务印书馆出版,书名改为《近代汉语研究概要》。

② 参看赵元任(1968:123),系作者1959年在台湾大学讲演的记录。

元明汉语研究》)就汇集了不少这方面的文章,如何乐士《〈世说新语〉和〈敦煌变文集〉复音词研究》等。

在研究单部佛经或专人佛经的同时,学者们也开始关注佛经的同经异译问题,尝试进行同经异译的比较研究。

例如:辛嶋静志(2001、2002)撰写了《〈道行般若经〉和"异译"的对比研究——〈道行般若经〉与异译及梵本对比研究》、《汉译佛典的语言研究——〈道行般若经〉和异译以及梵本的比较研究(2)》二文,对《道行般若经》系统的译经进行了比较研究,在方法上值得借鉴和参考。

胡敕瑞(2004)撰写了《〈道行般若经〉与其汉文异译的互校》,该文通过对东汉支娄迦谶《道行般若经》与后世所出之同经异译经的比勘,校正了支谶译经及其他异译经的文字讹误,总结了校勘佛典所应注意的几个问题。

近年来,学者们在关注中土典籍或佛典的同时,把研究的视野投向探寻二者之间的异同,进行了两种类型语料的比较研究。如胡敕瑞(2000)撰写了题为《〈论衡〉和东汉佛经词汇研究》的博士学位论文,对东汉时期的中土文献代表作品《论衡》和东汉译经词汇进行了对比研究,注意揭示中土作品和翻译佛经词汇的异同。陈秀兰(2003)作了《魏晋南北朝文与汉文佛典语言比较研究》的博士后出站报告,从总括副词、常用词、新词新义三方面,就魏晋南北朝文和同期汉文佛典作了比较研究。

近代汉语阶段,以早期汉语会话书《老乞大》为代表的多版本比较研究也受到重视。

《老乞大》是元明时期朝鲜的汉语课本,是反映当时口语的不可多得的宝贵材料。以往对《老乞大》的研究都只按一种版本进行。前几年,随着《古本老乞大》的发现,学者发现,不同年代、不同版本的《老乞大》在语言上反映了不同时期的口语实际,具有很高的比较研究的价值。具体而言,有[韩]李泰洙《〈老乞大〉四种版本语言研究》(语文出版社,2003)、王霞《〈老乞大〉四版本词汇研究》(韩国外国语大学校博士学位论文,2002)、夏凤梅《〈老乞大〉四种版本词汇比较研究》(浙江大学博士学位论文,2005)、汪维辉《〈老乞大〉诸版本所反映的基本词历时更替》(《中国语文》2005年第6期,545—556页)等,推动了对元明清汉语尤其是《老乞大》本身的研究。

(三) 按研究特点分

就研究特点而言,有理论、方法的总结和提升,有语料的考辨和甄别,有文献的整理和应用等。

1. 理论、方法研究

在中古、近代汉语研究日益深入的今天,如何在原有的基础上更新研究法,用合适的理论进行指导,使研究跃上新台阶,已经引起了学者们的关注。和上古汉语、现代汉语相比,中古汉语、近代汉语整体的语言面貌发生了相当大的变化,如何在发现、总结现象的同时进一步探寻规律,从理论上进行解释,这是摆在汉语史研究者面前的重要任务。就历史词汇研究而言,更需要花大力气从事这方面的工作,在解释现象的同时,进一步探讨产生这一现象的原因。

例如,关于词义演变的原因和特点,前辈学者已经比照印欧语言,概括出扩大、缩小和转移三种类型。前些年,一批中青年学者提出了"相因""渗透"等新的观点,作了很好的示范(可参看蒋绍愚1989、孙雍长1985、许嘉璐1987等)。近年来,更有年轻学者或从语法化、词汇化、认知功能的角度入手,或更深入地剖析不同语料的特点和研究价值，或结合古今实例，勾勒了从"隐含"到"呈现"的轨迹，对词义演变的成因、规律进行探讨，使相关的研究走向深入，呈现出可喜的景象。详见第十六章。

2. 语料考辨研究

中古近代汉语词汇研究，主要是对具体语言事实的描写和分析，属于本体研究。但随着研究的深入，语料是否确切可靠，作（译）者是否真实可信，已经提到了研究者的前期准备工作上来。许多这方面的研究成果，可以为鉴别语料的作（译）者、判断作品的写作年代提供证据。

早些年比较成功的有徐复《从语言上推测〈孔雀东南飞〉一诗的写作年代》、杨伯峻《从汉语史的角度来鉴定中国古籍写作年代的一个实例——〈列子〉著述年代考》、刘禾《从语言的运用上看〈列子〉是伪书的补证》、张永言《从词汇史看〈列子〉的撰写时代》等。

近年来，围绕着佛典语料的广泛利用，学者也开始关注佛经的翻译年代、译者的真伪问题，进行了汉译佛经甄别和考辨的工作。详见第八章。

3. 整理应用研究

中古、近代汉语研究是基础研究，其主要目的是为科学的汉语史研究提供帮助。但并不排除它还有应用研究的价值。例如，从事中古、近代汉语研究的学者，可以利用相关的研究成果进行中古、近代汉语作品的校点、注释、翻译工作，或可借以纠正这一时期古籍整理的失误；也可以补正大型语文辞书在收词（义）释义、溯源举证等方面的缺失。总之，中古近代汉语研究成果可供从事古籍整理与辞书编纂工作者参考。

早期的一些著作，如徐震堮《敦煌变文集补校》、蒋礼鸿《敦煌曲子词校录》、郭在贻等《敦煌变文集校议》、项楚《王梵志诗校注》和《敦煌歌辞总编匡补》等,都是十分出色的订讹补缺的著作,纠正了前人的大量失误。徐震堮《〈世说新语〉校笺》、王利器《〈颜氏家训〉集解》、杨明照《〈文心雕龙校注〉拾遗》、缪启愉《〈齐民要术〉校释》等中古典籍校理著作也对魏晋南北朝词语作了诠释,多所发明,都是很好的整理应用类著作。

本章参考文献

陈秀兰　2003　《魏晋南北朝文与汉文佛典语言比较研究》,浙江大学博士后出站报告;韩国新星出版社,2004。

[英]戴维·克里斯特尔　2000　《现代语言学词典》(第四版),沈家煊译,商务印书馆。

方一新　1997　《东汉魏晋南北朝史书词语笺释》,黄山书社。

[瑞典]高本汉　1926　《中国音韵学研究》,中译本,赵元任、罗常培、李方桂译,商务印书馆,1940年第1版,1948年再版,1994年8月缩印第1版。

——　1985　《中国语和中国文》,张世禄译,台北文史哲出版社。

高列过　2003　《东汉佛经被动句疑问句研究》,浙江大学博士学位论文。

高名凯　1948　《唐代禅家语录所见的语法成分》,《燕京学报》第34期;又载《高名凯语言学论文集》135页,商务印书馆,1990。

郭锡良　1994　《先秦汉语构词法的发展》,载高思曼、何乐士主编《第一届国际先秦汉语语法研讨会论文集》51—71页,岳麓书社。

何乐士　1992　《〈史记〉语法特点研究》《从〈史记〉和〈世说新语〉的比较看〈世说新语〉的语法特点》,分载程湘清主编《两汉汉语研究》110页、《魏晋南北朝汉语研究》178页,山东教育出版社。

胡敕瑞　2000　《〈论衡〉和东汉佛经词汇研究》,北京大学博士学位论文。

——　2002　《〈论衡〉与东汉佛典词语比较研究》,巴蜀书社。

——　2004　《〈道行般若经〉与其汉文异译的互校》,载《汉语史学报》第四辑,127—146页,上海教育出版社。

胡明扬　1992　《近代汉语的上下限和分期问题》,载《近代汉语研究》,商务印书馆。
胡竹安　1983　《中古白话及其训诂的研究》,《天津师范大学学报》第5期。
黄　侃　黄　焯　1983　《文字声韵训诂笔记》,上海古籍出版社。
黄　征　1994　《俗语词研究与历代词汇研究的关系》,香港《语文建设通讯》第45期。
江蓝生　1994　《试述吕叔湘先生对近代汉语研究的贡献》,《中国语文》第1期。
蒋冀骋　1990　《论近代汉语的上限》(上),《古汉语研究》第4期。
——　1991　《论近代汉语的上限》(下),《古汉语研究》第2期。
——　1992　《近代汉语词汇研究》,湖南教育出版社。
蒋绍愚　1989　《论词的"相因生义"》,载《语言文字学术论文集——庆祝王力先生学术活动五十周年》,知识出版社。
——　1994　《近代汉语概况》,北京大学出版社。《近代汉语研究概要》,商务印书馆,2005。
——　1998　《近十年间近代汉语研究的回顾与前瞻》,《古汉语研究》第4期。
——　2005　《古汉语词汇纲要》,商务印书馆。
[美]劳费尔　1964　《中国伊朗编》,商务印书馆。
黎锦熙　1927　《中国近代语研究提议》,见《"巴"字十义及其"复合词"和"成语"》一文所引,载《汉语释词论文集》,科学出版社,1957；又见中华书局1948年再版《辞海》黎序。
——　1957　《汉语释词论文集》,科学出版社。
梁冬青　2002　《出土文献"是是"句新解》,《中国语文》第2期。
刘广和　2002　《中古音分期问题》,《汉语史学报》第二辑,上海教育出版社。
刘　禾　1980　《从语言的运用上看〈列子〉是伪书的补证》,载《东北师范大学学报》1980年第3期。
刘叔新　1993　《语义学和词汇学问题新探》,天津人民出版社。
刘子瑜　2003　《汉语选择问句历史发展研究述评》,新世纪汉语史发展与展望国际学术研讨会论文；刊《汉语史学报》(第五辑),99—121页,上海教育出版社。
[美]罗杰瑞　1995　《汉语概说》,中译本,张惠英译,语文出版社。
吕叔湘　1961　《汉语研究工作者的当前任务》,《中国语文》第4期,收入《吕叔湘语文论集》,商务印书馆,1983。

吕叔湘　1985a　《近代汉语指代词·序》,学林出版社。
——　1985b　《近代汉语读本·序》,上海教育出版社。
——　1988　《魏晋南北朝小说词语汇释·序》,语文出版社。
——　2004　《文言和白话》,《吕叔湘文集》第四卷,商务印书馆。
[法]马伯乐　1920　*Le dialecte de Tch'ang-ngan sous les T'ang*,中译本为《唐代长安方言考》,聂鸿音译,中华书局,2005。
梅祖麟　1986　《关于近代汉语指代词——读吕著〈近代汉语指代词〉》,《中国语文》第 6 期,404—405 页。
——　1998　《汉语语法史中几个反复出现的演变方式》,载郭锡良主编《第二届国际古汉语语法研讨会论文选编——古汉语语法论集》15—31 页,语文出版社。
潘允中　1989　《汉语词汇史概要》,上海古籍出版社。
[日]青木正儿　1982　《中国文学概说》第一章"语学大要"第二节"训诂",隋树森译,重庆人民出版社。
史存直　1989　《汉语词汇史纲要》,华东师范大学出版社。
[苏联]斯大林　1950　《马克思主义和语言学问题》,原载于 1950 年 6 月 20 日苏联《真理报》;中译本,人民出版社,1964。
孙朝奋　1997　《再论助词"着"的用法及其来源》,《中国语文》第 2 期。
孙雍长　1985　《古汉语的词义渗透》,《中国语文》第 3 期。
[日]太田辰夫　1988　《汉语史通考》,中译本,江蓝生、白维国译,重庆出版社,1991。
汪维辉　1994　《〈中古汉语语词例释〉读后》,《语言研究》第 2 期。
——　1998　《系词"是"发展成熟的时代》,《中国语文》第 2 期。
——　2000　《东汉—隋常用词演变研究》,南京大学出版社。
王　力　1980　《汉语史稿》,中华书局新 1 版。
——　1981　《古代汉语·绪论》,中华书局。
——　1992　《王力文集》,山东教育出版社。
王　素　李　方　1997　《魏晋南北朝敦煌文献编年》,台北新文丰出版公司。
王云路　方一新　1992　《中古汉语语词例释》,吉林教育出版社。
魏培泉　2000　《东汉魏晋南北朝在语法史上的地位》,台北《汉学研究》第 18 卷特刊,199—230 页。

卫志强　1985　《苏联近年有关汉语研究的论著简介》,《中国语文通讯》第3期。

辛嶋静志　2001　《〈道行般若经〉和"异译"的对比研究——〈道行般若经〉与异译及梵本对比研究》,《汉语史集刊》(第四辑)313—327页,巴蜀书社。

——　2002　《〈道行般若经〉和"异译"的对比研究——〈道行般若经〉中的难词》,《汉语史集刊》(第五辑)199—212页,巴蜀书社。

向　熹　1993　《简明汉语史》,高等教育出版社。

徐　复　1958　《从语言上推测〈孔雀东南飞〉一诗的写作年代》,《学术月刊》第2期;收入《徐复语言文字学丛稿》,江苏古籍出版社,1990。

许嘉璐　1987　《论"同步引申"》,《中国语文》第1期。

杨伯峻　1956　《从汉语史的角度来鉴定中国古籍写作年代的一个实例——〈列子〉著述年代考》,《新建设》第7期,收入杨伯峻《列子集释》"附录"。

赵元任　1968　《语言问题》,台湾商务印书馆,1987年第5版。

张渭毅　2002　《中古音分期综述》,载《汉语史学报》第二辑27—37页,上海教育出版社。

张　相　1953　《诗词曲语辞汇释·叙言》,中华书局。

张永言　1982　《词汇学简论》,华中工学院出版社。

——　1991　《从词汇史看〈列子〉的撰写时代》,载《季羡林教授八十华诞纪念论文集》(上),江西人民出版社。

张中行　1988　《文言和白话》,黑龙江人民出版社。

[日]志村良治　1984　《中国中世语法史研究》,日本三冬社;中译本,江蓝生、白维国译,中华书局,1995。

中国大百科全书《语言文字》编委会　1988　《中国大百科全书·语言文字》,中国大百科全书出版社。

中国社会科学院语言研究所词典编辑室　2005　《现代汉语词典》第5版,商务印书馆。

周祖谟　1956　《〈方言〉校笺通检·自序》,科学出版社。

——　2000　《汉语发展的历史》,收入《周祖谟语言文史论集》1—15页,人民教育出版社。

朱庆之　1992　《佛典与中古汉语词汇研究》,台北文津出版社。

[苏联]佐格拉夫　1979　《中古汉语研究概况》(《中古汉语的形成和发展》一书的序言),王海棻译,卫志强校,《国外语言学》1980年第6期,18—24页。

第二章　中古近代汉语词汇研究与相关学科的关系

　　语言是一个整体,语言学的各个学科本来就有着千丝万缕的关系,难以截然分开;学科之间的交叉融合、触类旁通是势所必然,也是语言学兴旺发达的标志之一。中古近代汉语词汇研究属于汉语词汇史领域,它以东汉至明末清初的汉语书面语特别是接近口语的作品为主要研究对象,以训释词义,研究相关的词汇问题为己任,因此,和许多相关学科都有着比较密切的联系。研究词汇史的学者,眼睛不能只盯在词汇上,而要开拓视野,关注相关学科的发展,善于引进、借鉴相关学科的最新理论和成果,培养贯通形音义、进行综合研究的本领。

　　中古近代汉语词汇研究和相关学科的关系,大致有以下两种情况:一种是和语言学学科内部相关学科的关系,如和属于传统语言学范畴的音韵学、训诂学、文字学以及属于现代语言学范畴的语音学、语义学、语法学等的关系;另一种是和其他相邻学科的关系,有古典文献学、校勘学、历史学、文学、社会学等。本章讨论中古近代汉语词汇研究和上述这些相关学科的关系,为中古近代汉语词汇学的学科定位和横向联系提供参考。

第一节 中古近代汉语词汇研究和语音学

这里所说的语音学,主要指古代语音学,也就是通常所说的音韵学。音韵学是传统语言学的一个部门,而词汇学则是现代语言学产生后才有的分支学科。在古代,和词义研究有直接关系的是训诂学。中古近代汉语词汇研究和音韵学的关系可从两方面来看:

一、声音和意义相互依存

形音义是汉字的三要素,其中声音和意义有着十分密切的关系。古代学者对音义关系有很辩证的看法,例如:

元代的戴侗说:"训诂之士,知因文以求义矣,未知因声以求义也。夫文字之用莫博于谐声,莫变于假借。因文以求义而不知因声以求义,吾未见其能尽文字之情也。"(《六书故·六书通释》)

明代的方以智说:"欲通古义,先通古音。"(《通雅》卷首一《音义杂论·方言说》)"因声知义,知义而得声。"(卷六《释诂·诼语》)

清代学者中,正确理解并阐述音义关系者甚多,如:

戴震说:"疑于义者,以声求之;疑于声者,以义正之。"(《戴东原集》卷四《转语二十章序》)

段玉裁提出了古形、古音、古义和今形、今音、今义六者互相求的观点。指出:"小学有形有音有义:三者互相求,举一可得其二。有古形有今形,有古音有今音,有古义有今义,六者互相求,举一可

得其五。……治经莫重于得义,得义莫切于得音。"(《广雅疏证·序》)

王念孙说:"窃以诂训之旨,本于声音。故有声同字异、声近义同。……今则就古音以求古义,引伸触类,不限形体。"(《广雅疏证·自序》)

正因为元明以来特别是清代学者抓住了"因声求义"的钤键,正确掌握了以声音通训诂的研究方法,故在语言文字研究方面取得了度越前贤的成就。

二、因声求义,是考求词义的重要手段

传统训诂学的因声求义法,已为近现代学者所继承,他们在研究中,也常常能打破文字的束缚,找到语音上的联系,因声求义。例如,蒋礼鸿撰《敦煌变文字义通释》,就经常采用这个方法来解决敦煌变文中的疑难词语。[①] 志村良治(1984[1995:3])也说:"词汇的变化每每同音韵的交替变化有重要的关连。这一方法,即把词汇的变化同音韵史的变化相联系进行研究的方法,笔者在各处都使用了,特别是第二部分专论中对'甚麼''恁麼'的研究,就是依靠这种方法取得的具体成果之一。"

(一)中古近代汉语有许多通假字,需要用破除假借的办法来解决

中古、近代汉语中的某些语词,从文意上能够作出解释,但对其词义来源仍有进一步探讨的必要。特别是属于通假字的情况,

---

① 作者在《敦煌变文字义通释·序目》里说:"由于变文里头假借字和本字杂出,简体俗体字和正字并列,声音的转变,以及和现代词义的差异,单独看一个词就不容易知道它的意义,得花一些归纳整理的工夫,才能把这些口语的词义弄清楚。"参见蒋礼鸿(1997:2)。

应该为其找出本字,因声求义,不限形体。

在这方面,蒋礼鸿《敦煌变文字义通释》是做得比较好的,例如:

代—大

《敦煌变文校注·王昭君变文》:"五神俱总散,四代的危危。"(158页)《通释》云:"'代'和'大'同音通用。""四大"指身体。证据有《李陵变文》:"陵家曆大为军将。"(《校注》133页)"曆大",《敦煌变文集》《敦煌变文校注》均校作"歷代"。唐人崔令钦《教坊记》记"大面"出北齐兰陵王长恭,下文有"乃刻木为假面"文句。《通释》指出"大面"就是"代面",唐代"大""代"通用,《旧唐书·音乐志二》记此事,正作"代面"。(67页)

陌目—霡霂

《敦煌变文校注·降魔变文》:"忽闻说佛之名,体上汗流陌目。"(553页)何谓"陌目"?《通释》考释云:"即'霡霂',变文里是汗流之貌。"(390页)晋左思《吴都赋》:"流汗霡霂,而中逵泥泞。"唐玄应《一切经音义》卷二二:"霡霂,音脉木,《尔雅》:'小雨谓之霡霂。'今流汗似之也。"证明《通释》读"陌目"为"霡霂"是有根据的。

和近代汉语词汇研究一样,中古汉语词汇研究也需要以语音为线索,因声求义。这里举两例:

掇皮—剟皮

《世说新语》中有"掇皮"一语,凡二见:《赏誉》第78则:"谢公称蓝田掇皮皆真。"(256页)《排调》第50则:"范启与郗嘉宾书曰:'子敬举体无饶,纵掇皮无馀润。'"(436页)"掇皮"一般解释为去皮或削皮,这是对的。但"掇"的本义为拾取,何以能作"削、剥去"解,前贤并无进一步的阐释。我们认为,"掇"应当是"剟"的借字。《广韵·末韵》"掇"和

"剟"都是丁括切,说明"掇"和"剟"是同音字。"剟"的本义为刊削。在古籍里,不难找到以"掇"代"剟"的用例。《汉书·王嘉传》:"上于是定躬、宠告东平本章,掇去宋弘,更言因董贤以闻。"(3492页)颜师古注:"掇读曰剟。剟,削也,削去其名也。剟音竹劣反。"《史记·张耳陈馀列传》:"吏治,榜笞数千,刺剟。"(2584页)"刺剟",唐代司马贞《集解》本作"刺掇",都是"掇""剟"相通的证据。① 明乎此,则"掇皮"就是"剟皮",也就是"去皮""削皮";"蓝田掇皮皆真"是说王蓝田就是去了皮仍然质朴率真,就很好理解了。

的缚—靮缚

《异苑》卷九:"至十三年,乃于长山为本主所得,知有禁术,虑必亡叛,的缚枷锁,极为重复,少日已失所在。"(91页)从上下文看,"的缚"应是"羁缚捆绑"义,但"的"的本义是箭靶的中心,与羁缚义无涉。此处"的缚"之"的"当读为"靮"。"的"和"靮"《广韵》均"都历切",同为端母锡韵,是同音字。"靮"的本义为马缰绳,《太平御览》卷三五八引张揖《埤苍》:"靮,马韁也。""韁"同"缰"。马缰绳是勒住马口的绳索,故引申有羁缚义,"的缚"盖近义连文。《三国志·魏志·齐王芳纪》:"四五人的[靮]头面缚,将绕城表。"(127页)"的"的用法正与此同。(参见吴金华1990:36)

(二)某些疑难词语的诠释也需要利用音韵学原理

在中古时期的汉魏六朝文献中,有一些疑难词语,常常令人百思不得其解。倘能运用音韵学原理加以分析,积年疑虑就会迎刃而解了。

---

① 江蓝生、曹广顺《唐五代语言词典》收有"掇"的俗字"棳",指出:"'棳'为'掇'的俗体,'掇'又为'剟'的同音借字。"并举《敦煌变文集·大目乾连冥间救母变文》"罪人乱走肩相棳"为例,可参。

粽—糁

《古小说钩沉》辑《续异记》:"(施)子然问其姓名,即答云:'仆姓卢,名钩。家在粽溪边,临水。'复经半旬中,其作人掘田塍西沟边蚁蛭,忽见大坎,满中蝼蛄,将近斗许,而有数头极壮,一个弥大。子然自是始悟曰:'近日客卢钩,反音则蝼蛄也。家在粽溪,即西坎也。'"(出《太平广记》卷四七三"施子然"条)

按:据上下文,两"粽"字皆当作"糁"字。就现有文字而言,会觉得本例所云莫名其妙,不得要领。其实这里有误字,作者是在用反切打哑谜,奥秘隐藏在文字游戏中。根据反切用上下字切出被切字的原理,可以发现"粽"应作"糁","粽"和"糁"形近易误。糁,《广韵》桑感切,音 sǎn。"卢钩"相切得"蝼","钩卢"相切得"蛄",以"卢钩"隐"蝼蛄"。"糁溪"相切得"西"(糁、西古音同属心纽),"溪糁"相切得"坎"(溪、坎古音同属溪纽),以"糁溪"隐"西坎"。正字误、明音理后则豁然开朗。(参见方一新、王云路1993:107/2006:130)

婢—裨

南朝梁任昉《奏弹刘整》:"叔郎整常欲伤害,侵夺分前奴教子、当伯,并已入众。又以钱婢姊妹、弟温,仍留奴自使。""亡寅后,第二弟整仍夺教子,云:'应入众。'整便留自使。婢姊及弟各准钱五千文,不分逸。"两例"婢"字用得奇怪,无法读通。但如果知道"婢"应读作"裨",义为补贴(详第十三章),则文从字顺。

正如《敦煌变文字义通释·序目》中指出的那样,近代汉语作品中仍然不乏通假字,需要破除文字的迷障,明文字通假。[①]

[①] 张鸿魁(1994)认为必须充分考虑近代汉语资料多俗字和讹错字的事实,并探讨了训释近代词语中"循声求义"和"印证方言"方法的应用问题。

例如：

敬—惊（驚）

唐宋以来，"惊"（驚）常借"敬"为之，其例甚夥，如：《大唐三藏取经诗话》卷中："说由未了，攧下三颗蟠桃入池中去。师甚敬惶，问：'此落者是何物？'答曰：'师不要敬，此是蟠桃正熟，攧下水中也。'"（《近代汉语语法资料汇编·宋代卷》247页）又卷下："孟氏与春柳敬惶，相谓曰：'急须作计杀却！'"（同上，253页）"敬惶"和"不要敬"的"敬"都是"惊"字之借。又："长者抱儿，敬喜倍常。"（同上，254页）"敬喜"，惊喜。又卷下："夜至三更，法师忽梦神人告云：'来日有人将《心经》本相惠，助汝回朝。'良久敬觉，遂与猴行者云：'适来得梦甚异常。'"（同上，252页）"敬觉"就是"惊觉"。①

那—捺

《朱子语类·训门人》："这天理说得荡漾，似一块水银滚来滚去，捉那不著。"（同上，281页）"捉那不著"的"那"费解。

按："那"疑应读为"捺"，按住，压住。中古佛典已见，西晋竺法护译《普曜经》卷三："菩萨在坐，以手捺张，抨弓之声，悉闻城内。"（3/502/a）失译（附秦录）《别译杂阿含经》卷九："譬如力人以绳系于弱劣者头，搅搣掣顿，揉捺其头。"（2/441/b）近代汉语作品亦用。《警世通言·崔待诏生死冤家》："咸安王捺不下烈火性，郭排军禁不住闲磕牙。"（同上，448页）今吴方言仍说。《朱子语类》中现存于吴方言的词语不少，此即一例。

---

① "敬"借为"惊"，江蓝生已经指出，见《近代汉语语法资料汇编·宋代卷》257页。《近代汉语语法资料汇编·唐五代卷》《近代汉语语法资料汇编·宋代卷》《近代汉语语法资料汇编·元明卷》在本书中第一次出现用全称，余次用《唐五代卷》《宋代卷》《元明卷》的简略形式。

为—会

《清平山堂话本·杨温拦路虎传》出现了几例"为":"都头起来,着了衣裳道:'好,你真个为。'"(《宋代卷》,424页)"都头道:'是我欺负他了,被打了一棒,却是他为。'"(同上)"有指爪劈开地面,为腾云飞上青霄。"(同上)

蒋绍愚《校记》中注明,这几例"为"都通"会",是能干,有本事。又如:《古今小说·宋四公大闹禁魂张》:"宋四公道:'恁地你真个会,不枉了上得东京去。'"(同上,488页)这样,文意就贯通无碍了。

匹、辟、僻—躄

《警世通言·一窟鬼癞道人除怪》:"教授看见,大叫一声,匹然倒地。"(同上,455页)《清平山堂话本·杨温拦路虎传》:"李贵叫一声,辟然倒地。"(同上,426页)"匹"、"辟"疑都是"躄"之借字。躄,义为倒,仆倒。《龙龛手镜·足部》:"躄,倒也。"《警世通言·万秀娘仇报山亭儿》:"那苗忠怒起来,却见万秀娘说道:'苗忠底贼!……你也好休!'说罢僻然倒地。"(同上,472页)"僻"也应读为"躄"。

讨柴—讨债

《张协状元》二十四出:"(净)我讨柴!(丑)我讨柴!"(同上,567页)"讨柴"是"讨债"的方音之变。

第二节 中古近代汉语词汇研究和语义学

语义学(semantics),语言学的一大分支,指对自然语言中词语意义的研究,源自于西方语言学。1893年,法国学者M.布雷阿尔(Brial)第一次使用"语义学"名称,并于1897年出版了专著《语义学探索》。早期,语义学分为哲学语义学、历史语义学和结构语义学等。① 近些年来,随着西方语言学的快速发展,语义学又衍生出生成语义学、认知语义学、词汇语义学等新的分支学科。现代西方语义学家有卡兹、菲尔摩、利奇、莱昂斯、肯浦森、帕默等。其中英国语言学家杰弗里·N.利奇(Geoffrey Leech)的《语义学》已由李瑞华等人翻译成中文,介绍给国内读者,由上海外语教育出版社1987年出版。

词汇和语义的关系十分密切,词汇学和语义学也有着异乎寻常的关系。其实,在20世纪70年代以前,语义研究属于词汇学的研究范围,还不是一个独立的学科。以布龙菲尔德为代表的结构主义语言学只重视语音和语法,排斥语义。当时,semantics一词在国内被译为"词义学",主要对应汉语中的实词词义。到70年代后,转换生成语法兴起,一反结构主义的传统,重视语义分析,生成语义学更进一步,着重从句子内部成分之间的语义关联来研究生成句子的规则。格语法主要以句内名词性成分同动词之间的语义关系来分析句子结构。蒙塔古语法则通过句法部分和语义部分的对应来分析自然语言,建立语法规则。这时,语义已经变得和句法一样重要,在此基础上,形成了结构语义学(structural semantics),用结构语言学的原则借助语义关系的概念来研究意义。国外语言学流派的发展给国内语言学界以启示,原有的"词义学"概

---

① 参看《中国大百科全书·语言 文字》488—490页,蒋绍愚(1989:15)说:"语义学(semantics)最早是在19世纪由德国学者莱西希(K.Reisig)提出来的,他主张把词义研究作为一个独立的学科,并把这个学科叫做semasiologie(semasio意义,logie学)。"

念显然已经不能适应新的形式和要求了。于是,国内语言学界给 semantics 这一单词以新的译法,称之为"语义学"。①

先看"同"的方面。以往所说的词汇学,包括研究词的意义;特别是汉语历史词汇学,其研究对象就是上古、中古和近代词汇,就以往的研究现状而言,侧重于研究这些时期词语的意义、发展及演变等,这就和语义学联系起来了。

再看"异"的方面。实际上,词汇学研究的对象除了词义以外,还研究词的构造、词与词之间的搭配、词或大于词的单位的界定等等,范围明显不同,故词汇学不同于语义学。

刘叔新(1993:6—7)对词汇学和语义学的异同作了论述:"显然,语义学的语言意义这个对象方面,有一部分和词汇学研究对象的局部相重合,就是不可避免的,但是无关紧要。词汇学研究词汇单位及其相互关系时,除了要注意到这些单位的形式,自然还要观察、分析其意义。但是,词汇学是从词汇单位及词汇结构组织的角度来看取语义的,以说明词汇单位及其相互组织关联的特点、问题为目的。这和语义学研究语义本身的特性和规律性大不一致。由此,也决定了两个学科在语言意义研究的深度和广度上的差异。"刘氏认为:词汇学不可能把语言意义所有方面深入、系统的研究都包揽下来,诸如义位及其变体、词义和固定语意义的内部形式、词内语素义之间的组合关系、语义范畴、语义系统等,只能列入语义学研究对象范围之内。

这样看来,词汇学和语义学原来同宗同源,语义学涵盖在词汇学里面。后来语义学另立门户,从词汇学中分离出来,形成一门新

---

① 以上所述从"词义学"到"语义学",参考了刘叔新(1993:1—10)。

的语言学分支学科。

语义学和词汇学的差异很多。比如,分析词义,传统训诂学经常采用"甲,乙也""乙,甲也"的互训方式,"甲"和"乙"大致属于同义词的范畴。从汉代开始,训诂学家还懂得运用词义辨析的方法来区别同义词之间词义上的细微差别,他们采用的术语有"浑言""统言""通言"和"析言""散言"等。词汇学者则进一步,在此基础之上,把词义分解成理性意义和附加意义,区别同异。而语义学则采用义素分析法,通过对词的不同义位的对比,分解出有区别特征作用的义素,然后考察其异同,研究义位之间的差别。

除了义素分析法外,现代语义学对词的意义的研究也值得借鉴。例如,利奇(1983[1987:13—33])把"意义"划分为七种不同的类型,最主要的就是逻辑意义(利奇称之为理性意义),此外还有联想意义(包括内涵意义、社会意义、情感意义、反映意义、搭配意义)和主题意义。利奇以"woman"(妇女)为例,作了详细的分析。他指出,"woman"除了理性意义外,"还应包含很多附加的、非标准的特性。她们不仅包括躯体特征('双乳''有子宫'),而且包括心理和社会特征('爱聚群''有母性本能'),还可以进而包括仅仅是典型的而不是女性所必具的特征('善于词令''善于烹调''穿裙子或连衣裙')"。此外,由于某一部分人或整个社会的看法,内涵意义还可包含所指事物的"公认特征"。过去居于支配地位的男子喜欢把"脆弱""易流眼泪""懦怯""好动感情""缺乏理性""反复无常"等形容词强加在女子头上;当然,也把她们描述为具有"文雅""富有同情心""敏感"和"勤勉"这些比较符合其性格的品质。

不过,本书所称的"词汇学",其实还是早期的概念,即包括了语义研究在内的词汇学。所谓"中古近代汉语词汇学",系指对中古、近代汉语词汇所作的研究,包括方法、语料、成果等在内,这是需要特别说明的。

第三节　中古近代汉语词汇研究和语法学

词汇学是专门研究词与词的组合、聚合关系的,而语法学则是研究句子成分的组成条件和规则的,二者之间显然有着密切的联系。和词汇学一样,我国古代没有专门的语法学,有关的研究都包含在训诂学里。实际上,很多词义的解释和语法有关,由于不察语法而误解词义的例子并不少见。

一、正确理解语法关系是正确理解词义的前提

要利用古代典籍作研究,首先就要正确理解古文中的语法。《马氏文通》的作者马建忠古文功底好,他借鉴西方语言学的方法来分析古文中的语法,就是建立在正确理解句子的语法关系的基础上的。

词汇和语法的关系是辩证的:正确的语法分析,可以帮助准确地理解词义;反过来,对词义的正确理解,也会有助于分析语法。

蒋绍愚(1994)曾对白居易诗中的"校"做过研究,指出白诗中"校"常用于比较,有这样四种用法:

1. 用于比较句。有三种形式:

(1) N_1 比 N_2 校 A(N_1 代表比较的主体,N_2 代表比较的对象,A 为形容词):比君茅舍校清凉。

(2) (N_1)A 校于 N_2:老校于君六七年。

(3) (N_1)A 校 N_2:小校潘安白发生。

2. 上述句式中 N_1 多不出现。如果 N_1 出现而 N_2 不出现,则成为"N_1 校 A"。如:夜来身校健。

3. 比较句中可出现 A(或 V+A 构成的动结式)的准宾语 O。也有三种形式:

(1) 校+A+O:已校归迟四五年。

(2) A+校+O:白发生迟校几年。

(3) 校+O+A:又校三年老。

4. 如果是两种事物 N_1 和 N_2(或两种性状 A_1 和 A_2)比较优劣,则其句式为 $N_1(A_1)$+校+V+$N_2(A_2)$(V 多为"胜"或"不如")。如:山中犹校胜尘中。

1、2、4 三种句式,"校"都表示和……相比,相比之下……,如"比君茅舍校清凉",是说和您的茅舍相比,我的茅舍清凉。"又校三年老"是说相比之下老了三年。"山中犹校胜尘中"是说和尘中相比,山中仍然要略胜一筹。

2 式句子虽然实际上仍含比较之义,但因比较的对象不出现,"校"可译为"颇"。"夜来身校健"犹言(到)晚上身体相当好。

这样细致地归纳分析,比起笼统地用"差""相差"来解释"校"要明晰贴切,而且能进一步知其所以然。关键就在于作者具有语法观念,能够透过用例纷繁复杂这一表面现象,抓住"校"在不同句式中的使用特点,以简驭繁,纲举目张。语法分析在词义诠释上的作用可见一斑。

"不问"是上古已出现的词语,原来有"不慰问"义,如《周礼·秋官·大行人》:"出入三积,不问一劳。"有"不询问"义,如《史记·孔子世家》:"后景公敬见孔子,不问其礼。"从六朝开始,"不问"产生了新义——不论、不管。那么怎样区别"不问"的所指?如何判定"不问"到底是不询问(不慰问),还是不论、不管?

如果仅仅从语法形式上看,则无论表示不询问还是表示不论、不管,都没有区别。但是,根据"不问"所带的宾语,可以判定其所指。具体一点说:"不问"表示不论、不管义时,后面都接反义词组或短语,"不问……"是表示对后面发生的两种相反情况的排除。也就是说,当"不问"带了反义词组(通常是偏指状况不好的一面)后,其所指即为不论、不管,表示条件或情况不同而结果不变。如:《世说新语·雅量》第 20 则:"客来蚤者,并得佳设,日晏渐罄,不复及精,随客早晚,不问贵贱。""不问贵贱"言不管尊贵还是卑贱都一样接待(早来者吃好的,晚来者吃差的)。《经律异相》卷二引《未曾有经》:"检括国中,不问豪贱,选择名女,足一百人。""不问豪贱"是说不管豪门还是贫民,都在征集"名女"的范围内。《齐民要术》卷一《耕田》:"凡耕:高下田,不问春秋,必须燥湿得所为佳。""不问春秋"是说不管春季还是秋季,土地的湿度都要合适。可见,通过考察"不问"所带的成分,可以判定其所指,这是一个较为可靠的鉴定标志,目前尚未见到例外。[①]

二、利用中古、近代汉语语法知识,可以发现有关研究的失误

《敦煌变文校注·汉将王陵变》:"前月二十五日夜,王陵领骑将灌婴,斫破项羽营乱,并无消息。"又:"王陵领骑将灌婴,斫破寡人营乱。"(70 页;《变文集》44 页)前人认为这两句有问题,提出了校勘意见。徐震堮校:"'营乱'疑是'营垒'的声近之误。"蒋礼鸿《通释》不同意徐校,认为"营乱"就是"营部","乱"为"部"的迻写误

---

① 黑维强(2002)曾征引陕北方言考释近代汉语典籍中的"不问",用此方法检验黑文诸例,都没有例外。

录。校云:"营乱,当作营部,部是军队编制单位。"(84页)

按:其实原文不误。"斫破项羽营乱",是合"斫破项羽营"、"(因斫破而)使项羽军营混乱"两句为一句的句法,即动词"斫"后面带了两个补语:a.破;b.项羽营乱。第二个补语本身又是主谓结构。这是一个"动补结构+宾语+补语"的句子,和"踏破贺兰山缺"相仿。①

六朝时期,可以看到一种特殊的动补结构,即"动词+宾语+结果补语"。关于这类"动+宾+补"(VOC)的格式,太田辰夫(1987:197)、梅祖麟(1991)、赵长才(2001:16)等都有论列。VOC动补结构在汉魏以来的翻译佛经中俯拾皆是,如:

失译《兴起行经》卷上《佛说孙陀利宿缘经》:"明旦辟支佛即入城乞食,净眼于后便杀鹿相,脱衣服取,埋尸著乐无为庐中。"(4/164/c)"脱衣服取",元、明二本作"脱取衣服"。② "脱衣服取"就是脱取衣服,这是动补结构中间插入"衣服",构成 VOC 句式,为六朝佛典多见,当不误。又《佛说骨节烦疼因缘经》:"其城中有一大医,别识诸药,能治众病。长者子呼此医子曰:'为我治病愈,大与卿财宝。'"(4/167/a)"治病愈"就是"治愈病"。

其他佛经用例:

晋法显《法显传·伽耶城、贝多树下》:"夫人伺王不在时,遣人,伐其树倒。"元魏吉迦夜共昙曜译《杂宝藏经》卷二《六牙白相象

---

① 黄征为此句作校注云:"二说皆未确。……此例乃属一种俗句法,更可排除形误之疑,其句式特点在于谓语动词后有两个补语,一个紧接动词,一个隔在宾语之后,而两个补语必须是同义或近义的形容词,以本例言,可图解为:斫—破—项羽营—乱,意即'斫破斫乱项羽营',或'斫项羽营使破乱'。"并举岳飞《满江红》词等为例。说是。参看《敦煌变文校注》87页。

② 元、明二本作"脱取衣服"者,殆后人所改。

缘》:"我生人中,自识宿命,并拔此白象牙取。"南朝梁宝唱等集《经律异相》卷二〇引《出曜经》:"夫主见妇爱著此瓶,即打瓶破。"又卷三五引《贤愚经》:"身虫瘙痒,揩颇梨山碎。"都是类似的结构。

中土文献也有用例:

《宋书·傅隆传》:"时会稽剡县民黄初妻赵打息载妻王死亡,遇赦。"(1550页)《南齐书·沈文季传附兄子昭略》:"以瓯掷面破,曰'作破面鬼'。"(780页)《九家旧晋书辑本·王隐晋书》卷九:"后迪作酪,当酿未成,大瓮自行,迪打酪甕破。"(287页)

VOC结构("动＋宾＋补")发展到唐宋以后,则宾语前面的动词可以变成复杂一些的动补结构,演变成"动补＋宾＋动",此例"斫破项羽营乱",岳飞词"踏破贺兰山缺"是也。这类句式的特点是,全句有两个动词(动$_A$、动$_B$),动$_A$由动补结构组成,动$_B$由动词或形容词组成,A和B词性、意义相近。中间隔着一个宾语,这个宾语既是动$_A$(动补结构)的宾语,又是后面动词(动$_B$)的主语,实际上是一个兼语式。

具体到"斫破项羽营乱"一句,词义分析应为:斫破(动补结构作谓语)项羽营(宾语)/项羽营(主语)乱(谓语)。"踏破贺兰山缺",意为踏破(动补结构作谓语)贺兰山(宾语)/贺兰山(主语)缺(谓语)。

晚唐五代以来,"可笑"有程度副词的用法,义为非常、很,见于《敦煌变文集》《祖堂集》等。推而广之,有学者把拾得诗"得此分段身,可笑好形质"、《入唐求法巡礼行记》卷四"便栽松柏奇异之树,可笑称意"直至《世说新语·容止》"周伯仁道桓茂伦:'嶔崎历落可笑人'"中的"可笑"都理解为形容词,谓"皆为可喜、可爱之义";也有学者都当作程度副词,认为是非常、很的意思。① 董志翘《〈入唐求法巡礼行记〉词汇研究》指出,"可笑"原为形容词,表示"可爱(重)"之义。《世说新语》"可笑人"犹"可爱重之人",拾得诗、《入唐求法巡礼行记》的"可笑"也是"可爱"的意思,而与非常、很的用法不同。(董书 276—277 页)

作者的意见大体正确(如《世说》"嶔崎历落可笑人"一例,解释为"非常人",笔者存疑已久,有董书的解释就豁然开朗了),然犹可补焉。如何区别"可笑"的词性和意义呢? 我们认为,在结合上下文意的同时,主要应该看"可笑"后面跟的是什么词,一般说来,"可笑+名词",这个"可笑"就是形容词性的,义为可爱,可看重;"可笑+形容词",则它是副词性的,义为非常、很。这样看来,《入唐求法巡礼行记》"可笑称意"的"可笑",应当解释为"非常、很是"。而拾得诗一例"可笑好形质","可笑"和"好"都是形容词,共同修饰名

---

① 《敦煌变文校注·太子成道经(伯 2999)》附录:"'自为新妇到王宫,将谓君心有始终。准望百年同富贵,抛我如何半路行。'父王闻时可笑怒,释众闻之发大嗔。"(442 页)校注:"可笑:原录作'可少',庚卷作'可不'。按:《悉达太子修道因缘》作'可笑',兹据改。'可笑'犹'可畏',为甚辞。《欢喜国王缘》:'如斯富贵,可笑殊严。'拾得诗:'得此分段身,可笑好形质。'《入唐求法巡礼行记》:'便栽松柏奇异之树,可笑称意。'皆此例,义为'极甚。'"(466 页)《欢喜国王缘》"可笑殊严"句下,作者注:"可笑,副词,非常、异常之意。"(1094 页,《敦煌变文校注》,中华书局,1997)寒山诗:"可笑寒山道,而无车马踪。"项楚注:"可笑:可喜,可爱。《世说新语·容止》:'周伯仁道桓茂伦:嶔崎历落可笑人。或云谢幼舆言。'……'可笑人'者,可喜之人也。日僧圆仁《入唐求法巡礼行记》卷四:'便栽松柏奇异之树,可笑称意。'敦煌本《欢喜国王缘》:'王之顾念,日夕不离数(椒)房,旦暮欢于金殿;如斯富贵,可笑殊严。'《景德传灯录》卷二七《衡岳慧思禅师》:'可笑物兮无比况,口吐明珠光晃晃,寻常见说不思议,一语标的天下当。'拾得诗〇五四首:'可笑是林泉,数里少人烟。'拾得诗〇五首:'得此分段身,可笑好形质。'又〇九首:'依此学修行,大有可笑事。'以上'可笑'皆可喜、可爱之义。"(《寒山诗注》21—22 页,中华书局,2000)方按:项楚《寒山诗注》释拾得诗"可笑好形质"、寒山诗"可笑寒山道"等"可笑"为"可喜,可爱",得之;但释《欢喜国王缘》《入唐求法巡礼行记》"可笑"为"可喜、可爱",可商。

词"形质",故宜解释为"可爱"。由此可见,词汇研究离不开语法分析。

唐杜甫诗:"内蕊繁于缬,宫莎软胜绵。"徐仁甫《广释词》认为"于""胜"相对,"于"犹"胜",谓内蕊繁胜缬也。(29页)

其实"内蕊繁于缬"是叙述句中表示比较的句子,"内蕊"是表示比较的主体,"缬"是比较的对象,二者通过"于"来进行对比,构成"N_1(内蕊)+V(繁)+于+N_2(缬)"式比较句。也就是说,"于"仍然是介词,用于引进比较的对象"缬","内蕊繁于缬"译成现代汉语就是内蕊比缬繁,"于"本身并无"胜"义。造成误解的原因是片面地运用"对文同义"的训诂方法,一看到对文就当作同义词对待,走进了"凡对文必同义"的死胡同。类似的例子,在《广释词》中并非鲜见,这是值得引以为戒的。

三、有一些词义的理解,和句式或组合关系有密切的联系,应该在考察其组合惯例的基础上进行释义

"为""作"后接地名,组成"为 N""作 N"结构,指担任州郡长官。(参见汪维辉1989)

先看"为"。《世说新语·德行》40则:"殷仲堪既为荆州,值水俭,食常五盌盘,外无余肴。"(24页)为,担任;荆州,指荆州刺史。六朝载籍中,指某人担任某地(州、郡、县)的行政长官时,常可用"为某地"的省略结构来表达。又《规箴》:"王丞相为扬州,遣八部从事之职。"(310页)为扬州,担任扬州刺史。《三国志·魏志·荀彧传》:"太祖以彧为知人,诸所进达皆称职,唯严象为扬州,韦康为凉州,后败亡。"(311页)严象和韦康分别担任扬州和凉州刺史。《齐民要术·序》:"黄霸为颍川,使邮亭、乡官皆畜鸡、豚,以赡鳏寡贫穷者。"为颍川,谓出任颍川太守。也说"为郡",指担任郡太守;"为州"指担任州刺史,例从略。

动词"作"也有类似的用法。《搜神记》卷一七"度朔君"条:"度朔君自云:父祖昔作兖州。"(212页)《异苑》卷七:"义熙中,商灵均为桂阳太守,梦人来缚其身,将去,形神乖散。复有一人云:'且置之,须作衡阳,当取之耳。'"(70页)南朝齐陆杲《系观世音应验记》第5则:"费淹作广州,是宋孝建时。"(22页)"作兖州"是说担任兖州刺史,"作衡阳"是说担任衡阳太守,馀可类推。也有"作县""作郡""作州"的说法,此从略。

第四节　中古近代汉语词汇研究和文字学

文字学和音韵学、训诂学一样,在古代同属"小学",都是传统语言学的一个部门。文字是语言的载体,语言词汇通过文字这个媒介传承,文字和语言词汇有着密切的关系。汉字是世界上历史最悠久的文字之一,其造字、用字体系在世界上也是独一无二的,①至今仍然充满了活力。汉语历史词汇研究,自然和文字学(包括古文字、俗文字)结下了不解之缘。

一、中古近代汉语词汇和文字应用

传统的文字学有所谓"六书",也就是象形、指事、会意、形声、转注、假借,前四书是造字方法,后二书是用字方法,称之为"四体二用"。历史词汇研究,离不开文字学的帮助,有时候,这种帮助甚至是决定性的。

---

① 当代有"汉字系文字"的说法,说明世界上还有与汉字相似的文字,当然这些大多是受汉字影响而产生的后起的文字。

(一) 字形分析可帮助词义的理解

闪

《三国志·魏志·梁习传》裴注引《魏略·苛吏传》:"白日常自于墙壁间窥闪,夜使干廉察诸曹。"(471页)这里的"闪"字何义?其实"闪"从门从人,据形生训,则其本义应该和门及人有关,《说文·门部》:"闪,窥头门中也。"说明"闪"的本义是窥视,"窥闪"当属同义连文,《三国志》此例正是用其本义。这样一来,"窥闪"就很好理解了。(参见郭在贻 2002:192)

极

先秦就有疲劳、疲惫义。《战国策·齐策三》:"兔极于前,犬废于后。犬兔俱罢,各死其处。"中古沿用更广。《史记·屈原列传》:"人穷则反本,故劳苦倦极,未尝不呼天也。疾痛惨怛,未尝不呼父母也。"王褒《圣主得贤臣颂》:"胸喘肤汗,人极马倦。"《广雅·释诂一》:"疲、惫,极也。"《世说新语·言语》第33则:"顾司空未知名,诣王丞相。丞相小极,对之疲睡。"徐震堮《世说新语校笺》云:"小极,谓体中不适也,乃尔时常语。'极'盖'剓'之借字,《史记·司马相如传集解》引郭璞曰:'剓,疲极也。'"蒋礼鸿《广雅疏证补义》则认为"极"是"憨"的假借。[①]

按:似均可商榷。《说文·木部》:"极,栋也。从木,亟声。"本义是房屋的正梁,引申则有极点、尽头义;人或动物的体力到了极点、尽头,就会感到疲惫,故又有疲劳义,这是十分自然的引申过程。不必为"极"找本字,说成假借。

---

① 参见《敦煌变文字义通释》"极"、《广雅疏证补义》"憨,……极也"(《蒋礼鸿集》第四卷6页)两条。

(二) 字形分析可了解文字应用

就文字应用的角度看,古籍中有假借字,有古今字,有异体字。假借字属于文字问题,下面还将涉及,这里不拟展开,仅就古今字、省形字和异体字举述如下。

1. 古今字

王—旺

《世说新语·雅量》第 28 则:"谢太傅盘桓东山时,与孙兴公诸人泛海戏。风起浪涌,孙、王诸人色并遽,便唱使还。太傅神情方王,吟啸不言。"又《赏誉》第 33 则:"司马太傅府多名士,一时俊异。庾文康云:'见子嵩在其中,常自神王。'"考《庄子·养生主》:"泽雉十步一啄,百步一饮,不蕲畜乎樊中。神虽王,不善也。"陆德明《释文》音"王"为"于况反",是读为"旺"字,盖《世说》所本。"王""旺"古今字。

或—惑

在敦煌遗书中,常常把"惑"省写为"或","或"和"惑"为古今字。敦煌遗书斯坦因 318 号《洞渊神咒经斩鬼品第七》:"右五元豁落荧或星精符,兆欲行道求仙,当以雌黄书生紫佩身。"(360 页)"荧或"就是"荧惑",古指火星,因隐现不定,令人迷惑,故名。又斯坦因 80 号《无上秘要》卷十:"负违盟誓,诬罔人神,诳或(惑)遐迩……""诳或"就是"诳惑"。[①]

哥—歌

《宋书·乐志一》:"元嘉十八年九月,有司奏:'二郊宜奏登哥。'……诏御史中丞颜延之造哥诗,庙舞犹阙。"(541 页)又:"《团

---

① "荧或"一例参看冯利华(2003:54)校理第 19 条。

扇哥》者,晋中书令王珉与嫂婢有情,爱好甚笃,嫂捶挞婢过苦。婢素善哥,而珉好捉白团扇,故制此哥。"(550页)这两例里的"哥"都是"歌"的古字。《说文·可部》:"哥,声也。古文以为謌字。"段玉裁注:"《汉书》多用哥为歌。"哥、歌古今字。

类似的有:禽—擒、然—燃、写—泻、莫—暮、夹—峡、取—娶等,不胜枚举。从严格意义上说,古今字本是历时的一个概念,但上举各组字多是共时平面共存并用的古今字,其特点是因仍习惯(如以"王"为"旺"、以"哥"为"歌"),省形存声。

2. 省形字

早期的简牍文字中,经常可以见到一些省形(旁)存声(旁)的俗字,如忽作勿、偿作赏之类。《战国纵横家书》《睡虎地秦墓竹简》等多有其例。六朝、隋唐以来的作品沿用其例。

亡—忘

《五灯会元》卷六《大光居诲禅师》:"初造石霜,长坐不卧,麻衣草屦,亡身为法。"(303页)"亡身"就是"忘身","亡"为"忘"的省形字。"忘身"多见于六朝、唐宋佛典,如:《高僧传》卷二《释昙无竭》:"尝闻法显等躬践佛国,乃慨然有忘身之誓。"(93页)《续高僧传》卷三《释慧赜》:"净体斯荣问,忘身为法。"(50/443/a)(参见阚绪良 2003:276)

然—狀

《江陵望山一号墓竹简疾病杂事札记》58:"心臚狀(然),不可以㠭(动)思。"①"然",烧也。从火,肰声。见《说文》。"狀"是"然"的省形字。

---

① 此例引自张显成(2002:93)。张著释此句为:"心脏血液循环受阻,而引起心跳加速及心律不齐,不可以动脑思索问题。"

存—跻

王梵志诗:"富儿少男女,穷汉生一群。身上无衣挂,长头草里蹲。"(167页)张锡厚《校辑》校云:"蹲,原作'存',据戊二本改。"按:"存"乃"跻"之省借字,"跻"即"蹲"字的俗写。《龙龛手镜·足部》:"跻俗、蹲正,音存,踞坐也。"《敦煌变文校注·伍子胥变文》:"水畔跻身,即坐吃饭。"《汉将王陵变》:"赚下落马,蹦跪存身。""存身"即"跻身"。敦煌写卷中,为使形声字简省而只写声旁的例子极多,如"期"之作"其"、"何"之作"可"、"咬啮"或省作"咬齿"等等,不烦改。《敦煌变文集·捉季布传文》:"题姓署名似凤舞,书年着月象焉存。"校记:"丁、庚两卷'焉存'作'乌尊',戊、辛两卷作'乌存'。"(79页)《敦煌变文校注》:"'焉'为'乌'之误字,'存'即'跻'之省,'尊'即'蹲'之省。"(115页)说是。

类似的又如:

巴—靶、毁—掔

《敦煌变文校注·燕子赋》:"夺我宅舍,捉我巴毁。"蒋礼鸿《通释》引徐复说:"《说文》:'靶,搣击也。''搣,反手击也。''掔,伤击也。'"可知"巴毁"的本字是"靶掔",变文作"巴毁",都是省形借字。(8页)

般—搬

"般",是"搬"之省借。唐白居易《官牛》诗:"官牛官牛驾官车,浐水岸边般载沙。"元稹《为河南府百姓诉车状》:"右件草,准元敕令于河次收贮,待河开般运,送至行营。"宋孟元老《东京梦华录》卷一《外诸司》:"不许雇人般担,并要亲自肩来,祖宗之法也。"

3. 异体字

挼—捼

揉搓,摩娑。《礼记·曲礼上》:"共饭不泽手。"汉郑玄注:"为汗手不洁也。泽,谓捼莎也。"唐孔颖达疏:"古之礼,饭不用箸,但用手;既与人共饭,手宜洁净,不得临食始捼莎手乃食,恐为人秽也。"西晋竺法护译《生经》卷一《佛说野鸡经》:"野鸡以偈答曰:'汝欲远牵挽,凶弊如蛇虺,捼彼皮柔软,尔乃得申叙。'"(3/74/b)唐义净译《根本说一切有部毗奈耶杂事》卷一六:"佛言:'随意受取。既受得已,除去衣光,任情受用。'苾刍以手捼,衣光仍不去。佛言:'置于露地,待润捼之。'亦不能除。"(24/276/b)《龙龛手镜·上声·手部》:"捼,摧也;又手摩物也。"

也作"挼",《集韵·戈韵》:"捼,……或作'挼'。"元李文仲《字鉴》卷二《七歌》:"捼,奴何切。《说文》:'……一曰两手相切摩也。'俗作挼。"唐慧琳《一切经音义》卷六二《根本说一切有部毗奈耶杂事律》卷二七"挼绳"条:"《说文》:'挼,以手相切縒也。'"(54/723/5)《文选·马融〈长笛赋〉》:"绞槩汩湟,五音代转;挼挚捼臧,递相乘邅。"李善注引《说文》:"挼,摧也。"刘宋宝云译《佛本行经》卷五:"时弊恶调达,心甚怀恚怒;挼手索其掌,鎖头而还去。"(4/94/a)

讙—喧、諠

西晋竺法护译《生经》卷三:"卿等无智,扰扰摇动,不能自安,喧呼恶口。"(3/86/b)喧呼,《中华大藏经》同。唐玄应《一切经音义》卷一二"讙呼"条:"古文作叩,又作諠,同虚袁反。《广雅》:'諠,鸣也。'《声类》:'諠,哗也。'諠声,惊呼也。"玄应《一切经音义》用"讙",今传世本《大藏经》用"喧",其义一也。

《广弘明集》卷二四刘孝标《东阳金华山栖志》:"熟则田家有野老,提壶共至,班荆林下,陈罇置爵;酒酣耳热,屡舞讙呶。"(52/277/a)讙,宋元明三本、宫本作"諠"。

慧琳《一切经音义》卷一《大般若波罗蜜多经》卷一音义"舍諠"

条:"吁袁反。《声类》:'誼,哗也。'郑玄注《札记》:'嚚也。'或从藋作讙,形声字也。藋,音灌。有从口作喧,俗用,非正。"(54/314/c)又卷五《大般若波罗蜜多经》卷四一五音义"誼杂"条:"虚袁反。《声类》云:'誼,哗也;誼,忘也。'正作讙,经文中作喧,俗字也。"(54/335/c)

辽希麟《续一切经音义》卷六《大宝广博楼阁善住秘密陀罗尼经》卷下音义"誼哎"条:"上俗作喧。《说文》作讙,三形同况袁反。《韵英》:'誼哗,语声也。'《字书》:'誼,亦哎也。'"(54/960/b)

《说文·言部》:"讙,哗也。从言,藋声。"本义是众人齐呼、喧哗,故可与同义词"哗"并列连用。《墨子·号令》:"诸以众强凌弱少及强奸人妇女,以讙哗者,皆断。"《世说新语·排调》:"或淹伊多姿态,或讙哗少智谓。"《佛本行集经》卷五一:"于时大众,见闻此已,生希有心。讙哗啸调,踊跃无已。"(3/889/b)

叩,《说文·叩部》:"叩,惊呼也。从二口。读若讙。"徐锴系传:"叩,众人并呼。"大徐本徐铉校:"或通作讙,今俗别作喧。"《集韵·元韵》:"叩,亦作讙、喧,通作誼。"

誼,《玉篇·言部》:"誼,誼哗。"《篇海类编·人事部·言部》:"誼,亦作喧。"《广韵》况袁切,晓纽元韵。

喧,《玉篇·口部》:"喧,大语也。"《广韵》况袁切,晓纽元韵。

讙,旧有二读。《广韵·元韵》讙、誼在同一小韵内,并况袁切。云:"讙,讙嚻儿也。""誼,誼哗。亦作喧、讙。"又《桓韵》与欢、懽等在同一小韵,并呼官切。云:"讙,讙誼。"《类篇·言部》:"讙,《说文》:'哗也。'又许元切,'惊呼也。'"(中华书局本83页)在表示喧哗、喧闹或吵闹这一义位时,讙、誼、喧三字常常通用,慧琳多次说"讙"为正字,而"誼""喧"则为俗字。也就是说,在表示喧闹、喧哗义位上,"吅""讙""誼""喧"四字为异体字关系。① 吅,从二口,会意字;后三字为形声字:誼、喧并从"宣"得声,讙从"雚"得声,三字属换(声)旁异体。现今则以"喧"为正字,"誼"为异体,而"讙""吅"二字已经退出历史舞台了。

二、中古近代汉语词汇和俗文字学

汉字自甲骨文、金文、篆书、隶书到楷书和行草,基本上就定型了,字体上的变化不大。但与此同时,字形上却产生了相当大的变化。也就是说,从汉魏以后,在许多应用文字的场合如墓志铭中,异体别构已经成为相当广泛的现象,这就是俗字现象。"俗字"是相对于正字而言的,指汉字在民间的俚俗写法。② 中古、近代汉语词汇和汉魏以降的俗字学的关系密切,故从事汉语词汇史研究的学者,不能不注意到历史词汇研究和俗字学的关系问题。

蒋礼鸿(1994)早在20世纪40年代就发出了要重视研究俗字

---

① 《汉语大字典》《汉语大词典》"讙"的注音均为"huān",盖取其"呼官切"的读音。但"讙"实际上应该二读,一为"huān"(呼官切),同"欢",《大词典》"讙迎""讙晗""讙笑""讙浃"等条目属此;另一为"xuān"(况袁切),义为喧哗、喧闹,同"吅""誼""喧",《大词典》"讙叫""讙呀""讙言""讙咋""讙呶"等条目属此。如此,则二读音义厘然有别,了不相混。

② 关于"俗字",前人已有阐释。唐代李匡乂《资暇集》卷中"俗字"条云:"俗字至夥:蒭字已有二草在心,今或更加草,非也。因蒭又记得趋走之趋,今皆以多居走,非也。焦下已有火,今复更加一火,剩也。瓜果字皆不假,更有加草,瓜字已象剖形明矣。俗字甚众,不可殚论。"(16页)宋代洪迈《容斋三笔》卷一三"五俗字"条云:"书字有俗体,一律不可复改者,如冲、凉、況、减、决五字,悉以水为冫,虽士人札翰亦然。《玉篇》正收入于水部中,而冫部之末亦存之,而皆注云'俗',乃知由来久矣。唐张参《五经文字》亦以为讹。"(573页)"冲""凉"等写作"冲""凉",都是俗体的写法,从宋代重修《大广益会玉篇·冫部》可知唐宋时已然。李氏、洪氏所谓"俗字"就是今天的概念。

当然,古时"俗字"也可指另外的概念。宋王楙《野客丛书》卷二四"以鄙俗语入诗中用"条指出:"唐人有以俗字入诗中用者。"(270页)王氏所谓"俗字",就是小标题中的"鄙俗语",也就是今天通常所说的"俗语词"。

的呼吁,指出研究中国俗文字具有三方面的意义:一是能丰富和发展中国语言文字学本身的研究;二是对于当前的文字改革也有好处;三是可以给整理文化遗产,首先是民间文学遗产服务。近十多年来,俗字研究取得了较大的发展,出现了许多有分量的成果,值得从事中古、近代汉语词汇史研究者参考。

(一)了解俗字的类型、特点,掌握规律

近代汉语作品特别是敦煌文献中俗字极多,要研究近代汉语,首先必须识别俗字,这是一个基本功。

俗字的类型很多,举其要者,有增形俗字,如笑/唉、后/姤、卦/掛、界/堺;有省形俗字,如渔/鱼;有省声(声旁)俗字,如耶/耳;有同音俗字,如振/撑、它/他;有换旁俗字,如珎/珍、咲/笑、節/茚、嘆/歎;等等。①

有些俗字的产生,和民族文化心理有关,举一例:

《张协状元》十六出:"叶无妻,见欲成姻契,献神绿酨。"(《宋代卷》543页)又:"更满斟一盏,献神绿酨。"(同上,544页)前一例下胡双宝《校记》:"'酨',钱(指钱南扬——引者)校本谓应作'蚁',下同。"(同上,548页)

按:钱校是有根据的。"绿蚁"指酒,盖出唐白居易《问刘十九》诗:"绿蚁新醅酒,红泥小火炉。"后人于是用"绿蚁"来指酒,如《张协状元》四十出:"休斟绿蚁。"(同上,596页)

---

① 张涌泉《敦煌俗字研究》用两章的篇幅,讨论了敦煌俗字的八种类型,即偏旁增减、偏旁改换、偏旁易位、书写变易、整体造造、正字蜕变、异形借用、合文;就整体趋势而言,体现了类化、简化和繁化这三种不同情况。见张涌泉(1996:212—279)。孔仲温《玉篇俗字研究》第三章,探讨了《玉篇》俗字中简省(省形、省声)、增繁(增形、增声)、递换(换形、换声、形声互换)、讹变(变形、变声、形声皆变)、复生等五大类型,见孔仲温(2000:55—115)。

汉民族的心理中,和酒有关的字,认同从"酉"的"酘",而不认同从"虫"的"蚁",故剧本创作者易"蚁"为"酘",这是因为所指事物的属性而产生的俗字,故说"绿酘"同"绿蚁"即可,似不必拘泥于字形,改从"蚁"字。

(二)利用俗字的造字类型规律,可以校正讹误,寻找致误缘由

1. 如前所述,俗字有其自身的造字规律,掌握这些规律,能够发现文字讹误,订正前人的失误。

(1) 宛—充

"奉敕授关内道小县尉,见宛河源道行军总管记室。"(《游仙窟》)"布施一头驴,以宛驮粮。"(《入唐求法巡礼行记》"开成五年三月六日"条)"相传本国,永宛供养。"(小野胜年《入唐求法行历之研究——智证大师圆珍篇》所收《智证大师批记集》,《大日本佛教全书》天台部卷二)

文中的三例"宛",从文意上看,都比较费解。周一良(1989)指出:"读敦煌唐人卷子及其他唐人及日本古写本,见唐人写'充'字有时与'宛'字上部写法极为相似,乃悟日文'宛字'之'宛'实为'充'字,意谓充当对应汉字。而凡张鷟、圆仁、圆珍书中之宛,若一一读为充,释作充当,亦无不文从字顺,厘然有当矣!"原来,"充"俗字作㐬、㐬,字形和"宛"相似,极易致误。也就是说,上面三例"宛"如果用"充"字来理解,就十分清楚了。同理,日语中"宛状""宛字""宛名"等"宛"也都是"'充'之谬种流传耳"。

(2) 漫—墁

用灰土等涂抹墙壁或器物。元·乔吉【水仙子】《咏雪》:"大灰泥漫了三千界,银棱了东大海。"《元语言词典》云:"'漫'为'墁'字

之误。"(209页)

按:"墁"之作"漫",当是受"泥"字类化而然,未必属于字误。增形俗字有一类属于偏旁类化,前人多有论述,用例颇多,如:

往来

又作往徕。宋袁文《甕牖闲评》卷二:"'往来'二字,一体也,安有往字从彳而来字不从彳者?彳,行字之省文耳,来字若不从彳,乃是'来牟'之来,虽曰来字,非'往来'之来也。《汉书》云:'氐羌徕服。'又云:'天马徕从西极。'用此徕字极是。夫古人制字,未尝无义,皆为后世所更变,遂不容稽考,非古人之过也。"(15页)袁说拘泥。"来"字从"来牟"之"来"假借为"往来"之"来",由来已久,不必非写作"徕"不可。不过,袁氏的意见也有代表性,"往来"或作"往徕"者,正是这类心理而导致了偏旁类化。

歌

又作謌。《宋书·良吏传序》:"凡百户之乡,有市之邑,謌谣舞蹈,触处成群,盖宋世之极盛也。"(2261页)"謌"就是"歌"的俗字,此处盖受"谣"字的影响而产生了偏旁类化。《说文·可部》:"哥,……古文以为謌字。"是许慎已以"謌"为"歌"之或体(古文),从言从欠意义相通。

批排

即"排批"之倒,"排批"即"排比","比"因"排"连类而加"扌"旁。《祖堂集》卷五"道吾和尚":"师曰:'如法批排茶飰,明日我与你勘。'"

后

又作姤。唐慧超《往五天竺国传·一九、迦叶弥罗国》:"为外国法,王及妃姤,各别村庄百姓。"(62页)"妃姤"即妃后,因受"妃"

字的偏旁类化,"后"变成了"姤"。

这样看来,"墁"作"漫",实属因"泥"字影响而产生的偏旁类化,可以说明,无需改字。

(3) 埠—郭

唐慧超《往五天竺国传·吐蕃国》:"已东吐蕃国,纯住冰山雪山川谷之间,以毡帐而居,无有城墩屋舍,处所与突厥相似。"①(68页)张毅笺释:"'墩'乃'郭'之讹。"

按:检核张毅《往五天竺国传笺释》后所附伯 3532 敦煌写本残卷《慧超往五天竺国传》影印件,实作"无有城埠"(影印件第 9 页),点校者误"埠"为"墩",又据误录而校。今谓"埠"即"郭"的增旁俗字,盖受"城"字的偏旁类化而然。

2. 了解俗字的产生规律,还可以找出文字讹误的原因,知其然并且知其所以然。

鞕—硬

《先秦两汉医学用语汇释》第一编收集了《先秦两汉医籍疾病名、症候名汇释》,其中有"气鞕"条,释为"咽喉部与舌肌强硬之症。鞕,同'硬'。(《灵枢经·寒热病》)"②两处"鞕"均当作"鞕"。"鞕","硬"的俗字。《玉篇·革部》:"鞕,坚也。亦作硬。"《龙龛手镜·革部》:"鞕,坚牢也。与硬同。"笔者查检《灵枢经》卷五《寒热病》,其文作:"暴瘖气鞕,取扶突与舌本出血。"③又"暴瘖气鞕"二

---

① 按:"屋舍"二字应连下为句,原书属读有误。

② 见张显成(2002:93)。据书后所附"主要参考文献",关于《灵枢经》一书,列有《灵枢注证发微》,马莳,清嘉庆善成堂本"和《灵枢识》,[日]丹波元简,上海科技出版社,1959",未详此处作者依据的是何种本子。

③ 见人民卫生出版社《灵枢经》56 页,1963 年第 1 版,1994 年 11 月第 5 次印刷本。

句,明张介宾《类经》卷二一《针刺类·刺头项七窍病》同,张氏注云:"气鞕,喉舌强鞕也。……鞕、硬同。"①究其误录的原因,与未辨"鞕"即"硬"的俗写有关。②

有些讹误的产生,和写本的用笔习惯有关。

掛—卦、鱼—渔

宋话本《杨温拦路虎传》:"一日出街市闲走,见一个掛肆。"(《宋代卷》418页)蒋绍愚《校记》:"'掛'为'卦'之误。"(同上,433页)又:"遥观鱼翁收缯罢钓归家。"(同上,419页)《校记》:"'鱼'为'渔'之误。"(同上,433页)整理者的校改是正确的。进一步考察其致误的缘由,则可知是因为俗字的笔画增减比较自由所致。在俗字中,增加笔画或减少笔画,都是很常见的现象,不足为奇。然则"卦"之作"掛",属于增旁俗字;"渔"之作"鱼",则属于省旁俗字,这在抄本和早期刻本中都有大量的例证。

再如写本俗字有重复的符号,也容易致误。这里以残写本《世说新书》为例举述如下。③

《规箴》第23则"殷荆州兴晋阳之甲"句南朝梁刘孝标注引《春秋公羊传》曰:"晋赵鞅取晋阳之甲以逐荀ﾞ寅ﾞ士ﾞ吉ﾞ射ﾞ者君侧之恶人也。"(932页)这是写本对重复字的省略书写,表示"荀寅、士吉射"二人之名应重复,即:"晋赵鞅取晋阳之甲,以逐荀寅、士吉

---

① 一说"鞕"应读为"鯁"(gěng),义为哽塞,堵塞。《灵枢经》之"暴瘖气鞕",《黄帝内经太素·寒热杂说》作"暴瘖气鯁",隋杨上善注:"气在咽中,如鱼鯁之状,故曰气鯁。"

② 鞕、鞕形近易误。明张介宾《景岳全书》卷二八《声瘖·经义》引《灵枢经·寒热病篇》此处文字,亦误"鞕"为"鞕",误同。

③ 此写本罗振玉题为"唐写本",范子晔(2000)认为写本的年代在唐以前。本文所据残写本《世说新书》为上海古籍出版社影印清王先谦校本《世说新语》后附,1982。

射;荀寅、士吉射者,君侧之恶人也。"而这正与今本《公羊传》文字相吻合。《公羊传·定公十三年》:"晋赵鞅取晋阳之甲,以逐荀寅与士吉射。荀寅与士吉射者,曷为者也?君侧之恶人也。"今本《世说新语·规箴》刘注引《春秋公羊传》作:"晋赵鞅取晋阳之甲,以逐荀寅、士吉射,寅、吉射者,君侧之恶人。"(313页)在重复"荀寅"、"士吉射"时,分别删去了"荀"和"士",盖出自宋人之手,疑与不明写本省略符号有关。

《捷悟》第6则:"世子嘉宾出行,于道上闻信至,急取笺视〵竟,寸寸毁裂。"(947页)倒数第2句"视"后有表示重复的"〵"号,应读作"急取笺视,视竟"。今本《世说新语》则只有一个"视"字,作"急取笺,视竟……"显然也与不明重文符号有关。

《豪爽》第4则:"以如意打唾〵壶〵边尽缺。""唾壶"二字后均有重文符号,则应作:"以如意打唾壶,唾壶边尽缺。"今本《世说新语》作"以如意打唾壶,壶口尽缺",疑系误删前一重文符号而然。徐震堮《世说新语校笺》校云:"壶口尽缺——唐写本作'壶边尽缺'。"(326页)也未正确解读"唾〵壶〵",误同。

有些词语的误释,和误认俗字字形有关:

乘—我

《敦煌变文·维摩诘经讲经文》有"赴乘情成察乘怀""又沐谈扬决乘怀"等句子,《敦煌变文字义通释·释称谓》释"乘"为我,第一人称代词,这是受了《敦煌变文集》误录的影响。原卷几例"乘"均为"我"的草书,和"乘"相近,整理者未察,录成了"乘"。①

---

① 《敦煌变文集》的这一误录,已有多位学者指出。此二例三处"乘"字,《敦煌变文校注·维摩诘经讲经文》均已改正作"我",分见《校注》889、888页。

踊—蹋

南朝三种《观世音应验记》中出现的几例"踊",如:《系观世音应验记》第6则:"道冏亦俱在冰上,进退必死。本既精进,因念观世音。于是觉脚下如踊柱物,得以不陷。"(23页)又第9条:"去岸殊远,一沉一浮,饮水垂死。忽然觉脚得踊地,便已在岸上。"(25页)拙文释"踊"为踩、踏。(参见方一新2001)实际上点校者所据的抄本原文作"蹋",字形像"踊",点校者误录成"踊",笔者也就根据误字作释了。(参看董志翘《〈观世音应验记三种〉译注·前言》)

中华书局出版的《观世音应验记(三种)》点校本(1994,孙昌武点校)尚存在一些问题,例如:

腕—胺—腰

《系观世音应验记》第49则:"崇与五伴并械手脚,埋地没腕。"(50页)"埋地没腕"费解。写本实作"埋地没胺","胺"即"腰"的俗字。中华书局本《观世音应验记(三种)》的整理者不识此字,误录作"腕",以致文意扞格不通。(参见董志翘2002:260)

(三)识读俗字,可以帮助考释口语词

俗字和俗语,相辅相成。① 它们就像孪生姊妹,往往同时出现。考释近代汉语作品中的词语,如果是利用唐五代以来的写卷抄本,就更需要在辨字方面下些功夫,要利用已有的研究成果。有一些特殊的抄写符号,有一些固定的抄写习惯,都应该了解、熟悉。

---

① 有学者提出了"俗字"和"俗词"(形)的问题。张鸿魁(1996:37)云:"俗字是笼统的说法。通常说的'俗字',实际上包含了字形和词形两方面。"张氏把《金瓶梅》中的俗字分成三类,提到了"口语词词形"问题,举"遮莫"为例,认为这是正形,还有非正形。《金瓶梅》有作"者么""遮末"的。我们认为,"俗字"是指单个的有别于规范写法的通俗字体,而"俗词"则是指同一个词的不同词形,这是两个不同的概念。"俗词"不应该包括在"俗字"的范围里面。

这方面的例子很多,仅以《生经》卷一《佛说鳖猕猴经》、卷二《佛说舅甥经》为例,即可略见一斑。

诱詠—诱詙

"又瞋猕猴,诱詠我夫,数令出入。"(《生经》卷一《佛说鳖猕猴经》)《正字通·言部》:"詠,俗救字。""诱詠"不好理解。"詠"应为"詙"字形近之误。《说文·言部》:"詙,诱也。"顾野王《原本玉篇残卷·言部》:"詙,私律反。《鹏鸟赋》:'詙迫之徒,或趋东西。'孟康曰:'为利所诱詙也。'"释玄应《一切经音义》卷七《阿差末经》第七卷音义:"诱詙,教也,引之相劝也。"又作"诱怵",《原本玉篇残卷》所引贾谊《鹏鸟赋》及孟康注"诱詙",今本《文选》均作"怵","怵"也有引诱、诱导义,①"诱怵"和"诱詙"声近义通。又作"诱恤",据《大正藏》校记,《生经》本例"詠"作"恤","詠"为"詙"之误,而"詙"和"恤"读音相同,可以通借,"诱恤"就是"诱詙""诱怵"。

憎忕—习忕

"舅甥盗者,谓王多事,不能觉察,至于后日,遂当憎忕,必复重来。"(卷二《佛说舅甥经》)"憎忕"照其字面看的话颇费解。但考求文义,则知其为习惯的意思。问题是,"憎忕"为什么会有习惯的意思?这就牵涉到俗字。六朝以来有一个"习忕",意思为习惯、习以为常。到《生经》里变成了"憎忕",是因为"习"因"忕"而增加了"忄"旁,属偏旁类化;"忕"则是"忕"的加点俗字,写本中此类俗字触目可见,故"习忕"变成了"憎忕"。(参见太田辰夫、江蓝生1989)

---

① 作"怵"者,"怵"当读为"詙"。《战国策·秦策二》:"怵于楚。"鲍本改"怵"为"詙",吴师道《战国策》补注:"《策》,怵、詙字通。"《管子·心术》:"是以君子不怵乎好,不迫乎恶。"王念孙《读书杂志》七《管子》第六"心术上":"怵,与詙通。"(136页)

第五节　中古近代汉语词汇研究和训诂学

古代的训诂学内容广泛,包罗万象,涵盖了训诂词汇、语法修辞、文字校勘、文献历史等相关学科,有关词义训释的内容自然也在其中。20世纪70年代末以来训诂学得到了长足的发展,现代训诂学已经初步建立起自己的学科体系,有一套成熟的研究方法,有自己的研究对象和适用范围。比较而言,词汇学则是一个比较新兴的学科领域,但在现代语言学整体发展的带动下,发展较快,充满了生命力。

从词汇和训诂历来关系密切的情况看,词汇研究和训诂学二者之间既有联系,又有区别。应该科学地进行分析,理清各自的学科特点。

一、词汇研究和训诂考释的相同点

(一) 都关注词义问题

我国传统训诂学是以词义训释为中心的,历史悠久,源远流长,注释著作、语文辞书和研究专著非常多。

从汉代开始,就出现了有系统地诠释古籍的注解著作。西汉时有毛亨的《毛诗故训传》,孔安国的《尚书传》(原作已佚,今本系后人伪托);东汉是古书注解的繁荣时期,出现了一批著名的经学大家,同时也是古书注解的大家,如以研究《左传》《国语》见长,世称"问事不休贾长头"的贾逵,"五经无双许叔重"的许慎,博通群经的马融和弟子郑玄,研究《孟子》的赵岐,为《楚辞》作章句的王逸,注释《淮南子》《吕氏春秋》的高诱等。

魏晋南北朝的何晏、杜预、皇侃，唐宋时期的孔颖达、陆德明、李善、朱熹，元代的胡三省，都赫赫有名，各擅胜场。清代是古代学术发展史上的黄金时期，更有许多古书注解名家。

从秦汉开始，还陆续出现了一批对后代有很大影响的语文辞书，其中以《尔雅》《说文》《方言》和《释名》四部最为有名，分别是雅书、字书、方言学著作和语源学著作的开山鼻祖，对研究上古汉语具有很高的参考价值。汉魏以后，《广雅》《埤雅》《通雅》等雅书，《玉篇》《类篇》《正字通》《康熙字典》等字书，《广韵》《集韵》《中原音韵》等韵书，《经典释文》《一切经音义》等音义书等，都收集了大量的词义训释资料，为研究词汇训诂提供了便利。

和词义训释有关的历代笔记、训诂专书中也多有研究上古汉语的可资取材的语料。（参见方一新 2008：第五章）

尽管上述三类著作涉及的面很广，但其中心内容是训释字词，疏通文意，因此，不少著作或多或少地涉及词汇学的重要方面——词义问题。

（二）在解释词义时，采用的方法有相通之处

中古、近代汉语词汇研究刚刚起步时，以词语考释为主要内容，虽然考释的对象属于中古以来口语性较强的作品中的语词，但在方法上，仍然借鉴、沿用训诂学的那一套来进行考释。故郭在贻撰《训诂学》，专列第九章"训诂学的新领域——汉魏六朝以来的方俗语词研究"，对汉魏六朝至唐宋元明清的词语考释进行了总结。事实证明，传统训诂学的词语考释方法运用得当，确实是一种行之有效的研究方法。

例如，在推知复音词词义时，可以采用多种方法，由一及二，由甲及乙，清代的训诂大家王念孙、王引之父子及俞樾都有示范。王

引之《经义述闻》卷三二《通说下》就有"经传平列二字上下同义"条,俞樾《古书疑义举例》卷七有"两字一义而误解例",都是揭示这一研究方法的。《诗·大雅·板》:"匪我言耄,尔用忧谑。"俞樾说:"忧、谑同义。'忧'读为'优'。《襄六年左传注》曰:'优,调戏也。'是优即谑也。"(140页)俞氏利用已知"谑"的含义的有利条件,推知"忧"也应该是戏谑的意思,读"忧"为"优",解决了训释疑点。

需要指出的是,词汇学主要研究词汇本身的有关问题,并不以词语考释为终极目的,故在研究词语考释之外的其他问题时,采用的方法和训诂学是不一样的,二者在方法上有同有异,应该区别对待。

二、词汇研究和训诂考释的不同点

(一) 目的不同

训诂注释或考释的目的是:疏通古文字词含义,帮助读懂古书;训诂学则是将零散的训诂实践系统化、科学化,揭示其义例,总结其方法。

词汇学的目的是研究词汇的组成和历史发展。

传统训诂学以明经为主要目的,尚未摆脱经学附庸的地位。通常以随文作释的方式疏通古书文义,不作过深过细的研究。而词汇学则不同,主要关注词汇自身问题,着重研究词汇以及与此相关的问题。故二者之间是有分工的。张永言、汪维辉(1995)的文章里已经谈到了这一点。

(二) 侧重点不同

训诂考释:关注疑难词语,以扫除语言障碍为己任。

词汇学:全面描写、研究词及词的等价物,对基本词(常用词)的研究尤为关注。

从帮助读懂古书的目的出发,训诂考释重点关注疑难词语和需要解释的词语,对常用而不难理解的词语则不作解释。词汇学则不同,它的主要目的是研究词汇及相关结构,故主要关注以常用词和比较常用的词语为代表的基本词,以此作为描写研究的主要对象。

(三) 研究的范围不同

训诂考释:主要研究先秦汉语以及历代仿古作品的语言,即文言。

词汇学:从宏观的角度进行共时和历时两方面的探讨,着重探讨词汇发展演变的机制和内在规律,总结经验教训,提炼研究方法。

传统训诂学的研究范围主要是先秦两汉古籍和历代的仿古作品,即基本上集中在上古汉语阶段,属于文言文的范畴。这是因为,我国历代的训诂学研究以"通经明义"为宗旨,专为解经而训释、研究,而对东汉以降特别是魏晋南北朝、唐宋元明清时期的作品不甚措意,形成了研究空白。现代训诂学已经冲破了经学附庸的藩篱,把研究的视野扩大到东汉以降的俗语词、方言词上,这是一种进步。

而中古近代汉语词汇研究涉及的范围则不同。对唐宋以至明清的古白话作品作系统的研究,探究词义演变的轨迹和现代汉语的来源,这就是近代汉语词汇研究的范围。随着研究的深入,可以发现,许多近代汉语的词语(包括虚词)早在魏晋南北朝甚至两汉就已经出现,因而对汉到隋的作品进行系统研究和词语考释,这就是中古汉语词汇的研究范围。

由此看来,中古近代汉语词汇研究和训诂学有联系,更有区别。笔者不同意训诂学要向现代词汇学发展的观点,我们认为:训诂学和词汇学的特点与任务不同,研究对象和学科性质也不同,宜各自按其自身的学科方向发展,不必牵扯划一。蒋绍愚(1989[2005:25—26])在论及汉语历史词汇学和训诂学、语义学三者之间的关系时指出,它们不能合而为一,"这是因为,这三者的研究范围还是各有侧重,三者的研究方法也不必完全划一。这三者完全可以成为相互交叉的、关系密切的,然而又是各自独立的学科,三者在它们的发展中互相促进,相辅相成"。我们赞同蒋先生的意见。

第六节 中古近代汉语词汇研究和方言学

我国幅员辽阔,人口众多,以汉语而言,就拥有众多的方言。方言学的研究,自西汉扬雄撰著《方言》就已肇端,历代从事这方面研究的人层出不穷,成果卓著。许多中古、近代汉语的词义,在现代汉语普通话里已经不再使用,但还保存在方言里,可以用来印证根据文献作出的释义,这类材料特别值得研究词汇的人注意。另一方面,研究现代方言,如果能够把"活"的方言材料和"死"的书面文献结合起来,出"生"入"死",则其立说、释义也会更加可靠。

一、中古近代汉语词汇研究要和现代汉语方言词汇的调查、研究相结合

现代活的方言材料中保存了中古近代汉语词义,可用来与书面文献互证。不少方言材料都可以证明,中古的一些词义现在还保留在方言里,很有意思,值得重视。

(一) 利用南方方言印证古代音义

一般来说,南方方言如粤语、闽语、吴语、客家话、湘语等保留了较多的古汉语读音和词义,可以用来印证古音和古义。

叛

在汉魏六朝译经、小说、史书等中古汉语作品中,"叛"有逃跑的意思,如:"到日过中,王噫气出,闻醍醐臭,便更大怒曰:'小儿敢以醍醐中我!怪儿所以求我白象,正欲叛去。'"(失译《佛说㮈女祇域因缘经》)"朔至,呼短人曰:'巨灵,汝何忽叛来?阿母还未?'"(《古小说钩沉》辑《汉武故事》)"叛"之逃义,现在还保存在一些地方志和上海、苏州、常州、无锡、宜兴、湖州、桐乡、海盐、余姚等江浙沪方言里,可以印证词义。(参见鲁国尧 2000)

污

中古作品中,"污"有粪便义,《世说新语·文学》第 49 则有"财本是粪土,所以将得而梦秽污"一句,《异苑》卷六也有"粪污者,钱财之象也"的话;也写作"恶"。《搜神后记》卷六:"时有大客,共仰视,便纷纭掷一物下,正著翼子面,视之,乃主人家妇女亵衣,恶犹著焉。"(47 页)"恶"同"污",谓粪便,(参见张惠英、梅祖麟 1983,江蓝生 1988:84)今吴方言犹称大便为"wū"。吴方言台州片、湘赣方言有"屙"。张惠英、梅祖麟(1983)考证认为,"屙"和"恶"同源,理由有三:从声音上看,"屙""恶"同为影母,表大便的"恶"读模韵去声,和铎韵入声的"恶"同源,"屙"则属于平声歌韵。古今方音中,都有读铎韵为歌韵的情况。从字形上看,"屙"或体作"㞎",按古同声则同部的规律,"屙"和"㞎"同部。从意义上看,吴语"恶"名词,读阴去调,指大便。湘赣等语"屙"动词,读阴平调,可泛指大小便。"恶""屙"属于四声别义的逆构作用,即先有去声的名词,再用逆构的方式产生动词,"恶_{去声,名词}/屙_{平声,动词}"即属此型。"恶"字作大便的动词和名词,分别见于《汉书·武五子传》和《吴越春秋》卷七《勾践入臣》。事实上,苏北地区的扬州话、盐城话中指大小便的动词也都可以用"屙",不但用于人,也用于动物,甚至那些酷似大小便的动作也说成"屙",并不限于长江以南。(参见华学诚 1983)

便、换

中古以来,典籍中"便""换"均有借贷义。《敦煌资料》(第一辑)《酉年曹茂晟便豆契》:"酉年三月一日下部落百姓曹茂晟为无种子,遂于僧海清处便豆壹硕捌斗。"《资治通鉴·后唐庄公同光二年》:"豆卢革尝以手书便省库钱数十万……"胡三省注:"今俗谓借钱为便钱,言借贷以便用也。"(19 册 8911 页)在《吐鲁番出土文书》中,"便"当借贷讲已有用例。此外,《玉篇·手部》:"换,贷也。"已经训释了"换"字此义。在《搜神记》等书中,也有这样的用例。吴语方言"便"有借贷的意思,上海崇明堡镇读为[bie],是阳平调(城关地区不说),江苏海门话这个用法也读阳平调,多用于粮食的借贷。例如:便拨你一担黄豆(借给你一担黄豆)。今河北献县,不用单字"便"作借贷意,而用"便换"作为借贷的意思,便字读去声。借贷粮食、借贷钱都可以用"便换"。(参见张惠英 1981)

回

吴方言"回"有转买、转卖的意思。如说"回拨我两斤白糖",是说转卖给我两斤白糖。上海崇明、江苏海门、浙江平湖、温岭,以及闽语也有这种用法,北方话如山东巨野"回"也用作转手买卖。(引者按:杭州、宁波话也这么说。)张惠英(1981)指出:"'回(廻、迴)'用作买卖或转手买卖的意思,古韵书、字书都没有记载。但史书和白话小说中,则多次出现这种用法。其中,《隋书》《通典》《旧唐书》

《梦粱录》《宋史》等书,作'回易、廻博、回买'等,《水浒全传》等白话小说则'回'字单用。"举《隋书·食货志》:"开皇八年五月,高颎奏……请于所管户内,计户征税。帝从之。先是京官及诸州,并给公廨钱,廻易生利,以给公用。……奏皆给地以营农,廻易取利,一皆禁止。十七年十一月,诏在京及在外诸司公廨,在市廻易,及诸处兴生,并听之。"①

交关、行情行市

吴语方言"交关""行情行市"都是形容很多的意思。如:"街浪人交关(行情行市)。""交关"一语,书面常见。……1930年排印本《嘉定县续志》:"交关,俗谓极多也。"张惠英认为:"交关""行情行市"之形容多,是因为这两个词都关于市场买卖,由市场买卖的繁荣拥挤,引申而为很多的意思。至于"交关"当买卖贸易讲,《三国志·魏志·公孙度传》裴注引《魏略》:"边民无知,与之交关。"《宋书·顾觊之传》《南齐书·虞愿传》等六朝典籍中均已见到。"今方言中,也还有这种用法。福建漳平县一带,今仍用'交关'做买卖的意思。例如漳平话:今日来交关甚个(今天来买点什么)。……所以,'交关',从古至今,从书面到今福建漳平话等活方言,都有买卖的意思。"(参见张惠英1981)

按:张先生本条考证较有说服力,主要有二点:一是举出了"交关"从中古到现代方言的用例,把"死"的文献和"活"的方言结合起来,很有说服力;二是分析了现代吴方言"交关"一词得义由来,和集市买卖有关,言之在理。张文采用了古代书面文献和现代方言口语材料相结

---

① 张惠英《吴语劄记》三篇,利用现代吴语等方言材料,考释了古代典籍中的词语,颇有启发性。

合的研究方法,应该成为汉语词汇史、方言学研究的一个方向。

(二) 利用北方方言印证古代音义

不仅是南方方言,一些北方方言也同样保留了古义,可以和古代作品相互印证。

忙

《乐府诗集·横吹曲辞五·木兰诗》:"出门看火伴,火伴皆惊忙。""惊忙",《古文苑》作"惊惶",可证"惊忙"是惊慌义。《广韵·唐韵》:"恾,怖也。忙,上同。"《搜神记》卷一六有"邻女忙怕,不敢救之"的话,《敦煌变文校注·叶净能诗》:"(净能)见五百人拔剑上殿,都不忙惧。"(340页)《刘知远诸宫调》:"村夫用拳戳,知远也不忙,侧身早闪过,扑一个水牛另有方。"(《宋代卷》342页)又:"三婆二妇号逃哭,忙郎脱命,怎藉牛畜。"(同上,368页)"忙郎"盖谓惊慌之郎(男子)。今西部方言,如青海话中,"忙"仍有怕义,如小孩被人打怕了,说被人打忙了;被人缠烦了,说被人缠忙了。又,现代汉语成语"不慌不忙","忙"何义? 通常都理解为忙乱,这当然也可以。但疑"忙"也是惊慌义,《刘知远诸宫调》的"不忙"就是不惊慌,"不慌不忙"就是不惊慌、不害怕。这样,中古汉语、近代汉语、现代汉语都联系起来了。

唵

有用手掌进食的意思。《百喻经·唵米决口喻》:"昔有一人,至妇家舍,见妇捣米,便往其所,偷米唵之。"写愚人偷食生米。《敦煌变文校注·捉季布传文》:"上厅抱膝而呜足,唵土叉灰乞命频。"(97页)"唵土"就是抓起土往嘴里送,以便乞怜求饶。"唵",慧琳《一切经音义》《广韵·感韵》释为"以掌(手)进食",《广雅·释言》有"哈,唵也"一条,"哈"就是用手掌进食的意思,所以张揖用"唵"

来解释。清代王念孙《广雅疏证》也说:"今俗语犹谓掌进食曰唵。"王念孙是江苏高邮人,他所说的"今俗语",应该是清代中期(乾隆、嘉庆时期)江苏的俗语。可见用方言来印证古语,自古就是训诂学家的法宝之一。有意思的是,"唵"的这种用法现今还保留在许多方言里。例如,东北辽南一带,仍把往嘴里塞满食物称为"唵"。今陕北方言里,把食物放在口边就掌而吃称为"唵",如说"唵了一口雪""唵了一口炒面(指用大麦加豌豆或黄豆等豆类炒熟后磨成的面粉,不是面条)"。使用"唵"这个词时有两个特点:一是吃的对象应该是粉末状或颗粒状的食物,二是在饥饿的状态下大口吞食,来不及细嚼慢咽。[①] 类似的说法,在今山东烟台、茌平,河北唐山,安徽合肥等地都有保留。[②]

李申曾撰《元曲词语今证》(《中国语文》1983 年第 5 期)在列举元曲等书证的同时,兼以徐州方言证之,对以往一些释而不当或当释未释的词语加以解释,有"搦""母儿""剔""抹搭"四词,补正了以往的研究。李申的《〈金瓶梅〉方言俗语汇释》(北京师范学院出版社,1992)更是经常运用现代方言阐释《金瓶梅》中的方言俗语,是运用现代方言证释古语的范例。

二、从事中古、近代汉语历史词汇的考释研究,不注意利用方言材料,容易产生错误

从 20 世纪 80 年代以来,中古近代汉语词汇研究取得了很多成果,考释性的著作不断涌现。但在研究中也不难发现,有些词语的解释,尤其是用北方方言写的作品的词语解释,如果仅仅根据书

[①] 关于陕北方言的材料,引自黑维强(2002)。
[②] 2005 年 11—12 月,笔者给浙江大学汉语言文字学 2005 级硕、博士研究生开设"训诂学"课,这些方言说"唵"的情况,是选课同学告诉我的。

面材料,从文献到文献,而不注意利用活的方言材料,有时可能会产生问题。

李行健、折敷濑兴(1987)指出:在考释近代汉语词语时,历来采用排比例句、分析归纳词义的方法对疑难词语作出解释,忽略了用现代汉语方言来加以印证,导致产生了许多错误。这些错误包括望文生义、随义释义、似是而非、不够贴切和知其然不知其所以然。文章举了许多例子,如:

《水浒传》第61回叙卢俊义"夜来算了一命",有学者望文生义地把"夜来"解释为"夜里",其实文中是"昨天"的意思,这个词在今河北、山西一带较为流行。

元杂剧《单刀会》第三折,关平云:"父亲,他那里筵无好会,则怕不中么?"王季思《元杂剧选注》:"不中:不对头。"这个解释不够确当。"中",今河北、河南许多地区仍在使用,其意为"行、好、可以",其否定形式就是"不中","不中"就是"不行、不好、不可以"。关平看出鲁肃宴请关羽不怀好意,故用"恐怕(您赴宴)不好,不行吧?"来委婉地劝阻。

相反,如果在词语训释时能利用方言材料加以印证,则会使结论更加确凿,更具有说服力。

鲁国尧(1988)对陶宗仪所记录的元代吴方言作了考证。例如:

拗花

卷十二"拗花"条:"南方或谓折花曰拗花。唐元微之诗:'试问酒旗歌板地,今朝谁是拗花人。'又古乐府:'拗折杨柳枝。'"鲁先生指出:"吴方言中普遍有此词。"列举清代或民国年间的《象山县志》《苏州府志》《吴县志》《镇海县志》等为证,并说"今松江、杭州、无锡、宁波、东阳、天台、黄岩皆有此词"。(《自选集》271页)笔者祖籍黄岩，5岁随父母定居临海，在临海读完小学、中学。今台州、临海一带方言仍把折之使弯或断称为"拗"，如"把这根铅丝拗弯""把糖蔗拗断"，等等。"拗花"就是折花。

娘

子谓母曰娘。卷十二"贞烈墓"条述天台妇郭氏持子痛哭之语："汝爷行且死，娘死亦在旦夕。"鲁先生说，吴方言区一直如是。举《何典》卷七和清代、民国《象山县志》《鄞县志》和无锡、苏杭等地方言为证，是。今临海、黄岩一带仍有此语，但发音有别，母亲发"niáng"，祖母发"niāng"；祖母可叠音称"娘娘"（阴平），母亲不能叠音。

这些实例说明，在进行中古、近代汉语词语考释研究时，除了书面文献的证据外，还要尽可能地利用现代"活"的方言材料来加以印证，只有这样，所得出的结论才可能是颠扑不破的，真正做到"揆之本文而协，验之他卷而通"。

由上可知，近、现代方言材料十分宝贵，研究中古、近代汉语词汇者，最好能有目的、有针对性地去做些方言调查。暂时做不到，则起码应该充分利用已有的研究成果。反过来，中古近代汉语作品也可用来印证现代方言。就方法论而言，以方言材料与书面文献互证，也是一种"双重证据法"，是研究词汇史的学者努力的方向。

第七节 中古近代汉语词汇研究和外来词

这里所说的"外来词"包括我国的少数民族语言和外国语言。"外来词"，作为"异文化的使者"，（参见史有为 2004）曾经或正在汉语的发展中占据重要的地位。

汉语在发展的历史上,曾经多次受到外来文化的影响。在上古时期,汉语中就已经出现了一些来自外族的语词。《礼记·王制》记载,周朝把中原地区百姓和周边的诸多民族分为"五方之民",华夏民族以外,东方为夷,南方为蛮,西方为戎,北方为狄。指出:"五方之民,语言不通,嗜欲不同。达其志,通其欲,东方曰寄,南方曰象,西方曰狄鞮,北方曰译。""狄鞮"一词,研究者认为不像汉语,可能是音译词。《国语·周语》有狄戎使者来朝时使用"舌人"的记载,今维吾尔语中有"tilqi"一词,结构和含义均与"舌人"相近,"狄鞮"的古代读音与"tilqi"也很接近,有学者推测,"舌人"一词可能是"狄鞮"一词的意译,而"狄鞮"一词则来自阿尔泰语系的语言。(参见热扎克·买提尼牙孜 1996:11—12)如果确实如此的话,则汉藏语系和阿尔泰语系语言的接触早就开始了。

汉族自古以来就和外来民族有广泛的接触史。我国西面有印度、伊朗、巴基斯坦、斯里兰卡、缅甸、埃及等,东南有越南、老挝、柬埔寨、泰国、菲律宾、马来西亚、印尼等,东边还有高丽(韩国、朝鲜)、日本等,此外,还和许多国家有往来。罗常培(1950[1989:19—27])曾经列举以下一些外来词,阐明中国和外国在历史上的交往和接触。如:狮子、师比(一种金属带钩)、璧流离、葡萄、苜蓿、槟榔、柘枝舞(一种胡舞)、站、八哥、没药(药名)、胡卢巴(药名)、祖母绿,等等。

就中古、近代汉语而言,比较大的中外文化交流有两次:一次是汉代以来,随着佛教的传入,翻译佛经的大量出现,佛教文化、汉译佛经对汉语的影响;另一次是宋末元初以来,随着蒙古族入主中原,蒙古语带给汉语的影响。此外,明代以来,外来传教士和他们的汉文著作也曾给汉语以较大的影响。

一、中古近代汉语时期外来词的传入与汉化

(一) 中古汉语时期

在中古汉语时期,汉语主要受西域、中亚诸语言的影响,如梵语、巴利语、吐火罗语等。[①] 据史学、考古学研究表明,我国古代西域就是一个多民族聚居的地区。大致说来,从阳关到葱岭,塔里木盆地南缘分布着羌人;天山南北,伊犁河谷分布着塞人;大月氏作为月氏的一部分,周秦至汉初居敦煌、祁连间,后在匈奴的打击下南迁,占据大夏之地,建立贵霜王国;匈奴在战国时分布在燕、赵、秦以北地区,汉文帝时,灭月氏,降楼兰,势力扩大到西域;乌孙人最初和月氏同居敦煌、祁连间,后在匈奴的帮助下西迁,占据塞人在伊犁河的故地,后再次西迁到伊赛克湖一带,定都赤谷城。这一时期生活在天山南北的还有粟特人、丁零人、乌揭人。从语言使用的角度看,羌人、汉人使用的是属于汉藏语系的诸语言,匈奴人、乌孙人、丁零人、乌揭人使用的是属于阿尔泰语系的诸语言,塞人、月氏人、粟特人使用的是属于印欧语系伊朗语族的塞语、吐火罗语等语言。(参见热扎克·买提尼牙孜 1994:2、26)

在古代西域,居住着许多不同的民族,其语言分属三个不同语系,故在接触、交流过程中,需要通晓两种以上语言的人作为翻译,多民族混居的现实,也使得各民族语言之间相互影响、相互借用成为可能,这就是当时汉语和其他外族语言相互借鉴的条件和基础。

史有为(2000:36—46)指出:"中古时期(魏晋南北朝隋唐——引者)外来词主要有四个方面:佛教词语;丝绸之路传入的俗常词

---

① 王力《汉语史稿》已经举到了"和尚、菩萨"等词,向熹《简明汉语史》也有这方面的举证;张永言《语文学论集》、赵振铎《训诂学史略》中专论了外来词和汉语的关系。凡此均可参看。

语;异族交往或入侵带来的词语;民族融合中的语言底层。"

在中古汉语时期,受外来文化的影响而传入的外来词为数不少,产生的变化也比较多,一般说来,有这样三类:

一类是纯粹的音译词。早期的音译词如葡萄、苜蓿、师子、骙騠、琵琶、箜篌、单于、瓯脱等,自先秦以迄两汉都很多,不胜枚举。

另一类是音义结合词。罗常培(1950[1989:18])说:"语言的本身固然可以映射出历史的文化色彩,凡遇到和外来文化接触时,它也可以吸收新的成分和旧有的糅合在一块儿。"这一类的外来词有胡麻、胡桃、胡角、胡豆、胡床、胡跪等,近代以来传入我国的又有来自西方(欧美、日本)的一些名词。例如,宁波方言中,有一种食品叫"羌饼",指一种内含葱油,面上撒芝麻,直径有尺许大的圆形煎饼,都留有外来词的痕迹。(参见汤珍珠、陈忠敏、吴新贤1997:191)

还有一类是纯粹的意译词。从语言发展的角度看,纯粹的音译词不容易融入汉语词汇系统中,故汉民族往往通过把音译词改造为音意结合词或意译词的方法,使之更符合汉语的习惯和特点。

佛教产生于印度,大约在两汉之交传入我国内地。东汉、魏晋著名的佛经翻译家有安世高、支娄迦谶、支谦等。安世高采用直译的方法译经,多用音译词,许多佛经人名、地名等又长又多,经常重复。支谶在译经时,除了和安世高一样,多用音译词外,也吸收了道教的一些术语,如把"波罗蜜多"译为"道行",把"如性"译为"本无"等。三国时期的支谦汉文功底好,他反对以前的翻译家们译文尚质的倾向,"改胡音为汉义,改音译为意译,使译文由冗涩变得简洁流利,很适合汉语读者的表达习惯"。支谦大胆采用意译的方法翻译佛经,一向译作《摩诃般若波罗蜜经》的经名被他改译为《大明度无极经》,其中的一些人名,如"须菩提""舍利弗"都被他意译成了"善业""秋露子",以符合汉语的表达习惯。(参见热扎克·买提尼牙孜 1994:59、61)

佛教术语随翻译佛经传入中国后,随着佛经翻译从硬译到逐渐成熟,形成了四个阶段:①直接采用音译;②逐渐汉化——由音译转为音意结合或意译;③在音译、音意结合和意译并存的过程中,语义美好者占优,即取譬美好;④逐渐由多音节向双音节转化。详见下章的相关论述。

(二) 近代汉语时期

汉语在元代受蒙古族的影响,明代以来受西洋文化的影响,清代受满族的影响,语言词汇都发生了一定的变化。

清赵翼《陔馀丛考》(上、中、下三册,中华书局,1963 年新 1 版)卷二四"番语成诗"条:"《诗话总龟》及《诗史》载余靖作胡语诗云:'夜筵没罗_{言后}盛臣拜洗_{言受赐},两朝厥荷_{言通好}情干勒_{言厚也},微臣雅鲁_{言钝}祝君统,圣寿铁摆_{言嵩高}俱可忒_{言无疆}。'又沈存中《笔谈》载刁约使契丹,戏为诗云:'押宴移离毕_{如中国执政官},看房贺跋支_{执衣防阁人}。饯行三匹裂_{小木罂},密赐十貔狸_{形如鼠而大,辽人以为珍馔}。'"(477 页)这些诗中都夹杂使用了契丹语、胡语,用小字注明汉语的含义,反映了汉族和少数民族官方往来的情形。

史有为(2000:46—42)也叙述了近代汉语外来词的概况(作者称之为"近古汉语",时代为宋元明清),分为五种情况:

1. 源自于契丹、女真、蒙古、满洲各族语言的外来词;

2. 异域物产名称;

3. 初期科技用语的输入;

4. 有关伊斯兰教的词语;

5. 粤语中的古百越语底层词语。

元代蒙古族入主中原,带来了蒙古文化。在短短的不足百年时间里,汉文化和蒙古文化特别是汉语和蒙古语相互渗透、相互影响,这在元杂剧等元代文献中得到充分的证明。

元代的语气助词"有"即是一例。元贯云石《孝经直解》:"孔子说:在先的圣人有至好的德、紧要的道理。以这个勾当顺治天下有,百姓每自然和顺有。""孔子说:孝道的勾当是德行的根本有。""身体、头发、皮肤,从父母生的,好生爱惜者,休教伤损者,么道。阿的是孝道的为头儿合行的勾当有。"三例"有"均是蒙古语助动词,用于句末,略如汉语的语气助词"啊"。又"么道"也是蒙古语,"说着、这样说着"的意思,用于句末,略如汉语的"云、云云"。(参见刘坚 2005:259—261)

元杂剧《哭存孝》第一折宾白:"米罕整斤吞,抹邻不会骑,弩门并速门,弓箭怎的射。"这四句中,"米罕"指肉,"抹邻"指马,"弩门"指弓,都是蒙古语。蒙古语中,"肉"也称"米哈",如《射柳捶丸》第三折宾白:"好米哈吃上几块。"

"成吉思汗"为"成吉思"和"(可)汗"的合成。"成吉思"或说来自于匈奴语"单于"(义为"最大"),或说来自于匈奴语 tängri,义为"天"。(参见史有为 2000:146)

"~赤"(-či),放在前一成分后面,表示专司某职的人。如"必赤赤"(掌文书者)、"阿堵兀赤"(放马的人)、"哈剌赤"(执掌云月皂雕旗的人)、"火里赤"(带弓箭的人)、"速胡赤"(执掌斧钺的人)、"奴海赤"(训管狗的人)、"温都赤"(带刀的人)。(参见方龄贵 1991)

关于元曲中的蒙古语,可以参看方龄贵《元明戏曲中的蒙古语》一书。

胡增益《满语的 bai 和早期白话作品"白"的词义研究》研究说:"满语的 bai 和汉语的'白'在音义上有联系,在来源上有关系。"类似的研究把视野扩大到亲属语言的比较上,在方法论上值得借鉴。

二、用汉藏对比的方法来解释疑难语词,为中古近代汉语词汇研究开辟新的渠道

在中古、近代汉语时期的典籍里,有一些疑难词语,这些词语往往就字面而言找不出规律,但如果能够和汉藏语系的不同分支结合起来,利用少数民族语言或方言材料,有可能解决。

李方桂曾说过:"将来大部分汉语史问题,还得靠跟别的语言像西藏话、缅甸话及其他少数民族语言像彝话来比较,希望将来各种比较的研究跟中国本身语言的研究,能够凑合到一块去,可以把各方面的问题美满解释。"(参见马学良 1989)马学良(1989)也说:"我们坚信今后汉语与同系属民族语言的比较研究必将为汉语史的研究揭开新的一页。"

20 世纪上半叶以来,汉藏语系的比较研究得到重视,李方桂、邢公畹、张永言、龚煌城、梅祖麟等人有关的研究成果相当多,这其中,就有和中古近代汉语词汇研究有关的内容。

(一)中古汉语时期

在中古汉语时期,从外族引入的外来词为数不少,这其中又可分为以下两类:

一类是,在文献记载上就明确说明是来源于外族的文献,例如:

《说苑·善说》:"庄辛迁延盥手而称曰:君独不闻夫鄂君子皙之泛舟于新波之中也?乘青翰之舟,极蕞芘,张翠盖,而检犀尾,班丽桂社,会钟鼓之音毕,榜枻越人拥楫而歌,歌辞曰:'滥兮抃草滥予昌枑泽予昌州州愖州焉乎秦胥胥缦予乎昭澶秦逾渗惿随河湖。'鄂君子晳曰：'吾不知越歌，子试为我楚说之。'于是乃召越译，乃楚说之曰：'今夕何夕兮，搴舟中流。今日何日兮，得与王子同舟。蒙羞被好兮，不訾诟耻。心几顽而不绝兮，知得王子。山有木兮木有枝，心说君兮君不知。'"《越人歌》（斜体字）显然是越语的记音字，不知道是什么意思；而译成楚歌（汉语）以后，方才使人明白。①

《后汉书·南蛮西南夷传·莋都夷》记汉明帝永平中，在益州刺史朱辅的感化下，白狼国国王唐菆"作诗三首"，上献汉帝，表示归顺，这就是著名的《白狼歌》。朱辅上书汉明帝刘庄，称"远夷之语，辞意难正。草木异种，鸟兽殊类，有犍为郡掾田恭与之习狎，颇晓其言，臣辄令讯其风俗，译其辞语"。（2855 页）今《后汉书》所载之《远夷乐德歌诗》《远夷慕德歌诗》《远夷怀德歌》三首歌辞，都是一句汉语（大字），一句夷语（小字）。如《远夷乐德歌诗》："大汉是治，堤官隗搆。与天合意，魏冒逾糟。……"（参见马学良、戴庆厦 1982）郑张尚芳（1993）认为《白狼歌》记录的就是古缅语，并作了详细的考证。

《北史·铁勒传》："铁勒之先，匈奴之苗裔也，种类最多。自西海之东，依山据谷，往往不绝。独洛河北，有仆骨、同罗、韦纥、拔也古、覆罗，并号俟斤。蒙陈、吐如纥、斯结、浑、斛薛等诸姓，胜兵可二万。伊吾以西，焉耆之北，傍白山，则有契弊、薄落职、乙咥、苏婆、那曷、乌护、纥骨、也咥、於尼护等，胜兵可二万。金山西南，有

---

① 郑张尚芳（1991）对《越人歌》有解读。又韦庆稳（1981）曾撰文探讨《越人歌》与壮语的关系，认为不少词语与现代壮语相同。

薛延陁、咥勒儿、十槃、达契等，一万余兵。康国北，傍阿得水，则有诃咥、曷截、拨忽、比干、具海、曷比悉、何嵯苏、拔也末、谒达等，有三万许兵。得嶷海东西，有苏路羯、三素咽、篾促、萨忽等诸姓，八千余。拂菻东，则有恩屈、阿兰、北褥、九离、伏嗢昏等，近二万人。北海南，则都波等。虽姓氏各别，总谓为铁勒。"张舜徽（1980:20—21）认为："这段文字中所载许多部落中的姓氏，多不能理解。除仆骨、同罗、韦纥、拔也古、斯结、浑、斛薛、契弊、薛延陀、都波等名号尚见他书可以参证外，其余欲句读则相当困难。假使写作的当时，作者自加句读，传到今天，又何至造成这样的困难？"[1]张氏是从句读的重要性来说的。从这段文字中可以看到，北朝少数民族部落名号多有记音的形式表达，连在一起说时，句读都很困难。

另一类是，有些音译词仅从字面上看不出来，须作一些考察，例如：

《方言》卷八："虎，陈魏宋楚之间或谓之李父，江淮南楚之间谓之李耳。"汉末应劭《风俗通义》曾解释"李耳"的得名由来说，"俗说，虎本南郡中庐李氏公所化为，呼'李耳'因喜。"（《太平御览》卷八九一引）《本草纲目》卷五一上云："'李耳'当为'狸儿'，盖方言'狸'为'李''儿'为'耳'也。"都属于俗语源的解释，穿凿附会，自不可信。其实"李父""李耳"不是汉语的词汇。清代严如熤《苗防备览》卷九"风俗考下"记湖南水保土人方语："虎曰力，父曰阿把，母曰阿捏。"今土家语称虎为 li，即"力"，公虎为 li pa，即"力把"，母虎为 li ni，即"力捏"。li pa/li ni 正与"李父""李耳"古读相当。土家

---

[1] 按：《北史》此段文字的标点，依中华书局点校本。又，张永言（1982:4—5）论及汉文典籍不分词书写的弊病时，已经列举《说苑·善说》的"越人歌"和《北史·铁勒传》。

语属于藏缅语族。土家语的li,与彝语支中彝语的la/lo、纳西语的la、缅语支中阿昌语的l,乃至与藏语康方言中的(w)li(虎),当同出一源。可见所谓楚语或南楚语的"李父""李耳"是属于藏缅语族的某种古代语言里的词,其区别在于所指公母的不同而不是通行地域的差别。(参见张永言1988)

《史记·项羽本纪》:"人言楚人沐猴而冠耳,果然。"裴骃《集解》引张晏曰:"沐猴,猕猴也。"沐猴就是猕猴,但"沐"字何义?明代李时珍《本草纲目》卷五一下"猕猴"条云:"猴好拭面如沐,故谓之'沐'。"辞书或从之,实误。张永言指出:"其实'沐猴'一词中的语素'沐'乃是一个非汉语成分,也就是说它只是一个记音的字,需要在亲属语言的语汇里去寻求解释。"在汉藏语系藏缅语族缅彝语群的许多语言和方言里都可以找到与"沐"古音相符而语义为"猿/猴"的词。如古缅语和中古缅语的mjok,北部缅语支勒戚语的mjok/mjuk,拉翁语的mjok/mjauk,阿戚语的mjuk。此外,藏缅语族的米助语也称猴为(a)muk。据白保罗研究,这个词的原始缅语形式当为*mjok,共同汉藏语形式当为*mrok/*mruk。见于古代典籍的"沐猴"的"沐"应当就是亲属语言中的mjok/mukd的对音。由此可见,"沐猴"是训诂学上所谓"同义连文",即由两个同义或近义语素以并列关系构成的复合词,也可能是"大名(共名)+小名(别名)"或"小名+大名"式的复合词。特异之处只在于它是一个由非汉语成分加汉语成分组成的"合璧词",和"貘豹"(越南语+中国语)一例。(参见张永言1999:269—271)[①]

[①] 张永言《语文学论集》(增补本)。张先生还指出:沐猴或作母猴者,属于同词异写,也可能反映了一定的方音差别。在缅语支的某些语言和方言里*mjok(猿/猴)有失去韵尾-k的。

（二）近代汉语时期

唐宋时期，当时西域的语言大致可以分为三类：一种是西域土著民的语言，属印欧语系；二是属汉藏语系的汉语和吐蕃人的语言；三是属阿尔泰语系的突厥语和回纥语。（参见热扎克·买提尼牙孜 1996:100）

张清常（1978）指出："在元明戏曲小说里，在《元典章》《元史》和元代白话碑里，都保留了不少借自蒙语的词。"

《水浒》第 24 回："他家卖拖蒸河漏子热烫温和大辣酥。""大辣酥"也作"打剌孙""答剌孙"，是蒙语音译词，黄酒的意思，也见于元曲。《降桑椹》第一折【金盏儿】白："哥也，俺打剌孙多了。"又作"答剌苏"。元一分儿《沉醉东风》曲："答剌苏频斟入礼厮麻，不醉呵休扶上马。"有人或者不注"大辣酥"，或者凭元曲的上下文猜测"打剌孙""答剌孙"是酒，但并不知道它不是一般的酒，而是专指黄酒。

有许多蒙古族人取名叫"赛因""萨因"等。在元曲里面，还看到当时汉族许多小女孩叫作"赛娘"。汉语本来把少女称为"娘"，蒙语[sain]（好）音译原为"赛因"，简化成"赛"；"赛娘"就是蒙古语"好"加汉语"娘"的音义合璧词，用作小女孩的名字，意即好女孩。在元曲里蒙语[sain]也写作"撒因"。由于不熟悉蒙语，朱居易《元剧俗语方言例释》在解释元曲中的蒙语借词时，把"撒因"解释成"牛，牛肉"，把"赛娘"解释成"本为《酷寒亭》剧中郑孔目的儿女，借用为无人照顾的儿童"。（参见朱居易 1956:97、293、274）

"虎剌孩"是蒙语，指贼，见于元曲，如《陈州粜米》第一折【金盏儿】白："你这个虎剌孩，作死也！"也作"忽剌孩"。此语至今仍然保留在内蒙古西部汉语方言里，叫作"胡拉盖"，指骗子。

在阅读元明作品时，不熟悉蒙语，可能会碰到困难。刘时中

【端正好】《上高监司》之二:"广费了些首思分例,倒换了些沿路文书。"何谓"首思分例"?原来,"首思""分例"是蒙古语,指驿站在接待过往人员时按规定提供的物品,如米面、酒肉、草料、钱钞等。"首思"为音译,"分例"为意译。《元典章·兵部三》:"今体知得,诸处站赤例于马户处冒行攒敛羊酒米面首思等物,除使臣分例食用外,多有克落数目。"(参见李崇兴 1998)后泛指按定例发放的钱物。《元史·世祖纪七》:"杭、苏、嘉兴三路办课官吏,额外多取分例,今后月给食钱,或数外多取者罪之。"《红楼梦》第 36 回:"如今太太屋里有四个大的,一个月一两银子的分例。"

第八节 中古近代汉语词汇研究和修辞学、语用学

修辞学、语用学是现代语言学里偏重于应用性的两个分支学科,它们和中古近代汉语词汇研究有着什么样的关系呢?这是本节要探讨的问题。二者的关系大致可以从这样几个方面来看:

一、注意总结古书文例

古人行文属辞有很多规律或文例,这些文例往往没有明确地说出来,需要后人去总结,因此,在研究中古、近代汉语词汇时,就必须注意总结、揭示这些文例。

(一)注意文体差异

我国古代的学者,早就注意到文体的区分。例如,南朝梁的刘勰注意韵文和散文之别,提出了"文笔"的概念:"今之常言,有'文'有'笔',以为无韵者'笔'也,有韵者'文'也。夫文以足言,理兼《诗》《书》,别目两名,自近代耳。颜延年以为:'笔之为体,

言之文也;经典则言而非笔,传记则笔而非言。'"(《文心雕龙·总术》)"文"指押韵之文,"笔"指散文。六朝时风行骈文,对平仄、对仗都有要求,讲究辞藻,故口语性不强。相比较而言,一般的散文"笔"的口语性要强一些,如小说、书信、史书、杂著和科技著作等。

唐宋以后,到了近代汉语阶段,又出现了新的文体,如讲求格律的唐诗、宋词和元曲,和前代的韵文一样,它们在表达上有其特殊的要求,讲平仄,要求对仗、押韵;与此相应,在行文表达上也有一些值得注意的特殊的地方。蒋绍愚曾对此作过详论,参看《唐诗语言研究》(中州古籍出版社,1990)一书的相关章节。

(二)揭示同义连文规律

所谓"同义连文"规律,多指由两个同义语素并列连用构成的双音节词,也包括少量的三音节同义并列、四音节同义并列。

1. 同义并列双音词

王引之在《经义述闻》卷三二《通说下》中说:"古人训诂不避重复,往往有平列二字上下同义者,解者分为二义,反失其指。"俞樾《古书疑义举例》卷四有"语词复用例",列举同义连用的双音节虚词;卷七有"两字一义而误解例",列举同义连用的双音节实词。

《南齐书·武十七王传·随郡王子隆》:"子隆年二十一,而体过充壮,常服芦茹丸以自销损。"(710页)"充壮"犹言肥胖,"体过充壮"言体过肥胖,故需服药减肥。从"充壮"的组合类型看,此词是并列式复合词,"充"和"壮"都是肥胖义。《仪礼·特牲馈食礼》:"宗人视牲,告充。"郑玄注:"充,犹肥也。"《后汉书·董卓传》:"乃尸卓于市。天时始热,卓素充肥,脂流于地。"(2332页)"充肥"同义连文,是"充"有肥胖义。如《梁书·昭明太子传》:"体素壮,腰带

十围,至是减削过半。"(167页)《魏书·恩倖传·赵修》:"修素肥壮,腰背博硕。"(2000页)

《南齐书·豫章文献王嶷传》:"公家何尝不知民多欺巧,古今政以不可细碎,故不为此,实非乖理。"(413页)《南史·虞玩之传》:"先时,宋世人籍欺巧,及高帝即位,敕玩之与骁骑将军傅坚意检定之。"(1178页)"欺巧"谓欺诈不实,这也是并列式复合词,"巧"和"欺"一样,都是欺诈的意思。《庄子·盗跖》:"此夫鲁国之巧伪人孔丘,非耶?"《南齐书·虞玩之传》:"乃别置板籍官,置令史,限人一日得数巧,以防懈怠。"(609页)"得数巧"是说发现几例欺诈之事。是"欺巧"是由同义连文构成的复合词。

2. 同义并列多音词

除了双音节的同义并列连文外,同义连文规律还包括由三个以及三个以上的同义语素并用而形成的新词。① 如:

A组

(1)《三国志·魏志·邓哀王冲传》裴注引《魏书》:"(曹冲)容貌姿美,有殊于众,故特见宠异。"(581页)"容貌姿"并称容貌。

(2)《宋书·谢庄传》:"(谢)庄以'丞相既无入志,骠骑发便有期,如似欲相逼切,于事不便'。"(2169页)"如似欲",就是如、似、好像。

(3)《续观世音应验记》第4条:"次当就命,官司簿目,独无其名,相与惊骇怪,乃各散走。"(13页)"惊骇怪",就是惊异,惊骇。

(4)《系观世音应验记》第65条:"忽起自言,所病得差,便见

---

① 这种三音节的同义并列结构,或者介于词与词组之间,或许已是词组,本文为表述方便,统称为"词",不作区别。关于三字或多字同义连文规律,前人时贤已经多所揭示,参看清王引之《经义述闻》卷一八《春秋左传中》"缮完葺墙"条、郭在贻(2005:14)、黄征(1988)、吴金华(1990:134—135)。

不同。十日中都好平复。"(62页)"好平复"谓病愈、康复。

(5)《太平御览》卷四九引《汉武故事》："帝斋七日，遣栾宾将男女数十人至君山，得酒，欲饮之。东方朔曰：'臣识此酒，请视之。'因即便饮。"(《古小说钩沉》462页)"因即便"就是即、便，三字同义连文。

(6)《太平御览》卷三七〇引《志怪集》："石季伦母丧，洛下豪俊赴殡者倾都。王戎亦入临殡，便见鬼攘臂打捶凿，甚惶惶。"(《古小说钩沉》539页)"打捶凿"就是捶打，击打，三词近义连文。

(7)《警世通言·崔待诏生死冤家》："只见：两部脉尽总皆沉，一命已归黄壤下。"(《宋代卷》448页)这里因为要凑成七言，故用了三个范围副词"尽总皆"，都是全部、完全的意思。

B组

(8)新罗道伦撰《瑜伽论记》卷一〇之下："明摄周尽结无增减，过去已下结前诸戒，三世共皆同修学。"(42/541/b)

(9)西晋竺法护译《度世品经》卷六："佛所讲法音，咸共悉听之。"(10/658/a)

(10)西晋竺法护译《度世品经》卷一："赞言善哉。诸会菩萨，皆共咸听菩萨有十事法，有所依怙，而无所著。"(10/618/a)

(11)西晋竺法护译《生经》卷二："佛顿其中。时彼聚落有梵志长者，兴无央数众，悉共普闻。"(3/79/b)

(12)旧题吴支谦译《撰集百缘经》卷六："如来出于世，如日月光明；照彼诸黑闇，皆悉普使明。"(4/230/a)

(13)北凉昙无谶译《大般涅槃经》卷一五："当作是愿：我今所施，悉与一切众生共之。以是因缘，令诸众生，得惭愧衣。法界覆身，裂诸见衣。衣服离身，一尺六寸，得金色身。所受诸触，柔软无

碍。光色润泽,皮肤细软。常光无量,无色离色。愿诸众生,皆悉普得,无色之身。"(12/455/b)

(14)唐义净译《根本说一切有部毗奈耶》卷三一:"然诸佛常法,于二时中,声闻弟子,悉皆普集。"(23/796/b)

(15)唐义净译《根本说一切有部毗奈耶》卷三五:"遂于空地,多敷座席,击鼓宣令,咸皆告知:'明日尊者法将舍利子,为说妙法。若仁等乐闻,咸皆普集。'"(23/818/c)

上述用例中,A组(中土文献)中,(1)(5)两例系组成四字句,(4)"十日中都好平复",去掉"十日中"这一时间名词状语,则也是组成四字句;其他例呈现不同情况,如(3)"相与惊骇怪",前后均为四字句,此句反成五言,(7)则为了凑成七言一句,故用三字连文,总之,其"三字连文"的规律还不甚明晰。而B组(佛典)的几例则完全不同,其"三字连文"规律明显,即组成和谐音步四字句的类型之一。盖自东汉后期开始,以支曜《成具光明定意经》为标志,佛经翻译开始以两个音步组成四字句为散文常例(偈语则为五字一句),为了这一常例,则同义连文、三字连文的用例大量出现。以(8)—(15)为例,如果是散文,则往往四字一句,组成两个音步;如果是偈语,则五字为句。总之,译经中凡是需要组成四字句或五字偈语时,则使用三字连文。

类似这样通过一定的造词法而产生的新词或词组,都和语言修辞、应用具有一定的关系。因此,谈词义演变,不能不注意修辞、语用问题,注意语言在实际运用过程中产生的演变。

二、从修辞、语用的角度看词义演变

上面谈了同义并列构词法,这里讨论用词法。作为分析词义的形成、产生的新的角度,修辞、语用学与词义演变的关系值得重

视,具体而言,包括:

(一) 词类活用

所谓词类活用,是指古汉语中,部分实词按照一定的语言习惯,临时改变词性而灵活运用的现象。

先秦典籍中,词类活用现象十分普遍,而这一情况到了中古以后,虽仍有使用,但有所减少。

1. 使动用法

"臣具以表闻,辞不就职。"(晋李密《陈情表》)表闻:用奏表使……知道。"闻",动词的使动用法,使……知晓,让……知道。

"图久远者,莫如西归,将成家而致汝。"(唐韩愈《祭十二郎文》)致汝:让你来我这里。"致",使……前来,动词的使动用法。

2. 意动用法

"寡人暗昧,夫子不远千里,将有为乎?"(唐李朝威《柳毅传》)"远":以……为远,形容词意动用法。

"况吾与子渔樵于江渚之上,侣鱼虾而友麋鹿。"(宋苏轼《赤壁赋》)"侣":以……为伴侣;"友":以……为朋友。"侣"和"友"都是名词的意动用法。

3. 名词用如动词

"道海安、如皋,凡三百里。"(宋文天祥《指南录后序》)"道":本义为道路,名词。课文中指"取道",活用为动词。

4. 名词作状语

"淳于生日与群豪,大饮其下。"(唐李公佐《南柯太守传》)"日":每天,名词作状语。

"不得已,变姓名,诡踪迹,草行露宿。"(宋文天祥《指南录后序》)"草":在草地里;"露":在露水中。"草"和"露"都是名词作状语,表示处所。"草行露宿"是说:在草野中赶路,在露天歇宿。

(二) 变文避复

古人在行文过程中,有时出于修辞整饬的需要,在上下文中变换词语来表达相同的意思,避免重复,称之为"变文避复"。举南朝宋刘义庆《世说新语》为例:

《世说新语·方正》第9则刘注引干宝《晋纪》:"皇太子有醇古之风,美于信受。"(160页)"信受"何义? 本条下文云:"侍中和峤数言于上曰:'季世多伪,而太子尚信,非四海之主。'"上文说"信受",下文说"信",两相比较,可见"信受"就是"信",也就是相信、取信的意思。[①] 太子指司马衷,后来的晋惠帝,资质愚钝,容易受人欺骗,故说"尚信",也就是上文所说的"美于信受",意思是容易相信别人。

又《文学》第9则:"傅嘏善言虚胜,荀粲谈尚玄远。每至共语,有争而不相喻。裴冀州释二家之义,通彼我之怀,常使两情皆得,彼此俱畅。"上文说"彼我",下文说"彼此",可见"彼我"就是"彼此",二词义同。之所以一用不常见的"彼我",一用习用的"彼此",当也是出于变文避复的原因。

这方面的例子尚多,不能备举。

(三) 复词偏义

我国是一个重视辩证法的国度,从上古起,许多思想家就具有浓厚的辩证法思想,能够辩证地看待宇宙和世界。《老子》"故有无相生,难易相成,长短相形,高下相倾,音声相和,前后相随"的论述,就是一个很好的例子。反映在词汇上,一些复合词、同义词的

[①] "信受"一词,六朝典籍习见:《后汉书·刘表传》:"蔡氏遂爱琮而恶琦,毁誉之言日闻于表。表宠昵后妻,每信受焉。"《梁书·文学传下·任孝恭》:"孝恭少从萧寺云法师读经论,明佛理,至是蔬食持戒,信受甚笃。""信受"也都是相信或信仰义。

产生,折射出古代的这种辩证思想。蒋绍愚(1998:33)指出:"看来,下面这种构词方式是汉语所特有的:以事物的两个方面或两个极端来概括这一事物。如'天地'指整个宇宙,'大小'指体积等。""偏义复词也是汉语所特有的。"

在古汉语复音词中,有通过反义构词法造出的词。从修辞、语用的角度,复词偏义(也称偏义复词)是指复音词由两个意义相近、相关或相反的语素组成,其中一个语素的意义成为这个复音词的意义,另一个语素只是作为陪衬。① 一般说来,这类复词中所偏向的语素义总是倾向于不好或不愿意出现的情况。② 复词偏义现象在上古汉语中就已经出现,王力主编《古代汉语》第一单元《通论(三)》就已经列举了园圃、休祲、得失、缓急等例。汉魏以后,这一现象仍然屡见不鲜。

1. 中古汉语里的复词偏义

(1) 反义并列:多少和早晚

多少,本来是一个反义并列的复合词,指多和少;汉魏以后,其中一个成分语义脱落,形成了偏义复词。可以偏指多,如:

"今郡国被刑而死者岁以万数,天下狱二千余所,其冤死者多

---

① 有的语法书把偏义复词称为"连类而及"。李运富(1998)曾讨论"异意域相关信息项的赘举"和"同意域相关信息项的偏举"两种不同情况,认为意域项赘举可分为两类:一为所并列的各项大都是相关相类的事物,基本由名词充当,语义结构松散,很少能发展为复合词。如"江汉朝宗于海"(《尚书·禹贡》)、"处商必有市井"(《管子·小匡》)。一为所并列的各项全都是反义、对义的动词或形容词,语义关系密切,容易凝固为复合词。如"君子知至学之难易"(《礼记·学记》)、"无羽毛以御寒暑"(《列子·杨朱》)。意域项偏举是该有的信息没有说全,即某个意域的特定句位上只出现部分信息项而省去了相关或相类的另一些信息,在理解上可以补出相关的信息项从而转换成几个类似的语言结构单位。如"润之以风雨",实际上是"润之以风,散之以雨";"大夫不得造车马"实际上是"大夫不得造车、不得畜马"。

② 当然也不尽然,下文所举的"依违"有依顺、依从义,词义偏在好的方面,而无违背义,即其一例。

少相覆,狱不减一人,此和气所以未洽者也。"(《汉书·刑法志》)"北向拜者:谓人视亲属朋友,当有五事:一者见之作罪恶,私往于屏处,谏晓呵止之;二者小有急,当奔趣救护之;三者有私语,不得为他人说;四者当相敬难;五者所有好物,当多少分与之。"(旧题东汉安世高译《尸迦罗越六方礼经》)此二例"多少"的意义偏在前一语素"多","少"只起凑足音节的作用,不表实在意义。"其冤死者多少相覆"即"其冤死者多相覆",表示冤死的人非常多。"当多少分与之"即"当多分与之"。

也可以偏指少,如:

"汝等虽佳,才具不多,率胸怀与会语,便自无忧,不须极哀,会止便止。又可多少问朝事。"(《三国志·魏志·夏侯玄传》裴注引《魏氏春秋》)"高灵时为中丞,亦往相祖,先时多少饮酒,因倚如醉,戏曰:'卿屡违朝旨,高卧东山……今亦苍生将如卿何?'"(《世说新语·排调》第26则)例中的"多少"偏指"少"。"又可多少问朝事"即"又可略问朝事"。"多少饮酒"言稍稍饮酒。

无论是偏"多",还是偏"少","多少"都是由形容词词组演变为偏义复合词。(参见方一新、曾丹2007)

像"多少"这样由反义语素组成偏义复词在中古时期仍不少见。另如生死、轻重等。

有的由正反两个词素组成双音词,词义不是偏向一边,而是发生了新的变化,产生了新词。① 如"早晚"。本来,就是字面义"早"

---

① 2004年2月,笔者和王云路在香港科技大学参加"汉语词汇的演变"学术研讨会,并作"中古时期词义演变、构词途径及结构分析"的报告。丁邦新先生在讨论时指出:"复词偏义"("偏义复词")的说法值得怀疑。许多时候,正反两个词素结合后,词义只指向其中一个词素,这是词义演变而产生的新义,不是"复词偏义"或"偏义复词"。

和"晚"义,如:《世说新语·雅量》:"随客早晚,不问贵贱。"后来,词义进一步凝固,变成了表示疑问的代词,相当于"何时",《颜氏家训·风操》:"尝有甲设宴席请乙为宾,而旦于公庭见乙之子,问乙曰:'尊侯早晚顾宅?'"这里,"早晚"这个反义双音词发生了语法化现象,已经和它字面义不同了。唐宋以后,"早晚"一词还产生了泛指过去、现在、将来时间乃至表示假设的用法,语法化的程度进一步加深,详见第三章。

(2) 叙事长诗《孔雀东南飞》

复词偏义在上古就不鲜见,中古以降,仍然经常见到,以晋代长诗《孔雀东南飞》为例:

公姥

《孔雀东南飞》多见"公姥"一词:"便可白公姥,及时相遣归。""奉事循公姥,进止敢自专?""勤心养公姥,好自相扶将。"余冠英《乐府诗选》指出:"'公姥',刘氏称仲卿的父母,现代说法就是'公公婆婆'。细看全诗,仲卿实在没有父亲,这里因'姥'而连言'公'。'公姥'是偏义复词。"(63页)①

作息

"昼夜勤作息,伶俜萦苦辛。""作息"就是劳作,词义偏指"作","息"是一个陪衬语素。

父兄、父母、弟兄

"我有亲父母,逼迫兼弟兄。""我有亲父兄,性行暴如雷。""父母"偏指"母","父"是一个陪衬语素。"父兄""弟兄"都偏指"兄",

---

① 陈抡(1987:59)说:"'公姥'的'公'是一个古方言词,作'姥'或'婆'讲。今湖南芷江话犹谓'婆'为'公'。……故'公姥'即'姥姥',就是'婆婆',同义重言,并非'因姥而连言公'。'公姥'当然不是'偏义复词'。"似不可信,笔者不从。

"父"和"弟"都是陪衬语素。

牛马

"其日牛马嘶,新妇入青庐。""牛马"偏指"马","牛"是一个陪衬语素。

上述"公姥""作息""父母""父兄""弟兄""牛马",均为一个语素表义,另一个语素不表义,起陪衬作用,都是偏义复词的例子。

(3) 中古时期的其他作品

中古的史书、小说、诉讼文书等中也不乏其例:

爱憎

《三国志·魏志·袁涣传》裴注引袁宏《汉纪》:"当权宠之盛,或以同异致祸,潦独中立于朝,故爱憎不及焉。"(333页)"爱憎",指憎恨者,词义偏在"憎"。

依违

依顺;依从。①《宋书·郑鲜之传》:"(高祖)为宰相,颇慕风流,时或言论,人皆依违之,不敢难也。"又《索虏传》:"其后焘又遣使通好,并求婚姻。太祖每依违之。"《南齐书·豫章文献王嶷传》:"禅让之间,世祖欲速定大业,嶷依违其事,默无所言。"《魏书·李冲传》:"此既家国大事,宜共君臣各尽所见,不得以朕先言,便致依违,退有同异。""依违"作依顺、依从讲,只有"依"有义,而"违"则为陪衬语素。

姊妹

梁任昉《奏弹刘整》:"叔郎整常欲伤害,侵夺分前奴教子、当伯,并已入众。又以钱婢姊妹、弟温,仍留奴自使。"从这篇弹文的

---

① "依违"又有迟疑、模棱两可等义,此不赘举。

上下文可知,刘整只有哥哥刘寅(已死)、一个姐姐和一个弟弟,故此处"姊妹"就是"姊","妹"是衬字。下文有"婢姊及弟各准钱五千文,不分逡"等句,可证。

息耗

《三国志·魏志·蒋济传》:"今其所急,唯当息耗百姓,不至甚弊。"这里"息耗"是偏义复词,只表"息"义,是休息、息养之义。①

2. 近代汉语里的复词偏义

近代汉语作品中,复词偏义的情况仍然习见,例如:

短长

《朱子语类·总训门人》:"又一种人见其如此,却欲矫之,一味只是说人短长,道人不是,全不反己。"(《宋代卷》327页)"说人短长"和"道人不是"同义,"短长"就是短处,"长"为衬字。

死生

宋文天祥《指南录后序》:"死生,昼夜事也,死而死矣。""死生"是偏义复词,犹言死。"生"为陪衬语素,不表义。故下文说"死而死矣"。

利害

文天祥《指南录后序》:"予自度不得脱,则直前诟虏帅失信,数吕师孟叔侄为逆。但欲求死,不复顾利害。""利害":本指利益与损

---

① "息耗"本为反义并列复合词。《齐民要术》卷一《种谷》:"米味有美恶,粒实有息耗。"拙编《中古汉语读本》注:"息耗:增减;多少。这里指出米率有多有少。'息'有增长、繁殖之义,《要术》中多见……《种谷》篇又曰:'收少者美而耗,收多者恶而息也。'这里的耗、息是指烧饭时是否出饭、涨锅。出饭量大为息,反之为耗。下文:'锄者非止除草,乃地熟而实多,糠薄米息。''米息'是说出米量多。王充《论衡·辨祟》:'家人治产,贫富息耗,寿命长短,各有远近。''息耗'犹言消长。"其偏义复词的用法亦即由此而来。参见方一新、王云路(1993[2006:304])。

害。文中偏指损害,危害。"利"作为陪衬语素,不表义。

在古人文例方面,清代学者如王念孙、王引之、俞樾等都有总结,可参看俞樾等人的《古书疑义举例五种》。

除了上面谈的两点外,还应注意因修辞手法而产生的新词。详见第十章第三节。

第九节　中古近代汉语词汇研究和文献学

这里所说的"文献学",指目录版本学和校勘学。中古、近代汉语词汇史研究属于语言学,而目录版本学、校勘学则属于文献学,二者之间的联系可以从以下两个方面看:

一、目录版本学是从事学术研究的入门之学

在研究语言学尤其是历史语言学的时候,必须注意目录版本学方面的知识,注意这类知识的积累。这是因为,目录版本学是研究任何一门学问的基础,忽视了这一学科的知识,将会使研究事倍功半。前辈学者之所以能在研究中取得很大的成绩,其中一个原因,就是他们熟悉目录学、版本学的知识,面对浩瀚的古籍,能够取舍得当,游刃有余。

(一)从事中古近代汉语研究要掌握必要的目录学和工具书知识

掌握必要的目录学和工具书知识,既是从事学问研究的基础,也是遵守学术规范所应该具备的素养之一。就历史语言学研究而言,具备目录学的知识,可以有这样两个用处:

第一,在任何一个领域进行学术研究,首先应该把这一领域中前人已经做过的研究调查清楚，掌握相关的学术信息。这就需要查阅相关的论著目录，在自己的论著中予以交代。不对前人已有的研究成果进行调查就匆忙研究，很有可能是无效劳动，因为你的研究可能前人早已做过；即便你的研究有新的内容或突破，也应该提及前人的成果。如果研究结论不知前人已经有过的相关成果而没有提及，属于失检，是一种失误；而明知前人有相关的研究成果而故意不提，则属于学术道德问题，严重者有剽窃之嫌，这是每一个正派的学者都应该尽力避免的。学术研究譬如积薪，后来居上是自然法则，但必须尊重前人的研究，不掠美，不隐匿他人的劳动成果，这是从事研究必须遵守的学术规范。

第二，从事历史词汇学的研究，具体地说，从事中古、近代汉语词汇研究，要阅读、利用大量的古籍，这就要具备古籍的基础知识，包括目录学知识，对古籍的分类，工具书的编排，资料的检索等方面要有一定的了解。我国古籍浩如烟海，以个人之力，穷其一生，也读不了多少，所谓"生也有涯，学也无涯"，这是一个矛盾；只能有选择地阅读，并善于利用工具书，才能部分弥补。现在有了电子语料库，许多语料的检索更加方便，因此，这方面的困难要少多了。但必要的目录学和工具书的知识，还是需要的。

(二)从事中古近代汉语词汇研究要讲究版本

1. 版本选择得当，事半功倍

研究中古近代汉语词汇学，作词汇史的研究，必须注意版本的选择利用，版本选择对了，就会事半功倍，否则可能相反。举几个例子。

杨慎《艺林伐山》卷六"茗柯"条："晋简文帝曰：'刘尹茗柯有实理。'注：'言如茗之枝柯小实，非外博而中虚也。'蔡叔子云：'韩康伯虽无骨干,然亦肤立。'合二条观之,肤立者,茗柯之反也。宋谣云:'臻蓬蓬,外头花艳里头空。'蓬艳正可对茗柯。"(丛书集成本34页)

按:刘尹(刘惔)的话出自《世说新语·赏誉》138则。"茗柯"当为"茗打"之误,已为《世说》研究者所公认。(参见余嘉锡1993:488—489)杨氏据误字立说,可商。但"茗柯"后来也多用,形成新词,详见本书第十二章。

有学者讨论魏晋南北朝时期新产生的语气词"那",不同意说这一时期的"那"都是"耶"的误字的说法,这是对的。但作者补充举例说:"笔者在梁释慧皎所撰《高僧传》中还发现一例'那'字:开(于法开)尝使威(法威)出都,经过山阴,支遁正讲《小品》,开语威言:'道林讲,比汝至,当至某品中,示语攻难数十番,云:此中旧难通。'威既至那,正值遁讲,果如开言。往复多番,遁遂屈。(《高僧传》卷4义解一)此例中'那'不可能是表疑问、反诘的'耶',也不可能是'这''那'的'那'(指示代词'那'在此时期尚未产生),只能解释为语气词。所表示的语气并非强烈的感叹,而是句中的提顿。"(参见孙锡信1999:38)

按:经查检中华书局点校本、《中华大藏经》本之《高僧传》等相关版本,"威既至那"一句均作"威既至郡",末一字是"郡",不是"那"。所据的版本文字有误(误"郡"为那),据之来讨论语气词"那",未免有郢书燕说之憾。

唐代诗人王梵志有一首"危身不自在"诗:"危身不自在,犹如脆风坏。命尽骸归土,形移更受胎。"对"脆风坏"一语,项楚《王梵志诗校注》卷七释云:"谓人命危脆,遇风而坏。"以"坏"为"毁坏"的"坏"。朱庆之认为:"脆风坏"典出佛经,"坏"并非"壤"的俗字,而是"坯"的本字。《后汉书·崔骃传》:"参差同量,坏治一陶。"唐李贤注:"坏,土器之未烧者。""脆风坏"就是风雨中未经烧制的、不坚固的泥土坯,佛经经常用来比喻躯体的不坚固和短暂。旧题三国吴支谦译《菩萨本缘经》卷中:"譬如坏器值天降雨,悉皆烂坏无有遗余。"姚秦竺佛念译《出曜经》卷一九:"观身如坏者,犹彼坏器,危脆不牢,必当败坏。""坏器""坏者"的"坏"也都是"坯"的本字。(参见朱庆之 2001)

研究王梵志诗,中华书局早在 1985 年就出版了张锡厚的《王梵志诗校辑》,虽然筚路蓝缕,功不可没,但在校勘、注释方面存在着不少问题,故后来陆续发表了多篇订正匡谬的文章。利用该书,应该参考这些订正的文章。研究王梵志诗,应该使用项楚《王梵志诗校注》。

研究敦煌变文,以前多利用向达、王重民等编的《敦煌变文集》。考虑到《敦煌变文集》出版的年代较早,误录的情况很多,在利用《变文集》时,应该参考郭在贻、张涌泉、黄征《敦煌变文集校议》;前几年,黄征、张涌泉《敦煌变文校注》已经由中华书局出版,征引、研究敦煌变文,最好直接利用《校注》。

唐代日僧圆仁的《入唐求法巡礼行记》,是研究唐代词汇的宝贵资料,上海古籍出版社出版了点校本,白化文、李鼎霞有《〈入唐求法巡礼行记〉校注》,都可以参考。最近,董志翘的专著《〈入唐求法巡礼行记〉词汇研究》已经出版,是研究圆仁此书者应该参考的著作。

2. 版本并非越古越好

需要注意的是,版本并非越古越好。有些唐五代抄本、宋明刻本也有问题,须加校勘,不可尽信。这里举两例:

《高僧传》卷一二《亡身篇论》:"然圣教不同,开遮亦异。"(457页)中华书局点校本《校注》:"宋本'开'作'闻'。"

中华书局1992年出版的南朝梁释慧皎《高僧传》,是著名佛学家汤用彤校注的。该校注本用日本《大正藏》为底本,并采录其中的宋元明三本校勘记。① 虽然一般说来,版本越早,人为的改动越少,越可靠,但这也是相对而言的。《大正藏》据以对勘的宋本虽然是很早的版本,错误相对较少,可信度较高,但也难说没有错误,本例就是。这句"开遮亦异"宋本作"闻遮亦异",实误,当作"开遮"。"开"谓允许,"遮"谓禁绝,不许,"开遮"是反义复合词;宋本作"闻遮",不知所云。六朝以来"开"有允许义,有单用的例子,《后汉书·张敏传》:"若开相容恕,著为定法者,则是故设奸萌,生长罪隙。"(1503页)《南齐书·竟陵文宣王子良传》:"凡求试谷帛,类非廉谨,未解在事所以开容?"(697页)也有与同义、近义词连用的例子,有"开可",《后汉书·梁统传》:"议者以为隆刑峻法,非明王急务,施行日久,岂一朝所厘。统今所定,不宜开可。"(1168页)有"开许",《宋书·礼志二》:"依文采比,窃所允安。谓宜开许,以为永制。"(410页)"开可""开许"就是许可,同意。

《世说新语·规箴》第14则:"郗太尉晚节好谈,既雅非所经,而甚矜之。后朝觐,以王丞相末年多可恨,每见,必欲苦相规诫。王公知其意,每引作他言。临还镇,故命驾诣丞相,丞相(此二字衍)翘须厉色,上坐便言:'方当乖别,必欲言其所见。'""乖别",残写本作"永别"。杨勇《世说新语校笺》(香港大众书局,1969)改从

---

① 见书前汤用彤的《简略说明》。

之,云:"永,宋本及各本作'乖'。今依唐卷。"①残写本《世说新书》是现存最早的《世说新语》版本,价值甚巨,但也存在着不明口语而误改的情况,此即一例。郗鉴对王导说这番话时,既非病危临终之时,也不是处于生死离别关头,何得辄言"永别"。"乖别"义为分别、离别,切合文义。汉魏六朝作品中,习见"乖别"一词,如:《曹植集》卷一《朔风》诗:"昔我同袍,今永乖别。"《晋诗》卷一傅玄《朝时篇》:"自伤命不遇,良辰永乖别。"《宋书·鲜卑吐谷浑传》:"乖别甚易,今当去汝万里。"

类似的又如《世说新语·捷悟》第3则:"魏武亦记之,与(杨)修同,乃叹曰:'我才不如卿,乃觉三十里。'"最后一句,残写本作"三十里觉"。"乃觉三十里"的"觉",通"校""较",相差、相距义,前人如段玉裁、蒋礼鸿、徐震堮、郭在贻等多有论及,此从略;而"三十里觉"的"觉"则是"晓得""觉悟"义,字面相同而词义迥异,不可不辨,残写本误。

二、从事中古近代汉语词汇研究离不开校勘学的帮助

清代的王鸣盛(1959:484)曾说:"书经三写,乌焉成马。况史文本自多为歧称乎?"王氏说的是古代史书错讹很多,其实,也完全适用于其他各部的典籍。

校勘是最难做到功德圆满的,前人曾说:"校书如扫尘,一面扫,一面生,故有一书每三四校,犹有脱谬。"②又以扫落叶来作比,谓校书如扫落叶,旋扫旋生,这都是经验之谈。

中古近代汉语词汇研究以东汉以来的传世典籍为主要研究对象,这些古籍历经传抄,多有讹误,需要做勘正文字的工作,这就需

---

① 杨勇(2000:508)本条注云:"乖,唐卷作'永',非。"已经改正。
② 见宋彭乘辑《续墨客挥犀》卷七"校书如扫尘"条,中华书局"历代史料笔记丛刊"本,496页,2002。

要具备校勘学的知识。在这方面,前辈学者已经予以指出,例如,刘坚(1981)曾经论及近代汉语研究与校勘的关系,列举了很多实例,加以阐明。

有一些词义上的问题实际上和校勘有关,如果文字正确了,理解起来也就不难了。

断理/料理

"临海乐安章沉——作汎年二十余,死经数日,将敛而苏,云:'被录到天曹,天曹主者是其外兄,断理得免。'"(《异苑》卷八80页)中华书局本《校勘记》:"《北堂书钞》卷二八六引'断'作'料'。"(85页)

按:"断理"当作"料理","断"盖"料"的形近之误。"料理"犹言帮助、照顾,多指为某人做某事。《世说新语·德行》:"(母)语康伯曰:'汝若为选官,当好料理此人。'"《晋书·王徽之传》:"冲尝谓徽之曰:'卿在府日久,比当相料理。'"考"料"俗写作"斨",《晋书·孝武帝纪评》:"名贤间出,旧德斯在:谢安可以镇雅俗,彪之足以正纪纲,桓冲之夙夜王家,谢玄之善斨军事。"(242页)何超《晋书音义》卷上:"斨,力吊反。一作料。"①《龙龛手镜·米部》:"斨,或作料。"分析产生错讹的原因,"斵"俗简作"断","料"俗体作"斨","断"和"斨"形近,故"断"讹成"料"。其致误的途径大致是:斵→断→斨→料。又上揭《晋书·孝武帝纪评》例,清武英殿本作"断",误。顾炎武《金石文字记》卷三引《晋书》此例,并谓:"后人不知古人书法,妄改为断。"顾氏所言得之。

失性

"时人有嫁女,未及升车,女忽然失怪,出外欧击人,乃自云已

---

① 《晋书·孝武帝纪评》及何超《晋书音义》例承友生真大成博士提供,谨致谢忱。

不乐嫁俗人。"(《异苑》卷八77页)中华书局本《校勘记》:"《学津讨原》本'怪'作'性'。"

按:"失怪""失性"歧出,校者未加裁断,比较谨慎。笔者以为,"失怪"费解,当以"失性"为是。

首先,"失性"谓精神错乱。本条的这个新娘子临当出嫁时言行颇为怪诞,精神明显异常。符秦昙摩难提译《增壹阿含经》卷六:"有一长者,丧失一子,彼念此子,狂惑失性,东西驰走。见人便问:'谁见我子?'"《诸病源候论》卷六《解散病诸候·寒食散发候》:"心急而痛,或惊悸不得眠卧,或恍惚忘误,失性狂发。"(169页)《北史·董绍传》:"郁郁不得志,或行戏街衢,或与少年游聚,不自拘持,颇类失性。"用法和《异苑》相同。类似的说法又有"失志",如:《世说新语·纰漏》第4则:"(任育长)童少时,神明可爱,时人谓育长影亦好。自过江,便失志。"(487页)"失错",如:《杂宝藏经》卷六《长者请舍利弗摩诃罗缘》:"我从直道行,数被颠顿,精神失错,行步躁疾。"魏晋以来更多的是用"性理(情理)乖错"一类的话来形容人神志错乱、精神失常。

其次,《太平御览》卷九三二引《幽明录》亦叙此事,除个别文字有异外,全同本条,而作"未及升车,忽便失性",和《学津讨原》本同,可证原文当作"性"字。

"性"讹作"怪",大约走了这样的路线:"性"和"怪"的或体"恠"形近,"性"先讹作"恠","恠"又写作"怪"。这和上条"断理得免"之"断"当作"料"同理,应据《学津讨原》本和《太平御览》所引《幽明录》改正。

校勘者要了解作品所在时代的语言和词汇,唯有这样,才能在异文取舍时作出正确的判断,反之则否。

形

"须臾,见一人形长七尺,毛而不衣,负数头死猿,与语不应。"(《异苑》卷八82页)中华书局本《校勘记》:"'形',《太平广记》卷三百九十七引作'身'是也。"①

按:"形"就是身、身体义,"形长七尺"就是身高七尺,此校误。《高僧传》卷五《竺法汰》:"汰形长八尺,风姿可观。"又卷六《释昙邕》:"(昙邕)形长八尺,雄武过人。"又卷一一《释法琳》:"每诵《无量寿》及《观经》,辄见一沙门,形甚姝大,常在琳前。"《太平广记》卷一一六"谢晦"条(出《辨正论》):"又见二人,形悉丈余,容姿甚伟。""形……"都用以描述人的身高,用法和《异苑》相同。"形"也可用来表示动物的身体(高度):《太平御览》卷九〇一引陆翙《邺中记》:"二铜驼如马,形长一丈,高一丈。"明李实《蜀语》:"谓人形短曰矮矬矬。""形"义并同。

为汉唐以来典籍作整理笺注者倘对当时的语言词汇缺乏了解,就有可能误注、误校。

承

《异苑》卷六:"沛郡人秦树者,家在曲阿小辛村。尝自京归,未至二十里许,天暗失道,遥望火光,往投之宿。见一女子秉烛出,云:'女弱独居,不得宿客。'树曰:'欲进路,碍夜,②不可前去,乞寄外住。'女然之。树既进坐竟,以此女独居一室,虑其夫至,不敢安眠。女曰:'何似过嫌,保无虞,不相误也。'……树曰:'承未出适,我亦未婚,欲结大义,能相顾否?'"(57页)中华书局本《校勘记》:

---

① 参看范宁校点本《异苑》85页,中华书局,1996。
② 原标点作"欲进路碍,夜不可前去……",未当,今正。

"'承',当作'卿'。"

按:"承"有知道、知悉义,习见于六朝以来典籍,(参见蒋绍愚1985,江蓝生1988:24)如:《太平经》卷四二:"古者圣人深承知此,故不失天意,得天心也。"又卷八六:"今见六真人言,承知天独久病苦冤,辞语不得通。""承"就是"知","承知"当是同义连文。《全后汉文》卷九六徐淑《答夫秦嘉书》:"自初承问,心愿东还,迫疾惟宜,抱叹而已。"《南齐书·褚渊传》:"来告颖亮,敬挹无已;谦贬居心,深承非饰。"《高僧传》卷六《释慧远》:"去岁得姚左军书,具承德问。""承"也都是"知道"的意思。故此处"承未出适"就是知道(你)尚未出嫁,完全可通,不应改作"卿"。

思至

《世说新语·德行》第47则:"吴道助、附子兄弟居在丹阳郡后,遭母童夫人艰,朝夕哭临。及思至,宾客吊省,号踊哀绝,路人为之落泪。"对这里的"及思至",研究者疏于考察,故有校字之议。如:清李慈铭《越缦堂读书简端记》认为"思至"应该作"周忌"。

按:其实,"思至"不误。"思至"就是念及(思念所及),想起来的时候,"朝夕哭临及思至"当作一句读。"～至"为汉魏以来习见的构词方法,用例很多。有"念至":《全晋文》卷一一晋孝武帝司马曜《与朗法师书》:"旧京沦没,神州倾荡,苍生荼蓼,寄在左衽;每一念至,嗟悼朕心。"有"哀至":《后汉书·陈纪传》:"遭父忧,每哀至,辄欧血绝气。"也有"思至":《陆云集》卷一〇《与陆典书书》:"亡灵处彼,黄塘幽旷。……想时时复一省视,思至心破,无所厝情。"《南史·梁宗室上·萧励传》:"位太子洗马,母忧去职,殆不胜丧。每一思至,必徒步之墓。"

能

《世说新语·言语》第60则:"简文在暗室中坐,召宣武,宣武至,问上何在。简文曰:'某在斯!'时人以为能。"清李慈铭《越缦堂读书简端记·世说新语》云:"案:'能'下当有'言'字,各本皆脱。"余嘉锡《世说新语笺疏》径引李说。

按:李说实误。《史记·酷吏列传·赵禹》:"今上时,禹以刀笔吏积劳,稍迁为御史。上以为能,至太中大夫。"又《王温舒》:"天子闻之,以为能,迁为中尉。"又《杨仆》:"河南守案举以为能,迁为御史。"《汉书·贾谊传》:"每诏令议下,诸老先生未能言,谊尽为之对,人人各如其意所出。诸生于是以为能。"这样看来,"以为能"自是汉晋人习用的词语,"能"既可泛指有能力、有才能,如《史记》各例;也可专指思路敏捷,能言善对,如《汉书》和《世说》本例,"以为能"就是认为(他)能干、认为(他)善言。不必补"言"字。

哀感

《南史·朱异传》:"所生母亡,昭之假葬于田侧,为族人朱幼方燎火所焚。……便哀感如持丧,长不昏娶。"(1514页)中华书局点校本《校勘记》:"'哀感'《南齐书·孝义·朱谦之传》作'哀戚',疑是。"(1532页)

按:"哀感"犹言"哀戚",无烦改字。汉魏以来,"感"就有悲伤义。《三国志·魏志·邴原传》裴注引《原别传》:"师问曰:'童子何悲?'原曰:'孤者易伤,贫者易感。'"(351页)《宋诗》卷八鲍照《与荀中书别》:"连翩感孤志,契阔伤贱躬。""伤"和"感"对文同义。《风俗通义·愆礼·九江太守武陵陈子威》:"生不识母,常自悲感。""悲感"同义连文。姚秦鸠摩罗什译《众经撰杂譬喻》卷下:"昔有一老母,惟有一子,得病命终,载著冢间停尸,哀感不能自胜。"

《南史·孝义传下·甄恬》:"数岁丧父,哀感有若成人。"(1841页)都是"哀感"连用的例子,足以证明《朱异传》"哀感"二字不误。《南齐书》作"哀戚"者,"哀戚"和"哀感"同义,故形成异文关系。校者议从《南齐书》作"哀戚",未确。

丞

《古今小说·宋四公大闹禁魂张》:"宋四公只见一个丞局打扮的人,就面前把了细软包儿去。"(《宋代卷》487页)白维国《校记》:"'丞',疑应为'承',下同。"(同上,501页)

按:"承"俗写作"氶","氶"(承)的加横俗写则为"丞",后人不知此为"氶"乃"承"之俗写,误当作"丞相"的"丞",因而致误。参见拙撰《〈世说新语〉语言研究》。

第十节　中古近代汉语词汇研究和古籍辨伪学

在我国的历史上,有一些书的作者或者是后人嫁名前人,或者失作(译)者名,这给利用这些古籍进行断代的词汇史研究带来困难。尤其在中古、近代汉语时期,年代长,跨度大,存有疑问而时代待考的著作多,所以在从事中古、近代汉语词汇研究之前,应该对所利用的古籍作一番考证辨伪的工夫,发现并解决语料的作者、年代等疑难问题。这个工作是必须要做的,节省不得,不然,千辛万苦得出结论后,结果发现立论的前提或根据本身就是有问题的,岂不冤枉?所谓磨刀不误砍柴工,说的就是这个道理。

伪书是伴随着古籍的产生而产生的,我国古代早就有辨伪一事,而直到近代,才开始有了从语言的角度进行考辨的案例,使古书辨伪纳入了科学的轨道。关于这一点,台湾中正大学郑阿财教授曾经论述过:"事实上,托名伪书的问题,早在中国的各类典籍就已存在。而辨伪的方法从宋明以来多所讨论,清代考据尤盛,'辨伪学'更有从文献学范畴独立出来的发展。民国以来,辨伪方法更趋缜密而完备。梁启超的《古书之真伪及其年代》一文中,对于辨伪的方法更为详密。当中涉及语言问题的有:'从文章上辨别'一节,其中提及从名词、文体、文法及音韵来进行辨别。不过,他所说的'文法'盖为'文章作法',而非语言学上的文法。真正提出运用语言学中语法(文法)来进行古书辨伪的,则是瑞典的汉学家高本汉。他在《左传真伪考》中说:'一部书(所用语言)的文法系统有某种特点,这特点赋予牠以独有的性质,而决非后代造伪者所能想像或模仿的,那么这部书是可信的。我把这个考据的原理应用于古书中很长很重要的《左传》,我说明助词与代词的应用异于其他著名的古书,尤其异于鲁国的书(《论语》《孟子》及《礼记》的某部分),本来鲁国的书应该与《左传》相近的。'①(高本汉《论左传的真伪及其性质》[*On Authenticity and Natere of the Tso Chuan*],陆侃如汉译改名为《左传真伪考》,收入《左传真伪考及其他》,台北泰顺书局,1971年)高本汉用这样的方法发现了《左传》所用的虚字和代词与其他古书不同,同时也与鲁国其他各书不同,因而认为:《左传》非孔子作,亦非孔门弟子作,亦非司马迁所谓鲁君子作。"(参见郑阿财2005)

---

① 原书自注:"这种尝试是应用于'若'与'如';'於'与'于';'吾''我'与'予';解作 then,thereupon('则')的'斯';解作 this('此')的'斯';用作介词的'乎';用作疑问语尾的'与';解作'与'的'及'。"

一、中古近代汉语词汇研究为古籍辨伪提供了可信的材料,有了良好的示范

进行古籍辨伪,有多种方法,可从历史记载、文献著录、作品思想内容分析、社会文化习俗考察等方面来进行。在众多的方法中,从语言的角度来进行辨伪和鉴别年代,应该是一种比较可靠的鉴别方法,值得审慎地加以利用。

事实上,已经有众多的学者在运用语言词汇辨识古籍的写作年代方面给我们作了很好的示范,包括徐复、杨伯峻、张永言、刘禾、刘坚、柳士镇、江蓝生等。

刘坚《〈大唐三藏取经诗话〉写作年代蠡测》(《中国语文》1982年第5期)一文对《取经诗话》的作者进行了考察和推断。《大唐三藏取经诗话》历来认为是南宋作品,但这只是因为它刊刻于南宋,实际上并没有作品本身所反映出来的佐证。作者指出:"弄清楚一部作品的写作时代,对于利用这部作品作为汉语史的研究资料,当然是非常重要的。"本文从语音、语法、语汇三方面把《取经诗话》和敦煌变文作了比较,结果是"两者之间相似之处是很多的",而和南宋的话本不同。作者认为,《取经诗话》的时代最晚也该是北宋,还有可能上推到晚唐五代。

刘坚还撰有《从语言文字的角度看〈京本通俗小说〉的真伪》一文,系提交给中国语言学会第二届年会(1983年5月,安徽合肥)的论文。

还有不少学者也从语言的角度推测、考订近代汉语作品的作者及写作年代。①

---

① 以下所举的关于《金瓶梅》《醒世姻缘传》的作者问题,参考了遇笑容(2001:10—15)。

张惠英曾撰《〈金瓶梅〉用的是山东话吗?》(《中国语文》1985年第4期)、《〈金瓶梅〉中值得注意的语言现象》(《语文研究》1986年第3期)、《〈金瓶梅〉中杭州一带用语考》(《中国语文》1986年第3期)和《关于〈金瓶梅〉的语言》(中国语学研究《开篇》5,好文出版社,1988)等文,搜集《金瓶梅》中的"吴语(杭州话)"材料,讨论了该书的作者。

刘钧杰《〈金瓶梅用的是山东话吗?〉质疑》(《中国语文》1986年第3期)、《〈红楼梦〉前八十回后四十回言语差异考察》(《语言研究》1986年第1期)等文,分别讨论了《金瓶梅》和《红楼梦》的作者。

白维国《〈金瓶梅〉所用方言讨论综述》(《中国语文》1986年第3期)一文对《金瓶梅》所用方言之争作了综述。

关于署名为西周生的《醒世姻缘传》的作者,自清代起就有争论,先后有蒲松龄、丁耀亢、贾凫西作的不同说法。胡适曾收集"内证""外证"以及"文字学上的证据",即从《醒世姻缘传》和蒲松龄的聊斋俚曲中找出都使用的"待中""流水""善茬"等14个"特别的土语",作为断定蒲松龄作的证据。刘钧杰对比了《醒世姻缘传》和聊斋俚曲中语气词、疑问代词、结构助词等几组词用法上的差异,从语言特征上认定这两种书不出自同一作者之手。张清吉选择《醒世姻缘传》中的116个词语与山东诸城方言词语作了比较研究,指出这些词语都是地道的诸城"土白",从而断定《醒世姻缘传》的作者是山东诸城人丁耀亢。徐复岭对张清吉所列举的116个"诸城土白"重新作了调查,发现其中有81个词见于诸城籍以外的作家或收入《现代汉语词典》《北京方言词典》等词典,并非"诸城土白",故不同意诸城丁耀亢说,也不同意章丘、淄川等鲁东方言说,从书中"非常熟练地使用了兖州、曲阜一带的方言土语"来看,认为"其基础方言应为鲁南方言"。

二、从汉语史的角度进行古籍辨伪考辨,应该注意科学性

从语言词汇的角度,对疑伪古籍进行考辨,鉴定其作者或写作年代,应该注意采用正确的方法,注重科学性。同样一本书,作者的方法是否正确,就直接影响其结论。

例如,关于题名列御寇的《列子》,自宋代以来就一直被怀疑是伪书,历来是学术史上的一个疑案。近一二十年来,随着对《列子》研究的深入,揭露《列子》作伪的证据越来越多,比较倾向性的意见是,该书基本上属于魏晋时人的伪作。

张永言《从词汇史看〈列子〉的写作年代》,专门从汉语词汇史的角度,对《列子》的写作年代进行了考证,结论可信。

作者指出:第一,在《列子》中,有时不用"本字"而用"借字",往往弄巧成拙,留下作伪的痕迹。《周穆王》:"而况鲁之君子,迷之邮者。"借"邮"为"尤",本于《尔雅·释言》:"邮,过也。"但此"邮"为过错(名词)、怨尤(动词)义,《列子》作者不察,把它当作"厉害,突出"(形容词)的"尤"(邮)来使用了,和先秦的通假常例不合。有时在用词上有一些貌似古奥的用法,《黄帝》:"吾诚之无二心,故不远而来。"以"诚"为信,似有《尔雅·释诂》"诚,信也"的故训。但《尔雅》"诚,信也"的"信"是真诚、诚实的意思,而《列子》作者则用"诚"来作相信的"信",作及物动词,这在先秦典籍中找不到例证。

第二,作者指出,以历史语言学的眼光进行观察,就不难在他的书里找到不少汉代以后乃至魏晋以后方才行用的新的语言成分,特别是词汇成分。张先生所举的词语,有新词,有新义,凡22例,这些词或义均不见于可靠的先秦文献,足以证明《列子》系魏晋时人伪书无疑。

也有对此做法提出异议者,如《道家文化研究》第十辑上陈广忠的三篇文章,为《列子》是伪书的结论翻案,并从书中寻找先秦用法,来证明《列子》确系先秦人著。(陈广忠 1996:267—299)众所周知,语言是有继承性的,后人的著作总有前代语言的成分,哪怕到明清甚至近现代也是这样。故从古人的著作中找一些所谓前代的证据,这种方法本身就值得商榷。《从古语词看〈列子〉非伪——〈列子〉非伪书考之三》一文作者在"内容提要"中说,"本文从《列子》张湛注、殷敬顺《释文》中所引证的文字、训诂学资料,与《列子》相合者七十余条古词语作比较分析,可以有力地断定,《列子》乃先秦古籍,而非出于晋人伪托"。作者是如何"比较分析"的呢?

陈氏此文分两部分,一是"张湛注疏文字学史料考"、一是"殷敬顺《释文》训诂史料辩证",谓:"张湛在对《列子》的校勘、释义、疏证中,引用了大量的《尔雅》《方言》《说文》及《苍颉》等先秦和两汉的文字学、训诂学、方言学资料,来诠释《列子》中的古代词语,其中不少为《列子》所独家使用。今选取《列子》与诸书同者三十例,足以表明,《列子》非出于魏晋。"

前者举《力命》:"朕衣则裋褐。"《尔雅·释诂》:"朕,我也。"谓先秦上下皆称"朕",秦始皇以后,"朕"一般用于皇帝自称。《列子》《尔雅》皆为先秦之称。(291页)其实,秦代以前,"朕"为通称,汉蔡邕《独断》卷上:"朕,我也。古代尊卑共之,贵贱不嫌,则可同号之义也。"秦始皇二十六年以后,方用为"皇帝、皇太后"的专称。《列子》作者为了仿古,以"朕"为泛称之名,不奇怪。况且,"朕"之作为臣子自称,不仅先秦如此,六朝、隋唐以后仍有沿用。《敦煌变文校注·李陵变文》:"李陵言讫遂降蕃,走至单于大帐前。先守(首)昨来征战事,然当尽朕本情元。"(131页)李陵并非帝王,也自称为"朕"。据蒋礼鸿《敦煌变文字义通释·释称谓》"乘"条所云："今义乌第一人称代词仍有'朕'。"(4页)可见以"朕"为泛称之词，从先秦以来，历经六朝、唐宋均有沿用，直到现代方言还有遗留。此皆为仿古之习，何来"先秦之称"？

后者举殷敬顺《释文》中所举《尔雅》《方言》《说文》《字林》《广雅》等例证，并称"《列子》是一部真正的先秦典籍"(299页)。此说可商。无论何时的古籍，都有一些从先秦流传下来的古词语，这些古词语可以从《尔雅》《说文》里找到训释的依据。如果以此为根据，谓可证明《列子》是先秦人所作，无异于痴人说梦，滑天下之大稽。最近，徐复老精心结撰的《〈訄书〉疏证》出版了，书中也经常征引《尔雅》《说文》等小学书以释章太炎艰深的文言，按陈氏的逻辑，这是否证明了《訄书》也是先秦典籍呢？这样的"研究"是难以令人信服的。陈文从研究方法到结论都是错误的。

总之，因为中古、近代汉语词汇研究所依据的是汉魏六朝和唐宋元明清的传世及出土文献，涉及的古籍范围广，数量多，其中就包括了部分作者（译者）或年代可疑的作品。这就要求研究者抱着审慎的态度来选取语料，尽量选取可靠的典籍，对有问题或存疑的作品则尽量少用或不用，必须用时，应该先对其进行必要的考辨，也可借鉴他人的研究成果，使研究建立在扎实可信的基础之上。关于这一问题，我们还将在第七章作专门的讨论，可以参看。

本章参考文献

白化文　李鼎霞　许德楠　1992　《〈入唐求法巡礼行记〉校注》，[日]圆仁原著，[日]小野胜年校注，白化文、李鼎霞、许德楠修订校注，花山文艺出版社。

陈广忠　1996　《为张湛辨诬——〈列子〉非伪书考之一》《〈列子〉三辨——〈列子〉非伪书考之二》《从古语词看〈列子〉非伪——〈列子〉非伪书考之三》,《道家文化研究》第十辑,267—299页,上海古籍出版社。
陈　抡　1987　《历史比较法与古籍校释》,湖南教育出版社。
董志翘　2000　《〈入唐求法巡礼行记〉词汇研究》,中国社会科学院出版社。
———　2002　《〈观世音应验记三种〉译注》后附《中华书局本〈观世音应验记(三种)〉校点献疑》一文,江苏古籍出版社。
范子晔　2000　《世说新语研究》,黑龙江教育出版社。
方龄贵　1991　《元明戏曲中的蒙古语》,汉语大词典出版社。
方一新　1989　《〈世说新语〉语言研究》,杭州大学博士学位论文。
———　2001　《〈观世音应验记〉词语札记六则》,《中国语文》第2期。
———　2008　《训诂学概论》,江苏教育出版社。
方一新　王云路　1993　《中古汉语读本》,吉林教育出版社;修订本,上海教育出版社,2006。
方一新　曾丹　2007　《"多少"的语法化过程及其认知分析》,《语言研究》第3期。
冯利华　2003　《道经语言研究》,浙江大学博士学位论文。
郭在贻　2002　《训诂丛稿·〈辞海·语词分册〉义项漏略举例》,《郭在贻文集》第一卷192页,中华书局。
———　2005　《训诂学》,中华书局。
黑维强　2002　《敦煌文献词语陕北方言证》,《敦煌研究》第1期。
华学诚　1983　《对〈说"屙"和"恶"〉的一点补正》,《中国语文》第5期。
黄　征　1988　《敦煌陈写本晋竺法护译〈佛说生经〉残卷P2965校释》,载《敦煌语言文学论文集》,浙江古籍出版社。
胡增益　1989　《满语的bai和早期白话作品"白"的词义研究》,《中国语文》第5期。
江蓝生　1988　《魏晋南北朝小说词语汇释》,语文出版社。
江蓝生　曹广顺　1997　《唐五代语言词典》,上海教育出版社。
蒋礼鸿　1997　《敦煌变文字义通释》,上海古籍出版社。
———　1994　《中国俗文字学研究导言》,载《蒋礼鸿语言文字学论丛》,浙江古籍出版社;收入《蒋礼鸿集》第三卷133—150页,浙江教育出版社,2001。

蒋绍愚　1985　《〈祖堂集〉词语试释》,《中国语文》第2期。
———　1989　《古汉语词汇纲要》,北京大学出版社;商务印书馆,2005。
———　1990　《唐诗语言研究》,中州古籍出版社。
———　1994　《白居易诗词语诠释》,《国学研究》第2卷。
———　1998　《古汉语词汇与汉民族文化》,《语言学论丛》第二十辑,商务印书馆。
———　2000　《汉语词汇语法史论文集》,商务印书馆。
阚绪良　2003　《〈五灯会元〉校读研究》,《〈五灯会元〉虚词研究》下篇,浙江大学博士学位论文。
孔仲温　2000　《玉篇俗字研究》,台湾学生书局。
李崇兴等　1998　《元语言词典》,上海教育出版社。
李慈铭　1980　《越缦堂读书简端记·世说新语》,天津人民出版社。
李　申　1983　《元曲词语今证》,《中国语文》第5期。
———　1992　《〈金瓶梅〉方言俗语汇释》,北京师范学院出版社。
李行健　折敷濑兴　1987　《现代汉语方言词语的研究与近代汉语词语的考释》,《中国语文》第3期。
李运富　1998　《论意域项的赘举、偏举和复举》,《中国语文》第2期。
[英]利　奇　1983　《语义学》,中译本,李瑞华等译,上海外语教育出版社,1987。
刘　坚　1981　《校勘在俗语词研究中的运用》,《中国语文》第6期;收入《刘坚文集》29—39页,上海辞书出版社,2005。
———　1982　《〈大唐三藏取经诗话〉写作年代蠡测》,《中国语文》第5期;收入《刘坚文集》55—74页,上海辞书出版社,2005。
———　2005　《近代汉语读本》,上海教育出版社。
刘叔新　1993　《语义学的对象问题》,载《语义学和词汇学问题新探》1—10页,天津人民出版社。
鲁国尧　1988　《〈南村辍耕录〉与元代吴方言》,载《中国语言学报》第3辑;收入《鲁国尧自选集》250—291页,河南教育出版社,1994。
———　2000　《欣喜·忧虑——序董志翘〈入唐求法巡礼行记词汇研究〉》,见《入唐求法巡礼行记》卷首,中国社会科学出版社。
罗常培　1950　《语言与文化》,语文出版社,1989。
马学良　1989　《开拓汉语史研究的新途径》,《中国语文》第6期。

马学良　戴庆厦　1982　《〈白狼歌〉研究》,《民族语文》第5期。
梅祖麟　1991　《从汉代的"动、杀""动、死"来看动补结构的发展——兼论中古时期起词的施受关系的中立化》,载《语言学论丛》第十六辑,商务印书馆。
热扎克·买提尼牙孜　1996　《西域翻译史》,新疆大学出版社。
史有为　2000　《汉语外来词:异文化的使者》,商务印书馆。
───　2004　《外来词:异文化的使者》,上海辞书出版社。
孙锡信　1999　《近代汉语语气词——汉语语气词的历史考察》,语文出版社。
[日]太田辰夫　1987　《中国语历史文法》,蒋绍愚、徐昌华译,北京大学出版社。
[日]太田辰夫　江蓝生　1989　《〈生经·舅甥经〉词语札记》,《语言研究》第1期。
汤珍珠　陈忠敏　吴新贤　1997　《宁波方言词典》,江苏教育出版社。
汪维辉　1989　《"作(为)某地"式试解》,《古汉语研究》第4期。
───　2003　《"承"有"闻"义补说》,《南京师范大学文学院学报》第1期。
王　力　1980　《汉语史稿》,中华书局。
王鸣盛　1959　《十七史商榷》,商务印书馆,1959年重印第1版。
王　锳　2001　《试说"承"有"闻"义》,《中国语文》第1期。
韦庆稳　1981　《〈越人歌〉与壮族的关系初探》,载《民族语文论集》,中国社会科学出版社。
吴金华　1990　《三国志校诂》,江苏古籍出版社。
向　熹　1993　《简明汉语史》,高等教育出版社。
杨　勇　2000　《世说新语校笺》(修订本),台北正文书局。
余嘉锡　1993　《世说新语笺疏》(修订本),上海古籍出版社。
遇笑容　2001　《〈儒林外史〉词汇研究》,北京大学出版社。
曾　丹　2007　《反义复合词形成演变的认知研究》,浙江大学博士学位论文。
张鸿魁　1994　《〈金瓶梅〉"扛"字音义及字形讹变——近代汉语词语训释方法探讨》,《中国语文》第3期,221—225页。
───　1996　《金瓶梅语音研究》,齐鲁书社。
张惠英　1981　《吴语劄记》(之二),《中国语文》第4期。

张惠英　梅祖麟　1983　《说"屚"和"恶"》,《中国语文》第3期。
张清常　1978　《漫谈汉语中的蒙语借词》,《中国语文》第3期;又载《语言学论文集》355—360页,商务印书馆,1993。
张舜徽　1980　《中国古代史籍校读法》,上海古籍出版社。
张显成　2002　《先秦两汉医学用语汇释》,巴蜀书社。
张永言　1982　《词汇学简论》,华中工学院出版社。
——　1991　《从词汇史看〈列子〉的撰写时代》,载《季羡林教授八十华诞纪念论文集》上,江西人民出版社;收入作者《语文学论集》增补本361—392页,语文出版社,1999年第2版。修订稿刊于《汉语史学报》第六辑1—18页,上海教育出版社,2006。
——　1988　《语源探索三例》,《中国语言学报》第三期,商务印书馆。
——　1999　《语文学论集》(增补本),语文出版社。
张永言　汪维辉　1995　《关于汉语词汇史研究的一点思考》,《中国语文》第6期。
张涌泉　1995　《汉语俗字研究》,岳麓书社。
——　1996　《敦煌俗字研究》,上海教育出版社。
赵长才　2001　《"打破烦恼碎"句式的结构特点及形成机制》,载《汉语史研究集刊》第四辑13—22页,巴蜀书社。
赵振铎　1988　《训诂学史略》,中州古籍出版社。
郑阿财　2005　《敦煌疑伪经的语言问题——以〈普贤菩萨说证明经〉为例》,载《敦煌吐鲁番研究》第八卷,267—285页,中华书局。
郑张尚芳　1991　Decipherment of Yue-Ren-Ge《越人歌的解读》,载《东方语言学报》(CLAO)20卷2期,巴黎;孙琳、石锋译,见《语言研究论丛》第七辑,语文出版社,1997。
——　1993　《上古缅歌——白狼歌的全文解读》,《民族语文》第1—2期。
[日]志村良治　1984　《中国中世语法史研究》,日本三冬社;中译本,江蓝生、白维国译,中华书局,1995。
中国大百科全书《语言文字》编委会　1988　《中国大百科全书·语言 文字》,中国大百科全书出版社。
周一良　1989　《说宛》,载《纪念陈寅恪先生诞辰百年学术论文集》,北京大学出版社;又收入《魏晋南北朝史论集续编》,北京大学出版社,

1991。
朱居易　1956　《元剧俗语方言例释》,商务印书馆。
朱庆之　2001　《王梵志诗"脆风坏"考》,《中国语文》第 6 期,565—566 页。

第三章 中古近代汉语词汇研究的对象与内容

在上两章里,我们讨论了什么是近代汉语、什么是中古汉语以及它们的分期问题,也讨论了中古近代汉语词汇研究和相关学科的关系。那么,中古近代汉语词汇研究的对象和内容是什么?研究中古近代汉语词汇的意义何在?这是三、四两章将要讨论的问题。

本章讨论中古近代汉语词汇研究的对象和内容。在我们看来,中古近代汉语词汇研究的对象和内容,至少包括以下几个方面:一是考察词汇演变的规律,二是考察词义演变的历史轨迹,三是探寻现代汉语词汇的来源,沟通古今。研究的最终目的是探寻中古、近代汉语词汇的特点和规律,架构汉语古今词汇联系的桥梁,构建完整的汉语词汇史。

第一节 考察词汇演变的规律——共时研究

汉魏六朝和唐宋元明清是汉语发展史上非常重要的阶段；中古、近代汉语词汇研究是汉语词汇史研究的重要组成部分，以往对此重视不够，留下了诸多的遗憾。就汉语史研究而言，中古、近代汉语词汇研究承上启下，往上溯，可以追溯其源头，到先秦、秦汉；往下探，可以探究其流变，到近现代。因此，加强中古、近代汉语词汇研究，有着十分重大的意义：它可以把汉语词汇发展的历史衔接和贯通起来，使我们知晓从上古到中古、从中古到近代、再从近代到现代的历时演变，这有助于研究、揭示词义演变的规律，廓清汉语的词汇系统，构建完整的汉语词汇史。

本节拟从系统的角度，讨论中古近代汉语词汇研究在探究词义演变规律、考察词汇系统方面所起的作用。

一、可借以考察词汇系统

法国语言学家房德里耶斯（1920[1992:208—209]）用心理的联想作用来说明词汇的系统性。他说："当一个词在我们的意识里浮现的时候，它并不是孤立的。""交错在词的周围的类比关系，建立在声音、概念和事物之间的潮流，这些都是我们的意识作用于词汇的结果。""即使我们只看到词的一个方面，其他的方面隐而不见，在它的后面还是拖着许多跟它有微妙联系的概念和感情，时时准备着表露出来。我们意识中的词参与着我们整个理智和感情的生活。"在他看来，词汇的系统性就表现在词在意识中所形成的各式各样错综复杂的联想的网络。

美国历史语言学家马尔基耶尔教授在回答北京大学徐通锵教授关于"在过去,历史语言学集中研究语音的发展,很少研究词汇和语法,这是什么原因"问题时说:"首先,音位的数目在典型的语言中是很有限的,只有 20 个,或 30 个,或 35 个,或 40 个,很少超过这个数目。所以语音学的研究容易驾驭。……至于词汇,你要对付的或许也是一种系统,但它包含上万个单位。要把这堆庞大的材料组织到一个紧凑的系统中去是很困难的。""另一方面,语音的变化看来比词汇的变化有规律,能预见,因而比较能够用科学的公式来表示。……语音科学多年来之所以占有有利的地位,主要是因为单位的数目少,规律性明显。另一个极端,例如词汇,单位太多,看起来没有严密的结构,就是说,一种变化不一定触发别的变化,如此等等,预见性比较弱。"(参见徐通锵 1984)

语言的词汇是一个系统,这已经为人们所公认。但正如马尔基耶尔所说,词汇的"单位太多","包含上万个"(应当不止——笔者),要确定其系统性是比较困难的。这种困难表现在汉语历史词汇研究方面,尤其突出。新词与旧词,口语词、俗语词和文言雅词,实词与虚词,单音词与复音词,诸如此类的词汇成分、词汇组织中间究竟具有何种关联,有何异同,庞大的词汇组织如何构成一个系统,值得我们作深入的探讨。加强中古、近代汉语词汇研究,有助于考察汉语的词汇系统,使研究纳入科学的轨道。

(一)考察词的组合情况

1. 词语的搭配和组合——以疾病的组合关系为例

关于词语的搭配、组合,国内外学者都有一些论述,如:

英国语言学家克鲁斯说:"搭配(collocation)这个名称用来指习惯上共同出现的词项,每个词项都是一个语义要素,因此整个语义是完全明朗的。""如果搭配的一个成分的意义要求在直接语境中有一个特定的词项,那么语义的粘着尤为紧密(所有成分都固定的情况似乎并不出现)。"(D.A.克鲁斯《词汇语义学》第二章"词汇单位的横组合定界"第九节"成语和搭配")

英国语言学家弗斯说:"搭配"(collocation)是指某个词项与别的词项在习惯上的连用。搭配可以是惯常的和非惯常的,后者表示一种特殊的意义。比如说在汉语中,"白"和"米"是惯常的搭配,"黑"和"米"是一种非惯常的搭配,"黑米"便标志着米的一个特殊品种。"类连接"指某一语法范畴与别的语法范畴在习惯上的连用。如英语中的冠词经常与名词处于类连接状态,这种类连接便构成冠词意义的一部分。搭配与类连接通常是一致的,但也有不一致的时候。比如说,汉语中"一位漂亮的姑娘"和"一所漂亮的房子"既符合"数量词—形容词—名词"这一类连接意义,又符合这些词项的搭配意义。但我们可以说"一位年轻的姑娘",却不可以说"一所年轻的房子",尽管后者从类连接的角度看是可以允许的。可见搭配是就某个具体语言单位而言的,属词汇意义的层次,或者,更确切地说,属词汇意义和语法意义的中间环节;类连接是就某类语法范畴而言的,属语法意义的层次。(《现代语言学的特点和发展趋势》107页)

蒋绍愚(1989b[2005:280—282])指出:"词的组合关系,简单地说就是词的搭配关系。词的组合关系的历史变化,主要表现在以下两方面:1)同一个词,词义基本不变,但在不同历史时期组合关系有所不同……2)在一个语言平面中,既有继承前一时期的旧词和旧语法成分,又有新产生的新词和新语法成分,新旧的组合关系往往不同。"

法国著名语言学家房德里耶斯(1920[1992:214—260])曾论述了词汇和意义、概念和名称这两个问题。语言中的词都是形式和意义的结合体。据此,房德里耶斯从两个角度来考察词汇的发展,一是在形式不变的情况下意义如何演变,一是在意义不变的情况下形式如何演变。他用"词怎样改变意义"和"概念怎样改变名称"为题对这两方面分别作了详细的论述,前者涉及词义演变的一般规律,后者涉及词语替换的一般规律。

房德里耶斯(1920[1992:218—220])指出:首先,词不是孤立存在的,它们存留于人们的心里。通过意义的联系而汇合在心里的词群,如果由于某种偶发事件,其中的某一主要词的意义有所转移,它会把其他的词也拉向新的意义。如果词群的联系松懈或折断了,那么各个词的意义就会朝着不同的方向发生变化,意义就会迷失错乱。在列举了印欧语的实例后,他指出:"这些例子表明:词会怎样受到语言中同一词群的其他词的影响。"

不妨举一个汉语词语搭配的实例:

张诒三(2005:1—4)曾对"病"表示疾病义的搭配情况作了考察,指出:以"病"为中心语素而产生的词语搭配,古今汉语有别。

先秦时期,可以和"病"搭配的动词主要有"有""遇""为";至魏晋南北朝,和"病"搭配的动词大大增加,除了保留"遇"外,新增了"卧""被""发""得""生""致""抱""中""寝""婴""起""成""滞""结"等,而现代汉语中可以和"病"搭配的动词主要有"有""生""患""染""得""犯"等几个,和前代的相比,有了明显的变化。其中,"有""生"二词和"病"的搭配比较稳定,自先秦、六朝一直到现代都有例子。但魏晋南北朝的"被病""遇病""中病""抱病""寝病""婴病""滞病""起病""成病""结病"等搭配在现代汉语中已经不用;现

代汉语的"染病""患病""犯病"等搭配在先秦、六朝时期的典籍中未见用例。(参见张诒三2005:1—4)

按张说大体正确,但还有可补充之处。六朝时期,还有其他能和"病"结合的词语,如"感"。通常说"感……病"。① "元徽中,兴世在家,拥雍州还资,见钱三千万。苍梧王自领人劫之,一夜垂尽。兴世忧惧感病卒。"(《南齐书·张欣泰传》,881页)"豫章王感病,高帝召澄为疗,立愈。"(《南史·褚澄传》,756页)"宋元嘉十八年十二月,因感劳疾,虽剧,而笃情深信,初自不改。"(南朝梁宝唱撰《比丘尼传》卷二《南皮张国寺普照尼传》,50/938c)还有"感气病""感疾""感心疾""感脚疾"等说法,用例很多。也有"感患"同义连文者,指患病,染病。"有建安殿下感患未疗,若能治剡县僧护所造石像得成就者,必获平豫。"(《高僧传》卷十三《释僧护》,491页)(参见方一新1997:43—45)近代汉语中"感(……)疾"一类的组合仍习见。如:宋邵伯温《邵氏闻见录》卷二〇:"熙宁十年夏,康节先生感微疾,气日益耗,神日益明。"(221页)庄绰《鸡肋编》卷上:"长孙顺德丧息女,感疾甚,唐太宗薄之。"(15页)罗大经《鹤林玉露》丙编卷五"范云"条引《南史》范云事有"感寒疾"一语,见该书320页。《张孔目智勘魔合罗》第一折:"(正末云)'这那里便有贼?老的,我如今感了风寒,一卧不起,只望老的你便寄个信与俺浑家,教他来看我。'""感了风寒",患了感冒。《老残游记》第15回:"谁知这个女婿去年七月感了时气,到了八月半边,就一命呜呼哀哉死了。""感了时气",得了传染病。

此外,中古以来虽未见"患病"之例,但说"患……","患"后面

---

① 表示身体不适、欠佳,有"不快""不佳"等,详下。

带有染上疾患的身体部位，也可径直点出所患疾病的名称。有"患气"，指罹患呼吸道疾病，《全晋文》卷二五王羲之《杂帖》："昨得熙廿六日书，云患气，悬情。""患面"，指面部得了痈肿，《全晋文》卷二七王献之《杂帖》："患面疼肿，脚中更急痛，兼少下。""患眼"，指眼睛得病，南朝梁元帝萧绎《金楼子》卷二《后妃篇》："绎始学弱年，患眼之始，衣不解带，冬则不近炎火，夏则不敢风凉。"有"患嗽""患手"，分别指得了咳嗽病和手上染疾，唐张文成《游仙窟》："十娘曰：'儿近来患嗽，声音不彻。'下官答曰：'仆近来患手，笔墨未调。'"（《唐五代卷》6页）稗海本《搜神记》卷八"司勋张员外"条："司勋忽患舌肿，须臾出于口外，其大如斗。"（《搜神后记》附，110页）五代静、筠《祖堂集》卷二《慧可禅师》："及至礼师，不称姓名，云：'弟子身患风疾，请和尚为弟子忏悔。'"（《唐五代卷》451页）宋孙光宪《北梦琐言》卷一四："忽患脚疮，痛不可忍。"（109页）"患舌肿""患风疾""患脚疮"和"患嗽"相似，都是指出所得的病症和部位。

在六朝典籍中，"患"加病名，组成"患……"词语固然常见，但也有反过来，组成"……患"的，如：有"患利"，指染上泻肚的疾病。《隋书·王勇传》："我为患利，不脱衣卧。"也可作"利患"，义同："利患数年，遂成痼疾，吸吸憊憊，常如行尸。"（《宋书·谢庄传》，2171页）近代以来有"患疾"，指生病。[①]《警世通言》四○卷："经由故国，知主上患疾，特来顾之。"《东周列国志》八三回："（赵）鞅偶患疾，使无恤代将以往。"也说"疾患"。《清平山堂话本·杨温拦路虎传》："不被他打得疾患，也得你不识李贵。"（《宋代卷》423页）这种

[①] "患疾"亦有疾病义，如《前汉书平话》卷中："何将通衣服拽住：'大夫，你早来念甚来？你是何患疾？'"

"AB""BA"式均可的构词法值得注意。

汉魏六朝以来,又有由"遘"+"疾、病"组成的词语。① 有"遘疾","或含丹而举兵,或噆黑而遘疾。"(汉张衡《周天大象赋》)"事临垂克,遘疾陨丧,朕用伤悼,肝心若裂。"(《三国志·蜀志·诸葛亮传》,927页)"遘疾弥留,至于大渐。"(《南齐书·高帝纪下》,38页)有"遘病","擐甲遘病,死于辕门,春秋五十一。"(《庾子山集》卷一五《周骠骑大将军开府侯莫陈道生墓志铭》)"后于并州营幢子未成,遘病,临终叹曰:'夫生死者,人之大分,如来尚所未免。但功德未成,以此为恨耳!'"(唐张鷟《朝野佥载》卷二)"果有延寿坊鬻金银珠玉者,女岁十五,遘病甚危,众医拱手不能措。"(《太平广记》卷八四"王居士"条,出《阙史》)比较而言,"遘疾"使用早且用例多,而"遘病"使用晚(南北朝始用)且用例较少,未详其故。

唐宋以来,说"染疾"。如宋孙光宪《北梦琐言》卷一二:"柳玭出官泸州郡,洎牵复,沿路染疾,至东川通泉县求医。"(95页)

也说"害"。《敦煌变文校注·燕子赋》:"雀儿被额,更害气喷,把得问头,特地更闷。"(378页)"喷",甲卷作"咽"。"更害气咽",加上患气短咽塞(的毛病)。② 稗海本《搜神记》卷二"王子珍"条:"众共寻,乃见白鸡在架墙上而坐,害左眼。珍见,思此物是我父之冤家也。……瞎左眼者,所射中也。"(82页)"害左眼"谓左眼有病,和"患左眼"略同,也就是下文所说的"瞎左眼"。《古今小说·宋四公大闹禁魂张》:"侯兴一个儿子,十来岁,叫做伴哥,发脾寒,

---

① 此承友生真大成博士提示,谨致谢忱。
② 黄征、张涌泉(1997:406)谓"喷"即"贲"之"增旁字","'气贲'为病名"。又作"奔"。举《诸病源候论》卷十三《贲豚气候》"夫贲豚气者,肾之积气,起于惊恐忧思所生"、同卷《奔气候》"……故气奔急也"等例。

害在床上。"(《宋代卷》491页)元乔吉《两世姻缘》第二折:"儿嚛,你害的是甚的病,怎么这等憔悴了?"

2.概念如何改变名称——以表示搭脉诊疗的复合词"～脉"的组合关系为例

对"概念如何改变名称"问题,王力《汉语史稿》下册第60节已经论及,作者列举了"腿""走""跑""错""怕""偷"等多例词语,考察这些概念由旧词向新词的演变。并指出:随着时代的不同,概念外延的扩大或缩小,也会引起名称的变化。概念也有由专指(特殊化)向泛指(一般化)演化的趋势,概念的一般化和特殊化,都和社会的发展有关。避讳和禁忌,是概念变更名称的原因之一。1984年,王力在《汉语史稿》下册的基础上修订完成了《汉语词汇史》,对"概念是怎样变了名称的"一节作了一些增补。(王力 1990[1993])

这里不妨举几个比较具体的例子。

受社会整体发展水平的限制,我国古代医药并不发达,各种疾病严重威胁着人们的身体健康,有关疾病、治疗、痊愈、去世等词汇十分丰富,上面所举的和疾病搭配的词语就是。

有时候,有些概念在不同的时代有不同的说法,表现出有联系又有差别的组合关系。例如:

中医治病有"望、闻、问、切"四种方法,其中"切"指搭脉,是四法中直接和病人接触的一法,起到最后的判断作用,十分重要。"问臣意:'诊病决死生,能全无失乎?'臣意对曰:'意治病人,必先切其脉,乃治之。败逆者不可治,其顺者乃治之。心不精脉,所期死生视可治,时时失之,臣意不能全也。'"(《史记·扁鹊仓公列传》,2817页)围绕着"切"(搭脉)这一疗法,在汉语发展史上有不同的表达方法,即其组合方式各有不同。

先秦以来有"切脉","越人之为方也,不待切脉、望色、听声、写形,言病之所在。"(《史记·扁鹊仓公列传》,2788页)"切脉"后代也说,如:唐刘禹锡《因论·鉴药》:"切脉、观色、聆声,参合而后言曰:'子之病,其兴居之节舛。'"宋孙光宪《北梦琐言》卷一〇:"医者意也,古人有不因切脉,随知病源者,必愈之矣。"(79页)

有"诊脉","扁鹊以其言饮药三十日,视见垣一方人。以此视病,尽见五藏症结,特以诊脉为名耳。"(《史记·扁鹊仓公列传》,2785页)"齐王太后病,召臣意入诊脉。"(同上,2801页)"(殷)浩感其至性,遂令舁来,为诊脉处方。"(《世说新语·术解》,383页)唐宋以后也见:如宋邵雍《邵氏闻见录》卷一七:"士人之妻孕,诊其脉曰:'六脉皆绝,反用子气资养,故未死。子生,母即死矣。'已而果然。"(184页)明叶权《贤博编》:"饰一妓为女子,使一人为之父,若农庄人,棹小船载鱼肉酒果,俟无人,投寺中,乞僧为女诊脉,历说病源,故为痴态。"(7页)明西周生《醒世姻缘传》第4回:"只是有件毛病不好:往人家去,未曾看病,先要吃酒,掇了个酒杯,再也不肯进去诊脉。"清崔象川《玉蟾记》第33回:"小姐梳洗已毕,徐先生上楼来,请过夫人安,就替小姐诊脉,说:'小姐微有感冒。'"①

有"案脉","前东平王云与后谒祝诅朕,使侍医伍宏等内侍案脉,几危社稷,殆莫甚焉!"(《汉书·王嘉传》,3492页)"李将军妻病甚,呼佗视脉,曰:'伤娠而胎不去。'将军言:'闻实伤娠,胎已去矣。'佗曰:'案脉,胎未去也。'"(《三国志·魏志·华佗传》,802页)

---

① 《原本老乞大》:"我有些脑痛头眩,请大医来胗候脉息,看甚么病。"(外研社58页)"胗候脉息"应该就是"诊脉"的扩展形式。

有"相脉",《张家山汉墓竹简·脉书》:"相脉之道,左□□□□案(按)之,右手直踝而簟之。"《马王堆汉墓帛书·脉法》:"相眽(脉)[之道],左□□□走而案(按)之,右[手直踝而簟之]。"①

有"视脉","故甘陵相夫人有娠六月,腹痛不安,佗视脉,曰:'胎已死矣。'"(《三国志·魏志·华佗传》,799页)"故督邮顿子献得病已差,诣佗视脉,曰:'尚虚,未得复,勿为劳事,御内即死。'"(同上,800页)"范阳祖翻有医术,姿貌又美,殷氏有疾,翻入视脉,说之,遂通好。"(《宋书·文九王传·始安王休仁》,1878页)

有"看脉","有人病两脚躄不能行,舆诣佗,佗望见云:'已饱针灸服药矣,不复须看脉。'"(《三国志·魏志·华佗传》裴松之注引《佗别传》,802页)"张公会看脉,李公会使药,两个竞头医,一时用不著。"(《五灯会元》卷二〇《楚安慧方禅师》)

有"候脉","邢邵子大宝患伤寒,嗣明为之诊,候脉。"(《北齐书·方伎传·马嗣明》,680页)"若唐长孙后怀高宗将产,数日不能分娩,诏医博士李洞玄候脉。"(宋周密《齐东野语》卷一四《针砭》)也作"候视脉","佗使悉解衣倒悬,令头去地一二寸,濡布拭身体,令周匝,候视诸脉,尽出五色。"(《三国志·魏志·华佗传》裴松之注引《佗别传》,804页)

有"验脉","天宝中,有陇西李生自白衣调选桂州参军,既至任,以热病旬余,觉左乳痛不可忍,及视之,隆若痈肿之状。即召医验其脉,医者曰:'脏腑无他。若臆中有物,以喙攻其乳,乳痛,而痛不可为也。'"(唐张读《宣室志·李生(二)》,《太平广记》卷

---

① 二例引文据《张家山汉墓竹简》[247号墓]245—246页,文物出版社,2001。

二二〇引)

隋唐以后也产生了新的说法:

有"对脉","唐宫中以诊脉为对脉。"(《说郛》卷七四引令狐澄《大中遗事》)"稼轩在上饶,属其室病,呼医对脉。"(宋周煇《清波别志》卷下)(参见江蓝生、曹广顺 1997:105)

有"评脉","咸通乾符中,京师医者续坤颇得秦医和之术,评脉知吉凶休咎。"(唐康骈《剧谈录》,《太平广记》卷四三五"续坤"条引 3536 页)"郎中仔细的评这脉咱。"(《拜月亭》二【梁州第七】白)

有"准脉":"当日婆婆上席去来,我暗使人唤的个稳婆婆与小梅准脉来。"(《新校元刊杂剧三十种·老生儿》一【点绛唇】白)(参见李崇兴等 1998:440)

上面这些有关切脉的不同说法,容当还有遗漏,但就这些也已经不少了,反映出汉语在表达上的丰富多彩,富有变化。同时,这样的组合有许多只是一种历史的演变,并未保存到今天。在现代汉语普通话中,有关的治病手段说"切脉""诊脉";吴方言如绍兴话说"看脉",鲁迅《狂人日记》四:"大哥说:'今天请何先生来,给你诊一诊。'我说:'可以。'其实我岂不知道这老头子是刽子手扮的!无非借了看脉这名目,揣一揣肥瘠。"上海话说"搭脉""号脉",杭州话说"把脉""按脉",其他的一般已经很少用了。

因此,在表示看病、诊疗的语义场中,有"诊""诊脉""视脉""切脉""案脉"等,台湾学者曲守约《续辞释》把这些都囊括在内,可谓精彩。曲氏云:"凡此,皆有关诊脉之不同辞语,及其真正之意旨也。"(参见曲守约 1982:413)

(二) 考察词的聚合情况

蒋绍愚(1989b[2005:274])说:"词不是孤立地存在的,它们处在相互的联系之中。一批有关联的词,组成一个语义场。在语言的历史发展中,词在语义场中的分布会产生种种变化。"

"对语义场的研究,主要是从聚合的角度进行的。德国语言学家波尔齐希曾提出要从组合的角度来研究语义场,考虑到由动词或形容词所表示的动作或性状的典型特征与具有这些特征的名词之间的关系。"(《现代语言学的特点和发展趋势》134页)

中古时期,词汇发展迅速,同义词、近义词迅速增加,词的聚合关系十分丰富。试举动词语义场二例、名词语义场一例。

先考察《搜神记》《世说新语》中有关穿着的动词语义场。《世说新语》中,表示穿衣服的词有"著"(28例)、"服"(2例)、"衣"(1例,引《论语》);表示戴帽子的有"著"(6例)、"穿"(1例)、"戴"(1例),无论穿衣还是戴帽,"著"都占了绝对优势。(参见汪维辉2000:106—118)从大的方面看,"著""服""衣""穿""戴"都是表示穿着的同一个语义场中的同义或近义词,但细分来看,中间又有细微的差别。比如,"服"和"衣"不能用于戴帽,而"穿""戴"各仅见1例,也只能用在戴帽子的场合。

再看看《世说新语》中有关饮食类动词的语义场。《世说新语》一书中,出现表示吃喝类动作的动词有5个,即食、啖、饭、吃和饮。其中,在表示吃东西的词里,"食"和"啖"的使用频率较高,"饭""吃"很少,各仅有1例,表示喝东西的词就是"饮"一个,出现66例。

食

出现次数最多,有时候是和"啖"一起出现的,"顾长康啖甘蔗,先食尾。"(《排调》第59则)"及食,啖薤,庾因留白。"(《俭啬》

第 8 则)也经常在"饮食""衣食"等固定组合结构中出现,如:"床帷新丽,饮食丰甘。"(《言语》第 69 则)"居阳岐积年,衣食有无,常与村人共。"(《栖逸》第 8 则)"庾从周索食,周出蔬食,庾亦强饭,极欢。"(《尤悔》第 10 则)"蔬食"即"疏食",出《论语·述而》"饭疏食"。"卿第海内之俊才,四方是则,如何当丧,锦被蒙上?孔子曰:'衣夫锦也,食夫稻也,于汝安乎?'"(《规箴》第 3 则)"食夫稻"三句出《论语·阳货》。可见"食"的固定组合和表达偏重于承古,文言的色彩较重。

啖

"啖"虽有和"食"并用的情况,见上引,但更多的则是单用。"籍饮啖不辍,神色自若。"(《任诞》第 2 则)"啖"的对象有米饭、汤饼、肉、牛(心)、(奶)酪、薤、枣、李子、甘蔗、刍豆等食物,也有"铁杵"等物体,甚至还有"名"(啖名客)。显然,在《世说新语》中,"啖"的使用范围、反映口语的程度都要超过"食"。

饭

"庾从周索食,周出蔬食,庾亦强饭,极欢。"(《尤悔》第 10 则)

吃

"友闻白羊肉美,一生未曾得吃,故冒求前耳。"(《任诞》第 44 则)

饮

均指喝这个动作。绝大多数是喝酒,"饮酒"连言也很多,有 30 例。但也有喝别的东西的例子:"别敕左右多与茗汁,少著粽,汁尽辄益,使终不得食。褚公饮讫,徐举手共语云:'褚季野。'于是四坐惊散,无不狼狈。"(《轻诋》第 7 则)是说喝茶(茗汁)。"儿悲思啼泣,不饮它乳,遂死。"(《惑溺》第 3 则)饮的是"乳(汁)"。

饮食类动词	动词（表饮食动作）	名词（食品）	总计
食	33	21	54
啖	17	0	17
饭	1	12	13
吃	1	0	1
饮	66	5	71

根据一般的理解，"食""啖"等词都是属于文言词，后来被"吃"所替换，一直沿用至今。但问题也并非这么简单。这只是现在普通话里的反映。实际上，在现今方言（如粤语、客家话）中，"食"仍有保留，并未消亡。"吃"这个词在吴方言里也有相当广泛的用途，除了一般事物可以使用外，诸如饮料、酒、水等也可以说，和古代"饮"的用法相当，一切进嘴的东西都可叫"吃"，如"吃烟""吃酒""吃茶"等，还有"吃豆腐""吃枪子""吃巴掌"的比喻说法。也就是说，一个"吃"，就涵盖了古代"食""饮"等词的理性意义和附加意义。

佛经是外来的文化，而翻译佛经则很好地用汉语表达了佛教的内容，使之成为汉文典籍中的重要组成部分。对这部分语言词汇，也应给予充分的重视。下面，试就三国吴康僧会译《六度集经》、西晋竺法护译《生经》《正法华经》等译经中表示容貌、外表的名词语义场略作考察。

这几部佛经有"面"，也有"颜华"（《中古汉语读本》18页注[3]）、"颜状"（同上，16页）、"状类"（同上，20页注[16]）、"光颜"（同上，22页注[34]）、"颜类"（同上，24页注[51]）、"色像"（同上，18页注[3]）、"颜色"（同上，164页注[12]）和"颜貌""容貌""颜容""形容"等。（参见方一新、王云路1993[2006]）

面

"身体缭戾，面皱唇颣。"（《六度集经》卷二《须大拏经》）"又其次曰命穷,影与形殊,面丑心妍。"(《全唐文》卷五五七韩愈《送穷文》,5641页)按:"面"表示容貌、相貌,起源甚早。《左传·僖公三十三年》:"狄人归其元,面如生。"六朝、唐宋沿其用罢了。

颜

"颜常若漆,身体羸瘦,而无润泽。"(《正法华经》卷二)"既绕佛已,在如来前立,瞻仰尊颜,无有厌足。"(《大庄严论经》卷十四)

光颜

"对曰:'德徽巍巍,远自竭慕,贵睹光颜,没齿无恨也。'"(《六度集经》卷二《须大挈经》)"王与元妃,处于山林。海有邪龙,好妃光颜,化为梵志。"(同上,卷五)"国中有婆罗门,财富无量,见大意光颜端正,甚悦乐之。"(刘宋求那跋陀罗译《佛说大意经》)

色像

"端正最第一,色像难比伦,众人观颜貌,远近莫不闻。"(《生经》卷三)"尔时阿私罗天有子名伽弥尼,色像巍巍,光耀炜晔。"(东晋僧伽提婆译《中阿含经》卷三)"色像"一词《汉语大词典》失收。

容貌

"兄追王所,王又睹兄容貌堂堂,言辄圣典,雅相难齐。"(《六度集经》卷四)"复次贤护,如人盛壮,容貌端严。"(隋阇那崛多译《大方等大集经贤护分》卷二《思惟品》第一之二)

按:此词先秦已经见到:《论语·泰伯》:"动容貌,斯远暴慢矣。"六朝迄今,沿用不衰。

形容

"观其形容,曜曜有光,草野遐迩,犹日之明。"(《六度集经》卷四)按:此词也已经见于前代典籍:《管子·内业》:"和于形容,见于肤色。"

颜华

"后有鸠留县老贫梵志,其妻年丰,颜华端正。"(《六度集经》卷二《须大拏经》)"殿有五百妓女,不肥不瘦,长短无诃,颜华鲜明,皆齐桃李。"(又卷七)"容观堂堂,颜华绝世。微下帝释,以为不如。"(西晋白法祖译《佛般泥洹经》卷下)

颜类

"吾数睹梵志,颜类未有若兹,无以吾等为鬼作食。"(《六度集经》卷二《须大拏经》)

颜貌

"复现女人,颜貌端正,色像第一,姿曜炜炜,众类无逮。"(《生经》卷四)"士有颜貌修丽,风表闲雅,望之溢目,接之适意。"(晋葛洪《抱朴子外篇·行品》)

颜容

"时国王举镜自照,谓群臣:'天下人颜容宁有如我不?'"(旧题吴康僧会译《旧杂譬喻经》卷上)"此二王同坐而无有异,颜容姿貌,正等无异,唯眼眴异。"(晋法炬译《顶生王故事经》)"其人有女,名耶输陀罗,颜容端正。"(《过去现在因果经》卷二)

颜色

"梵志皮骨相连,两儿肌肤光泽,颜色复故。"(《六度集经》卷二《须大拏经》)"姿体端正,颜色无比。"(西晋竺法护译《佛说宝网经》)"颜色"一词先秦已经多见,有"面容"义,有"表情"义,也有"容貌"义。如《墨子·尚贤中》:"不论富贵,不嬖颜色。""颜色"是容貌的意思。

颜状

"(梵志)颜状丑黑,鼻正匾匭,身体燎戾。"(《六度集经》卷二《须大拏经》)"颜状"较早见于《孔子家语·五帝德》:"吾欲以颜状取人也,则于灭明改之矣。……吾欲以容貌取人也,则于子张改之矣。"因为本例"颜状"和"容貌"同时出现,应该有所不同,所以《汉语大词典》"颜状"条解释为"指脸容,脸色"。但从《六度集经》来看,似已经变成"容貌"的同义词了。

颜姿

"往诣佛所,叉手礼佛,以颂赞曰:'人中之尊,颜姿离垢,其光巍巍。'"(《正法华经》卷九)

状类

"(梵志)面皱唇颏,言语謇吃,两目又青,状类若鬼。"(《六度集经》卷二《须大拏经》)

状貌

"咸见诸鬼,状貌丑弊,甚可怖畏。"(《撰集百缘经》卷五《目连入城见五百饿鬼缘》)"状貌痤陋,肌色伤烂,假使行人。"(《正法华经》卷二)"徐妇语曰:'汝不须言。汝夫状貌,正似株杌。'"(《贤愚经》卷二《降六师品》)"状貌"已见于先秦以来典籍,如:"光曜不得问,而孰视其状貌。"(《庄子·知北游》)"太史敫女,奇法章之状貌,以为非常人。"(《战国策·齐策六》)

姿颜

"身体完具,姿颜端正。"(《正法华经》卷八)"睹佛姿颜,无量妙色,光明普照。"(东晋佛驮跋陀罗译《大方广佛华严经》卷一《世间净眼品》第一之一)

除了上面这些表示容貌、形貌的词语外,还有一些后代产生的新词,如:

颜形

容貌,容颜。"天门贵人传诏召,六宫愿识师颜形。"(《全唐诗》

卷三四一韩愈《华山女》,3824页)

颜采

有仪容的意思。"某启。动辄旬浃,不奉颜采。雪寒如此,无复清思,区区可知。"(《欧阳修集》卷一四九《书简》卷六)又有脸面的意思。"女子道:'不如你先去见见,看着喜怒,说个明白。大约没有变卦了,然后等他来接我上去,岂不婉转些?我也觉得有颜采。'"(《拍案惊奇》卷二三)

这些词语中,除了"面"是单音词外,都是复音词;除了"颜容""颜形"等词外,都见于《六度集经》《生经》或《正法华经》等,表示容貌、长相、样子义。至于它们之间的区别,目前并不十分清楚,约略言之,有这样几点:

"颜""容""色""形""状"等词都有容貌、长相义,故由这些语素组合成词的都是同义复合词。"光"是形容神采奕奕,飞睇流采,"光颜"应是比喻容貌非凡,用来形容长相出众者;"华"有鲜美、美丽义,"颜华"偏指长相俊俏,容貌出众者。"类"有形貌义,《楚辞·九章·橘颂》:"精色内白,类可任兮。"王逸注:"精,明也;类,犹貌也。言橘实赤黄,其色精明,内怀洁白。以言贤者亦然,外有精明之貌,内有洁白之志。"故"状类""颜类"是近义连文。而从这两词的用例来看,则有贬损之义。

从语用的情况看,"颜姿""光颜"等词都用来形容世尊(释氏),则含有褒义可知。

由这些同义或近义的词组成了表示仪容、相貌的语义场,它们之间的细微差别和使用语境、对象,显然还有待于作进一步的研究。

(三)考察基本词汇更替的情况

所谓"基本词",有学者称之为"常用词"。顾名思义,是指古籍中经常出现、使用频率较高的词。

法国语言学家房德里耶斯(1920[1992:239])探讨了词语替换的规律。他把词汇更换的原因总括成两个方面,即:"一是说话者心理的个人方面,一是使用语言的社会环境的社会方面。"房德里耶斯主张从词义的演变和词语的替换两个角度去观察语言词汇的发展,给了我们不少启发。现拟从东晋葛洪《抱朴子》入手,对四组基本词汇的历时更替问题作些考察。

1.《抱朴子》基本词使用的抽样调查

本节对《抱朴子》中"木—树""舟—艘—船""足—脚""目—眼"等四组基本词的使用情况作了调查,希望以此来了解《抱朴子》的基本词的使用状况,并进而窥探中古时期基本词演化之一斑。[①]

(1) 木—树

基本情况:木,《内篇》106例,《外篇》51例;树,《内篇》18例(1例动词,17例名词),《外篇》8例(6例动词,2例名词)。

树,先看《内篇》,《对俗》:"千岁之鹤,随时而鸣,能登于木,其未千载者,终不集于树上也。"(47页)《仙药》:"石桂芝,生名山石穴中,似桂树而实石也。"(198页)总共18例"树",除了1例外,都是名词。

再看《外篇》,共有8例"树",但有6例是动词。只有下面2例作名词:《交际》:"由兹论之,则交彼而遇者,虽得达不足贵;芘之而误者,譬如荫朽树之被笮也。"(上430页)《喻蔽》:"若以所言不纯

---

① 这四组词中,旧的产生年代都比较早,自不必说,新词中,"脚""艘"是汉魏以后的新词,"眼"在泛指眼睛这一义位上也始于汉代;但"树"(名词)、"船"二词先秦(战国)文献均已见到,照理不属于"两汉魏晋新词"的范围,这里为了论述方便,就放在一起讨论,不作区别。

而弃其文,是治珠翳而刿眼,疗湿痹而刖足,患黄莠而刈谷,憎枯枝而伐树也。"(下438页)

故从"树"的用法来看,《内篇》的口语性要强过《外篇》。

和"树"相比,"木"在《抱朴子》中的使用频率要高得多。共计《内篇》116例,除去10例是中草药名,1例是人名(段干木),固定结构"草木"26例外,也还有86例;《外篇》58例,除去6例"干木"指段干木(人名)外,也还有52例。这些"木"有单用,也有和其他词的组合,如"择木""曲木""刴木""木食"(均见于先秦典籍)和"独木""睹木""修木""峻木""柏木"(均系汉魏以来新见)等。

单用"木"的例子如:夫匠石不舍绳墨,故无不直之木。(《外篇·用刑》,上册334页)或人难曰:"人中之有老彭,犹木中之有松柏,禀之自然,何可学得乎?"(《内篇·对俗》,46页)

管锡华(2000:197)认为:(木本植物义)"到《史记》虽然二词(指木、树)仍然都用,但若除去引用先秦典籍,则是绝大多数用'树',很少用'木','树'已基本替代了'木'。"汪维辉(2000:86)认为:"在东汉初的《易林》里,已是以用'树'为主,《论衡》中'树'的名词用法也超过了动词用法;到了东汉中后期的翻译佛经中,表示'树木'的概念几乎已经是'树'的一统天下。据此推测,'树'在口语中取代'木'当不晚于两汉之交。"但据笔者对《抱朴子》内外篇的统计,《内篇》以"木"指称草(木)本植物,有45(43)例;《外篇》也有23(21)例,都远远超过了"树",而且也不是引用先秦著作,与管、汪二位的说法不同。

(2) 舟—艘—船

基本情况:舟,《内篇》6例,《外篇》36例;艘,《内篇》0例,《外篇》9例;船,《内篇》3例,《外篇》3例。

先看"船":《内篇·释滞》:"廪君起石而泛土船,沙壹触木而生群龙。"(154页)又《登陟》:"但乘船不身涉水者,其阳日带雄,阴日带雌。"(308页)又《祛惑》:"楼下有青龙白虎,蝘蜓长百余里,其口中牙皆如三百斛船。"(349页)《外篇·君道》:"犹大厦既燔,而运水于沧海,洪潦凌室,而造船于长洲矣。"(上241页)又《省烦》:"或革或因,损益怀善,何必当乘船以登山,策马以涉川,被甲以升庙堂,重裘以当隆暑乎!"(下96页)又《广譬》:"刻船不可以索遗剑,胶柱不可以谐清音。"(下343页)最后一例显然是用"刻舟求剑"的典故,但改"舟"为"船",和《用刑》仍用"刻舟"不同,值得注意。

再看"舟",《内篇》有"舟车""造舟""蓝舟""吞舟""乘舟""舟梁"等词语组合,凡6见,其中"蓝舟"先秦未见。《外篇》则有"舟楫""沉舟""穿舟""乘舟""大舟""虚舟""刻舟""造舟""金舟""轻舟""龙舟""舟车""舟沉""吞舟""朽舟""尺舟""泛舟""扁舟""伐舟""舟梁"等,①凡36见,其中"穿舟"等词语(共14例)先秦未见。

管锡华(2000:221)认为:"《史记》给我们提供了'船'替代'舟'的准确时间是西汉。"汪维辉(2000:79)认为:"至迟在东汉中期,'舟'已经被淘汰出口语,而成了一个文言词;南北各地口头上都只说'船'了。"从《抱朴子》的情况看,"舟"在书中还相当活跃,使用频率超过了"船"。

此外,《外篇》还有新词"艘",有"艘楫""文艘""轻艘"(2例)、"千艘""琼艘""大白之艘""泛艘""龙艘"等组合,凡9见。"艘"的所指似和"舟"相近。《内篇》未见"艘"一词。

---

① "舟车"一词,《内篇》和《外篇》各1例。

(3) 足—脚

基本情况：脚，《内篇》2例，《外篇》11例；足，《内篇》31例，《外篇》35例。

先把"脚"的用例列出：《内篇·金丹》："有如脂之养火而不可灭，铜青涂脚，入水不腐，此是借铜之劲以扞其肉也。"（71页）又《杂应》："若初入山林，体未全实者，宜以云珠粉、百华醴、玄子汤洗脚。"（274页）《外篇·勖学》："夫速悟时习者，骥骒之脚也；迟解晚觉者，鹑鹊之翼也。"（上132页）又《钦士》："晋平接亥唐，脚痹而坐不敢正。"（上326页）又《任命》："故寻仞之涂甚近而弗往者，虽追风之脚不能到也。"（上469页）又《疾谬》："或蹩以楚挞，或系脚倒悬。"（上628页）又："以倾倚申脚者为妖妍标秀，以风格端严者为田舍朴骏。"（上633页）又《刺骄》："或乱项科头，或裸袒蹲夷，或濯脚于稠众，或溲便于人前。"（下29页）又《博喻》："沈闾、巨阙，断斩之良也，而不可以挑脚刺。"（下306页）又："运薪辇盐，不宜枉骐骥之脚。"（下315页）又《应嘲》："孺子之竹马，不免于脚剥。"（下411页）又《诘鲍》："穿本完之鼻，绊天放之脚。"（下494页）又《自叙》："俗之服用，俄而屡改，或忽广领而大带，或促身而修袖，或长裾曳地，或短不蔽脚。"（下663页）

《外篇·钦士》"脚痹"，《韩非子》作"足痹"，可见晋代"脚"已取代了"足"。

足，《内篇》共有144例，《外篇》共有160例，但多数是"不足""未足""岂足""何足""足以"等的"足"，真正指脚掌的，《内篇》只有31例，如：《金丹》："行度水火，以此丹涂足下，步行水上。"（75页）《仙药》："假令左足有疾，则刮涂人之左足也。"（200页）《外篇》仅有35例，如：《臣节》："举足则蹈道度，抗手则奉绳

墨。"(上267页)《刺骄》:"毛成翼长,蝉蜕泉壤,便自轩昂,目不步足。"(下22页)

当然,其中有些词语(如"举足")是沿用先秦的用法。

(4) 目—眼

基本情况:目,《内篇》48例,《外篇》30例;眼,《内篇》2例,《外篇》4例。

"目"和"眼"是一对历时的同义词,在《内篇》和《外篇》中,"眼"的用例较少,"目"则占了绝对多数。就"眼"而言,《内篇》仅有2例:《微旨》:"若令吾眼有方瞳,耳长出顶。"(123页)《登陟》:"其次服鹈子赤石丸、及曾青夜光散、及葱实乌眼丸。"(308页)而《外篇》则有4例:《擢才》:"眼不见,则美不入神焉。"(上456页)《清鉴》:"譬犹眼能察天衢,而不能周项领之间。"(上523页)《喻蔽》:"若以所言不纯而弃其文,是治珠翳而剜眼,疗湿痹而刖足。"(下438页)《自叙》:"弟与我同冒矢石,疮痍周身,伤失右眼,不得尺寸之报。"(下646页)

从这几例看,除了第2例是药名外,"眼"都是单用,充当主语、宾语等句子成分。汪维辉(2000:200)指出魏晋南北朝时期"眼"表现出很强的构词能力,但在《抱朴子》中却看不到这一点。

相反,《抱朴子》的"目"的使用情况十分常见,并且有较多的组合的词语,即以《内篇》而言,有"耳目""面目""两目""无目""纵目""明目"(均见于先秦典籍)和"闭目""恶目""目下""举目""独目""极目"(均系汉魏以来新见)等词语,反映出当时"目"在书面文献中仍然十分活跃。

把这四组常用词用表格表示如下:

表1

同义词 书名	木	树₁ （动）	树₂ （名）	舟	艘	船	足	脚	目	眼
内篇	106	1	17	6	0	3	31	2	48	2
外篇	51	6	2	36	9	3	35	11	30	4
合计	157	7	19	42	9	6	66	13	78	6

除此之外，我们还对先秦以来的几部典籍作了一些调查统计，以便比较、参考，详下表：

表2

同义词 书名	木	树₁ （动）	树₂ （名）	舟	艘	船	足	脚	目	眼
左传	22	13	4	43	0	0	10	0	25	0
吕氏春秋	40	10	21	24	0	13	17	1	74	1
史记	53	30	18	29	0	92	53	3	86	6
论衡	52	21	40	16	0	15	68	0	129	2
抱朴子	157	7	19	42	9	6	66	13	78	6
世说新语	6	3	21	8	0	33	8	4	2	15
合计	330	84	123	162	9	159	222	21	394	30

从表中可以了解到自先秦至晋宋，"木—树""舟—艘—船""足—脚""目—眼"四组同义词发展的一个粗略的轮廓，并可得出几点结论：

《左传》《吕氏春秋》为代表的先秦时期，"木""舟""足""目"四词的使用频率要远远高于后起的同义词"树""船"等四词。但又有区别。《左传》中"树"的动词用法尚高于名词用法，并且未见到"船"等同义词。到了《吕氏春秋》，"树"的名词用法超过了动词用法，出现了"船""脚""眼"等新词，"船"的用例还相当多，达到了

"舟"的一半以上。

《史记》《论衡》二书,分别代表了西汉和东汉典籍。虽然"木""足""目"的用例还是超过了"树""脚""眼",但《史记》中"船"的出现频率大大超过了"舟",《论衡》"船"和"舟"的比例也几乎相同;"树"的量词用法也在《史记》中出现,都说明了汉代较之先秦已经有所发展。

《抱朴子》《世说新语》是六朝的代表作品。二者的情形不太一样:《抱朴子》中,不仅"木""足""目"的用例仍然超过"树""脚""眼",就是"船"的使用,也从《史记》《论衡》已经达到的程度上倒退了,远不如"舟"用得广泛。当然,《抱朴子》出现了此前几部作品均未使用的"艘",应可看作是当时产生的一个新词。相反,《世说新语》除了"足—脚"一组外,其余三组,新词"树""船""眼"都全面超过了旧词"木""舟""目",应当是反映了当时口语的实际面貌。比较而言,《抱朴子》的文言色彩较为浓厚,这从上述基本词的使用情况可见一斑。

以上对《抱朴子》《世说新语》等著作所作的初步统计和分析,从一个侧面反映了中古汉语基本词演变的一些情况,提醒我们注意这样几点:

第一,在研究词汇特别是基本词汇时,要区别语料的性质,不可一概而论。同样是中古文献,其语料性质不同,反映口语的情况也就不一样,《抱朴子》一书,虽说《内篇》在一定程度上反映了口语,但《外篇》则基本上属于文言,较难反映口语的实际面貌。因此,尽管在接近口语的文献中新词替换了旧词,但在比较保守的书面语系统中,旧词仍不妨长期使用,与新词并行不悖。

第二,要区分可以单用的词和不能单用主要作为构词语素的

"字"。汉语词汇特别是基本词汇的发展并不都是直线型的,往往蜿蜒曲折,螺旋式上升。一种较为常见的现象是:某些古词、旧词,作为单用的词已经退出了口语词汇系统,可是作为构词语素它们却比新词还活跃,构词能力更强,"木"强于"树","目"强于"眼","视"强于"看","舟"强于"船"等,都属于这一情况。

第三,基本词和口语的关系,也呈现出复杂多样的情况。基本词更替演变,在一定程度上揭示了口语演变的实际,但有时候未能同步,常有"滞后"的情形,要注意它往往比其他语词要慢半拍的情形。也就是说,对基本词反映口语的程度,要给予恰如其分的估计。

由此可见,语言词汇的发展并不一定是直线型的,常常会出现曲折的情况(其原因包括口语文献与书面语文献的差异、方言的影响、作者的习惯等)。事实上,"木""舟""足""目"等基本词即便在口语中已经退出了历史舞台,但并不妨碍其继续在书面语中大量出现,就在今天,它们在一些古语词、成语等中还经常出现。上述四组基本词的调查情况,也正好说明了这一点。

2. 常用词和生僻词语的转化

值得注意的是,和基本词一样,生僻词和常用词之间也存在着转换更替的情况,这方面的例子虽然不多,但很值得寻味。例如:

如馨、尔馨、宁馨

魏晋以来称"如此、这样"为"如馨""尔馨""宁馨",多见于《语林》(见刘孝标《世说新语注》等书引)、《世说新语》二书,即以《世说新语》及刘注而言,就有 6 例。除了"尔馨""如馨"各两例外(a. 田舍儿强学人作尔馨语;b. 正自尔馨;c. 如馨地宁可斗战求胜;d. 王文开那生如馨儿),又有"如……馨"两例(e. 辄矍如生母狗馨;f.冷如鬼手馨)。这在当时肯定是口语的记录,①但可能从晚唐五代以后就属于生僻词语,故宋代以来笔记多有考释。

早在先秦时,口语中就出现了"如此"。② 南北朝以后,"如此"逐渐占了上风。相反,"如馨""尔馨"等词渐渐退出,被"如此"所替代。证据之一:《原本玉篇残卷·只部》:"甼,呼丁反。《说文》:'甼,声也。'野王案:今谓'如此'为'如甼',是也。"③

证据之二:作为"～馨"的另一新词"宁馨",已见于六朝:《宋书·前废帝纪》:"太后怒,语侍者:'将刀来破我腹,那得生如此宁馨儿!'"唐修史书也有用例。《晋书·王衍传》:"(王衍)既去,(山涛)目送之曰:'何物老妪,生宁馨儿!'"《南史·宋纪中·前废帝》:"将刀来破我腹,那得生宁馨儿!"耐人寻味的是,同样是描写南朝宋前废帝不愿探望生病的母亲,招致太后大怒的一段话,在南朝梁沈约的笔下是"如此宁馨"连用,而唐修《南史》则是单用"宁馨"。

笔者以为,"尔馨""如馨""宁馨"是魏晋口语词,南北朝沿用之;"如此"则是先秦已见,六朝沿用的词。唐人使用"宁馨",则多少有些仿古的味道。《宋书》一例,隐约透露出当时"如此"和"宁馨"并用,前者将逐渐取代后者的消息。清代著名学者郝懿行《晋宋书故》"宁馨"条谓《宋书》不当"如此宁馨"连用,认为:"宁馨"即"如此",沈约"不得其解,妄有增加,翻为重复,《南史》'宁馨'上删

---

① "宁馨"一词唐宋诗人沿用不替。唐张谓诗(宋吴曾《能改斋漫录》卷四《辨误二》引):"家无阿堵物,门有宁馨儿。"刘禹锡《赠日本僧智藏》诗:"为问中华学道者,几人雄猛得宁馨。"

② 《礼记·乐记》:"如此,则国之灭亡无日矣。"

③ 《原本玉篇残卷》111页,中华书局,2003。

去'如此'二字,则得之矣",已经受到钱锺书的批驳。① "如此"一词一直沿用至今,成为现代的常用词。

那得

东汉表示反问、反诘,已经使用"那得",如东汉安世高译《道地经》:"已无有中,当那得往?已不得往,当那得生?已不得生,当那得老病死?"在此基础上,六朝发展为表示疑问、反诘的疑问副词,载籍多用。但这一新词到了唐代就被其他词所取代。唐寒山《田舍多桑园》诗:"肯信有因果,顽皮早晚裂。"(《寒山诗注》154页)"早晚裂",谓何时开悟。②拾得《闲入天台洞》诗:"每谈今古事,嗟见世愚痴。个个入地狱,早晚出头时!"(《全唐诗》卷八〇七,9107页)"早晚"就是"哪里、何曾",是疑问副词。"早晚出头时"犹言哪里会有出头的日子。《全唐诗》本拾得诗"早晚"一作"那得"。盖六朝习用"那得",到了唐代,已经不用或少用了,拾得诗中"那得出头时",也被后人改为"早晚出头时"。③

考察这类疑难词语被新词所取代的过程和原因,同样能够揭示词汇演变的规律,对词汇史研究有助益。

二、可借以考察词义的产生和演变的原因和规律

(一)词语的产生、使用和社会文化现象之间的关系

词语的产生、发展与社会文化有着密切的联系。中古、近代汉

---

① 钱氏指出:"夫'如此宁馨'亦正累叠同义之词以增重语气,犹白话小说中之言'如此这般',或今语'这种这样的人真是少见少有'。郝氏知训诂而未解词令,岂沈约当时外'不得'南朝'方言'之'解'哉!"参看钱锺书(1986:322)。
② 项楚(2000:155)解释说:"寒山诗'顽皮早晚裂',谓对佛法冥顽不灵之人,何时方得开悟,意在言其难悟也。"
③ 当然,还有一种可能,即:后人对"早晚出头时"的"早晚"不理解,故改成虽口语已不说但在仿古的作品中仍然出现的"那得"。

语词汇与汉魏六朝、唐宋元明清社会文化的关系十分密切,受到当时社会方方面面的极大影响,表现为以下几个方面:

1. 本土经济、政治、文化风俗的影响

(1) 词义的形成、发展受到社会现实的直接影响

词义的产生、发展,往往受到社会政治生活的直接影响。例如,六朝时表示品评、鉴赏义的词较多,这和当时选官取士的风气有着密切的联系。从汉末、魏晋以来,社会品评人物之风盛行,年轻学子或未知名人士,如果得到当权者或名士的品评、题鉴,马上就可以身价百倍,跻身上层社会。因此,当时形成了一个和人物评价有关的语义场。

道

"庾公道王尼子:'非唯事事胜于人,布置须眉亦胜人,我辈皆出其辕下。'"(《古小说钩沉》辑《裴子语林》)"子敬与子猷书,道兄伯:'萧索寡会,遇酒则酣畅忘反,乃自可矜。'"(《世说新语·赏誉》第151则)①

目

"曹操微时,常卑辞厚礼,求为己目。"(《后汉书·许劭传》,2234页)唐李贤注:"令品藻为题目。""山公举阮咸为吏部郎,目曰:'清真寡欲,万物不能移也。'"(《世说新语·赏誉》第12则)

题目

"(许劭)少读书,雅好三史,善与人论臧否之谈,所题目,皆如其言,世称'郭许之鉴'焉。"(晋袁宏《后汉纪·献帝纪二》)"从兄

---

① 徐震堮《世说新语校笺》标作"子敬与子猷书,道:'兄伯萧索寡会……'"(270页)则是视"道"为言说义,误。

戎、兄夷甫名冠当年,四海人士一为澄所题目,则二兄不复措意,云:'已经平子。'其见重如此。"(《世说新语·赏誉》第31则刘注引《王澄别传》)"时人欲题目高坐而未能。桓廷尉以问周侯,周侯曰:'可谓卓朗。'"(又《赏誉》第48则)"道壹文锋富赡。孙绰为之赞曰:'驰骋游说,言固不虚。唯兹壹公,绰然有余。'"(又《言语》第93则刘孝标注引《名德沙门题目》)"名德沙门",指高僧大德,"题目"亦品评、品题义。

论

"与淳评说混元造化之端,品物区别之意,然后论羲、皇以来贤圣名臣烈士优劣之差。"(《三国志·魏志·王粲传》裴注引《魏略》,603页)"初,萌与同郡徐房、平原李子云、王君公相友善,并晓阴阳,怀德秽行。房与子云养徒各千人,君公遭乱独不去,侩牛自隐。时人谓之论曰:'避世墙东王君公。'"(《后汉书·逸民传·逢萌》,2760页)"谓"通"为","谓之论"就是"对他(王君公)评价说……"。

称

"谢公称蓝田:'掇皮皆真。'"(《世说新语·赏誉》第78则)"王仲祖称殷渊源:'非以长胜人,处长亦胜人。'"(又第81则)"刘尹每称王长史云:'性至通而自然有节。'"(又第87则)

叹

"林宗叹儒:'有珪璋之质,终必为令德之士。'"(《后汉书·党锢传·刘儒》李注引谢承《书》,2215页)"王右军道谢万石:'在林泽中,为自遒上。'叹林公:'器朗神俊。'"(《世说新语·赏誉》第88则,257页)

商略

"闻彪评章古今,商略人物,兴言于侍筵之次,启论于众英之中。"(《魏书·李彪传》,1392页)"自古丧大业绝宗禋者,其所渐有由矣。三代以嬖色取祸,嬴氏以奢虐致灾,西京自外戚失祚,东都缘阉尹倾国。成败之来,先史商之久矣。"唐李贤注:"商谓商略。"(《后汉书·宦者列传论》,2538页)

粗略地看,"道""论""称""商略"四词都有"谈论、议论"义,"叹"有"称赞"义,"目"有"视、看"义,"题目"有"标题、篇目"义,由此都引申出"评价、品评"义。但这几个词之间的细微差异还有待于作进一步的研究。

(2) 新词新义的构成、演变,和社会风俗直接有关

中古时期,新词新义大量产生,词汇的面貌发生了巨大的变化。而这其中,有部分词语的构成、演变与社会风俗有着直接的联系。这里举"女弱"为例。

女弱

在魏晋南北朝文献中,有一个新词——"女弱",指称妇女。《后汉纪·灵帝纪》:"伏闻大女侯玉为父报仇,狱鞠以法,不胜感悼之情,敢陈所闻。昔太原周党感《春秋》之义,辞师复仇,当时论者,犹高其节。况玉女弱,内无同生之谋,外无交游之助,直推父子之情,手刃莫大之仇。"(713页)《搜神记》卷一五"李娥"条:"又女弱独行,岂当有伴耶?是吾外妹,幸为便安之。""女弱"就是女子、妇女,是六朝时期产生的一个新词。(参见方一新1997:106—107)

与"女弱"相似的还有"嬴人""阴人"等词,也是专指妇女的新名词。

嬴人

东汉安世高译《道地经》:"却男自身代共乐嬴人,嬴人便恶父喜母。"又:"已喜不喜增意生,当却是男,欲独与嬴人共乐。"又:"便

若见男子,若见嬴人。""嬴人"都指妇女。①

阴人

姚秦佛陀耶舍译《四分律》卷二:"人法者,人、阴人、界人。"(22卷578页中栏)东晋葛洪《神仙传·天门子》:"天门子曰:'阴人所以著脂粉者,法金之白也。'""阴人",指妇女。

像这样用"女弱""嬴人"指称妇女的,显然和当时社会人们对妇女的整体看法有关。盖自人类社会进入父系社会以来,妇女的地位就空前的低下。苏瑞指出:"有些隐性义素还反映了一定时期的文化和民俗的某些特征。例如,在中国封建社会中,男尊女卑,'女'为至卑至贱者,是从属于男子的。……这种文化意识折射到语言中,'女'这个词便产生了[柔弱]+[卑下]+[卑小]等隐性义素。并在名物词中得到了生动的显现。"并举"女桑""女墙""女萎""女萝"等为例。(参见苏瑞1995:92)《尔雅·释木》郭注:"今俗呼桑树小而条长者为女桑树。"《诗·豳风·七月》:"猗彼女桑。"毛传:"女桑,荑桑也。"郑笺:"女桑,少枝长条不枝落者,束而采之。"孔颖达疏:"女是人之弱者,故知女桑——柔桑,言柔弱之桑。其条虽长,不假枝落,故束缚而采也。"②晋陶潜《和刘柴桑》诗:"谷风转凄薄,春醪解饥劬;弱女虽非男,慰情良胜无。"

至于用"阴人"指称女子,则是因为男人和女人分别代表了阴阳二极,男主阳,女主阴。和男人有关的多用"阳",如"阳痿""阳具";和女人有关的多用"阴",如"阴道""阴蒂"等。由此可见,汉语称谓词往往和政治地位、社会观念等密切相关,上揭中古时期有关

---

① "嬴人"另有力弱者、老者、病人等义,佛典多见,与此不同。
② 见《十三经注疏·毛诗正义》390页,中华书局,1979。

妇女的称谓新词,就说明了这一点。

(3) 词义的形成、发展与人们的日常生活紧密相关

古代社会里,生产力相当落后,医疗水平不高,人们在防治疾病方面经验少,疾病多,病死率高,反映在生活中,人们经常讨论的就是身体怎样,有没有病,疾痛好些了没有,等等。像二王法帖中,就有相当多的篇幅是谈论身体情况。与此相适应,也出现了很多表示身体状况的词语。这些表示生病或身体不适的词语比较常见的是采用委婉的说法,如中古的"不安""不和""不佳""不快""不平""不适""违和",近代的"不佳""不快""不适""违和""违忧",现代的"不适""欠安""欠爽"等。

不安

《汉书·王褒传》:"其后太子体不安,苦忽忽善忘,不乐。"(2829页)《三国志·魏志·文昭甄皇后》裴注引《魏书》:"时武宣皇后体小不安,后不得定省,忧怖。"(160页)

不和

《全晋文》卷二五王羲之《杂帖》:"李母犹小小不和,驰情。伏想行平康。"《晋书·愍怀太子传》:"十二月,贾后将废太子,诈称上不和,呼太子入朝。"(1459页)

不佳

《北堂书钞》卷一四四引《郭林宗别传》:"林宗尝不佳,夜间命作粥。"《全晋文》卷二六王羲之《杂帖》:"君顷就转佳不?仆自秋便不佳,今故不善差。"《搜神后记》卷五:"及悦疾笃,导忧念时至,积日不食。忽见一人,形状甚伟,被甲持刀。问是何人。曰:'仆,蒋侯也。公儿不佳,欲为请命,故来尔。公勿复忧。'"

不快

《三国志·魏志·华佗传》:"又有一士大夫不快,佗云:'君病深,当破腹取。'"(801页)《全晋文》卷二三王羲之《杂帖》:"妹不快,忧劳,馀平安。"(商务印书馆本221页)《晋书·愍怀太子传》:"二十九日早入见国家,须臾遣至中宫。中宫左右陈舞见语:'中宫旦来吐,不快。'使住空屋中坐。"元关汉卿《窦娥冤》第二折宾白:"'婆婆,你今日病体如何?'(卜儿云)'我身子十分不快哩。'"

不平

《汉书·王嘉传》:"天子以相等皆见上体不平,外内顾望,操持两心。"(3499页)《魏书·术艺·徐謇传》:"体小不平,及所宠冯昭仪有疾,皆令处治。"(1967页)

不适

《陆云集》补遗《春节帖》:"三月十六日云白:春节余不适,得示,知足下平安。"

违和

南朝梁沈约《齐禅林寺尼净秀行状》:"又于一时复违和,亦甚危困,忽举两手,状如捧物,语旁人不解。问言:'为何所捧?'答云:'见宝塔从地出,意欲接之。幡花伎乐,无非所有。'于是疾恙豁然而除,都无复患。""见儿子,言尊候违和,岂非患腹脏邪?秋后,慎生冷为佳。"(《欧阳修集》卷一五〇《书简》卷七)"众将俱曰:'主公玉体违和,未可轻动。且待平愈,出兵未迟。'"(《三国演义》第29回)

疾病频繁,病痛很多,则其他相应的词语也就增多了。病情发作,中古时称"发动""动发"或称"发""动"。

动

《三国志·蜀志·蒋琬传》:"会旧疾连动,未时得行。"

(1059页)

发

《后汉书·方术传下·华佗》:"佗曰:'此病后三朞当发,遇良医可救。'"(2738页)《世说新语·言语》第15则刘注引嵇绍《赵至叙》:"自痛弃亲远游,母亡不见,吐血发病,服未竟而亡。"(41页)

动发

"云何良医善知治病已,于未来世永不动发。谓良医善治种种病,令究竟除,于未来世永不复起。是名良医善知治病。更不动发。"(《杂阿含经》卷十五)"今逆臣歼夷,庶物忻畅,余生获泰,宿疾顿来。岂无诸医?竟未有效;忪悸之疾,动发无时。"(《全唐文》卷四五〇齐映《为萧复让宰相表》)

发动

《抱朴子内篇·杂应》:"其尚盛者,则生诸疾病,先有疹患者,则令发动。"(271页)《后汉书·方术传下·华佗》:"乃戒之曰:'后十八岁,疾当发动,若不得此药,不可差也。'"(2739页)

举发

宋元以来称"举发",如:《元典章·刑部四》:"委因旧患心风病证举发,昏迷不省,不知怎生将乔老打死。"又《刑部十六》:"讯疮举发,才方保放。"

现代则称"发作""暴发"。

与此相应,表示诊治的词和病好的词语也相当多,限于篇幅,此从略。

(4)词语的形成、发展与人们对自然界的认识有关

我国是一个重视辩证法的国度,从上古起,许多思想家就具有浓厚的辩证法思想,能够辩证地看待宇宙和世界。《老子》"故有无

相生,难易相成,长短相形,高下相倾,音声相和,前后相随"的论述,就是一个很好的例子。反映在词汇上,一些复合词、同义词的产生,折射出古代的朴素的辩证思想。酌举数例如下:

死活

这是一个由反义语素组成的结构。最早是词组,如:"时彼淫女即以白衣裹儿,敕婢弃巷中。无畏王见,即问旁人言:'此是何等?'答言:'此是小儿。'问言:'死活?'答言:'故活。'"(《经律异相》卷三二引《四分律》三分第二卷,179页)"死活"意即是死是活,这是把选择问句紧缩了的结果,"死"与"活"的词义都很实。后来凝固成词,指死与活,意思偏重于死,属于偏义复词。如:"今蒙上命,到此擒你这造反天宫的弼马温猢狲,你还不知死活!"(《西游记》第6回)后来词义进一步虚化,演变成表示反诘的语气副词,意为无论如何,如:"吴大舅告辞,和尚死活留住,又不肯放。"(《金瓶梅词话》第89回)这一用法沿用至今,如说:叫他别去,他死活要去。

同异

早期也是一个词组,如:"夫礼者,所以定亲疏、决嫌疑、别同异、明是非也。"(《礼记·曲礼上》)"同异",相同与不同。"太尉王夷甫见而问曰:'老庄与圣教同异?'对曰:'将无同。'"(《世说新语·文学》第18则)"同异"意即是相同还是不同,也是选择问句的紧缩形式。这两例"同异"的"同"和"异"都有实义。由此演变,"同异"的词义趋于统一,偏指不同、差异,"同"为衬字,形成了偏义复词。如:"江州当人强盛时,能抗同异,此非常人所行。"(《世说新语·识鉴》第15则)"昔成帝幼冲,庾冰辅正,以为沙门应敬王者,尚书令何充、仆射褚昱、诸葛恢等,奏不应敬礼,官议悉同充等,门下承冰旨为驳,同异纷然,竟莫能定。"(《高僧传》卷六《释慧远》,

219页)"高宗废立,颖胄从容不为同异,乃引颖胄预功。"(《南齐书·萧赤斧传附子颖胄》,666页)三例"同异"就是不同、相异,有意见,词义偏在"异"一边,和"异同"类似。像这样由反义复合词组成偏义复词在中古时期仍不少见。

蒋绍愚(1998:33)指出:"看来,下面这种构词方式是汉语所特有的:以事物的两个方面或两个极端来概括这一事物。如'天地'指整个宇宙,'大小'指体积等。""偏义复词也是汉语所特有的。"像这类由寓含了汉民族朴素的辩证法观点的反义并列语素构成的复合词,并列连用产生的新的词义或复词偏义的用法,是汉语词汇的特点之一,值得关注。

2. 外来文化的影响

外来词是汉族和其他民族语言接触、文化交流的结果。罗常培《语言与文化》专列《从借字看文化的接触》一章,探讨了这个问题。蒋绍愚(1998:30)指出,汉语的外来词有一种"汉化"的倾向。"外来词进入汉语,最方便的当然是音译,但由于外语和汉语语音结构的不同,译音词在汉语中往往有点'格格不入',所以后来就改变形式,变得和汉语差不多,使汉族人容易接受。"蒋先生举了几个例子:

比丘尼—尼—尼姑/檀那—檀施—布施/可蓝(突厥语)—蓝—岚(会意)

胡床—交床—交椅/胡麻—脂麻—芝麻

这些外来词,都经历了由音译到音义结合再到意译的过程,可以看作是外来词汇逐步"汉化"的范例。

在翻译佛经时,把"胡本"译成汉语往往有新词产生。例如,"刹那""魔""真如""众生""因缘"都来源于佛典,后来成为汉族文

（二）词义演变和语法化、词汇化

近些年来，语法化问题成为汉语语法史、词汇史研究的热点，这是对词义形成、发展的一种规律的研究，有助于我们认识词义的产生和演变，有助于帮助了解词义嬗变的规律。通过对若干中古、近代习用词语的考察研究，可以发现其由词组到词，由实词到虚词的逐渐演化过程，从而为语法化研究提供参考。

六朝时期新产生了不少副词，其形成过程中，大都经历了语法化或先词汇化、后语法化的阶段。下面以"过""非常""甚至"等为例，探讨其成词、逐步虚化的过程。

过

过，本义是经过，动词。引申有极、甚义，程度副词。《晋诗》卷十六陶渊明《和郭主簿》："园蔬有余滋，旧谷犹储今。营己良有极，过足非所钦。"（《世说新语·德行》第33则）："谢奕作剡令，有一老翁犯法，谢以醇酒罚之，乃至过醉而犹未已。"又《言语》第94则刘注引《西河旧事》："河西牛羊肥，酪过精好，但写酪置革上，都不解散也。"（83页）《洛阳伽蓝记》卷五《城北·凝圆寺》："时陇西李元谦乐双声语，常经文远宅前过，见其门阀华美，乃曰：'是谁第宅？过佳！'"（参见范祥雍2006：249）《宋书·乐志一》："《团扇哥》者，晋中书令王珉与嫂婢有情，爱好甚笃，嫂捶挞婢过苦。"（550页）《北齐书·文苑传·李广传》："谓其妻云：'吾向似睡，忽见一人出吾身中，语云：'君用心过苦，非精神所堪，今辞君去。'"唐白居易《赠杨秘书巨源》诗："不用更教诗过好，折君官职是声名。"（参见方一新、王云路1993：302）

先从词义演变的轨迹看:"过"从本义走过、经过,引申有超过、超越义,超越则有可能过了限度,又引申出过头义,词性也从动词转为副词。凡事过了头了,就有了很、甚、非常义,表示程度特别高,非同一般。其引申途径大概是这样的:走过,经过(动词)→超过(动词)→过头(副词)→很、极、非常(程度副词)。再从"过"后面所跟的成分看:在表示程度的"过"的后面都跟形容词,"过"用来修饰这些形容词,词义虚化为很、极、非常。

非常

此词先秦已见,本来指不合常例。《左传·庄公二十五年》:"秋,大水,鼓用牲于社、于门,亦非常也。"晋杜预注:"失常礼。"是说不合常例,"非常"尚不是一个词。

汉代以来可指不同寻常或突发事变、意外事件,《史记·项羽本纪》:"所以遣将守关者,备他盗之出入与非常也。日夜望将军至,岂敢反乎!"(312页)"非常"用在动词谓语的后面作宾语。后来"非常"可以用作定语:晋葛洪《神仙传》卷八《刘根》:"因长啸,啸声非常清亮,闻于城外,闻者莫不肃然。"(330页)《太平广记》卷二六"叶法善"条(出《集异记》及《仙传拾遗》):"约曰:'必不得妄视。若误有所视,必有非常惊骇。'"(172页)"非常"尽管用在形容词前面,但仍是异常、不一般的意思,还不是程度副词的用法。[1]

大约到了唐宋以后,此词演变出程度副词的用法,义为很、十分。唐李德裕《昭义军事宜状》:"其端氏城,是刘从谏近年修筑,非常牢固。""非常牢固"是说十分牢固。《太平广记》卷一〇三"李观"条(出《法苑珠林》):"自后院中恒有异香,非常馥烈。"(692页)"非

---

[1] "非常"还有"非分"和"无常"(佛教语)等用法,此从略。

常馥烈"是说极其浓烈。又卷一三二"方山开"条（出《法苑珠林》）："二人即引南行。至一城，非常险峻。"（937页）"非常险峻"是说十分险峻。又卷一三四"谢氏"条（出《冥报记》）："近被卖与法界寺夏侯师，今将我向城南耕稻田，非常辛苦。"（956页）"非常辛苦"是说十分辛苦。这些"非常"应是程度副词的用法。

"非常"的演变是很有意思的现象，它原来是词组，因为"非"和"常"经常在一起连用，发展到后来，结构逐渐凝固，演变成词，产生了相应的义位——由原先的词组变成了词。词义进一步演变，从比较实在转为有所虚化，再从有所虚化转为更加虚化，最终演变成副词。

通过考察有典型意义的实词的虚化过程，可借以了解词义演变的轨迹和规律，更好地解释中古近代汉语乃至现代汉语中虚词的来龙去脉。

甚至

和"非常"相似，"甚至"从原先的较实的含义转而指较虚的含义，发生了语法化。影响语法化进程的因素除了词义演变外，词在句中所处的位置也十分重要，有时甚至起决定性作用。"甚至"就是这样的例子。

"甚至"是现代汉语中常用的连词，通常用在分句的句首，《现代汉语词典》（1215页）解释为："强调突出的事例（有更进一层的意思）。"这个用法也说"甚至于""甚而至于"。例如：不仅年轻人献了血，甚至连六十多岁的老人也献了血。但在古代汉语里，"甚至"的用法、语义都不一样。不妨把早期的称作"甚至$_1$"，晚期的称作"甚至$_2$"。

"甚至$_1$"一语出现较早，后汉三国文献已经见到。当时有这样两个意思：一是很周全，非常周到。《三国志·蜀志·张裔传》："抚恤故旧，振赡衰宗，行义甚至。""行义甚至"是说行义非常周至。《世说新语·方正》第43则:"孔君平疾笃,庾司空为会稽,省之,相问讯甚至,为之流涕。""相问讯甚至"是说询问他的病情很细致、很周到。这两例"甚至"是偏正结构,"甚",很,非常,副词;"至",周到,周至,形容词。

由此发展,词义有所虚化,出现了下列用例:《搜神记》卷二"夏侯弘"条:"镇西谢尚所乘马忽死,忧恼甚至。""忧恼甚至"言烦恼异常。《异苑》卷六:"陈郡颜延之字延年,有爱妾死,延之痛惜甚至,以冬日临哭。""痛惜甚至"犹言非常伤心惋惜。这类"甚至"在语义上和"甚"相近,相当于程度副词,[①]试比较"甚敬信之"(《世说新语·言语》第45则刘注)和"敬信甚至"(《世说新语·尤悔》第11则),即可知。所不同者,"甚"单用多放在动词前面,作状语,而"甚至"则放在动词后面,作补语。

从句法结构上看,上述两种"甚至"都属于"甚至$_1$",通常放在动词谓语的后面,作补语。这样的用法一直到唐宋以后仍有保留。中古时期,"甚至"也可以用在名词主语之后,作谓语。如:《宋书·鲁爽传》:"爽与义宣及质相结已久,义宣亦欲资其勇力,情契甚至。""情契甚至"言情谊十分深厚。那么,"甚至"是如何有了今天作"提出突出的事例(有更进一层的意思)"的呢,也就是说,"甚至$_2$"是何时产生的?

从目前调查到的材料看,"甚至"放在句首,作"甚而至于"讲,当始于宋代。

宋欧阳修《欧阳修集》附录四《记神清洞》:"入市有税,入门有

[①] 更早的,还有《魏诗》卷一曹操《步出夏门行》:"日月之行,若出其中;星汉灿烂,若出其里。幸甚至哉,歌以言志。""幸甚至哉"犹言非常庆幸啊,"甚至"似乎已经是程度副词。但由于出现在诗歌里,受字数和押韵等的影响,其"甚至"的用法可能比较特殊,故只当作参考用例,不作为副词"甚至"的滥觞。

税,入关有税,避而不入即没入之,地所从产又官守而以时入之,甚至民有称贷又官取其息,不如禁者执而诛罚之。"宋陆游《老学庵笔记》卷六:"予自少至老,惟见一人。方大驾南渡,典章一切扫荡无遗,甚至祖宗谥号亦皆忘失,祠祭但称庙号而已。"宋周煇《清波杂志》卷二:"客有言表章所用字,有合回互处,若'危''乱''倾''覆'之类。通朝士书,如'罪出''忧去',甚至以'申谢'为'叙谢'。"又卷六:"州县刑狱,与夫淫乱杀伤,皆因酒而致。甚至设法集妓女以诱其来,尤为害教。"宋朱熹《朱子语类》卷二七《论语九》:"见得孝子深爱其亲,虽当谏过之时,亦不敢伸己之直,而辞色皆婉顺也。'见志不从,又敬不违',才见父母心中不从所谏,便又起敬起孝,使父母欢悦;不待父母有难从之辞色,而后起敬起孝也。若或父母坚不从所谏,甚至怒而挞之流血,可谓劳苦,亦不敢疾怨,愈当起敬起孝。"又卷八三《春秋》:"今要去一字两字上讨意思,甚至以日月、爵氏、名字上皆寓褒贬。"①

元明以降沿而用之,如明于慎行《谷山笔麈》卷八:"今之工文者不然,读一家之言,则舍己以从之,作一牍之语,则合众以成之,

---

① 当然,后代"甚至"也还保留了六朝时期的用法,《朱子语类》也不例外。如:《朱子语类》卷一二三《陈君举》:"季通及敬之皆云:'永嘉貌敬甚至。及与宫祠,乃缴之,云:朱某素来迂阔,臣所不取。但陛下进退人才,不当如此。'以问先生,先生云:'不曾见此文字。怎见得。'"又卷一三〇《本朝四》:"各人禀职事了,相与久坐说话议论,又各随其人问难教戒,所以鞭策者甚至,故有人为其属者无不有所知晓事。"这两例"甚至"言极为周到、非常周至。又卷一二六《释氏》:"老子说他一个道理甚缜密。老子之后有列子,亦未甚至大段不好。"本例"甚至"则犹言很、非常,作程度副词,和"大段"义近,都用来修饰形容词性的"不好"。

元明以后也有用例。如元陶宗仪《南村辍耕录》卷二三"鬼爷爷"条:"元统间,杭州盐仓宋监纳者,尝客大都,求功名不遂,甚至穷窘,然颇慎行止,不敢非为。""甚至穷窘"就是非常穷窘。

甚至全句抄录,连篇缀缉,为者以为摹古,读者以为逼真。"(88页)明叶权《贤博编》:"(鸟嘴铳)最贵重者,上错黄金,可值银百两。……其中光莹,无毫发阻碍,故发则中的。非若中国工人卤莽,裹铁心而合之,甚至三节接凑,然后钻刓,其中既不圆净,又忽断裂,万不及也。"(24页)又:"今士夫好古,专以古官代今衔。如都御史则称明御史大夫。既云明矣,明安得有御史大夫官哉?……若以古官名于文字中泛称今人犹可,乃署卷首尾以自称,甚至杂于郡县乘志中,使初学不知此为何官。"(36页)明陆容《菽园杂记》卷二:"今山东北畿大家,亦不能家自凿井,民家甚至令妇女沿河担水。"(20页)"甚至"均是甚者至于的意思,和今义接近。

可见,从"动词+甚至"到"甚至+句子","甚至"一词经历了从"偏正词组"(甚至$_1$)到"程度副词"(甚至$_1$)再到"连词"(甚至$_2$)的历史演变,词义逐渐虚化,直至现代汉语中,"甚至"已经不再有词组和副词的用法,完全用作连词了。①

早晚

本义是先和后,早和迟,《韩非子·难二》:"举事慎阴阳之和,种树节四时之适,无早晚之失,寒温之灾,则人多。"《三国志·魏志·王朗传》:"盖生育有早晚,所产有众寡也。"(413页)《齐民要术》卷一《收种》:"种杂者,禾则早晚不均,春复减而难熟。"都是并列结构的词组。大约从晋南北朝开始,词义产生了变化,固化为词,义为何时,几时。《淳化阁帖》卷一○晋王献之《书》:"不知早晚至?当随至郡。深相望。"《洛阳伽蓝记》卷四《城西·白马寺》:"时亦有洛阳人赵法和请占'早晚当有爵否'?宝公曰:'大竹箭,不须

---

① 关于"甚至"的演变过程,参见方一新、姜兴鲁(2009:137)。

羽,东厢屋,急手作。'时不晓其意。"《颜氏家训·风操》:"尝有甲设谦席,请乙为宾,而旦于公庭见乙之子,问之曰:'尊侯早晚顾宅?'乙子称其父已往,时以为笑。"《太平广记》卷三九"刘晏"条(出《逸史》):"遂至一药铺,偶问,云:'常有三四老人,纱帽拄杖来取酒,饮讫即去,或兼觅药看,亦不多买。其亦非凡俗者。'刘公曰:'早晚当至?'"也可指时间、时候,名词。《太平广记》卷九五"洪昉禅师"条(出《纪闻》):"问其锁早晚,或云:毗婆师尸佛出世时,动则数千万年。""锁早晚"犹言锁铐的时间、戴枷锁的时间。

类似于这样,本来指称早和晚、先或后的时间,为专指的短语;后来则指何时、几时或时间,转为疑问代词、名词,泛指某个时间点,经过词汇化最终成词。又如:

友于

语出《书》"惟孝友于兄弟",由原来不在同一个语义平面转而指代兄弟。类似的演变在东汉魏晋南北朝文献中多见,又如"在原""习坎""志欲""支久""加诸"等。

在原

指兄弟。《诗·小雅·常棣》:"脊令在原,兄弟急难。""脊令",即鹡鸰,鸟名。"在原",在原野,介词短语;"急难",相急于患难。本来是用"脊令在原"起兴,喻兄弟之间关系密切,为患难而着急。①重新分析后,截取"在原"二字成词,经过词汇化,指代下句的"兄弟"。

南北朝以来,此类指称不为少见。南朝梁武帝萧衍《移檄京

---

① "脊令在原"一句,毛传云:"脊令,雝渠也。"郑玄笺:"雝渠,水鸟。而今在原,失其常处,则飞则鸣,求其类,天性也。犹兄弟之于急难。"

邑》：" 幕府荷眷前朝，义均休戚。上怀委付之重，下惟在原之痛，岂可卧薪引火，坐观倾覆！"萧统《答玄圃园讲颂令》："得书并所制讲颂，首尾可观，殊成佳作。……吾在原之意，甚用欣怿。"《北齐书·元坦传》："（元）树知之，泣谓坦曰：'……汝何肆其猜忌，忘在原之义，腰背虽伟，善无可称。'坦作色而去。"（383页）《资治通鉴·宋明帝泰始七年》："裴子野论曰：'夫噬虎之兽，知爱己子；搏狸之鸟，非护异巢。太宗保字螟蛉，剿拉同气，既迷在原之天属，未识父子之自然。'"（9册4161页）"迷在原之天属"，谓迷失兄弟之亲也。宋罗大经《鹤林玉露》卷三："建炎登极之诏曰：'……圣人何以加孝，朕每怀问寝之思；天子必有所尊，朕欲救在原之急。'"对这一类的演变，明代杨慎已作过归纳和阐释，他在《丹铅馀录》卷十四中说："文章有似歇后语处，如渊明诗：'再喜见友于。'杜诗：'友于皆挺拔。''野鸟山花吾友于。'《南史》：'到荩从武帝登楼赋诗，受诏即成。帝谓其祖溉曰：'荩实才子，却恐卿文章得无假手于贻厥乎？'又称兄弟为在原、天属，称故乡为维桑之里，称师曰在三之义，称子曰则百之祥，皆是类也。"

习坎

《易·坎》："《象》曰：'习坎'，重险也。'"初六：习坎，入于坎窞，凶。"习，通"袭"，重叠，重复。坎，险，险要。高亨《周易今注》："本卦乃二坎相重，是为'习坎'。习，重也；坎，险也。故曰：'习坎，重险也。'"本来是偏正结构，后来经过重新分析，"习坎"一语词汇化，连用成词，指险阻。晋庾阐《涉江赋》："邈天险之遐势，历习坎之重固。"张载《叙行赋》："兼习坎之重固，形东隘以要害。"《晋书·殷仲堪传》："是以李势初平，割此三郡，配隶益州，将欲重复上流，为习坎之防。"《梁书·张缵传》："美中流之冲要，因习坎以守固；既因之而设险,又居之而务德。"宋王之道《次韵刘春卿书怀》诗:"此生那习坎,吾道已康屯。"

志欲

这是一个中古产生的新词。典出《战国策·齐策六》:"且安平君之与王也,君臣无礼而上下无别,且其志欲为不善,内牧百姓,循抚其心,振穷补不足,布德于民;外怀戎翟、天下之贤士,阴结诸侯之雄俊豪英,其志欲有为也,愿王之察之。"《史记·仲尼弟子列传》:"子贡曰:'今者吾说吴王以救鲁伐齐,其志欲之而畏越。'"(2198页)"且其志欲为不善""其志欲有为也"两句的属读关系是"且/其志/欲为/不善""其志/欲/有为/也",《史记》一例亦同,显然,"志"和"欲"不在同一个句法层次上。但由于"志"有欲、想要义(如:《抱朴子内篇·黄白》:"及欲为道,志求长生者,复兼商贾,不敦信让。"《后汉书·董卓传》:"越骑校尉汝南伍孚忿卓凶毒,志手刃之,乃朝服怀佩刀以见卓。"[1]),加之"志"和"欲"在线性语序上紧密相邻,经过重新分析,后来就产生了"志欲"一词,义为欲、想要,如:[2]《三国志·魏志·陈思王植传》:"志欲自效于明时,立功于圣世。"(567页)《后汉书·冯绲传》:"绲疑诏文有异,止焕曰:'大人在州,志欲去恶,实无它故,必是凶人妄诈,规肆奸毒。愿以事自上,甘罪无晚。'"(1280页)《古小说钩沉》辑《录异传》(出《太平广记》卷三一六):"南山有鸟,北山张罗。志欲从君,谗言孔多。"[3]

---

[1] 关于"志"有欲义,参看刘百顺(1993:38—40)。
[2] "志欲"又有欲望、欲念义,名词。《南史·王晏传》:"晏性浮动,志欲无厌,自谓旦夕开府。"(658页)
[3] 董秀芳(2002:273—292)把此类词汇化现象归结为"跨层结构形成的双音词"。

类似的有"来久"。

"来久"是中古新词,义为由来已久。①《史记》《汉书》多见"由来久矣"的说法。《史记·三王世家》:"是以形势强而王室安,自古至今,所由来久矣,非有异也。"(2114页)《汉书·刑法志》:"收之之道,所由来久矣。"(1104页)由于"来"和"久"在线性语序上紧挨着,经过重新分析,后来就凝缩形成了"来久"一词。《三国志·魏志·袁绍传》裴松之注引《献帝春秋》:"汉家君天下四百许年,恩泽深渥,兆民戴之来久。"(190页)《宋书·礼志二》:"吾本诸生家,传礼来久,何心一旦便易此情于所天。"(389页)《南齐书·州郡志上》:"颍川、汝阳,荒残来久,流民分散在谯、历二境。"(254页)唐李白《少年行》之三:"骄矜自言不可有,侠士堂中养来久。"余延寿《折杨柳》诗(《乐府诗集》卷二二):"大道连国门,东西种杨柳。葳蕤君不见,袅娜垂来久。"

类似的还有"加诸"。

《敦煌变文校注·燕子赋》:"雀儿夺宅,今见安居。所被伤损,亦不加诸。"(377页)《游仙窟》:"下官答曰:'向来承颜色,神气顿尽;又见清谈,心胆俱碎。岂敢在外谈说,妄事加诸!'""加诸"就是胡说、乱说,诬蔑他人。蒋礼鸿《敦煌变文字义通释》不满足于释义,进一步考证说:"这个词儿,是截取《论语》子贡'我不欲人之加诸我也,吾亦欲无加诸人'的话而成的,是当时的一种市语。"②考察了"加诸"一词的来源。

考察汉魏六朝文献,"加诸"一语多见,有沿用《论语》的用法,

---

① "来久"一词吴金华(1990:44—45)已作考释。
② 钱锺书认为《论语》之"加"为凌驾、欺凌义,段氏以为同《说文》义训乃误解。并云:"古人每曰'加诬',或曰'加增',皆言虚夸不信。"参看钱锺书(1986)《左传正义》第7则。

加,加上;诸,之(于),尚是短语。《汉书·王贡两龚鲍传序》:"久幽而不改其操,虽随、和何以加诸?"颜师古注:"诸,之也。"《后汉书·周举传》:"虽韩、彭、吴、贾之功,何以加诸?"后因"加"和"诸"线性排列,经过重新分析,"加诸"遂尔成词,产生了诋毁、诽谤义,《晋书·裴秀传》:"诏曰:'不能使人之不加诸我,此古人所难。'"《颜氏家训·风操》:"北人无何便尔话说,及相访问。如此之事,不可加于人也;人加诸己,则当避之。"《酉阳杂俎续集》卷四《贬误》:"予门吏陆畅,江东人,语多差误,轻薄者多加诸以为剧语。"《北史·高乾传》:"神武闻其与帝盟,亦恶之。乃封其前后密启以闻。帝对神武使诘乾,乾曰:'臣以身奉国,义尽忠贞。陛下既有异图,更言臣反复。以匹夫加诸,尚或难免;况人主推恶,何以逃命?所谓欲加之罪,其无辞乎!'"唐刘知几《史通·采撰》:"而魏收党附北朝,尤苦南国;承其诡妄,重以加诸。"清浦起龙《史通通释》在"重以加诸"句下注:"一作'重加诬语'。"可证"加诸"即污蔑、谤毁。"加诸"本谓加上,(在……基础上)增添。诋毁,诽谤,污蔑他人,是没有事实而捏造事实,属于"欲加之罪",当是由此演变而来。

三、词义演变和古人行文条例

古人行文,自有其一定的文例和规律。对此前代学者已经有专文、专著予以揭示,可以参考清王引之《经义述闻·通说》、俞樾《古书疑义举例》、近人黄侃《文心雕龙札记》、钱锺书《管锥编》等。在东汉魏晋南北朝时期,沿用前代文例,产生了一批新的词语,这些文例包括:

(一)大名冠小名

上古汉语有所谓"大名冠小名"之例,即大概念在前,小概念在后。与现在的语序正好相反。① 清代王引之《经义述闻》、俞樾《古书疑义举例》等已经揭举其例，包括"鱼鲔""鸟乌""草芥""禽犊""虫蝗"等。② 汉魏六朝沿而用之，并产生了新的用例。

女妓

歌舞妓，从事表演的女艺人。《广韵·纸韵》："妓，女乐。"《搜神后记》卷三："袁真在豫州，遣女妓纪陵送阿薛、阿郭、阿马三妓与桓宣武。"《南齐书·王晏传》："六年，敕位未登黄门郎，不得畜女妓。诩与射声校尉阴玄智坐畜妓免官，禁锢十年。"

水潦

洪水，大水。《说文·水部》："潦，雨水也。"晋张华《博物志》卷八："天道尚左，日月西移；地道尚右，水潦东流。"《南齐书·武十七王传·竟陵文宣王子良》载子良启："臣思水潦成患，良田沃壤，变为污泽。"(694页)

"女妓""水潦"二词，都属于古代"大名冠小名"的例子。所不同者，"女妓"（女伎）是中古以来产生的新词；"水潦"则是上古已有的旧词。可见，尽管上古"大名冠小名"的用法发展到汉魏六朝以后逐渐为"小名冠大名"所取代，但承古及创新的两类用例仍时时可见。

（二）并列结构反序词

俞樾《古书疑义举例》卷一"倒文协韵例"已抉发其例，如"士女"又作"女士"，"子孙"又作"孙子"等。中古时期仍有用例，这里举"父祖/祖父"一例。

---

① 试比较鸟乌（古代）—乌鸟（后代）、虫蝗（古代）—蝗虫（后代）。
② 参见王引之《经义述闻》卷十四"礼记上·蝗虫"条、俞樾《古书疑义举例》卷三"以大名冠小名"例。

父祖/祖父

《汉书·王莽传下》:"众兵发掘莽妻子父祖冢,烧其棺椁及九庙、明堂、辟雍,火照城中。"(4190页)《抱朴子内篇·至理》:"二君所以信天下之有仙者,盖各以其父祖及见卜成者成仙升天故耳。"(115页)"父祖",父亲祖父,父辈祖辈。

也可倒作"祖父"。《南齐书·高逸传·徐伯珍》:"徐伯珍,字文楚,东阳太末人也。祖、父并郡掾史。"(945页)又《魏房传》:"玄高道人有道术,晃使祈福七日七夜,佛狸梦其祖、父并怒,手刃向之曰:'汝何故信谗,欲害太子!'"(984页)《魏书·显祖纪》:"秋七月辛亥,诏诸有诈取爵位,罪特原之,削其爵职。其有祖、父假爵号货赇以正名者,不听继袭。"(126页)

"父祖""祖父"都是指父亲、祖父或父辈、祖辈,属于近义并列结构,故语序可顺可倒。

(三) 泛指变为特指

有一些原先是泛指的词语,在某些特定的场合,变成了特指。举一例:

彼人

原为"那人",但可专指某一人。"时鹦鹉已嫁怀远矣。劭惧,驰书告浚,并使报临贺主:'上若问嫁处,当言未有定所。'浚答书曰:'奉令,伏深惶怖,启此事多日,今始来问,当是有感发之者,未测源由耳。计临贺故当不应翻覆言语,自生寒热也。此姥由来挟两端,难可孤保,正尔自问临贺,冀得审实也。其若见问,当作依违答之。天兴先署佞人府位,不审监上当无此簿领耳。急宜犍之。殿下已见王未?宜依此具令严自躬上启闻。彼人若为不已,正可促其余命,或是大庆之渐。'凡劭、浚相与书疏类如此,所言皆为名号,谓上为'彼人',或以为'其人';以太尉江夏王义恭为'佞人';东阳主第在西掖门外,故云'南第',王即鹦鹉姓,躬上启闻者,令道育上天白天神也。"(《宋书·二凶传·刘劭》,2425页)在这段文字中,"彼人"("其人")指刘劭的弟弟、宋孝武帝刘骏,是专指某一人的用法。

第二节　考察词义演变的历史轨迹——历时研究

本节讨论中古近代汉语词汇和上古汉语词汇之间的关系。如前所述,上古汉语是中古、近代汉语的源头,那么,到了中古、近代汉语时期,其词汇和上古汉语词汇有什么关系呢?换句话说,在"词如何改变意义"这一问题上,从历时研究的角度看,中古、近代汉语词汇研究与上古、现代词汇究竟有什么联系和区别呢?以下,我们从义位的角度出发,[①]来考察词汇的历时演变。

从词汇发展史来看,中古、近代汉语词汇在汉语词汇发展中处于承上启下的位置:往上溯,是上古汉语词汇,往下探,是现代汉语词汇,溯源探流的结果是,可以分为这样几种情况:①义位的保留;②义位的增加;③义位的减少;④义位的转移或易位。综合起来看,词的义位所产生的这些变化都属于传统所说的词义的引申。

一、义位的保留

语言是有继承性的,语言的词汇当然也不例外。后代词汇总

---

① 蒋绍愚(1989b:38)指出:"在讨论词义的发展变化和同义词、反义词等问题时,都不能笼统地以词为单位,而要以义位为单位。……这样的区分,有助于消除传统训诂学中的一些模糊、不精确之处。"这个意见是正确的。

是在继承前代词汇的基础上有所发展。因此,在中古、近代汉语作品中,不难发现,许多上古、中古产生的词语,到后代仍然沿用,词性、词义都没有变化;也就是说,这些词语的义位在后代得到了保留。

(一)上古义位的保留

这方面的例子,除了"人""马""猪""狗""天""地""日""月"等基本词外,还有很多,举二例以见一斑。

禽荒

沉迷于田猎,荒废于打猎。先秦已见。《国语·越语下》:"吾年既少,未有恒常,出则禽荒,入则酒荒。"《书·五子之歌》:"内作色荒,外作禽荒。"蔡沈集传:"禽荒,耽游畋也;荒者,迷乱之谓。"中古以后仍然沿用,如:唐魏知古《从猎渭川献诗》诗:"尝闻夏太康,五弟训禽荒。"《风云会》第四折【甜水令】:"据着你外作禽荒,内贪淫欲,滔天之罪,理合法更凌迟。"《警世通言·崔衙内白鹞招妖》:"自从姚、宋二相死,杨国忠、李林甫为相,教玄宗生出四件病来:内作色荒,外作禽荒,耽酒嗜音,峻宇雕墙。"显然都是用先秦的语义。《汉语大词典》该条下从《尚书》、《国语》、马王堆汉墓帛书《经法》之后径直举明代李东阳《孝宗皇帝挽歌词》,跨度过大,缺了当中的例子。

鞅掌

繁多,忙乱。见于《诗经·小雅·北山》:"或栖迟偃仰,或王事鞅掌。"汉毛亨传:"鞅掌,失容也。"郑玄笺:"鞅,犹何也;掌,谓捧之也。负何捧持以趋走,言促遽也。"唐孔颖达疏:"今俗语以职烦为鞅掌,其言盖出于此《传》也。""鞅掌"盖联绵词,郑笺分释,恐未确。中古也见此词,如:《抱朴子内篇·释滞》:"一世不过有数仙人,何能有损人物之鞅掌乎?"(153页)又《辨问》:"其事则鞅掌罔极,穷年无已,亦焉能闭聪掩明,内视反听,呼吸导引,长斋久洁……?"(224页)《世说新语·俭啬》第3则:"契疏鞅掌,每与夫人烛下散筹算计。"(466页)近代汉语也沿用。宋孙光宪《北梦琐言》卷一一:"唐李璧尚书出镇东川,有律僧临坛度人,四方受具者奔走师仰,檀施云集,由是鞅掌。"(89页)

这两例中,"禽荒"原先是一个词组,实际上是"因禽(打猎)而荒废"的意思,后代沿而用之,遂成了典故或固定词语。"鞅掌"则始终是个形容词。

(二) 中古义位的保留

中古时期产生的义位得以在近代汉语时期保留,这方面的例子也很多,现就名词、动词和形容词各举数例。

朝来

中古时有两义:一为早晨义,(此义参见吴金华1994:197) 如:《世说新语·简傲》第13则:"王子猷作桓车骑参军。桓谓王曰:'卿在府久,比当相料理。'初不答,直高视,以手版拄颊云:'西山朝来,致有爽气。'"(415页)《太平御览》卷六九八引《俗说》:"剧方回数出南射堂射,刘往市卖屝,路经射堂边过。人无不看射,刘过,初不回顾。方回异之,遣问信,答云:'老母朝来未得食,至市货屝,不得展诣。'"(3117页b)"朝来未食"是说早晨还没吃饭。一为刚才、先前义,如:旧题三国吴康僧会译《旧杂譬喻经》卷下:"王曰:'听我言。朝来于城门中,逢一道人从我丐。我言"止殿上,待还"。'"(4/517/b)《搜神记》卷一八"树神黄祖"条:"时久旱,长老共相谓曰:'彼树常有黄气,或有神灵,可以祈雨。'因以酒脯往。亭中有寡妇李宪者,夜起,室中忽见一妇人,著绣衣,自称曰:'我树神黄祖也,

能兴云雨。以汝性洁,佐汝为生。朝来父老皆欲祈雨,吾已求之于帝,明日日中大雨。'"(217页)

近代汉语中此词保留了这两个义位。有早晨义,如:《太平广记》卷一八"柳归舜"条(出《续玄怪录》):"三十娘子使阿春传语郎君:贫居僻远,劳此检校,不知朝来食否?请垂略坐,以具蔬馔。"(123页)也有刚才、先前义,如:《游仙窟》:"五嫂曰:'娘子向来频盼少府,若非情想有所交通,何因眼脉朝来顿引?'"(《唐五代卷》8页)前说"向来",后说"朝来",可见"朝来"和"向来"同义,谓方才、刚才。《敦煌变文集·搜神记》:"南边坐人语北边坐人曰:'凡吃人一食,惭人一色,吃人两食,与人著力。朝来饮他酒脯,岂可能活取此人?'"(868页)此事据《搜神记》管辂设计救颜超一事改写,"朝来饮他酒脯"一句今本《搜神记》卷三"管辂(二)"条作"适来饮他酒脯",可证"朝来"与"适来"同义。①

寿算

指寿命。"算"从中古起就有寿命义,《太平经》卷九〇:"年竟算尽,此比若日出自有入也。"(341页)"寿算"属于同义连文。"寿算"连言已见于东汉典籍。东汉昙果共康孟详译《中本起经》卷下《须达品》:"梵志寿算,终于夜半。"(4/156/c)此义近代汉语中屡见不鲜。如:《太平广记》卷六七"崔少玄"条(出《少玄本传》):"后二年,谓陲曰:'少玄之父,寿算止于二月十七日。某虽神仙中人,生于人世,为有抚养之恩,若不救之,枉其报矣。'"(415页)《邯郸记》二十九出:"采战采战,我也则是图些寿算。"《二刻拍案惊奇》第16卷:"可检他寿算。"《水浒传》第90回:"愿今斋主身心安乐,寿算延

---

① "朝来"一词《汉语大词典》已经收释,但只有"早晨"一义,失收"刚才、先前"义。

长,日转千阶,名垂万载!"(1469页)

屈

请,邀请。(参见蒋礼鸿1997:266)中古已见。《世说新语·方正》第62则刘注引宋明帝《文章志》:"太元中,新宫成,议者欲屈王献之题榜,以为万代宝。"(191页)《高僧传》卷七《释僧苞》:"时王弘、范泰闻苞论议,叹其才思,请与交言,仍屈住祇洹寺,开讲众经,法化相续。"(271页)近代汉语作品中,这一用法也多见:五代静、筠《祖堂集》卷三《一宿觉和尚》:"弟姊两人隔帘见其老宿,姊却向弟曰:'屈老宿归房里吃茶,还得也无?'"(《唐五代卷》466页)《醒世恒言·陈多寿生死夫妻》:"正有句话,要与三老讲,屈三老到寒舍一行。"

将谓

以为,认为。六朝习语,中古习见。近代汉语作品中,此词仍然常用:唐圆仁《入唐求法巡礼行记》卷四:"又相喜云:'前从此发去已后,至今不得消息,心里将谓早归本国。'"(《唐五代卷》166页)《祖堂集》卷一四《石巩和尚》:"三平和尚参师,师架起弓箭,叫云:'看箭!'三平擗开胸受,师便抛下弓箭云:'三十年在者里,今日射得半个圣人。'三平住持后云:'登时将谓得便宜,如今看却输便宜。'"五代静、筠《祖堂集》卷七《岩头和尚》:"大彦叹曰:'我将谓天下无人,元来有老大虫在。'"(《唐五代卷》517页)

争口

争吵,吵架。南朝白话作品已见此词。《文选·任昉〈奏弹刘整〉》:"整语采音:'其道汝偷车校具,汝何不进里骂之?'既进,争口,举手误查范臂。"到近代汉语时期,"争口"一词继续沿用,如:元杨梓《敬德不伏老》第一折【鹊踏枝】白:"主宴大人,尉迟恭争口,打下我两个门牙。"《水浒传》第7回:"京师人惧怕他权势,谁敢与他

争口,叫他做花花太岁。"(113页)

了了

中古时期,此词有三义:①聪慧,颖悟。《世说新语·言语》第3则刘注引《融别传》:"太中大夫陈韪后至,同坐以告,韪曰:'人小时了了者,长大未必能奇。'"(31页)《魏书·房法寿传》:"崇吉从父弟三益,字敬安,于南阳内附。高祖与语,善之,曰:'三益了了,殊不恶。'"(975页)②清楚,明白。《抱朴子内篇·祛惑》:"于时闻诞此言了了,多信之者。"(350页)《后汉书·五行志五》南朝梁刘昭注引《博物记》:"魏郭后爱念之,录置宫内,常在左右。问汉时宫中事,说之了了,皆有次绪。"(3349页)③光鲜,英俊。(此义当由第一义引申而来,盖神与形可以是统一的)《法苑珠林》卷七五引《幽明录》:"复有一年少,年可十三四,甚了了,乘新车。"

以上数义中,至少前两义在近代汉语作品中都可以见到,如:《太平广记》卷一一〇"吕㻛"条(出《法苑珠林》):"须臾,有火光来岸,如人捉炬者,照见溪中了了。"(754页)《神会语录·南阳和上顿教解脱禅门直了性坛语》:"知识自身中有佛性,未能了了见。"(《唐五代卷》40页)五代静、筠《祖堂集》卷四《丹霞和尚》:"用时无处复无踪,行住相随常了了。"(同上,481页)"了了"都是分明、清楚的意思。

词如此,词组也一样,有沿用六朝用法至近代汉语作品的,如:

长物

犹言多余之物,"长"音zhàng。典出《世说新语·德行》第44则王恭所云:"丈人不悉恭,恭作人无长物。"(27页)唐宋以后,仍然沿用。唐白居易《把酒》诗:"朝餐不过饱,五鼎徒为尔。夕寝止求安,一衾而已矣。此外皆长物,于我云相似。"宋罗大经《鹤林玉露》丙编卷四"诚斋夫人"条:"东山月俸,分以奉母。夫人忽小疾,既愈,出所积券,曰:'此长物也。自吾积此,意不乐,果致疾。'"(309页)经过历时演变和词汇化途径,"长物"后来也已成词。

二、义位的增加

从这一小节开始,拟讨论义位有所变化的一类词语。即上古产生的义位,到中古、近代汉语时期发生了变化;中古产生的义位,到近代汉语时期发生了变化。先讨论义位的增加。

(一)上古义位,到中古、近代汉语时期有所增加

怪

从中古起,产生了愠怒、不悦义,如《抱朴子内篇·祛惑》:"吾告秦始皇,言此鼎是神物也。有德则自出,无道则沦亡。君但修己,此必自来,不可以力致也。始皇当时大有怪吾之色,而牵之果不得出也。"(348页)《世说新语·方正》第50则:"尝听记,(刘)简都无言。宣武问:'刘东曹何以不下意?'答曰:'会不能用。'宣武亦无怪色。"(186页)《南史·齐高帝诸子传下·武陵昭王晔》:"上仍呼使射,屡发命中,顾四坐曰:'手何如?'上神色甚怪。巕曰:'阿五常日不尔,今可谓仰藉天威。'帝意乃释。"(1082页)近代汉语时期,"怪"的这一义位仍然得到保留,《太平广记》卷二二一"张囧藏"条(出《定命录》):"则天向士廉说之,士廉云:'敬言甚无景行,臣曾嗔责伊,乃不认臣。'则天怪怒,乃出为果州刺史。"

温克

从先秦以来,指喝酒的时候能够做到温和谦敬,保持常态。《诗·小雅·小宛》:"人之齐圣,饮酒温克。"郑玄笺:"饮酒虽醉,犹能温藉自持以胜。""温藉自持"就是温和谦敬,有所节制。这一义位汉魏六朝至唐宋时期仍然沿用,如:《世说新语·文学》第1则刘注引《(郑)玄别传》:"会者三百余人,皆离席奉觞,自旦及暮,度玄

饮三百余杯,而温克之容,终日无怠。"宋孙光宪《北梦琐言》卷一六:"饮酣,梁祖曰:'押衙能饮一盘器物乎?'(潘)岻曰:'不敢。'乃簇在席器皿,次第注酌,岻并饮之。岻愈温克。"(115页)也指有能够温和畅饮的酒量,如:《三国志·魏志·管辂传》裴注引《辂别传》:"景春与辂别,戒以二事,言:'卿性乐酒,量虽温克,然不可保,宁当节之。'"(818页)"量虽温克"几句是说尽管管辂有能够温和畅饮(温克而饮)的酒量,但也不应该凭此本领多喝酒,应该节制。

从"喝酒的时候能够做到温和克制,保持常态"这一义位引申,指能以温柔恭谨的性格自持,词义有所转变。如:唐高彦休《唐阙史·丁约剑解》:"有侄曰子威,年及弱冠,聪明温克。"《西厢记》二本一折【寄生草】:"他脸儿清秀身儿俊,性儿温克情儿顺,不由人口儿里作念心儿里印。"《警世通言·杜十娘怒沉百宝箱》:"公子性本温克,词气愈和。"

不省

两汉时期的"不省"是一个多义词,有不明白、不领悟、不听从、不思量、不知道等义,如:《史记·留侯世家》:"良数以《太公兵法》说沛公,沛公善之,常用其策。良为他人言,皆不省。"(2036页)"不省"犹言不懂,不领悟。《汉书·萧望之传》:"恭、显奏'望之、堪、更生朋党相称举……请谒者召致廷尉。'时上初即位,不省'谒者召致廷尉'为下狱也,可其奏。"(3286页)"不省"就是不知。《后汉书·杨震传》:"帝发怒,遂收考诏狱,结以罔上不道。震复上疏救之曰:'……乞为亏除,全腾之命,以诱刍荛舆人之言。'帝不省,腾竟伏尸都市。"(1766页)"不省"就是不听从。

而到近代汉语作品中则有糊涂义:元关汉卿《诈妮子调风月》第三折宾白:"(云)我救这蛾儿。(做起身挑灯蛾科)哎,蛾儿!俺两个大刚来不省呵!""大刚来不省"意谓全都糊涂,"不省"是糊涂的意思。"不省"由不明白、不领悟、不思量发展到糊涂,其引申的线索是很清楚的。

披靡

汉代已见,有两义:一是形容草木倒伏,司马相如《上林赋》:"应风披靡,吐芳扬烈。"一谓退避,逃散。《史记·项羽本纪》:"于是项王大呼驰下,汉军皆披靡。"(334页)中古以来仍沿其用,以描写突破重围,以少胜多的战斗场面为习见。《三国志·魏志·张辽传》:"辽复还突围,拔出余众。(孙)权人马皆披靡,无敢当者。"(107页)《全唐诗》卷一六八李白《述德兼陈情上哥舒大夫》:"丈夫立身有如此,一呼三军皆披靡。"清王士禛《池北偶谈》卷二〇《谈异一》:"会流贼乱,每步战杀贼,贼皆披靡,以积功至参将。"(488页)由此引申又可喻指溃败。《魏书·慕容白曜传》:"我皇魏重光累叶,德怀无外,军威所拂,无不披靡。"(1118页)

而从中古以来,也引申出一些新的含义和用法。①分散。唐高适《奉和鹘赋》:"翻决烈以电掣,皆披靡而星分。""披靡"形容"星分"的样子。②形容破碎貌。《五灯会元》卷一九《五祖表自禅师》:"祖将归寂,遗言郡守,守命嗣其席,衲子四至不可遏。师榜侍者门曰:'东山有三句,若人道得,即挂搭。'衲子皆披靡。"(1268页)"披靡"似是破碎之义。③犹言倾倒、征服。《唐语林》卷四《豪爽》:"李相绅督大梁日,闻镇海军进健卒四人,一曰富仓龙,二曰沈万石,三曰冯五千,四曰钱子涛,悉能拔橛角觝之戏。……又令试觝戏,仓龙等亦不利。独五千胜之,十万之众,为之披靡。"(124页)"披靡"犹言倾倒,言十万大军都为冯五千的英勇豪迈所倾倒、征服。显然,"倾倒"义是从形容草木倒伏貌一义而来,"分散"和"破碎貌"则由退避、逃散义而来。用图表示，即：

形容草木倒伏→ { 退避，逃散→喻指溃败→ { 分散 / 破碎貌 } / 倾倒，征服 }

"温克""不省""披靡"几个词语都来自先秦或秦汉，后代产生出了新的意义，但新义和旧义之间有着一定的联系，属于引申关系。

（二）中古义位，到近代汉语时期有所增加

儿

中古时有"人"这一义位，如"可儿"。① 近代汉语中这个义位仍然使用：唐修睦《题田道者院》诗："入门空寂寂，真个出家儿。"《古今小说·宋四公大闹禁魂张》："众人不奈烦，入他房里看时，只见缚着一个老儿。"（《宋代卷》483页）又："方才举盏，只见外面踱个老儿入来。"（同上，497页）"老儿"就是老人。②

近代汉语中又产生了新的义位——妇女自称。唐郑棨《开天传信记》："又有妇人投状争猫儿，状云：'若是儿（按：指雄性）猫，即是儿（按：犹言我，妇人自称）猫；若不是儿猫，即不是儿猫。'"这段文字中，因为"雄性"和"妇女自称"写成汉字都作"儿"，故如果不作交代，则会使读者丈二和尚摸不着头脑。《张协状元》三十出："（净白）幸得儿夫作状元。"（《宋代卷》581页）

---

① "人"有"儿"义，宋人笔记已经指出。如陆游云："晋语儿、人二字通用。《世说新语》载桓温行经王大将军墓，望之曰：'可儿，可儿。'盖谓'可人'为'可儿'也。"见陆游《老学庵笔记》卷六。

② 以"老儿"指老人，犹言"老头"，可能在语意色彩上与"老人"微异，比后者稍稍随便简慢一些。

弟子

中古时有二个义位：一为门徒，学生。《世说新语·文学》第1则："郑玄在马融门下，三年不得相见，高足弟子传授而已。"（103页）一为世俗之人对佛教徒的自称。《世说新语·文学》第64则："提婆讲竟，东亭问法冈道人曰：'弟子都未解，阿弥那得已解？'"（134页）近代作品除了此二义继续沿用外，还产生了新义：元《酷寒亭》一【混江龙】："每日价卧柳眠花，恋着那送旧迎新泼弟子，全不想生男育女旧娇娃。"《史弘肇龙虎君臣会》："自好了，因去瓦里看，杀了构栏里的弟子，连夜逃走。"（《近代汉语读本》193页）"弟子"者，妓女也。又有"弟子孩儿"，是骂人的话，犹今言婊子养的。《秋胡戏妻》四【新水令】白："这弟子孩儿无礼也，他桑园里逗引我，见我不肯，他公然赶到我家里来也。"

迷闷

"迷闷"一词中古时为昏迷、失去知觉义，如：《禅秘要法经》卷上："有摩尼珠，以十四丝系悬在虚空，时彼毒蛇，仰口吸珠，了不能得，失舍蹙地，迷闷无知。"《菩萨念佛三昧经》卷一《不空见本事品》："迷闷失心，无所觉省，若睹世尊，于一念顷。"《水经注·溱水》："王歆《始兴记》曰：'林水源里有室，室前盘石上，列罗十瓮，中悉是饼银，采伐遇之，不得取，取必迷闷。'"后又引申出昏乱、颠狂义。《经律异相》卷四七引《杂阿含经》："时鼠子出，疾取吞之，鼠子身小，生入腹中，食其内藏，猫狸迷闷，东西狂走，遂至于死。"《高僧传》卷二《鸠摩罗什》："时温宿有一道士，神辩英秀，振名诸国，手击王鼓而自誓言：论胜我者，斩首谢之。什既至，以二义相检，即迷闷自失，稽首归依。"

唐宋以后，又产生出迷茫、糊涂义。唐无名氏《补江总白猿传》:"出门山险,咫尺迷闷,不可寻逐。"《五灯会元》卷二《六祖大鉴禅师旁出法嗣·菏泽神会禅师》:"先顿而后渐,先渐而后顿。不悟顿渐人,心里常迷闷。"

三、义位的减少

(一)上古时期的义位,到中古、近代汉语时期有所减少

所谓上古义位的减少,是指上古的某些义位,到中古、近代汉语时期用例逐渐减少,除了少数仿古作品外,其义位渐趋消失。举"劝""从容"二例。

劝

《说文解字·力部》:"劝,勉也。"本义是勉励、奖励。《庄子·逍遥游》:"且举世而誉之而不加劝,举世而非之而不加沮。"这一用法六朝仍然沿用,如《世说新语·政事》第 16 则刘注引《晋阳秋》:"(陶)侃练核庶事,勤务稼穑,虽戎陈武士,皆劝厉之。""劝"在《世说新语》中一共出现 51 次,共有三义,即:①劝说,44 次;②勉励、奖励,6 次;③职官名,1 次(劝学从事)。在表示勉励、奖励义中,2 例为单用的例子,是刘孝标注分别引《庄子》《汉书》中的语句。4 例为复合词,分别为"劝厉"2 例、"督劝""劝勉"各 1 例。这表明,到了魏晋以后,"劝"表勉励、奖励的用例大大减少,而表示劝说的用例大大增加;不仅如此,在表示勉励、奖励义的用例中,单用的用例已经大大减少,取而代之的是通过复合词的形式保留下勉励、奖励义的,也就是说,"劝"表示勉励、奖励义已经弱化,发生了很大的变化。详见下表:

	总数	勉励	百分比%	劝说	百分比%	职官名	百分比%
庄子	11	11	100	0	0	0	0
史记	48	17	35	31	65	0	0
论衡	21	18	86	3	14	0	0

续表

生经	37	0	0	37	100	0	0
世说新语	51	6	12	44	86	1	2
佛本行集经	48	1	2	47	98	0	0
敦煌变文集	119	6	5	113	95	0	0

从上表可以看出:"劝"的"勉励、奖励"义的用例整体上呈现出减少的趋势,而其"劝说"义则呈现出增多的趋势,说明到中古以后,除了仿古的作品外,"劝"的"勉励、奖励"义位的用例呈逐渐减少之势,乃至消失。①

从容

是一个联绵词。此词在古书中有舒缓、不慌不忙义,容易理解,因为现代汉语还用。但它在上古还有一个义位——举动,作名词用,却往往不为人所知。《楚辞·九章·抽思》:"理弱而媒不通兮,尚不知余之从容。"《礼记·缁衣》:"长民者衣服不二,从容有常。""从容"都当"举动"讲。"从容"此义六朝仍有沿用,晋傅毅《舞赋》:"形态和,神意协,从容得,志不劫。"但已经不多见了。唐人对此已经不甚了然,《礼记·中庸》:"诚者不勉而中,不思而得,从容中道,圣人也。"孔颖达疏:"从容闲暇而自中乎道。"《后汉书》卷二八上《冯衍传》载衍《显志赋》:"既俶傥而高引兮,愿观其从容。"李贤注:"从容,犹在后也。"孔颖达、李贤是唐代著名的古书注释家,但他们的解释都不够准确。②

---

① 当然,"劝"的"勉励、奖励"义一直到明清仍可见到,如清王夫之《读通鉴论·汉文帝八》:"抑末以劝耕,奖朴而禁奸。"这类用例似可视为文言中的仿古用法。
② 《楚辞·九章·怀沙》:"重华不可遻兮,孰知余之从容。"王逸注:"从容,举动也。"《广雅·释训》:"从容,举动也。"都已经解释了"从容"的这一古义。参看王念孙《广雅疏证·释训》"从容,举动也"条。

(二) 中古时期的义位，到近代汉语时期用例所减少，渐趋消失

和前面一样，所谓中古时期的义位的减少，是指中古的某些义位，到近代汉语时期已然不用；或者用例逐渐减少，渐趋消失。举"换""戢"二词为例：

换

中古有借、借贷义。《后汉书·孝桓帝纪》："又换王侯租以助军粮，出濯龙中藏钱还之。"(311页)《南齐书·明帝纪》："逋租宿责，换负官物，在建武元年以前，悉原除。"(85页)唐代以后，"换"的这一义位已经逐渐消失，如晚唐五代至北宋之间的《敦煌变文集》出现"换"24例，有"交换""变易""伴换"(陪伴)等义，未见"借贷"义用例。《旧唐书》《新唐书》分别出现77例、41例"换"，也都未见"借贷"义用例。

戢

中古有记忆、记住义。见于小说、佛经、史书等。《贤愚经》卷六《富那奇缘品》："富那奇曰：'世尊当知：正使彼人毁辱加害，莫断我命，犹戢其恩。'"《晋书·陆玩传》："玩既拜，有人诣之，索杯酒，泻置柱梁之间，咒曰：'当今乏材，以尔为柱石，莫倾人梁栋邪！'玩笑曰：'戢卿良箴。'"(2026页)唐宋以后，"戢"的记忆、记住义逐渐消失。根据之一：《旧唐书》有"戢"57例，《新唐书》39例，《旧五代史》14例(《新五代史》未见用例)，三部唐五代、北宋人编著的史书的百余例"戢"都是收敛、止息义或作人名，未见作记忆、记住解的用例。根据之二：《晋书·陆玩传》例，中华书局标点本《校勘记》："戢卿良箴《通志》一二八及《册府》八六七'戢'作'感'。"(2049页)《晋书》此例实本《世说新语·规箴》，《太平御览》卷一八七引

《世说新语》作"感卿良箴",同样把"戢"改成了"感",可见"戢"字此义到宋代已不为当时人所知,故《太平御览》《通志》和《册府元龟》都易"戢"为"感"。隋王通《元经》卷四:"冬十二月,司空陆玩薨。"唐薛收传:"玩既拜命,有人诣之,索杯酒,写梁柱间,祝曰:'当今乏材,以尔为柱石,莫倾人梁栋耶?'玩笑曰:'感卿良箴。'"是改《世说新语》"戢卿良箴"的"戢"为"感",始作俑者乃唐人。[①]

四、义位的转移或易位

(一)上古时期的义位,到中古、近代汉语作品中发生转移

消息

中古时有许多意思,见朱庆之《从魏晋佛典看中古"消息"词义的演变》和《佛典与中古汉语词汇研究》、竺家宁《"消息"补义》。但到近代,则又产生出新义,指一种机关,即"物体上装置的能使械件转动的枢纽"。"这是我国古代所创制的简单的半自动化机械,误踏之,就会被暗器所伤,因以比喻圈套、陷阱和阴谋。又名转关儿、暗器或泛子。"(参见顾学颉、王学奇 1990:71)元岳伯川《铁拐李》楔子【仙吕赏花时】:"火炕里消息我敢踏,油镬内钱财我敢拿。"《红楼梦》第41回:"原来是西洋机括,可以开合,不意刘姥姥乱摸之间,其力巧合,便撞开消息,掩过镜子,露出门来。"由此又引申指起关键作用的部件、事物。明宋应星《天工开物·穿经》:"丝过筘,则两指执定,足五七十筘,则绦结之。不乱之妙,消息全在交竹。"用于名词的"消息"和先秦、汉魏六朝的"消息"显然不是一回事,新义、旧义之间不具备引申的关系。[②]

[①] 此条蒙友生真大成博士惠告。
[②] 或以为名词"消息"和六朝时的动词"消息"不是一个词,像这类情况如何判断,值得考虑。

平人

秦汉时指身体健康之人,如《素问》卷五《平人气象论》:"黄帝问曰:'平人何如?'岐伯对曰:'人一呼脉再动,一吸脉亦再动,呼吸定息脉五动,闰以太息,命曰平人。平人者,不病也。"(259页)唐王冰注:"平人,谓气候平调之人。"又《太平经》中也见此词。后来的中古、近代汉语作品中则又产生了两义:①平民,百姓。《后汉书·皇甫规传》:"臣每惟贤等拥众四年,未有成功,悬师之费且百亿计,出于平人,回入奸吏。"(2129页)唐赵嘏《李先辈擢第东归有赠送》诗:"金榜前头无是非,平人分得一枝归。"本例大概是避唐太宗讳,改"平民"为"平人"。也说"平平人",《太平经》卷六七:"'真人前,凡平平人有几罪乎?''平平人不犯事,何罪过哉?'"(241页)②善良无辜之人。《敦煌变文校注·茶酒论》:"街中罗织平人,脊上少须十七!"(424页)元《对玉梳》二【滚绣球】:"这效鸾凤翠屏绣幙,是陷平人虎窟狼窝。"《清平山堂话本·杨温拦路虎传》:"这大伯是个作怪人,这员外也不是平人。"(《宋代卷》428页)又:"道:'我这浑家却在这北侃旧庄强人处,这大伯也不是平人!'"(同上,429页)"平人"指"身体健康之人"是古医籍习语,《素问》之外,后代医书也见。而中古、近代时期产生的两个新义都和此义没有关系。①《汉语大词典》"平人"条下列有五个义项:①平民百姓;②普通人,一般人;③无罪之人,良民;④地位相等的人;⑤无病之人。仅就罗列的顺序而言,看不出它们之间的关系。

---

① 或言"平"有"平和"与"平常"二义,身体好用"平和"义,平民用"平常"义,故有"平人",有"常人"。后来二义与本义是有联系的。

(二) 中古时期的义位,到近代汉语时期发生转移

拨置

中古是摆脱、甩开、丢开的意思,如《陶渊明集》卷三《还旧居》诗:"拨置且莫念,一觞聊可挥。"元汪元亨《雁儿落过得胜令·归隐》曲之三:"追思尊与鲈,拨置名和利。"近代汉语新产生了挑拨义,《水浒传》第41回:"你这厮在蔡九知府后堂,且会说黄道黑,拨置害人,无中生有。"明代杨铭《正统临戎录》:"后太监喜宁与忠勇伯把台说:'都是袁彬这厮每年纪小,想家里,拨置皇帝,将这厮每都杀了!'""拨置皇帝"就是挑拨皇帝。

不用

中古时期"不用"是不能,不许义,表示劝阻、禁止。到唐宋时期,"不用"产生了一个新义:谓不必,不须,表示劝止。唐圆仁《入唐求法巡礼行记》卷四:"余管内苦无异事,请安心歇息,不用忧烦。"(《唐五代卷》167页)《大唐三藏取经诗话》卷上:"猴行者曰:'我师不用前去,定是妖精。'"(《宋代卷》240页)(参见江蓝生、曹广顺1997:38)

定是

中古时意为乃是、却是、原来是。(参见汪维辉2000)《抱朴子内篇·仙药》:"猎者于终南山中,见一人无衣服,身生黑毛,猎人见之,欲逐取之,而其人逾坑越谷,有如飞腾,不可逮及。于是乃密伺候其所在,合围得之,定是妇人。"(207页)"定是妇人"言却是妇人。《梁书·到溉传》:"尝从高祖幸京口,登北顾楼赋诗,荩受诏便就,上览以示溉曰:'荩定是才子,翻恐卿从来文章假手于荩。'"(569页)《北齐书·杜弼传》:"诏问曰:'既言成宽成狭,何得非宽非狭?若定是狭,亦不能成宽。'"(348页)"定是"言原来是。近代

汉语中演变为一定是、必定是之义。如宋孙光宪《北梦琐言》卷一九:"刘岳与任赞偶语,见道行而复顾。赞曰:'新相回顾何也?'岳曰:'定是忘持《兔园册》来。'"(134页)《大唐三藏取经诗话》卷中:"猴行者曰:'我因八百岁时,偷吃十颗,被王母捉下,左肋判八百……至今肋下尚痛。我今定是不敢偷吃也。'"(《宋代卷》247页)《朱子语类·训门人》:"如人吃饭是自家肚饥,定是要吃。"(同上,301页)

类似这样的变化,在上古、中古、近代汉语作品中十分常见,不胜枚举。它们说明,词汇的历时演变是贯穿整个汉语发展的历史的,只有在对相关的各个时期的词汇作全面的考察和研究以后,才能探寻词义演变的轨迹,总结词义演变的规律。

第三节 沟通古今,探寻现代汉语词汇的来源——现实研究

"古"和"今"是两个相对的概念,这里所说的"古",指从先秦以至五四以前的历史时期,侧重于中古、近代汉语时期。"今"则指五四以后的现代汉语时期。中古、近代汉语词汇研究不仅和上古汉语词汇有着密切的联系,起到溯源探流的作用,贯通整个汉语词汇史研究;而且和现代汉语也有着密切的联系。许多现代汉语普通话和方言还使用的词语,其源头其实都可以上推到汉魏六朝或唐宋元明。因此,在继续加强上古汉语研究的基础上,深入开展中古、近代汉语研究,对了解现代汉语词汇的形成和发展是很有好处的。

一、一般词语

(一) 现代汉语和中古、近代汉语同形同义的词语

所谓"同形同义",是指词形相同,义位也相同的词语。如果是多义词,则是指主要义位或部分义位相同的词语。

1. 名词

内助

《现代汉语词典》:"〈书〉名指妻子:贤～。"(第5版989页)

中古时初见此词,本义是指妻室的帮助。① 《三国志·魏志·文德郭皇后传》:"在昔帝王之治天下,不惟外辅,亦有内助。"《隋书·后妃传·宣华夫人陈氏》:"晋王广之在藩也,阴有夺宗之计,规为内助,每致礼焉。"《旧五代史·唐书·后妃传·武皇帝贞简皇后曹氏》:"后亦恭谨内助,左右称之。"盖古代以"内"指称妻子,如"好内""惧内""内人"等,因称妻子相助为"内助"。

近代汉语中,此义也见沿用。如明于慎行《谷山笔麈》卷一五《杂记三》:"李克用、朱全忠皆草昧英雄,驱使一世,然皆有内助焉。克用夫人刘氏,闻汴城之变,神色不动,整军而行。全忠夫人张氏,严整多智。"(170页)由此引申为称妻子为"内助"。《苏轼集》卷八五《答钱济明三首》之三:"某忽闻公有闺门之戚,悲怆不已。贤淑令人久同忧患,乍失内助,哀痛何堪!"明徐霖《绣襦记·帮宦重

---

① "内助"还有内应义,《北史·宋游道传》:"兖州刺史李子贞在州贪暴,游道案之。文襄以贞预建义勋,意将含忍。游道疑陈元康为其内助,密启云云。"《三国演义》第32回:"谭依言,遂刻将军印二颗,暗送与二吕。二吕受讫,径将印来禀曹操。操大笑曰:'谭暗送印者,欲汝等为内助,待我破袁尚之后,就中取事耳。'"有内部帮助义,《欧阳修集》卷一○○《论学士不可令中书差除札子》:"臣伏思翰林之职,重于唐世,乃是天子亲信,朝夕谋议内助之臣,当时号为内相。"《汉语大词典》失收此二义。

媒》:"他感卿卿深爱护,为此特使我来,行聘求婚为内助。"也可称妾为"内助",《绣鞋记》第2回:"只因张家女子,情性温柔,举止端庄,你夫有意好逑,添为内助。"现代汉语中,则只保留了指称妻子的用法。

2. 动词

点头

《现代汉语词典》:"动头微微向下一动,表示允许、赞成、领会或打招呼。"(第5版305页)

唐圆仁《入唐求法巡礼行记》卷四记唐武宗曾下令追杀僧尼,拿他们的脑袋填坑,"检枢卜密奏云:'僧尼本是国家百姓,……请不用追入。请仰本司尽勒还俗,递归本贯,充入色役者。'皇帝点头,良久乃云:'依奏者。'"(《唐五代卷》158页)五代齐己《寄松江陆龟蒙处士》诗:"道在谁开口,诗成自点头。"

兑换

《现代汉语词典》:"动用证券换取现金或用一种货币换取另一种货币。"(第5版347页)

原指两种货币按一定比值交换,也泛指对换、交换。《古今小说·宋四公大闹禁魂张》:"小的在郑州经纪,见两个人把许多金珠在彼兑换,他说家里还藏得有。"(《宋代卷》498页)今"兑换"基本上是指两种货币的等值交换。①

---

① 在20世纪八九十年代的相当长的一段时期内,中国大陆有所谓"人民币兑换券",系指用外币换成的可在中国大陆流通的特殊的货币,用兑换券可购买当时用人民币还难以买到的免税商品,黑市上兑换券的比值也比人民币高很多。在商品经济还不发达的时期,起到了计划调控的作用,当然也带来了一些弊病。

3.形容词

托大

旧版、第5版《现代汉语词典》未收。

中古时是豁达、不为世事所牵系义,《世说新语·赏誉》第44则:"时人目庾中郎:善于托大,长于自藏。"刘孝标的注解中引《名士传》有"从容博畅,寄通而已"的评价,知道"托大"的意思是放达自适,不以礼法自拘,也就是豁达的意思。清卢存心《蜡谈》:"口吃而不语,可谓善于自藏;才拙而能行,宁非长于托大。"

唐宋以后"托大"产生了新的义位。一指妄自尊大:元无名氏《渔樵记》第三折:"他可不托大,不嫌贫。"二犹言马虎,大意:《张协状元》九出:"(生)我怎知初托大,两查一击浑身破。"(《宋代卷》524页)《三国演义》第70回:"虽然如此,未可托大,可使魏延助之。"

近代汉语中"托大"的新义位一直沿用到今天,如:《北京青年报》2000年10月15日第八版载文《金志扬说:千万别小看印尼》,点评2000年10月13日亚洲足球锦标赛上中韩、印科之战:"印尼逼和科威特,给正陶醉在追平韩国喜悦之中的中国队猛敲警钟……老金说:'科威特虽平犹败,他们太托大了,上来就轻视对手,老想玩儿似的就把印尼给赢了。'"杭州《都市快报》2000年10月20日第九版《争锋荷兰——曼联主场百年不败》:"下半时曼联踢得有些托大,盯防不严,直到第75分钟被客队的荷兰国脚范博梅尔一脚怒射洞穿巴特斯的十指关,方才如梦初醒。"

4.副词

从前

《现代汉语词典》:"名 时间词。过去的时候;以前。"(第5版228页)

原指"归属（依附）于前"，词组。《春秋·隐公元年》"元年春王正月"唐孔颖达疏："及其史官定策，虽有一统，不可半年从前，半年从后。"也可指"从前时（以来）……"，唐圆仁《入唐求法巡礼行记》卷四："寒食，从前已来，准式赐七日暇。"（《唐五代卷》157页）经过词汇化后成词，指以前，先前。唐李白《戏赠杜甫》诗："借问别来太瘦生，总为从前作诗苦。"唐圆仁《入唐求法巡礼行记》卷四："事须诸寺钟声未动已前各归本寺讫。又不许别寺宿。……从前不许午后出寺，今不许犯钟声。"（《唐五代卷》153页）《敦煌变文·破魔变文》："佛道：'汝今早合舍女身，只为从前障佛因。'"（同上，359页；《敦煌变文校注·破魔变》535页）"从前"就是以前，现代汉语仍然沿用。①

除了词外，也有一些词组和现代汉语的用法相同：

空手

《现代汉语词典》："动①手中没有拿东西。……②指身上没有携带东西。"（第5版780页）

早期是徒手、赤手义。如《汉书·广陵厉王刘胥传》："空手搏熊彘猛兽。"（2760页）后来演变出不带礼物、没有馈赠义。唐圆仁《入唐求法巡礼行记》卷三："更向西谷行一里许，到金刚窟，窟在谷边。西国僧佛陁波利空手来到山门，文殊现老人身，不许入山，更教往西国取佛顶尊胜陀罗尼经。"（《唐五代卷》131页）又："惟正从楚州归，到上都，得本国书二封、楞严院状一封、高上人书一封，刀子四柄，其付陶中金廿四小两，楚州译语刘慎言先已用尽，总不得而空手来。"（同上，145页）五代齐己《送欧阳秀才赴举》诗："莫疑

---

① 进一步看，前，原为动词，引申有方位名词义，表示前面、在前；转指时间，指以前、从前，属于隐喻，即从空间域投射到时间域后产生的变化。

空手去,无援取高科。"这些"空手"的含义和现代汉语相同。

不作声

《现代汉语词典》"不做声":"不出声;不说话。"(第 5 版 119 页)

不说话,不出声。《南齐书·王敬则传》:"(敬则)谓众曰:'卿诸人欲令我作何计?'莫敢先答。防阁丁兴怀曰:'官只应作耳。'敬则不作声。"(486 页)五代静、筠《祖堂集》卷十六《南泉和尚》:"道吾当时低头不作声。"(《唐五代卷》554 页)"不作声"的用法和现代汉语相同。《汉语大词典》本条举《老残游记》等为例,晚。

乡下人

《现代汉语词典》有"乡下"("〈口〉 名 乡村里",第 5 版 1483 页),无"乡下人"。

住在农村的人。《张协状元》二八出:"我是乡下人,都说不出。"(《宋代卷》577 页)《汉语大词典》举《儿女英雄传》等为例,晚。

(二)现代汉语和中古、近代汉语同形异义的词语

所谓"同形异义",是指词形相同、义位不同的词语。有的学者把这类词看作是词义的引申,也有学者把它看作是两个词。

1. 名词

情人

指感情深厚的友人、老友。南朝宋鲍照《玩月城西门廨中》诗:"回轩驻轻盖,留酌待情人。"唐王勃《山扉夜坐》诗:"抱琴开野室,携酒对情人。林塘花月下,别似一家春。"唐陈子昂《遇崔司议泰之冀侍御珪二使》:"凭轩一留醉,江海寄情人。"元朱希晦《寄周廷石》诗:"溪山只尺风尘隔,却忆情人会面疏。"

现代汉语中,则指恋人。此义盖肇端于六朝,《晋诗》卷一九

《清商曲辞·子夜四时歌·秋歌二》:"清露凝如玉,凉风中夜发。情人不还卧,冶游步明月。"《太平广记》卷一二九"杜嶷妾"条(出《广古今五行记》):"妾得其父书,倚帘读之,嶷外还,而妾自以新来,羞以此事闻嶷,因嚼吞之。嶷谓是情人所寄,遂命剖腹取书。"《旧唐书·音乐志二》:"歌云:'暂出白门前,杨柳可藏乌。欢作沉水香,侬作博山炉。'……《常林欢》,疑是宋梁间曲。……江南谓情人为欢。"

执照

此词首见于近代汉语,有两义:①官府所发的文字凭证。《元代白话碑集录·永寿吴山寺执照碑》:"重审得:前项地土并无违碍,合行给付本人执照。"②泛指凭据、证明。元无名氏《东平府》第四折:"吴学究云:'你可有甚执照那?'"《警世通言·万秀娘仇报山亭儿》:"'相烦你归去,说与我爹爹妈妈,教去下状,差人来捉这大字焦吉,十条龙苗忠和那陶铁僧。如今与你一个执照归去。'就身上解下一个刺绣香囊。"(《宋代卷》473页)

律师

原是佛教语,指称善解戒律的人。"律"就是佛教经、律、论的"律"。《大般涅槃经》卷三《金刚身品》:"如是能知佛法所作,善能解说,是名律师。"《高僧传》卷六《释慧远》:"乃命律师,令披卷寻文,得饮食不,卷未半而终。"(221页)五代静、筠《祖堂集》卷四《药山和尚》:"师曰:'经师自有经师在,论师自有论师在,律师自有律师在。'"(《唐五代卷》483页)

2.动词

以下所举"破除""交涉"等几个词是近代汉语时期才产生的词语。

破除

①除去，舍弃。唐韩愈《赠郑兵曹》诗："杯行到君莫停手，破除万事无过酒。"宋范成大《病中闻西园新花已茂及竹径皆成而海棠亦未过》诗："春虽与病无交涉，雨莫将花便破除。"②花费，耗费。唐圆仁《入唐求法巡礼行记》卷四："每行送，仰诸寺营办床席、毡毯、花幕结楼，铺设椀叠台盘椅子等，一度行送，每寺破除四五百贯钱不了。"（《唐五代卷》156页）《太平广记》卷三五二"巴川崔令"条（出《录异记》）："久之，空中大呼，自称大王，曰：'汝比有灾，值我雍溪兄弟非理，破除汝家活计，损失财物，作诸怪异，计汝必甚畏之。今已遣去矣。'"（2790页）

这两个义项中，第一义现代汉语还说，如"破除迷信"，但第二义已经不用了。

《汉语大词典》"破除"第二义为"花费；用尽"，首例举《二刻拍案惊奇》卷三九"众人收受（千钱），俱到酒店里破除了"。较晚。

交涉

牵涉，相关。五代静、筠《祖堂集》卷四《药山和尚》："师因石头垂语曰：'言语动用亦勿交涉。'师曰：'无言语动用，亦勿交涉。'"（《唐五代卷》484页）《碧岩录》："如今人多少错会，却去弄精魂，瞠眼睛云：'廓然无圣，且喜没交涉。'"（《宋代卷》49页）和今义有别。

《汉语大词典》"交涉"条收有"关系；牵涉"义，举前蜀贯休《闻无相道人顺世》诗为例。

3. 副词

第一

近代汉语中有务必、千万（不要）的意思，表示劝阻、祈使的语气。五代静、筠《祖堂集》卷四《石头和尚》："思和尚向师曰：'从今已后,第一不得行此事。你若行此事,是你正眼埋却也不难。'"(《唐五代卷》471页)又卷五《云嵒和尚》:"切嘱第一莫向舌头上取办,记他了事言语有什摩用处?"(同上,496页)《唐五代语言词典》93页举唐诗为例,如元稹《离思五首》诗之三:"第一莫嫌材地弱,些些纰缦最宜人。"

《汉语大词典》"第一"条收"①等第次序居首位或首位的"和"②形容程度最深;最重要"二义,未收此义。

不管

不得。和现代汉语义异。《刘知远诸宫调》:"有一事最大,救取夫人,不管分毫有损害。"(《宋代卷》368页)

《汉语大词典》"不管"条收有"不顾;不考虑"等四义,未收此义。

白干

宋元以来有徒然、平白无故义。《朱子语类》卷一〇六:"若是做守令,有可以白干沈滞底事,便是无头脑。须逐事上簿,逐事要了,才好。"《张协状元》二八出:"(净)白干骗了我三文。"(《宋代卷》578页)《五代史平话·周史平话上》:"走去他手中夺将剑来,白干地把那厮杀了。"和今义不同。①

特别要注意中古、近代汉语作品中和现代汉语词形相同而意思微殊的那一类,也就是张相所说"字面普通而义别"的那种。

不会

不懂得,不理解。《河南程氏遗书》:"今人不会读书。"(《宋代卷》45页)《碧岩录》:"如今人不会古人意,只管咬言嚼句,有甚了

---

① 《汉语大词典》"白干"条已收"平白无故"义,举《张协状元》例。

期?"(同上,54页)现代汉语"会"是能够做的意思,"不会"就是不能做。宋代的用法与此微异。

《汉语大词典》"不会"的第一义是"不领会;不知道",与此相近而有别。

再举两个词形相同而词义相异的例子——通知、成立。

通知

《史记·乐书》:"通一经之士不能独知其辞,皆集会'五经'家,相与共讲习读之,乃能通知其意。"(1177页)《汉书·平帝纪》:"征天下通知逸经、古记、天文、历算……至者数千人。"(359页)唐韩愈《张中丞传后叙》:"两家子弟材智下,不能通知二父志,以为巡死而远就戮,疑畏死而辞服于贼。"宋欧阳修《尹师鲁墓铭》:"博学强记,通知今古,长于《春秋》。"明许应元《杨金事墓铭》:"宜人许氏,余从姊也。……端静婉顺,能通知古贤妇人事,雅有慕尚。""通知"谓通晓,周遍地知道。与今义不同。

成立

晋李密《陈情表》:"臣少多疾病,九岁不行。零丁孤苦,至于成立。"唐韩愈《祭十二郎文》:"汝之子始十岁,吾之子始五岁,少而强者不可保,如此孩提者又可冀其成立邪?"清蒲松龄《聊斋志异·青凤》:"女乃喜曰:'妾少孤,依叔成立。'""成立",长大成人,词组,并非今义。

还有一些属于多义词。多义词的产生,有其特定的社会生活环境——主要是当时人们在日常交往中的需求决定的。人们在日常交往、生产学习的过程中,需要表达某些新的义位。这时,大约有创造新词和使用旧词两种方式。创造新词属于"无中生有",需要比较丰富的想象力。出于习惯和方便,更多的情况下可能会采用给旧词赋予新义的办法来解决。也就是说,当人们在使用旧词不足以表达他所要表达的意义时,他就会尝试着用旧词表示一个新的义位,于是就产生了新义。正如房德里耶斯(1920[1992:221—222])所说的那样:"我们也可以看到,一个词愈是频繁地用于不同的上下文,它的意义就愈有发生变化的危险。每一个新的上下文都会把人的心理引到新的方向,结果向他提示要创造一些新的意义。这样就成了我们所称的多义现象。"

口号

近代汉语中,"口号"有两义:①类似于现代的顺口溜。唐人作诗就常用此词。宋张世南《游宦纪闻》卷二:"唐庄宗时,有进六目龟者。敬新磨献口号云:'不要闹,不要闹,听取龟儿口号。六只眼耳睡一觉,抵别人三觉。'"(18页)宋吴曾《能改斋漫录》卷七《事实》"别分子将打徛头"条:"沈存中在延安作口号云:'别分子将打徛头。'"①(194页)②暗号。元无名氏《争报恩》第一折白:"小妳妳,休大惊小怪的,我有个口号儿,赤赤赤。"

姐夫

这是一个近代汉语时期产生的新词,有三义:①姐姐的丈夫。《金线池》第二折:"(梅香云):'姐姐,你休烦恼,姐夫好歹来家也!'"《争报恩》第一折:"(徐宁云):'恰才姐姐救了我的性命,又认我做兄弟,又与我一只金钗儿做盘缠。姐夫赵通判,姐姐李千娇,两个孩儿金郎、玉姐,便是印板儿也似印在我这心上。'"②岳父母称女婿。《黄粱梦》第二折:"老汉是高太尉家一个院公。有俺姐夫

---

① 宋吴曾《能改斋漫录》卷二《事始·口号》:"郭思《诗话》以口号之始,引杜甫《欢喜口号绝句十二首》,云:'观其辞语,殆似今通俗凯歌,军人所道之辞。'余按:梁简文帝已有《和卫尉新渝侯巡城口号》,不始于杜甫也。"(22页)《汉语大词典》"口号"条③指"打油诗、顺口溜或俗谚之类",举元乔吉《金钱记》第三折为例,当不补苴。

吕岩,做了征西大元帅,收捕反贼,去了一年。"《醒世恒言·十五贯》:"直到天明,丈人却来与女婿攀话,说道:'姐夫,你须不是这般算计。'"①③妓家称嫖客。《警世通言·玉堂春落难逢夫》:"鸨子举杯敬公子说:'王姐夫,我女儿与你成了夫妇,地久天长,凡家中事务,望乞扶持。'"清余怀《板桥杂记·雅游》:"(妓家)称客曰姐夫。"

抬举

始见于近代汉语作品。是一个多义词,有以下数义:①高举;举起。唐元稹《酬乐天赴江州路上见寄三首·高荷》:"亭亭自抬举,鼎鼎难藏擪。"宋陈自明《妇人大全良方》卷四:"四生圆:治血风骨节疼痛,抬举臂不起,行履不得,并浑身麻痹。"②犹振作。唐刘禹锡《酬郑州权舍人见寄十二韵》:"铩翮方抬举,危根易损伤。"③奖掖;提拔。唐白居易《晚春重到集贤院》诗:"虚薄至今惭旧职,院名抬举号为贤。"④扶持;照料。唐孙鲂《柳》诗之十:"不是和风为抬举,可能开眼向行人?"宋胡宏《和伯氏》诗:"华枝瘦日应抬举,草色回春莫划除。"元关汉卿《诈妮子调风月》第四折:"【甜水令】姐姐骨甜肉净,堪描堪塑。生得肌肤似凝酥。从小里梅香嬷嬷抬举。""抬举"是照料养育之义,与现代用法有异。⑤培育。

(三)现代汉语和中古、近代汉语仅有感情色彩差异的词语

除了上面两种情况外,还有一种是:中古和近代的词词形相同,义位也相近,仅仅有一些感情色彩方面的差异。

---

① 今山西稷山话仍管女婿叫"姐夫",读[ₛtɕ'iafu],敬称,不用于直接称呼,只限于非直系亲属和外人在叙述中使用。如:"他家早起迎姐夫哩!"参看陈庆延(1981)。

勾当

近代汉语、现代汉语都指事情,只不过近代汉语是中性词,而现代则是贬义词,多指坏事情。《古今小说·宋四公大闹禁魂张》:"常闻得捉贼的就做贼,不想王遵、马翰真个做下这般勾当!"(《宋代卷》499页)《孝经·仲尼居》:"子曰:先王有至德要道,以顺天下。"元贯云石《孝经直解》:"孔子说:'在先的圣人有至好的德、紧要的道理。以这个勾当顺治天下有,百姓每自然和顺有。'"《孝经·仲尼居》:"子曰:夫孝,德之本也,教之所由生也。"《孝经直解》:"孔子说:孝道的勾当是德行的根本有。教人的勾当先从这孝道里生出来。"引申有做事情的意思,转为动词。《敦煌曲子词·定风波》:"风湿伤寒脉紧沈,遍身虚汗似汤淋。此是三伤谁识别?情怯。有风有气有食结。时当五六日,言语惺惺精神出。勾当如同强健日。"[①]末句是说做事和平日健康时一样。

《汉语大词典》"勾当"条第二义即"事情",举例为《前汉书平话》卷下:"吾者久困淹滞,作为庶民,故来谒舅舅寻些小勾当。"

伎俩

近代汉语中是中性词,犹言本事。《碧岩录》:"被这老汉见透平生伎俩。"(《宋代卷》59页)《大慧普觉禅师书·答刘宝学》:"业识茫茫,无本可据,无实头伎俩收摄学者。"(同上,219页)现代汉语中是贬义词。

《汉语大词典》"伎俩"条收有"技能;本领""手段;花招"和"犹言狡诈"三义,其首义举三国魏刘劭《人物志·流业》:"盖人流之

[①] 《孝经直解》《敦煌曲子词·定风波》三例引自刘坚(1985[2005:259—260、24])。

业,十有二焉……有伎俩。"后二义当即由此引申而来。

(四)现代汉语方言词可以在中古、近代汉语中得到印证

还有这样的情况:有些词语,现代汉语普通话未见使用,但在现代汉语方言中却还保留着,例如:

人客

客人,宾客。唐杜甫《遣兴》诗:"问知人客姓,诵得老夫诗。"《朱子语类·训门人》:"人若于日间闲言语省得一两句,闲人客省见得一两人,也济事。若浑身都在闹场中,如何读得书? 人若逐日无事,有见成饭吃,用半日静坐,半日读书,如此一二年,何患不进!"(《宋代卷》271页)《清平山堂话本·杨温拦路虎传》:"路僻何曾人客到,山深时听杀人声。"(同上,429页)"人客""(吃)现成饭",均见于吴方言。《张协状元》二十四出:"好一对人客和主人!"(同上,567页)查考古籍后可知,"人客"在唐代时尚不是方言,当属通语,故杜甫诗中也用。后来变为南方一带的方言。据《汉语方言大词典》,现代方言中,"人客"一词表"客人"义,使用的范围还相当广泛,有西南官话、徽方言、湘方言、赣方言、客家话、粤语和闽语等。

角落头

角落里。《朱子语类·总训门人》:"须教他心里活动转得,若著在那角落头处。"(《宋代卷》310页)今吴方言仍说"角落头","角"读如"郭"。

《汉语大词典》有"角落"一词,未收本条。《世说新语·轻诋》第13则:"故不可在偏地居,轻在角䗍中,为人作议论。"(447页)《汉语大词典》收"角䗍",释为:"屋的角隅。比喻不重要的地位。"余嘉锡《世说新语笺疏》引李详曰:"《广韵》四觉:'䗍,屋角。'今人

谓屋隅为角䍃,当作此字。"清胡文英《吴下方言考》卷一〇:"案角䍃,墙根隐隙之地也。吴中谓门后暗地曰角䍃。"

相打

指(相互)打架。"相打"之"相",初始或系强调动作双方都有"打"的行为,后来经过词汇化,"相打"凝固成词,即指打架。旧题晋陶潜《搜神后记》卷八:"诸葛长民富贵后,常一月中辄十数夜眠中惊起跳踉,如与人相打。"唐慧超《往五天竺国传·一八、新头故罗国》:"不多饮酒,遍历五天,不见有醉人相打之者。"(56页)《张协状元》八出:"我是浙东路处州人。相搥相打,刺枪使棒,天下有名人。"(《宋代卷》519页)又:"下山去借一条棒,更相打一合。"(同上,521页)"相打"一词今吴方言、梅州客家话仍说。①

趁～/～趁

中古时有追逐、追赶义,引例已见前。"趁"一词在近代汉语作品也习见,如:宋苏轼《绝句诗》:"更烦赤脚长须老,来趁西风十幅蒲。"(袁文《瓮牖闲评》卷五,44页)明叶权《贤博编》:"清明时,天濛濛雨,一人张伞独行,俄一人来趁伞同行。少顷,两人互相疑,有伞者捽趁伞者河中,走,河中之人起,亦走。"(13页)《张协状元》四十九出:"戏蜂儿趁,粉蝶儿舞。"(《宋代卷》615页)唐宋以后除了追逐义外,又有赶路、赶集和挣、赚等用法,形成新义。《古今小说·

---

① 吴方言另有"相骂"一词,指(相互)吵架,对骂。《风俗通义·怪神·世间多有狗作变怪》:"(李叔坚)少时为从事,在家,狗如人立行,家言当杀之。……里中相骂,不言无狗怪,遂不肯杀。"《文选·东方朔〈答客难〉》"孤豚之咋虎"下唐李善注引《风俗通》佚文:"按《方言》:'豚,猪子也。'今人相骂曰'孤豚之子',是也。"《太平御览》卷九〇一引《风俗通》佚文:"凡人相骂曰死驴,丑恶之称也。"今吴方言如浙江台州方言仍称吵架为"相骂",也说"吵相骂";又把寻衅吵架的行为叫作"寻相骂",把好吵架斗嘴者叫作"相骂精",其源头当上溯到汉魏六朝,梅州客家话是友生孙尊章惠告的。

宋四公大闹禁魂张》:"宋四公道:'作成你趁一千贯钱养家则个。'"(同上,496页)

不仅如此,以"趁"为构词语素,和其他词语组合成词,表示新的含义,近代汉语作品中多见。有"趁~"式的,[①]如:

趁口

糊口,混饭吃。明康海《王兰卿》第一折:"偏怎生丽春园堪趁口。"

趁哄

趁闹哄,赶热闹。宋范公偁《过庭录》:"某适过范淳父门,邀之同去,徐思之,不敢轻言,被他不是个趁哄低人。"《桃花女》三【上小楼幺篇】:"着小孩儿每,吵吵闹闹,斗争相戏,趁哄里向堂前,将身平立。"

趁市

赶集。宋惠洪《过陵水县补东坡遗》诗:"过厅客聚观灯网,趁市人归旋唤舟。"

趁墟

赶集。也作"趁虚"。唐柳宗元《柳州峒氓》诗:"青箬裹盐归峒客,绿荷包饭趁虚人。"

趁食

谋生。宋周密《癸辛杂识续集》卷上《湖翻》:"农人皆相与结队往淮南趁食。"

趁饭

犹"趁食",谋生。《古今小说·木绵庵郑虎臣抱冤》:"后生家脸皮羞答答地,怎到人家去趁饭?"

---

① 参看《汉语大词典》"趁"下各条(9册1118—1122页)。

趁熟

谓到有收成的地方谋生糊口。《刘知远诸宫调》:"盖为新来坏了家缘,离故里往南中趁熟。"(《宋代卷》341页)《元典章·刑部四》:"为饥荒缺食,将带老小流移趁熟。"也作"趁粮",《元代白话碑集录·一三一八年周至重阳万寿宫圣旨碑》:"趁粮的流民,宫观庵庙里休安下者。"

趁钱

赚钱。《水浒传》第31回:"为是他有一座酒肉店,在城东快活林内,甚是趁钱。"《喻世明言·沈小官一鸟害七命》:"我今左右老了,又无用处,又不看见,又没趁钱。"

"趁"的某些用法还保留在方言里。今台湾闽南语把赚钱叫作"趁钱",把谋生叫作"趁食",又有"趁食郎"一语,指那些替人做事来赚钱糊口的人。在台湾还有这样的俗语:"有趁脚松手弄,无趁面青目红。"意思是说,赚到钱就满面春风,手舞足蹈;没赚到钱就脸青目赤,垂头丧气。(参见郑天福2000:170—171)

也有"～趁"式的,如:

赶趁

为生计奔走。宋周密《武林旧事·酒楼》:"又有吹箫、弹阮、息气、锣板、歌唱、散耍等人,谓之赶趁。"《古今小说·史弘肇龙虎君臣会》:"王婆道:'覆夫人,要热闹容易。夫人放买市,这经纪人都来赶趁,街上便热闹。'"刘坚《近代汉语读本》注:"赶趁:'趁'也是'赶'的意思。在这里,赶趁指赶来做买卖。"(参见刘坚1985[2005:175])也称走江湖卖艺之人为"赶趁人"。宋周密《武林旧事·西湖游幸》:"至于吹弹、舞拍、杂剧、杂扮、撮弄……水爆、风筝,不可指数,总谓之'赶趁人'。"

求趁

挣（钱）。宋董煟《救荒活民书拾遗·李珏赈济法》："并薄有艺业，而饥荒难于求趁之人。"元胡布《元音遗响》卷三《七言古诗·清明日作》："河西大家日求趁，终岁无人恋针指。"马端临《文献通考》卷十三《职役考二·历代乡党版籍职役》："不得以猪羊杂色估纽其贫民，求趁衣食。"

多少

多么，副词。唐费冠卿《久居京师感怀诗》："茕独不为苦，求名始辛酸。上国无交亲，请谒多少难。"宋刘克庄《沁园春·寄竹溪》词："书尺里，但平安二字，多少深长。"《朱子语类·训门人》："子贡是多少聪明，到后来方与说：'女以予为多学而识之者与？'"（《宋代卷》276页）今吴方言区不少地方仍说。

被

因为，介词，用在因果复句中，表示原因。《刘知远诸宫调》第二："只被夫妻恩重，跳离（篱）陌案，脚一似线儿牵。"《朱子语类》卷一二四："若是同时，何缘得有义利不同？只被源头便不同。"只被，只因为。（参见董志翘、蔡镜浩 1994：22）"被"的这一用法在现代汉语普通话中已经不用，但还保留在方言里，如吴方言中的宁波话。宁波话说："活被渠辰光记错，害勒阿拉空势势等勒两个钟头。"活被：都怪；都因为。这句的意思是："都因为他时间记错了，害得我白白地等了两个小时。"（参见汤珍珠、陈忠敏、吴新贤 1997：330）

二、熟语

这里所说的熟语主要指成语和谚语。成语和谚语是现代汉语词汇的重要组成部分，往往分别来自上古、中古或近代汉语，情形又各有不同。

(一)成语

1. 现代汉语中和中古、近代汉语用法相似的成语 ①

尽善尽美

唐张文成《游仙窟》:"下官又谢曰:'尽善尽美,无处不佳。此是下愚,预闻高唱。'"(《唐五代卷》7页)"尽善尽美"语出《论语·八佾》:"子谓《韶》,'尽美矣,又尽善也。'谓《武》,'尽美矣,未尽善也。'"(《论语译注》33页)孔子的意思是说:《韶》(舜时的乐曲)这首乐曲从形式到内容都很完美;《武》(周武王时的乐曲)这首乐曲形式很完美,但内容还不够完美。《大戴礼记·哀公问五义》:"所谓士者,虽不能尽道术,必有所由焉;虽不能尽善尽美,必有所处焉。"

目击道存

目击,目光触及;道存,"道"之所存。意思是:目光一接触,就知道"道"在什么地方。形容用意揣"道",不须言语。典出《庄子·田子方》:"若夫人者,目击而道存矣,亦不可以容声矣。"晋郭象注:"目裁往,意已达。"中古、近代汉语作品都有沿用。《世说新语·栖逸》第1则刘注引《竹林七贤论》:"籍归,遂著《大人先生论》,所言皆胸怀间本趣,大意谓先生与己不异也。观其长啸相和,亦近乎目击道存矣。"(355页)五代静、筠《祖堂集》卷十《长庆和尚》:"问:'古人道:目击道存,不在言说。和尚此间还著这个人不?'"(《唐五代卷》523页)

回干就湿

《王梵志诗·遥看世间人》:"欲似养儿甄,回干且就湿。"(《王

---

① 成语这部分内容,参考了刘洁修(1989)、《汉语大词典》的相关条目。

梵志诗校注》卷一,001,11页)《敦煌变文校注·父母恩重经讲经文》:"弟二、回干就湿者。经道:干处儿卧,湿处母眠,三年之中,饮母白血。"(973页)《贬夜郎》三【斗鹌鹑】:"更做个抱子携男,莫不回干就湿?"也作"偎干就湿""煨干就湿",《神奴儿》三:"想着他咽苦吐甘,偎干就湿,怎生抬举。"元刊本《小张屠》二【金蕉叶】:"将一娘煨干就湿都正过,四十年受苦奔波。"《金瓶梅词话》第59回:"想着生下你来我受尽了千辛万苦,说不的偎干就湿成日把你耽心儿来着。"

也作"推干就湿",唐宗密述《佛说盂兰盆经疏》卷上:"奇哉父母,生育我等,受大苦恼。……既生之后,推干就湿,除去不净、大小便利。"清夏完淳《狱中上母书》:"但慈君推干就湿,教礼习诗,十五年如一日。"

单刀直入

《神会语录·菩提达摩南宗定是非论一卷》:"和上答:'皆为顿渐不同,所以不许。我六代大师一一皆言,单刀直入,直了见性,不言阶渐。'"(《唐五代卷》54页)《五灯会元》卷一一《澄心旻德禅师》:"庐州澄心院旻德禅师,在兴化遇示众曰:'若是作家战将,便请单刀直入,更莫如何若何?'"(669页)

按:此成语虽出禅宗语录,但其早期形式作"单刀直前",已经见于《南史·戴僧静传》:"会魏军至,僧静应募出战,单刀直前。"(1150页)又《王茂传》:"及战,梁武军引却,茂下马,单刀直前。外甥韦欣庆勇力绝人,执铁缠槊,翼茂而进,故大破之。"(1352页)《汉语大词典》"单刀直入"条云:"原为佛教语。喻认定目标,勇猛精进。《景德传灯录·旻德和尚》……"刘洁修《成语考释词典》"单刀直入"条:"《宋书·前废帝纪》:'寿寂之怀刀直入……'意思是揣着刀径直而入。后来用'单刀直入',禅宗语录用来指摆脱依傍,勇猛精进。《景德传灯录·潭州沩山灵祐禅师》……"两书都未举更接近"单刀直入"的"单刀直前",首举例(《景德传灯录》)也晚于《神会语录》。

2. 现代汉语成语,典故出自上古或中古,但近代汉语时词形有所变化

命县丝发

"县","悬"的古字。比喻生命十分危险,朝不虑夕。这一成语典出中古,《后汉书·邓训传》:"众羌大动,经常屯兵,不下二万,转运之费,空竭府帑,凉州吏人,命县丝发。"(609页)但在后代词形有所变化。或作"命如悬丝":五代静、筠《祖堂集》卷六《洞山和尚》:"此人命如悬丝,直饶学得胜妙之事,亦是不奉于君。"(《唐五代卷》513页)。或作"命若悬丝"。《敦煌变文校注·大目乾连冥间救母变文》:"孃孃见今饥困,命若悬丝,汝若不起[慈]悲,岂名孝顺之子!"(1035页)《三国演义》第36回:"不期曹丞相使人赚至许昌,言汝背反,下我于缧绁。……吾今命若悬丝,专望救援。"词形虽有不同,但意义都相同。

别用心

就是"别有用心"的早期形式。《朱子语类·总训门人》:"佛者曰:'十二时中,除了着衣吃饭是别用心。'"(《宋代卷》335页)

3. 现代汉语成语,典故出自中古或近代,但词义已经有所变化

虎头蛇尾

早期作"龙头蛇尾",比喻前盛后衰,头好尾坏。据刘洁修(1989)考证,可能语本《太平御览》卷四五四引段龟龙《梁记》:"吕光龙飞二年,太常麛反叛。麛以笺书招诱杨轨,推为盟主。轨性

直,不虑麐之倾危。西河太守程肇谏轨曰:'将军之与吕主,可谓臭味是同。今欲释同,心托异类,背龙头,寻蛇尾,非将军之高算也。'"(2091页下栏)"龙头"指东晋十六国时期后梁的建立者吕光,蛇尾指叛臣太常麐。"背龙头寻蛇尾"有弃阳关大道、走羊肠小路(弃明投暗)的意思。唐五代多作"龙头蛇尾",如:五代静、筠《祖堂集》卷十一《保福和尚》:"云:'和尚因什摩龙头蛇尾?'"(《唐五代卷》531页)又卷十三《荷玉和尚》:"学人礼拜,师云:'我适来龙头蛇尾,是汝不知。'"(同上,537页)后来作"虎头蛇尾",词义也变成比喻做事之初声势浩大,后来进展很小,有始无终。元康进之《李逵负荆》第二折:"则为你两头白面搬兴废,转背言词说是非,这厮狗行狼心,虎头蛇尾。"

一丝不挂

早期作"寸丝不挂",禅宗用语,比喻不受尘俗的牵累。五代静、筠《祖堂集》卷十六《南泉和尚》:"问:'寸丝不挂时如何?'师云:'不挂什摩?'"(《唐五代卷》560页)《警世通言·庄子休鼓盆成大道》:"把世情荣枯得丧,看做行云流水,一丝不挂。"后来比喻赤身裸体。宋杨万里《清晓洪泽放闸》诗之一:"放闸老兵殊耐冷,一丝不挂下冰滩。"

大惊小怪

大呼小嚷,和现代汉语不同。《清平山堂话本·简贴和尚》:"只见官人入来,便坐在橙子上,大惊小怪道:'婆子,你把我三百贯钱物事去卖了,经一个月日,不把钱来还!'"(《宋代卷》406页)又:"来到门首,见他憁入去,听得里面大惊小怪,跄将入去看时,见尅着他浑家。"(同上,408页)

这种不同不见得都是迥别,有时和现代汉语仅仅是微殊,如:

大同少异

唐慧超《往五天竺国传·二七、罽宾国》:"衣著、言音、食饮与吐火罗国大同少异。"(91页)按:成语"大同小异"典出《庄子·天下》:"大同而与小同异,此之谓小同异;万物毕同毕异,此之谓大同异。"六朝时期已经凝固为成语。本条的"大同少异"是其变体耳。刘洁修《汉语成语考释词典》"大同小异"条下未提及本成语的这一变体形式(216页),应补。

如痴如醉

形容十分痴迷,非常思恋的样子。《张协状元》二九出:"终日,搲搲搠搠,莫彫杀我,如痴如醉。"(《宋代卷》579页)又三十二出:"似病非病,如痴如醉。"(同上,582页)现代汉语中,"如痴如醉"多形容沉浸在某种着迷的事物中,有陶醉的意味。刘醒龙《奶奶的故事》:"奶奶一生对雪如痴如醉,常常让我在观她时亦如痴如醉。"陈平原《〈漫说文化丛书——读书读书〉导读》:"读书是一件乐事,正因为其乐无穷,才引得一代代读书人如痴如醉。此等如痴如醉的读书人,古时谓之'书痴',是个雅称。"又如:在"超女"张靓颖的演唱会上,现场的观众听得如痴如醉。

口若悬河

这是现代汉语定形的文字形式,据辞书,"口若悬河"大约是宋代出现的。在这之前,还有其他的一些类似形式,如"口似悬河":五代静、筠《祖堂集》卷十《长庆和尚》:"我若放你过,纵汝百般东道西道、口似悬河则得。"(《唐五代卷》523页)

还有一些成语、熟语来源于唐宋明清作品,而词义不同。如:

千山万水

原为禅宗习语,谓与禅法相隔极远、根本不合禅法。《五灯会元》卷一五《灵隐云知禅师》："更若拟议,千山万水。"《汾阳语录》卷上："才拟拟早已千山万水。"(《宋语言词典》226页)

雪上加霜

五代静、筠《祖堂集》卷十二《荷玉和尚》："问:'如何指示则得不昧于时中?'师云:'不可雪上更加霜。'"(《唐五代卷》533页)这是成语"雪上加霜"的较早出处。

雷声大,雨点小

五代静、筠《祖堂集》卷十二《荷玉和尚》："进云:'如何是宗门中事?'师云:'雷声甚大,雨点全无。'"(《唐五代卷》534页)

4. 现代汉语成语,原本来自于古代,但可能会误认为是现代成语

来去自由

《六祖坛经》："内外不住,来去自由,能除执心,通达无碍。"(《唐五代卷》81页)"来去自由"一词,刘洁修《汉语成语考释词典》未收,《汉语大词典》也未收,可能视为现代成语。

南来北往

《虚堂和尚语录》："南来北往,吞透无门。"(《宋代卷》382页)

寡不敌众

《虚堂和尚语录》："报恩寡不敌众,只得换手椎胸道:'苍天,苍天!'"(同上,389页)

此二词,《汉语成语考释词典》均未收。

有些成语,专在中古或近代汉语时期使用,现在已经鲜见。

随声迁就

《朱子语类·总训门人》："看人文字不可随声迁就,我见得是处方可信。"(《宋代卷》327页)和"随声附和"义近。刘洁修《汉语

成语考释词典》1054页未收。

(二)谚语

1.源于近代汉语的谚语

现代汉语使用的谚语,来自于近代汉语的有不少,例如:

"燕子曰:'人急烧香,狗急蓦墙。'"(《敦煌变文校注·燕子赋(一)》,377页)

"谚语有之:一马不备二鞍,一女不嫁二夫。"(《三朝北盟会编·茅斋自叙》,《宋代卷》111页)

"大尹叫将皇甫殿直来,当厅问道:'捉贼见赃,捉奸见双。'又无证佐,如何断得他罪?"(《清平山堂话本·简贴和尚》,同上,405页)

"才人有诗说得好:求人须求大丈夫,济人须济急时无,渴时一点如甘露,醉后添杯不若无。"(《清平山堂话本·杨温拦路虎传》,同上,421页)

"道不得个'春为花博士,酒是色媒人'。"(《警世通言·崔待诏生死冤家》,同上,441页)

"婆子道:'这个不是冤家不聚会。'"(《警世通言·一窟鬼癞道人除怪》,同上,453页)

"只是高来不成,低来不就。"(同上,454页)"贫女,你高门不求,低门不就。"(《张协状元》三十三出,同上,585页)

"真人面前说不得假话,旱地上打不得拍浮。"(《警世通言·一窟鬼癞道人除怪》,同上,454页)

"你道事有凑巧,物有故然。"(同上,457页)

"侯兴看罢,怒从心上起,恶向胆边。"(《古今小说·宋四公大闹禁魂张》,同上,490页)又见504页《张协状元》。

"王秀道:'婆婆,我两个多时不曾做一处?'婆子道:'你许多年纪了,兀自鬼乱!'王秀道:'婆婆,你岂不闻:后生犹自可,老的急似火。'"(《古今小说·宋四公大闹禁魂张》,同上,493页)

"(生)有缘千里能相会,(合)无缘对面不相逢。"(《张协状元》十四出,同上,540页)

"天有不测风云,人有旦夕祸福。"(又三十二出,同上,583页)

"自古道:成人不自在,自在不成人。"(又五十出,同上,616页)

"相识满天下,知心能几人?"(又五十一出,同上,618页)

当然,在近代汉语时期,也有一些当时的俗语、谚语,并未流传到后世的,如:

"卒客无卒主人。"(《敦煌变文校注·燕子赋(一)》,377页)①

"槐花黄,举子忙。"《遁斋闲览》(宋胡仔《苕溪渔隐丛话·前集》卷三五引)考证说:"谓槐之方花,乃进士赴举之时。而唐诗人翁承赞有诗云:'雨中妆点望中黄,勾引蝉声送夕阳。忆得当年随计吏,马蹄终日为君忙。'乃知俗语亦有所自也。"(又载《墨客挥犀》卷十"俗语有所自"条,396页)

2. 明清笔记中的俗语

关于俗语、谚语,唐宋以来笔记往往有所涉及,尤其是明清学者的笔记,姑各举明、清二朝的一部笔记为例。

明张存绅《雅俗稽言》。本书凡四十卷,十二册。涉猎广泛,卷帙浩繁。有关中古、近代汉语词汇的内容不少。例如:

---

① 《敦煌变文校注》第104条注:"蒋礼鸿云:'卒客无卒主人'是唐人习语,《朝野佥载》卷五:'驿客将恐,对曰:邂逅渐米不得,死罪!'尚书曰:卒客无卒主人,亦复何损?'遂换取粗饭食之。'江蓝生引《西京杂记》卷四:'广汉惭曰:有苍卒客无苍卒主人。'"(中华书局,1997,390页)明毕自严《度支新饷司奏议序》(《石隐园藏稿》卷二):"有仓卒客无仓卒主人,郇厨不戒,良庖且为束手。"明张存坤《雅俗稽言》卷三一"俗云:有促客,无促主",则此语自六朝以至明代均见使用。

卷三一《诗文·续录》云:"世俗谈说与笔札,引用骈字偶句,鄙语文言,往往未详出处。兹摘《困学纪闻》所载,稍附杂录,聊以便阅,非敢为博雅也。"下列举了"家数""伏事""分付"等数十个词语和成语、谚语,数量可观。(1994—1997页)尤其举述许多乡里民谚,把古书上的和作者所处时代民间所说的进行对比,在熟语研究史方面很有意思。如:

不予衾之眠,知予衾之穿。卢仝诗。俗传:不在被里眠,焉知被无边。又:不到被里歇,焉知冷和热。

服药千颗,不如一宵独卧;服药千朝,不如独宿一宵。古谚。

一日不作,百日不食。见《赵世家》。俗云:一日不作,一日不食。

有仓卒客,无仓卒主人。陈广汉语。俗云:有促客,无促主。

白日莫谈人,谈人则害至;昏夜莫谈鬼,谈鬼则怪生。古谚,见柳子厚语。今俗云:日里莫说人,夜里莫说鬼。

今宵有酒今宵醉,明日愁来明日愁。罗隐诗。俗传今朝,非。

教妇初来,教儿婴孩。见《颜氏家训》。俗云:新来媳妇不用骄,月窝婴儿不用超。

逐奔不过百步。见《司马子》。徽俗云:赶人不上百步。

一朝权入手,看取令行时。朱湾诗。俗传:一时权在手,便把令来行。

有心无相,相逐心生。有相无心,相随心灭。古谚,见《青箱杂记》。今谚:心善相恶,相逐心生。心恶相善,相随心灭。[1]

---

[1] 参看明张存坤《雅俗稽言》卷三一《续录》,载《明清俗语辞书集成》1994—1997页,上海古籍出版社,1989。

清赵翼《陔馀丛考》。本书有中华书局(1963年4月第1版,2006年10月北京第2次印刷)排印本,分上、中、下三册。其中卷四三"成语"条(947—963页)多举谚语、俗语,如:

少成若天性,习惯成自然。(见《家语》孔子论叔仲会之语)

疾风知劲草,世乱有诚臣。(见《隋书》炀帝赐杨素诏)

十指有长短,痛惜皆相似。(曹子建诗)

此处不留人,自有留人处。(陈后主诗)

日月光天德,山河壮帝居。(陈后主诗,见《北史》)

得他心肯日,是我运通时。(见《翰苑名谈》)

日出事还生。　　　　(《全唐诗话》)

但存方寸地,留与子孙耕。(《鹤林玉露》)

在家贫亦好。　　　　(戎昱诗)

世乱奴欺主,年衰鬼弄人。海枯终见底,人死不知心。(杜荀鹤诗)

海阔从鱼跃,天高任鸟飞。(见《古今诗话》)

忍事敌灾星。　　　　(司空图诗)

难将一人手,掩得天下目。(曹邺《咏李斯》诗)

但知行好事,莫要问前程。(冯道诗)

但教方寸无诸恶,狼虎丛中也立身。(冯道诗)

一朝权在手,便是令行时。(朱湾《咏掷笼》诗)

白日莫空过,青春不再来。(林宽诗)

久旱逢甘雨,他乡遇故知。洞房花烛夜,金榜挂名时。(见《容斋随笔》)

世间好物不坚牢,彩云亦散琉璃碎。(白乐天《简简吟》)

举世尽从愁里过,何人肯向死前休。(杜荀鹤诗)

最恨年年握针线,为他人作嫁衣裳。(秦韬玉《贫女吟》)

相逢尽道休官好,林下何曾见一人。(见《云溪友议》)

自出洞来无敌手,得饶人处且饶人。(见《西溪丛语》)

一叶浮萍归大海,人生何处不相逢。(丁冠诗)

犹恐相逢是梦中。(晏叔原诗)

一举首登龙虎榜,十年身到凤皇池。(见《辍耕录》)

近水楼台先得月,向阳花木易逢春。(见俞文豹《唾玉集》)

腹有诗书气自华。(苏东坡诗)

善恶到头终有报,只争来早与来迟。(见宋人《萤雪杂说》)

是非只为多开口,烦恼皆因强出头。(见《事林广记》)

类似这样一些谚语、成语数量还有很多,基本上可以分为两大类:一类是近代汉语通行,现代汉语仍然全部使用或部分使用的,前者如"海阔从(今多作'凭')鱼跃,天高任鸟飞""但存方寸地,留与子孙耕";后者如"少成若天性,习惯成自然",今多只用后句;"疾风知劲草,世乱有群臣",今多只用前句。另一类则是近代汉语通行,但现代汉语早就不用的。如"日月光天德,山河壮帝居""举世尽从愁里过,何人肯向死前休"等。不管哪一类,都是从事历史词汇学研究的人应该关注和研究的。

本章参考文献

陈庆延　1981　《山西稷山话所见元明白话词汇选释》一文,载《语言学论丛》第七辑188页,商务印书馆。

陈　原　1979　《语言与社会生活》,三联书店香港分店。

董秀芳　2002　《词汇化:汉语双音词的衍生和发展》,四川民族出版社。

董志翘　蔡镜浩　1994　《中古虚词语法例释》,吉林教育出版社。

范祥雍　2006　《洛阳伽蓝记校注》,上海古籍出版社。

方一新　1997　《东汉魏晋南北朝史书词语笺释》，黄山社。

方一新　姜兴鲁　2009　《"甚至"的词汇化历程》，《江南大学学报》第1期。

方一新　王云路　1993　《中古汉语读本》，吉林教育出版社；修订本，上海教育出版社，2006。

[法]　房德里耶斯　1920　《语言》，中译本，岑麒祥、叶蜚声译，商务印书馆，1992。

顾学颉　王学奇　1990　《元曲释词》第四册，中国社会科学出版社。

黄征　张涌泉　1997　《敦煌变文校注》，中华书局。

江蓝生　2000　《古代白话说略》，语文出版社。

江蓝生　曹广顺　1997　《唐五代语言词典》，上海教育出版社。

蒋礼鸿　1997　《敦煌变文字义通释》，上海古籍出版社。

蒋绍愚　1989a　《关于汉语词汇系统及其发展变化的几点想法》，《中国语文》第1期，载《汉语词汇语法史论文集》，商务印书馆，2000。

——　1989b　《古汉语词汇纲要》，北京大学出版社；商务印书馆，2005。

——　1998　《古汉语词汇和汉民族文化》，《语言学论丛》第二十辑，商务印书馆。

李崇兴等　1998　《元语言词典》，上海教育出版社。

刘百顺　1993　《魏晋南北朝史书词语札记》，陕西师范大学出版社。

刘坚　1985　《近代汉语读本》，修订本，上海教育出版社，2005。

刘洁修　1989　《汉语成语考释词典》，商务印书馆。

——　2003　《汉语源流大词典》，江苏教育出版社。

孟蓬生　1993　《上古汉语的大名冠小名语序》，《中国语文》第4期。

戚雨村　1997　《现代语言学的特点和发展趋势》，上海外语教育出版社。

——　1988　《语义学说略》，原载《语言研究集刊》第二辑，江苏教育出版社。

曲守约　1982　《续辞释》，台湾联经出版事业公司。

钱锺书　1986　《管锥编》(第二版)，第一册，中华书局。

沈福伟　1992　《中外文化因缘》，台北贯雅文化事业有限公司。

苏瑞　1995　《隐性义素》，《古汉语研究》第3期。

汤珍珠　陈忠敏　吴新贤　1997　《宁波方言词典》，江苏教育出版社。

吴金华　1990　《三国志校诂》，江苏古籍出版社。

——　1994　《世说新语考释》，安徽教育出版社。

汪维辉 1991 《〈汉语大词典〉一、二、三卷读后》,《中国语文》第4期。
—— 2000 《唐宋类书好改前代口语———以〈世说新语〉异文为例》,(台湾)《汉学研究》18卷2期。
—— 2006 《论词的时代性和地域性》,《语言研究》第2期。
王 力 1980 《汉语史稿》下册,中华书局。
—— 1990 《汉语词汇史》,收入《王力文集》第十一卷,山东教育出版社;又商务印书馆,1993。
项 楚 2000 《寒山诗注》,中华书局。
徐通锵 1984 《美国语言学家谈历史语言学》,载《语言学论丛》第十三辑,210—211页,商务印书馆。
张诒三 2005 《词语搭配变化研究——以隋以前若干动词与名词的搭配变化为例》,齐鲁书社。
郑天福 2000 《台语根源》,台湾台南市汉风出版社。
中国社会科学院语言研究所词典编辑室 2005 《现代汉语词典》(第5版),商务印书馆。
朱庆之 1989 《从魏晋佛典看中古"消息"词义的演变》,《四川大学学报》第2期。
—— 1992 《佛典与中古汉语词汇研究》,台北文津出版社。

第四章 中古近代汉语词汇研究的作用和意义

中古近代汉语词汇研究起步较晚,总体研究力量还不够强,在汉语史研究中还没有得到应有的重视,表现在各领域的研究并不平衡,研究的范围及方法显得单一,较难取得突破性的进展。与此相关的是,研究本身的缺位和滞后效应,不光使有关作品的研究和教学受到影响,也使得本学科应有的对古籍整理和辞书编纂工作的指导与帮助都明显不够,由此产生一系列问题,值得人们关注。本章拟以中古近代汉语词汇研究为视角,结合实例,对其在研读古代白话作品、古文教研、古籍整理和辞书编纂这几个方面的作用和价值进行分析,从另一个角度证明加强中古近代汉语词汇研究的必要性。

第一节 中古近代汉语词汇研究和研读古代白话作品

我国是有着悠久历史的文明古国,有文字记载的历史就有三千多年。在数千年的历史长河中,用汉字记载、积累了丰富的文化遗产,值得后人去研读,去继承。

一、古代白话是古代汉语的重要组成部分

正如王力《古代汉语·绪论》所指出的那样:古代汉语有两个系统,一个是文言系统,另一个是古白话系统,由这两种不同风格的语言写成的作品共同构成了我国传统文化的精华,都值得批判地继承。掌握了中古、近代汉语词汇知识,是为了在浩瀚的古代知识海洋中更加自在地遨游,做去粗取精、披沙拣金的工作,以便更全面、更系统地传承传统文化,为中华民族的振兴提供更多更好的精神食粮。

毋庸讳言,无论是新中国成立以来的古代汉语课程教学系统,还是自清代以来的语言文字学研究,都把重点放在先秦两汉,对古代白话作品的研究相对要薄弱得多,这不利于全面了解和继承优秀的文化遗产。近一二十年来,有关古代白话作品少有人问津的局面已经得到了一定程度的改变,但就整体而言,这方面的研究尚嫌薄弱。因此,大力加强中古、近代汉语研究,已经是势所必然,这是时代赋予我们的光荣使命。

二、古代白话肇端于中古,成熟于近代,研读难度大

要研读古代白话文献,首先需要澄清两个错误的观点:一是这

类文献意思不大,不值得研究;二是这类作品语言通俗易懂,不需要专门的研究就可以读懂。对第一个问题,我们在第一章里已经作了回答,这里不再重复;对第二个问题,即古代白话文献容易理解,必须承认,相对于比较艰深的先秦文献,古白话总体上比较好懂,这是事实,所以这个话有一定道理。但也应该看到,同样是白话作品,其内部差异也很大:有的好懂一些,有的就不太好懂;有的自以为懂了,其实并没有真懂,很容易望文生义,上当受骗。

试以近代汉语为例,举几个唐五代诗的例子:

"一种为人妻,独自多悲凄,对镜便垂泪,逢人只欲啼。"(唐李白《江夏行》,《全唐诗》卷一六七,1727页)"一种居天地,受果不相当。"(《敦煌变文集校注·燕子赋》,414页)

"一种"在这里是什么意思?显然,它不是一种、两种的"一种","一种"犹言一样、同样,是近代汉语习用的一个口语词。

"儿家夫婿心容易,身又不来书不寄。"(五代欧阳炯《木兰花》,《全唐诗》卷八九六,10128页)

这例的"容易",当然也不是"困难"的反义词,是做什么都不难的意思。"容易"犹言糊涂、疏忽。妇人责备她的夫婿太糊涂了,出门在外,自己回不来,又不寄一封信来。

"不成寻别业,未敢息微躬。"(唐杜甫《遣闷奉呈严公二十韵》,《全唐诗》卷二二八,2484页)

"不成",做不到,办不了。与今语不同。

"忽如一夜春风来,千树万树梨花开。"(唐岑参《白雪歌送武判官归京》,《全唐诗》卷一九九,2050页)

"忽如"并非忽然如同义,就是如同、好像,"忽如一夜春风来"两句言好像一夜春风吹来,把千万棵梨树的花都吹开了。

再举一段敦煌遗书·伯2653号《燕子赋》的例子:(参见项楚2006:500—506,黄征、张涌泉1997:376—377)

鹞鹩奉命,不敢久停。半走半骤,疾如奔星,行至门外,良久立听。正闻雀儿,窟里语声。(雀儿)云:"(吾)昨夜梦恶,今朝眼瞤;若不私斗,克被官嗔。比来徭役,征已应频。多是燕子,下牒申论。约束男女,必莫开门;有人觅我,道向东村。"鹞鹩隔门遥唤:"阿你莫漫辄藏!向来闻你所说,急出共我平章。何为夺他宅舍,仍更打他损伤?凤凰令遣追捉,身作还自抵当,入孔亦不得脱,任你百种思量!"雀儿怕怖,悚惧恐惶;浑家大小,亦总惊忙。遂出跪拜鹞鹩,唤作"大郎、二郎":"使人远来冲热,且向窟里逐凉。卒客无卒主人,暂坐撩治家常。"鹞鹩曰:"者汉大痴,好不自知。恰见宽纵,苟徒(图)过时。饭食浪道,我亦不饥。火急须去,恐王怪迟。"雀儿已愁,贵在淹流。迁延不去,望得脱头,干言强语,千祈万求:"通容放到明日,还有些些束羞(脩)。"鹞鹩恶发,把腰即搦。雀儿烦恼,两眉不玻。撩瞻(檐)擒去,须臾到州。

(凤凰遥见,问是阿谁。便即低头跪拜,口称"百姓雀儿,被燕谤枉夺宅;昨日)奉王帖追,匍匐奔走,不敢来迟。燕子文牒,并是虚辞。睐目上下,请王对推。"凤凰云:"者贼无赖,眼脑蠹(妒)害,何由可奈(耐)!骨(胯)是捉我支配,捋出脊背,拔却左腿,揭却恼(脑)盖。"雀儿被吓胆碎,口口惟称"死罪":"请唤燕子来对。"

燕子忽碑出头,曲躬分疏:"雀儿夺宅,今见安居。所被伤损,亦不加诸。目验取实,(何得称)虚?"雀儿自隐欺负,面孔终是攒沉。请乞设誓,口舌多端:"若实夺燕子宅舍,即愿一代贫寒。朝逢鹰夺,暮逢鸥算,行即着网,坐即被弹。经营不进,居处不安。日埋一口,浑家不残。"咒虽百种作了,凤凰要自难漫(谩)。燕子曰:"人急烧香,狗急蓦墙。只如(你)钉疮病癞,埋却(你)尸腔。总是转关作咒,徒(图)拟诳惑大王。"凤凰大嗔,状后即判:"雀儿之罪,不得称算。推问根由,仍生拒捍。责情且决五下,枷项禁身推断。"燕子唱快,喜慰不已:"夺我宅舍,捉我巴毁,将作你吉达到头,何期天还报你。如今及阿莽次第,五下乃是调子。"

这两段文字中,加着重号的多为六朝、隋唐以来的口语词、俗语词,包括"字面普通而义别"和"字面生涩而义晦"两类,是阅读的障碍。如果不加注解,真正要理解、读懂,并非易事。[①]

因此,对中古、近代汉语作品,要克服不求甚解的习惯,利用已有成果,认真地加以研究,才能探其奥秘,寻得正解。

三、要学习、研究古代白话作品,必须借助于中古近代汉语词汇研究

前面已经说过,以往的研究并不重视汉魏六朝的口语材料,也不重视唐宋以后的白话材料,一般的古代汉语课本往往略而不选,即便有选的,基本上也只是蜻蜓点水,点缀而已,谈不上系统的介绍。这就给阅读古白话作品带来困难。一篇看似字面普通的文字,也会遇到不少语言障碍,严重影响阅读和理解。

早期的研究者从研究特殊语词入手,所做的正是扫除文字障碍的基础工作,这项工作非常重要。这和刚刚发现甲骨文一样,必须有人先做文字考释,解读文字,早期的近代汉语、中古汉语词汇研究也是如此。

中古近代汉语词汇研究的主要工作是:(1)研究的前提是必须

---

① 相关词语的理解,可以参看蒋礼鸿(1997)、江蓝生(1982)、项楚(2006)和黄征、张涌泉(1997)。

读懂,在读懂的基础上才谈得上研究。这就要求先对疑难词语进行考释,扫除阅读上的障碍。通过对生涩、普通两类特殊词语的考释、研究,研读古代白话典籍,为深入研究打下基础。(2)通过对普通词语(新词新义、疑难词语)和基本词(常用词)的系统研究,考察词汇演变的规律,探讨词汇系统,揭开词汇神秘的面纱。(3)考察词义演变历史轨迹,弥补空缺(从上古到中古、近代的发展)。(4)沟通古今(从中古、近代到现代的发展),探寻现代汉语的来源(着重从现代汉语的角度来举证)。

回顾中古、近代汉语词汇的研究史可以发现,以往学者研究的重点是特殊语词,也就是张相《诗词曲语辞汇释·叙言》所说的"字面生涩而义晦""字面普通而义别"这两类词语。字面普通的,上面所举的"容易""一种"就是;字面生涩者,则如:

褦襶、嗜啥

褦襶,犹今言"呆傻""傻冒";嗜啥,意思是"啰嗦""唠叨"。"平生三伏时,道路无行车。闭门避暑卧,出入不相过。今世褦襶子,触热到人家。……所说无一急,嗜啥一何多。疲瘵向之久,甫问君极那?"(《晋诗》卷一程晓《嘲热客》)

伈侗

有"囫囵""浑然无别"和"直的样子"二义。"然圣贤所说,有许多般样,须是一一通晓,分别得出,始得。若只伈侗说了,尽不见他里面好处。"(《朱子语类》卷一八《大学五》)"冬瓜直伈侗,瓠子曲弯弯。"(《五灯会元》卷一五《云居晓舜禅师》)《祖庭事苑》卷四:"伈侗:上方董切,下它孔切。未成器也,又直也。一曰长大也。"(372页)《龙龛手镜·人部》:"伈侗:未成器也。下又直也,一曰长大。"

攒沕、嘴唵

狡猾,狡黠。"雀儿自隐欺负,面孔终是攒沕。"(《敦煌变文校注·燕子赋(一)》,377 页)"雀儿实嘴唵,变弄别浮沉。知他窠窟好,乃即横来侵。"(又《燕子赋(二)》,413 页)

在阅读中遇到这样一些词语,如果没有注解或词典的帮助,对一般读者而言,是很难通读下去的。需要语言学家帮助考释作注,扫清阅读过程中的障碍。张相《诗词曲语辞汇释》、蒋礼鸿《敦煌变文字义通释》不光是高水平的学术专著,也是冰释疑点、难点,扫除近代汉语作品语言文字障碍的工具书,故二书自面世以来,就受到学术界和广大读者的欢迎,长盛不衰。

第二节 中古近代汉语词汇研究和大学古文教研

这里所说的"大学古文教研",主要是指大学(也包括中师、幼师)语文教学中和古文有关的内容。[①] 在现有的大学(中师、幼师)语文课本中,有相当数量的古文,而这些古文的注释、翻译、串讲,往往涉及中古、近代汉语词汇问题,如果不加注意,可能会出现较多的问题。

一、中古汉语词汇研究和古文教学

以往虽然没有把中古汉语列为一个独立的汉语史时期来研究,但在选作品时,也经常会把一些六朝的名著选入课本,如《世说

---

① 本节讨论《孔雀东南飞》的注释也包括人民教育出版社版高中语文教材第三册,因下面还要专门讨论中古近代汉语词汇研究和"中学古文教研"的关系,故此处把高中教材该册的内容都放入"大学古文教研"中,不作区别。

新语》《水经注》《孔雀东南飞》《木兰辞》等。为了集中讨论问题,现以六朝著名长诗《孔雀东南飞》的有关注释和翻译为例,谈谈中古汉语词汇研究和六朝文学作品的注释、教研之间的关系。

1. 大人

"三日断五匹,大人故嫌迟。"中等师范学校语文课本《文选和写作》(下简称中师课本)、幼儿师范学校语文课本《阅读和写作》(下简称幼师课本)、全日制普通高级中学教科书(试验修订本)《语文》(下简称高中教材)第三册注:"大人,好像现在说的'老人家',指婆婆。"朱东润《中国历代文学作品选》(下简称《作品选》)注:"大人,指焦仲卿的母亲。"[①]

按:诸家注解基本正确,但还不够明晰。"大人"可指德行高尚之人,"从其大体为大人,从其小体为小人。"(《孟子·告子上》)引申指父母。"高祖奉玉卮,起为太上皇寿,曰:'始大人常以臣无赖,不能治产业。'"(《史记·高祖本纪》,386页)"博欲上书,为大人乞骸骨去。"(《汉书·淮阳宪王传》,3312页)引申之可指称婆婆,本例即是。

2. 故

"鸡鸣入机织,夜夜不得息,三日断五匹,大人故嫌迟。"《作品选》注:"故,故意。"(上编第一册381页)高中教材注:"'大人故嫌迟',婆婆总是嫌我织得慢。故,总是、老是。"

---

① 这四种教材的版本为:(1)中等师范学校语文课本《文选和写作》,人民教育出版社,1988;(2)幼儿师范学校语文课本《阅读和写作》,人民教育出版社,1987;(3)全日制普通高级中学教科书(试验修订本·必修)《语文》第三册,人民教育出版社,2000年第2版;(4)高等学校文科教材《中国历代文学作品选》上编第一册,朱东润主编,上海古籍出版社,1979年第1版,1999年第28次印刷。

按：注误。故，仍然，还是。《抱朴子内篇·对俗》："《史记·龟策传》云：'江淮间居人为儿时，以龟枝床，至后老死，家人移床，而龟故生。'"①(48页)《世说新语·言语》第17则："邓艾口吃，语称艾艾。晋文王戏之曰：'卿云艾艾，定是几艾？'对曰：'凤兮凤兮，故是一凤。'"(42页)今福建(闽东)话还把仍然、还是称作"故"。

3. 恨恨

"生人作死别，恨恨那可论！"幼师课本、中师课本、高中教材均注"恨恨"句为："心里的愤恨哪里说得尽呢？恨恨，愤恨到极点。"《作品选》未注。

有学者认为"恨恨"是"悢悢"之误，举《广雅·释训》："悢悢，悲也。"有学者释"恨恨"为恋恋不舍或惜义。②《汉语大词典》释"恨恨"为"抱恨不已"，举《古诗为焦仲卿妻作》《隋书》和《聊斋志异》等例。

按：前两说均误，改字说尤不当。恨恨是惆怅、伤感或遗憾义，(参见方一新1997：59—61)《汉语大词典》所释近之。此义汉魏六朝习见，可酌举如下：

(1)"车还空反，甚失所望，兼叙远别，恨恨之情，顾有怅然。"(东汉秦嘉《重报妻书》)

"自汝行之后，恨恨不乐。何者？我实老矣，所恃汝等也。"(三国魏王修《诫子书》)

"彦先来，相欣喜，便复分别，恨恨不可言。"(《陆云集》卷一〇西晋陆云《与杨彦明书》)

---

① 今本《史记·龟策列传》无此文。
② 蔡镜浩(1990：140—141)释"恨恨"为"恋恋不舍之义"；王兵(2002：420—423)释"恨恨""恨"为"义近于'惜'。因文而异，或表'惜别'，或表'痛惜'，或表'怜惜'"。

"荀、葛各一国佐命宗臣,然荀获讥,于忧卒,意常恨恨。"(《全晋文》卷二四东晋王羲之《杂帖》)

(2)"莫大之衅,日经圣听,肝血之诚,终不一闻,所以临难慷慨而不能不恨恨者,惟此而已。"(《文选·陆机〈谢平原内史表〉》)

"柏年……既被诛,巴西太守柳弘称启太祖,敕答曰:'柏年幸可不尔,为之恨恨!'"(《南齐书·文惠太子传》,398页)

"今渡江必全克获,将有何虑?若疑于不济,不可谓智;知而不行,不可谓忠,实鄙州上下所以恨恨也。"(《晋书·周浚传》,1658页)

上述这些"恨恨"用例大致可以分为两类:(1)类主要用于亲朋好友之间的分离、远别的场合,"恨恨"表达了对不能团聚、见面的惆怅和遗憾,也可指对夫妻离别、故友逝世等表达的伤感。(2)类主要用于君臣、同僚、熟人等场合,通常是对某事、某人的未能妥善处理所表达的遗憾、惆怅。要之,"恨恨"都用于表达说话人一种强烈的心理感受。再回头来看《孔雀东南飞》诗中"生人作死别,恨恨那可论"两句,上文叙写焦仲卿和刘兰芝这对有情人在封建势力的重重压迫下无法再做夫妻,只得发出"黄泉下相见,勿违今日言"的悲愤之语,生离死别,何其惨痛,其惆怅、伤感之情,如何能表达出来呢?"恨恨"仍应作惆怅、伤感解。

4. 会

"阿母得闻之,槌床便大怒:小子无所畏,何敢助妇语!吾已失恩义,会不相从许!"中师课本注:"我(对她)已经没有恩情了,决不能答应你的要求。会,有必的意思。"幼师课本注:"我(对她)已经没有恩情了,当然不能答应你的要求。会,有当的意思。"高中教材略同幼师课本。《作品选》注:"会不,当不,也就是决不的意思。这句是说,决不答应你的要求。"

按:注均不确。会,终究,终当。"会不相从许"是说(不管你怎么请求)我终究不会答应、依从你。"服为定章,事成永则。其俭之所秉,会非古训。"(《宋书·礼志五》,511页)"会非古训",终非古训。

除了"会"单用外,又有由"会"加别的语素组成的复音词,有"会当","物成有败,人生有死,少壮不久,会当有老。"(失译《大方便佛报恩经》卷三)"公猎,好缚人士,会当被缚,手不能堪芒也。"(《世说新语·规箴》第25则)有"会是","今若不开内领军,天下会是乱耳。"(《南齐书·王敬则传》,481页)"恒曰:'此辈会是衰顿,何烦劳我?'"(《魏书·平恒传》,1846页)"会当""会是"也都是终究、终当义。

5. 见

"阿母谓阿女:'汝可去应之。'阿女衔泪答:'兰芝初还时,府吏见丁宁,结誓不别离。'"《作品选》注:"见,加。丁宁,再三嘱咐。这句说,府吏曾一再对我加以嘱咐。"

按:见丁宁,嘱咐我。汉魏六朝文献中,"见"常用在动词的前面,指代前置的宾语、第一人称代词我。晋李密《陈情表》:"生孩六月,慈父见背。"见背,离我而去。元魏慧觉等译《贤愚经》卷五:"即遣人语言:'汝负我钱,今可见偿。'"见偿,偿还给我。中师课本、幼师课本及高中教材不误。又如:"感君区区怀,君既若见录,不久望君来。"录,收留,"见录"犹言收留我,用法相同。

6. 区区

"阿母谓府吏:何乃太区区!"高中教材注:"区区,愚拙、凡庸。"《作品选》注:"区区,小貌。这里是焦母指责仲卿心胸的狭窄。一说,区区,愚蠢。"

"新妇谓府吏:感君区区怀。"《作品选》注:"区区,犹拳拳,忠爱专一的意思。"与上说不同。

按:后说为是。《广雅》:"拳拳、区区、款款,爱也。"都有恳挚款诚义。汉繁钦《定情诗》:"何以致区区?耳中明月珠。"

7. 详

"自君别我后,人事不可量。果不如先愿,又非君所详。"中师课本、幼师课本、高中教材注:"详,详知。"《作品选》未注。《汉语大字典》:"详,详细知道。"

以"详(详细)知"释"详",不确。此例"详"义为知道,了解。晋陶渊明《五柳先生传》:"先生不知何许人也,亦不详其姓字。""不详其姓字"是说不清楚、不了解他的姓字。《宋书·孝义传·余齐民》:"(父)在家病亡,家人以父病报之,……信寻至,便归,四百余里,一日而至。至门,方详父死,号踊恸绝,良久乃苏。"(2255页)"方详父死"是说才知道父亲死了。《晋书·石勒载记上》:"勒母王氏死,潜窆山谷,莫详其所。"(2720页)"莫详其所"言没有人知道其窆葬的处所。"详"也都是知道、了解义。

8. 何意

"女行无偏斜,何意致不厚?"幼师课本、中师课本、高中教材注:"何意,孰料。"《作品选》:"意,料。……这句是说,哪里料得到会使你不喜爱。"

按:注"何意"可商。"何意",为什么。这两句是说:兰芝的行为没有什么过错,你为何会不喜欢她?下文又有"新妇谓府吏:何意出此言!同是被逼迫,君尔妾亦然。""何意"的意思相同。"何意"在中古是一个较常用的双音词,有两个义位:①为何,为什么,常常用来表示反诘。如:"王颜色瘦弱,何意耶? 腹中调和不?"(魏明帝《与陈王植手诏》)"空中有骂者曰:'虞晚,汝何意伐我家居?'"(《古小说钩沉》辑《幽明录》)"常朝南殿,见典御进新冰,钩盾献早李,还索不得,遂大怒,询曰:'至尊已有,我何意无?'"(《颜氏家训·教子》)②何料,孰料。如:"宣王持杯饮粥,粥皆流出沾胸。胜愍然,为之涕泣,谓宣王曰:'今主上尚幼,天下恃赖明公。然众情谓明公方旧风疾发,何意尊体乃尔!'"(《三国志·魏志·曹爽传》裴注引《魏末传》),285 页)《孔雀东南飞》两例"何意"都应是前者,而非后者,教材所释不确。

9. 彷徨

"行人驻足听,寡妇起彷徨。"幼师课本、中师课本、高中教材注:"寡妇(听见了)从床上起来,心里很不安定。"

按:注误。"彷徨"是徘徊、来回走动义,动词,不是形容词。"彷徨"是双声联绵词,中古习见,有两个主要义位:①来回走动,徘徊;②坐立不安,心神不宁。这里是第一义。"彷徨"作徘徊讲,汉初即已见到,如:《诗·王风·黍离序》:"闵周室之颠覆,彷徨不忍去,而作是诗也。"在中古汉语里,"彷徨"经常用作动词义,又如:"有五时衣带青黑绶数人,彷徨阴堂东西厢,不敢来前。"(《风俗通义》佚文,见《太平御览》卷三六一引)"推寻雅意,彷徨旧土。"(汉蔡邕《太傅胡广碑》)又作"仿徨":"帝感悟之,夜起仿徨,为思所纳,卒多有所降宥。"(《后汉书·皇后纪上·明德马皇后》,410 页)

"彷徨"有动词和形容词两种词性,如何区别? 当其作动词时,或者带宾语,如"彷徨阴堂东西厢";或者用在动词前后,组成连动结构,如"起彷徨"。而作形容词时,则通常用在动词前作状语,表示情状、样子。如:《白虎通·宗庙》:"念亲已没,棺柩已去,怅然失望,彷徨哀痛。"

有些词失注,也是一种失误。这里举"自"例以见一斑:

10. 自

"东家有贤女,自名秦罗敷。""中有双飞鸟,自名为鸳鸯。""自名",就是其名。失注。《三国志·魏志·徐晃传》:"辽披甲持戟,先登陷阵,杀数十人,斩二将,大呼自名,冲垒入,至权麾下。"(519页)吕叔湘指出,"自"在这里"是作领格代词用,……这在先秦是用'厥'或'其',后世也有用'己'的,用'自'很少见"。(《读〈三国志〉》"自"条)(参见吕叔湘1984:23)《汉诗》卷九《陌上桑》:"秦氏有好女,自名为罗敷。"《魏诗》卷六曹植《精微篇》:"关东有贤女,自字苏来卿。"(参见吴金华1990:318)

有些注解或解释值得进一步充实或阐明,如:

11. 颜仪

"入门上家堂,进退无颜仪。"高中教材注:"[进退无颜仪]上前退后都觉得没脸面。仪,容貌。"《作品选》注:"无颜仪,犹言脸上没有光彩。"

按:二书的注解大略是,尤其是高中教材注"仪"为"容貌",比较准确。考六朝、隋唐典籍,多见"颜仪"一词:"遥见舍利弗,颜仪甚熙怡。"(北凉昙无谶译《佛所行赞》卷四)"清灵真人裴君,……为人清明,颜仪整素。"(《云笈七签》卷一〇五)"行步举动,翩翩轻利,颜仪和明不严毅,小大见之,皆乐悦附。"(《云笈七签》卷一〇七)"颜仪"就是外表,容貌。"进退无颜仪"是比喻的说法,是说兰芝因为被责还家,一举一动都感到没有脸面。《汉语大词典》"颜仪"条释为"犹面子",举《孔雀东南飞》本例,就这一例来说可以说得通,但不能解释其他用例(如佛经的例子)。

《孔雀东南飞》有一些同义复词,如"仍更""从许",解释时应注意。

12. 仍更

"谓言无罪过,供养卒大恩;仍更被驱遣,何言复来还。"

按:"仍更",教材未注。"仍更"犹言反而,反倒,是表示转折语气的副词,①六朝以来用例如:"举手打人,仍更自害。"(姚秦竺佛念译《出曜经》卷十六《忿怒品》,4/695/a)"六众苾刍向门徒舍,出床令坐。六人同坐,其床遂破,一时大笑。余苾刍见告言:'具寿,作斯非法,不知惭耻,仍更大笑。'"(唐义净译《根本说一切有部毗奈耶杂事》卷十六,24/280/a)"定光佛时目连名罗卜,母字青提。罗卜欲行,嘱其母曰:'若有客来,娘当具膳。'去后客至,母乃不供,仍更诈为设食之筵。儿归问曰:'昨日客来,若为备拟?'母曰:'汝岂不见设食处耶?'"(宗密述《佛说盂兰盆经疏》卷下,39/509/c)

13. 从许

"小子无所畏,何敢助妇语!吾已失恩义,会不相从许!"

按:"从许",就是听从,允许。此词直到唐代仍然多见,如:唐白居易《清明日观妓舞听客诗》:"绮罗从许笑,弦管不妨吟。"陆龟蒙《文宴招润卿博士辞以道侣将至一绝寄之》诗:"仙客何时下鹤翎,方瞳如水脑华清。不过传达杨君梦,从许人间小兆听。"②

二、近代汉语词汇研究和古文教学

在近代汉语作品的注释著作中,由于对口语词、习见语研究不

---

① "仍更"也有表示顺接语气的用法,表仍然,于是等义,如:"王于尔时,即脱身上所著璎珞,手自捧持,以挂其颈,仍更佐以种种无量诸珍宝物。"(唐提云般若译《佛说大乘造像功德经》卷上,16/790/c)此不赘。

② 魏耕原(2001:50)释为"犹言任从",可参。

够,也时常可见误释、误解的情况。举两个清代散文的例子以见一斑。

1. 奇羡

清方苞《狱中杂记》:"奸民久于狱,与胥卒相表里,颇有奇羡。"朱东润《中国历代文学作品选》下编第二册注:"奇羡,特别赢利。羡,赢余。"(130页)

按:朱注"羡"字是,但以"奇"为"特别",作副词讲,则未确。奇,音jī,盈余,积存;"奇羡"同义并列,义为赢余、(积存的)财物。明朱谋㙔《骈雅》卷一《释诂》:"奇羡、曼羡,余赢也。"《史记·货殖列传》:"然迫近北夷,师旅亟往,中国委输,时有奇羡。"唐司马贞索隐:"(奇)音羁。……'奇羡'谓奇有余衍也。"(3264页)《汉书·食货志下》:"以临万货,以调盈虚,以收奇羡。"唐颜师古注:"奇,残余也;羡,饶溢也。奇,音居宜反。"(1156页)宋张方平《论钱禁铜法事》:"国朝故事:诸监所铸钱悉入于王府,岁出其奇羡,给之三司,方流布于天下。"明王廷陈《梦泽集》卷一六《文·阐义》:"笃义乡邻,散奇羡之积。"

2. 护前

清钱大昕《弈喻》:"弈之优劣,有定也。一著之失,人皆见之;虽护前者,不能讳也。"朱东润《中国历代文学作品选》下编第二册注:"前,指前此之失。别本或改为'短'。"(175页)

按:以"前"为"前此之失",有增字为训之嫌,此注不确;或本改"护前"为"护短",尤妄。"护前"是魏晋以来习语,六朝典籍多见。《三国志·蜀志·关羽传》:"羽闻马超来降,旧非故人,羽书与诸葛亮,问超人才可谁比类。亮知羽护前,乃答之曰:'孟起兼资文武,雄烈过人,一世之杰,黥、彭之徒,当与益德并驱争先,犹未及髯之绝伦逸群也。'羽美须髯，故亮谓之髯。羽省书大悦，以示宾客。"（940页）又《吴志·朱桓传》："桓性护前，耻为人下。每临敌交战，节度不得自由，辄嗔恚愤激。"《宋书·刘瑀传》："瑀性陵物护前，不欲人居己上。"（1309页）《梁书·沈约传》："先此，约尝侍宴，值豫州献栗，径寸半，帝奇之，问曰：'栗事多少？'与约各疏所忆，少帝三事。出谓人曰：'此公护前，不让即羞死。'"《新唐书·于志宁传附孙休烈》："宰相李揆矜己护前，羞与同史任为等列，奏徙休烈为国子祭酒，权留史馆修撰，以卑下之。"又《奸臣传·李林甫》："于时有以材誉闻者，林甫护前，皆能得于天子抑远之，故在位恩宠莫比。"

此词已有辞书及多位学者作过解释，然聚讼纷纭，要而言之，约有以下数端：

（1）爱居人上

台湾学者曲守约（1968：506）举《宋书·刘穆之传》"瑀陵物护前，不欲人居己上"后云："寻绎文意，护与爱常相连文，前犹上，故护前乃谓爱居人上。而下句不欲人居己上，正相通贯。"

（2）回护以前的错误；护短

《辞海·语词分册》："护前：回护自己以前的错误。"举《三国志·吴志·朱桓传》例。《汉语大词典》："护前：回护以前的错误。亦泛指护短。"（11卷439页）除《三国志》例外，又举陆游《老学庵笔记》卷四"畏中司者护前"和清钱谦益《奉直大夫左谕德赠詹事缪公行状》"或其人护前讳短"二例。

（3）"护"通"妒"，"妒"是妒的意思，故"护前"即"妒前"

吴金华（1983）云："护"同"妒"，"妒"是妒的意思，故"护前"即"妒前"。作者此后又有新说（详下），但通假说得到了刘百顺

(1993:46—47)的赞同。

(4) 护,提防、阻遏;前,指胜己之人

吴金华(1986、1990:210)云:"逞强好胜,不容许别人争先居前,谓之'护前'。……'护前'之'护',乃提防、阻遏之义。……'护前'之'前',指胜己之人。""《资治通鉴·魏高贵乡公正元元年》(卷七六)胡三省注:'妒前者,忌前也。人忌胜己,则无亲之者。'(6册2415页)《晋书·刘聪载记》:'将军愎谏违谋,戆而取败,而复忌前害胜,诛戮忠良。'忌前,谓嫉妒胜己之人也。此'护前'一词,《华阳国志·刘先主志》引作'忌前',可见'护前'即忌前之义。辞书相承解'护前'为'护短',不确。"

周一良(1990)"护前"条列举相关用例,并指出"亦称妒前""又称忌前",其说与吴金华(1986、1990)相近。

(5) 维护脸面

许嘉璐(1987)云:"今按'后'之反义词'前',可指人的脸面。《梁书·沈约传》:'约尝侍讌,值豫州献栗,径半寸,帝奇之,问曰:栗事多少?与约各疏所忆,[约]少帝三事。[约]出,谓人曰:此公护前,不让即羞死。'"

(6) 维护其在先

龙潜庵(1989)云:"'护前'一词,都是自尊自大,出人头地,不甘落后等意,总的来说就是好胜,通俗点说就是喜欢高帽子。当是魏晋人口语。如果我们把'护'理解为'维护','前'理解为'先''在先'等意,那就是'维护(保持)其在先',亦即英雄好胜之意,就差不离了。"

(7) 争占前列

王继如(1990)谓:"护"有争、占义,"护前"是争占前列。刘百顺(1993)认为:"王先生所举三条例证似皆可商。"

按:以上诸家所说,都有一定的道理或依据,但揆之文义,除了第6说庶几近之外,均有未谐。

辞书所释,误在以后起义为古义。"护前"后来有袒护错误、护短义,但《三国志》时代尚未有此义。

通假说以"护前"之"护"为"嫭"之借字,"嫭前"即"妒前"。但"护"之通"嫭",文献无征,此说无据。

以"护"为提防、阻遏、排摒义,"前"指胜己之人,"护前"为提防、阻遏胜己之人。正如王继如(1990)所指出的那样:"似稍嫌迂曲。"尤其是对"护"的解释,未免牵强。

以"前"为指人的脸面,盖把"护前"理解为维护脸面。但以"前"为脸面,未见证据。

认为"护"有争、占义,"护前"为争占前列,虽然有《宋书·羊希传》"占山护泽"为例,但"护泽"的"护"未尝不可以解释为"守卫""守护",释"护"为争、占,根据不足。

相对而言,第6说以"护"为"维护","前"为"先""在先","护前"为"护(保持)其在先",比较合乎"护前"的原意。理由详下。

首先,从文献用例看,"护前"最早的用例见于《三国志》,凡二见,则其词义当不能脱离西晋陈寿《三国志》的语言环境。笔者调查了《三国志》中"护"和"前"的用法。具体的统计如下:

护,总共出现240次,除了"护军(将军)""中护军""监护将军"等官名160例、人名用字7例和"护前"2例外,共有以下几个义项:①监视,监督;②救助,保护……引申为谨饬;③护理,守护;④袒护,包庇;⑤遮蔽,掩盖;⑥总领,统辖。

表1

官名	人名	监管、监督、总领	救助、保护、守卫	治疗、护理	谨敕	庇护、袒护	遮掩、掩盖	护前	总计
160	7	15	45	4	2	2	3	2	240

表2

义项 \ 次数、比例	次数	百分比%
护₁：救助、保护、守卫	45	63
护₂：监管、总领	15	21
护₃：治疗、护理	4	6
护₄：谨敕	2	3
护₅：庇护、袒护	2	3
护₆：遮掩、掩盖	3	4
总计	71	100

前，总共出现1006次，大略有以下三义：①表方位，前面，靠前；①②表时间，以前，从前；③表动作，向前，前进。

表3

前面（空间）	以前、从前（时间）	向前（进入）	总计
334	565	107	1006

表4

义项 \ 次数、比例	次数	百分比%
前₁：前面	334	33
前₂：以前、从前	565	56
前₃：向前	107	11
总计	1006	100

---

① 此义项统计数字包括了官名"前将军"。

显然，在"护前"这样一个结构中，只有"护₁"(救助、保护、守卫)、"前₁"(前面)比较合适；其他的义项的组合与词义不合。

因此，"护前"一词，就字面义而言，为守护前列、防护居前的位置，动宾结构。犹言好胜，要强，要面子。舍此别无洽解。

然则"护前"和"忌前""妒前"二词是什么关系？《三国志·蜀志·关羽传》"亮知羽护前"，《华阳国志·刘先主志》引作"忌前"，吴金华说："可见'护前'即忌前之义。"此说似可商榷。

笔者以为，"护前"和"妒前""忌前"，从相反的角度，描写了争强好胜、不愿意人居己前的心理。"护前"者，护己在前，保护自己居前的位置。"忌前""妒前"者，忌讳、嫉妒(他人)居己之前。因此，"护前"是从积极角度"护己在前"，而"忌前""妒前"是从消极角度"嫉妒人在己前"，最终目的只有一个，即让自己居于领先的位置或地位，不容许他人在先或对自己构成威胁。其主角的特点有二：一是有一定地位；二是心胸狭隘。总之，说"护前"实际的意思和"忌前""妒前"相当尚可，但说"'护前'即忌前之义"，则未当。

从古书用例来看，"护前"经过了从中古到近代的发展，词义也有两个阶段。一是争强好胜，一是护短。前期如《三国志》中尚是护己在前、争强好胜义，而到宋元以后，则由于错误的解读，致使"护前"产生了回护以前的失误、护短义。例如：

宋王称《东都事略》卷七三《吴奎传》："奎曰：'臣见安石临事施设，自用护前，所为迂阔。万一用之，必紊乱纲纪。'"

郝经《元遗山先生墓志铭》："铭曰：'……先生卓荦有异识，振笔便入苏黄室。开辟文源剪荆棘，大声复完金玉击。烂熳长醉思盈溢，瑞锦秋花乱堆积。险妒护前喘肝臆，群犬狺狺共谗嫉。'"

明沈德符《万历野获编·补遗》卷二："孝宗一日在宫中阅《通

鉴纲目》,有致堂胡氏断语,未知其人,因出御札付内阁,问其本末。时洛阳刘文靖诸公在阁,俱茫然失对,遂直陈以谢,比出阁,翻阅故籍始得之,具揭以复,且以寡学引愆,上亦不罪也。是时李长沙为次相,以博雅称,岂不娴此,或恐刘护前,故韬晦示拙耶?"[①]

《喻世明言·梁武帝累修归极乐》:"为何支公有此四句口号?一日,豫州献二寸五分大栗子,梁主与沈约各默书栗子故事。沈约故意少书三事,乃云:'不及陛下。'出朝语人曰:'此公护前。'盖言梁主护短也。后梁主知道,以此憾约。"

这些"护前"用例,可归入因误解而产生的新义,和早期的用法已经不同。总结"护前"一词的词义演变轨迹为:

　　　　　　　(早期)守护前列
　　　　　　 ↗
　护前
　　　　　　 ↘
　　　　　　　(晚期)护短

第三节 中古近代汉语词汇研究和中学古文教研

总体上说,现今通行的全日制普通高级中学教科书(试验修订本)《语文》(人民教育出版社,2000年12月第2版)教材是编得相当成功的,它选材精当,注释详明,翻译准确,有相当高的水准,为高中生提供了一个很好的阅读学习的范文。语言是有继承性的,

---

① 《万历野获编》,中华书局,1998。

现代汉语的来源是近代汉语、中古汉语和上古汉语,因此,加强对古汉语文言文作品的学习,提高中学生阅读文言文的能力,是中学语文教科书的重要任务。我们欣喜地看到,这套修订本语文教材提高了文言文所占的比例(据书前《说明》,"全套教科书编排的古诗文,约占课文总数的40%"),这对帮助中学生掌握浅易的文言文,培养其阅读古文以及欣赏、评价古文的能力,无疑是有很大帮助的。

当然,金无足赤,我们也发现了高中《语文》教材(第3册)在文言文译注方面存在的一些问题。兹不揣蒙昧,略加梳理,分五类19例条陈如下。

一、标注读音失误

在高中《语文》第3册课本的文言散文中,经常可以见到标注读音失误的例子,不知是编者疏失还是属于排印失误。例如:

1.《后赤壁赋》:"攀栖鹘之危巢,俯冯夷之幽宫。"教材注"栖鹘"的"鹘"读(gǔ)。(高中《语文读本》第3册,301页)

按:"鹘"有两个读音,一为"gǔ"(《广韵》古忽切),专指"鹘鸼"这种鸟;一为"hú"(《广韵》户骨切),指隼,一种猛禽。"栖鹘"的"鹘"显然是指后者,所以应该读"hú",不读"gǔ",教材误标。

2.《西湖香市》:"丝竹管弦,不胜其摇鼓欱笙之聒帐。"教材注"欱笙之聒帐"一句时,为"欱笙"的"欱"标注读音为"hā",误。"欱"的读音是"hē",应该纠正。

二、解说文字失误

在高中语文课本的文言文中,文字方面应该注释的,主要有古今字、通假字和异体字三大类。按照现今比较公认的标准,分别可用"某某字后来写作某某字""某某字通某某字""某某字同某某字"

或"某某字又作某某字"来表示。但我们看到,编者似乎对此类问题缺乏统一的认识,在课本中没有古今字的概念,"通""同"的表述也不规范,经常误用。

(一)解说通假字有误

1.《祭十二郎文》:"吾上有三兄,皆不幸早世。"注:"[早世]早死。世,通'逝'。"(114页)

按:课文"早世"出现两次,下文还有"皆康强而早世","早世"就是过早地去世,"世"未必通作"逝"。征之载籍,"早世"一语早在先秦就已见到,如:《左传·昭公三年》:"不腆先君之適以备内官,焜耀寡人之望,则又无禄,早世陨命,寡人失望。"《仪礼·士冠礼》:"惟先君早世,世子年幼。"而"早逝"的较早用例要到南北朝才见(如梁陶弘景《真诰》、陈何之元《梁典高祖事论》),故不能说"早世"通"早逝"。

2.《赤壁赋》:"举酒属客。"注:"[举酒属(zhǔ)客]举起酒杯,劝客人饮酒。属,通'嘱',这里指劝人饮酒。"(120页)

按:教材对"属"和"属客"的解释不够准确。属,《说文·尾部》:"连也。"本义是连接、连续,引申为注入、灌注。《书·禹贡》:"弱水既西,泾属渭汭。"清孙星衍疏引汉马融曰:"属,入也。"有学者认为在注入、灌注义上,"属"通"注",如清朱骏声《说文通训定声·需部》:"属,叚借为注。"特指倒酒、斟酒相劝。《仪礼·士昏礼》:"酌玄酒,三属于尊。"东汉郑玄注:"属,注也。"属(zhǔ)客:为客人斟酒并劝饮。也就是说,所谓"属客",实际上兼有"为客人倒酒"、"劝客人喝酒"两项行为,并非如教材所注只是"劝客人饮酒"而已。"属"有其特定的含义"斟酒相劝",并非"通'嘱'"。苏轼《喜雨亭记》:"于是举酒于亭上,以属客而告之。""属客"的用法与本课相同。

（二）解说古今字有误

3.《陈情表》："而刘夙婴疾病，常在床蓐。"注："［蓐］同'褥'，草褥子、草席。"(111页)

按：按通常的惯例，"同"是指异体字的关系。课文所注不当。"床蓐"就是床铺，床席。蓐，《说文·蓐部》："陈草复生也。从艸，辱声。一曰蔟也。"引申为草席、草垫子。《尔雅·释器》："蓐谓之兹。"郭璞注："兹者，蓐席也。"再引申为坐垫、被褥。《后汉书·赵岐传》："有重疾，卧蓐七年。"课文所用"床蓐"的"蓐"也是。后来为坐垫、被褥义专造一个"褥"字。《释名·释床帐》："褥，辱也，人所坐衰辱也。"典籍的较早用例有《世说新语·雅量》"血流沾褥"。因此，在坐垫、褥垫这一义位上，"蓐"和"褥"是古今字。应该说："蓐，后来写作褥。"清王筠《说文句读》："案此皆人之蓐也，蔟则蚕之蓐也。俗作褥字，盖即蓐之分别文。"王筠的意见可从。《汉语大字典》"蓐"的第五个义项是"通'褥'。坐卧时铺在身体下面的垫子"，亦欠妥。

（三）解说异体字有误

4.《西湖香市》："是岁及辛巳、壬午洊饥，民强半饿死。"教材注："洊饥，一再发生饥荒。"(《读本》305页)

按："洊"同"荐"，重（chóng），一再。苏轼《喜雨亭记》："无麦无禾，岁且荐饥。"在表示一再，接二连三的义位上，"洊"和"荐"是异体字。教材失注。

5.《西湖香市》："芳兰芗泽，不胜其合香芫荽之薰蒸。"(《读本》305页)"芳兰芗泽"一句，教材未注。

按："芗（xiāng）泽"，就是香泽，香气。"芗"，《说文新附·艸部》:"谷气也。"《玉篇·艸部》:"芗,谷气。亦作香。"故"芗"同"香",二字是正字(香)和异体字(芗)的关系。教材未能注明。

三、注释词义失误

学习古代文言文,最主要的问题就是由于古今词义的不同,给学习带来了困难。词汇问题解决好了,学习也就会容易得多。高中《语文》课本在这方面还存在着较多的问题。

(一)误解古今异义的词语

1.《祭十二郎文》:"呜呼!其信然邪?其梦邪?其传之非其真邪?信也,吾兄之盛德而夭其嗣乎?汝之纯明而不克蒙其泽乎?少者强者而夭殁,长者衰者而存全乎?未可以为信也,梦也,传之非其真也,东野之书,耿兰之报,何为而在吾侧也?呜呼!其信然矣!"注:"[信然]真实,确实。"(115页)

按:"信然"是一个中古产生,后世沿用的词语,但词义有别。严格说来,"信然"在古代只是一个词组,不是词。信,的确,果真;然,如此,这样。指示代词。"信然"义为真的如此,的确这样。《世说新语·雅量》第4则:"人问之,答曰:'树在道边而多子,此必苦李。'取之信然。"至于其果然、果真义的用例,《汉语大词典》举郭沫若《参观水丰发电站》诗:"水丰电力信然丰,秋色平分共一江。"本课"信然"凡二见,都是果真如此、的确这样义;单用的"信"倒是果真、的确义,不可不辨。编者用现代义来解释唐代的例子,不当。

(二)误解词语的内部结构

这里所说的词语,包括复音词,也包括词组。

2.《陈情表》:"诏书切峻,责臣逋慢。"注:"[逋(bū)慢]有意回避,怠慢上命。逋,逃脱。慢,怠慢、轻慢。"(112页)

按:如教材所释,是把"逋"和"慢"分为逃脱和怠慢两个意思,值得商榷。我们以为,"逋",本义是逃窜、逃亡义,由此引申,也有稽迟、拖延义,"逋慢"犹言怠慢,延误,由词义相似相近的两个语素构成,在训诂学上称为同义(近义)连文。《晋书·文六王传·齐献王攸》载攸所上奏议:"夫先王驭世,明罚敕法,鞭扑作教,以正逋慢。"《魏书·太宗纪》:"刺史守宰,率多逋慢,前后怠惰,数加督罚。"(55页)"逋慢"的意思和本课相同。

(三)该注而未注

在高中文言文教材中,有一些词语,或者古今异义,或者属于古语词,今天已经不用;像这一类的地方应该加注,以便高中生理解和掌握。

3.《祭十二郎文》:"毛血日益衰,志气日益微。"(115页)

这两句里,"毛血"现代已经不说,但从字面上看,仍然可以大致猜出其为毛发气血义,在这里指身体,还不算难懂;但"志气"何义?值得思索。查《现代汉语词典》(第5版):"志气:求上进的决心和勇气;要求做成某件事的气概。"

按:课本中的"志气"似都不能用《现代汉语词典》的解释来套,"志气"应指精神,和"毛血"(指身体)相对。《庄子·盗跖》:"目欲视色,耳欲听声,口欲察味,志气欲盈。""志气欲盈"是说精神要饱满。

4.《祭十二郎文》:"当求数顷之田于伊、颍之上,以待余年。"(116页)

这两句中,编者注释了"顷""伊""颍"等词。但如果追问一下,什么叫"伊、颍之上"?"上"是什么意义?则未必能够解答。

按:上,(河海的)侧畔,岸边。《左传·僖公二十四年》:"瑕甥、郤芮不获公,乃如河上。"河上,黄河边。《史记·孝武本纪》:"臣尝游海上,见安期生。"海上,海边。① 唐岑参《题平阳郡汾桥边柳树》诗:"可怜汾上柳,相见也依依。"汾上,汾河岸边。"伊、颖之上"就是伊水、颖水的边上。《愚溪诗序》:"予以愚触罪,谪潇水上。""上"义并同。这是"上"的一个古义,应该加注。

5.《愚溪诗序》:"予虽不合于俗,亦颇以文墨自慰。"(119页)

这两句没有注解。

按:颇:稍稍,略微。晋陶渊明《五柳先生传》:"常著文章自娱,颇示己志。""颇"也是稍微的意思。"颇"作稍微讲,中古以降用例很多,如:《三国志·魏志·曹爽传附何晏》裴注引《魏略》:"晏尚主,又好色,故黄初时无所事任。及明帝立,颇为冗官。"(292页)"颇为冗官"是说稍稍开始担任一些赋闲的官职。《南齐书·谢朓传》:"去夏之事,颇有微诚,赏擢曲加。"(827页)"颇有微诚"是说稍微表现了一些忠诚。在《教师教学用书》的参考译文里,把"亦颇以文墨自慰"一句译成"也还能稍用文章来安慰自己",得之。

6.《赤壁赋》:"客有吹洞箫者,倚歌而和之,其声呜呜然:如怨如慕,如泣如诉。"(120页)"如怨如慕"一句课文没有注释。《教师教学用书》的参考译文译作:"像是怨恨,又像是思慕。"(226页)

按:慕:原指小儿因追随父母而哭泣呼喊。《礼记·檀弓上》:"其往也如慕。"东汉郑玄注:"慕谓小儿随父母啼呼。"唐孔颖达正义:"谓父母在前,婴儿在后,恐不及之,故在后啼呼而随之。"《魏书·崔鉴传附崔仲哲》:"六岁宋亡,啼慕不止,见者悲之。"(1105页)还有"孺慕""婴慕"等说法。因为"慕"有小儿啼哭义,后代遂引申为泛指哭泣,并产生了一批以相近语素和"慕"连用的双音词,有

---

① 唐司马贞《史记索隐》引《列仙传》曰:"安期生,琅邪人,卖药东海边。"

"号慕""叫慕""啼慕""泣慕"等,如:《三国志·吴志·朱桓传》:"年六十二,赤乌元年卒。吏士男女,无不号慕。"(1315页)"号慕"是说嚎啕痛哭。单用"慕"的例子比较少,除了本课外,又如唐李朝威《柳毅》:"清音宛转,如诉如慕,坐客听之,不觉泪下。""慕"也是哭泣义,表示比喻。

7.《西湖香市》:"宋元名画,不胜其湖景佛图之纸贵。"(《读本》305页)这两句,教材未注;有人把这句译作"宋元各朝的名画,比不上西湖风景画和佛像图的畅销",看来,都是把"佛图"作"佛像图(佛像的图画)"来理解了。大误。

按:佛图,是一个梵语音译词,也作"浮图""浮屠"等,指佛寺或佛塔;和"佛像图"无涉。"湖景佛图"和通常说的"湖光塔影"相似。教材未注,译文误译,都是因为不明"佛图"原为音译词而然。

(四)误解上下文关系

8.《与陈伯之书》:"方当系颈蛮邸,悬首藁街。"教材注:"[系颈蛮邸]意思是,在官邸被绞杀。系颈,丝带拴在脖颈上。"在"悬首藁街"句下串讲说:"这两句(指'系颈蛮邸,悬首藁街')意思是,北魏的君主很快就会被缚到京城,斩首示众。"(《读本》299页)

按:"系颈蛮邸"和"悬首藁街"意思相类,但未必是表达同一个意思。"系颈",是指把绳索套在脖颈上,表示伏罪投降。《史记·秦始皇本纪》:"子婴即系颈以组,白马素车,奉天子玺符,降轵道旁。"(275页)裴骃《集解》引应劭曰:"系颈者,言欲自杀也。"《文选·贾谊〈过秦论〉》:"百越之君,俯首系颈,委命下吏。"唐吕向注:"系颈,自系其头。委命下吏,言任性命于狱官也。"《与陈伯之书》载于《文选》卷四三,唐刘良注本例"系颈"说:"系颈,谓以绳系项也。"这些古注都可说明,"系颈"(系颈)是一种把绳索套在脖颈上的投降方式,表示伏罪,甘愿从死。这和古代的"面缚(反绑身体)舆榇(用车子拉着棺材)"相似,都用来表示伏罪投降的诚意。仅仅因为下文是"悬首藁街",所以就把"系颈蛮邸"解释成"在官邸被绞杀",在训诂上是没有根据的。

四、串讲句意失误

在课本的注释中,编者时常采用串讲文句的方式来疏通词义、句意,因为这类似于翻译,可以起到帮助高中生理解、扫除文字障碍的作用。但在串讲的过程中也应注意古汉语的特点,应该做到字、词、句落实,切忌译个大意,没有扣紧字面或漏掉关键词语。这方面存在的问题有以下几点。

(一)漏掉关键词语

1.《陈情表》:"猥以微贱,当侍东宫,非臣陨首所能上报。"注:"[非臣陨(yǔn)首所能上报](皇帝恩遇优厚)不是我杀身所能报答的。陨首,头落地。"(112页)

这里,编者解释了"陨首"这个难点,串讲了句意。但在这句里,还有一个需要注意的关键词"上",在注解时漏掉了;串讲没有准确翻译"上报",而是加了一个括注"(皇帝恩遇优厚)",似乎把"上"的词义概括在前面,但这不利于学生掌握"上"的词义。

按:上,指皇上。《史记·高祖本纪》:"已而吕后问:'陛下百岁后,萧相国即死,令谁代之?'上曰:'曹参可。'""上",指汉高祖刘邦。上报:报答皇上(的恩情)。《三国志·魏志·孙礼传》:"本谓明公齐踪伊、吕,匡辅魏室,上报明帝之托,下建万世之勋。"《晋书·蔡谟传》:"不悟天施复加光饰,非臣陨越所能上报。"均其例。(参见汪维辉1990"而上畏太后"条)翻译时,可把这句译为:"我就是掉脑袋也报答不了皇上的恩典。"

（二）翻译大意，未能扣紧字词

2.《登楼赋》："步栖迟以徙倚兮，白日忽其将匿。"教材注："［白日忽其将匿（nì）］太阳将要沉没。匿，隐藏。"（《读本》297页）

这例和上一例情况相似。在"白日忽其将匿"一句中，除了"匿"外，"忽"也是学习的难点，教材既没有注，译文中也没有相应译出，漏掉了关键词语。按：这里的"忽"形容快速、迅疾，"其"则是副词词尾。"忽其"表示快速的样子，和《楚辞·离骚》"日月忽其不淹兮""忽奔走以先后兮""忽反顾以游目兮"等"忽（其）"的用法相同。

五、注解语法失误

学习文言文，掌握基础的语法知识是需要的，在高中文言文里会碰到多种古汉语的特殊语法，包括句法和虚词两大类，编者在注解中时有涉及。但由于对汉魏以来新的研究成果注意不够，也出现了一些失误。如：

《陈情表》："臣之辛苦，非独蜀之人士及二州牧伯所见明知，皇天后土实所共鉴。"注："［所见明知］所看见的，明明白白知道的。"（112页）

按："所见……"是汉代以后兴起的"为……所见"被动句的省略形式，"所""见"均为辅助性代词，具有相同的语法功能。"所见"就相当于"所"，用于动词谓语的前面，把动词性词组名词化，表示被动。"所见明知"就是所明知，意思是所清楚明白的。姚秦竺佛念译《出曜经》卷一："如今亿百千众所见薄贱。"是说被亿百千众所薄贱。又卷四："或遇虎狼盗贼，毒虺恶鬼，荆棘深林，无人踪迹；或遇刀剑，所见屠割。"是说被手持刀剑的恶人所屠割。值得注意的是："所见"的语法作用就相当于"所"，"见"不是"看见的"意思。课本把"所见"解释为"所看见的",并不确当。究其原因,就在于"(为)所见+V(动词)"是一种汉代以来新兴的被动表示句式,先秦时期的上古汉语作品里未见,没有引起编者的注意。(参见吴金华1983b、柳士镇1992:320—321)

第四节　中古近代汉语词汇研究和古籍整理

随着中古近代汉语词汇研究的深入开展,成果日益增多,可以纠正古籍整理中的失误,为从事古籍整理工作者提供参考。

一、从事中古近代汉语作品校注整理,应该了解该时期的语言

语言是有继承性的,后代语言总是要继承前代的语言。语言又是发展的,而非一成不变。每一个时代都会有该时代产生和习用的语汇,也会有某一地区惯用的特殊语汇,这是在继承前代语言的同时产生的新的变化,不这样,语言就会停滞,失去发展的动力。明代学者杨慎说过:"凡观一代书,须晓一代之语;观一方书,须通一方之言,不尔不得也。"(《丹铅续录》卷三"阿堵"条)杨氏的意思是说,一个时代有一个时代的语言,一个地区有一个地区的方言。要研究某一时代的著作,必须通晓该时代的语言;要研究某一地区的典籍,必须通晓该地区的语言。这就告诉我们,语言既有时间的差异,也有空间的不同,前者是历时的变化,后者是共时的变化,要研究整理相关古籍,对此不能不关注,不能不了解。忽略这一点,就容易产生错误。

(一)标点校释古籍要了解古籍的语言习惯

在标点校释古籍的时候,我们要了解语言的习惯,尤其是当时的词汇特点和一般规律。唯有这样,才不会误校。

1.标点

(1)标点古籍,要熟悉作品,以及作品所处时代的语言。

信

汉魏六朝时期,"信"常常是使者、送信人的意思,尤其当"信"和"书""札"等连言时更加明显。《世说新语·雅量》第1则:"外启信至,而无儿书。"(193页)《玉台新咏》卷一〇《近代西曲歌五首》之二:"有客数寄书,无信心相忆。莫作瓶坠井,一去无消息。"唐包佶《酬于侍郎湖南见寄十四韵》诗:"去札频逢信,回帆早挂空。"都可证明。王羲之《十七帖》:"往得其书,信遂不取答。"意思是昔日曾经得到他的来信,而送信者竟然不取走回信。如果不了解这里的"信"是使者、送信人的意思,就会误读文句,成"往得其书信,遂……",误以"书信"连言,当作今义来理解了。①

耳

可作疑问语气词,相当于"耶""邪"。这一用法,先秦已然,用例甚少;②东汉六朝沿而用之,例证仍然不多。佛经如:"当从何所说般若波罗蜜?菩萨转复相呼菩萨云何?天中天,想如字耳?"(《道行般若经》卷一)"佛语迦叶:'人宁著痴,大如须弥山,呼为有其过,不足言耳?'"(《遗日摩尼宝经》)东晋二王书帖中有

---

① 明代杨慎《丹铅续录》卷三"使者曰信"专门讨论了"信"的古今词义差别的问题,多举六朝以来"信"作使者、送信人讲的用例,并批评了对王羲之《十七帖》"往得其书信,遂不取答"的世俗"误读"。此外,清代顾炎武《日知录》、张永言《语文学论集》对"信"的信使和书信义均有探讨,并可参看。

② 先秦时期疑问句很少用"耳"。只有刘晓南(1991)列举了"耳"在先秦晚期用于特指问句的用例。吴金华(1990:85)已讨论了"耳"有疑问语气词的用法,并举《韩非子》中"耳"用于是非问句的例子。

其例。用于特指问句:"此雨足何耳? 故当收佳。"(王羲之《杂帖》,《全晋文》卷二三,1588页)用于是非问句:"诸舍复何如? 吾家多患忧,面以问慰情,不知可耳?"(王献之《杂帖》,《全晋文》卷二七)用于选择问句:"不审尊体复何如? 眠食转进不? 气力渐复充耳?"(同上)①子书、史书用例如:"曹公曰:'何忽去耳?'"(晋葛洪《神仙传》卷八)"(王)戎每与籍为竹林之游,戎尝后至。籍曰:'俗物已复来败人意。'戎笑曰:'卿辈意亦复易败耳?'"(《晋书·王戎传》,1232页)②

如果不了解"耳"的这一用法,很容易弄错。在古籍整理著作中,可以发现,由于不明"耳"可作疑问语气词,因而产生了误点、误校的情况。

"骏弟济素与咸善,与咸书曰:'江海之流混混,故能成其深广也。天下大器,非可稍了,而相观每事欲了。生子痴,了官事,官事未易了也。了事正作痴,复为快耳!'"(中华标点本《晋书·傅玄传》,1326页)"耳",相当于"耶",是句尾表疑问语气的语气词,因此,其后的惊叹号应该改为问号,作:"了事正欲作痴,复为快耳?"(处理官事正是当傻子罢了,还有什么快乐吗)方合文意。

"天兴先署佞人府位,不审监上当无此簿领耳。"(中华标点本《晋书·二凶传·刘劭》,2425页)"耳"也是"耶"的意思,表示询问。应该把"耳"后的句号改为问号。

(2) 标点古籍,要熟悉作品,以及作品所处时代的典章制度、生活习俗。

---

① 此三例引文均据《全上古三代秦汉三国六朝文》,清严可均辑,中华书局,1958。
② 《晋书》此例"耳",《世说新语·排调》第4则作"邪"。

顿首

全日制普通高级中学教科书（试验修订本·必修）《语文》第三册配套的《语文读本》选了南朝梁丘迟《与陈伯之书》，开头一段话是这样标点的："迟顿首陈将军足下：无恙，幸甚幸甚。"(298页)

按：教材把"迟顿首陈将军足下"作一句读，标点可商。古人书信往来，通常在开头加上"白""再拜""顿首"之类的客气语，并往往首尾呼应。这里首句应该在"顿首"后逗开，改为"迟顿首：陈将军足下无恙，幸甚幸甚"。这样，"迟顿首"和最后的"丘迟顿首"正相呼应，"无恙"一词也不显得突兀了。

(3) 标点古籍，要分清形近义异之词，顺畅文意。

鄙艺/鄙亵

《魏书·萧昭业传》："又多往其父母陵隧中，与群小共作鄙艺，掷涂赌跳，放鹰走狗诸杂狡狯。"(2166页)中华点校本标点如此。

按：拙著《东汉魏晋南北朝史书词语笺释》谓"鄙艺"当作"鄙亵"，字之误也。"艺"（藝）与"亵"字形相近，容易致误。"鄙亵"犹言鄙俗亵渎，是六朝以来人语。又如：《北齐书·恩倖传·和士开》："言辞容止，极诸鄙亵，以夜继昼，无复君臣之礼。"《隋书·柳彧传》："外州每以正月望后充街塞陌，聚戏朋游，鸣鼓聒天，燎炬照地，人戴兽面，男为女服，倡优杂技，诡状异形，以秽嫚为欢娱，用鄙亵为笑乐，内外共观，曾不相避。"明曹学佺《蜀中广记》卷四八《宦游记第二·川南道属·唐》："刘赞蜀王衍时仕为嘉州司户，时衍学士韩昭等为狎客，陪宴后宫，宫女杂坐为燕歌，谑浪鄙亵，赞献陈后主三阁图，并作歌以咏。"因此，本例"与群小共作鄙艺掷涂赌跳"当作一句读。《南史·齐废帝郁林王纪》亦记此事，而作"鄙亵"，是其的证。

现在看来，校"鄙艺"作"鄙亵"也未必，"鄙艺"一语六朝也见，是琐技杂艺的意思,如:《晋书·艺术传·索统》:"澹命为西合祭酒,统辞曰:'少无山林之操,游学京师,交结时贤,希申鄙艺。'"《魏书·高允传》:"今之大会,内外相混,酒醉喧诮,罔有仪式;又俳优鄙艺,污辱视听。朝庭积习以为美,而责风俗之清纯。"(1075页)如果不改字,则此处标点显然不妥,"鄙艺"后面的逗号宜改为冒号或破折号,即:"又多往其父母陵隧中,与群小共作鄙艺:掷涂赌跳……"

2.校勘

校勘是古籍整理的重要工作之一,古今许多学者在研究典籍之前,都先做校对的工作,整理一个较可利用的本子,为研究工作打下基础。清代著名训诂学家戴震、段玉裁、王念孙、王引之、卢文弨、俞樾、孙诒让等人都是校勘大家,成果突出。

从事中古、近代汉语研究,选择、利用好的可信的版本是十分重要的。有时候就必须利用前人时贤的校勘成果。例如:

打坐

五代静、筠《祖堂集》卷十一《保福和尚》:"师因举初祖于少林寺里,面壁打坐九年。"(《唐五代卷》529页)《近代汉语语法资料汇编》的编者出"校记"说:"面壁打坐九年 '打坐'原作'坐打',今正。"(同上,531页)

按:"打"是一个构词性很强的语素,由"打~"构成的词语复音词很多,"打坐"又是一个尽人皆知的佛教术语,编者改正极是。

百口

《朱子语类·训门人》:"如今诸公说道这个也好,某敢百口保其自见不曾分明。"(《宋代卷》298页)《近代汉语语法资料汇编·宋代卷》"校记":"'口',集成本作'日',误。"(303页)

按:所校是。"百口"是六朝以来人喜欢用的一个词。原来指人口众多的家族。《三国志·蜀志·马超传》裴注引《典略》:"诏收灭超家属。……正旦,种上寿于超,超搥胸吐血曰:'阖门百口,一旦同命,今二人相贺邪!'"(946页)下文记马超临终上书说:"臣门宗二百馀口,为孟德所诛略尽。"(947页)可见"百口"是指(二)百余人口。《魏书·卢玄传附卢昶》:"父母亡,然同居共财,自祖至孙,家内百口。"(1062页)引申为泛指全家族,所有亲属。《三国志·吴志·吴主传》裴注引《魏略》:"(浩周)谓权曰:'陛下未信王遣子入侍也,周以阖门百口明之。'(孙)权因字谓周曰:'浩孔异,卿乃以举家百口保我,我当何言邪?'"(1128页)《世说新语·尤悔》第6则:"丞相呼周侯曰:'百口委卿!'周直过不应。"(481页)"百口"都泛指全家大小,家中老少。也说"百口保之"。《世说新语·言语》第59则:"(郗)超曰:'大司马方将外固封疆,内镇社稷,必无若此之虑。臣为陛下以百口保之。'"(66页)《石林燕语》卷七记宋太祖与符房卿有交情,委派符在大名掌握兵权十多年。后来有人告符谋反,就把他调职到凤翔,并派王晋公祐去调查其事。"祐到,察知其妄,数月无所闻。驿召面问,因为辩曰:'臣请以百口保之。'"(102页)"以百口保之"是说用全家大小的性命担保(没有此事)。因此,本例"百口保之"既系用典,也有诙谐的语气成分在里面。集成本误"百口"为"百日",则完全不知所云了。

这两例作者之所以校改得当,是因为校者对"打坐""百口"这两个词语比较了解,故能够加以校正。

被难

《张协状元》三七出:"因为个人来被难,遂为姻契望相成。"(《宋代卷》591页)钱南扬本改为"避难"。

按:"被",蒙受、遭到义,"被难",遭难,指张协遭劫。不误。又五十三出:"启初张叶被贼劫尽,庙中来投睡。"(同上,624页)"被难"和"被贼劫尽"意思相近,可相比照。载籍中"被难"此义多见:《旧唐书·柳亨传》:"但利于社稷、有便于君上,虽蒙祸被难,杀身不悔也。"宋章如愚《群书考索·别集》卷一〇《经籍门·春秋》:"呜呼!既不能力救诸侯于被难之时,待其社稷丧亡,国纪迁徙,则虽往城之,何益哉!"明黄道周《弹陶》:"既而萧铿被难,故主就没,爰著感梦之编,并及《冥通》之录。"

(二)出现异文时要根据语言特点加以校正

在古籍整理、校释过程中,有一些地方会出现异文。当我们碰到异文的时候,应该如何判断正误,加以校正,是很有讲究的。

耳

《世说新语·言语》第27则刘孝标注:"俗传行疟鬼小,多不病巨人。故光武尝谓景丹曰:'尝闻壮士不病疟,大将军反病疟耳。'"徐震堮《世说新语校笺》校云:"大将军反病疟耳——'耳',影宋本及沈校本并作'耶'。王先谦校曰:《后汉·景丹传》引《东观记》作'今汉大将反病疟邪?'明作'耶'是。"(49页)

按:《校笺》引王先谦的校释意见而未下按语,看来是同意王说的。其实中古时期,"耳"有疑问语气词的用法,置于句末,帮助表示疑问,相当于"耶"(详上"标点"一节)。因此,影宋本、沈校本《世说新语》作"耶",另一些版本作"耳",不误,无烦校改。此外,"耳"后的句号应该改为问号。[①]

趁

《梁书·曹景宗传》:"景宗幼善骑射,好畋猎,常与少年数十人

---

① 参见第二章第四节。

泽中逐獐鹿，每众骑趁鹿，鹿马相乱，景宗于众中射之。"（178页）中华书局本"校勘记"云："每众骑趁鹿"，北监本、殿本"趁"作"赴"。又《南史·曹景宗传》也作"赴"。（184页）

按："趁"和"赴"在赶赴这个义位上是同义词，《梁书》作"趁"，《南史》作"赴"，自是用词不同，不一定要一律。而北监本、殿本《梁书》作"赴"者，应该是不明六朝口语而从《南史》改易，误。"趁"是中古出现的新词，有奔赴、赶赴和追赶义，常常出现在比较口语化的作品里。失译《无明罗刹集》卷上："于夜静时独设方计，立志确然，思趁疫病鬼。"隋阇那崛多译《佛说月上女经》卷上："尽其身力趁逐我，彼终不能害得我。"隋侯白《启颜录·嘲诮》36条："即急行趁及公子，问云：'郎君臂上唤作何鸟？'"（30页）唐宋以后也经常使用。《六祖坛经》："唯有一僧，姓陈，名惠顺，先是三品将军，性行粗恶，直至岭上，来趁犯着。"（《唐五代卷》75页）唐圆仁《入唐求法巡礼行记》卷四："行十五里，回头望西，见辛长史走马趁来。"（同上，162页）《全唐诗》卷八七六引《佛书引语》："赤脚人趁兔，著靴人吃肉。"（2141b）五代静、筠《祖堂集》卷十一《保福和尚》："文殊普贤昨夜三更各打与二十棒，一时趁出院。"（《唐五代卷》528页）

知委

《北史·李䜣传》："何为为他死？（李）敷兄弟事峥可知。有冯阐者，先为敷杀，其家切恨之。但呼阐弟问之，足可知委。"（984页）武英殿本《北史》考证："一本'委'下有'曲'字。"①考《魏书·李䜣传》记同一段话，末句作"足知委曲"（1041页），《北史》一本作

---

① 蒋礼鸿（1997：225）指出："知委即知道，一本委下有曲字，乃不知委字之义者所妄加。"极是。

"委曲"者，盖从《魏书》改易。其实，"知委"和"知委曲"都可通，"足知委曲"一句的切分应该是"足/知/委曲"，"委曲"犹言详情。"足可知委"一句的切分应为"足/可/知委"，"知委"连读，是复合动词，就是知道、了解。《魏书》和《北史》各有所本，用词不同，义均可通，无所谓对错。唯《北史》一本作"足可知委曲"者，则误从《魏书》改易，盖手民不知"知委"连言，义即"知道"而然。

大段

《王俊首岳侯状》："(王)俊道：'张太尉一夜不曾睡，知得相公得出，大段烦恼。'"(《宋代卷》229页)《近代汉语语法资料汇编·宋代卷》"校记"："大段烦恼'大段'，要录本(指光绪二十六年广雅丛书本李心传《建炎以来系年要录》卷一四三绍兴十一年十二月癸巳'岳飞赐死于大理寺'条附文)、四库本(指四库全书《建炎以来系年要录》)作'太尉'。"

按："大段""太尉"形近，在这里都可通。但从道理上看，原来作"大段"，两种清刻本《建炎以来系年要录》改为"太尉"的可能性比较大，而原作"太尉"，改为"大段"的可能性较小。关键在于"太尉"系职官名，人所共知，而"大段"则是宋人口语，非常、十分的意思，后人未必知道，因而擅改。又如：沈括《乙卯入国奏请(并别录)》："万一迟留大段日久，至时须有处置。"(《宋代卷》6页)《朱子语类·总训门人》："某为见此中人读书大段卤莽，所以说读书须当涵泳。"(同上，308页)

索子

《警世通言·万秀娘仇报山亭儿》："正恁地进退不得，后面做公底赶上，将一条索子，缚了苗忠。"(《宋代卷》475页)江蓝生"校记"："'索'，人民文学本作'绳'。"

按:"索"是。《古今小说·宋四公大闹禁魂张》:"赵正搬出后门头,都把索子缚了,挂在后门屋簷上。"(《宋代卷》491页)又:"这些个众军校那里来管你三七二十一,一条索子扣头。"(同上,497页)又:"众人不由分说,将一条索子扣了婆娘的颈。"(同上,499页)"索"是方言词。今吴方言如杭州话仍说"索儿",指绳子。

二、对词汇要有历史发展的观点,切忌以今律古

(一)要区分同形异义之词

计数

《抱朴子外篇·交际》论及和朋友的"全交之道",抱朴子认为必须做到"不以忤彼心而不言,不以逆我耳而不纳,不以巧辨饰其非,不以华辞文其失,不形同而神乖,不匿情而口合,不面从而背憎,不疾人之胜己,护其短而引其长,隐其失而宣其得,外无计数之诤,内遗心竞之累"。(444页)杨明照《抱朴子外篇校笺》引《管子·七法》等例后说,"是'计数'为先秦两汉常语,谓计算也。后《酒诫》篇'计数深刻'之'计数',亦作计算解。"

按:考察文献用例,"计数"有两义:先秦就已见到的此词读"jìshǔ",是计算的意思,动词;①魏晋以来的此词则读"jìshù",是权谋、计策义,名词,词性和词义都不同。前一义的用例杨书已经多举其例,后一义又有褒义和贬义之分,褒义的用例如:《三国志·吴志·张温传》:"然诸葛亮达见计数,必知神虑屈申之宜。"《世说新语·文学》第104则刘注引《续晋阳秋》:"(刘)牢之沉毅多计数,为

---

① "计数"作计算、统计讲,后代也有用例。徐梦莘《三朝北盟会编·燕云奉使录》:"此不难,据燕地所出税赋并课程计数兑换,自然不错。"(《宋代卷》88页)

谢玄参军。"(150页)"计数"犹言计谋、韬略。贬义的用例如：《宋书·文九王传·始安王休仁》："休仁含奸扇惑,善于计数。"(1874页)又《吴喜传》："每仗计数,运其佞巧,甘言说色,曲以事人。"(2116页)《北齐书·恩倖传·高阿那肱》："识用尤在士开之下,而奸巧计数亦不逮士开。""计数"犹言权诈、心计。《抱朴子外篇》本例"计数"正好是贬义的用法,《酒诫》篇也一样。杨先生用表示"计算"义的"计数"来解释《抱朴子外篇》两例表示计谋、算计义的"计数",不免粗疏,未为的诂。

（二）区分形近义异的词语

子姪

《史记·魏其武安侯列传》："（田蚡）未贵,往来侍酒魏其,跪起如子姪。"[1]王引之说："古者唯女子谓昆弟之子为姪,男子则否。子姪当依《汉书》作子姓。颜师古曰:'姓,生也。言同子礼,若己所生。'是也。古谓子孙曰姓,或曰子姓。说见《吕氏春秋》子姪下。"（《读书杂志》三《史记第五》"子姪"条引,中国书店本29页）

按：先秦载籍多见"子姓",未见"子姪(侄)"；"子姪"和"子姓"字形相近,容易致误。王说有理。但细考载籍可以发现,"子姪"始见于《吕氏春秋·疑似》,"梁北有黎丘部,有奇鬼焉,喜效人之子姪昆弟之状。"《太平御览》卷八八三引《吕氏春秋》同。原指儿、侄或儿侄辈,[2]由此引申,则也有泛指儿女、晚辈义,如：《世说新语·言

---

[1] 今中华书局本《史记》2841页作"子姓",无校记。百衲本景宋庆元刻本、武英殿本均作"子姪"。

[2] 指儿、侄如：《列女传》卷五"梁节姑姊"条："梁节姑姊,据义执理,子姪同内,火大发起,欲出其姪,輒得厥子。"泛指儿侄辈如：《后汉纪·和帝纪下》："敕妻子亲执耕蚕,与兄弟、子姪同劳逸。"《群书治要》卷三六引《尸子》："家人、子姪和,臣妾力,则家富。"《吕氏春秋》例亦此义。

语》第75则:"谢公云:'贤圣去人,其间亦迩。'子侄未之许,公叹曰:'若郗超闻此语,必不至河汉。'"《宋书·臧焘传》:"高祖镇京口,与焘书曰:'……此境人士,子侄如林,明发搜访,想闻令轨。'"(1544页)《陈书·留异传》:"明年春,安都大破其栅,异与第二子忠臣奔于陈宝应,于是虏其余党男女数千人。天嘉五年,陈宝应平,并擒异送都,斩于建康市,子侄及同党无少长皆伏诛,唯第三子贞臣以尚主获免。"《全唐文》卷四五八李道昌《祭幽独君文》:"呜呼!万古邱陵,化无再出。君是何人?能闲诗笔,何代而亡,谁人子侄?"(4678页)《太平广记》卷一〇九"费氏"条(出《述异记》):"既而睡卧,食顷而寤,乃梦见佛于窗中援手,以摩其心,应时都愈。一堂男女婢仆,悉睹金光,亦闻香气。从妹于时什床前,亦具闻见。于是大兴信悟,虔戒至终,每以此端进化子侄焉。"诸例"子侄",都泛指儿孙、晚辈,并不专指儿辈和侄辈。如此看来,《史记·魏其武安侯列传》"跪起如子姪"是说田蚡像儿侄一样行跪拜之礼,文从字顺。则王引之之校改,实所不必。

呜

《后汉书·耿弇传附耿秉》:"安得惶恐,走出门,脱帽抱马足降。"唐李贤注:"《东观记》曰'脱帽趋抱马蹄'也。"(717页)中华书局点校本《后汉书·校勘记》:"脱帽趋抱马蹄 按:'抱'原讹'鸣',径改正。"(729页)其实"鸣"和"抱"形、音都不近,实难致误。笔者以为,"鸣"当为"呜"之讹,两字只争一横,极易互讹。[①]《东观汉

[①] 西晋竺法护译《生经》卷二《佛说舅甥经》:"甥既见儿,即以饼与,因而呜之。""饥过饼炉,时卖饼者授饼乃呜。""小儿饥啼,饼师授饼,因而呜之。"三例"呜"(亲吻)字,《大正藏》《频伽藏》均误作"鸣"(《经律异相》卷四四、《法苑珠林》卷四一引、敦煌遗书伯希和2965号写卷和《中华大藏经》均不误),是其例。

记》原文当作"脱帽趋呜马蹄",谓车师后王安得脱帽趋前行跪拜礼,亲吻汉朝将领耿秉的坐骑,以示归降臣服。"呜"讹为"鸣",遂使文意扞格不通。

《北史·贺拔允附岳传》:"翟嵩复命于神武,神武下床,鸣其颊曰:'除吾病者卿也,何日忘之!'"台湾学者曲守约说:"按此鸣字与通常之含义不同,乃系吻意,与世说新语之乌字举动颇相类,学人似颇鲜注意及之。"

方按:从古到今,"鸣"都没有吻义,仅见《北史》此例,良可怪也。其实,这里的"鸣"应作"呜","呜"和"鸣"繁体字只争一横,形近易讹。① 六朝佛典、小说等书中,"呜"作亲吻讲,其例多见,应当改正。曲氏据误字为说,尽管释义不误,但仍然值得商榷。

《医心方》卷二八"和志第四":"乃男箕坐,抱女于怀中,……乍抱乍勒,二形相搏,两口相嗃,男含女下唇,女含男上唇,一时相吮。"(582页)安政本小岛尚真等《札记》:"'嗃'即'歍'之俗,又作'呜',见下卅法篇中。《真本玉篇》云:《说文》曰:'歍,二口相就也。'今亦为呜字,在口部可以征,非笑嗃及呜呼字也。"(582页注④)

按:嗃,喜笑的样子。《广韵·仙韵》:"嗃,笑貌。""两口相嗃"文意不通,显非其字。"嗃",当为"呜"字之误。"呜"繁体作"嗚",与"嗃"形近,易误。"呜",亲吻之谓,《说文》作"歍",是"呜"的异体字。《札记》已经指出,此处"嗃"或"呜""非笑嗃及呜呼字也",是;但仍说"'嗃'即'歍'之俗,又作'呜'",则未达一间。"嗃"和"歍"(呜)音、义均异,不宜视为"歍"(呜)的俗体。

---

① 《北史》此例"鸣"为"呜"之误,周一良(1985:49)已指出。

（三）要细察古今含义微殊的词语

秽污

《世说新语·文学》第 49 则："人有问殷中军：'何以将得位而梦棺器，将得财而梦矢秽？'殷曰：'官本是臭腐，所以将得而梦棺尸；财本是粪土，所以将得而梦秽污。'时人以为名通。"（126 页）许绍早、王万庄《世说新语译注》把"秽污"译成"肮脏的东西"。

按：本例"污"就是粪便，"秽污"当属同义连文。"秽"有粪便义，江蓝生已有考释，参《魏晋南北朝小说词语汇释》；"污"义也相同，而不是泛指脏东西或不干净的东西。

《异苑》卷六记述一"鸟头人身，举面是毛"者"掷洒粪秽"，下文有婢"问何以恒掷秽污，答曰：'粪污者，钱财之象也……'"的话，"粪秽"及下文的"秽污""粪污"都是同义并列式复合词，就是粪便；"污"和"秽""粪"同义连用。"秽污"用例又如：《太平广记》卷八九"法朗"条（出《冥祥记》）："见有二僧，各居其旁，一人读经，一人患痢，秽污盈房。"也指粪便。（588 页）①

"污"有粪便义，也可写作"恶"。《搜神后记》卷六："时有大客，共仰视，便纷纭掷一物下，正著翼子面，视之，乃主人家妇女亵衣，恶犹著焉。"（47 页）"恶"同"污"，谓粪便。（参见张惠英、梅祖麟 1983，江蓝生 1988：84）故"秽污"又作"秽恶"：《搜神记》卷一二"越地冶鸟"条："若有秽恶及其所止者，则有虎通夕来守。"（154 页）《北史·孝行传·田翼》："隋开皇中，母患暴痢，翼谓中毒药，遂亲尝秽恶。"（2837 页）以"污"称大便，近代汉语时期仍然沿用。《清

---

① "秽污"也可泛指脏物，如《抱朴子内篇·金丹》："先斋百日，沐浴五香，致加精洁，勿近秽污。"

平山堂话本·快嘴李翠莲记》:"张虎听了大怒,就去扯住张狼要打。只见张虎的妻施氏跑将出来道:'各人妻小各自管,干你甚事!自古道:好鞋不踏臭粪。翠莲便道:'……阿姆我又不惹你,如何将我比臭污?'""臭污"就是上文的"臭粪"。今吴方言犹称大便为"wū","污"和"恶"在粪便义上盖以同音而通用。

《世说新语》此例也为《晋书·殷浩传》所采,而"所以将得而梦秽污"一句作"故将得钱而梦秽",可证"秽污"即"秽","污"也是"秽"(粪便)义。

(四)要有近代文字学知识

髭

《张协状元》十八出有"要头发做头髭"的话,钱南扬谓"髭"是"髢"的俗字,可疑。

按:疑"髭"是"髢"的形近之误,未必是俗字。髢,假发。《诗·鄘风·君子偕老》:"鬒发如云,不屑髢也。"郑玄笺:"髢,髲也。"孔颖达疏:"髢一名髲,故云'髢,髲也'。《说文》云:'髲,益发也。'言己发少,聚他人发益之。"元方回《古今考》卷七:"三曰次者,次,髢发。长短为之,所谓发髢。今之头髢,乃其类。"

另疑"髭"或是"髲"的音近借字。①髭,《广韵》即移切,精母支韵;髲,《广韵》七四切,精母至韵,声同韵邻(支、脂),语音相近。髲,假发。《玉篇·髟部》:"髲,首饰为髲。""首饰",戴在头上的装饰品,这里指假发。

姆

《张协状元》二三出:"才与同谐,蓦忽成妨姆。"(《宋代卷》564

---

① 此为友人姚永铭兄的意见,可供柬择。

页)胡双宝"校记":"'姆',疑应作'碍',因'妨'而误作'女'傍。"(565页)

按:这应该属于偏旁类化,并非误字。类似的情况在近代汉语作品中习见,兹不赘举。

三、证据须确凿,校改要谨慎

(一)根据不足,不可擅改

据唐人李绰《尚书故实》记载:昌黎生是名父子,虽有家教,但见寡识暗。曾担任集贤校理,史传中凡有"金根车"(以黄金为饰的根车)一词,①均逞臆判为系"金银车"之误,一律改"根"为"银",传为笑柄。类似昌黎生这样以不误为误,改"金根车"为"金银车",妄下雌黄的例子,并非鲜见。北齐学者颜之推在《颜氏家训·勉学》中说:"校定书籍,亦何容易。自扬雄、刘向,方称此职耳。观天下书未遍,不得妄下雌黄!"的确是经验之谈。

比较多的是误校的例子。

直—有

《史记·田儋列传》:"蝮蟸手则斩手,蟸足则斩足,何者?为害于身也。今田假、田角、田间于楚、赵,非直手足戚也,何故不杀!"王念孙说:"《汉书》作'非手足戚,何故不杀',《汉纪》作'岂有手足之戚,何故不杀'。念孙案:此则'非直手足戚也','直'字当为'有'字之讹。'直'字俗作'直',形与'有'相近。"(《读书杂志》三《史记第五》"非直手足戚也"条,中国书店本16页)

按:王念孙是校勘的大家、权威,但也不免有千虑一失的地方,

---

① "根车",指用自然圆曲的树木做车轮装配成的车子。古代认为帝王有盛德,山出根车,为祥瑞之兆。后泛指帝王所乘之车。

本条即是。非直,不仅,不光是;戚,忧虑。《史记》本例是说,打个比方,如果被蝮蛇咬了手,就应该斩去手,如果被咬了脚,就应该斩去脚,因为它(指蛇毒)对全身构成危害。现在田假之于楚国,田角、田间之于赵国,其危害已经不止于手脚被蝮蛇咬了,为什么不杀他们!"非直"作不止、不仅仅讲,是汉代以来的习见用法,文从字顺。《汉书》作"非"、《汉纪》作"岂有",都不符合《史记》原意;王念孙校"非直"为"非有",误。

饮设—设饮

《后汉书·董卓传》:"卓施帐幔饮设,诱降北地反者数百人,于坐中杀之。"(2330页)中华书局本"校勘记":"卓施帐幔饮设 按:《校补》谓案《魏志》原文本无'设'字,此'饮设'当作'设饮'。"(2348页)

《三国志》作"卓施帐幔饮","饮"是喝酒的意思;本例作"卓施帐幔饮设","饮"指酒水,"设"指菜肴,"饮设"都是动词"施"的宾语,不误。《校补》不明"设"有菜肴义,校"饮设"为"设饮",视并列结构为动宾结构,未当。"设"在中古时期产生出和饮食有关的两项新义。(参见周一良1985,蔡镜浩1990:290) 一为招待饮食、宴请义,动词。旧题三国吴支谦译《撰集百缘经》卷九《三藏比丘缘》:"父王答曰:'今悉都在,唯愿大王为我供设,请佛及僧。'寻敕为设,请佛入宫。"(3/245/c)"供设"同义连文,就是"设"。《后汉书·郭太传附茅容》:"旦日,容杀鸡为馔,林宗谓为己设,既而以供其母,自以草疏与客同饭。"(2228页)《异苑》卷六:"末复求酒,协时时饵茱萸酒,因为设之。"(55页)由此引申出第二个义位,指酒食、菜肴,转为名词。吴康僧会译《六度集经》卷五:"妻睹道士,勃然作色,讹留设食。虚谈过中,道士退矣。还山睹乌。……乌曰:'已食乎?'曰:'彼设未办,而日过中,时不应食,故吾退耳。'"(28b)《南齐书·王僧虔传》:"且论注百氏,荆州《八袠》,又《才性四本》,《声无哀乐》,皆言家口实,如客至之有设也。"(598页)宋赵彦卫《云麓漫钞》卷五:"人以吉老为言,遂携子致恳。既告退,独留其子。父怪久不归,遣人询之,则曰已办筵设矣。"(78页)"筵设"同义连文,就是酒席。由此可见,"设"作酒菜讲是中古以来常义,"饮设"和"筵设"义近,就是酒食、筵席,无烦乙转为"设饮"。

感—憾

《风俗通义·愆礼·九江太守武陵陈子威》:"生不识母,常自悲感。"吴树平《风俗通义校释》引史树青云:"'感'字疑是'憾'字之讹。"

按:不当改。"悲感"犹言悲伤,中古、近代汉语作品中习见,如:《后汉书·赵憙传》:"既入丹水,遇更始亲属,皆裸跣涂炭,饥困不能前。憙见之悲感,所装缣帛资粮,悉以与之。"(913页)宋王谠《唐语林》卷四《伤逝》:"杜羔有至性,其父为河北尉卒,母非嫡,经乱不知所之,羔常抱终身之感。"(144页)"终身之感"就是终身的悲伤。《刘知远诸宫调》:"一个悲感,一个心酸,两人放声哭。"(《宋代卷》355页)

与上一例相近的又如:

《南史·朱异传》:"所生母亡,昭之假葬于田侧,为族人朱幼方燎火所焚。……便哀感如持丧,长不昏娶。"中华点校本"校勘记":"'哀感'《南齐书·孝义·朱谦之传》作'哀戚',疑是。"(1532页)

按:"哀感"犹言"哀戚",实不必疑。关键是"感"也有悲伤、哀伤的意思,校者未察。《三国志·魏志·邴原传》裴注引《原别传》:"孤者易伤,贫者易感。"(351页)《宋诗》卷八鲍照《与荀中书别》:

"连翩感孤志,契阔伤贱躬。"都是"伤""感"对文,"感"亦"伤"也;故得以"哀感"连用。姚秦鸠摩罗什译《众经撰杂譬喻》卷下:"昔有一老母,惟有一子,得病命终,载著冢间停尸,哀感不能自胜。"《南史·孝义传下·甄恬》:"数岁丧父,哀感有若成人。"(1841页)

(二)类书、政书等所引不可全信

古代典籍经过后代的转引,往往会失却其原来的面貌,尤其是类书、政书所引,问题最多,不可尽信。《世说新语·惑溺》第3则"(贾)充就乳母手中鸣之",《晋书·贾充传》改"鸣"(亲吻)作"拊"(轻拍),就是明证。这方面的例子俯拾即是,又如:

褦襶子——愚痴子

宋吴曾《能改斋漫录》卷五《辨误》"褦襶子"条考证,"褦襶子",出晋程晓诗,宋人及《集韵》均有用例。《艺文类聚》《初学记》均作"褦襶子",但《太平广记》载《启颜录》则作"愚痴子"。显然,《启颜录》改生僻的口语为通俗的口语。此所谓"改(生)俗为(通)俗"。

两娑——两

《世说新语·雅量》第10则:"徐答云:'下官家故可有两娑千万,随公所取。'""两娑千万",《晋书·庾颛传》引作两千万。刘盼遂《世说新语校笺》云:"两娑千万者,两三千万也。娑以声借作三。娑、三双声。今北方多读三如沙,想当典午之世而已然矣。《世说》多录当日方言,此亦一斑。刘氏《助字辨略》云:'两娑千万,娑,语辞,犹言两个千万也。'按淇以娑为语辞,无征。《晋书·庾颛传》作'两千万',盖不知古语而删。"(刘盼遂1928)余嘉锡《世说新语笺疏》:"《北史·儒林·李业兴传》云:'……梁武问其宗门多少,答曰:萨四十家。'盖三转为沙,重言之则为萨。此又两娑为两三之证。今山西人犹读三为萨。"(余嘉锡1983:419—420)

至到

《晋书·熊远传》:"帝每叹其忠公,谓曰:'卿在朝正色,不茹柔吐刚,忠亮至到,可谓王臣也。'"(1886页)中华点校本"校勘记":"忠亮至到 《斠注》:《初学记》一二引王隐《晋书》'至到'作'至劲'。按《御览》二二六引《晋书》亦作'至劲'。"(1897页)

按:"忠亮至到"犹言忠亮卓绝,忠亮异常,"至到"形容程度超出一般,达到极点。《全晋文》卷二二王羲之《杂帖》:"得袁、二谢书,具为慰。袁生暂至都,已还未?此生至到之怀,吾所尽也。"《晋书·周蕤传》:"黄门侍郎周蕤忠烈至到,为一郡所敬。"(1577页)《梁书·王僧孺传》:"直以章句小才,虫篆末艺,含吐缃缥之上,翩跹鳣俎之侧,委曲同之针缕,繁碎譬之米盐,孰致显荣,何能至到?"《新唐书·韦伦传》:"帝后欲复用杞为刺史,伦苦谏,言恳至到,帝纳之。""至到"的用法相同。则此例不误。《初学记》《太平御览》等唐宋类书引作"至劲",疑系不明"至到"之义而改,不可从。

不肯

晋葛洪《肘后备急方》卷五《治痈疽妒乳诸毒肿方·葛氏卒毒肿起急痛方》:"若恶核肿结不肯散者:吴茱萸、小蒜分等,合捣傅之,丹蒜亦得。"(141页)"不肯",《普济方》卷二八七改作"不可"。

按:"不肯"是一个现代常用的词,表示主观上不乐意、不接受要求。按此词古已有之,但词义不同。在古医书中,"不肯"表示的是客观上不能够,如:汉张机《金匮要略》卷十三《消渴小便不利淋》:"厥阴之为病,消渴气上冲心,心中疼热,饥而不欲食,食即吐下之,不肯止。"《伤寒论》卷二《伤寒例第三》:"重病者一日一夜当晬时观之,如服一剂,病证犹在,故当复作本汤服之,至有不肯汗出,服三剂乃解。若汗不出者,死病也。"隋巢元方《诸病源候论》卷二《风病诸候·鬼邪候》:"凡邪气鬼物所为病也,其状不同。……或喜怒悲笑,或大怖惧如人来逐,或歌谣咏啸,或不肯语。"(65页)又卷三六《杂毒病诸候·蜂螫候》:"唯地中大土蜂最有毒,一螫中人,便即倒闷,举体洪肿……虽然,不肯杀人。"(1035页)

他书也有用例,如《太平经》卷十八至三四《名为神诀书》:"故天地调则万物安,县官平则万民治。故纯行阳,则地不肯尽成;纯行阴,则天不肯尽生。"又卷四三《大小谏正法》:"聪明闭塞,天地神祇不肯复谏正者也。"(参见王云路1994)

上述各例说明,要想对古书词语作出正确的解释,提高古籍整理的质量,就必须深入研究作品所处年代的语言词汇,了解相关的语言文字知识。

(三)校勘要明语法

校勘是古籍整理的一个重要的环节,和词语训释即训诂学有着密切的关系。但有时候也离不开语法分析。词语训释、校勘要从句子分析入手,而不能孤立地就词作释。这里举一例:

宗强—强宗

《抱朴子外篇·自叙》:"洪曩祖为荆州刺史,王莽之篡,君耻事国贼,弃官而归。与东郡太守翟义共起兵,将以诛莽,为莽所败。遇赦免祸,遂称疾自绝于世。莽以君宗强,虑终有变,乃徙君于琅邪。(645页)杨明照《抱朴子外篇校笺》云:"又按:'宗强',当乙作'强宗'。"举《汉官典职仪》《后汉书·郭伋传》《庞参传》三例"强宗"为证。

按:"强宗"谓强盛之宗,是偏正结构;"宗强"谓宗族强盛,是主谓结构,含义相关而有别。"莽以君宗强"一句的属读关系应是"莽/以/君(之)宗/强",意谓王莽认为葛洪曩祖的宗族强盛,所以有迁徙之举。"宗强"当不误。

考中古典籍,"宗强"一语屡见,如:"今田广据千里之齐,田间将二十万之众军于历城,诸田宗强,负海岱,阻河济,南近楚。"(《汉书·郦食其传》,2108页)"田儋,狄人也,故齐王田氏之族也。儋从弟荣,荣弟横,皆豪桀,宗强,能得人。"(《汉书·田儋传》,1847页)"胶东人公沙卢宗强,自为营堑,不肯应发调。"《三国志·魏志·王脩传》,345页)"既而,枹罕诸氐以卫平年老,议欲废之,而惮其宗强,连日不决。"(《魏书·临渭氐苻健传附苻登》,2080页)凡此都可证明,《抱朴子》本例"宗强"不误,无烦乙作"强宗"。

第五节　中古近代汉语词汇研究和辞书编纂

近一二十年来,辞书编纂工作取得了令人瞩目的成绩,许多大型语文辞书编纂出版,代表了辞书编纂工作的最高水平。其中最负盛名的就是《汉语大字典》《汉语大词典》。当然,随着研究工作的深入进行,人们也发现《汉语大字典》《汉语大词典》有一些缺失疏漏,撰文纠正。这不足为奇,因为《汉语大字典》《汉语大词典》的编纂工作均始于20世纪70年代,受当时研究现状的限制,无法做到尽善尽美。最近这些年来,中古近代汉语词汇研究的成果越来越多,可供大型语文辞书补阙拾遗的材料也就越来越多,等将来《汉语大字典》《汉语大词典》这两部大型字典辞书有机会修订时,相信会充分利用这些成果,将其反映到修订本中去的。

辞书存在的问题大致可以从以下几个方面来看:①

一、词语失收

(一) 失收中古时期词语

东汉魏晋南北朝是新词新义大量产生的年代,涌现出了许多新词和新义。尤其在接近口语的作品如佛经、小说、史书、杂著等里面。《汉语大词典》编纂工作始于20世纪70年代,当时中古汉语研究尚未展开,加上编纂者有意识地不用佛典作为语料,故在这方面存在着较多的问题。

打棒

"姊妹眷属,即诣其所,与彼大妇,极共斗诤,遂相打棒。"(旧题三国吴支谦译《撰集百缘经》卷五《饿鬼自生还啖五百子缘》)"时珠师执缚比丘,而加打棒。"(后秦鸠摩罗什译《大庄严论经》卷十一)

按:"打棒"就是殴打、痛打。后代也见用例:"此人村坊下辈,不识大官,不要打棒,便令放去。"(《敦煌变文校注·维摩诘经讲经文(三)》,832页)

运急

"若不得水,命去不远;今见好井,必其望得清净冷水,济我虚渴运急之命。"(《大方便佛报恩经》卷二《对治品》,3/132/a)"施主见已,问作使言:'汝等先作食时,不取此井水用作食也?'作使答言:'饮食猥多,当时运急,汲取此水用作饮食。'"(同上,3/133/a)"时诸释女各称父母兄弟姊妹者,或复称天唤地者,苦切无量。唯其中有第一释女告诸女言:'姊妹当知,我曾从佛闻:若有一人能于运急之中发于一念念佛,至心归命者,即得安隐,各称所愿。'"(又

---

① 以下举例以《汉语大词典》为主,少数条目涉及《汉语大字典》《辞源》等。

卷五《慈品》,3/152/b)

琢磨三例"运急",似当为着急、紧急、急迫之义。例一言有人口渴了多日,行将丧命,此时如果得到"清净冷水",必定能救他一命。救命当是急事,故说"济我虚渴运急之命"。例二"当时运急"犹言当时着急,例三"运急之中"犹言紧急之中、情急之下。与此相类似的有"得急"一词:《撰集百缘经》卷五《饿鬼自生还啖五百子缘》:"其大妇者,正欲道实,恐其交死;正欲不道,苦痛叵言。逼切得急,而作咒诅:若我真实堕汝胎者,令我舍身生饿鬼中!"《杂宝藏经》卷六《长者请舍利弗摩诃罗缘》:"其一人者,得急惊怖,死尸中伏,诈现死相。""得急"谓着急,意思和"运急"相近。

扣打

"佛便授其一栴檀杖与彼窳子,'汝今若能于精勤中少加用心,扣打此杖,所出音声甚可爱乐。'"(《撰集百缘经》卷一《窳惰子难陀见佛缘》,4/204/a)"时窳惰子,寻即取杖,扣打出声,皆悉得见地中伏藏,喜不自胜。"(同上)"犹如居士为过泉水故,作通水槽,持斧入林,扣打诸树,若坚实者,其声便小;若空中者,其声便大。"(《中阿含经》卷二九,1/611/c)

按:"扣打"就是击打、打,"扣"有打义,"扣打"盖同义连文。《辞源》《汉语大词典》"扣"下均有"扣跋"一词,《汉语大词典》还收有"扣击"一词,意思都和"扣打"相近,然未收此词。

烦疼[①]、烦痛

"由是残缘,今虽得作佛,故有骨节烦疼病生。"(《兴起行经》卷上,4/167/b)"以是宿因缘,久受地狱苦;尔时馀因缘,故致烦疼

[①] 周志锋(1998)已经指出"烦"有疼义,并举《法苑珠林》三例为证。

患。"（同上）又本节的小标题是《佛说骨节烦疼因缘经第四》，也见此词。

按："烦疼"犹言疼痛，"骨节烦疼病"是说骨节疼痛的病症，"烦疼患"就是疼痛病。《说文·页部》："烦，热头痛也。"是其本义。引申为泛指疼痛，如《抱朴子内篇·道意》："石灰汁主治疮，夏月，行人有病疮者烦热，见此墓中水清好，因自洗浴，疮偶便愈。"（176页）"烦"指疮病疼痛，故"烦疼"当是同义连文。前蜀杜光庭《录异记·感应》："忽眼痛且瘇，昼夜烦楚。""楚"有疼痛义，"烦楚"指眼睛疼痛，也是同义连文。《续高僧传》卷一七《释智顗》："又患身心烦痛，如被火烧。""被火烧"肯定是疼痛难忍的，"烦痛"也当为同义连文。《三国志·魏志·管辂传》裴注引《辂别传》："其夜，盗者父病头痛，壮热烦疼，然亦来诣辂卜。"（829页，《异苑》卷九同）此例"烦疼"指（热）头痛，《兴起行经》各例则指骨头关节疼痛，"烦"的用法虽有本义和引申义之别，但均谓身体某一部位的疼痛则无不同。汉魏以后，"烦"由指生理上的疼痛转而指心理上的伤痛，引申出悲伤、忧愁义，后来又引申出有心烦、烦躁义，而其指身体部位疼痛的用法反而鲜为人知了，词义发生了转移。"烦疼""烦痛"二词《汉语大词典》未收。

浓美

"（净音）即请供养曰：'自今已去，衣被饮食，床卧医药，常从我受，当为我故受我请。'净音即以浓美饮食满钵与之。"（《兴起行经》卷上，4/166/a）"王设会，先请佛，佛便默然许之。王还具馔，种种浓美，及设床座。"（卷下，4/172/a）

两例"浓美"都指丰盛美味（的佳肴），用来形容食物量多、味美。凡从"农"得声之字大多有多、密、盛的意思，"浓"也是这样。

《说文·水部》:"浓,露多也。"是其本义。引申出泛指多义,如:《抱朴子外篇·安贫》:"赘币浓者,瓦石成珪璋;请托薄者,龙骏弃林坰。"(208页)"浓"和"薄"反义相对,"赘币浓"就是"赘币多"。故佛典以"浓"和"美"连言,"浓"表示食物丰盛。"浓"也可以表示含味深长:《续高僧传》卷一九《释法藏》:"三年正月八日,游步山顶,忽遇甘杏七枚,即而啖之,流味浓美。""浓美"犹言味道长久、香美。"浓美"一词《汉语大词典》未收。

力助

《诗·鄘风·载驰》"陟彼阿丘,言采其蝱"东汉郑玄笺曰:"升丘采贝母,犹妇人之适异国。欲得力助,安宗国也。"《孟子·滕文公上》"彻者彻也,助者藉也"东汉赵岐章句:"藉者,借也;犹人相借,力助之也。"《宋书·庾炳之传》:"刘雍自谓得其力助,事之如父,夏中送甘庶,若新发于州。"

力助:帮助。《汉语大词典》失收此词。

(二) 失收近代汉语词语

姑娣

唐李公佐《南柯太守传》:"有仙姬数十,奏诸异乐,婉转清亮,曲调凄悲,非人间之所闻听。……向者群女姑娣,各乘凤翼辇,亦往来其间。"

姑娣,是唐代产生的新词,犹言"妯娌"或"小姑"。娣,众妾相称之辞。古代同夫诸妾互称,年长者为姒,年幼者为娣。所谓析言有别,浑言不别,故"姑娣"指称妯娌,也用以称丈夫的弟妇(小姑)。唐高适《奉赠贺新郎》诗:"姑娣能无语,多言有侍娘。"(《全唐诗外编·全唐诗续拾》卷一五)唐范摅《云溪友议》卷下"窥衣帷"条:"韫秀每分衣服饰于他人,而不及于太原之骨肉也,且曰:'非儿不礼于姑娣,其奈当时见辱乎!'"《汉语大词典》未收。

藩溷

《晋书·左思传》:"门庭藩溷,皆著纸笔。"宋吴曾《能改斋漫录》卷七"荔枝杨梅卢橘"条:"梁萧惠开云:'南方之珍,惟荔枝矣,其味绝美。杨梅、卢橘,自可投诸藩溷。'"清蒲松龄《聊斋志异·婴宁》:"窃典金钗,购佳种,数月,阶砌藩溷,无非花者。"

藩溷,均指厕所。《汉语大词典》未收。

来朝

明早,明天。五代静、筠《祖堂集》卷三《一宿觉和尚》:"小留一宿,来朝辞祖师。"(《唐五代卷》467 页)又卷四《丹霞和尚》:"师放下衣钵便问讯二人,二人都不顾视。直至来朝,遂见行者将一铛饭向堂中著,共老宿吃,又不唤师。"(同上,476 页)又卷七《岩头和尚》:"到来朝,吃粥了,又上。"(同上,517 页)

《唐五代语言词典》未收此词。六朝以来有"朝来"一词,有二义。失译《佛说㮈女祇域因缘经》:"乃谓乌言:'我朝来未食,还必当死,宁可假我须臾,得于山间啖果饮水,饱而就死乎?'""朝来",早晨。元魏吉迦夜共昙曜译《杂宝藏经》卷二:"妇语夫言:'朝来诸圣,尽来索食,所有之食,尽用施之。'"(4/459/a)"朝来",刚才。"来"是名词构词成分。"来朝"和"朝来"二词的结构不同,意义也有别。参看第三章第二节。

设主人

《三国志·魏志·曹爽传》裴注引《魏末传》:"宣王乃若微悟者,谓胜曰:'懿年老,意荒忽,不解君言。……今当与君别,自顾气力转微,后必不更会,因欲自力,设薄主人,生死共别。'"(285 页)又《管辂传》裴注引《辂别传》:"(郭)义博设主人,独请辂。"(813

页)《世说新语·雅量》第9则:"裴遐在周馥所,馥设主人。"(197页)周一良云:"设主人盖当时习语,犹今言作东道请客也。设字引申有招待饮食之意。"(参见周一良 1985:12—14)

作主人

《三国志·吴志·孙匡传》裴注引《吴历》:"吾明日欲为长吏作主人。"(1215页)又《薛综传》:"九真太守儋萌为妻父周京作主人,并请大吏。"(1252页)唐圆仁《入唐求法巡礼行记》卷三:"头陀云:'相送直到汾州,在路与作主人。'"(《唐五代卷》136页)又:"头陀云:'余本心欲送上直到汾州,在路作主人。'"(同上,139页)

"作主人"是说当东道主、当主人(招待)。第二例下文记头陀嘱咐代他送圆仁一行的僧人说:"替余勤勾当行李,努力侍奉,莫令远客在路寂寞",是对"作主人"的很好注脚。

《汉语大词典》有"作主",未收此条。①

撩扑

明张岱《西湖香市》:"如逃如逐,如奔如追,撩扑不开,牵挽不住,数百十万男男女女,老老少少,日簇拥于寺之前后左右者,凡四阅月方罢,恐大江以东,断无此二地矣。"张岱《陶庵梦忆》卷五:"扬州人日饮食于瘦马之身者数十百人。娶妾者切勿露意,稍透消息,牙婆驵侩,咸集其门,如蝇附膻,撩扑不去。"

"撩扑"犹言驱赶,是近代产生的一个新词。《汉语大词典》未收此词。

有时候,属于体例上的问题,比如,《汉语大词典》已经收释"切脉""诊脉""案脉""看脉""候脉"等,但失收同一类型的"视脉""准

---

① "作主人"周一良(1985:12—14)亦曾论列。

二、义项失收

（一）中古时期词义失收

中古汉语时期，是汉语发展变化十分剧烈的时期。这一时期，新词新义大量产生，适应了社会需要，也反映了日益增长的人们的精神生活的需求。

应

征兆。《搜神记》卷七"雷破高禖石"条："元康七年，霹雳破城南高禖石。高禖，宫中求子祠也。贾后妒忌，将杀怀、愍，故天怒贾后，将诛之应也。"又"生笺单衣"条："永嘉中，士大夫竞服生笺单衣。识者怪之，曰：'此古练缞之布，诸侯所以服天子也。今无故服之，殆有应乎？'其后怀、愍晏驾。"《宋书·五行志五》："魏元帝景元三年十月，京都大震，昼晦。此夜妖也。……魏见此妖，晋有天下之应也。"(986页)又："干宝曰：'自明帝终魏世，青龙、黄龙见者，皆其主废兴之应也。'"(1000页)"应"都是征兆的意思。《汉语大字典》"应"(yìng)下有"应验"义，《汉语大词典》有"感应；应验"义。

"应验"是指预想的事情得到证实，"征兆"则是未来事件将要发生的某种预兆，两义正好相反，故应该补上此义。

大小

指家人。《全晋文》卷二二王羲之《杂帖》："想大小皆佳。丹阳顷极佳也。"又卷二三："见君小大佳不？"《搜神记》卷九"诸葛恪"条："其妻在室，语使婢曰：'尔何故血臭？'……婢蹶然起跃，头至于栋，攘臂切齿而言曰：'诸葛公乃为孙峻所杀！'于是大小知恪死矣。"言家人都知道诸葛恪的死讯了。又卷十四"人化鳖"条："清河宋士宗母，夏天于浴室里浴，遣家中大小悉出，独在室中良久。家人不解其意,于壁穿中窥之,不见人体,见盆水中有一大鳖。遂开户,大小悉入,了不与人相承。""家中大小"的"大小"是老少、长幼义,而后一例"大小"则指家人。又卷十五"李娥"条:"佗识其纸,乃是父亡时送箱中文书也。表文字犹在也,而书不可晓。乃请费长房读之,曰:'告佗,我……当以八月八日日中时,武陵城南沟水畔顿,汝是时必往。'到期,悉将大小于城南待之。"又卷十七"倪彦思"条:"彦思惧屋坏,大小悉遣出。"《古小说钩沉》辑《幽明录》:"曲阿虞晚所居宅内,有一皂荚树,大十余围,高十余丈,枝条扶疏,阴覆数家,诸鸟依其上。晚令奴斫上枝,因坠殆死。空中有骂者曰:'虞晚,汝何意伐我家居?'便以瓦石掷之,大小并委顿。"又:"主者又召都录使者问:'赵泰何故死?'来使开縢检年纪之籍,云:'有算三十年,横为恶鬼所取,今遣还家。'由是大小发意奉佛。"《太平广记》卷一三四"宜城民"条(出《法苑珠林》):"母还,觅钱不得,遂勘合家良贱,并云不知。母怒,悉加鞭捶,大小皆怨。""大小"含义并同。

又作"小大"。《全晋文》卷二四王羲之《杂帖》:"比见敬祖,小大可耳。"又卷二六:"羲之死罪。小大悉以来未? 惶不可怀。"

《汉语大词典》"大小"条下列有五个义项,但未收此义。"大小"的这个用法和"上下"一词颇为相似。

顾命

嘱咐,吩咐。《中本起经》卷下《本起该容品》:"会有敌国兴兵入界,彼众强盛,王自出征。顾命梵志名曰吉星,权领国政。"(4/157/c)又《大迦叶始来品》:"世尊遥见,叹言'善来迦叶',豫分半床,命令就坐。迦叶进前,头面作礼,退跪自陈曰:'余是如来末行弟子,顾命分坐,不敢承旨。'"(4/161/a)

"顾命",在中土典籍中原是天子遗诏的意思,但上述两例则为吩咐、嘱咐义,这是佛典中的新创造。佛经中"顾命"还有聘请义,如:《大方便佛报恩经》卷二《对治品》:"尔时转轮圣王为求佛法故,于阎浮提遍处宣令:'谁解佛法?大转轮王欲得玩习。'处处宣令,皆云言无。到一边小国中,有一婆罗门解知佛法。尔时使者径往诣彼。至婆罗门所,问言:'大德解佛法耶?'答言:'解也。'尔时使者头面礼足,报言:'大师,大转轮王欲相顾命,惟愿大师,屈神德往至彼转轮王所。'""顾命"是聘请之义。推其得义由来,"顾命"一词由天子对大臣的遗诏转而用于上对下的吩咐、嘱咐,再转而指礼聘贤能,其演变途径是十分清楚的。

《辞源》"顾命"条释云:"《书》篇名,取临终遗命之意。……后因称天子之遗诏为顾命。"《汉语大词典》"顾命"条下收有两义:"①……后因以'顾命'谓临终遗命,多用以称帝王遗诏。""②顾惜生命。"均未收佛典的新义。

(二)近代汉语时期词义失收

唐宋以来,中国社会进入了相对稳定较长的历史时期,唐代、宋代、明代、清代,都各有三四百年,社会历史相对稳定,生产力得到一定的快速发展,与此相适应,文化事业也得到快速的发展。唐诗,宋词,元曲,明清小说,都是中国历史上具有代表性的一个时期的文学形式,在当时达到了封建社会的高峰。在社会生产力得到发展的时期,人们表现社会生活的词汇也变得越来越丰富,近代汉语词义有了很大的增加,得到了较快的发展。要表现如此丰富多彩的社会文化生活,自然是有难度的。辞书失收部分词义,也就在所难免了。例如:

不免:不得已。

《刘知远诸宫调》:"知远不免来接定物,忧愁满面,促损双眉。"

(《宋代卷》357页)《张协状元》三十三出:"(旦)音书断,没成虚假。(合)不免辞庙去,京里试寻它。"(同上,585页)这两例"不免"都是不得已、不得不。

《汉语大词典》"不免"下列有四个义项:①不能免除,不免除;②免不了;③无法幸免;④不如。未收此义。(1册415页)

颉颃:刁难。

《王梵志诗》〇二八首:"钱多早发遣,物少被颉颃。"唐张鹫《龙筋凤髓判》卷三《左右监门卫》判辞:"岂得不遵公法,直纵私求,故作踌躇,专为颉颃。"这两例"颉颃"都是刁难、受摆弄义。(参见江蓝生、曹广顺1997:388)在现代汉语中,"颉颃"一词有鸟上下翻飞、不相上下义,"刁难"义已经不用了。

《汉语大词典》"颉颃"条有"鸟飞上下貌"等五义(12册289页),未收此义。

看客

接待客人。《北齐书·孤独永业传》:"周人曰:'至尊自来,主人何不出看客?'"五代静、筠《祖堂集》卷四《丹霞和尚》:"初见侍者,便问:'和尚还在也无?'对曰:'在,只是不看客。'"(《唐五代卷》476页)明田汝成《西湖游览志馀》卷一五:"曰:'诗仙醉耶?愿酒家善看客,我当将偿酒钱。'""看客"是待客、接待客人的意思,与现代汉语作"观众"(方言)不同。

《汉语大词典》释"看客"为"观众;读者",举鲁迅《呐喊自序》为例(7册1183页),未收本条义。

直系

长袍。《夷坚志》戊卷二"孙知县妻"条:"其颜色绝艳,性好梅妆,不分寒暑,著素衫,衣红直系,容仪意态,全如图画中人。"元陶宗仪《说郛》卷三五下"可谈":"舒王以手搴沈所衣真珠绣直系,连称好好,自后不复得见,坐此沉废。"《大宋宣和遗事·徽宗私幸李师师》:"天子见师师意坚,官家道:'卿休要烦恼!寡人今夜再来与你同欢。'师师道:'何以取信?'天子道:'恐卿不信。'遂解下了龙凤绞绡直系与了师师。"刘坚《近代汉语读本》注:"直系,长袍。"又:"不多时,取过那绞绡直系来,交贾奕看。贾奕觑了,认的是天子衣,一声长叹,忽然倒在地。"《大金吊伐录》卷二:"大宋皇帝致书于大金元帅伊拉齐贝勒:'……今因分地界官、金书枢密院事路允迪往军前,亲解玉带一条、真珠双圈直系勒帛一副,远将信意,并令皇弟康王亦亲解玉带玉鱼一副,同致谢缄,缅惟孚察。'"

按:这三例"直系"都是衣服(长袍)义,和现代用法迥异。

《汉语大词典》"直系"条只有二义:①指直接血统或婚姻关系;②直系军阀的省称。(1册857页)未收此义。

三、释义可商

任何高质量的辞书,释义也很难做到全都准确贴切,《汉语大词典》也不例外。我们在利用《汉语大词典》的过程中,也发现该词典释义方面存在着一些尚可商榷的问题。这包括以下两方面:

(一)对词义的解释不够准确

坟衍

《汉语大词典》:"坟衍:指水边和低下平坦的土地。"(2册1212页)

坟衍:高起而平坦。坟,高,高起;衍,土地平坦。三国魏王粲《登楼赋》:"背坟衍之广陆兮,临皋隰之沃流。""坟衍"和"皋隰"(指水边低湿之地)相对,指高广而平坦(之地),《汉语大词典》所释不确。

楷法

《汉语大词典》:①典范;法则。《晋书·隐逸传·辛谧》:"谧少有志尚,博学善属文,工草隶书,为时楷法。"②犹效法。③楷书之法。《晋书·卫恒传》:"上谷王次仲,始作楷法。"(4册1165页)

这里节引《汉语大词典》对"楷法"一词的解释。笔者以为这里有几个问题。首先是义项之间的关系不正确。从文献用例看,"楷法"本来就是字面意义,指楷书之法,楷书。《晋书·卫恒传》"始作楷法"即是。引申为泛指书法。《世说新语·巧艺》第3则刘注引卫恒《四体书势》:"(韦)诞善楷书,魏宫观多诞所题。明帝立陵霄观,误先钉榜,乃笼盛诞,辘轳长绠引上,使就题之。去地二十五丈,诞甚危惧,乃戒子孙绝此楷法,著之家令。"(385页)"绝此楷法"犹言废弃书法(之爱好),"楷法"就指书法。本条正文述韦诞登高题字后,"既下,头鬓皓然。因敕儿孙:勿复学书"。"勿复学书"是说不再学习书法,和"绝此楷法"义正相合。盖楷书是书法中之正体,也最常用,故以"楷法"指代书法。宋赵彦卫《云麓漫钞》卷五:"唐人书皆有楷法,今得唐碑,虽无书人姓氏,往往可观。……国朝亦重楷法,如欧阳永叔、蔡君谟诸公是也。"(78页)"楷法"也泛指书法,因此再引申出(书法的)典范,范本。其次,本条例证最早的年代是唐人编修的《晋书》,例较晚。

忙

《汉语大词典》:①怪异。《乐府诗集·横吹曲辞五·木兰诗之一》:"出门看火伴,火伴皆惊忙,同行十二年,不知木兰是女郎。"(7册412页)

"忙"在中古时期有惊慌、吃惊义,如《搜神记》卷十四"女化蚕"条:"马皮蹶然而起,卷女以行。邻女忙怕,不敢救之。""忙怕"是说惊慌害怕。本诗"惊忙"二字《古文苑》作"惊惶",可证"惊忙"是惊慌义。①

五形

"小复前行，见诸男女，自共织作，来往顾动，疲劳辛苦。太子问曰：'此作何物？'左右答言：'太子，此诸人等纺织作诸衣服，以遮惭愧，荫覆五形。'"（《大方便佛报恩经》卷四《恶友品》，3/143/a）

"五形"，本来指头颅和四肢，引申有泛指身体义，也有专指身体的隐私部位，包括阴部之义。② 因为人身体的某些部位通常是不能展示给人看的，需要通过衣服来遮蔽，这就是所谓"以遮惭愧，荫覆五形"的意思；所以对"五形"的含义不应仅从字面上理解。

《三国志·魏志·管宁传》裴注引《高士传》："冬夏恒不着衣，卧不设席，又无草蓐，以身亲土，其体垢污皆如泥漆；五形尽露，不行人间。"（264页）这是描写隐士焦先的一段文字，"五形尽露"是说身体的隐私部位全暴露在外。人最不该赤裸的就是阴部了，而焦先却全然不顾，照样裸露，说明他和常人的不同之处。《晋书·温峤传》记温即将讨伐叛军祖约、孙峻，曾写了一篇檄文来声讨其罪行："约、峻凶逆无道，囚制人士，裸其五形。""五形"也是指阴部。《太平御览》卷六九六引《语林》："桓宣武性俭，着故裤，上马不调，裩（同裈）败，五形遂露。"裤子破了，阴部就暴露在外，"五形"所指是十分清楚的。

《辞源》未收此词，《汉语大词典》"五形"条释为"指头和四肢。泛指身体"，未及此词专指人的隐私部位义；又所举两例中，把裴启《语林》"五形遂露"一例也归入"泛指身体"下，不当。

---

① 参看第二章第六节。
② "五形"由指头颅和四肢转而泛指身体，属于以部分代整体的转喻。由专指身体转为指代阴部（私处），是以部分代部分，也是一种转喻。

依因

"左右答言:'太子,所以有国,依于人民;所以有人民者,依因饮食;所以有饮食者,依因耕田,种植五谷,得存性命。'"(《大方便佛报恩经》卷四《恶友品》,3/143/a)"复经少时,诸臣论议:所以有国,依因库藏;库藏空竭,国亦虚存。"(同上,3/143/b)"太子言:'若不听我入大海者,终不饮食。'……如是乃至一日不饮不食,二日、三日至到六日。父母忧愁,畏其不济。七日即前,鸣抱手足,善言诱喻,'可起饮食。此假食身,依因饮食而得存立,不饮食者,汝命不济。'"(同上,3/143/c)

这几例"依因"就是依靠、凭借的意思。如首例是三个排比句连用,第一分句说"依(于)",二、三分句则说"依因",则"依因"之义再清楚不过,无烦赘言。"依"和"因"都有依靠、凭借义,"依因"当是同义连用后组成的并列复合词。曹操《秋胡行》之一:"正而不谲,辞赋依因。""辞赋依因"就是凭借辞赋,说的是春秋时宁戚凭借唱歌使齐桓公发现自己的典故。《后汉书·循吏传·卫飒》:"又耒阳县出铁石,佗郡民庶常依因聚会,私为冶铸,遂招来亡命,多致奸盗。"(2459页)《广弘明集》卷二七南齐文宣公《净住子净行法·诃诘四大门第八》:"夫三界遐旷,六导繁滋,莫不依因四大,相资成体。""依因"义均同。

《辞源》未收此词,《汉语大词典》有"依因"条,释为"顺应;利用",举晋葛洪《抱朴子外篇·疾谬》:"其有才思者之为之也,犹善于依因机会,准拟体例,引古喻今,言微理举,雅而可笑,中而不伤。"

按:用"凭借""依靠"来解释《抱朴子》此例"依因"也可顺畅无碍,而"顺应""利用"则无法说通上举佛经及中土文献用例,可见

《汉语大词典》释义不够准确。

(二) 所加的限定性词语值得商榷

有时候,《汉语大词典》的释义大体不错,但有的限定性词语加得不妥,有画蛇添足之感。例如:

不成

《汉语大词典》"不成"的第五个义项是"助词",又分为两个子义项:(1) 用于句首,表示反诘。宋陈允平《清平乐》词:"误了海棠时候,不成直待花残?"……(2) 用于句末,表示加强反诘语气。《儒林外史》第一回:"你又不曾犯罪,难道官府来拿你的母亲去不成?"(1册407页)

按:所释大较正确,也有可以商榷的地方。如"用于句首",多数是这样,也不全是。宋沈括《乙卯入国奏请(并别录)》:"颖云:'土磴石跌铺子不少,劄子内不成便说得许多铺子?'"(《宋代卷》11页)"不成"就是疑问助词,但并非用在句首。

光颜

《汉语大词典》释为:"对面颜的敬称。"举《无量寿经》卷上:"今日世尊诸根悦豫,姿色清净,光颜巍巍,如明净镜。"(2册234页)

按:《汉语大词典》的解释疑是从少数用例中归纳出来的,未必具有普遍意义。三国吴康僧会译《六度集经》卷二:"对曰:'德徽巍巍,远自竭慕,贵睹光颜,没齿无恨也。'"又卷五:"王与元妃,处于山林。海有邪龙,好妃光颜,化为梵志。"南朝宋求那跋陀罗译《佛说大意经》:"国中有婆罗门,财富无量,见大意光颜端正,甚悦乐之。"从上述引文看,"光颜"应是一个中性的词,未必有"敬称"的含义。

颜华

《汉语大词典》:"谓容貌有光采。南朝梁江淹《效阮公诗》之

二:'十年学读书,颜华尚美好。'"(12册339页)

按:此释义当可商。"颜华"表示容貌、相貌,习见于六朝文献。即以佛经为例,如:《六度集经》卷二:"后有鸠留县老贫梵志,其妻年丰,颜华端正。"又卷四:"(小妻)结气而殒。魂灵感化,为四姓女,颜华绝人,智意流通。"又卷七:"殿有五百妓女,不肥不瘦,长短无讵,颜华鲜明,皆齐桃李。"由此可见,"颜华"就是指人的容貌、相貌,《汉语大词典》释为"谓容貌"即可,"有光采"三字蛇足。

在根据充分的情况下,似可在释语中对词义的发展演变作进一步的说明,以勾勒词义嬗变的轨迹,真正做到"着重从语词的历史演变过程加以全面阐述"(《汉语大词典·前言》)。如:

解脱

《汉语大词典》"解脱"下列有6个义项,第①义是"解除;解开",举《史记·酷吏列传》:"于是解脱,诈刻传出关归家。"……《水浒传》第42回:"赵能把士兵衣服解脱了,领出庙门去。"(10册1372页)

"解脱"是一个在中古产生新义的词,隋巢元方《诸病源候论》中习见。如卷四七《小儿杂病诸候·吐利候》:"吐利者,由肠虚而胃气逆故也,小儿有解脱,而风冷入肠胃,肠胃虚则泄利,胃气逆则呕吐。"(1332页)又卷四八《小儿杂病诸候·嗽候》:"小儿解脱,风寒伤皮毛,故因从肺俞入伤肺,肺感微寒即嗽也。"(1363页)解脱,就是解开、脱去衣服,当是"解脱衣服"的省略用法。如卷四六《小儿杂病诸候·呕吐逆候》:"解脱换易衣裳及洗浴,露儿身体,不避风冷。"(1333页)又卷四九《小儿杂病诸候·风瘙隐胗候》:"小儿因汗解脱衣裳,风入腠理。"(1388页)可证。"解脱衣裳"省作"解脱",使该词产生了一项新义。(参见王云路1994)

按:"解脱"原来是解开义,由泛指解开、解除变为专指解开、脱去衣服,属于由泛指转为专指,《水浒传》也是这一用法。应该在引述《水浒传》一例之前加上"后指解开、脱去衣服"的说明,用例也可提前到《诸病源候论》。

铁落/帖落

《原本老乞大》:"既这般呵,你收拾帖落、井绳出来。井边头帖落、井绳都有。"(40页)"帖落",指打水的吊桶。也作"铁落"。元康进之《李逵负荆》第三折:"恼的我怒难消,踹匾了盛浆铁落。"《元语言词典》释"铁落"为"打水的铁吊桶",比《汉语大词典》"铁罐"的解释已有进步,但未收"铁落"的另一词形"帖落",况且打水未必都用"铁吊桶",竹制的、木制的都可以,疑释义以偏概全。

(三)对复音词的内部结构理解失当

复音词的内部结构,是指构成复音词的两个成分之间属于何种关系。对复音词的内部结构分析清楚了,释义自然正确;反之则会产生错误。

猜贰

《汉语大词典》:"疑忌而有二心。"(5册68页)

按:"猜"和"贰"都有携离、离弃义,在一起连用,组成"猜贰"一词,词义也谓背叛,离心。南朝梁丘迟《与陈伯之书》:"部落携离,酋豪猜贰。"观《汉语大词典》所举各例,都是这个意思,不应分释为"疑忌"和"有二心",分为两义。

挺生

《汉语大词典》:"挺拔生长。亦谓杰出。"(6册560页)

按:《世说新语·方正》第56则刘注引《罗府君别传》:"及致仕还家,阶庭忽兰菊挺生。"(189页)"挺生",等于说生出、长出。后句是说庭院里突然长出了兰花、菊花。考"挺"有生长、长出义。《广雅·释诂一》:"挺,出也。"《吕氏春秋·仲冬》:"芸始生,荔挺出。"高诱注:"挺,生出也。"《抱朴子内篇·塞难》:"圣人之死,非天所杀,则圣人之生,非天所挺也。"(138页)"非天所挺"是说不是上天所生出(造就)的。这样看来,"挺生"当为同义连文,"挺"也是"生"的意思。《世说新语词典·副编》未收此词。《汉语大词典》释"挺生"为"挺拔生长。亦谓杰出",疑误解了"挺生"一词的内部结构。

由植物的生出、长出义,转而指佳丽或哲人诞生。《魏书·列女传·渤海封卓妻》:"谁能作配,克应其选。实有华宗,挺生淑媛。"(1978页)《晋书·后妃传上·武悼杨皇后附左贵嫔》:"钟于杨族,载育盛明。穆穆我后,应期挺生。含聪履喆,岐嶷凤成。"(961页)宋柳永《永遇乐》二之一《歇指调》:"璿枢绕电,华渚流虹,是日挺生元后。""挺生"犹言诞生。

又转而指崛起、崭露头角。《文选·左太冲〈蜀都赋〉》:"王褒晔晔而秀发,扬雄含章而挺生。"(80页b)《三国志·蜀志·杨戏传》:"皇帝遗植,爰滋八方,别自中山,灵精是钟,顺期挺生,杰起龙骧。"(1080页)《魏书·高允传》:"赵实名区,世多奇士,山岳所钟,挺生三李。"(1083页)《梁书·文学传下·刘峻》:"而惑者睹汤、武之龙跃,谓龛乱在神功;闻孔、墨之挺生,谓英睿擅奇响。"(704页)《陈书·高祖纪上》:"公虽宗居汝颍,世寓东南,育圣诞贤之乡,含章挺生之地。"(18页)杰出人物的诞生和英才崛起二义之间是有联系的,有时难以区分清楚。

(四)考察词义演变过程失当

汉语的许多词,最初并不是词,而是词组、短语之类的结构。

随着词义的发展演变,逐渐词汇化,变成了词。例如:

风凉

《汉语大词典》该词下列有5个义项:①指凉风。唐杜甫《立秋雨院中有作》诗:"树湿风凉进,江喧水气浮。"②谓有风而凉爽;凉爽。北魏贾思勰《齐民要术·作酢法》:"初置瓮于北荫中风凉之处,勿令见日。"③使身体清凉爽快;纳凉。杨朔《三千里江山》第十二段:"他想出去风凉风凉。"④犹轻松。⑤古地名。(12册611页)

按:"风凉"成为一个词,有一个过程。在早期时,它还是一个词组,如:南朝梁元帝《金楼子》卷二《后妃篇》:"冬则不近炎火,夏则不敢风凉,如此者离寒暑也。"(二·2页)"风凉"是吹风乘凉的意思,词组。发展到后来,"风凉"逐渐词汇化,词义逐渐单一凝固,变成了词。《汉语大词典》没有列出其早期形式,当然也就无法考知其演变过程了。

四、义项归类排列失当

有时候,不一定是释语的问题,也可能是义项的排列、归类有问题,造成了疏失。如:

乖角

《汉语大词典》"乖角"条:①指东汉名士郭泰折巾一角之事。②抵牾;矛盾。③分离。④违背情理。……(1册659页)

"乖角"是一个中古产生,近代汉语习用的词语,用例又如:南朝梁释慧皎《高僧传》卷一《安清》:"或由传者纰缪,致成乖角。"《刘知远诸宫调》:"两个妯娌更乖角:待你久后身荣并奋发,把三斗咸盐须吃他。"(《宋代卷》356页)

验之实例,可以发现,《汉语大词典》的释义有可商之处。实际上,所谓"违背情理"一义完全可以并入第二义"抵牾、矛盾",观其所举二例:唐罗隐《焚书坑》诗:"祖龙算事浑乖角,将谓诗书活得人。""浑乖角"是说全是自相矛盾的。《太平广记》卷五四"韩愈外甥"条(出《仙传拾遗》):"……衣服滓弊,行止乖角。"是说行为乖戾异常。"乖角"都可以用"抵牾、矛盾"来解释。把这两例从第二义分离出来,当中还隔了一个"分离"义,值得商榷。编者如此解释,应是受了宋朱彧《萍州可谈》卷一"都下市井辈谓不循理者为乖角"的影响(该条下所引)。从根本上说,"抵牾、矛盾"这个义位就是"不循理",包括与事实不符、行为乖戾、违背情理等,都可以在具体的语境中根据上下文得出解释,它们都属于义位变体,无须再从"抵牾、矛盾"中分出"违背情理"一义。

脸

《汉语大词典》"脸"条:①面颊,面部。南朝梁简文帝《妾薄命》诗:"玉貌歇红脸,长嚬串翠眉。"宋文天祥《珊瑚吟》:"毛羽黑如漆,两脸凝璃脂。"《水浒传》第62回:"仰着脸四下里看时,不见动静。"老舍《黑白李》:"其实他俩的脸都很白,而且长得极相似。"②面子。③脸色。指表情。④指某些物体的前部。⑤肉羹。⑥用同"睑"。眼帘。南朝梁武帝《代苏属国妇》诗:"帛上看未终,脸下泪如丝。"(6册1385页)

"脸"是南北朝时期产生的新词,本指脸颊。《集韵·琰韵》:"脸,颊也。"《大唐三藏取经诗话》卷中:"两伴女人,泪珠流脸,眉黛愁生。"(《宋代卷》246页)就是此义。当然,这个本义早在南北朝时期就使用了,《汉语大词典》第一义前两例就是"脸颊"义。引申为泛指脸部。① 这样看来,《汉语大词典》的释义是值得商榷的。首

---

① 属于转喻,以部分代整体。

先,它把本义"面颊"和引申义"面部"放在一起作释,使读者看不出词义演变的轨迹,是不够妥当的。其次,第一义所举的四个用例中,前两例为一义(面颊),后两例为一义(面部),放在一起,殊为不伦。

若为

《汉语大词典》"若为"条:①怎样;怎样的。举《南齐书》等例。②怎堪。唐王维诗。③怎能。举《乐府诗集》例及唐孟棨《本事诗·情感》:"沙场征戍客,寒苦若为眠?"宋范成大《燕堂书事》诗:"耳边情话少,笑口若为开?"④倘若。唐雍裕之《江边柳》诗:"若为丝不断,留取系郎船。"(9册332页)

"若为",义为如何,怎样。《乐府诗集·横吹曲辞五·隔谷歌一》:"食粮乏尽若为活?救我来!救我来!"《南齐书·高逸传·明僧绍》:"天子若来,居士若为相对?"(928页)唐张鷟《游仙窟》:"天公强多事,今遣若为分!"(《唐五代卷》22页)五代静、筠《祖堂集》卷三《慧忠国师》:"又问:'若为得证法身耶?'云:'超毗卢遮那境界。'"(同上,459页)在具体的文例当中,随着不同的语境,又有不同的含义。但基本上都可以用"如何,怎样"作释,《汉语大词典》分为三个义项,有强为分别之感。

修理

《汉语大词典》"修理"条有"治理""操持;料理""处置"等8个义项。(1册1376页)

按:《汉语大词典》在第②义后又云:"亦特指烹调,整治饮食。"举《太平广记》卷三八五"崔绍"条(出《玄怪录》):"绍问:'此是何鱼?'家人曰:'本买充厨膳,以郎君疾瘥,不及修理。'"唐段成式《酉阳杂俎·酒食》:"每说物无不堪吃,唯在火候。善均五味,尝取败障泥胡禄,修理食之,其味甚佳。"从所举各例来看,"修理"应该独立出一个义项:烹调,制作饮食。这大概是唐代以来产生的一个新义,又如:唐圆仁《入唐求法巡礼行记》卷三:"遍山有石炭,近远诸州人尽来取烧,修理饭食,极有火势。"(《唐五代卷》140页)"修理"也是烹烧的意思。

而该词目下的有些例证则应该重新调整义项,重加排列。现代汉语也有"修理",犹言收拾,教训,如:你当心点,我告诉你太太,让她来修理(收拾)你![1] 和古代的用法不同。

疲

《汉语大字典》"疲"下有7个义项:①劳累;困乏。②厌倦。③极。……(缩印本1115页)

在"③极"这一义项下,举《广雅·释诂一》:"疲,极也。"无其他书证。

按:"极"有疲劳、疲惫义,先秦已然,《战国策·齐策三》:"兔极于前,犬废于后。犬兔俱罢,各死其处。"中古沿用更广。《广雅·释诂一》:"疲、惫,极也。"这个"极"就是指疲劳、劳累,而不是"极"的其他义项。明乎此,则在已经有"劳累、困乏"义的情况下,无烦再为"疲"立一个所指暧昧"极"义。

五、义例不合

所谓义例不合,是说辞书在引例时,释义和例证不吻合,释义说甲,却举了乙义的例子,例证不能为释义服务。例如:

不成

《汉语大词典》③不象。《南史·徐摛传》:"后主为文示陵,云

---

[1] 《现代汉语词典》(第5版)"修理"第③义是"〈方〉整治②:把他～了一顿。"(1533页)

他人所作。陵嗤之曰:'都不成辞句。'"(1册407页)

按:"都不成辞句"犹言"全都成不了文句","不成"是未能成为、成不了义,而不是"不像",《汉语大词典》误引。

起病

《汉语大词典》"起病"第④义为"生病;得病",第二例为明高攀龙《语》:"千病万痛,有一不起病于身者乎?"(9册1099页)

按:此例"不起病"言不愈之病,应归入第一义"病愈","起"自先秦以来即有痊愈、病情好转义。《公羊传·庄公三十二年》:"庄公病,将死,以病召季子,……曰:'寡人即不起此病,吾将焉致乎鲁国?'"《史记·春申君列传》:"歇曰:'今楚王恐不起疾,秦不如归/其太子。'"《三国志·魏志·华佗传》:"即各与药,明旦并起。"《南齐书·江谧传》:"时世祖不豫,谧诣豫章王嶷,请间曰:'至尊非起疾,东宫又非才,公今欲作何计?'"下文"一月可小起"的"起"义同。(参见方一新、王云路2006:181注34)《汉语大词典》误引此例。

一同

《汉语大词典》"一同"条:①古谓方百里之地。②一统;统一。③全同;一样。《荀子·荣辱》:"凡人有所一同:饿而欲食,寒而欲暖。"《晋书·孝武文李太后传》:"十二年加为皇太妃,仪服一同太后。"④……(1册28页)

按:《汉语大词典》第③义下所举的《晋书》一例义例不合。《晋书》的"一同",一,皆,全部,副词,作状语;同,相同,动词,作谓语。"一同太后"是说全都和太后相同,"一同"是偏正(状谓)结构。而《汉语大词典》作为词收录的"一同",指一样、相同,副词,是中古以降的常义,又如:《大唐三藏取经诗话》卷下叙一王姓商人,丧偶后又娶一妻,前妻生子曰痴那,后妻生子曰居那。商人要外出经商,嘱咐妻子:"汝且小心为吾看望痴那。此子幼小失母,未有可知,千万一同看惜。"(《宋代卷》253页)"一同看惜"是说和你生的儿子一样对待。《清平山堂话本·简帖和尚》:"见怎么说,五回二次问他,供说得一同。"(同上,404页)"供说得一同"是说交代得都一样。

六、书证偏晚

书证偏晚是《汉语大字典》《汉语大词典》最为常见的疏失,这方面已经有不少学者予以指出、补正了。现在就我们所发现的问题酌举数例如下:

(一)中古产生误作后代产生

彼中

《汉语大词典》"彼中"条首例举宋范仲淹文(3册939页)。

失译《大方便佛报恩经》卷一:"有世界名曰光德,彼中有佛。"(3/125/b)西晋竺法护译《佛五百弟子自说本起经》:"意欲於彼中,希望饮食具。"《起世经》卷三:"便於彼中寿命终尽,是为第一活大地狱。"《善思童子经》卷上:"彼中如是无,但有中示现。"《观察诸法行经》卷四:"彼中有月王所治处,有王名宝月,于四千洲中转轮自在。"《太平御览》卷九七一引《岭表录异》曰:"槟榔,交、广生者,非舶槟榔,皆大腹子也。彼中悉呼为槟榔。"可见,《汉语大词典》举例过晚。

不管

《汉语大词典》该词的第②义是"不过问",举《金瓶梅词话》为例。(1册463页)

按:"不管"的"不过问"义,已见于近代汉语早期。五代静、筠《祖堂集》卷七《岩头和尚》:"踈山参见师,师才见,却低头佯佯而

睡。疎山近前立久,师并不管。"(《唐五代卷》517页)

不了

《汉语大词典》"不了"条:①不明了;不明白。②未完;没完。③常置动词后,强调动作的不可能。④谓不能了结。清薛福成《与法兰西立约通商保护越南议》:"夫壹意欲战,则将使彼不能转圜,兵连祸结,致成不了之局。"(1册396页)

其中第④义举清代的用例,明显偏晚。《世说新语·任诞》第24则:"(孔)群尝书与亲旧:'今年田得七百斛秫米,不了麴糵事。'"(398页)唐圆仁《入唐求法巡礼行记》卷四:"每行送,仰诸寺营办床席、氈毯、花幕结楼,铺设椀叠台盘椅子等,一度行送,每寺破除四五百贯钱不了。"(《唐五代卷》156页)

昏狡

《汉语大词典》释为"昏狡:昏庸狡猾",举鲁迅《书信集·致李霁野》为例。(5册624页)

按:"昏狡"至晚已经产生于南北朝。南朝梁丘迟《与陈伯之书》:"况伪孽昏狡,自相夷戮。"后代也一直沿用,如:唐吴兢《贞观政要》卷一:"帝王之起,必承衰乱,覆彼昏狡,百姓乐推,四海归命。天授人与,乃不为难。"明王洪《巫山高》:"自古立国以德,天乃不违,恃险而虐,鲜不颠以危。矧彼昏狡,自速祸灾。"

拷打

"乐无为,手脚著土,此是先世因缘,故默不答。众臣便反缚乐无为,拷打问辞。树神人现出半身,语众人曰:'莫拷打此人。'众臣曰:'何以不打?'"(失译《兴起行经》卷上,4/165/a)

"拷打"意思显豁,没有解释的必要,但辞书引例往往过晚。如《汉语大词典》该条下首例举《元典章》,年代偏后,容易使读者误以为"拷打"是近代汉语才产生的新词（正史中此词出现的年代似较晚，如《明史·刑法志三》："如狱未成，而官校及镇抚司拷打伤重，或至死者，许法司参治。"）。本条两例可以把书证年代提前到六朝。

觍颜

《汉语大词典》收有"觍颜"一词，其下两义都举清代的例证。（10册339页）

按：南朝梁丘迟《与陈伯之书》："将军独觍颜借命。"宋舒璘《答乔宰》："顾尺纸之未修，忽明缄之先辱，祗承谦眷，益用觍颜。"明孙承恩《祭杨季玉文》："又恨吾笔力衰□，思致鄙庸，恐无能尽君美善之一二也。顾不让而觍颜为之，姑以尽夫区区。"是此词早见于前代，《汉语大词典》所举太晚。

颜容

《汉语大词典》"颜容"条释为"面容"。举宋范成大诗和闻一多文。（12册339页）

按："颜容"一词的产生在宋代以前。"此二王同坐而无有异，颜容姿貌，正等无异，唯眼眴异。"（晋法炬译《顶生王故事经》）"其人有女，名耶输陀罗，颜容端正。"（刘宋求那跋陀罗译《过去现在因果经》卷二，3/629/b）《汉语大词典》例晚。

状类

《汉语大词典》"状类"条：①形似。举唐杜牧诗。②形状和种类。举宋欧阳修文。（5册13页）

按：《汉语大词典》的释义不全，例证亦晚。三国吴康僧会译《六度集经》卷二："（梵志）面皱唇颊，言语謇吃，两目又青，状类若鬼。""状类"，指外形，形貌。是该词至晚已经见于六朝典籍，并不

(二) 近代产生误作后代产生

猜摸

猜测，捉摸。康濯《春种秋收·工人张飞虎》："人们猜摸了一阵，都说公司里那个主任也没见说过老崔的长短，八成是黄武为了弄钱才捣的鬼。"(《汉语大词典》5册69页)

按："猜摸"原作"猜摩"：明孟称舜《娇红记》二九出："我心中自猜摩，有甚般过犯，害却愁多。"也作"猜抹"：《品花宝鉴》十六回："白教没相干的眼泪，淌了许多，到底也不晓得为什么。问他，他又不说，猜抹也猜抹不出来。"(236页)《汉语大词典》未收"猜抹"，而"猜摸""猜摩"二词也各自为释，对二者的关系没有交代；引例也晚。

民词

《汉语大词典》举评剧《秦香莲》(6册1428页)。

按："民词"指百姓的诉状。至晚已见于明代作品，张岱《西湖香市》："日以民词馈送。"《汉语大词典》引例晚。

只管

《汉语大词典》该词的第一个义项是"只顾；一直；一味"，举宋范成大《去年多雪苦寒》诗等例。(3册48页)

按：此词的产生不晚于五代，五代静、筠《祖堂集》卷七《岩头和尚》："压雪数日，师每日只管睡，雪峰只管坐禅。"(《唐五代卷》515页)"只管"也作"只观"：五代静、筠《祖堂集》卷十四《江西马祖》："有洪州城大安寺主，讲经讲论，座主只观诽谤马祖。"(同上，539页)

七、书证阙如

(一) 词语考释可补辞书阙漏

换

有借贷义。《汉语大字典》已经收了《玉篇》的解释:"换,贷也。"但没有书证。考诸典籍,中古以还,"换"经常用作借义,如:《搜神记》卷一七"度朔君"条:"曹公讨袁谭,使人从庙换千匹绢,君不与。"(212页)《后汉书·桓帝纪》:"又换王侯租以助军粮,出濯龙中藏钱还之。"(311页)"换"都是借贷义。又多有和同义词连用的例子,如:《抱朴子内篇·微旨》:"假借不还,换贷不偿。"(126页)《南齐书·明帝纪》:"逋租宿责,换负官物,在建武元年以前,悉原除。"(85页)《南史·曹武传》:"时帝在戎多乏,就武换借,未尝不得。"(1154页)"换贷""换负""换借"都是由同义(近义)语素组成的并列式双音词。

髀

《汉语大字典》"脾"(三)(音 bì)下说:"同'髀'。大腿。《集韵·荠韵》:'髀,股也。或作脾。'"而无文献用例。①

按:"脾"借作"髀",除了先秦《庄子》已见外,魏晋以来也不乏其例,如:《系观世音应验记》第50则:"尝为虏所钞得,缚脾埋腰,欲走马射之。"(162页)又第68则:"尝遇一虎食己所获,即牵弩射虎。此虎伤走。复有一虎从啮,(王)桃两脾皆碎,犹不自置。"(205页)"脾"都当读作"髀",可供补证。

(二) 俗字考释可补字书阙漏

俗字考释的成果,可以补正大型字典的失误

---

① 《汉语大词典》"脾"(bì)的"大腿"一义下只举《庄子·在宥》:"鸿蒙方将拊脾雀跃而游。"

秦汉以来的隶书、楷体、行草等字体较多，写法多样，在某些特定的使用场合更有许多特殊的写法，如墓碑中的大量碑别字。六朝和唐宋写本中俗字出现的频率更高，利用俗字别体，可以纠正研究著作的失误，也可以补正大型字典的疏失。

在《大正藏》本佛经中，经常可以发现不少俗字别构为通行字典所未收。这里举失译《大方便佛报恩经》为例。该经收录于《大正藏》第3卷，经中的一些文字，其写法有别于通常，大抵属于俗字的范畴。可以补正大型字书（如《汉语大字典》）的不少，如：

凞

"尔时世尊凞怡微笑，从其面门放五色光。"（卷一《序品》第一，3/124/c）"尔时如来凞怡微笑，从其面门放大光明。"（卷四《恶友品》第六，3/142/b）

"凞怡"当即"熙怡"，义为和乐、喜悦，中土文献较早见于东汉蔡邕《太尉乔玄碑阴》："凡见公容貌，闻公声音，莫不熙怡悦怿。""凞"当是"熙"的俗写。《汉语大字典》收有一个和此字相近的"煕"字，释为"同'熙'"，未收"凞"字。

欬

"如我不喜为人所欬，强力迫憎。"（卷二《对治品》第三，3/131/b）

"欬"字宋元明三本均作"陵"，可见其同"陵"或"凌"。元魏慧觉等译《贤愚经》卷九《善事太子入海品》："五百诸臣不相宾伏，便当力净，强弱相欬，抂杀无辜，亡国丧民，莫不由此。""欬"也是"陵"或"凌"的俗写。《汉语大字典》"欬"下释云："同'俴'。欺凌。《广韵·蒸韵》：'欬，欺欬，俗。'《集韵·蒸韵》：'俴，侵尚也。亦作欬。'"

按："俴"也是"陵""凌"的俗字，以"俴"释"欬"，不当。只须说

"欶"同"陵""凌"就行了。

屄

"于城门外有大深坑,时王舍城人担持大小便利,弃是坑中。天雨恶水亦入其中。尔时,此洸水中有一虫,其形似人,众多手足。……尔时阿难观察众心,问如来言:'世尊,向所见洸屄中虫者,先世造何业行? 生此水中为几时耶?'"(卷三《论议品》第五,3/141/b)

从上下文可知,"屄"就是"屎",盖俗字耳。刘宋求那跋陀罗译《佛说罪福报应经》:"憙饮酒醉,犯三十六失,后堕沸屄泥犁中,出生堕狌狌中。"(17/562/c)《汉语大字典》收有此字,云"同屎",但没有书证。

偬

"佛在竹园精舍,有一比丘身患恶疮,形体周匝,脓血常流,众所偬贱,无人亲近。"(卷七《亲近品》第九,3/162/a)

《集韵·铎韵》:"恶,或从人。"《汉语大字典》"偬"字下也就是收了《集韵》的解释,没有文献用例。

粡

"时王荒错,心意迷乱,误入十四日道。其道险难,无有水草,前行数日,粮粡已尽。"(卷一《孝养品》第二,3/128/c)

"粮粡"显然就是"粮饷","粡"盖"饷"之俗字。《汉语大字典》"粡"下释为"同'饷'",并引《集韵》《篇海类编》的训释,缺文献用例。

像这类《汉语大字典》只有释义,而无文献用例的字,许多都可以在佛经中找到书证。《汉语大字典》今后如能修订的话,可考虑补充佛典的例子。

本章参考文献

蔡镜浩　1990　《魏晋南北朝词语例释》,江苏古籍出版社。
方一新　1997　《东汉魏晋南北朝史书词语笺释》,黄山书社。
———　2001　《〈大方便佛报恩经〉语汇研究》,《浙江大学学报》第 5 期。
方一新　柴红梅　2005　《〈汉语大词典〉商补》,日本《中国语学研究·开篇》第 24 辑,好文出版社。
方一新　王云路　2006　《中古汉语读本》(修订本),上海教育出版社。
黄　征　张涌泉　1997　《敦煌变文校注》,中华书局。
江蓝生　1982　《敦煌写本〈燕子赋〉二种校注》,载《关陇文学论丛》,甘肃人民出版社。
———　1988　《魏晋南北朝小说词语汇释》,语文出版社。
江蓝生　曹广顺　1997　《唐五代语言词典》,上海教育出版社。
蒋礼鸿　1997　《敦煌变文字义通释》增补定本,上海古籍出版社。
刘百顺　1993　《魏晋南北朝史书词语札记》,陕西师范大学出版社。
刘　坚　蒋绍愚　1992　《近代汉语语法资料汇编·宋代卷》,商务印书馆。
刘盼遂　1928　《世说新语校笺》,《国学论丛》第一卷第四号。
刘晓南　1991　《先秦语气词的历时多义现象》,《古汉语研究》第 3 期。
柳士镇　1992　《魏晋南北朝历史语法》,南京大学出版社。
龙潜庵　1989　《"护前"商榷》,《中国语文》第 1 期。
吕叔湘　1984　《语文杂记》,上海教育出版社。
曲守约　1968　《中古辞语考释》,台湾商务印书馆。
汪维辉　1990　《评新版中学语文课本文言文的注释》,《古汉语研究》第 2 期。
王　兵　2002　《魏晋南北朝佛经词语辑释》,"法藏文库·硕博士学位论文"第七辑第 67 册,台湾高雄佛光山文教基金会。
王继如　1990　《魏晋南北朝疑难词语辨析三则》,《中国语文》第 5 期。
王云路　1994　《〈诸病源候论〉释词》,《杭州大学学报》第 4 期;收入《词汇训诂论稿》,北京语言文化大学出版社,2002。
———　1999　《六朝诗歌语词研究》,黑龙江教育出版社。
魏耕原　2001　《全唐诗语词通释》,中国社会科学出版社。
吴金华　1983a　《〈三国志〉考释》,《南京师范学院学报》第 1 期。

吴金华	1983b	《试论"R 为 A 所见 V"式》,《中国语文》第 3 期。
——	1986	《"护前"不是"护短"》,载《疑难字词辨析集》,上海辞书出版社。
——	1990	《三国志校诂》,江苏古籍出版社。
项 楚	2006	《敦煌变文选注》,中华书局。
许嘉璐	1997	《论同步引申》,《中国语文》第 1 期。
余嘉锡	1983	《世说新语笺疏》,中华书局。
张惠英 梅祖麟	1983	《说"屩"和"恶"》,《中国语文》第 3 期。
张永言	1999	《语文学论集》(增补本),语文出版社。
周一良	1985	《魏晋南北朝史札记》,中华书局。
——	1990	《魏晋南北朝词语小记》,载《魏晋南北朝史论集续编》,北京大学出版社,1991。
周志峰	1998	《大字典论稿》,浙江教育出版社。
朱东润	1979	《中国历代文学作品选》,上海古籍出版社。

第五章 近代汉语词汇研究的语料及类型

从事语言研究,材料的搜集工作是极其重要的一环,可以说是研究的前提和基础,从事中古近代汉语词汇研究自然也不例外。郭在贻(1985:165)曾经指出:"做研究工作,有两点最要注意:一是材料,二是方法。"这里的"材料"就是通常所说的"语料"。"语料"有广义、狭义之分:从广义上讲,一切文献都可成为语言研究可资利用的材料;从狭义上讲,所谓"近代汉语语料""中古汉语语料"是指相关时期中反映口语材料较丰富、研究价值较高的文献材料。

为了便于分类和论述,我们分两章讨论近代汉语、中古汉语研究的语料。本章讨论近代汉语词汇研究的语料及类型。

近代汉语是指晚唐五代以来的汉语书面语,那么,研究近代汉语词汇的语料有哪些呢? 这是研究者首先会碰到的问题。蒋绍愚(1994:18—19,2005:15)曾经把近代汉语语法词汇的研究资料分为三类:①用白话写的文学作品,如敦煌曲子词、敦煌变文、宋元话本、金元时的诸宫调以及元杂剧、《水浒》、《金瓶梅》等;②为特定目的而作的口语的实录,包括禅宗语录、理学家语录、外交谈判记录、司法文书、直讲体、会话书等;③散见于文言作品中的白话资料,如诗、词、曲中反映口语的语句或词语,笔记、史传中反映口语的片段或词语等。①

笔者以为,根据语料的性质,大体上可以把近代汉语词汇研究语料分为两大类,即出土文献和传世文献,每一大类下又可分为若干小类。鉴于唐宋以来的笔记内容丰富,语料价值较高,故辟为专节。② 兹分述如下。③

第一节 近代汉语时期的出土文献

著名学者陈寅恪在为《燉煌劫馀录》所作的"序"中指出:"一时代之学术,必有其新材料与新问题。取用此材料以研究问题,则为此时代学术之新潮流。治学之士得预于此潮流者,谓之预流。其未得预者,谓之未入流。此古今学术之通义,非彼闭门造车之徒所能同喻者也。燉煌学者,今日世界学术之新潮流也。"陈寅恪的话

---

① 又,袁宾(1992:22—23)把近代汉语文献反映口语的程度分为三类:第一种是充分反映,如《水浒传》《金瓶梅》《西游记》等小说,元代杂剧中的宾白部分,许多禅宗语录等。第二种是有所反映,但不甚充分,多半是文白相间,如《三国演义》。第三种是略有反映,即基本上以文言写作,偶尔使用口语词或口语句子,如宋代孙光宪所作笔记《北梦琐言》。"上述第二、三种类型的作品,在近代汉语文献中占有较高的比例,从中体现了近代汉语文献语言的一个特点:口语和文言相间杂。""近代汉语文献语言的另一个特点是常常带有明显的方言色彩,反映了口语的地域性。"把近代汉语文献语言的特点概括为口语和文言相杂、有明显的方言色彩、语言有时间性,是有道理的。在如何使用近代汉语文献的问题上,作者提出"应该校正错讹,辨识字体,理清句读",并列举实例予以说明。

② 有关利用中古近代汉语语料时应该注意的几个问题,放在下一章介绍,可参看。

③ 本节参考了蒋绍愚(1994:18—29)。

说明,要重视地下考古出土、发现的新材料,利用新的材料来从事新的研究,开创新的研究领域,这是时代赋予的历史使命。回顾19世纪末20世纪以来的学术发展史后不难发现,预学术之流的既有研究敦煌学、吐鲁番学的学者,也有研究甲骨学、简帛文字学的学者,更有利用新材料、研究新问题、形成新潮流的学者。因此,我们专门把地下出土材料单立为一类,重点予以介绍。

出土文献主要包括:敦煌吐鲁番文献、唐宋以来墓志、元代白话碑等。日本学者太田辰夫在《中国语历史文法·跋》中,提出了把文献分为"同时资料"和"后时资料"的意见。"所谓'同时资料',指的是某种资料的内容和它的外形(即文字)是同一时期产生的。甲骨、金石、木简等,还有作者的手稿是这一类。法帖只要不是伪造的,也可看作这一类。但是即使不是严格地考虑,粗略地说,例如宋人著作的宋刊本,姑且看作同时资料也可以。""所谓'后时资料',基本上是指资料的外形的产生比内容的产生晚的那些东西,即经过转写转刊的资料,但根据对同时资料的不严格的规定,后时资料的内容和外形间有没有朝代的不同就变得很重要。比如唐人集子的宋刊本就是后时资料。"(中译本,382页)根据太田辰夫的观点,我们认为20世纪以来出土的近代汉语文献,基本上可以属于"同时资料",这里包括敦煌遗书、吐鲁番出土文书、唐代墓志、元代白话碑等。

一、隋唐五代出土文书

(一)敦煌吐鲁番文献[①]

1. 敦煌文献

敦煌文献有《敦煌变文集》《敦煌变文集补编》《敦煌曲子词集》《敦

[①] 本节所述敦煌吐鲁番文书部分,蒙博士生和谦同学惠予补充,特此致谢。

煌歌辞总编》《王梵志诗》《敦煌愿文集》《敦煌社会经济文献真迹释录》《敦煌经部文献合集》《敦煌类书》《敦煌大藏经》《敦煌道藏》等。

20世纪初,我国考古学上有一个非常重大的发现,这就是敦煌遗书的出土。随之给学术界带来了一场深刻的革命,兴起了敦煌学研究这门全新的学科。

1900年(一说1899年)5月,在甘肃敦煌莫高窟,道士王圆箓在清除第16窟(今编号为第17窟)甬道积沙时,偶然发现了藏经洞,里面有大批唐朝前后的手写本和少数刻本文献,计有5万多卷,震动了整个学术界。① 这次发现的文献数量之多,价值之高,影响之大,都是空前的。文献的内容,涉及中国11世纪以前(尤其是5世纪至10世纪)的历史、政治、经济、宗教、语言、文学、科技、社会生活和中外关系等各个方面,堪称我国优秀文化遗产中的奇珍异宝,也是世界人类文明的宝贵财富。据史籍记载,早在11世纪时,敦煌一带有许多寺庙,当时的僧人流行用俗讲的形式来宣传佛教,普及教义,为此抄写了大批的经卷。后来,为了躲避西夏人的进攻,僧人们决定撤退,在临撤前把一批经书文献埋藏在一个洞窟里,这一埋就是近千年,直到被发现。② 这批文献出土后,由于

---

① 据初步统计,"出土的文献一般估计在五万件以上,文献种类约在五千至六千种之间,百分之九十左右是佛教文书,非佛教文书不足百分之十,包括官府文书、四部书、道教典籍、摩尼教典籍、景教典籍、社会经济文书、文学作品、启蒙读物等。写本文字除大量汉文写本外,还有藏文、于阗文、梵文、回鹘文、粟特文、突厥文、龟兹文写本"。参看季羡林(1998:61)。

② 关于藏经洞封闭的时间及原因,数十年来众说纷纭。除了法国人伯希和提出的躲避西夏人的"避难说"外,还有殷晴、荣新江提出的躲避黑韩王朝的"避难说";1006年,于阗佛教王国被信奉伊斯兰教的黑韩王朝所灭。当于阗陷没后,东逃沙州的大批于阗人带来了黑韩王朝毁灭佛教的可怕消息,促使僧人们将多年收藏的大量佛经、佛画及其他文书秘藏起来。英国人斯坦因提出"废弃说",认为经卷、绢帛等东西是从敦煌各寺院中收集来的神圣废弃物,藏经洞就是堆放这些废弃物的场所。

清政府的腐败和无能,加上发现者、主持敦煌道观的王道士无知和贪财,先后被闻讯而来的俄国人奥勃鲁切夫、英国人斯坦因(1907年、1914年)、法国人伯希和(1908年)以极低的价格掠走了大部分精品,仅斯坦因、伯希和所劫总计就达15000余卷。后来日本大谷探险队(其第三次探险1911至1912年曾至敦煌)、俄国人奥登堡(1914至1915年)也加入了掠夺者的行列。劫余的8千余卷(大部分是佛经)写本后来辗转运到北京,入藏京师图书馆(今国家图书馆前身)。

敦煌遗书现庋藏于世界各地,目前四个最大的收藏处是:英国图书馆(迄1991年8月编至13677号),法国国立图书馆(约7000件,其中汉文约3900件,藏文文书约3175件),俄罗斯科学院东方学研究所圣彼得堡分所(据孟列夫称,入藏约18000号),北京中国国家图书馆。国内尚有敦煌研究院、中国历史博物馆、北京故宫博物院、台北故宫博物院、甘肃省博物馆等多家收藏单位,此外国内外都有一批公私藏家。(参见季羡林1998:14—15)

早在上个世纪初,我国学者就展开了对敦煌文献的搜集、整理和研究工作。20年代,刘复到巴黎抄录敦煌写卷,编成《敦煌掇琐》三辑。王国维、罗振玉、郑振铎等人多以序跋的形式撰文为敦煌文献的研究价值而呼吁。1934年以后,向达、王重民、姜亮夫、王庆菽等先后到英、法等国,在条件极为艰难的情况下,用摹写、拍照的方式录回了一批敦煌写卷,写出专著,予以介绍。敦煌遗书的分类出版,为这方面的研究提供了资料。

(1) 变文类

以王重民、王庆菽两位提供的照片和钞本为主要根据,1957年,由王重民、王庆菽、向达、周一良、启功、曾毅公六位合作整理校点的《敦煌变文集》在人民文学出版社出版了,这不仅为国内从事中国文学史研究的学者、同时也为从事汉语史特别是汉语词汇史研究的学者提供了难得的研究资料,功不可没。正如敦煌学前辈姜亮夫所指出的那样:"变文为敦煌俗文学作品中分量最重、影响最钜者。其为宋元话本之先导,治小说史者不可不特予关注;其为六朝、唐、宋俗语词之渊薮,治汉语史者不可不致心研究。"(《敦煌变文校注·序》)《变文集》收录《伍子胥变文》《孟姜女变文》《汉将王陵变》《捉季布传文》《李陵变文》《王昭君变文》《董永变文》《张义潮变文》《张淮深变文》(以上卷一);《舜子变》《韩朋赋》《秋胡变文》《前汉刘家太子传》《庐山远公话》《韩擒虎话本》《唐太宗入冥记》《叶净能诗》(以上卷二);《孔子项托相问书》《晏子赋》《燕子赋》《茶酒论》《下女夫词》(以上卷三);《太子成道经》《太子成道变文》《八相变》《破魔变文》《降魔变文》《难陀出家缘起》《祇园因由记》(以上卷四);《长兴四年中兴殿应圣节讲经文》《金刚般若波罗蜜经讲经文》《佛说阿弥陀经讲经文》《妙法莲华经讲经文》《维摩诘经讲经文》《佛说观弥勒菩萨上生兜率天经讲经文》《无常经讲经文》《父母恩重经讲经文》(以上卷五);《目连缘起》《大目乾连冥间救母变文》《目连变文》《地狱变文》《频婆娑罗王后宫䌽女功德意供养塔生天因缘变》《欢喜国王缘》《丑女缘起》《秋吟》《不知名变文》(以上卷六);《八相押座文》《三身押座文》《维摩经押座文》《温室经讲唱押座文》《故圆鉴大师二十四孝押座文》《左街僧录大师压座文》《押座文》《季布诗咏》《苏武李陵执别词》《百鸟名》《四兽因缘》《䚡䚡书》(以上卷七);《搜神记》《孝子传》(以上卷八)。凡八卷,78种(篇)。

《变文集》的编辑出版,为研治近代汉语提供了一批重要的语料,对汉语史研究有着极为重要的意义。

两年以后,即1959年,蒋礼鸿就出版了《敦煌变文字义通释》,这是敦煌语言文字方面的第一部研究著作。此后特别是70年代后期以来的近二三十年间,有关敦煌文献方面集资料性、研究性为一体的又陆续出版了大量著作,如周绍良编《敦煌变文汇录》、周绍良、白化文、李鼎霞编《敦煌变文集补编》、郭在贻、张涌泉、黄征著《敦煌变文集校议》。海外学者在这方面也有不俗的成绩,如台湾学者潘重规撰著了《敦煌变文集新书》,日本学者入矢义高编有《〈敦煌变文集〉口语语汇索引》(油印,1961)。日本学者研究作品语言常常先从编索引开始,这样既熟悉了研究对象,又为深入研究提供了便利,是一种很好的研究方法和步骤,值得学习。

(2)诗文词曲类

敦煌歌辞方面:"文革"前有王重民编《敦煌曲子词集》(1950年商务印书馆初版,1954年再版)、任二北校《敦煌曲校录》(上海文艺联合出版社,1955);"文革"后有任半塘编《敦煌歌辞总编》(上海古籍出版社,1987)等。项楚撰《〈敦煌歌辞总编〉匡补》(巴蜀书社,2001),对《敦煌歌辞总编》的疏失作了补正。

此外,香港饶宗颐、法国戴密微(P.Demiéville)编录《敦煌曲》(法国国家科学院,1971)。台湾潘重规编集《敦煌云谣集新书》(台北石门图书公司,1977),本书分为四部分:①绪言;②云谣集卷子解说;③云谣集校笺,收录云谣集杂曲子共30首;④云谣集杂曲子新书、云谣集杂曲子摹本、云谣集杂曲子照片。巴宙(W.Pachow)编有《敦煌韵文集》(台湾佛教文化服务处,1965)。

王梵志诗方面:有张锡厚《王梵志诗校辑》(中华书局,1983)、法国微茨(H.Vetch)的《王梵志诗》、台湾朱凤玉《王梵志诗研究》(上、下,台湾学生书局,1986、1987)、项楚《王梵志诗校注》(上海古籍出版社,1991)。

其他方面:有黄征、吴伟《敦煌愿文集》(岳麓书社,1995)、张锡厚《敦煌赋汇》(江苏古籍出版社,1996)、刘瑞明、伏俊琏《敦煌赋校注》(甘肃人民出版社,1994)、王泛舟《敦煌僧诗校辑》(甘肃人民出版社,1994)、金贤珠《唐五代敦煌民歌》(台北文史哲出版社,1994)等。

项楚还撰有《敦煌诗歌导论》(台北新文丰出版公司,1993),介绍了"敦煌曲子词"和"王梵志诗"的特点,是一部深入浅出的入门书。徐俊纂辑《敦煌诗集残卷辑考》,中华书局 2000 年出版。

(3) 经济文献类

"文革"前,中国科学院历史研究所资料室就编辑出版了《敦煌资料》(第一辑,中华书局,1961)。此后,又陆续出版了《敦煌社会经济文献真迹释录》,唐耕耦、陆宏基编,共 5 辑,书目文献出版社,1986—1990 年。大开本,每页上半部分是影印原卷,下半部分是释文,便于对比研究。

近些年,由首都师范大学教授郝春文主编的《英藏敦煌社会历史文献释录》也已出版了六卷(第一卷,科学出版社,2001;第二卷,社会科学出版社,2003;第三卷,社会科学文献出版社,2003;第四、五卷,社会科学文献出版社,2006;第六卷,社会科学文献出版社,2009)。该书隶属《敦煌社会历史文献释录》第一编,全套书计划出版 30 卷。编者在"前言"中说:"《英藏敦煌社会历史文献释录》是《敦煌社会历史文献释录》的组成部分和第一期工程。这里所谓的敦煌社会历史文献,是指佛教典籍以外的全部敦煌文献。"(第一卷,3 页)"我们的最终目标是,不仅要完成英藏社会历史文献的释录工作,而且要完成世界各地收藏的全部敦煌社会历史文献的释

录工作。"(第一卷,13页)

这套《敦煌社会历史文献释录》无疑是敦煌文献校录整理方面的浩大工程。

(4)佛道宗教类

佛教文献类的有汤锦台等编《敦煌大藏经》(台北前景出版社,1989)、林世田等编《敦煌禅宗文献集成》(全国图书馆缩微文献复制中心,1998)、《敦煌密宗文献集成》《敦煌密宗文献集成续编》(全国图书馆缩微文献复制中心,2000);道经类则有李德范编《敦煌道藏》(全国图书馆缩微文献复制中心,1999)。

关于敦煌本《坛经》,有台湾学者潘重规《敦煌坛经新书》、周绍良《敦煌写本〈坛经〉原本》、李申合校、方广锠简注《敦煌〈坛经〉合校简注》等。

潘重规有《敦煌坛经新书》,由台北财团法人佛陀教育基金会于1994年出版。分为①绪言;②敦煌坛经校记;③敦煌坛经新书;④敦煌坛经照片(伦敦藏斯5475号卷子、北图藏8024号卷子、向达手钞敦煌市博物馆藏任子宜本、日本龙谷大学藏大谷光瑞本照片)四部分,可供参考。

周绍良编著《敦煌写本〈坛经〉原本》,文物出版社,1997。作者首列敦煌莫高窟所出五种《坛经》的原件影印件,即:①北图藏残片一叶,编号为有字79号;②北图藏卷子本,编号冈字48号;③敦煌博物馆藏册子本,馆藏编号为第077号;④伦敦大英图书馆藏册子本,编号为斯5475号;⑤原旅顺博物馆所藏原日人大谷光瑞所获册子本。作者以敦煌博物馆藏册子本为底本,述列"敦煌写本《坛经》原文录文"于后,"相互校定,取长废短,加以补缀"。

李申合校、方广锠简注《敦煌〈坛经〉合校简注》,山西古籍出版社,1999。据此书书前的《敦煌坛经合校说明》云:"现存《坛经》版本分属若干系统,敦煌写本是其中一大系统。至今为止,共发现敦煌写本六种:一、敦煌斯坦因本(斯本);二、敦煌县博物馆本(博本);三、北京图书馆藏敦煌写本(北本);四、方广锠发现北京图书馆藏敦煌写本残片(方本);五、旅顺博物馆藏敦煌写本残片(旅本);六、西夏文写本残片(西夏本)。后四本残缺严重,有的只有数十或百余字。"(27页)作者以敦博本为底本,以其他五种敦煌写本参校,原则上仅限于改正错字。在书前有作者的《〈坛经〉版本刍议》(代自序),对《坛经》的版本源流作了介绍和考辨,并在"附录"中收录任继愈《敦煌坛经写本跋》、拾文《〈敦煌写本坛经〉是"最初"的〈坛经〉吗?》、李申《三部敦煌坛经校本读后》、方广锠《谈敦煌本坛经标题的格式》等论文,并收录上述六种敦煌本《坛经》的影印原件。

(5) 其他文献类

台湾学者王三庆编有《敦煌类书》(丽文文化,1993)。江苏古籍出版社出版《敦煌文献分类录校丛刊》(1996—1998),除了《敦煌赋汇》《敦煌佛教经录辑校》《敦博本禅籍录校》外,还有《敦煌天文历法文献辑校》《敦煌社邑文书辑校》《敦煌表状笺启书仪辑校》《敦煌论语集解》《敦煌医药文献辑校》《敦煌契约文书辑校》《敦煌变文辑校》等,涵盖了敦煌学研究的诸多领域。

甘肃学者伏俊琏、伏麒鹏编著《石室齐谐——敦煌小说选析》(甘肃人民出版社,2000),收有《秋胡故事》《庐山远公话》《韩擒虎话本》《唐太宗入冥记》《叶净能诗》《搜神记》《孝子传》《启颜录》《还冤记》《黄仕强传》《持诵〈金刚经〉灵验功德记》等作品。

此外,尚有马继兴主编《敦煌古医籍考释》(江西科技出版社,

1988)、赵健雄等《敦煌医粹——敦煌遗书医药文选校释》(贵州人民出版社,1989)、丛春雨主编《敦煌中医药全书》(中医古籍出版社,1994)、姜伯勤、项楚、荣新江合著《敦煌邈真赞校录并研究》(台北新文丰出版公司,1994)、郑炳林校录《敦煌地理文书汇辑校注》(甘肃教育出版社,1989)、《敦煌碑铭赞辑释》(甘肃教育出版社,1992)、郑炳林、羊萍《敦煌本梦书》(甘肃文化出版社,1995)等著作。

(6) 综合类

如前所述,敦煌文献分散在中、英、法、俄、德、日、美等多个国家,给研究者带来了很大的困难。最近几十年来,在世界各国学人的呼吁和努力下,才陆续公布于世。20世纪50年代至70年代,英国、法国和中国先后将各自收藏的大部分敦煌文献摄制成缩微胶卷;80年代,中国台湾学者黄永武又据缩微胶卷编辑影印了140巨册的《敦煌宝藏》,收入藏于伦敦英国国家图书馆、巴黎法国国家图书馆和北京中国国家图书馆的敦煌卷子。受当时影印条件的限制,部分写卷不够清晰,使用有困难。近几年,中国国内几家出版社又据原卷照片影印出版了《英藏敦煌文献》(汉文佛经以外部分)、《上海博物馆藏敦煌文献》《上海图书馆藏敦煌吐鲁番文献》《北京大学藏敦煌文献》《天津艺术博物馆藏敦煌文献》《浙藏敦煌文献》《甘肃藏敦煌文献》《中国书店藏敦煌文献》《俄藏敦煌文献》《法藏敦煌西域文献》等,并正在影印出版《国家图书馆藏敦煌遗书》,为各国学人查阅更清晰的敦煌文献影本提供了条件。

《英藏敦煌文献》(汉文佛经以外部分),四川人民出版社,1990—1995。系对收藏于英国国家图书馆的佛经以外的汉文文献敦煌写卷的影印出版。全书共分14册,精装出版。

《法藏敦煌西域文献》,上海古籍出版社、法国国家图书馆编;上海古籍出版社1995年起出版。至2005年,全34册出齐。本书汇集法国国家图书馆藏敦煌西域文献,内容包括伯希和收集的汉文文献,都勒都尔—阿护尔汉文文献,伯希和收集的藏文、梵文、焉耆—龟兹文献,粟特文、回鹘文、西夏文文献,杂文献,希伯来文文献等。20世纪初,伯希和考察团从敦煌藏经洞、库车和丝绸之路的其他遗址上带回来的文献资料,藏于法国国家图书馆。

《俄藏敦煌文献》,俄罗斯科学院东方研究所圣彼得堡分所、俄罗斯科学出版社东方文学部、上海古籍出版社编。本书汇集俄罗斯科学院东方研究所圣彼得堡分所所藏的敦煌文献,由上海古籍出版社、俄罗斯科学院出版社东方文学部于1992年起出版。至2001年,全17册出齐。

《俄藏敦煌文献》列入上海古籍出版社编《敦煌吐鲁番文献集成》的系列计划中。据孟列夫"前言"所述,1929年前称为亚洲博物馆的现俄罗斯科学院东方研究圣彼得堡分所敦煌藏品,绝大部分是奥登堡院士率领俄国西域考察团于1914—1915年间所搜集的写卷。还有一部分同类型的汉文写卷,则分别由当时任俄罗斯乌鲁木齐领事克罗特科夫,和于1906—1909年间前往和阗的马洛夫考察团,以及于1909—1910年间前往吐鲁番的奥登堡考察团所搜集。总计数量"已达一万八千余件"。全书共分17册,目前已经出齐。第1至第10册,每册有目录,并拟有标题;自第11册始,收录ДX03600号以后的大量残片,不再拟订标题和目录,检索仍从原卷编号。有关的说明见《俄藏敦煌文献》的最后一册《附录》。

《俄藏黑水城文献》,俄罗斯科学院东方研究圣彼得堡分所、中国社会科学院民族研究所、上海古籍出版社编,上海古籍出版社

1996年起出版。

本书收录俄罗斯科学院东方研究所圣彼得堡分所所藏黑水城文献。共有8000多个编号,系中国中古宋、夏、金、元时期的写本和刻本,距今已有700至900年的历史,均属珍本、善本或孤本。这批俄藏黑水城文献有西夏文、汉文、藏文、蒙古文、回鹘文等多种民族文字类型,其中西夏文文献数量最多,约占90%;汉文文献次之,不足10%。其他民族文字资料数量较少。这些文献又可分为世俗文献和佛教文献,其中佛教文献占绝大多数。

李伟国"前言"对其中汉文文献作了介绍。孟列夫1984年出版《黑水城文献汉文部分叙录》统计,俄藏黑水城文献中汉文文献共有488件。这个数字还非全部,尚有不少时代较早的零星写本残片未统计在内。比较有价值的如:

两宋之交、宋朝西北边境军事文书30余件,计109纸。

金刻本《刘知远诸宫调》,20世纪20年代由苏联交还中国,现藏北京国家图书馆。

北宋人著,金刻本《新雕文酒清话》系宋人笔记,历代书目失载。

在黑水城汉文文献中,占大多数的是佛教文献,有《阿含经》《大般若波罗蜜多经》《金刚经》《妙法莲华经》等。

俄藏黑水城文献拟分为汉文部分、西夏文世俗部分、西夏文佛教部分三大板块出版。汉文部分共分六大册,第6册附收文献叙录、年表、分类目录和索引。汉文部分已于2000年全部出齐。

《国家图书馆藏敦煌遗书》,北京图书馆出版社。该套书卷帙较多,从2005年起出版,自2008年底,已经出版一百余册。

总起来看,尽管已经出版了大量的敦煌文献,但仍然有很多值得做的工作。同时由于上述出版物都是按各地馆藏流水号影印出版的,没有分类,编排杂乱,读者使用起来有颇多不便。而且由于敦煌文献主要是以写本的形式保存下来的,其中有着许多殊异于后世刻本的特点,读者阅读困难重重。利用敦煌文献要注意几个问题:第一,要了解当时的社会状况和风俗民情。第二,要明俗字、俗语。第三,有条件的,要能够查核原卷,至少要能利用已有的成果。如阅读征引《敦煌变文集》,应参看《敦煌变文字义通释》《敦煌变文集校议》《敦煌变文校注》。

2. 吐鲁番文献

吐鲁番文献是20世纪在新疆吐鲁番出土的,主要是文书契约等,年代由六朝至宋代,以唐五代居多。由文物出版社编次为《吐鲁番出土文书》(1981—1991),共出版了十册。此外,文物出版社还出版了《吐鲁番出土文书》图文版,凡四册。王素著《吐鲁番出土高昌文献编年》(台北新文丰出版公司,1997)、陈国灿、刘安志主编《吐鲁番文书总目(日本收藏卷)》(武汉大学出版社,2005)、荣新江主编《吐鲁番文书总目》(欧美收藏卷)》(武汉大学出版社,2007)、陈国灿《吐鲁番出土唐代文献编年》(台北新文丰出版公司,2002)。

日本学者出版了 *Tun-Huang and Turfan Documents Concerning Social and Economic History*(敦煌吐鲁番)*Contracts (B) Plates*,*Tokyo the Toyo Bunko*(东京东洋文库),1986。全书共5册,图文版和释文版配套出版,印制精美。

蒋礼鸿有《〈吐鲁番出土文书〉(第一册)词释》一文,载《蒋礼鸿语言文字学论丛》。王启涛有《吐鲁番出土文书研究》(巴蜀书社,2005)、《吐鲁番出土文书词语考释》(巴蜀书社,2005)二书。

(二) 唐代墓志

再看传世的唐代墓志。这主要是周绍良主编、赵超副主编的《唐代墓志汇编》,该书收录唐代墓志3700多篇,凡3709000字,分上、下两册,由上海古籍出版社于1992年出版。本书的辑录原则是:以出土唐代人物墓志为限,凡在唐以前及唐代出生卒于唐代者均予收入,而卒年在唐以后者则不收。(见该书"编辑说明")近年来,又出版了周绍良、赵超《唐代墓志汇编续集》,上海古籍出版社,2001。此外,近人张钫收藏晋代至明代的墓志2360方,由河南省文物研究所、河南省洛阳地区文管处编成《千唐志斋藏志》,文物出版社1983年影印出版。

原杭州大学中文系博士生罗维明曾以此书为主要材料,撰写了博士学位论文《古代墓志、史书词语例释》,考释了一批语词,部分刊登在《古汉语研究》上。[①]

(三) 唐代抄本

海外珍藏善本丛书《唐钞文选集注汇存》,全三册,上海古籍出版社,2000;本书汇集现存的唐代写本《文选集注》残卷,凡24卷,影印出版。书前有南京大学中文系周勋初教授所撰"前言"。此书除汇集李善注、五臣注外,还汇集了唐人公孙罗《文选音决》和《文选钞》(有学者认为《文选钞》非公孙罗撰,撰人不详)、陆善经《文选注》,均为此前国内研究者所未见,在文献学、语言学方面具有重要的研究价值。兹举一例:

卷七九《奏弹刘整一首》下,《钞》曰:"《梁典》云:西阳王内史刘

[①] 罗维明的博士学位论文后经修改、充实,改名为《中古墓志词语研究》,由暨南大学出版社2003年出版。

寅与庶弟整同居,有奴婢四人。后家贫,将奴质钱,后又赎得之。寅后死,有二子,长曰逡,次曰师利。整乃与嫂分财,家中资物整将去,唯有兄在日遣二奴兴易,经久不归,乃将与嫂。后经七年,二奴始归,乃大得财物,整又欲索之。其侄儿师利曾远行,乃逢雨,往整墅上,经得十二日。后整计食,小升六升米,乃来向使之处索米,嫂未有,乃将嫂犊车、檐帷为质,后得米往赎,始还。又来嫂家,无礼大叫,使婢打嫂,伤臂,并打侄儿。嫂范不胜欺苦之甚,故诣御史台诉。任昉得此辞,勘当得实,故奏弹之。"(二册,383—384页)本条《文选钞》所引《梁典》,记载南朝梁时刘寅、刘整兄弟两家的一件生活琐事:刘整和寡嫂发生争执,被寡嫂和侄子告上法庭一事,内容写实,文字直白,保存了部分南朝口语,可与任昉《奏弹刘整》原文比照合观。

二、金石碑刻

(一) 金石文献

历代金石文献数量庞大,相关的金石志书总数约有千种之多。北京国家图书馆善本金石组编纂《历代石刻史料汇编》一套大书,北京图书馆出版社(原书目文献出版社)2000年版。汇集历代石刻文字史料14000余篇,共16册,按时代分为五编:第一编先秦秦汉魏晋南北朝(2册),第二编隋唐五代(4册),第三编两宋(4册),第四编辽金元(3册),第五编明清(3册),每编后面附有石志的笔画索引。数量之大,范围之广,前所未有,为研究者提供了方便。

(二) 元代白话碑

元代文献中,白话碑是其中的重要部分,收录蒙古语公文的汉语译文,这些译文基本上是用白话翻译的,口语性很强,是研究元代汉语口语词汇的重要材料。蔡美彪编有《元代白话碑集录》,科学出版社，1955年出版。日本学者入矢义高（1956）对蔡书撰有书评和订补，①可以参考。另外，冯承钧编有《元代白话碑》，1933年上海商务印书馆出版。

第二节 近代汉语时期的传世文献

近代汉语传世文献的语料类别众多，丰富多彩。大致上包括以下几种门类：诗词曲、禅宗佛典、宋儒语录、笔记小说、史籍及会话书、科技著作、碑刻文献八类，每一类的语言风格、词汇面貌都不尽相同，值得充分注意。下面以时代为序依次加以介绍。

一、唐五代

（一）诗词散文

1. 诗词

诗词作品是传世文献的重要组成部分。目前进行唐诗语言研究可以利用的本子主要有《全唐诗》，此外还有《全唐诗补编》等，收入口语性十分强的寒山、拾得等人的诗作。

《全唐诗》，中华书局，1960。本书由清代康熙年间的彭定求、杨中讷等人用了两年时间编纂而成，共收诗48900余首，作者2200余人，凡900卷。《全唐诗》因编纂的时间较短，又成于众手，因而作品作家重出、误收、漏收以及其他问题较多，其中尤以漏收为甚。后人辑有《全唐诗外编》《全唐诗补编》，可以和《全唐诗》配

---

① 此外，入矢先生对蔡书有不少订补，都手写在书的天头地角上；承蒙日本花园大学衣川贤次教授惠予复印，谨此致谢。

合使用。《全唐诗》除了中华书局本外,还有上海古籍本,系影印本,但有《全唐诗索引》一册,按作者和篇名排列,检索称便。

《全唐诗外编》,中华书局,1982。本书把王重民《补全唐诗》(补出唐诗 97 首、又残者 3 首、附者 4 首,共 104 首)、《敦煌唐人诗集残卷》(收 72 首)、孙望《全唐诗补逸》、童养年《全唐诗续补遗》(1000 余首)汇为一编,名为《全唐诗外编》。

《全唐诗补编》,中华书局,1988。由《全唐诗外编》和《全唐诗续拾》两部分组成。《外编》仍收入王重民、孙望和童养年三人的补遗之作并由陈尚君作了订补增删;《全唐诗续拾》60 卷,陈尚君辑录,所收作者逾千人,诗 4300 余首。

唐诗多为文言诗,而诗僧寒山、拾得的诗,就比较通俗白话,反映了唐代的口语面貌。项楚指出:"寒山诗同时也是以王梵志诗为代表的唐代白话诗传统的直接继承者,他的劝世化俗诗与王梵志诗的俚俗风格十分接近。……寒山是继王梵志之后,唐代白话诗派的最重要的作家。"(《寒山诗注·前言》,15—16 页)寒山诗现存约 320 余首,拾得诗约 60 余首,① 今人钱学烈《寒山诗校注》是较早对寒山子诗进行研究的著作。《寒山诗注》是项楚教授的又一部力作,代表了国内最新的研究成果。

五代诗作主要集中在清李调元编《全五代诗》中,凡 100 卷,巴蜀书社于 1991 年出版,上、下两册。

张璋、黄畲编《全唐五代词》是可供研究者利用的唐、五代词的集子,全书八卷,共收唐五代词作者 170 余家,词 2500 余首,上海

---

① 项楚《寒山诗注》收录寒山诗 313 首,另辑有寒山佚诗 12 首,拾得诗 57 首,另辑拾得佚诗 6 首。

古籍出版社1986年精装一册出版。

2. 散文

唐五代散文作品主要集中于《文苑英华》和《全唐文》中。

《文苑英华》，宋李昉编。全书上起萧梁，下迄晚唐五代，选录作家近2200人，作品近20000篇。体例仿《文选》，按"赋""诗"等三十八类编排，其中唐代作品约占十分之九。有中华书局1966年影印本，凡6册。

《全唐文》，清人编集。裒集唐五代作者3042人，文章18488篇。但遗漏、讹误的情况也比较严重。中华书局1983年有影印本，共11册。又于1985年出版《全唐文篇名目录及作者索引》与之配套。

(二) 佛典和禅宗语录

1. 唐代佛典

唐代佛典是研究唐代词汇值得注意的语料之一，但以往很少有人问津，几乎没有什么专门的研究，存在着空白。

近些年来，研治中古近代汉语词汇史的学者大都知道利用先唐佛典，这是可喜的进步。但另一方面，传世的佛典中有相当数量是唐以后翻译的，对这部分语料，以前发掘利用得不够。其实，唐代翻译的佛经中，有一些还是很值得重视的，譬如义净的译经，特别是他的"一切有部律"的几部译经，如《根本说一切有部毗奈耶》《根本说一切有部苾刍尼毗奈耶》《根本说一切有部毗奈耶药事》《根本说一切有部毗奈耶杂事》等；总集有道宣《广弘明集》，传记有道宣《续高僧传》，游记有道宣《释迦方志》，类书有道世《法苑珠林》等，都有着较多的口语词，应该加强这方面的研究。尤其像《法苑珠林》，其性质和中土文献《太平广记》有相似之处，其中保存了大量的六朝隋唐口语词,值得作专门的研究。

不过也应看到,唐代译经承接六朝而来,本身取材的范围就受到原典的影响,加之一些用语都格式化了,故其反映口语的程度当不能和禅宗及宋儒语录相提并论。

此外,中华书局印行了"中国佛教典籍选刊",收有晋僧肇《肇论》、后秦鸠摩罗什《中论》、梁真谛《大乘起信论》、陈慧思《大乘止观法门》、隋智𫖮《童蒙止观》、吉藏《三论玄义》、唐玄奘《成唯识论》、窥基《因明入正理论疏》、法藏《华严一乘教义分齐章》《华严金师子章》、宗密《华严原人论》《禅源诸诠集都序》等论藏方面的著作,在语言词汇方面也有一定的研究价值。

2. 唐五代禅宗语录

禅宗语录是晚唐五代以来兴起的记录禅宗师徒间问答的语录性著作,早期的禅宗著作有唐代的《六祖坛经》《神会语录》,五代的《祖堂集》,稍晚些的则有《景德传灯录》和《五灯会元》。这几部语录口语性很强,是研究唐宋口语的重要语料。

以下依次介绍唐五代的几种禅宗语录。

(1)《神会语录》

A.《南阳和上顿教解脱禅门直了性坛语》

简称《坛语》,唐神会撰。一卷。北寒 81、斯 2492、6977、伯 2045 等。是神会开元六年(718)之后在南阳龙兴寺所举行的授戒会上宣讲佛法的记录。此经历代《大藏经》均未收。敦煌文献出土后,胡适在《胡适校唐写本神会和尚遗集·附录》、日本铃木大拙在《少室逸书》《禅宗史研究第三》中发表过录校本。(参见季羡林1998:726) 刘坚、蒋绍愚主编《近代汉语语法资料汇编》(唐五代卷)所收的《神会语录·南阳和上顿教解脱禅门直了性坛语》即以伯希和2045号第二件为底本,以胡适校录的《神会和尚遗集》参校,由宋绍年校录。

B.《菩提达磨南宗定是非论》

简称《南宗定是非论》,佛教著作,唐神会述。一卷。见伯3047、3488、2045等,英国也有收藏。此文记载了神会于开元二十年(732)于滑台大云寺批判北宗,与北宗僧人崇远辩论的情形,由神会弟子独孤沛集录。论前有独孤沛写的序。历代大藏经未收。敦煌遗书出土后,在胡适《神会和尚遗集》卷二、卷三及新版《神会和尚遗集·附录》中收有录校本。

刘坚、蒋绍愚主编《近代汉语语法资料汇编》(唐五代卷)所收的《神会语录·菩提达摩南宗定是非论》即以伯希和3047号的后幅(甲卷)和伯2045号的第一件(乙卷)为底本,并均以胡适校录的《神会和尚遗集》参校,由宋绍年校录。

《南阳和上顿教解脱禅门直了性坛语》《菩提达磨南宗定是非论》是所谓"《神会语录》"的主体部分。《神会语录》,又名《神会录》《南阳和尚问答杂征义》。是惠能弟子神会的语录,由神会弟子和信徒所记,现存的是敦煌写本斯6557、伯3047等。神会(668[一作686]—760),唐代高僧。接受惠能"顿悟"说,曾往洛阳宣扬惠能学说,为惠能南宗的发展做出了贡献。《神会语录》记载了神会与信徒们就禅法、修行等问题进行的问答以及从达摩至惠能六祖相承传略等内容。该语录历代《大藏经》未收。最早由胡适发现,发表于《神会和尚遗集》。此后又有日本石井光雄《敦煌出土神会录》、胡适《胡适校唐写本神会和尚遗集·附录》、日本铃木大拙《敦煌出土荷泽神会语录》《禅思想史研究第三·神会录》等多种录校本。

这方面的排印本,有杨曾文编校的《神会和尚禅话录》,中华书局,1996。此书分正编、副编和研究三部分,正编系统收录《南阳和上顿教解脱禅门直了性坛语》《菩提达摩南宗定是非论》《顿悟无生般若颂》《南阳和尚问答杂征录》等资料,为研究早期禅宗著作语言提供了方便。

(2)《南宗顿教最上大乘摩诃般若波罗蜜经六祖惠能大师于韶州大梵寺施法坛经》

简称《坛经》《六祖坛经》等。是禅宗六祖惠能的语录,由惠能的弟子法海所记,一卷。有斯5475号、北冈48(首残尾全)、敦煌市博物馆藏本(首尾皆全)等敦煌写本。此经是现存最古的《坛经》写本,是禅宗南宗的基本理论典籍。约成书于公元780年左右,主要记录六祖惠能的事迹和语录。惠能(638—713),唐代高僧,佛教禅宗的南宗开创者,禅宗的第六祖。历代《坛经》传本甚多,敦煌本以往未为历代《大藏经》所收,日本《大正藏》据斯5475号录文收入第48卷。并有铃木大拙《敦煌出六祖坛经》、宇井伯寿《坛经考·附录》、柳田圣山《六祖坛经诸本集成》、郭朋《坛经对勘》、杨曾文《敦煌新本六祖坛经》等多种校录本问世。(参见季羡林1998:728及本章第一节)郭朋又有《坛经校释》,系中华书局"中国佛教典籍选刊本",1983。刘坚、蒋绍愚主编的《近代汉语语法资料汇编》(唐五代卷)即以斯坦因5475号为底本,以《大正藏》第48卷所录及郭朋《坛经对勘》所据的惠昕本、日本铃木贞太郎校订本为校本编录,宋绍年写有"校记"。

(3)《祖堂集》

《祖堂集》,系五代南唐时泉州招庆寺静、筠两位禅师所编的禅宗语录合集。共二十卷,有南唐保大十年(952)序。主要是五代时期的作品。宋以后在中土失传,直到20世纪初,才在朝鲜庆尚南道的海印寺发现高丽高宗三十二年(1245)开雕的二十卷全本。刘坚、蒋绍愚主编的《近代汉语语法资料汇编》(唐五代卷)所收的《祖堂集》节选即以日本京都中文出版社据高丽覆刻本影印的本子为底本,白维国校录。日本学者太田辰夫编有《〈祖堂集〉口语语汇索引》(油印,1965)。

日本京都的花园大学曾组织过"俗语言研究会",中日两国的许多中古、近代汉语研究者都参加。研究会刊行了一批禅宗语录,如《祖堂集》《景德传灯录》等;大都采用比较好的版本影印。日本刊刻的《大正新修大藏经》中收录了一批禅宗语录,包括禅宗部(第47至50卷)49部,史传部(第51、52卷)9部,古逸部(第85卷)11部。

(三) 笔记小说

笔记小说包括笔记和小说。此外,游记属于散文,姑且也把它归入此类。

1. 笔记

笔记在我国历史已经相当悠久了,根据其内容,可以把笔记分为小说故事型、历史琐闻型和考据辨证型三类,[①]它们都出现于六朝。小说故事型如《博物志》《拾遗记》《搜神记》一类;历史琐闻型如《西京杂记》《荆楚岁时记》一类;考据辨证型如《古今注》一类。前两类保存了较多的口语词资料,后一类则保存了一定数量的训释材料,要之都和中古近代汉语词汇关系密切。

唐代的故事、琐闻型笔记有段成式《酉阳杂俎》、刘𫗧《隋唐嘉

---

① 分类参考了刘叶秋(1980)。

话》、张鹫《朝野佥载》、刘肃《大唐新语》、郑处晦《明皇杂录》、裴庭裕《东观奏记》、康骈《剧谈录》、李义山等《杂纂七种》等。唐代也是考据型笔记开始兴起的时期，出现了颜师古《匡谬正俗》《资暇集》、苏鹗《苏氏演义》、封演《封氏闻见记》等考据类笔记。

这些笔记虽是用文言写就的，但也或多或少地保留了一些口语成分，披沙简金，往往见宝。指代词"那"，最早见于张鹫的《朝野佥载》，(参见蒋绍愚 1994:21、2005:17)就是一个很好的证明。

2. 小说、传奇

近代汉语的语料中，小说是一个重要的来源。唐代小说、传奇上承六朝小说，下启宋元话本，在文学史上具有重要的意义；由于这些小说的口语性较强，故就汉语史研究的价值而言也不容忽视。

唐五代小说传奇有许多作品，诸如张文成《游仙窟》、牛僧孺《玄怪录》、李复言《续玄怪录》、薛用弱《集异记》、皇甫枚《三水小牍》、唐临《冥报记》、戴孚《广异记》等。

近人汪辟疆校录《唐人小说》，搜集了除零星杂记和易见专著外的现存唐人小说的大部分重要作品，并用多种版本进行了校勘订正，是一个比较可靠的唐代小说集。

《游仙窟》中土早佚，系从日本传回我国。日本学者对《游仙窟》相当重视，出过多种版本。如八木泽元《游仙窟全讲》，东京明治书院，1975年增订初版，1986年增订再版。以醍醐寺本作为底本，以真福寺本等12种版本互校。该书每页分上、下两栏，上为汉语原文，下为日文对照。原文后附"要旨、校异、语释、通释、馀说"等内容。最后附"索引"三种：①诗句索引；②语释索引；③笔画索引。

今人李时人编纂《唐五代小说》是有关唐和五代小说的总集，共收录唐、五代小说2500多篇，分为正编100卷，外编25卷，涉及作者200多位。由陕西人民出版社于1998年出版。书后有"作者索引"和"篇目索引"两种附录，方便检索。

唐人小说大多用文白相间的语言写成，既典雅含蓄，同时又有一定的口语性，含有较多的口语词。有时候是以文言的形式夹带着部分口语词，这里可以举《游仙窟》为例。

书达入之后，十娘敛色谓桂心曰："向来剧戏相弄，真成欲逼人！"余更又赠诗一首，其词曰："今朝忽见渠姿首，不觉殷勤着心口。令人频作许叮咛，渠家太剧难求守。端坐剩心惊，愁来益不平。看时未必相看死，难时那许太难生。"(《唐五代卷》3页)这里，"剧戏""真成""姿首""殷勤""作许""叮咛""求守""端坐""剩""太难生"等都是当时的口语词。

3. 游记

这里包括唐代中外籍人士用汉文撰写的游记、日记、方志等，如日本僧人圆仁《入唐求法巡礼行记》、圆珍《行历抄》，新罗僧人慧超《往五天竺国传》等。中华书局2000年4月出版了一套"中外交通史籍丛刊"，出版的大都是外籍人士撰写的汉籍著作：

第1册：《西洋番国志》(明巩珍著)、《郑和航海图》(向达整理)、《两种海道针经》(向达整理)

第2册：《大慈恩寺三藏法师传》(唐慧立、彦悰著)、《释迦方志》(唐道宣著)

第3册：《岛夷志略校释》(元汪大渊著，苏继庼校释)

第4册：《真腊风土记校注》(元周达观著)、《西游录》(元耶律楚材著)、《异域志》(元周致中著)

第 5 册：《西洋朝贡典录》(明黄省曾著)、《东西洋考》(明张燮著)

第 6 册：《大唐西域记校注》(唐玄奘、辩机著,季羡林等校注)

第 7 册：《大唐西域求法高僧传校注》(唐义净著,王邦维校注)

第 8 册：《南海寄归内法传校注》(唐义净著,王邦维校注)

第 9 册：《往五天竺国传笺释》(唐慧超著,张毅等笺释)、《经行记笺注》(唐杜环著,张一纯笺注)

第 10 册：《安南志略》(越南黎崱著,武尚清点校)、《海外纪事》(清大汕著,余思黎点校)

第 11 册：《西域行程记》(明陈诚著)、《西域番国志》(明陈诚著)、《咸宾录》(明罗曰褧著)

第 12 册：《诸蕃志校释》(宋赵汝适)、《职方外纪校释》(明意大利艾儒略著)

第 13 册：《殊域周咨录》(明严从简著)

第 14 册：《唐大和上东征传》(日真人元开著,汪向荣校注)、《日本考》(明李言恭、郝杰著,汪向荣、严大中校注)

第 15 册：《清朝柔远记》(清王之春著)

第 16 册：《岭外代答校注》(宋周去非著,杨武泉校注)

第 17 册：《回回药方考释》(宋岘考释)

第 18 册：《西域水道记(外二种)》(清徐松著,朱玉麒整理)

凡 18 册 30 种。这里重点介绍一下圆仁的《入唐求法巡礼行记》。

圆仁(794—864),日本僧人,《入唐求法巡礼行记》是他到唐朝求法旅行途中用汉文撰写的一部日记体著作。始于唐文宗开成三年(838),迄于唐宣宗大中元年(848),前后约十年时间。全书共有597则,计80000余字,四卷。(参见董志翘2000:3)

圆仁的这部日记著作在词汇上有着自己的特点,"严格地讲,《行记》的词汇不是纯粹的汉语词汇,也不是纯粹的唐代口语词汇。它带有一种混合词汇的性质,即包括:杂入的日语词汇;公文套语中的文言词汇;唐代的口语词汇。当然……占主导地位的还是唐代口语词汇"。(董志翘《〈入唐求法巡礼行记〉词汇研究》54页)这里举会昌五年四月十六日的一则日记:

十六日早朝,相别而发。共唐僧十九人同行。晚际到照应县宿。同行中有一僧生年廿,是长安城里人,父母兄弟姊妹今见在,从少年入佛法,在大荐福寺侍奉新罗为师匠,因僧难,承接新罗僧名字得住寺,官家随其公验递向新罗国去。在府之时,百万作计申诉,不免递过。亲情啼哭,街中相别,遂被递到照应县同宿。大家五更发,其僧暗走脱而去。同行尽不觉,到县明即知。家丁三人中两人分路觅去,终日觅不见,想知早到城里家中隐藏。县司申府寻捉。(《唐五代卷》161页)

卷四记唐宗会昌灭佛,圆仁等求法者辗转回国的经过。本则就是其中一天的情形,记述一个年轻僧人假冒外籍僧人而被官府押送出境,在半路逃脱一事。

方志类著作有唐樊绰著、赵吕甫校释《云南志校释》,中国社会科学出版社,1985。

外籍人士用汉语撰写的游记类著作和其他著作也是研究汉语史的宝贵材料,以往尚未引起足够的重视,近来有逐步认识到其重要性的趋势,这是好事,值得肯定。而在研究中,如何区别这批材料中汉语的口语成分和受作者母语影响的成分,则是一个应该注意的问题,要注意这类语料的特殊性,做好语料的鉴别和剥离工作。

此外,还有法律文书,如《唐律疏议》等;刘俊文撰有《唐律疏议笺解》,分上、下两册,中华书局,1996。

二、宋代、金代

苏联语言学家佐格拉夫(И.Т.Зограф)(1979)指出:"研究汉语史中宋、元时期语言的条件特别有利,用这种语言写出了各种具有十分不同体裁特点的作品:叙事诗(诸宫调)、大量的剧本、短篇小说、长篇小说,以及哲学著作——语录(最有名的是朱熹语录),这些文学遗产大部分一直保存到今天。对这些文献资料进行细致的研究和给予全面的语言诠释,无论对于填补汉语史的空白,还是对于普通语言学的研究(首先是对于在类型上接近汉语的那些语言的研究),无疑都是非常必要的。"

(一)禅宗语录

《景德传灯录》,三十卷,北宋道原编。灯能照明,佛教因以"灯"比喻佛法。"传灯"是比喻佛法的传承如灯火相传;[①]加之此书成书于北宋景德元年(1004),故名。

《五灯会元》,二十卷,南宋普济编。本书是宋代五种"灯录"的汇编。这五种"灯录"是:《景德传灯录》《天圣广灯录》《建中靖国续灯录》《联灯会要》《嘉泰普灯录》,都是 30 卷,汇集在一起,称为《五灯会元》。南宋淳祐年间,释普济将 150 卷删减为 20 卷,形成今

---

① 唐刘禹锡《送僧元暠南游》诗:"传灯已悟无为理,濡露犹怀罔极情。"已见"传灯"一词,《汉语大词典》失收"传灯"。

本。中华书局1984年出版了苏渊雷点校本,1989年又出了改订本。项楚先后有《〈五灯会元〉点校献疑三百例》和《〈五灯会元〉点校献疑续补一百例》两篇文章,分别纠正初版本和改订本中的点校失误。

宋代的禅宗语录还有雪窦(980—1052)的《碧岩录》和宗杲(1089—1163)的《大慧书》。语录总集有宋赜藏主编《古尊宿语录》(又名《古尊宿语要》)、师明编《续古尊宿语要》等。日本无著道忠曾撰著《古尊宿语要》校写本,国内学者萧萐父也有《古尊宿语录》点校本。

日本花园大学内国际禅学研究所出版《禅学丛书》《基本典籍丛刊》,刊印了部分禅宗语录。还将禅宗经典名著输入电脑,制成电子达摩光盘,收入了《临济录》等七十多种禅宗著作。当然,元明以后的禅宗语录渐趋程式化,语言上模仿前代,已经失去了反映口语的作用,不再适合作为近代汉语语法词汇的研究材料了。

(二) 宋儒语录

自西汉董仲舒"废黜百家,独尊儒术"以来,儒学一直在中国古代的政治思想领域占据着主导地位,为历代的统治阶级所提倡和尊崇。到了宋代,儒学发展成为"理学",理学家盛行,代表人物中,北宋有周敦颐、邵雍、张载和二程(程颢、程颐),南宋有朱熹、陆九渊,二程和朱熹尤为著名。他们的讲课内容由学生记录下来,集为语录,称之为宋儒语录。宋儒语录是讲课内容的辑录,因而比较语体化,使用、保存了许多口语词,成为研究宋代词汇的宝贵材料。这方面的著作有:

《河南程氏遗书》,宋代理学家程颢、程颐弟子所记的二程语录,由朱熹编定而成,共二十五卷。王孝鱼整理点校《二程集》,收录《河南程氏遗书》以及补编《外书》十二卷和《粹言》二卷,由中华书局1981年出版。

《朱子语类》,是朱熹门人辑录的朱熹讲学的语录,八册。中华书局,1986。日本学者盐见邦彦编有《〈朱子语类〉口语语汇索引》,1984年出版。《朱子语类》的语言基本上采用口语体,十分通俗易懂,其中有不少当时的口语词。

元明以后,也有一些儒家语录,但由于多为刻意模仿前代语录之作,一般不用作近代汉语研究的资料。

(三) 宋代诗词

今人唐圭璋编有《全宋词》,全书精装五册,录入词人1330余家,词作19900余首,残篇530余首,1965年由中华书局出版。初版以来,编者唐圭璋继续增补修订,1980年12月第二次印刷时编者编了《订补续记》附于书后。唐圭璋还编有《全金元词》。

《全宋诗》,为全国高校古籍整理研究工作委员会重点项目"七全一海"之一,①北京大学古文献研究所编,傅璇琮等主编。共72册,自1991年由北京大学出版社出版第1册(1995年第二版),至1998年的第72册,已全部出齐。

《全金诗》,薛瑞兆、郭明志编纂。共收有金一代诗作者534人,诗作12066首。分为四册,由南开大学出版社1995年出版。

---

① 所谓"七全一海",都是教育部全国高校古籍整理工作委员会规划项目,即:《全唐五代诗》《全宋文》《全宋诗》《全元文》《全元戏曲》《全明文》《全明诗》《清文海》(《高校古委会曹亦冰副秘书长关于古委会秘书处工作的汇报》,载《高校古籍工作通报》第62期12—17页,全国高校古委会秘书处古籍信息研究中心编,2000年7月)。

(四) 宋人文章

《全宋文》，四川大学古籍整理研究所编，曾枣庄、刘琳主编。为全国高校古籍整理研究工作委员会重点项目"七全一海"之一。第1册由巴蜀书社1988年出版，第30册巴蜀书社1992年出版。

(五) 宋人话本

和晚唐五代民间用"俗讲"的方式讲述佛教故事，宣传教义一样，有宋一代，民间讲故事的风气很盛，流行"说话"这一表演方式，这就是现今"说书人"的鼻祖吧。讲述故事的人凭据的底本就叫"话本"。宋元话本承接唐代小说而来，又开启了明清章回体小说之门。这是近代汉语中数量较大、口语性很高的语料之一。

现今留存的话本有刊刻于南宋的《大唐三藏取经诗话》，其写作年代尚有不同意见，至今未有定论。《大唐三藏取经诗话》，收入"汉学汇编"。罗振玉、王国维跋，台湾广文书局影印，1978年。王国维跋称："宋椠《大唐三藏取经诗话》三卷，日本高山寺旧藏。"后世则有明代洪楩编《清平山堂话本》、冯梦龙编"三言"(《喻世明言》《警世通言》《醒世恒言》)。这几种话本的语料年代不一，早一点的有宋代的内容，晚的则有元代、明代的内容，错综复杂，迄无定论。近人缪荃孙于1915年刻有《京本通俗小说》，收集了7篇话本，他自己宣称是从书肆购得的"影元人写本"，但已经有研究指出，缪氏此书所录7篇均取自于《警世通言》和《喻世明言》，所谓"《京本通俗小说》"，实际上是一部伪作。(参见蒋绍愚1994:23、2005:19)故宋代以来的话本，虽然有很大的研究价值，是研究近代汉语的宝贵材料，但其语料年代始终是一个困扰研究者的问题，应该审慎对待。

今人多把宋、元两代的话本汇集在一起出版,有以下几种:

《宋元小说家话本集》,今人程毅中辑注,上、下两册,齐鲁书社,2000。据作者"前言"所说,"这个集子所收作品原则上当然以元代以前(含元代)为限,但基于话本流传的特点,经过明人修订而主体尚存宋元旧观,语言成分仍以宋元为主,或者说尚无确切反证者也酌予收录。其中还有一些不无疑问而有待继续探讨者,也本着'信以传信,疑以传疑'的《春秋》之义,暂且收入本集,而在解题中加以说明"。(32页)

《宋元平话集》,丁锡根辑录点校,上、下两册,上海古籍出版社,1990。收录宋元间讲史平话,包括《梁公九谏》《五代史平话》《宣和遗事》《武王伐纣平话》《七国春秋平话后集》《秦并六国平话》《前汉书平话续集》《三国志平话》等八种,除了《薛仁贵征辽事略》外,国内现存的全部宋元讲史话本均网罗无遗,为研究者提供了方便。

此外,台湾出版了《宋元平话五种》,收录《薛仁贵征辽事略》、《大唐三藏取经诗话》《梁公九谏》《新编五代史平话》《大宋宣和遗事》,台北文化图书公司,1987。《宋元话本小说》,乐蘅军编选,收有"简帖僧巧骗皇甫妻"等20种宋元话本,台北"国家"出版社,1982。

(六)史书、笔记

1. 史书

这里所说的"史书",不是指正史,而是指某些系年体(或资料汇编)的大部头史书中的部分篇章。宋代有几部著名的史书,如李焘《续资治通鉴长编》、徐梦莘《三朝北盟会编》、李心传《建炎以来系年要录》等,在这些大部头史书中,有一些比较接近口语的篇章、片断材料，保存了较多的口语词。其中主要是记述事件经过的文字，诉讼词或断案词，即打官司的文字。它们和南北朝时期的《奏弹曹景宗》、《奏弹刘整》(梁任昉)、《奏弹王源》(梁沈约)相类，其较著者有北宋沈括《乙卯入国奏请》，载宋李焘《续资治通鉴长编》卷二六五。这篇奏文是沈括在熙宁八年(1075)出使辽国，驳回契丹争地要求并胜利而归的如实记录，有较强的口语性。宋徐梦莘《三朝北盟会编》，250卷。系记录宋、金和战始末经过的史书，分为上、中、下三帙。其中如《燕云奉使录(一、二)》《茅斋自叙》《靖康城下奉使录》《山西军前和议录》等篇章，记述了北宋时期宋、金之间的交往、谈判的往事，多掺杂了口语词在其中，是研究宋代语言的重要资料。但需要披沙拣金，广泛披览挑选。在这方面，刘坚、蒋绍愚等学者已经做了很好的工作。刘坚编著的《近代汉语读本》、刘坚、蒋绍愚主编的《近代汉语语法资料汇编·宋代卷》，不仅把这几篇文章收入其中，并且进行了详尽的校勘，是可以放心利用的语料。

史学和笔记方面的著作。通常把唐宋以后的史学当作正统语料来处理，而不当作近代汉语的语料。这样就有问题。这是因为：史书虽有正统的地位，但同时也很可能是近代汉语或中古汉语的重要语料，这一点不能不看到。例如《旧唐书》《旧五代史》等。《敦煌变文字义通释》中就经常引用唐宋以后的各种史书，也较有说服力。

宋李心传《建炎以来系年要录》卷一四三载录了秦桧唆使王俊炮制出来的一篇捏造文字《王俊首岳侯状》(此为刘坚《近代汉语读本》拟题，又见载于宋王明清《挥麈录》"馀话"卷二)，该文用王俊的口气，捏造张宪召见王俊、商议以襄阳为据点，起事背叛朝廷的"事

实"。本文有着六朝以来的诉状供词的传统,通篇用口语写就,是不可多得的宋代口语记录。(详见刘坚 2005:97—101)

2. 笔记

宋代笔记是传统训诂学的重要研究对象之一。在这些笔记特别是考据型笔记中,有很多的训诂学研究资料;其中也颇有涉及近代汉语语词者。如沈括《梦溪笔谈》、王观国《学林》、吴曾《能改斋漫录》、洪迈《容斋随笔》、胡仔《苕溪渔隐诗话》、王楙《野客丛书》、王应麟《困学记闻》等。其实在笔记中,更有价值的是史料性或琐闻性笔记,如洪迈《夷坚志》、王谠《唐语林》等,这些著作中,或多或少地有一些口语性的材料,可借以研究近代汉语词汇。蒋礼鸿《敦煌变文字义通释》就经常引用唐宋笔记来印证词义。

有时候,笔记中也有类似于史书的口语性强的材料,如南宋中期王明清《挥麈录》"馀话"卷二载《王俊首岳侯状》(也见《建炎以来系年要录》卷一四三)一文,记录了秦桧等人设计谋害岳飞一事的经过,具有较高的口语研究价值。[①]

笔记中还应该提及的是大型类书《太平广记》,这部著作共500卷,卷帙浩繁,中华书局出版的排印本共有10册。《太平广记》由北宋李昉等奉敕编纂,汇集了从汉代至宋初的笔记小说,不少小说的原本都已失传,靠此书得以保存下来。但由于所收集的笔记小说年代跨度大,又由宋人编纂,可能有后代篡改的痕迹,因此,作为汉语史研究的语料,要审慎地加以利用。一般说来,把《太平广记》当作宋初的语料来用,应该没有什么问题。

---

① 刘坚、蒋绍愚(1990)收录了《王俊首岳侯状》,载 227—234 页,胡双宝校录。

三、元代

元代语言的特点是：①大量的方言俗语进入了文学作品，即元曲；②出现了很多俚俗词语，如讥讽、揶揄知识分子的有"穷酸""酸寒""寒酸""细酸""酸丁"，比喻男女不正常关系的就有"龟""鸭""屎头巾""绿头巾""五奴"等；③外族语言的入侵，如"歹""站"等；④出现了很多语助词，如后缀"～咱"，放在人称代词后，有"俺咱""你咱""卿咱""我咱"等。

反映这些语言特点的元代文献如下：

(一) 元曲

曲包括金元时期的诸宫调、元杂剧和散曲。

"诸宫调"是一种用讲唱形式演绎故事的民间文学形式，现在存世的主要有《刘知远诸宫调》和《董解元诸宫调》，《刘知远诸宫调》有蓝立蓂校注本(巴蜀书社，1989)和廖珣英校注本(中华书局，1993)。《董解元西厢记》有凌景埏注本(中华书局，1962)。

和唐代盛行诗、宋代盛行词一样，元杂剧是元代新兴的艺术形式，也是元曲的主要组成部分。唐诗、宋词、元曲(主要指元杂剧)都是中国古典文学的艺术瑰宝。因为杂剧的对象就是普通百姓，因此元杂剧中大量采用口语，是研究元代语言的主要材料。元杂剧作家有姓名可考的约200人，有作品流传下来的约40多人，可考知剧目的杂剧作品约600本，流传下来的约200本。(参见查洪德、李军2002：82)

现存的元戏曲资料有以下几种：

明臧懋循(晋叔)编《元曲选》，共十集，收有元人作品94种，明初人作品6种，共100种。中华书局1958年第1版，1989年重排版。四册。

今人隋树森编有《元曲选外编》,收入《元曲选》以外的元明杂剧 62 种。中华书局 1959 年。

明毛晋编《六十种曲》,分为 12 册,每册 5 种。1935 年,开明书店出版排印本;1954 年,文学古籍刊行社用开明书店本纸型重印,并请吴晓铃作了校订。中华书局于 1958 年据文学古籍刊行社本重印。

此外还有《元刊杂剧三十种》,有郑骞《校订元刊杂剧三十种》(台北世界书局,1962)和徐沁君《新校元刊杂剧三十种》(中华书局,1980),是研究元代语汇的比较可信的材料。

研究表明,元杂剧作为语料来说,也是有区别的。一般地说,杂剧里面的"曲文"是元代作家创作的,可以看作元代语料。而"宾白"则是由演员们在演出时多次改动,到明代才逐渐写定的,不能作为元代的语料来使用。后人编纂的元杂剧,如明代臧懋循《元曲选》,就有不少改动的痕迹,也不能随意当作元代的语料。这些都是值得注意的。这样看来,只有《元刊杂剧三十种》是可靠的元代语料。此外,明初赵琦美编的《脉望馆钞校本古今杂剧》比臧懋循《元曲选》改动少,比较接近元杂剧的原貌。

元人散曲多数是文人创作的作品。散曲作家有姓名可考的 200 多人,作品有小令 3853 首,套数 457 套。(参见张晶 2005:570)一般说来,散曲的口语程度不如杂剧,但也有口语性强的,如关汉卿《不伏老》、睢景臣《高祖还乡》等。现存元人选辑的散曲集有《阳春白雪》《太平乐府》《乐府新声》《乐府群玉》四种。今人隋树森编有《全元散曲》,是比较完整的散曲材料汇编。

此外还有"南戏"。和元杂剧流行于北方不同,南戏流行于南方,但保存下来的不多。钱南扬为《永乐大典戏文三种》作了校注(中华书局,1997),收有从《永乐大典》中辑出的《张协状元》《杀狗劝夫》和《小孙屠》。另有《南戏十五种》,收入《古本戏曲丛刊》。

(二) 元人话本

承宋代余绪,元代也有不少平话著作。蒋绍愚(2005:20)指出:《大宋宣和遗事》《新编五代史平话》历来认为是宋人所作,但实际上可能成书于元代。此外,元代刊刻的话本还有《武王伐纣平话》《乐毅图齐七国春秋平话》《秦併六国平话》《前汉书平话》《三国志平话》等,但口语程度不太高。

(三) 元代白话讲章

蒙古族人入主中原,建立了元朝以后,出于巩固统治的需要,需要学习汉语,阅读汉籍。为了方便学习,就由一些臣子把艰深的文言文著作翻译成当时的口语或用口语来进行讲解,这就是所谓的"直译"和"直讲"。这方面的著述有贯云石《孝经直解》、许衡《直说大学要略》《大学直解》《中庸直解》等,都是用元代口语来串讲、解释上古典籍,为蒙古族统治者学习文言文提供方便。

(四) 元代公牍

元代公牍指《元典章》,全称《大元圣政国朝典章》,这是元世祖至英宗时法令、案牍的汇编,正集六十卷,附新集不分卷。内容有两类:一类是蒙古文的汉语白话翻译,一类是用汉语白话写作的文书、案例。《元典章》旧有清光绪年间沈(家本)刻本。陈垣据1925年故宫发现的元刊本作《沈刻元典章校补》和《元典章校补释例》(后改名为《校勘释例》),1957年中华书局将沈刻本与陈书合刊。1976年,台湾故宫博物馆所藏元刻本影印出版。1998年,中国广播电视出版社影印出版元刊本。

(五) 元代诗词

除了元好问(号遗山)等人外,元代有名的诗人不多,诗词作品的成就也不能和唐宋时期相比,但元代诗文的数量仍然比较可观。据统计:元代诗文别集,现存的约有450种以上,已佚的约425种;元文作者不少于3000人,元诗作者约3900人,去掉重复的,两者的总数当不少于4000人;现存元文总数应有3万多篇,诗13万首以上。(参见查洪德、李军2002:25)

1. 诗

有清人顾嗣立编《元诗选》,是元代的诗歌总集。该书分为初集(并附116家),二集(并附107家),三集(并附117家),总共340家。在保存元人诗作方面功不可没。中华书局1987年出版,共6册。

2. 词

当代学者唐圭璋编《全金元词》,共收录金代词作者70人,3572首词;元代词作者212人,3721首词。金元两代的词基本上汇集于此。中华书局1979年出版,上、下两册。

(六) 元代笔记

元代时代虽短,但也留下了不少笔记,较著者有陶宗仪《南村辍耕录》、李治《敬斋古今黈》、刘壎《隐居通议》、盛如梓《庶斋老学丛谈》、白珽《湛渊静语》、吾邱衍《闲居录》、李翀《日闻录》、黄溍《日损斋笔记》等。

20世纪80年代后期起,浙江古籍出版社计划出版一套(三辑)元代史料丛刊,第一辑为"政书类",分七册出版,凡15种,包括《通制条格》《元代法律资料辑存》(1988)、《吏学指南》(外三种:《杂著》《为政忠告》《善俗要义》,1988)、《庙学典礼》(外二种:《元婚礼贡举考》《元统元年进士录》)、《宪台通纪》(外三种:《宪台通纪续集》《南台备要》《乌台笔补》,2002)、《秘书监志》(1992)、《元代奏议集录》。现正在陆续出版中。

四、明代(附清代)

近代汉语的下限通常指明末清初,为了论述方便,这里所说的"明代"主要指明代,也包括清初。

明代是我国历史上统治时间仅次于清代的朝代,承接元杂剧之盛,明代的杂剧也有一定的成就,涌现出以汤显祖为代表的剧作家。但杂剧在明代已是强弩之末。随之兴起的是小说创作,产生了一大批小说,更有所谓"四大奇书"(《三国演义》《水浒传》《西游记》《金瓶梅》),盛极一时。明代也是文学思潮流行的时期,先后有"前七子""后七子"等,但这些作家的散文基本上还是仿古之作,反映口语的成分较少。故本节主要讨论小说词汇研究的情况。

清代是一个跨近代汉语、现代汉语的时期,通常都把清初当作近代汉语的下限,故本节把清初的一些作品也归于此一并讨论。

明、清小说语言研究价值很大,主要在于它的口语性,出现了许多俚俗用语。明陆容《菽园杂记》卷三载:"江西民俗勤俭,每事各有节制之法,然亦各有一名。如吃饭,先一盌不许吃菜,第二盌才以菜助之,名曰'斋打底'。馔品好买猪杂脏,名曰'狗静坐',以其无骨可遗也。劝酒菓品,以木雕刻彩色饰之,中惟时菓一品可食,名曰'子孙菓盒'。献神牲品,赁于食店,献毕还之,名曰'人没分'。节俭至此,可谓极矣。学生读书,人各独坐一木榻,不许设长凳,恐其睡也,名曰'没得睡',此法可取。"(28页)这里所说的"斋打底""狗静坐""子孙菓盒""人没分""没得睡"等都是流行于民间而比较俚俗形象的词语,相当口语化。

(一)话本小说

1. 普通的话本小说

承继宋元之余绪,明代也有一些话本,例如:

《古本平话小说集》(上、下),路工、谭天合编,人民文学出版社,1984。收《济颠语录》《明刻话本四种》《牛郎织女》《清夜钟》《人中画》《世无匹》《钟馗斩鬼传》《钟馗平鬼传》《桃花扇》。

明洪楩《清平山堂话本》,谭正璧校点,上海古籍出版社,1987年新1版。

《明代话本小说》,乐蘅军编选,台北"国家"出版社,1982;收"俞伯牙摔琴谢知音"等34种。

明袁于令《隋史遗文》,是清褚人获《隋唐演义》的母本,人民文学出版社,1989年9月第1版,1999年1月第1次印行。

《三遂平妖传》,明刊清修本,影印本,善本丛书汉籍之部第十二卷,日本天理大学,1981。

明代白话小说数量大,名著多,除了所谓四大小说(《金瓶梅》《西游记》《水浒传》《三国演义》)外,还有许多,如凌濛初《拍案惊奇》(上、下册)、《二刻拍案惊奇》(上、下册)、冯梦龙《喻世明言》(上、下册,也叫《古今小说》)、《警世通言》(上、下册)、《醒世恒言》(上、下册)、抱瓮老人《今古奇观》(上、下册)、西周生《醒世姻缘传》(上、中、下册)、罗贯中《三遂平妖传》、李绿园《歧路灯》、罗懋登《三宝太监西洋记通俗演义》等,都较为著名。此外,1987年,我国旅法学者陈庆浩在韩国汉城大学奎章阁发现并影印回国明代陆人龙《型世言》,该书系四十回本的明代短篇小说集,认为可以和冯梦龙、凌濛初的作品并称为"三言""二拍""一型",属于近十多年来的新材料。① 明代的其他小说还有很多,如天然痴叟《石点头》、金木散人《鼓掌绝尘》、东鲁古狂生《醉醒石》、荑秋散人《玉娇梨》、西湖渔隐主人《欢喜冤家》、西湖伏雌教主《醋葫芦》、梦觉道人、西湖浪子辑《三刻拍案惊奇》、清溪道人《禅真逸史》《禅真后史》、冯梦龙、蔡元放《东周列国志》等。明许仲琳《封神演义》,苗壮、王若校点,齐鲁书社,1993;据点校者介绍:现存《封神演义》的最早刊本,是明代金阊书坊舒冲甫刻本,现藏日本内阁文库。此本国内原已不存,近年始有影印本行世。本书以金阊书坊本为底本,以清初的四雪草堂刊本参校。

巴蜀书社于 1993、1995、1999 年分别出版《明代小说辑刊》第一、二、三辑,第一辑收入《隋唐演义》等 9 种,第二辑收入《南北两宋志传》11 种,第三辑收入《隋唐两朝史传》8 种。

路工编集《明清平话小说集》第一集,收入《清夜钟》、《人中画》等明代平话小说,上海古籍出版社,1986。

《古本小说集成》,收入至 1840 年鸦片战争为止的历代小说,凡 530 种,800 余册。由上海古籍出版社 1994 年出版。

江苏古籍出版社"中国话本大系"自 1990 年起出版了多种明清小说,包括:《拍案惊奇》《鼓掌绝尘》(1990);《古今小说》《觉世名言》《十二楼》等两种(1991);《珍珠舶》等四种、《五色石》等两种(1993);《西湖二集》(1994)等。

---

① 参看陈庆浩为《中国话本大系·型世言》所作《导言——一部佚失了四百多年的短篇小说集〈型世言〉的发现和研究》,江苏古籍出版社,1993。但有学者指出:四十回《型世言》在北大本和文物本两种《三刻拍案惊奇》已存三十回,再加上"别本"《二刻拍案惊奇》的后半部分,《型世言》重新问世前实际上其中三十八回已为人所知,对《型世言》新材料的评价应该实事求是。详参顾克勇(2004)。

至于清代的著名小说,如《红楼梦》《聊斋志异》《儒林外史》以及其他作品,具见《古小说丛刊》《明清珍稀小说汇纂》等,此不赘言。

2. 艳情小说

值得注意的是,海外也出版了不少明清小说的丛书、丛刊等,例如:《思无邪汇宝》是一部著名的艳情小说丛书,分上、下两编,收录明清时期艳情小说45种,凡三十九册。另有《外编》二册,收录相关小说11种,洋洋大观。陈庆浩、王秋桂主编,法国国家科学研究中心、台湾大英百科股份有限公司合作出版。自1994年起出版,至1997年出齐。

在"丛书总序"中,编者说:"数年前与中国社会科学院文学研究所刘世德、石昌渝两位合作,编纂《古本小说丛刊》,原计划将明清善本通俗小说尽数收入。然限于出版环境,艳情小说未能厕身其中。因此,将这些小说另行刊行,是必要的。"(12页)"本丛书计收书五十种,采用的版本超过百种,另又收若干附录。除国内搜集到部分资料外,大部分资料采自日本、俄罗斯、英国、法国、荷兰、美国等诸国图书馆及私人藏书。其中如全本《姑妄言》、《海陵佚史》及《龙阳逸史》等,皆为首次面世者。"(12页)具体篇目及作者如下:

【上编】

第一册《海陵佚史》,(明)无遮道人编次

第二册《绣榻野史》,(明)吕天成著

第三册《昭阳趣史》,(明)古杭艳艳生著

第四册《浪史》,(明)风月轩又玄子著;《玉闺红》,(明)东鲁落落平生撰

第五册《龙阳逸史》,(明)醉竹居士编

第六册《弁而钗》,(明)醉西湖心月主人著

第七册《宜春香质》,(明)醉西湖心月主人著

第八册《别有香》,(明)桃源醉花主人编

第九册《载花船》,(明)西泠狂者笔

第十册、第十一册《欢喜冤家》,(明)西湖渔隐主人著

第十二册《巧缘艳史》,(清)江海主人编;《艳婚野史》,(清)江海主人编;《百花野史》,(清)一笑主人编;《两肉缘》,(清)不题撰人

第十三册《换夫妻》,(清)云游道人编;《风流和尚》,(清)不题撰人;《碧玉楼》,(清)竹溪修正山人编次;《欢喜浪史》,(清)不题撰人

第十四册《一片情》,(清)不题撰人

第十五册《肉蒲团》,(明)情隐先生编次

第十六册《梧桐影》《巫梦缘》,(清)不题撰人

第十七册《杏花天》,(清)古棠天放道人编次;《浓情秘史》,(清)不题撰人

第十八册《桃花影》《春灯闹》,(清)樵李烟水散人编次

第十九册《闹花丛》,(清)痴情士笔;《情海缘》,(民国)邓小秋著

第二十册《巫山艳史》《株林野史》,(清)不题撰人

第二十一册《浓情快史》,(清)嘉禾餐花主人编次

第二十二册《灯草和尚传》,(清)云游道人编次;《怡情阵》,(清)江西野人编演

第二十三册《春灯迷史》,(清)青阳野人编;《妖狐艳史》,(清)松竹轩编;《桃花艳史》,(清)不题撰人;《欢喜缘》,(民国)寄侬著

第二十四册《如意君传》,(明)徐昌龄著;《痴婆子传》,(明)芙蓉主人辑;《僧尼孽海》,(明)唐伯虎选辑;《春梦琐言》,(明)不题撰人

【下编】①

第三十一册至三十三册《续金瓶梅》,(清)丁耀亢

第三十四册至三十五册《三续金瓶梅》,(清)讷音居士

第三十六册至四十五册《姑妄言》,(清)三韩曹去晶(分为十册)

【外编】

第一册《游仙窟》《赵飞燕外传》《赵飞燕别传》《武曌传》《控鹤监秘记》《大东闺语》《三山秘记》《春宵拆甲》《枕藏史》《花影隔帘录》

第二册《素娥篇》《恋情人》

这些小说,都有相当露骨、直接的性描写,与《金瓶梅》相仿,属于淫秽书籍。但其叙事完整,描写形象,语言生动,大都用口语写就,保存了大量的口语词和反映明清时期社会政治、经济、文化、风俗习惯等方面的词语,在近代汉语词汇方面具有很高的研究价值。

3. 域外小说

除此之外,域外的汉文典籍也很值得注意。这些域外汉文典籍包括日本、韩国、越南等国的典籍。

以已编辑出版的域外汉文小说为例,收集了包括韩国、越南、日本的汉文小说,很有研究价值。例如:

---

① 第二十五—三十册,原为《金瓶梅词话》六册,与《续金瓶梅》《三续金瓶梅》组成《金瓶梅》系列,后因故未出。

《韩国汉文小说全集》，林明德主编，台湾中国文化大学出版部，1980年。全书共分九卷：梦幻家庭类（卷一），梦幻理想类（卷二），梦幻梦游类（卷三），历史英雄类（卷四、卷五），拟人讽刺类（卷六），爱情家庭类（卷七），笔记野谈类（卷八、卷九）。这套书出版较早。近来，陈庆浩（法国）、崔融彻（韩国）、王国良（中国台湾）三位学者拟重新编纂一套范围更广、收集更全的韩国汉文小说集。

《越南汉文小说丛刊》，已经出版二辑。第一辑七册，陈庆浩、王三庆主编。第二辑五册，陈庆浩、郑阿财、陈义主编。

《日本汉文小说丛刊》，收集日本江户时代（大约相当于中国的明末清初）的汉文小说，由陈庆浩（法国）、内山知也（日本）、王三庆（中国台湾）主编，第一辑共五册，台湾学生书局，2003。

附带列举部分清代小说：

《北京图书馆藏珍本小说丛刊》（第一辑），15册，北京图书馆出版社，1996。包括以下13部小说：

《新编鸳鸯影》《听月楼》《风月鉴》《风月梦》《梦中缘》《绘芳录》《阙史》《狐狸缘全传》《西湖拾遗》《西湖佳话》《西游真诠》《西游补》《西游记》；

《聊斋志异话本集》，收《醒梦骈言》《删定二奇合传》，均系依据《聊斋志异》一些篇目故事改编为话本的俗文学作品，关德栋辑校，齐鲁书社，1991；

（清）李汝珍《镜花缘》，秦瘦鸥校点，上海古籍出版社，1990；

"晚清小说大系"，王孝廉等8人联合主编，台北广雅出版有限公司，1984。包括：

1册——《月球殖民地小说》《电冠》《生生袋》《世界末日记》

2册——《负曝闲谈》《糊涂世界》《上海游骖录》

3 册——《宦海》《官场维新记》《后官场现形记》

4 册——《近十年之怪现状》《二十载繁华梦》

5、6 册——《品花宝鉴》

7 册——《黄绣球》《小足捐》

8 册——《黑蛇奇谈》《魔海》

9 册——《痴人说梦记》《临镜妆》

10 册——《中国现在记》《世界进化史》《中国进化小史》

11 册——《扫迷帚》《瞎骗奇闻》《玉佛缘》《黑籍冤魂》《罂粟花》

12 册——《冷眼观》《新舞台鸿雪记》

13、14 册——《官场现形记》

15 册——《海上花列传》

16 册——《孽海花》

17 册——《青楼梦》

18 册——《九尾狐》

19、20 册——《二十年目睹之怪现状》

21、22、23 册——《九尾龟》

24 册——《苦社会》《黄金世界》《侨民泪》《拒约奇谈》《猪仔还国记》《人镜学社鬼哭传》

25 册——《苦学生》《未来教育史》《学界镜》《学究新谈》《学究教育谈》

26 册——《洪秀全演义》

27 册——《情变》《亲鉴》《劫馀灰》《新旧珠缘》《爱苓小传》

28 册——《老残游记》

29 册——《邻女语》《救劫传》《京华碧血录》《恨海》《庚子国变

弹词》

32册——《林公案》《九命奇冤》

33册——《活地狱》

34册——《花月痕》

35册——《泰西历史演义》《经国美谈》

36册——《文明小史》

37册——《市声》《发财秘诀》《胡雪岩外传》《商界第一伟人》

(二)戏曲

较著有有高明《琵琶记》、汤显祖《牡丹亭》《邯郸记》、阮大铖《燕子笺》、无名氏《白兔记》、徐𤱥《杀狗记》、孟称舜《娇红记》等，这些剧作大都根据民间戏文改编而成，反映了元末明初的口语面貌。

此外，朱权、朱有燉创作的杂剧。朱权是朱元璋的第十六个儿子，创作杂剧十二种，现仅存二种。朱有燉是明朝宗室，创作杂剧三十一种，收入《诚斋乐府》，流传至今。上海古籍出版社出版《水浒戏曲集》(第一集)，收入朱有燉剧作6种；《水浒戏曲集》(第二集)，傅惜华编，收入李开先《宝剑记》等剧作6种，上海古籍出版社，1985。

(三)诗歌

1. 民歌

有《明清民歌时调集》，上、下两册，上海古籍出版社，1987年新1版。上册三种，即《挂枝儿》《山歌》《夹竹桃》，明冯梦龙编述。作者搜集用苏州话创作的民歌，表达男女间的恋情，是研究明代吴语的宝贵资料；下册二种，即《霓裳续谱》《白雪遗音》，分别由清王廷绍、华广生编述。

2. 文人诗

《全明诗》，全明诗编委会编，由上海古籍出版社出版：1990年出版了第一册,1993、1994年出版了第二、三册。

(四) 会话课本

指《老乞大》《朴通事》这两部教朝鲜人学习汉语的会话课本,反映了明代初年的汉语口语。"乞大"就是"契丹",指中国,"老乞大"意思是"中国通"。"朴通事"意谓一位姓朴的通事,通事就是翻译。

中国古代和朝鲜的交往,很早就开始了。《三国志·魏志》就有《东夷传》,记载了曹魏时代朝鲜的情况。[①] 到了唐代,朝鲜和日本一样,也向中国派遣使者,学习中华文化。虽然历经战争,这种交流一直没有中断。在1515年左右,朝鲜学者崔世珍奉敕谚解《老乞大》《朴通事》,即用谚文(朝鲜在15世纪时创制的一种拼音文字)为汉文注音并作解释。

关于《老乞大》,现在有多种版本,值得注意和利用。最早的是所谓"《原本老乞大》",系韩国庆北大学校南权熙教授在替人整理私家藏书时所发现。据韩国学者郑光、南权熙等研究,此本盖即朝鲜中宗时代(16世纪初)的崔世珍作《翻译老乞大》《翻译朴通事》时参考的"旧本"或"古本",反映了元代汉语的面貌。(参见郑光2002,夏凤梅2005)现存之《老乞大》的版本,大致有三种系列,十二种之多:

(1) 汉语本

这是纯汉文写本,通篇都是汉语,不杂韩文。

(2) 翻译本

朝鲜中宗年间,由崔世珍给《老乞大》每个字注音,并翻译其内

[①] 见《三国志·魏志·东夷传·韩》,中华书局点校本,第三册849—853页,1982。

容的"翻译本"。

（3）谚解本

与"翻译本"相似,在汉语正文之后,有韩语注音。最早的"谚解本"始于朝鲜宪宗十一年(1670),是由边暹、朴世华等编写的《老乞大谚解》本,后来《老乞大新释谚解》《重刊老乞大谚解》等本均由此本而出。

《老乞大》的三类版本举例如下：

类型	书名	作者	刊行年代
汉语本	原本老乞大（不分卷）	不详	朝鲜世宗朝(1418—1450)
翻译本	翻译老乞大（上、下卷）	崔世珍	朝鲜中宗十二年(1517)
谚解本	老乞大谚解①（上、下卷）	边暹、朴世华等	朝鲜宪宗十一年(1670)
	老乞大新释谚解（上、下卷）	金昌祚、边宪等	朝鲜英祖三十九年(1763)
	重刊老乞大谚解（上、下卷）	李洙	朝鲜正祖十九年(1795)

韩国、中国两国的研究者,除了就某种《老乞大》的版本进行研究外,近年来,也出现了多种就《老乞大》诸版本(三种或四种)、《老乞大》和《朴通事》的语法、语音和词汇的比较研究,取得了可观的成绩。

诸版本的比较研究,就是上面表格所列的这五种。其中,因为《翻译老乞大》不易见到,而《翻译老乞大》和《老乞大谚解》的文字几乎完全相同,只有很少的几处略有出入,故通常就选择《原本老乞大》《老乞大谚解》《老乞大新释》和《重刊老乞大》等四种版本进

---

① 最初的《老乞大谚解》本现已不传,现存的《老乞大谚解》本,系由申圣渊、卞煜等根据边暹本整理重刊而成,于朝鲜英祖21年(1745)刊行。

行比较研究。韩国学者李泰洙、我国的夏风梅都是。(参见夏风梅 2005:1—3)除了《原本老乞大》的写作年代不详,大约相当于中国的元代外,其他三种版本的《老乞大》的写作年代都有明确记载,便于比较研究。

除了《老乞大》和《朴通事》外,元明时期朝鲜的汉文课本还有《训世评话》(李边,大东文化研究第 24 辑)、《华夷译语》(火源洁译,第伯符辑,台湾珪庭出版社有限公司,1978)等。

最近,汪维辉编纂点校了《朝鲜时代汉语教科书丛刊》一套(中华书局,2005),共计十种:《原本老乞大》《老乞大谚解》《老乞大新释》《重刊老乞大谚解》《朴通事谚解》《朴通事新释谚解》《训世评话》《华音启蒙谚解》《你呢贵姓》《学清》,为研究近代汉语提供了可贵的资料。全书四册,第 1 册为点校本,第 2 册至 4 册为原书影印本。这套书的出版,为近代汉语研究提供了宝贵、可信的材料。

(五) 史书

有《元朝秘史》,记述元朝开国领袖铁木真(元太祖成吉思汗)、斡歌歹(元太宗窝阔台)的事迹。原来用蒙古语写成,明朝洪武年间,译成汉文。汉文译文用汉字对译蒙古语字音,并逐字对译蒙语语词。总译部分是把各段内容译成白话文,反映了明代初年的口语。《元朝秘史通检》,方龄贵编著。以《四部丛刊》本《元朝秘史》为底本,分为人名通检、山川地名通检、种姓名通检三部分。中华书局 1986 年版。日本学者小沢重男有《元朝秘史蒙古语文法讲义》,1993 年版。

还有《皇明诏令》,汇集自明初到嘉靖十八年的皇帝诏令,有一些是当时口语的记录。载《元明史料丛编》(第一辑),台湾文海出版社有限责任公司,1984。

还有杨铭《正统临戎录》、袁彬《北征事迹》、李实《北使录》等，均有《丛书集成初编》本。

(六) 笔记

从学术史上看，明代学风比较空疏，明人笔记数量多，容量大，但总体质量并不高，不少笔记的许多条目承袭前代笔记，有新意者不多。尽管如此，明代还是有一批有一定质量的笔记著作，如杨慎《丹铅总录》、胡应麟《少室山房笔丛》、郎瑛《七修类稿》、焦竑《焦氏笔录》、李翊《戒庵老人漫笔》、顾起元《客座赘语》、陆粲《庚巳编》等，其中有一些口语性较强的内容，也是研治词汇史所不应忽略的一类材料。

汇集历代笔记小说的有《说郛》。《说郛》，元末明初学者陶宗仪纂辑，凡100卷。采辑秦汉至宋元各种笔记小说，也有经、史、诸子及诗话、文论等，内容庞杂，包罗万象。有上海商务印书馆(1927)排印涵芬楼本。清陶珽重编为一百二十卷，通称宛委山堂本。1986年，上海古籍出版社将涵芬楼一百卷本、宛委山堂一百二十卷本及《说郛续》(明彭时纂，46卷)汇合出版，名《说郛三种》。

《笔记小说大观》，收录晋代至清代笔记220部，共35册。原由上海进步书局于20世纪20年代出版，江苏广陵古籍刻印社根据原本于1983年影印出版。

《笔记小说大观》，收录先秦至清代笔记1862部，分为32编，由台湾新兴书局于1984年出版。

《历代笔记小说集成》，周光培编。收录汉魏至明清笔记小说751种，110册，河北教育出版社，1995年出版。

此外，中华书局推出了由三个系列的笔记丛刊组成的《历代史料笔记丛刊》，即《唐宋史料笔记丛刊》，收录唐宋笔记40种；《元明史料笔记丛刊》，收录元明笔记24种；《清代史料笔记丛刊》，收录清代笔记42种，于1998年陆续出版。上海古籍出版社也出版了由唐代至清代的历代笔记的点校本，已经出版了数十种。

（七）散文

明人文章浩如烟海，清初黄宗羲编《明文海》，凡482卷，共收作者近千人，文章约4300余篇。中华书局1987年影印出版，共5册。

（八）医书、农书及自然科学方面的著作

相关著作如《千金要方》《类症活人书》《外台秘要》《本草纲目》《天工开物》《农政全书》等。和东汉以来的医籍、农书等一样，这方面的著作以前学者关注得较少，还是很可以加以利用，进行研究的。

五、近代汉语语料的整理和介绍

近代汉语作品、语料，从20世纪50年代以来，就有一些整理、介绍的论著。（参见徐时仪2000:128）以整理、题解本为例，就有下列几种：

（一）太田辰夫《中国历代口语文》

本书是作者为学习汉语的人编写的口语教材。作者共选入了老舍《离婚》《儿女英雄传》《品花宝鉴》《红楼梦》《金瓶梅词话》《老乞大》《孝经直解》《汉宫秋》《大唐三藏取经诗话》《朱子语类》《三朝北盟会编》《祖堂集》《博异志》《目连变文》《世说新语》15种口语作品，每种作品前面附有题解，介绍作者及相关背景、版本、内容提要，然后是正文和注释，左边是正文，右边是详细的注释，可以对照起来读，方便读者。

《中国历代口语文》由日本江南书院出版，1957年初版发行。

(二)刘坚《近代汉语读本》

本书选录5世纪至16世纪内各个时期接近口语的早期白话作品,始于南朝,终于明代。六朝、隋唐五代作品有《世说新语》《百喻经》《奏弹刘整》《王梵志诗》"寒山、拾得诗"、《敦煌曲子词》《敦煌变文及其他》《六祖坛经》《祖堂集》,宋元明作品有《宋儒语录》《乙卯入国奏请》《三朝北盟会编》《王俊首岳侯状》《大唐三藏取经诗话》《碾玉观音》《简帖和尚》《宋四公大闹禁魂张》《史弘肇龙虎君臣会》《新编五代史平话》《大宋宣和遗事》《快嘴李翠莲记》《刘知远诸宫调》《西厢记诸宫调》《西厢记杂剧》《诈妮子调风月》《西游记杂剧》《元人散曲》《孝经直解》《元代白话碑》《元典章》《元朝秘史》《老乞大》《朴通事》《中书鬼案》《李善长狱词》《刘仲璟遇恩录》《正统临戎录》《古本〈西游记〉残文》《三遂平妖传》《水浒传》《西游记》,凡41种。又附有《词语索引》。

本书1985年初版,后多次重印。编者刘坚曾撰《〈近代汉语读本〉补正》(《中国语文》1986年第5期),对原书有所订正。2005年,上海教育出版社出版了《近代汉语读本》的修订版,由曹广顺等修订整理。

(三)项楚《敦煌变文选注》

《敦煌变文选注》选了《伍子胥变文》《孟姜女变文》《汉将王陵变》《捉季布传文》《王昭君变文》《董永变文》《张义潮变文》《舜子变》《韩朋赋》《秋胡变文》《韩擒虎话本》《叶净能诗》《孔子项托相问书》《燕子赋(甲)》《燕子赋(乙)》《茶酒论》《破魔变》《降魔变文》《持世菩萨》《文殊问疾》《大目乾连冥间救母变文》《丑女缘起》《故圆鉴大师二十四孝押座文》《季布诗咏》《百鸟名》《鷰鸱书》《双恩记》等27篇作品,除了《双恩记》选自于《敦煌变文集补编》外,都出自《敦煌变文集》,①共72万字。《选注》以《敦煌变文集》为底本,每篇正文之后,施以校勘、注释。校勘仅对《变文集》《敦煌变文集新书》的漏校、误校加以改正,注释则着重阐释敦煌写本中的俗字别字、唐五代口语词汇、有佛教背景的词语等。

本书题为"四川大学古典文献研究丛刊之五",由巴蜀书社于1990年出版。

(四) 刘坚、蒋绍愚主编《近代汉语语法资料汇编》

全书共分唐五代卷、宋代卷和元代明代卷,收录从中唐到明代中叶的经过点校整理的近代汉语作品。其中,唐五代卷20种,宋代卷22种,元代明代卷27种,凡69种。本书选择底本审慎、可靠,一般不轻易改动底本原文。遇有异文或需作交待之处,则以"校记"的形式注明。因为点校整理者都是专家,因此整理的总体质量比较高,问题较少,为研究近代汉语语法、词汇提供了可靠的材料。

本书由商务印书馆出版。唐五代卷,1990;宋代卷,1992;元代明代卷,1995。

六、电子文本和古籍索引②

近年来,除了传统形式的古书外,也还有不少古籍有了电子文本以及与之配套的排印本。例如:

(一) 大陆

中国社会科学院研制开发了"中国古典文献数据库系统",这套数据库包括《全唐诗》《先秦汉魏晋南北朝诗》《十三经》《诸子集

---

① 《选注》的《持世菩萨》,即《敦煌变文集》卷五之《维摩诘经讲经文》(五,北图光字94号);《文殊问疾》,即《变文集》卷五之《维摩诘经讲经文》(六,罗振玉《敦煌零拾》)。

② 本节所述电子语料的内容,蒙李倩博士惠予补充,谨致谢忱。

成》《红楼梦》《明儒学案》等,字数庞大。除了电子文本外,有的也在电子数据库的基础上出版排印本。如《全唐诗索引》,就是一套系列索引,系根据中国社会科学院计算机室研制的《全唐诗数据库》(以中华书局1960年版《全唐诗》、1982年版《全唐诗外编》为底本)生成,由中华书局1992年起分卷出版。已经出版的《全唐诗索引》有《王勃 杨炯 卢照邻 骆宾王卷》《王昌龄卷》《元稹卷》《岑参卷》《高适卷》《孟浩然卷》《韦应物卷》《李益 卢纶卷》《杜甫卷》《韩愈卷》《王维卷》《李贺卷》《钱起卷》《杜牧卷》《刘禹锡卷》等数十种。

北京大学中文系正在编集"近代汉语语料库",大量收录近代汉语方面的作品。四川大学、湖南师范大学等校也都录入、制作了中古汉语方面的语料库。

北京大学中文系李铎博士主持开发了《全唐诗》电子检索系统和《全宋诗》分析系统。《全唐诗》系统主体包括《全唐诗》及《全唐诗补编》,辅助材料还有《乐府诗集》《玉台新咏》《文选》等文学总集以及《唐才子传》《历代诗话》《唐诗纪事》等史料。《全宋诗》系统主体数据包括北京大学古文献研究所编纂的《全宋诗》,北京大学中文系依据《佩文韵府》《广韵》等韵书建设并扩展的音韵库。因此这两个系统除可以实现诗文全文检索功能外,还另有诗题检索、作者检索、体裁检索、音韵检索等功能。

上海师范大学语言所正在联合国内各所高校,建立"东方语言学网站",收集各高校语言学博士点的有关信息,包括电子文本、电子语料库的信息。在著名学者丁邦新教授的倡议下,国内有关高校参与,拟编制大型的汉语方言语料库,收录迄今为止所有的汉语方言资料。这是一项很大的工程,完成以后,将会对方言学及相关学科的研究起到巨大的推动作用。

其他大学研究机构开发的电子检索系统还有,如南京师范大学的《全宋词》检索系统,河北大学的《续资治通鉴长编》史料库,四川大学的苏轼全集、朱熹全集全文检索系统等。

此外,个人编制的电子语料库也有,如北京尹小林,做成《国学宝典》,自1999年以来,不断完善,现已升级到9.0版,收录历代典籍3800余种,总字数达8亿。收书种类和总字数都超过了《四库全书》,其中一批通俗小说、戏曲很多都为《四库》所未收。2005年2月正式推出互联网版(http://www.gxbd.com)。尹小林还建有"国学网站",发布文史哲研究动态,交流语料库等相关信息。

陕西师范大学历史系袁林,做成《二十五史》等电子文本,称为"汉籍全文检索系统"。系统收录了一些出土文献如《睡虎地秦墓竹简》《银雀山汉墓竹简》《马王堆汉墓帛书》《武威汉简》;还收录了《全唐词》《全元杂剧》《全元南戏》等一些总集。

另外,目前网上还可以看到其他一些便利资源。如"龙语翰堂典籍数据库"(http://edu.dragoninfo.cn/default.aspx)收录的资料除传世文献外,还有敦煌文献、出土文献,专题收录的分类文献如小学工具、道藏典籍、佛教典籍、中医典籍等;上海师范大学域外汉文古文献研究中心(http://www.shnuywhw.com/Elib/Elib-List.aspx?catcode=)提供了部分《英藏敦煌文献》的文本。北京大学汉语语言学研究中心(http://ccl.pku.edu.cn:8080/ccl_corpus/index.jsp?dir=gudai)建立的CCL语料库——古代汉语部分。

(二)港台

香港:香港中文大学编制了"先秦两汉古籍逐字索引""魏晋南北朝古籍逐字索引",已经先后分批出版,另有制成光盘的电子文本,可供检索。

"魏晋南北朝古籍逐字索引"分经史子集四部,内容丰富,例如其中的集部包括:《曹操集逐字索引》《曹植集逐字索引》《建安七子集逐字索引》《谢灵运集逐字索引》《谢朓集逐字索引》《齐竟陵王萧子良集逐字索引》《徐陵集逐字索引》《颜氏家训逐字索引》等。

香港中文大学中国文化研究所自1989年开始建立"汉达文库",现已提供网络使用(http://www.chant.org/default.asp)。系统包括"甲骨文"收录了13册《甲骨文》及《英国所藏甲骨集》等7种海外资料;"金文"收录中国社会科学院考古所编纂的《殷周金文集成释文》;"竹简帛书"收录了《武威汉简》、《马王堆汉墓帛书》等多种出土文献;"先秦两汉"部分收录了先秦两汉所有传世文献,合共超过900万字;"魏晋南北朝"部分收录了魏晋六朝全部传世文献,合共超过2400万字;"类书"部分收录了魏晋六朝起至明清的所有类书文献,诸如《群书治要》、《太平御览》、《册府元龟》、《永乐大典》等,计有6000万字。"汉达文库"所提供的传世文献和类书都经过精良校勘、重新标点,其特色之处在于为各部作品提供了不同版本的异文,便利对勘使用。

台湾:台湾中研院史语所编辑整理了大型的汉文语料库(瀚典全文检索系统),可供研究者上网查询。此外,台湾中研院还有"近代汉语标记语料库",收录了较多经过加工的近代汉语语料,可供检索、利用。

中华电子佛典协会(CBETA)"大正藏"电子本,以日本《大正藏》为版本的电子文本,收入《大正藏》全文及"校勘记"所列各本异文,且可检索剪贴,方便使用。

（三）国外

日本，京都花园大学内国际禅学研究所早在90年代起就将禅宗经典名著输入电脑，制成"电子达摩"光盘，于1995年出版。该电子光盘收入了《临济录》《宛陵录》《六祖坛经》《马祖语录》《古尊宿语录》《五灯会元》等七十多种禅宗著作。

另外，值得提到的是一些公司正在致力于古籍文献的数字化，其中具有代表性的成果如香港迪志文化出版有限公司与上海人民出版社合作出版的《文渊阁四库全书》（单机版、网络版），北京书同文数字化技术有限公司发行的《四部丛刊》全文检索版，北京爱如生数字化技术研究中心制作的《中国基本古籍库》（网络版）。这些成果的共同特点在于，数据量大，校勘精良，全文检索与影印原文相互对照。特别是《中国基本古籍库》更是收录先秦至民国历代经典名著及各学科基本文献1万种，选用版本12800个，每种典籍均制成数码全文。总计全文17亿字，影像1千万页，数据总量约320G。堪称中国古籍数字化里程碑式的成果。

总起来看，研究近代汉语词汇的语料较为丰富，应加以充分注意和利用。除了上述材料外，他如刘坚《近代汉语读本》、刘坚、蒋绍愚主编《近代汉语语法资料汇编》（分为唐五代卷、宋代卷、元代明代卷）等，也可以作为取材的对象加以利用。

第三节 近代汉语语料的语言词汇特点
——以唐宋以来笔记为例

如上所述，近代汉语语料种类多，其研究价值也不尽相同。这里举笔记一类略述其要。唐宋以来笔记数量大,年代确定,有着十分重要的研究价值,表现在以下两个方面。

一、保存了部分接近口语的语料

唐宋以来的笔记是研究汉语史的宝贵材料。在这些笔记中,或多或少地掺杂着一些口语性的材料,一些笔记的口语材料还相对集中。例如:

"须从诸经字字看过,思所以自得,不可只从前贤言语上作工夫。""要作穷理格物工夫,须将三代以前模规在胸次,若只在汉晋诸儒脚迹下盘旋,终不济事。""向来多看先儒解说,近思之,不如一一自圣经看来。盖不到地头亲自涉历一番,终是见得不真。又非一一精体实践,则徒为谈辨文采之资耳。来书乃谓只须祖述朱文公诸书,文公诸书,读之久矣,政缘不欲于卖花担上看桃李,须树头枝底,方见活精神也。"(宋罗大经《鹤林玉露》丙编卷六"文章性理"条引《魏鹤山答友人书》,332页)其语言特点、风格等和《朱子语类》一类的宋儒语录有相似之处。

"文宗为庄恪太子选妃,朝臣家子女,悉令进名,中外为之不安。上知之,谓宰臣曰:'朕欲为太子求汝郑间衣冠子女为新妇,扶出来田舍躯躯地,如闻朝臣皆不愿与朕作亲情,何也?朕是数百年衣冠,无何神尧打朕家事罗诃去。'遂罢其选。"(宋王谠《唐语林》卷四《企羡》,136页)这一段中,"朕欲为太子……打朕家事罗诃去"几句较为口语化,有些地方还不是太清楚。

宋代笔记如此,明代笔记也有类似的口语性较强的语料。如:

在留都时,赵大周先生入觐,反留都。语良俊曰:"在京师曾一见何吉阳。吉阳问余曰:'大周这些时何故全不讲?'余曰:'不讲。'吉阳又问曰:'若不讲,何所成就?'余应之曰:'不讲就是我成就处.'吉阳无以应。"盖大周先生之学已到至处,是即《庄子》所谓目击而道存者。夫佛家犹有打圈,有喝棒,有许多使人悟入处。吾儒只会弄口舌。口舌纵弄得甚伶俐,作么用处。此正如佛家云:别人弄了刀又弄枪,件件弄到,都不会杀人。我家只有这把刀,提起来便会杀人。(明何良俊《四友斋丛说》卷四,38页)

东桥一日语余曰:"昨见严介溪说起衡山,他道衡山甚好,只是与人没往来。他自言不到河下望客。若不看别个也罢,我在苏州过,特往造之,也不到河下一答看。我对他说道:'此所以为衡山也。若不看别人只看你,成得个文衡山么?'此亦可谓名言。"(《四友斋丛说》卷一五,125页)

余造衡山,常径至其书室中,亦每坐必竟日。常以早饭后即往,先生问:"曾吃早饭未?"余对以虽曾吃过,老先生未吃,当陪老先生再吃些。(同上,卷一八,157页)

何良俊此书语体风格差异很大,有像上面几段语体化的文字,但更多的则是文言性的文字,不知何以会有如此大的不同。

二、保存了许多研究中古近代汉语词汇的材料和成果,富有启发性

近一二十年来,汉译佛典词汇得到了研究者的重视,也造成了这一研究是现在才开始的错觉。其实,早在宋代,一些著名的学者就对利用佛典表现出极大的热情,认为这是十分宝贵的材料。如北宋沈括《梦溪笔谈》。沈括是北宋著名的科学家、学者,《梦溪笔谈》是宋代一部著名的笔记,其中涉及语言词汇的虽不多,也有考释中古、近代汉语词语的条目。例如:

卷三《辩证一》释《庄子·逍遥游》"野马也,尘埃也"的"野马"为"乃田野间浮气耳,远望如群马,又如水波。佛书谓'如热时野马阳焰',即此物也"。(151页)沈括的理解是正确的。更为难得的是,沈氏已经征引"佛书",视野十分开阔。又卷一五《艺文二》:"幽州僧行均集佛书中字为切韵训诂,凡16万字,分四卷,号《龙龛手镜》。"(513页)《龙龛手镜》是否专为"集佛书中字为切韵训诂"自可商量(参《四库全书总目提要》卷四一"小学类·龙龛手镜"),但起码说明沈氏已经注意到了佛典的作用。

和沈括类似的有洪迈。在《容斋随笔》卷一"半择迦""六十四种恶口"两条中,洪氏先后征引了《大般若经》《大集经》的材料,又《四笔》卷一三"《金刚经》四句偈"条,作者博引不同译本的《金刚经》以考偈句的异译(764页),可见其已经以佛经为研究取材的对象。

吴曾《能改斋漫录》卷四《辨误》"招提兰若"条开头就引《高僧传》的例子,对"招提""兰若"(均寺名)作了考辨。卷六《事实》"软语"条:"杜子美诗:'夜阑听软语。'本《法华经》。又以软语,一云言词柔软。"(164页)卷七《事实》"僧为上人"条:"唐诗多以僧为上人,如杜子美已上人茅斋是也。按,《摩诃般若经》云:'何名上人?佛言,若菩萨一心行阿耨菩提,心不散乱,是名上人。'《十诵律》云:'人有四种:一粗人,二浊人,三中间人,四上人。'"

黄朝英《靖康缃素杂记》卷四也讨论了"招提"。

赵彦卫《云麓漫钞》卷三:"《金刚经》凡有六译:姚秦鸠摩罗什,元魏菩提流支,陈真谛,隋笈多,唐玄奘、义净。古今所宗,惟秦译。……佛书初来,首有《遗教经》四十二章;《楞迦经》译师汉人,故文亦简古。"(40页)

由此可见,佛典材料宋人已经有所注意,只是到了清代,小学家们以解经为己任,反而视佛典为异类,弃而不用,未免可惜。

三、保存了六朝以来词语的含义，可藉以考察中古词汇的流变

在阅读唐宋笔记时发现，许多汉魏六朝产生、流行的词语，到唐宋以后仍然沿用，因此可以把词义的下限推到隋唐、宋元或明清。例如：

(一) 名词

百口

原指百口之家族(大家庭)，引申指全家族人。中古习见，近代汉语也有用例。宋邵伯温《邵氏闻见录》卷六："及还朝，太祖问曰：'汝能保符彦卿无异意乎？'祐曰：'臣与符彦卿家各百口，愿以臣之家保符彦卿家。'"(54页)

父祖

原指祖父、父亲，也泛指祖辈。中古习见，近代汉语也有用例。宋邵伯温《邵氏闻见录》卷三："韩氏子孙，贩卖松槚，张大勋业，以希进用，殊不知陷其父祖于不义也。"(21页)庄绰《鸡肋编》卷上："而对子孙呼父祖名，为伤毁之极。"明何良俊《四友斋丛说》卷一六："今吾松士大夫子弟亦有为其父祖营求入乡贤祠者，无非欲尊显其父祖之意。"(143页)

女弱

指妇女。中古多见，近代汉语也有用例。宋孙光宪《北梦琐言》卷九："有西班李将军女，奔波随人，迤逦达兴元，骨肉分散，无所依托。适值凤翔奏将军董司马者，乃晦其门阀，以身托之。而性甚明敏，善于承奉，得至于蜀。寻访亲眷，知在行朝，始谓董生曰：'丧乱之中，女弱不能自济，幸蒙提挈，以至于此。'"(72页)[①]

---

① 参看本书第三章第一节。

道

指围棋子。与此相对应,"路"也有此义,盖所谓词义沾染是也。宋孙光宪《北梦琐言》卷一〇:"唐僖宗朝,翰林待诏滑能,棋品甚高,少逢敌手。有一张小子,年可十四,来谒觅棋,请饶一路。"(79页)"请饶一路"犹云请让一子。

去

指去年、过去的一年。已见于南朝梁任昉《奏弹刘整》,近代汉语也有用例。唐圆仁《入唐求法巡礼行记》卷三:"去二月十九日离赤山院直到此间,行二千三百余里,除却歇日,正在路行得卌日也。"(《唐五代卷》124页)

儿

犹言"人",始于中古,近代汉语也有用例。五代静、筠《祖堂集》卷六《洞山和尚》:"师自咸通十年己丑岁三月一日剃发被衣,令击钟,俨然而往。大众号恸,师复觉,曰:'夫出家儿心不依物是真修行,何有悲恋?'"(《唐五代卷》513页)"出家儿"就是出家人,"儿"也是"人"的意思。

所苦

指病症,病情,中古习见,近代汉语也见沿用。宋孙光宪《北梦琐言》卷二〇:"鬻银之肆有患白癞者,传于两世矣。何见之谓曰:'尔所苦,我知之矣。我为嫁娉,少环钏钗篦之属,尔能致之乎?即所苦立愈矣。'白癞者欣然许之。"(140页)

设

酒席,宴席。是中古常义,周一良已发之。近代汉语也见沿用。宋赵彦卫《云麓漫钞》卷五:"人以吉老为言,遂携子致恳。既告退,独留其子。父怪久不归,遣人询之,则曰已办筵设矣。"(78

页)"筵设"同义连文,就是酒席。

性理

犹言神志,神智。经常和"乖迕""错迕"等词连用,指神智错乱,精神不正常。近代汉语仍有用例:明何良俊《四友斋丛说·初刻本自序》:"何子年已几四十,无所试,何子遂得心疾。每一发动,则性理错迕。"(5页)

竟日

终日,整天。《世说新语·容止》第23则:"庾风姿神貌,陶一见便改观,谈宴竟日,爱重顿至。"参见《世说新语辞典》(227页)。明何良俊《四友斋丛说》卷一八:"余造衡山,常径至其书室中,亦每坐必竟日。"(157页)又:"余在苏州住,数日必三四往,往必竟日,每日如此。"(157页)

(二) 动词

晦

隐,隐藏。宋孙光宪《北梦琐言》卷九:"有西班李将军女,奔波随人,迤逦达兴元,骨肉分散,无所依托。适值凤翔奏将军董司马者,乃晦其门阀,以身托之。(72页)

博

换,交换。宋孙光宪《北梦琐言》卷一〇:"俾妳妪将煎饼盘就彼诱儿童,若抛砖瓦中一纸标,得一个饼。儿童奔走抛砖瓦博煎饼。"(84页)

下

指上饭,上菜。宋吴曾《能改斋漫录》卷三《辨误》"蒸壶似蒸鸭"条:"按,《太平广记》记载卢氏《杂说》:'郑馀庆与人会食。日高,众客嚣然。呼左右曰:烂蒸去毛,莫拗折项。诸人相顾,以为必

蒸鹅鸭。良久就餐,每人前下粟米饭一椀,蒸葫芦一枚。'"(65页)

扠

击打。宋孙光宪《北梦琐言逸文》卷三:"或画壮夫,以拳扠地为井,号'扠拳井'。"(165页)

感

有悲伤、伤感义。宋王谠《唐语林》卷四《伤逝》:"杜羔有至性,其父为河北尉卒,母非嫡,经乱不知所之,羔常抱终身之感。"(144页)按:"感"是悲伤、伤感的意思,"终身之感"就是终身的伤痛。

投

用药,下药。宋赵彦卫《云麓漫钞》卷五:"此证伤寒家不载,诸医皆欲先止脏腑。忽秀州医僧宝鉴大师者过,投以茵陈五苓散、白虎汤而愈。"(78页)

相打

打架。元陶宗仪《南村辍耕录》卷六"沙魇"条:"湖南益阳州,夜中,同寝之人无故忽自相打,每每有之,名曰沙魇。"(74页)

发动

指疾病发作。近代汉语仍然沿用:明何良俊《四友斋丛说·初刻本自序》:"何子年已几四十,无所试,何子遂得心疾。每一发动,则性理错迕。"(5页)

融液

融化,由"液"和同义词"融"连用而来。① 《异苑》卷一:"掘得

---

① "液"有融化、消融义,中古已见。南朝宋刘敬叔《异苑》卷四:"行次真定,时久积雪而当其门,前方十数步,独液不积。"(30页)液,融化。"独液不积"是说唯独这一块地方的雪都融化了。又卷八:"元嘉中,高平平丘孝妇怀妊,生一团冰,得日,便消液成水。"(81页)

一黑物,无有首尾,形如数百斛舡,长数十丈,蠢蠢而动。有顷,悉融液成汁,时人莫能识。"(3页)"融液"一词近代汉语作品中也见:明何良俊《四友斋丛说》卷三二:"(陈)几有子婿陈令,颇知其术,曰煖外肾而已。其法:以两手掬而煖之,默坐调息,至千息,两肾融液,如泥瀹入腰间。此术至妙。"(293页)"融液"当也是消融、融解之义,盖用调息运气的办法温暖肾脏,散化淤积,消除病灶。

犯

指侮辱、奸淫妇女。元陶宗仪《南村辍耕录》卷一一"女奴义烈"条:"寇允解主妇缚,朵那乃探金银珠玉币帛等,散置堂上,寇争夺,竟又欲犯朵那身。朵那持刀欲自屠,曰:'我主二千石,我誓不奴它姓主,况汝贼乎?'"(136页)

利

贪图,贪求。元陶宗仪《南村辍耕录》卷一一"女奴义烈"条:"诸侍婢皆散走,朵那独以身覆主妇,请代死。且告曰:'将军利吾财,岂利杀人哉!'"(136页)

换

借。今本《玉篇》(即《大广益会玉篇》)虽然已失顾书原貌,但其删存的内容仍然具有一定的价值。其中保留了一批新词新义,如:《手部》:"换,胡管切。易也,贷也。"

按:释语中"易也"的"易"指变易、"贷也"的"贷"指借贷。"换"有变易义,是古义,已见于《墨子》;而借、借贷义则是不晚于魏晋时期产生的一个新义,在六朝的小说、佛经、史书等中都有用例,这里举史书的例证。《后汉书》卷七《桓帝纪》:"又换王侯租以助军粮,出濯龙中藏钱还之。"《南齐书》卷六《明帝纪》:"逋租宿责,换负官物,在建武元年之前,悉原除。"

投间

见《三国志》。近代作品也有用例：明陆容《菽园杂记》卷五："文庄叶公巡抚两广时，素与邱内翰仲深不合，邱每投间毁之。"（61页）"投间"犹言乘机。

迟

等，等待。清王士禛《池北偶谈》卷二〇《谈异一》"刘张二仙"条："僧曰：'日者一先辈留此，亦时时往来寺中。'问其状，则先生也。"（489页）

（三）形容词

鄙吝

宋邵伯温《邵氏闻见录》卷一二："尝简晦叔曰：'京师二年，鄙吝积于心，每不自胜。一诣长者，即废然而反。"（125页）中华点校本《校勘记》："鄙吝　《津逮》《学津》本作'疵吝'，与《宋史·吕公著传》合。"（136页）

按："鄙吝"是东汉以来产生的一个新词，意谓肮脏、龌龊，与"疵吝"义近。

剩

有多义。中古已见。宋孙光宪《北梦琐言》卷一〇："赵鄂亦言疾已危，与梁生所说同矣。谓曰：'只有一法，请官人剩吃消梨，不限多少，时咀齰不及，捩汁而饮，或希万一。'"（80页）

挥霍

快速的样子。近代汉语用例如：宋孙光宪《北梦琐言》卷一二："才发京都，其室女路次暴亡，兵难挥霍，不暇藏瘗。"（98页）

（四）副词

误

中古时有偶然义。宋孙光宪《北梦琐言》卷九："唐咸通中，西川僧法进刺血写经，聚众教化寺，所司申报高燕公，判云：'断臂既是凶人，刺血必非善事。……宜令出境，无得惑人。与一绳递出东界。'所司不喻绳绞，赐钱一千，送出东郭，幸而误免。"(69页)"误"为偶义，"误免"就是偶然幸免。宋王谠《唐语林》卷六《补遗》："韦崖州执谊，自幼不喜闻岭南州县。拜相日，出外舍，一见州郡图，迟回不敢看。良久，临起误视，乃崖州图，后竟贬于此。"(212页)

併命

同死，一并丧命。宋孙光宪《北梦琐言》卷一八："存纪、存确匿于南山民家，人有以报安重诲，重诲曰：'主上已下诏寻访，帝之仁德，必不加害，不如密旨杀之。'果併命于民家。"(127页)

可不

犹言能不，岂不。宋孙光宪《北梦琐言逸文》卷三："所以孔圣之言：'迅雷风烈，必变。'可不敬之乎！"(169页)

促

赶紧，马上。宋王谠《唐语林》卷四《伤逝》："德宗初登勤政楼，外无知者。望见一人，衣绿，乘驴，戴帽，至楼下仰视久之，俛而东去。上立遣宣示京尹，令以物色求之。尹召万年捕贼官李铭，使促求访。李尉伫立思之，曰：'得必矣。'"(142页)

竟

果真，参拙撰《东汉魏晋南北朝史书词语笺释》。宋王谠《唐语林》卷六《补遗》："韦崖州执谊，自幼不喜闻岭南州县。拜相日，出外舍，一见州郡图，迟回不敢看。良久，临起误视，乃崖州图，后竟贬于此。"(212页)

正当

正在。五代静、筠《祖堂集》卷三《慧忠国师》:"到曹溪,恰遇祖师正当说法时,便礼拜祖师。"(《唐五代卷》457页)

底事

何事。五代静、筠《祖堂集》卷十三《福先招庆和尚》:"僧云:'与摩则因师委得去也。'师云:'委得底事作摩生?'"(《唐五代卷》538页)

再四

就是再三。明何良俊《四友斋丛说》卷一七:"晋王有一乐工,甚爱幸之。其子学读书,前任副使考送入学。文裕到任,即行文黜退之。晋王再四与言,文裕云:'宁可学校少一人,不可以一人污学校。'坚意不从。"(148页)按:如何从"再四"转到"再三",值得研究。

(五)数量词

三四

明何良俊《四友斋丛说》卷一八:"余在苏州住,数日必三四往,往必竟日,每日如此。"(157页)

(六)词组

围棋

本义是下围棋。这从古人的注释语中也可得见。《孟子》:"弈秋,通国之善弈者也。"赵岐注:"弈,博也。或曰围棋。"《左传·襄公二十五年》:"弈者举棋不定,不胜其耦。"杜预注:"弈,围棋也。"《方言》:"围棋谓之弈,自关东齐鲁之间皆谓弈。"宋吴曾《能改斋漫录》卷七《事实》"弈棋"条:"是棋为子也,以子围而相杀,故扬雄、杜预云:'围棋。'"(174页)

死友

本义是能够共患难、同生死的朋友。明朱长祚《玉镜新谭》卷一《原始》记一相士接济显贵之前的魏忠贤,说:"'今日与汝结为死友,他日慎勿相忘。'忠贤泣云:'今日残生是公所赐也,……他日苟富贵,唯公是命。'"(3页)

自分

自忖,自料。明朱长祚《玉镜新谭》卷二《罗织》:"吾直言贾祸,自分一死以报朝廷,不复与汝相见,故书数言以告汝。"(22页)

长成

长大,长大成人。明朱长祚《玉镜新谭》卷二《罗织》:"汝长成之日,佩为韦弦,即吾不死之日也。"(22页)

不安

身体不适,有病。明何良俊《四友斋丛说》卷三二:"腹中微似不安,即服厚朴生姜等饮。如此将息,必无横疾。"(292页)

满中

唐圆仁《入唐求法巡礼行记》卷三:"遍台水涌地上,软草长者一寸余,茸茸稠密,覆地而生,蹋之即伏,举脚还起,步步水湿,其冷如冰,处处小窪,皆水满中矣。"(《唐五代卷》129页)

(七) 有些是否属于新义,似可以讨论

及

说,提及,谈到。近代汉语也见此义。如:宋袁文《甕牖閒评》卷五:"朱希真好作怪字,往往人多笑之。其小词有云:'轻红写遍鸳鸯带,浓绿争倾翡翠卮。'其怪字似不宜写在鸳鸯带上,则争倾翡翠卮恐未必然也。一日偶于江阴侯守坐上及之,坐客无不大笑。"(51页)

类似的材料在宋元以来的笔记中还有很多,从中既可以考察中古汉语词汇到近代汉语时期的演变和发展,又可以求知近代汉语词汇的来源,对汉语词汇史的研究很有参考价值,值得作进一步的挖掘和整理。

本章参考文献

陈寅恪　1930　《陈垣〈燉煌劫馀录〉序》,《历史语言研究所集刊》第1本第2分;收入《金明馆丛稿二编》,上海古籍出版社,1980。

陈昭珍　2005　《数字时代汉学研究资源国际研讨会纪要》,载《汉学研究通讯》第24卷第1期24—30页。

董志翘　2000　《〈入唐求法巡礼行记〉词汇研究》,中国社会科学出版社。

高名凯　1948　《唐代禅家语录所见的语法成分》,《燕京学报》第34期;收入《高名凯语言学论文集》,商务印书馆,1990。

顾克勇　2004　《〈型世言〉能与"三言""三拍"并驾齐驱吗?》,《中国图书评论》第9期。

顾之川　2001　《明代汉语词汇研究》,河南大学出版社。

郭在贻　1985　《训诂学》后附《俗语词研究参考文献要目》,湖南人民出版社;中华书局,2005。

季羡林主编　1998　《敦煌学大辞典》,上海辞书出版社。

蒋绍愚　1989　《古汉语词汇纲要》,北京大学出版社;商务印书馆,2005。

———　1994　《近代汉语研究概况》,北京大学出版社。

———　2005　《近代汉语研究概要》,北京大学出版社。

刘　坚　1982　《古代白话文献简注》,《语文研究》第1期。

———　2005　《近代汉语读本》(修订本),上海教育出版社。

刘　坚　江蓝生　白维国　曹广顺　1992　《近代汉语虚词研究》,语文出版社。

刘　坚　蒋绍愚　1990　《近代汉语语法资料汇编·总目录》,商务印书馆。

刘叶秋　1980　《历代笔记概述》,中华书局。

罗维明　1997　《古代墓誌、史书词语例释》,杭州大学博士学位论文。

———　2003　《中古墓志词语研究》,暨南大学出版社。

吕叔湘　1984　《汉语语法论文集》(增订本)后附"引书目录",商务印书馆。
[日]入矢义高　1956　《读蔡美彪编〈元代白话碑集录〉》,日本《东方学报》第36辑。
[日]太田辰夫　1958　《中国语历史文法·跋》及《引用书目》。中译本(第二版),蒋绍愚、徐昌华译,北京大学出版社,2003。
汪维辉　2005　《朝鲜时代汉语教科书丛刊》,中华书局。
夏凤梅　2005　《〈老乞大〉四种版本词汇比较研究》,浙江大学博士学位论文。
项　楚　2000　《寒山诗注》,中华书局。
徐时仪　2000　《古白话词汇研究论稿》,上海教育出版社。
袁　宾　1992　《近代汉语概论》,上海教育出版社。
查洪德　李　军　2002　《元代文学文献学》,中国社会科学出版社。
张　晶　主编　2005　《中国古代文学通论·辽金元卷》,辽宁人民出版社。
郑　光　主编　2002　《原本老乞大》,外语教学与研究出版社。
[苏]佐格拉夫　1979　《中古汉语研究概况》(《中古汉语的形成和发展》一书的序言),王海棻译,卫志强校,《国外语言学》1980年第6期,18页。

第六章 中古汉语词汇研究的语料及类型

语言学是一门实证性很强的学问。在从事语言学研究的时候,研究的材料(语料)是第一位的,任何理论、结论,都是在语言事实的基础上建立起来的。离开语言事实(材料)而奢谈理论、方法,作出结论,肯定是靠不住的,因而也是不可取的。

本章讨论中古汉语词汇研究语料和类型,酌加举例,意在为研究者特别是初学者提供参考。

第一节 言文分离的时代和古白话的产生

从历史上看,尽管文言文始终占据统治、主导的地位,但口语和白话的影响也不小,时常冲击正统的书面语言——文言,文言和白话,雅驯书面语和通俗、俚俗口语之间的较量一直没有停止过。

至晚从西汉初年开始,言文分离的情况就开始出现。尽管由于战乱、兵燹,汉魏六朝文献保存下来的十不存一,但在这少数的文献中,也出现了王褒《僮约》、戴良《失父零丁》等口语化较强的作品。它们和汉赋等正统文献的语言差别极大,显示出自汉代起,言文已经开始分离,人们口语说的和书面写的已经是风格迥异的两种语言了。

晋代的束皙因"尝为《劝农》及《饼》诸赋,文颇鄙俗,时人薄之"(《晋书·束皙传》,1428页)。他所作的《劝农赋》中有"受饶在于肥脯,得力在于美酒""则鸡豚争下,壶榼横至""盖由热唊纡其腹,而杜康哇其胃"一类的话,《饼赋》中有"玄冬猛寒,清晨之会,涕冻鼻中,霜凝口外,充虚解战,汤饼为最。弱似春绵,白若秋练,气勃郁以扬布,香飞散而远遍。行人失涎于下风,童仆空嚼而斜眄,擎器者舐唇,立侍者干咽"的话。① 因为语言俚俗,过于生活化、口语化而不登大雅之堂,遭到时人的贬斥。

晋代葛洪撰《抱朴子》,分为《内篇》和《外篇》。葛洪曾自述它们的区别:"其《内篇》言神仙方药、鬼怪变化、养生延年、禳邪却祸之事,属道家。其《外篇》言人间得失,世事臧否,属儒家。"(《外篇·自叙》)从语言风格上看,《外篇》重在说理,基本上是用典雅华丽的文言写就,讲求用典,注重辞藻和俪偶;《内篇》则重在叙事(也有说理),基本上用雅质相间、偏重于质(口语)的文字写就,口语成分较多。葛洪自己也说,"且此《内篇》,皆直语耳,无藻饰也。"(《内篇》283页)这里所谓"直语",就是比较生活化、口语化的语言,而

---

① 束皙的《劝农赋》《饼赋》今仅存片段,分别载于唐宋类书,此据《艺文类聚》卷六五、卷七二。

较少文言(藻饰)的成分。

南朝梁任昉《奏弹刘整》是一篇弹劾官吏的奏呈。主要内容是记述了刘寅妻范氏以及几个奴婢的陈诉、证词,随笔写来,不避俚俗,这是现场审问的原始记录,诉状或证词都出自主妇或奴婢之口,与头、尾的骈体文字形成了鲜明的对照。文中保存了一批梁代口语词,是研究六朝口语语汇的宝贵资料。昭明太子萧统在编《文选》时,选录了《奏弹刘整》,但只选了任昉开头和结尾的弹文,删落了弹文中范氏等人的讼词这一主体内容,这与《文选》的编选主旨是一致的。萧统编《文选》,入选的标准是"事出于沉思,义归乎翰藻",注重文笔辞藻,故"略其芜秽,集其清英"(均见《文选序》),把反映当时口语的诉讼证词当作"芜秽"删去了。《奏弹刘整》一文今能全文载于《文选》卷四〇,这是注者李善的功劳。李善补上这一部分内容后注云:"昭明删此文大略,故详引之,令与弹相应也。"由《奏弹刘整》讼词的删与补可以看出雅、俗文学之争。在正统的文人眼里,俚俗文学、生活中的口语是没有任何地位的。

太田辰夫《汉语史通考》曾论及汉语古白话的发展,并举了《隋书》二例。

《隋书·荣毗传》记载,荣建绪曾经不愿意跟随隋高祖杨坚打天下,"建绪遂行。开皇初来朝,上谓之曰:'卿亦悔不?'建绪稽首曰:'臣位非徐广,情类杨彪。'上笑曰:'朕虽不解书语,亦知卿此言不逊也。'"(卷66)又《李密传》记李密奉命讨伐宇文化及,开仗之前,密隔水数落对方,其中有"不追诸葛瞻之忠诚,乃为霍禹之恶逆。天地所不容,人神所莫佑。拥逼良善,将欲何之"等一席话,引经据典,洋洋洒洒。结果"(宇文)化及默然,俯视良久,乃瞋目大言曰：'共你论相杀事，何须作书语耶！'"（卷70）①这里的"书语"犹言掉书袋、玩典故，是书面语的一种，当然和口语就有相当的距离了。

太田辰夫（1954）指出："口语和文言是从什么时候开始分离的却存在问题，有必要提出具体的而且是系统的例证。通常认为到后汉时口语和文言之间的差别似乎已经产生，这从后汉的文章中有一些跟后世的口语（即所谓的白话）一致，相反跟文言不一致的成分上面可以推测出来。这样一来，口语和文言渐渐地分离开了。"

太田的意见大体正确，言（口语）文（书面语）分离的情况至晚可以上推到东汉。进一步看，言文分离的现象还可再往前推，我们在西汉王褒撰写的《僮约》中就已经见到痕迹。《僮约》的起因是王褒外出办事，住在寡妇杨惠的家里。杨家有一个奴隶，名便了。王褒让便了去给他买酒，便了不干。王褒大怒，当场表示要把便了买回去。便了说，你要使唤我，凡事都得"上券"，也就是都要写在契约上，不写的活不干。于是王褒写了《僮约》，详细规定便了从早到晚要干的活计，可以说几乎所有的农活、家务事都写到了，从中可以看出当时奴隶地位之低，稍有反抗就会招来更沉重的压迫。《僮约》最后写便了听完这份契约后，"读券文适讫，词穷咋索，仡仡叩头，两手自搏，目泪下落，鼻涕长一尺。审如王大夫言，不如早归黄土陌，丘蚓钻额，早知当尔，为王大人酤酒，真不敢作恶"。

高本汉（1985：14）指出："历代书写方面，都喜欢用文言记载，而不喜欢用鄙陋的俗语，因此就演成'文言'和'白话'的区别。"因为《僮约》主要是写下来约束奴隶"便了"的，无须或来不及修饰文

---

① 《隋书》两例参看太田辰夫（1954[1991：192—193]）。

句,所以这篇文章使用了在高文典册中绝对见不到的十分口语化的词汇,是难得见到的反映口语的作品。

类似的作品中土文献有东汉戴良的《失父零丁》、陆云的《与兄平原书》、王羲之和王献之父子的《杂帖》、萧梁任昉的《奏弹刘整》等,以及汉代、六朝的乐府民歌、史书中的信札、对话,《肘后备急方》《诸病源候论》等中古医书,《齐民要术》等古农书,《洛阳伽蓝记》《水经注》等著作等。佛典则有东汉以来翻译佛经,特别是记述佛本生和佛传故事的那些佛经。

第二节 中古汉语的语料特点和价值

一、中古语料及其类型

中古时期的语料,是一个相当复杂的问题。这里所说的复杂有两层意思:一是语料的口语化程度不一。东汉六朝时期,一方面,当时占文坛统治地位的是骈文诗赋等文言文;另一方面,或多或少地具有口语性质的语料成分复杂,往往是文白相间,口语成分和文言成分互见,完全是口语的篇章(如《奏弹刘整》)比较少见。二是语料的真实性不一。存世的中古语料"同时资料"少,"后时资料"多,往往已经经过后人之手,语料的真实性大打折扣,使用时须加鉴别。正如志村良治(1983)所指出的那样:"中古时期是资料使用方面特别困难的时期。一方面经典的各种注释、史书、佛教道教的经典、诗文的别集等广泛急剧地增加;另一方面,这些资料被后世改动的也很多。如果问纯粹的六朝时期的资料是什么,一下子还不好回答。"(《中国中世语法史研究》388页,中华书局,1995)

中古汉语到底有多少语料,尚无明确的说法,香港中文大学曾编有《香港中文大学先秦汉魏六朝典籍目录》,按经史子集排列,共收秦汉以来典籍931种,为研究者提供了一个初步的可供参考的目录。

中古汉语研究语料,具体来说可以分为出土文献和传世文献两大类,出土文献,包括敦煌文书、居延汉简、楼兰尼雅文书、吐鲁番文书、走马楼三国吴简等;还有一些金石碑帖等材料。传世文献,包括佛道典籍、史书、诗文、小说、注疏、科技书、杂著等。具体又可分若干个门类。

二、中古语料的特点和研究价值

毋庸置疑,同为中古时期的文献作品,其在汉语史上的研究价值是不同的。

(一) 翻译佛经

中古时期翻译佛经的数量相当大,但随着佛经思想、内容、情节的差异,译者的汉语水平的不同,其语言也呈现出不同的面貌。大体上说,东汉安世高等翻译的小乘佛经文辞古奥,诘屈聱牙,不像汉语。东汉后期,特别是《中本起经》《修行本起经》两部叙述佛本生故事、佛传故事的佛经的出现,标志着佛经语言汉化的程度在加快,有一定的口语性;当然也有不少文言和外来的成分,不可一概而论。三国译者的汉语水平已经大大提高,我们看康僧会翻译的《六度集经》中对汉语典故、文言的纯熟运用,即可明了。西晋竺法护、东晋十六国鸠摩罗什的译经,则把译经带入一个新的境界,汉译佛经在文辞修饰、语言运用等方面达到了很高的程度。南北朝时期的译经也是如此。当然,从另一个角度看,翻译佛经受原典影响的程度逐渐减轻,反映口语的程度也减弱了。

(二) 中土文献

就中土典籍而言,当时的诗文、小说、史书、书信、碑帖等作品,根据其反映口语的程度,大抵可以分为三类:

第一类,最能反映口语实际者,以乐府诗、笔记小说、史书中的书信为代表。

第二类,文言与口语并存,需要作一定的筛选,才能发现口语词、俗语词,以史书、文人诗歌、文章为代表。

第三类,纯粹的仿古文章,属于典型的文言文,不能反映口语实际,以辞赋、应景的诗歌如郊庙歌辞、燕射歌辞、相和歌辞等为代表。

总体看来,中古时期的语言成分复杂,语料价值不一,有着自身的特色:

第一,很少有纯粹的口语作品,往往互相掺杂,参差不齐。

中古时期,有纯粹文言的语料,如辞赋、相和诗歌等,但很少有纯粹白话性质的语料,只能说某一作品口语占上风,即以《僮约》为例,文中固然有不少口语词,但也有很多文言性质的词语,不能一概而论。又如《六度集经》,由于翻译者康僧会的汉语水平很高,具有较重的文言色彩。

第二,语体差异加大:①中土典籍与佛典词汇不同;②同一种文体内部,也有不同的词汇特色。

部分词语,只见于中土典籍;部分词语,只见于佛典。以拙撰《中古汉语语词例释》《汉魏六朝俗语词杂释》《东汉语料与词汇史研究刍议》为例,"搏撮""辈""宕""都卢"等词,只见于佛典;"侬""欢""换"(借贷)等词,只见于中土典籍(诗歌、史书等)。

第三节　中古时期的出土文献

语料的性质、类型不同,其研究价值也是不同的。著名学者太田辰夫(1958)曾经把文献分为"同时资料"和"后时资料"两类,"所谓'同时资料',指的是某种资料的内容和它的外形(即文字)是同一时期产生的。甲骨、金石、木简等,还有作者的手稿是这一类。""所谓'后时资料',基本上是指资料外形的产生比内容的产生晚的那些东西,即经过转写转刊的资料"。按照太田氏的分法,出土文献(金石碑帖)都属于"同时资料",它们较少受到后世的改动,保存了文献的原貌,较之传世的纸本文献(抄本、刻本)要可信得多,具有很高的研究价值。

一、简帛文书[①]

早在我国古代晋武帝时,就在汲郡(河南汲县)发现了大量战国竹简。自晚清至民国初年,又陆陆续续地出土了多批简牍帛书[②]。如果从1901年匈牙利人斯坦因(M. Aurel Stein)在新疆尼雅遗址发现魏晋汉文木简算起的话,我国简帛文书的出土已经经历了整整一个世纪。王国维(1925)曾把"敦煌塞上及西域各处之汉晋木简"和"殷虚甲骨文字""敦煌千佛洞之六朝及唐人写本书

[①] 本节所述简帛文书部分,蒙硕士生路方鸽同学惠予补充,特此致谢。

[②] 王国维(1925)介绍早期的简牍出土情况云:"汉人木简,宋徽宗时已于陕右发见之,靖康之祸,为金人索之而去。当光绪中叶,英印度政府所派遣之匈牙利人斯坦因博士(M. Aurel Stein),访古于我和阗(Khotan),于尼雅河下流废址,得晋间人所书木简数十枚。嗣于光绪季年,先后于罗布淖尔东北故城,得晋初人书木简百余枚,于敦煌汉长城故址得两汉人所书木简数百枚,皆经法人沙畹教授(Ed. Chavannes)考释。"

卷""内阁大库之元明以来书籍档册"并提,称之为当今(指20世纪初叶——引者)学术之最大发现。

在过去的一百多年间,我国共出土历代简帛文书约27.5万枚,这些出土文献"从时间上看,有春秋战国、秦汉、魏晋、唐各代,从内容上看,历史、哲学、文学、医学、地理、军事等无所不涉"。(参见骈宇骞、段书安2006:31)它们多数已以释文和图版的形式公布于世。《中国简牍集成》[标注本](敦煌文艺出版社,2001、2006)囊括了二十世纪一百年来国内发掘并发表的全部简牍资料,具有很高的参考价值。比较著名的有30年代的居延汉简,70年代的银雀山汉简、长沙马王堆帛书、居延新简、睡虎地秦简等,90年代的敦煌悬泉汉简、郭店楚简、上海博物馆藏战国楚简、走马楼三国吴简等,以及2002年发现的龙山里耶秦简。

这些简牍帛书以秦汉魏晋时期的竹简为主,尤其是汉简。其内部又可分为两类,一是典籍,如定县汉简中的《论语》、银雀山汉简中的《孙子兵法》,利用这些典籍可以"研究古籍的源流,包括古籍的校读,如校正文字、阐明词义文义等等"(参见裘锡圭2004:144);二是文书,主要集中在边塞出土的简帛中,其最主要的特点就是口语性强。因此,秦汉、魏晋简无疑是研究中古汉语的宝贵材料。其中又数敦煌汉简和居延汉简材料最为丰富,研究最为深入。

敦煌汉简,是指20世纪初以来在河西疏勒河流域汉塞烽燧遗址中陆续出土的竹、木简牍,因最先发现于敦煌而得名。至1990年,该处共出土汉简2500余枚。1991年由甘肃人民出版社出版了《敦煌汉简释文》,同年中华书局增收图版,以《敦煌汉简》出版。1990—1992年,又于敦煌悬泉置遗址发掘出土了3.5万枚汉简。内容可参《敦煌悬泉汉简释粹》(上海古籍出版社,2001),释文不久将公布于世。

居延汉简主要出土于额济纳河流域的古居延和肩水金关两地。自1930年起,此处前后共进行了三次大规模的考古挖掘工作,采获简牍约计3万枚。文物出版社在1987年重新校对了居延汉简部分后,出版了《居延汉简释文合校》,随后于1990年出版了《居延新简——甲渠候官与第四燧》,中华书局增收图版,于1994年出版了《居延新简——甲渠候官》①。

敦煌和居延汉简中,涉及政治、经济、军事、法律、医药等内容的文书占主体,另外还包括大量的私人书信。这些简牍口语色彩浓厚,在一定程度上反映了当时语言的实际使用情况。

走马楼三国吴简,是指1996年在湖南长沙市中心进行抢修挖掘工作时,从编号为J22的古井中挖掘出土的14万枚三国孙吴简。内容主要有券书、司法文书、簿籍和账簿,数量之大,文献价值之高,可以改变三国时期文献不足徵的现状,对研究该时期汉语词汇具有很高的参考价值。其中《嘉禾吏民田家莂》已于1999年由文物出版社出版。

楼兰尼雅文书,是指20世纪初在古鄯善国(今新疆境内)境内发现的魏晋时期的木简残纸文书资料。这些资料主要是"魏晋时期西域长吏统辖西域时进行屯戍等活动的官府文书,也有一些楼兰与中原及西域各地的公私来往书信"(参见骈宇骞、段

---

① 人们习惯把1930—1931年发掘出土的居延简称为"居延汉简",它有多个释文版本,重要的还有中国社会科学院考古研究所编《居延汉简甲乙编》,中华书局,1980年。把1972—1974年出土的称为"居延新简"。1999—2002年出土的称为"额济纳汉简"。释文版本有:魏坚编《额济纳汉简》,广西师范大学出版社,2005年。孙家洲编《额济纳汉简释文校本》,文物出版社,2007年。

书安2006:28),内容也相当广泛,其汉文文书为学界研究汉末至前凉时期汉语词汇提供了丰富的材料。1985年由文物出版社重新校订编为《楼兰尼雅出土文书》出版。楼兰地区出土的文书亦可参见1999年由天地出版社出版的《楼兰汉文简纸文书集成》(全三册)。其他地方出土的魏晋散简多收在《散见简牍合辑》[①]里。

除了对单批简牍进行词语研究外,有一些学者从文献学角度出发,利用出土文献和传世文献比较进行语言研究,如张显成利用简帛文书研究古代医籍,陈伟武研究兵书语言,还有的学者对简帛文书的某个方面、某个时期的词汇进行研究,如:吉仕梅根据两汉简牍研究王莽时期的词汇特点,李天虹从词汇角度对居延汉简中的文书进行分类。有关简帛文献及研究概况,可以参考张显成《简帛文献学通论》(中华书局,2004)、骈宇骞,段书安《二十世纪出土简帛综述》(文物出版社,2006)、郑有国《简牍学综论》(华东师范大学出版社,2008)。

二、敦煌文书

20世纪初在敦煌莫高窟藏经洞发现的敦煌遗书中,有一大批俗文学作品,包括变文、曲子词、王梵志诗等。这批敦煌写卷多数是唐、五代至宋的文献,但也有部分六朝时期的写卷,如敦煌伯希和2568号《佛说生经》残卷,虽然是陈代的一个残卷,但在研究西晋竺法护译《生经》语汇时还是有很高的价值。(参见黄征1988,方一新、王云路2006:35—48)

---

① 参看李均明、何双全(1990)。里面收录了魏晋六朝时散见于各地的简牍,还包括一些两汉简和不明简。

敦煌《大藏经》,藏经洞中的写卷多数是佛经,计有数万号。这其中,六朝的佛经占了相当大的比重,许多佛经都有敦煌写本。这批敦煌佛经抄录的年代久远、后代改动的可能性不大,应该说保存了当时的原貌,在校勘方面具有很高的研究价值,值得我们重视。

《英藏敦煌文献》《法藏敦煌文献》《俄藏敦煌文献》《国家图书馆藏敦煌遗书》等的介绍已见上一章。本节就上海博物馆等藏敦煌文献略作补充。

《上海博物馆藏敦煌吐鲁番文献》,凡两册,上海古籍出版社,1993。该书"编例"云:"本书收录上海博物馆藏全部敦煌吐鲁番文献共八十号,另附收该馆所藏传世唐人、宋人写经共十一号,以资对照研究。"书后附有"叙录""分类目录"和"索引"。

谢稚柳"序言":"上海博物馆所藏敦煌写卷,大部分是佛经,其中多件卷末存有题记署款,记载抄经日期、抄经者、校阅者、监造者、用纸张数等等,对于研究佛学史,研究文字流变,研究书法史等均有重要价值。"(1页)

上博01(2405)号《佛说维摩诘经》卷末有题记:"麟嘉五年六月九日,王相高写竟,疏拙,见者莫笑也。""麟嘉"是后凉年号,"麟嘉五年"即公元393年,是敦煌文书中写明具体写经年代的少数经卷之一,很有价值。

又如上博33(37494)号《出曜经》卷一〇,自270—280页,上下两栏,凡20幅,篇幅较多,有价值。

附录中,如上博附02(13838)《佛说长阿含第四分世记经蠰单曰品》,系唐写本,自第一册270—276页,上下两栏,近8幅,十分宝贵。

《上海图书馆藏敦煌吐鲁番文献》，凡四册，上海古籍出版社，1999。

陈秉仁"序言"："上海图书馆藏敦煌吐鲁番文献共一百八十七号，……大致有以下特点：一、署有年月的写本占所藏的比例较高。……其中年代较早且抄写较精者为北魏神龟元年（公元518年）写本《维摩诘经卷上》。……二、非佛经内容的写本比例较高。……三、经名家鉴藏、题跋者多。"

《编例》："本书四册，收入上海图书馆藏全部敦煌吐鲁番文献一八七号，附收传世唐、宋文献九号。"卷后附有"叙录""年表""分类目录"和"索引"。

所藏多为六朝写经，包括《维摩诘经》《妙法莲华经》《阿弥陀经》《长阿含经》《摩诃般若波罗蜜经》《金光明经》《大般涅槃经》《十诵律》《四分律》《成实论》《大智度论》等，可与传世经典作对比研究。

例如，第三册上图114（812564）号《中本起经》卷下，自82—96页，凡30幅，很有价值。第四册上图附4（812490）D《经律异相》卷第二十七，自284—293页，凡20幅，书法遒劲精美，有价值。

《天津市艺术博物馆藏敦煌文献》，凡七册，上海古籍出版社，1997。收录敦煌写卷331号，临摹4号，附六朝、唐宋写卷14号。书后附有"叙录""年表""分类目录"和"索引"。

多数为佛经，也有《文选注》（津艺107号）、《曲子词》（津艺134号）、《文选卷第二十四》（津艺附14号）等非宗教文献。

施萍婷《敦煌遗书总目索引新编》（中华书局，2000）是在王重民、刘铭恕《敦煌遗书总目索引》（商务印书馆，1962年初版；中华书局，1983年再版）的基础上增补而成的，参考了黄永武《敦煌遗书最新目录》(台北新文丰公司,1986)等著作,收录了英藏、法藏、中国国家图书馆藏的敦煌遗书简目。但未及收录俄藏、日藏、中国及各国散藏的敦煌文书。该目录为研究、利用六朝隋唐写本敦煌佛典,提供了便利。检索施氏《敦煌遗书总目索引新编》,发现不少先唐佛典有敦煌写卷,例如:

东汉:《道行般若经》(10卷,后汉支娄迦谶译)、《中本起经》(2卷,后汉昙果共康孟祥译)。

三国:《撰集百缘经》(10卷,旧题吴支谦译)。

晋代:①《正法华经》(10卷,西晋竺法护译)、《佛说八阳神咒经》(1卷,竺法护译)、《贤劫经》(8卷,竺法护译)、《放光般若经》(20卷,西晋无罗叉等译)、《佛说法句经》《中阿含经》(60卷,东晋僧伽提婆译)、《观佛三昧海经》(10卷,东晋佛陀跋罗译)、《长阿含经》《大方广佛华严经》(60卷,东晋佛陀跋陀罗译)、《增壹阿含经》(苻秦昙摩难提译)、《妙法莲华经》(7卷,后秦鸠摩罗什译)、《佛说阿弥陀经》(1卷,后秦鸠摩罗什译)、《维摩诘所说经》(3卷,姚秦鸠摩罗什译)、《小品般若波罗蜜经》(10卷,鸠摩罗什译)、《摩诃般若波罗蜜经》(24卷,姚秦鸠摩罗什译)、《思益梵天所问经》(4卷,姚秦鸠摩罗什译)、《金刚般若波罗蜜经》(1卷,姚秦鸠摩罗什、元魏菩提留支、陈真谛均有译)、《出曜经》(30卷,姚秦竺佛念译)、《楞伽经》(4卷,晋昙无谶译)、《金光明经》(4卷,北凉昙无谶译)、《大方等大集经》(29卷,北凉昙无谶译)、《大般涅槃经》(40卷,北凉昙无谶译);②《十诵律》(61卷,后秦弗若多罗共罗什译)、《大智度论》(100卷,后秦鸠摩罗什译)、《四分律》(60卷,姚秦佛陀耶舍译)、《摩诃僧祇律》(40卷,东晋法显共佛驮跋陀罗译)、《优婆塞戒经》(7卷,北凉昙无谶译)、《四分比丘尼戒本》(1卷,唐怀素集)、

《四分律比丘戒本》(3卷,唐道宣撰);③《二教论》(东晋道安)、《中论》(4卷,后秦鸠摩罗什译)、《成实论》(16卷,姚秦鸠摩罗什译)、《杂阿毗昙心论》(14卷,刘宋僧伽跋摩译)。

南北朝:《正法念处经》(70卷,元魏菩提流支译)、《佛名经》(12卷,元魏菩提流支译)、《无量寿经》(2卷,刘宋宝云译)、《佛说观无量寿经》(1卷,刘宋畺良耶舍译)、《杂阿含经》(48卷,刘宋求那跋陀罗译)、《别译杂阿含经》(20卷,失译)、《过去现在因果经》(4卷,刘宋求那跋陀罗译)、《楞伽阿跋多罗宝经》(4卷,刘宋求那跋陀罗译)、《贤愚经》(13卷,元魏慧觉等译)、《杂宝藏经》(10卷,元魏吉迦夜共昙曜译)、《宝云经》(7卷,梁曼陀罗仙译)、《胜天王般若波罗蜜经》(7卷,陈月婆首那译)。

隋代:《大方等大集经贤护分》(5卷,隋阇那崛多译)、《佛本行集经》(60卷,隋阇那崛多译)、《合部金光明经》(8卷,隋释宝贵共北凉昙无谶译)。

失译:《大方便佛报恩经》(7卷)。

我国学者王素、李方编有《魏晋南北朝敦煌文献编年》,台湾新文丰出版股份有限公司,1997。该书"提要"介绍说:"本书为编年体史料集。收集的史料,以敦煌出土者为主,以甘肃出土者为辅,凡四百七十件。包括简牍、文书、镜文、印文、墓葬杂题记、画像砖文、瓶罐钵镇墓文、石塔铭、碑志石刻、石窟题记、古籍、写经题记以及杂器物铭等多种类型。时间最早为蜀汉章武元年(公元221年),最晚为六朝末年(公元589年),统属魏晋南北朝时期。"

此外,敦煌遗书中的残类书部分,收录了一些和六朝典籍相关的文字,不仅可供校勘参考,而且也有词语考释的价值。

三、吐鲁番出土文书

20世纪以来在新疆吐鲁番出土的吐鲁番出土文书,多数是唐五代材料,但也有部分六朝的文书,文物出版社已经整理出版《吐鲁番出土文书》10册(图录本4册),其中第一册有较多的六朝文书。(参见王启涛2005)

还有其他一些写卷、抄本,也值得注意,例如:

新疆残写本《三国志》,残写本《世说新书》,残写本《琱玉集》《玉烛宝典》《文馆词林》《文选集注》,等等。

四、金石碑帖

金石方面,有宋人赵明诚的《金石录》、洪适《隶释》《隶续》、清人王昶《金石萃编》、陆增祥《八琼石室金石补正》;墓志有近人赵万里《汉魏南北朝墓志集释》、赵超《汉魏南北朝墓志汇编》、罗新《新出魏晋南北朝墓志》、毛远明《汉魏六朝碑刻校注》等。

书法杂帖方面,有《法书要录》《淳化阁帖》《三希堂法帖》等。此外,清人严可均据有关典籍,辑录王羲之、王献之等杂帖六卷,载入《全上古三代秦汉三国六朝文·全晋文》中。当然,因为这些法帖流传时代久远,字迹漫漶不清,颇有讹误,使用时须谨慎从事。

第四节 中古时期的传世文献

和出土文献相对,东汉魏晋南北朝时期的传世文献基本上都属于"后时资料",是在"同时资料"不足征的情况下迫不得已而使用的资料,本身就需要认真鉴别。

传世文献又可分为佛典、道藏和中土文献两类:①

一、佛典、道藏

(一) 佛典

主要指历代翻刻的《大藏经》和敦煌《大藏经》。据朱庆之《佛典与中古汉语词汇研究》统计,日本《大正藏》收录汉文佛典2206部,8899卷。唐以前的具体分布是:

东汉:80部,105卷,约84万字;

三国:65部,97卷,约78万字;

西晋:142部,284卷,约230万字;

东晋:51部,294卷,约230万字;

东晋列国:106部,789卷,约630万字;

南北朝:245部,958卷,约770万字;

隋:125部,660卷,约530万字。

这样,总共是814部,3187卷,约2552万字。此外,还有失译274部,469卷,约357万字。字数十分可观。(参看朱书36页)

关于佛经的语言特点,前辈时贤多有论述。

钱锺书说:"梵'丁宁反复,不嫌其烦','寻说向语,文无以异','反腾前辞,已乃后说'。"(《管锥编》四册1264页)指出了佛经反复宣说经义的特点。

朱庆之(1992:20—28)概括佛典语言的词汇特点为:①含有大量的口语词和俗语词;②复音词极为丰富;③含有大量的外来词。

俞理明(1993:31—41)认为佛经译经用语反映了当时的口语,

---

① 道藏属于中土典籍,但就资料性质而言,也是宗教方面的,和佛典相类似。本文为了叙述的方便,把道藏放在佛典后面来介绍。

其特点有:①保存了汉魏六朝的大量口语词;②使用了大量的译词,包括音译和意译;③在文句方面,佛经散文多用四言格,夹杂在散文中的偈颂虽不押韵,但在字数上严格统一,通常采用五言句(也有七言、四言等),逐句分行排列,不连写。

罗杰瑞(1995:100—101)指出:"白话的成分,在宗教典籍(特别是佛经),以及各种形式的白话文学中是特别明显的。"

东汉、三国和晋代等早期的翻译佛经是宝贵的研究语料,值得重视,应该充分利用。但这部分佛经往往有不少问题,主要就是译者以及翻译的年代存在问题。在这方面,吕澂《新编汉文大藏经目录》、许理和《最早的佛经译文中的东汉口语成分》《关于最早的佛经译文的一些新看法》《佛教征服中国》等都有研究,理应参考,斟酌处理。

梁启超在《佛学研究十八篇》中,将佛典翻译分为三期,东汉到西晋为第一期,东晋南北朝为第二期,唐宋为第三期。第二期又分成前后期,东晋二秦为前期,刘宋元魏迄隋为后期。从汉语史的角度看,一、二期的佛典翻译保存较多口语,第三期的语言除了唐代义净等人的译经还有一定的研究价值外,玄奘的译经风格大抵固定,语言也趋于雷同,研究的价值并不大。

在这些先唐的佛典中,颇有一些故事性强,口语性比较高的译经,如东汉昙果共康孟详译《中本起经》、竺大力共康孟详译《修行本起经》、失译《兴起行经》《大方便佛报恩经》《杂譬喻经》《旧杂譬喻经》;旧题三国吴支谦译《撰集百缘经》、康僧会译《六度集经》;晋竺法护译《生经》《普曜经》、法显共佛驮跋陀罗译《摩诃僧祇律》、姚秦竺佛念译《出曜经》、鸠摩罗什译《杂譬喻经》《众经撰杂譬喻》《大庄严论经》、西秦圣坚译《太子须大拏经》;元魏慧觉等译《贤愚经》、吉迦夜共昙曜译《杂宝藏经》；萧齐求那毗地译《百喻经》；隋阇那崛多译《佛本行集经》等。另外，东晋法显《法显传》(《佛国记》)、萧梁宝唱等《经律异相》、慧皎《高僧传》等传记、游记、类书，包括唐人释道宣撰集的《法苑珠林》等，都保存了很多东汉魏晋南北朝的佛典材料，口语词十分丰富，也可挖掘利用。

下面拟以拙编《中古汉语读本》为材料，举佛典一例。

《六度集经》卷二《须大拏经》，举第1、2自然段。（参见方一新、王云路2006：16)

后有鸠留县老贫梵志，其妻年丰，颜华端正。提瓶行汲，道逢年少，遮要调曰："尔居贫乎？无以自全。贪彼老财，庶以归居。彼翁学道，内否不通，教化之纪，希成一人，专愚忧悁，尔将所贪乎？颜状丑黑，鼻正匾虒，身体獠戾，面皱唇颊，言语謇吃，两目又青，状类若鬼。举身无好，孰不偲憎？尔为室家，将无愧厌乎？"妇闻调婿，流泪而云："吾睹彼翁，鬓须正白，犹霜著树。朝夕希心，欲其早丧，未即从愿，无如之何。"归向其婿，如事具云，曰："子有奴使，妾不行汲。若其如今，吾去子矣。"婿曰："吾贫，缘获给使乎？"妻曰："吾闻布施上士名须大拏，洪慈济众，虚耗其国，王逮群臣，徙著山中。其有两儿，乞则惠卿。"

妻数有言，爱妇难违，即用其言，到叶波国。诣宫门曰："太子安之乎？"卫士上闻。王闻斯言，心结内塞，涕泣交流，有顷而曰："太子见逐，唯为斯辈，而今复来乎？请现劳俅，问其所以。"对曰："太子润馨，邐迤咏歌，故远归命，庶自稣息。"王曰："太子众宝，布施都尽。今处深山，衣食不充，何以惠子？"对曰："德徽巍巍，远自竭慕，贵睹光颜，没齿无恨也。"王使人示其径路。道逢猎士曰："子经历诸山，宁睹太子不？"猎士素知太子进逐所由，勃然骂曰："吾斩尔首！问太子为乎?"梵志恧然而惧曰:"吾必为子所杀矣,当权而诡之耳。"曰:"王逮群臣令呼太子,还国为王。"答曰:"大善。"喜示其处。

单音口语词有:调(嘲笑,嘲弄)、否(闭塞,阻隔)、所(何,什么;何处,哪儿)、颣(嘴唇松弛下垂的样子)、妇(妻子)、婿(丈夫)、缘(由何,凭何,为何)、逮(及,和)、惠(给予,赠送)、权(设计谋)、隐(揣度,猜测)、湩(乳汁)、如(何)、窭(老弱)、感(悲伤)等。

双音口语词有:颜华(相貌;美貌)、端正/端政(俊俏,漂亮)、遮要(拦阻,堵住)、专(颛)愚(愚昧,蠢笨)、忦悷/忦戾(性情乖戾,桀骜不驯)、匾匾(扁平的样子)、缭戾(扭曲不正)、謇吃(结巴)、状类(外貌,形状)、正白(纯白,全白)、若其(如果)、上士(菩萨)、光颜(容貌)、进逐(流放,斥逐)、颜类(容貌)、自手(亲手)、蹕身(扑倒,投身于地)、蹕地(扑倒在地)、宛转(翻滚,翻转)、跳踉(跳跃,腾跳)、拂拭(掸尘,揩擦)等。

还有单音词和双音词同义的:将/将无(莫非,莫不是)、迈/遁迈(逃跑)。

《六度集经》,三国吴康僧会译。康僧会的汉语功底较好,此经在汉魏译经中属于文言色彩比较浓的一种,但在《须大拏经》这篇约1530字的作品里,就有这么多的比较口语化的词,佛典的口语性可见一斑。

在历来的《大藏经》版本中,有许多善本,如《碛砂藏》《高丽藏》《赵城金藏》等,《中华大藏经》系以《赵城金藏》为底本,刊印发行,目前已经全部出齐,共106册。

日本早在1924年就出版了《大正新修大藏经》(简称《大正藏》,凡100册),因为详列九种《大藏经》的异文于每页正文之下,便于对照研究,所以,尽管标点、文字错讹较多,还是不失为一个简便实用的大藏经版本。日本大正十三年(1924)初版,昭和三十六年(1961)再版。

台北新文丰出版股份有限公司出版了"大藏经系列",已经出版了《高丽大藏经》(48册)、《宋版碛砂大藏经》(40册)、《明版嘉兴大藏经》(40册)、《新编缩本乾隆大藏经》(165册)、《卍正藏经》(70册)、《卍续藏经》(151册)等,还有《大藏经索引》(48册)等。

台湾佛光山正在组织人力编纂《佛光大藏经》,从录入到出版,将要经过14校,目前正在分批出版。预计将在十年左右出齐,共约500册。

此外,敦煌《大藏经》数量大,校勘和考释的价值高,前面已经提到;以往注意不够,值得重视。

(二) 道藏

在研究汉魏六朝文献语言的时候,也应该注意利用道教典籍。包括约成书于汉末的《太平经》、晋代的《抱朴子》、梁代的《真诰》以及后代的《云笈七签》等,以往对此不够重视。自两汉魏晋以来,汉语词汇发生了很大的变化,这种变化在道藏中也有充分的体现。

《太平经》是早期道教的重要经典,约成书于东汉。原书共170卷,在历代的流传当中,佚失很大,本经仅存明代《正统道藏》一种版本的67卷,其中1—10卷还是唐末道士闾丘方远所录《太平经钞》,实际仅存57卷,分属丙丁戊己庚五部,各部都有残缺;其余甲乙辛壬癸五部,正文全佚。(参见俞理明2001,王明1960)

东晋葛洪所作的《抱朴子》中也在一定程度上反映了当时的口语面貌。其中《抱朴子内篇》属于道教类著作,出现了大量富有两晋口语特点的语词,举《仙药》两段为例:

又汉成帝时,猎者于终南山中,见一人无衣服,身生黑毛,猎人见之,欲逐取之,而其人踰坑越谷,有如飞腾,不可逮及。于是乃密伺候其所在,合围得之,定是妇人。问之,言我本是秦之宫人也,闻关东贼至,秦王出降,宫室烧燔,惊走入山,饥无所食,垂饿死,有一老翁教我食松叶松实,当时苦涩,后稍便之,遂使不饥不渴,冬不寒,夏不热。计此女定是秦王子婴宫人,至成帝之世,二百许岁。乃将归,以谷食之,初闻谷臭呕吐,累日乃安。如是二年许,身毛乃脱落,转老而死。向使不为人所得,便成仙人矣。

南阳文氏,说其先祖,汉末大乱,逃去山中,饥困欲死。有一人教之食术,遂不能饥,数十年乃来还乡里,颜色更少,气力胜故。自说在山中时,身轻欲跳,登高履险,历日不极,行冰雪中,了不知寒。常见一高岩上,有数人对坐博戏者,有读书者,俛而视文氏,因闻其相问,言此子中呼上否。其一人答言未可也。术一名山蓟,一名山精。故《神药经》曰:必欲长生,常服山精。(《抱朴子内篇》207页)

《抱朴子内篇》中此类词语多见,再如了了、自呼、不经、正尔、欲得、正使、恨恨、登时、宁当、不减、抱疾、何缘、要当、委弃、宛转、作家、换贷、守请、勤勤、卒暴等,从中可以看出中古汉语前期口语词汇的一些特点。又如,书中的复音词数量、新词新义等较前代道教作品(如《太平经》)有显著的增加,这其中的原因、类型、演变途径等,都值得作细致而深入的研究。

此外,研究道藏词汇,应该和其他相关的作品结合起来。譬如,研究《抱朴子内篇》的词汇,必须和葛洪的其他著作如《抱朴子外篇》,以及《神仙传》《肘后备急方》《西京杂记》(托名汉刘歆)等结合起来,还必须广泛阅读前后时期的道教著作、医药养生著作以及科书等,了解研究工作所必需的古代文化史、科技史、中医学等方面的基础知识,处理好语言与相关文化背景的关系。

二、中土文献

关于中土典籍的口语性，钱锺书指出："当时记事之'笔'，得分三品：上者史传，如《宋书》《南齐书》、裴子野《宋略》、昭明《陶渊明传》、江淹《自序传》；中者稗官小说，如刘敬叔《异苑》、吴均《齐谐记》，流品已卑；诉状等而更下，伧俗不足比数。"（《管锥编》二一〇《全梁文》卷四三，四册1420页）按：钱氏所谓的"三品"，盖从正统的观点来看，其实，从这三类作品反映当时口语的情况来看，接近口语的程度恰好应该倒过来："等而更下"的诉状最接近口语，《异苑》等小说次之，《宋书》等史传又次之。

中土文献具体又可分为下面几类：

（一）诗文

诗，主要集中在逯钦立编的《先秦汉魏晋南北朝诗》；文，主要集中在清严可均编的《全上古三代秦汉三国六朝文》。此外，还有《文选》《玉台新咏》《乐府诗集》以及汉魏六朝各家的集子，如《曹操集》《曹植集》《嵇康集》《阮籍集》《陆机集》《陆云集》《陶渊明集》《鲍照集》《刘孝标集》《江文通集》《庾子山集》等。文中尤以书信、奏弹文书、家诫等口语材料最多，如《全上古三代秦汉三国六朝文·全三国文》中嵇康的《家诫》、《全晋文》中二王的杂帖、《文选》中的《奏弹刘整》、《陆云集》中的《与兄平原书》等。

在诗歌中，以乐府诗的口语性最强，在词汇史上的研究价值最大。南朝乐府，常常描写男女情意，婉约缠绵。如：

《晋诗》卷一九《清商曲辞·懊侬歌》十四首之十二："发乱谁料理？托侬言相思。还君华艳去，催送实情来。"（1057页）诗虽不长，但"料理"（整理）、"托"（请托）、"侬"（犹言我，女子自称）、"还"（还给，送给）、"华艳"（艳丽）、"催"（迅速，马上）等，都是当时流行的口语词。

南朝乐府也有直截了当,直抒胸臆的。《晋诗》卷一九《清商曲辞·孟珠》诗八曲之四:"望欢四五年,实情将懊恼。愿得无人处,回身就郎抱。"(1065页)"愿得无人处,回身就郎抱",写出了女子大胆追求爱情的愿望,笔触直率而泼辣。"欢"(称呼情郎)、"懊恼"(烦恼)、"实情"(真实的心情)、"愿得"(希望得到)等也都是诗中习用之词。但就总体而言,这样的诗篇较少见。

比较而言,北朝民歌则多直截了当,直白明快。《梁诗》卷二九《横吹曲辞·企喻歌》四曲之一:"男儿欲作健(振作),结伴不须(不用)多。鹞子经(向)天飞,群雀两向波(逃,出逃)。"(2152页)又《隔谷歌》二曲之一:"兄在城中弟在外,弓无弦,箭无栝。食粮乏尽若为(如何)活?救我来!救我来!"(2157页)

就是写男女情爱,也都直白如话。如:

《梁诗》卷二九《横吹曲辞·地驱乐歌》四曲之二:"驱羊入谷,自羊在前。老女不嫁,蹋地唤天。"(2155页)又《折杨柳枝歌》四曲之二:"门前一株枣,岁岁不知老。阿婆(指母亲)不嫁女,那得(怎能得到)孙儿抱!"(2159页)加点的诗句(词语)生动而形象,十分口语化。

(二)笔记小说

笔记小说产生的年代很早,约略而言,可以分为三类:

一类属于杂记琐闻型,包括《西京杂记》《拾遗记》《博物志》《异苑》《周氏冥通记》等;

一类属于志怪型的,包括《搜神记》《搜神后记》《续齐谐记》《还冤记》以及鲁迅《古小说钩沉》中辑录的《列异传》《古异传》《甄异传》《述异记》《灵鬼志》《祖台之志怪》《齐谐记》《幽明录》《祥异记》

《宣验记》《冥祥记》《旌异记》等；[①]

一类属于志人型的，包括《世说新语》《殷芸小说》《谈薮》以及《古小说钩沉》中辑录的《语林》《郭子》《笑林》《俗说》《汉武故事》《妒记》等。

唐宋类书《艺文类聚》《太平御览》《太平广记》等也辑录不少这方面的材料，可以有甄别地加以利用。

试举一例：

南朝宋张演《续光世音应验记》第6则："道人释僧融，笃志泛爱，劝江陵一家，令合门（全家）奉佛。其先有神寺数间，以与之，充给（提供）僧用。融便毁撤（毁坏），大小悉取，因留设福七日。还寺之后，主人母（犹言"大家"，指主妇）忽见一鬼，持赤索，欲缚之。母甚忧懅（害怕），乃便（副词，同义连用）请沙门转经（转音zhuàn，念诵佛经），鬼怪遂自（于是）无。融后还庐山，道中独宿逆旅（旅店）。时天雨雪，中夜（半夜）始眠。忽见鬼兵甚众。其一大者带甲挟刃，形甚庄伟（高大）。有举胡床（轻便坐具，可折叠）者，大鬼对己（他）前据之。乃扬声厉色（声色俱厉）曰：'君何谓鬼神无灵耶？'便使曳融下地。左右未及加手（动手），融意大不熹（很不开心），称念（呼唤，喊）光世音。声未及绝，即见所住床后，有一人，状若将帅者，可（大约）长丈余，著（穿）黄染皮袴褶（衣裤。上穿褶，下着裤，北方民族的穿着，以利骑乘），手提金杵以拟（对准）鬼。鬼便惊惧散走，甲胄之卒忽然粉碎。"（44页）这里用比较口语化的语言讲述了一个佛、道相争的故事，保存了不少六朝口语词。

[①] 其中部分著作已经有现代整理本，如汪绍楹点校本《搜神记》，中华书局，1979；范宁《〈博物志〉校证》，中华书局，1980；齐治平校注的《拾遗记》，中华书局，1981；范宁校点的《异苑》，中华书局，1996；罗国威《〈冤魂志〉校注》，巴蜀书社，2001。

比较而言,汉魏六朝笔记小说大多是用接近当时口语的语言写成,在口语词研究方面具有较高的研究价值,应该充分利用。不过,由于这些小说年代既久,文字讹误、后人增删改易的情况也时有发生,有些干脆就是后人辑起来的,如《搜神记》《古小说钩沉》等,故我们在研究时必须注意鉴别,不可盲从。

(三)史书

史书也包括两类:

一类是传世史书,主要指前四史、六朝诸史和《汉纪》《后汉纪》《越绝书》《吴越春秋》《华阳国志》《建康实录》等别史;

另一类是后人辑录的,如《东观汉记》《八家后汉书辑注》《九家旧晋书辑录》《十六国春秋》《三十国春秋》等。

关于史书的口语性,钱锺书指出:"故以沈约、萧子显之老于'文',而撰《宋书》《南齐书》,复不得不以'笔'为主也。"(《管锥编》二一〇《全梁文》卷四三,四册1420页)钱氏的意思是,《宋书》《南齐书》较之沈约的诗文来说,比较直白,接近口语。

包括正史在内的史书通常都被视为属于典雅规范的文言文,口语材料不太集中,因而往往不受重视。但也应该看到,东汉魏晋南北朝史书在中古汉语词汇研究方面的价值不应低估,即以正史为例:从内容上看,史书反映的社会生活既广泛深刻又丰富多彩,举凡有关政治经济、战争军事、科学技术、宗教思想、文学艺术、风俗时尚等各个方面的情况无一不在书中得到记载。从体裁上看,《三国志》《后汉书》《宋书》《南齐书》《魏书》等六朝人撰写的史书(包括《三国志》裴松之注、《后汉书》刘昭注、李贤注)中,大量收录了当朝人的诏令、奏疏、信札、文章等,为严可均辑录《全上古三代秦汉三国六朝文》的主要依据。即便像《晋书》《梁书》《陈书》《北齐书》《周书》《南史》《北史》《隋书》《建康实录》等,虽然出自唐人之手,但编修者所资取的材料多是南北朝时期的,特别是其中载录的书信、诏令、疏表、辞赋等,应该视为六朝时代的语料,其中也具有较高的词汇史研究价值,理应受到重视。

我们把汉魏六朝史书材料分成两大类,即原始资料和其他资料。

所谓原始资料,是指《三国志》《后汉书》等六朝人撰写的史书和《晋书》《梁书》等唐人编修的史书中保存的六朝语料,大抵可以视为唐以前语料。

所谓其他资料,是指《晋书》《梁书》等唐人编修的史书中记事和记言两类,当然,从语料的价值上看,记言(人物对话)部分的语料价值显然要比记事高,通常会有所借鉴和依凭,但记事也不能忽视。从原则上看,这两类文字应该视同为史书作者年代(唐代)的语料。至少不能把它们当作主要依据,充其量只能用作旁证。

史书材料里,原始材料最有价值,特别是其中的奏疏、文书、信札、家书、诏令、手敕等往往保存了较多的口语材料,可以加以挖掘、利用。其他材料里,人物对话往往比较浅显、通俗,保存口语词的比重要大于一般的叙事语。

这里举史书一例以见一斑。

《宋书·庾炳之传》记炳之留宿朝廷官员在家住宿,违反了规定,受到弹劾,皇帝召问何尚之咨询此事,何尚之力主处分庾炳之,庾氏自辩,有数段文字,在这数百字的弹奏、辩解文字中,就有数十个基本上是汉代以来产生的新词新义,其中如"出"(来到)、"停宿""宿停"(留宿)、"于"(待)、"得失"(失误)、"通"(宽恕)、"暧昧"(关系不清)、"一旦"(一天)、"眼见"(亲眼所见)、"丘山"(山峰)、"奋发"(振作)、"的"(的确)、"政当"(只能)、"事意"(情况)、"蔑"(忽视，无视）、"贼"（造反）、"声传"（传闻）、"顾遇"（善待）、"侵伤"（侵夺损伤）、"嫌责"（埋怨责备）、"不辩"（不能）、"要欲"（希望）、"触忤"（触犯）、"自理"（自我申辩）、"台制"（官府制度）、"停"（留宿）、"嫌"（问题）、"信受"（信任）、"不通"（不行）、"意"（原因）、"听纳"（接受）、"不解"（不知）、"不假"（不必）、"亏"（损害）、"朝典"（朝廷制度）、"望实"（名望高）、"公"（公然）、"宪制"（制度）、"不审……不"（不知……吗）、"任使"（任用）、"肃戒"（鉴戒，警戒）、"贵要"（权贵）、"身"（……者）、"政可"（只能）。(1518—1519页)其口语性相当强。

（四）注疏

指汉魏两晋南北朝人为古书所作的注解，包括传、笺、注、章句、集解、义疏等。较著者如汉毛亨《毛诗传》、郑玄《毛诗笺》、《三礼注》、何休《公羊传注》、赵岐《孟子章句》、王逸《楚辞章句》、魏何晏《论语集解》、王弼、韩康伯《周易注》、晋杜预《左传注》、范宁《谷梁传注》、郭璞《尔雅注》、《方言注》、郭象《庄子注》、张湛《列子注》、宋裴骃《史记集解》、梁刘昭《续汉书注》、皇侃《论语义疏》等。至于著名的裴松之《三国志注》、刘孝标《世说新语注》、郦道元《水经注》，因为实际上已经和原书浑然一体，故不在此列。

以上这些注解中，往往保存了一定数量的口语词，是研究六朝语汇的一个重要材料来源。

此外，唐人的注解如李善《文选注》、张守节《史记正义》、司马贞《史记索隐》、颜师古《汉书注》、李贤《后汉书注》等也都有值得采撷利用的材料。

（五）诸子、杂著等

包括《论衡》《潜夫论》《申鉴》《中论》《桓子新论》《列子》《抱朴子外篇》《文心雕龙》《诗品》《刘子》《水经注》《洛阳伽蓝记》《颜氏家训》等。

这部分作品,涵盖了子、史、集诸部,有关的口语材料也不少,值得注意。

(六)医书、农书等科技著作

医书方面包括《灵枢经》《金匮要略》《伤寒论》《华氏中藏经》《神农本草经》《葛洪肘后备急方》《刘涓子鬼遗方》《诸病源候论》等;农书包括《氾胜之书》《齐民要术》等。

医书、农书等科技著作,往往使用比较接近口语的语言写就,保存了当时的口语实际,值得重视。

(七)诉讼文书、书信

关于诉讼文字的口语性,钱锺书云:"任昉《奏弹刘整》。按'谨案'至'整即主'一节近九百言,《文选》尽削去,赖李善注补引得存。昉此篇有'文'有'笔',昭明采其翰藻之'文',而删其直白之'笔'。"

关于书帖的口语性,钱锺书云:"王羲之《杂帖》。按六朝法帖,有煞费解处。此等太半为今日所谓'便条''字条',当时受者必到眼即了,后世读之,却常苦思而尚未通。"(《管锥编》三册 1108 页)又云:"陆云《与兄平原书》。按无意为文,家常白直,费解处不下二王诸《帖》。"(《管锥编》一四一《全晋文》卷一〇二,四册 1215 页)

书札的口语成分较多,试举一例:陆云《与杨彦明书》之四,见《中古汉语读本》"其他"类,262—266 页。

单音口语词有:相(偏指代词,指"我")、向(面临,接近)、想(希望,盼望)、佳(病愈,身体舒适)、羸(病弱)、恒(常常)、尔(如此,这样)。

双音口语词有:疾患(疾病,病痛;生病)、渐欲(渐渐)、怛然(担忧,忧虑)、笃疾(重病)、亲亲(亲戚,亲人)、服药(吃药)、间来(近来)、体中(身体)、少赖(身体不适)、匆匆(困顿,不适,心绪不佳)、自力(尽力,勉力)、恋想(思念,想念)、自爱(保重)、相闻(通音讯,传消息)。

《与杨彦明书》不过 93 字,却有这么多基本上是汉代以来产生的比较口语化的单、双音词,书札的口语性是显而易见的。在中古文献中,书札的数量不多,如陆云《与兄平原书》(《全上古三代秦汉三国六朝文·全晋文》卷一〇二)、王羲之、王献之《杂帖》(《全晋文》卷二二至卷二七)等,还有其他一些汉魏六朝的书札,大都保存在《法书要录》《淳化阁帖》及《全上古三代秦汉三国六朝文》中,都有着相当高的价值。

三、索引及电子语料

(一)索引

中古时期的索引,以前就有许多学者做过,如哈佛燕京学社、中法辞典编纂处编制的《史记索引》《汉书索引》《白虎通索引》《论衡索引》《风俗通义索引》等。

日本学者在这方面做了很多工作,编制了大量的索引。

后来,李波等人编制出版了《史记索引》《汉书索引》等,都是新的逐字索引。

近十多年来,香港中文大学编制了中国古籍的索引,由香港、台湾两地出版。这些索引都选择善本,经过精心校勘,错误较少,方便利用。

这套书题香港中文大学中国文化研究所编,丛刊主编刘殿爵、陈方正,由台湾商务印书馆、香港商务印书馆两家联合于 1994 年 6 月起初版。以下是已出书目录:

《周礼逐字索引》　　《仪礼逐字索引》

《礼记逐字索引》　　《晏子春秋逐字索引》

《商君书逐字索引》　《兵书四种逐字索引》

《战国策逐字索引》　　《逸周书逐字索引》

《吕氏春秋逐字索引》　《文子逐字索引》

《山海经逐字索引》　　《穆天子传逐字索引》

《燕丹子逐字索引》　　《说苑逐字索引》

《盐铁论逐字索引》　　《尚书大传逐字索引》

《春秋繁露逐字索引》　《大戴礼记逐字索引》

《贾谊新书逐字索引》　《淮南子逐字索引》

《新序逐字索引》　　　《韩诗外传逐字索引》

《古列女传逐字索引》　《汉官六种逐字索引》

《越绝书逐字索引》　　《吴越春秋逐字索引》

《东观汉记逐字索引》　《孔子家语逐字索引》

(二) 电子版资料

电子版资料,最早有北京大学、中国社会科学院语言研究所、四川大学、湖南师范大学等单位编制中古、近代汉语研究语料。后来,北京尹小林开发了"国学宝典"、陕西师范大学历史系的袁林,编制了"二十五史"检索版光盘(均详见上章)。不过,这些电子文本都有一定的差错率,还有统计不准、难僻字无法检索等问题。

相关单位的电子语料库,上章第二节已有介绍,上述香港中文大学的这套中国古籍的索引将来也是要出电子版的。

《四部丛刊》《四库全书》先后有了可供检索的电子版,差错率低,检索方便,大大便利了研究者。

本章参考文献

范　宁　1980　《〈博物志〉校证》,中华书局。

——　　1996　《异苑》,中华书局。

方一新　2001　《〈观世音应验记〉词语札记六则》,《中国语文》第2期。

方一新　王云路　2006　《中古汉语读本》(修订本),上海教育出版社。

[瑞典]高本汉　1985　《中国语和中国文》,张世禄译,台北文史哲出版社第2版。

郭在贻　1985　《训诂学》后附《俗语词研究参考文献要目》,湖南人民出版社;中华书局,2005;又见《郭在贻文集》第一卷,中华书局,2002。

黄　征　1988　《敦煌陈写本晋竺法护译〈佛说生经〉残卷P.2965校释》,载《敦煌语言文学论文集》,浙江古籍出版社;收入作者《敦煌语文丛说》731—749页,台北新文丰出版股份有限公司,1997。

季羡林　1998　《敦煌学大辞典》,上海辞书出版社。

李均明　何双全　1990　《散见简牍合辑》,文物出版社。

[美]罗杰瑞　1995　《汉语概说》,张惠英译,语文出版社。

骈宇骞　段书安　2006　《二十世纪出土简帛综述》,文物出版社。

齐治平　1981　《拾遗记》,中华书局。

钱锺书　1986　《管锥编》,中华书局。

任继愈　1981　《中国佛教史》第一卷,中国社会科学出版社。

[日]太田辰夫　1954　《关于汉儿言语——试论白话发展史》,《神户外大论丛》5—3;收入《汉语史通考》181—211页,中译本,江蓝生、白维国译,重庆出版社,1991。

——　1958　《中国语历史文法·跋》及《引用书目》。中译本(第二版),蒋绍愚、徐昌华译,北京大学出版社,2003。

王国维　1925　《最近二三十年中中国新发见之学问》,原载《学衡》第2卷45期,收入《王国维考古学文辑》88页,凤凰出版社,2008。

王　明　1960　《论太平经的成书年代和作者》《论太平经钞甲部之伪》,见《太平经合校》"附录",中华书局,1997。

王启涛　2005　《吐鲁番出土文书词语考释》,巴蜀书社。

俞理明　1993　《佛经文献语言》,巴蜀书社。

——　2001　《〈太平经〉正读·例言》,巴蜀书社。

[日]志村良治　1983　《中国中世语法史研究》,中译本,江蓝生、白维国译,中华书局,1995。

朱庆之　1992　《佛典与中古汉语词汇研究》,台北文津出版社。

第七章　语料的选择与鉴别

前面两章,我们讨论了中古近代汉语词汇研究的语料及类型。本章讨论从事中古、近代汉语研究特别是词汇研究的时候,对语料的选择和必要的鉴别工作,意在为汉语词汇史研究者特别是初学者的相关工作提供参考。

语料是从事科学的语言学研究的基础和必要前提。我国历史悠久,文化遗产丰富,传世的古籍汗牛充栋,数量惊人;此外还有大量的地下出土文献,一个多世纪以来续有发现。从事汉语历史词汇的研究,涉及的大都是古代语料,情况错综复杂,内容千变万化,许多古籍都存在着年代、作者不明或假托的情况,需要我们对相关语料进行必要的鉴别和考辨,有选择地加以利用。只有这样,才能保证研究的科学性和准确性。

第一节　如何选择、利用语料

汉语史的研究往往就是研究具体的某个词汇、语法或语音现象，需要断代；要做到断代准确或基本准确，就有必要对语料作挑选和鉴别。这是第一关。在使用中古、近代汉语语料时，还应该注意相关的几个问题（即和语料选择及鉴别相关的事项），包括：选择版本，进行校勘，慎待孤证。在此基础上，再作鉴别。

如何挑选、利用语料，是从事语言学研究的一项重要的基础工作。语料如果选择得准确可靠，就可以为研究工作打下坚实的基础，反之则否。就汉语史研究而言，由于我国历史悠久，文献众多，存世或辑佚的文献中有相当一部分存在着问题。因此，在做研究工作之前，应该先对语料进行挑选和鉴别；而要选择可靠的语料或对语料进行鉴别，就要做好以下几项相关的工作。

一、懂得必要的版本目录学知识，选择可靠的版本

在第二章中，我们已经提到：从事中古近代汉语词汇研究，必须注意版本问题，应该选择可靠的版本。版本选择不当，不仅事半功倍，而且会直接影响研究工作和结论，因此有必要再作强调。先举几个例子：

岑仲勉《隋唐史》中引《六祖坛经》，说唐代有"恁么""甚么""什么"等。岑氏的引文和明藏本《坛经》相合。但将明藏本《坛经》和敦煌本（斯 377）及五山时代的覆宋本的兴圣寺本对校，可知明藏本中有很多增添的部分，岑氏所引用的例句正好只存在于增添的部分，敦煌本、兴圣寺本都没有。唐代禅家语录中屡屡

见到"恁么""甚么""什么",似乎可以给岑说作佐证,但现存的唐代禅家语录几乎全是后代编纂或经过后代修改的,不能把它们当作唐代口语研究的基本资料。(参见太田辰夫1958[1987:380—381])

《南齐书》卷五四《高逸传·沈骥士传》:"笃学不倦,遭火,烧书数千卷,骥士年过八十,耳目犹聪明,以火故抄写,灯下细书,复成二三千卷,满数十箧。"周一良校云:"'火故'之'火'乃'反'字之误,《南史》七六《隐逸传下·沈骥士传》……正作'反故',《南齐书》盖涉上遭火字而误,馆臣不及校正,钱王诸家亦未勘出。'反故'者犹言废纸,今东瀛尚用此语。《南史》八十《贼臣传·侯景传》:'稍至吏部尚书,非其好也。每独曰:何当离此反故纸耶?'亦谓侯景雄骁,不欲亲文牍,詈为废纸,亟欲离之也。"周氏的校正是完全正确的。[1]

《祖堂集》有多种版本,岳麓书社出版了点校本。这个点校本全据花园大学的影印本,用了日本学者的校记。但由于没有看到日本学者写校记时的版本资料,故问题不少。

《世说新语·德行》第14则南朝梁刘孝标注引萧广济《孝子传》曰:"祥后母庭中有李,始结子,使祥昼视鸟雀,夜则趁鼠。"徐震堮《世说新语校笺》引《广雅》:"关西以逐为趁。"查检《广雅》的版本,并无这一条。此条盖为何承天《纂文》的内容,见于佛经音义所引。[2] 徐氏误引。

---

[1] 参看周一良(1997:296—297)。中华书局本《南齐书》卷五四《校勘记》第65条采用了周氏的意见,见第三册953页。

[2] 唐慧琳《一切经音义》卷五六引玄应《佛本行集经》第十二卷"趁而"条:"(趁),丑刃反。谓趁逐也。《纂文》云:'关西以逐物为趁也。'"又卷四二引玄应《大威德陀罗尼经》第十五卷"趂逐"条:"丑刃反。谓相追趂也。关西以逐物为趂也。""趂","趁"的异体字。

从汉语词汇史研究来说,参考、阅读的主要是古籍,故一般用中华书局、上海古籍出版社或齐鲁书社、巴蜀书社、岳麓书社、江苏古籍出版社(今凤凰出版社)等省市的专业出版社出的古籍较为可靠。

比较而言,研究近代汉语语法、词汇,选择由刘坚、蒋绍愚主编的《近代汉语语法资料汇编》比较可靠;研究王梵志诗歌,项楚《王梵志诗校注》比较可靠;研究敦煌变文,黄征、张涌泉《敦煌变文校注》比较可靠。《入唐求法巡礼行记》,用白化文《入唐求法巡礼行记校注》,同时参考董志翘《入唐求法巡礼行记词汇研究》。

研究中古词汇、语法,佛经方面,《中华大藏经》比《大正藏》可靠,后者条列异文在其下,查对比较方便而已。史书方面,中华书局点校本二十四史比较可靠,可以参考整理者的《校勘记》。诗歌方面,用逯钦立《先秦汉魏晋南北朝诗》、中华书局本《乐府诗集》、《玉台新咏》。小说方面,《世说新语》用徐震堮校笺本(中华书局)或余嘉锡笺疏本(上海古籍出版社),《搜神记》用汪绍楹点校本(中华书局),《博物志》用范宁校正本(中华书局);《观世音应验记》用董志翘译注本(江苏古籍出版社),参考孙昌武点校本(中华书局),等等。

以上所言,只是酌举数例而已,读者以此类推可也。

二、了解汉语历史词汇研究、训诂校勘学界研究的最新进展,进行必要的校勘

(一) 校正讹误

已经选取了较好的版本,做到了第一步。接下来,也还有校正讹误的工作。再好的版本,也会有文字讹误问题,需要进行必要的

校勘。例如，六朝、隋唐写本和宋元刻本年代早，经后人窜改的可能性较少，相对来说都属于善本，较可利用。但也不是没有问题，不可迷信。

残写本《世说新书》，在许多地方优于宋椠，弥足珍贵。但错误也仍然存在。例如：

觉

《世说新语·捷悟》第3则："魏武尝过曹娥碑下，杨修从，碑背上见题作'黄绢幼妇，外孙齑臼'八字。魏武谓修曰：'解不？'答曰：'解。'魏武曰：'卿未可言，待我思之。'行三十里，魏武乃曰：'吾已得。'令修别记所知。……魏武亦记之，与修同。乃叹曰：'我才不及卿，乃觉三十里。'"（318页）"乃觉三十里"犹言（才智）居然相差了三十里。觉，音 jiào，是差、相差义。也作"较"，《三国志·魏志·邓艾传》："（姜）维入北道三十余里，闻绪军却，寻还，从桥头过，（诸葛）绪趣截维，较一日不及。""较一日不及"言差一天没追上。残写本《世说新书》的抄写者不知"觉"字之义，妄改作"三十里觉"，把"觉"当作觉悟、醒悟义用，误。（参见蒋礼鸿1997：229、徐震堮1984：319）

举却

《世说新语·规箴》第9则："王夷甫雅尚玄远，常嫉其妇贪浊，口未尝言钱字。妇欲试之，令婢以钱绕床，不得行。夷甫晨起，见钱阁行，呼婢曰：'举却阿堵物。'"（307页）残写本作"举阿堵物"，"举"后无"却"字。魏晋南北朝文献中，常在动词后面加"却"，即以《世说新语》而言，"举却"外，还有"推却"，《方正》第17则："遂送乐器，绍推却不受。"（167页）又《品藻》第80则刘注引嵇康《高士传》："侯设麦饭、葱菜，以观其意。丹推却曰：'以君侯能供美膳，故来相过,何谓如此?'"(297页)当作"举却"。① 盖后人不明"却"字之义,误删"却",造成失误。

再看佛经。在《大藏经》的各个版本中,日本早年出版的《大正新修大藏经》(简称《大正藏》)是排印的大藏经,有初步的断句;②并采用九种版本校勘,在当页详细列出不同版本的异文,使人一目了然。在阅读过程中可以发现,今本《大正藏》错误不少,举二例:

呜—鸣

甥既见儿,即以饼与,因而鸣之。(《生经》卷二《佛说舅甥经》)此例及下文"时卖饼者授饼乃鸣""因而鸣之"的"鸣"都是"呜"的形近之误,《经律异相》《法苑珠林》所引《生经》、敦煌伯希和(P.2965)残写本《生经》均作"呜",不误。"呜"是亲吻之义,习见于中古典籍。(参见方一新1996)

盟—闷

佛语阿难:"若众人见我偿此缘者,皆当盟死堕地。"(《兴起行经》卷上,168b)

"盟",宋、元、明三本作"闷"。

按:"盟死"不辞,"盟"当从三本作"闷"。"闷"有昏迷义,"闷死"犹言昏死过去,是佛典习语,如:《经律异相》卷五〇引《观佛三昧海经》:"罗刹以叉叉出其心,躄地闷死,寻复还活。""闷死"就是昏死,短时间昏迷。本书下文也见:卷上《佛说木枪刺脚因缘经》:"阿难即

---

① 《晋书·王衍传》:"衍疾郭之贪鄙,故口未尝言钱。郭欲试之,令婢以钱绕床,使不得行。衍晨起,见钱,谓婢曰:'举阿堵物却。'""举……却",是"动₁+宾+动₂";"举却"则是"动+却","却"是动词的构词成分。从动词的发展史上看,应该是从"举……却"到"举却"。

② 当然,《大正藏》的断句错误不少,不可尽据。但至少提供了一个基础,总体上说是对的居多,方便了阅读。

至佛所,见佛脚枪刺疮,便闷死倒地,佛便以水洒阿难,阿难乃起。"阿难受了刺激以后,就昏死过去,倒在地上,被佛用冷水浇醒。又:"阿阇世王闻此语,便从床上闷死堕地,良久乃稣。"因为昏死过去了,所以从床上掉到地上。"闷"和"盟"都是明母字,或因声近而误。

(二)订正误校

必要的校勘是需要的,但有时候,因为对词语的理解发生偏差,或会以不误为误,产生错校。

恑

《三国志·吴志·朱桓传附子异》:"(孙)权谓异从父骠骑将军据曰:'本知季文恑,定见之,复过所闻。'"(1315页)这里的"恑"和"定",聚讼纷纭。清卢文弨《龙城札记》卷二"吴志朱桓传"条引何焯说,谓"恑"即"快"字,是。又云:"近人文中用'恑定'二字,'定'字必是误写(原注:疑'近'之误),不当连上'恑'字读。"卢弼《三国志集解》云:"赵一清曰:'唐人诗有乖觉字,即恑也。乖、恑同音,今人习用之,盖吴语也。'李龙官曰:'恑……应作狯,言其狡狯也。'弼按:'恑'字疑为'胆'字之误,'定'字属上句读。"中华书局本《三国志》从卢弼说,校点为"本知季文(恑)〔胆〕定,见之复过所闻"。

这里的"恑",指称心如意、精明强干,即何焯所释的"快";赵一清释为"乖觉",李龙官释为"狡狯",卢弼改为"胆",中华书局本从之,误。(参见周一良1985:43,吴金华1990:267—268)"定",是比及、等到义,副词。周一良(1985:43)谓"定乃终于、到底之意",稍隔。《后汉书·袁绍传》载刘表以书谏袁谭曰:"初闻此问,尚谓不然,定闻信来,乃知阋伯、实沈之忿已成。"(2411页)《南齐书·柳世隆传》:"贼既过淮,不容迩退散,要应有处送死者,定攻寿阳,吾当遣援军也。"(451页)①清代、近人对《三国志》"侩"的误改和"定"标点的失误,在于他们不了解魏晋以来"侩"(快)、"定"二词的含义和用法,以今度古。

生

《宋书·天文志三》:"十二月,氐荆州刺史梁成、襄阳太守阎震率众伐竟陵,桓石虔击,大破之,生禽振,斩首七千,获生万人。"(723页)丁福林《宋书校议》:"'获生万人',不成文义。《晋书·天文志下》作'获生口万人',是也。《晋书·桓石虔传》作'俘获万人',《通鉴》卷一〇四作'俘虏万人',可与印证。此于'生'后佚'口'字。"(参见丁福林2002:90)

按:丁氏校"获生万人"为"获生口万人",似是而非。考察汉魏六朝史书,俘虏即可称"生口",也可称"生"。如:《三国志·魏志·高贵乡公髦传》:"诏曰:'兵未极武,丑虏摧破,斩首获生,动以万计。'"《后汉书·南匈奴传》:"其南部,斩首获生,计功受赏,如常科。"《晋书·武帝纪》:"戊巳,校尉马循讨之,斩首四千余级,获生九千余人。"均其例。"获生口"省称"获生",盖始于班固,《汉书·昭帝纪》:"夏四月,诏曰:'度辽将军明友,……今破乌桓,斩虏获生,有功,其封明友为平陵侯。'"唐颜师古:"既斩反虏,又获生口也。俘取曰获。"颜师古明了"获生"之义,故以"获生口"释之。盖"获生"与"斩虏"相对,结构相类,四字一句,句式比较整齐。《三国志》《后汉书》作"斩首获生",也是仿《汉书》的相似句式。《晋书》一例,"获生九千余人"与"斩首四千余级"也正好相对,故不作"获生口"。《宋书》此例与《晋书》相仿,"获生万人"正与"斩首七千"相

---

① "定"有及、比及义,吴金华《三国志校诂》124—125页已多举其例,可以参看。

对,无烦在"生"后补"口"字。此例"获生",《晋书·桓石虔传》作"俘获"、《通鉴》作"俘虏",词异而义同,愈可为证。

恨恨

《宋书·孔琳之传》:"所以前贤恨恨,议之而未辩。"(1561页)丁福林(2002:232):"'恨恨',《南史·孔琳之传》作'怅怅',似于文义为优。"

按:"恨恨"即惆怅、怅惋义,于文义未劣。检东汉魏晋南北朝典籍,用例甚夥。《全后汉文》卷六六秦嘉《重报妻书》:"车还空反,甚失所望,兼叙远别,恨恨之情,顾有怅然。"《陆云集》卷一〇《与杨彦明书》:"彦先来,相欣喜,便复分别,恨恨不可言。"元魏吉迦夜共昙曜译《杂宝藏经》卷五《大爱道施佛金缕织成衣并穿珠师缘》:"穿珠师妇,嗔其夫言:'更无业也,须臾穿珠,得十万利,云何听此道人美说?'其夫闻已,意中恨恨。"《南齐书·文惠太子传》:"柏年……既被诛,巴西太守柳弘称启太祖,敕答曰:'柏年幸可不尔,为之恨恨!'"(398页)《魏书·王世弼传》:"曾行过中山,谓世弼曰:'二州刺史,翻复为郡,亦当恨恨耳。'"(1588页)这些"恨恨",都是惆怅、遗憾义,与《南史》"怅怅"义同,非谓怨恨或愤恨。

以上两例《宋书》误校的原因在于,校勘者不了解所校作品的语言习惯,不了解《宋书》及前后时代的用语,因而致误。

三、注意语言的社会性,谨慎对待孤证

语言是人们进行交际的工具,因此,社会性是语言的自然属性。考察词义的产生年代,应该注重语言的社会性,尽量不以孤证立说。

梁启超《清代学术概论》在论及乾嘉学派治学特点时曾说,乾嘉大师们奉行"孤证不立说"的原则,对孤证往往弃而不用。这是有道理的。语言是人们交际的工具,一种语言现象的产生,应该得到社会的普遍认同,方才成为大家都遵循的法则。而孤证恰恰违反了这个原理。这里以《搜神记》《齐民要术》等著作为例来说明。举"遮莫""排比"等例。

1. 遮莫

《搜神记》卷一八"张茂先"条记张华怀疑一能言善辩的书生是鬼魅或狐狸所变,不让他出门,"乃命犬以试,竟无惮色。狐曰:'我天生才智,反以为妖,以犬试我,遮莫千试万虑,其能为患乎?'"(220页)"遮莫"犹言尽管、只管,是一个表示让步关系的副词,唐代作品中多见,①自唐宋以来笔记多有论及(详见第五章),张相《诗词曲语辞汇释》也有释。可见此条混入了唐代口语词,非晋代语言原貌。黄征《〈搜神记〉释词》(《敦煌语文丛说》124页)曾有专条考释"遮莫",释义是对的,但未辨其语料时代的真伪。徐时仪《古白话词汇研究论稿》根据《搜神记》的这条例证论述说:"遮莫"一词晋代就已见到,误断。类似的又如:魏耕原《全唐诗语词通释》(中国社会科学出版社,2001)有"遮莫"一条,在列举唐诗用例后又举晋干宝《搜神记》卷一八"遮莫千思万虑"一例,说:"可见小说家言对诗人语汇的影响。"(353—354页)按:魏氏在"些子"条里根据"些子"出现于中晚唐诗歌的实情,对题名"李白"作的一首词提出质疑,根据就是词中出现了"些子"。但在本条中,则又相信干宝时

---

① 现在能看到的较早的"遮莫"用例,有张文成《游仙窟》:"十娘敛色却行。五嫂咏曰:'他家解事在,未肯辄相嗔。径须刚捉著,遮莫造精神。'"《神会语录》:"五更分。净体犹来无我人。黑白见知而不染,遮莫青黄寂不论。"又,《云笈七签》卷一七《三洞经教部·经八·老君清净心经》:"纵横遮莫千般苦,一一谛观无宰主。"不知此例属于哪个时代。

代就已出现"遮莫",唐宋以后广泛使用该词,是"小说家言对诗人语汇的影响",未免失察。

今二十卷本《搜神记》,题晋干宝撰。其实干宝原书失传已久,现在看到的是明人的辑佚本,其中已经掺杂了一些后代的语言成分,"遮莫"即其一例,须甄别使用。

2. 排比

《齐民要术·杂说》:"至十二月内,即须排比农具使足。"

《汉语大词典》收录"排比"一词,下列三义:①亦作"排批"、"排枇"。安排,准备。北魏贾思勰《齐民要术·杂说》:"至十二月内,即须排比农具使足。"《敦煌变文集·伍子胥变文》:"排批舟船,横军渡水。"②排列连比;编排。唐元稹《唐故工部员外郎杜君墓系铭序》:"至若铺陈终始,排比声韵……"③修辞方式之一。(第六册653页)

唐圆仁《入唐求法巡礼行记》卷三:"七月一日,为往长安排比行李。"(《唐五代卷》133页)"排比"有收拾、安排、准备的意思,"排比行李"是说收拾行装,整理包袱。又卷四:"其弟子等来到慎言处觅船,慎言与排比一只船,著人发送讫,今年九月发去者。"(同上,152页)"排比一只船"就是准备一条船。

按:考《汉语大词典》"排比"一条下所引的书证,除了《齐民要术·杂说》外,全都是唐代及唐代以后的用例。遍查魏晋南北朝隋代文献,未见有"排比"用例。显然,"排比"是唐代以后产生的一个新词。今本《齐民要术·杂说》有"排比"一例,从一个方面证成《杂说》非贾思勰所作。《汉语大词典》引例失考。

3. 打

高名凯《唐代禅家语录所见的语法成分》(《燕京学报》34期)

一文认为,介词"打"的用法从唐代就产生了,举《大正藏》卷四七慧印校订的《洞山悟本禅师语录》:"有一人不打寒鸢岭过便到这里。"岑仲勉《隋唐史》第六十八节也引此例。但据太田辰夫(1958[1987:380—381])考察,《洞山语录》这条用例,在慧印校订本之外又见于玄契编次本,但在比它更早的版本中见不到。也就是说,这一条在中国编纂的比日本刊本更早的版本中没有,只见于后世日本编纂的资料中。日本刊本最早的是明和三年(1766)的版本。写作于五代时期的《祖堂集》也未见介词"打",因此,据此说唐代就有介词"打",是有问题的。

徐时仪《古代白话词汇研究论稿》补正说,从《全唐文》中又找到了一例。(《古白话词汇研究论稿》41页)我们认为,如果仅此两例,也基本上属于孤证的范畴。除非还有更多的例证,否则,说介词"打"已经出现在唐代就值得怀疑。

4. 好不

"好不"是近代汉语常用的词语,袁宾(1984、1987)曾考证肯定式"好不"的产生年代,谓产生于明代下半叶(16世纪),16世纪以前的口语里尚无"好不"的肯定式。后来,何金松(1990)也著文讨论了这个问题。他以臧晋叔《元曲选》为语料,谓找到了几十例,选出22例(7例否定式,15例肯定式),如:"这妮子好不晓事!"(石君宝《曲江池》第三折)"做父母的在家少米无柴,眼巴巴不见回来,好不苦也!"(张国宾《薛仁贵》第三折)"俺这打鱼人,好不快活也呵!"(范子安《竹叶舟》第三折)由此作者说:"肯定式'好不'至迟在14世纪元代口语中便已产生。"

何文似言之凿凿,但可惜,他所列举的《元曲选》各例都来自"宾白",并不可信。语言学界公认:元曲中的宾白多为明人所加,不能看作元代的语料。以上举二、三两例为例,元刊本《薛仁贵》(据中华书局本《新校元刊杂剧三十种》,下同)并无此句,元刊本《竹叶舟》则作"俺这打鱼人好是快活"都不用"好不",即可证明。何氏不察,遂有此失。(参见曹澂明 1992)

5. 把

《睡虎地秦墓竹简》:"可(何)谓'臧(赃)人'?'臧(赃)人'者,甲把其衣钱匿臧(藏)乙室,即告亡,欲令乙为盗之,而实弗盗之谓殹(也)。"吉仕梅(1998)认为,"甲把……"是一句表示处置(到)的把字句,"把"不能看作表"握持"义的动词,而应当看作是表处置(到)的介词。据此,认为把字句至迟在秦代就已出现。

按:《睡虎地秦墓竹简》本例"把"仍可解释为握持、拿着,动词,而不是介词。况且仅此一例,尚不足以证明秦代已有表示处置(到)的把字句。

第二节 如何鉴别语料

对从事中古、近代汉语词汇语法研究的学者来说,这两个时期的材料,无论是中古典籍还是佛典,都存在着不少问题,须做甄别、辨伪的工作。以汉译佛经为例,特别是早期的汉译佛经,经过历代的增添,诸如安世高、支娄迦谶等人的译经数量大大增加,这当中有许多是不可靠的。关于这一点,前代学者吕澂、许理和等都有考证。可以参考吕澂《新编汉文大藏经目录》(齐鲁书社,1981)等相关著作。

那么,在进行语言研究之前,如何发现所用材料可能有问题,如何对有疑问的典籍(中土典籍、汉译佛经)进行鉴别,选择哪些词语、句法格式或语音规律作为鉴别的标志,这是研究者应该关注的几个问题,以下依次讨论。

一、语料鉴别的目的和态度

（一）可疑语料的类型

须要鉴别的语料,就是传统所谓"伪书",大抵有两种情况:

一种是全书都是伪的,包括:①作者为后代假托,如《列子》;②撰述、翻译年代不可靠,如旧题汉诗的《孔雀东南飞》、旧题后汉安世高译的《奈女耆婆经》、旧附"后汉录"的《大方便佛报恩经》等。

另一种则是部分章节或条目是伪的、不可靠的,有后代的语言成分。这主要指两种情况:一是那些原书已佚,今本系后代所辑的作品,如《搜神记》。也就是说,在这些原本失传、后人辑集起来的作品中,难免会掺入后代的语言成分。二也包括传世的部分著作,如《齐民要术》,系北魏贾思勰所撰,向无异辞,但其卷前的《杂说》十分可疑。据柳士镇(1989)考证,该《杂说》系唐代以后人伪造。

（二）语料鉴别及其目的

所谓语料鉴别,就是采用考察语言特征的方法,对所用语料进行甄别,发现有疑问的语料,剔除不可靠的语料,为研究打下良好的基础。

从事语言研究,语料的搜集无疑是一项基础工作,也是十分重要的一环。如果语料选择不当,整个论著的基础就会动摇,从而得出不正确的结论。这是我们应该尽力避免的。因此,语料鉴别是保障语言学研究科学性、准确性的重要前提。

（三）对待可疑语料的态度

对待年代、作者可疑的语料,应该采取严谨的态度,避免草率从事。如前所述,中古、近代汉语时期都有一些存有疑问的作品,对这些有疑问语料的使用,应该慎之又慎。需要用到时,最多也只能把它们当作辅助材料,不能当作立说的唯一根据,这是首先要注意的。

对问题较多作品(如译经、小说等)的原来的题署,应该细加审核,不轻信,不盲从。在参考已有研究的基础上,考察、甄别这些旧题,确认无误后方予采信。

二、如何发现语料的问题

从事汉语史研究,首先会碰到的问题是:哪些语料是需要鉴别的?这当然不能只凭经验或直觉,而是应该在前人研究的基础上,结合自己的判断,进行综合考虑。

(一) 考察版本目录等相关文献

首先应该注意古籍的版本目录书,对前代著录已有疑问或已经怀疑是伪书的,就应留意,藉此初步判定须作鉴别的对象。

比如,六朝、唐宋小说有不少的年代、作者是可疑的,不乏后人伪托的情况。在利用六朝、唐宋小说时,应该参考相关的目录书和研究论著,如程毅中《古小说简目》、李剑国《唐以前志怪小说史》、《唐以前志怪小说辑释》等,也应参考相关的论文。

佛经方面,吕澂《新编汉文大藏经目录》、任继愈《中国佛教史》、俞理明《佛教文献语言》等书都对早期汉译佛经有考订,可以参考。

(二) 留心今人时贤的相关著述

自 20 世纪以来,有不少学者对一些作品提出了辨伪、考辨年代的意见,这些意见值得充分重视。中土文献中,如《古诗为焦仲卿妻作》(《孔雀东南飞》)一诗,自 20 世纪 20 年代来,就有张为骐、伍受真、王越、徐复、梅祖麟、魏培泉等先后发表论文,就该诗的写作年代进行讨论、商榷。

又如,要利用稗海本(八卷本)《搜神记》,就需要参考江蓝生(1987)、汪维辉(2001、2002)和王锳(2006)的文章。

再如,《列子》一书,前人已多判定为伪书,则应该查阅相关的著述,避免当作先秦的语料来用。

关于翻译佛经,前人时贤多有考述。如荷兰学者许理和曾撰《最早的佛经译文中的东汉口语成分》对东汉译经的篇目作了考订,对东汉译经的特点(许理和称为"口语成分")进行了论述。(参见蒋绍愚1987)许理和新近发表的《关于初期汉译佛经的新思考》一文,对早期汉译佛经作了深入的研究,是许氏《最早的佛经译文中的东汉口语成分》的续作。所谓"初期汉译佛经"就是指东汉译经。许氏的文章分为"引论""基于佛经原典的习惯表达法""语言特征""术语和风格上的特点""汉译佛经所面对的普通中国民众""信徒和译师""佛教和中国本土传统:来自异域的一种选择"几部分,其主要内容有这样几点:

(1) 首先必须认定哪些是真正的东汉译经;

(2) 早期汉译佛经语言十分独特,在较大程度上反映了当时汉语白话的状况,但也并不能就此认为它们完整而忠实地反映了汉代的口语,因为其中有诸多因素干扰;

(3) 早期汉译佛经的语言特征;

(4) 早期译经的术语和风格。(参见顾满林2001)

许理和的上述观点,尤其是判定东汉译经的几条标准、早期译经的语言特征以及不同阶段翻译术语和风格不同等对我们研究、鉴别东汉佛经都有启发,值得重视。详见第十三章第五节"欧美的中古近代汉语研究"部分。

对类似这样已有学者考证认为是伪书或晚出、已有结论的作品,除非能证明相关的结论是错误的,否则,利用时就要注意,避免误用。

当然,从另一个方面看,我们也不能因为很多语料的年代有问题,就怀疑一切,不敢使用。高名凯(1948)曾就敦煌变文的利用价值发表意见说:"斯坦因和伯希和在敦煌所发现的抄本文稿虽然可以给我们一些启示,让我们知道中古时代的白话情形,但是,虽说敦煌的抄本都是在第十世纪以前写成的,它们的确切年代却并不是我们所能完全知道的,尤其是用白话文写成的变文,除非先做下时代的考证,我们很难利用它们来研究最早的白话文。"

按:高氏的话有一定的道理,如果我们不能确定(或者大体确定)语料的年代,就很难利用它们来研究汉语史特别是词汇史。但是,就敦煌变文而言,其写作年代虽多数不可考,但从许多经卷的抄写年代推测,不少变文的写作年代大体上不会晚于五代、北宋。所以,用变文来研究晚唐五代的汉语语法、词汇,是完全行得通的。

三、如何进行语料鉴别

上面我们谈了语料鉴别的目的、态度和如何发现,那么,如何选取语言词汇上的区别性特征,具体进行语料的鉴别工作? 也就是说,语料鉴别的原则、步骤和方法是怎样的呢? 这是下面要谈的问题。

(一) 语料鉴别的原则

先讨论如何从事语料鉴别,语料鉴别有哪些原则。

1. 三要素应综合考虑

语音、语法、词汇三要素中,语音、语法都是公认的考察作品年代、鉴别语料的要素,唯独对词汇的看法有分歧,有学者把它当作鉴别标准,有的则不然。

早期的鉴别工作,比较看重词汇标准。如杨伯峻(1956)、徐复(1958)、张永言(1991)等。

后来,学者们转而看重语法标准,越来越倾向于利用语法标准从事断代和鉴别工作。如遇笑容、曹广顺(1998)。

也有学者主张语法、词汇并用。以语法为主,词汇为辅。如江蓝生(1987)。

在具体实践中,一些学者是兼顾了语音、语法和词汇的,例如,刘坚(1982)从语音、语法和词汇三方面考证了《大唐三藏取经诗话》的写作年代。高本汉(1952)从语法、词汇方面对明清五部白话小说作了比较研究。①

我们认为:只要条件允许,语音、语法、词汇三要素应该兼顾并重,当然,具体情况又当区别而论。②

2. 几个优先的原则

(1) 标准清楚、成熟者优先

前面我们说,语法、词汇应该兼顾并重,是说在预备考察的过程中,把语法、词汇综合起来考虑,提取鉴别句式和鉴别词。但具体情况应作具体分析,在其中一个要素面貌尚不清楚的情况下,可以重点考虑面貌清楚或比较清楚的要素,换句话说,如果语法标准已有定论,而词汇标准尚不清楚,应以语法为主;反之亦然。

譬如,我们对东汉佛经的被动句作过考察,尚未发现可靠的

---

① 高本汉原文笔者未见,此据蒋绍愚(1994:292)。
② 考虑到关系远近和笔者的研究范围,这里主要想谈谈语法、词汇标准,语音方面暂不涉及。

"被字句"和"为……所见"句;而对当时词汇面貌的了解还很不够。因此,要鉴别有问题的东汉译经,语法优先如被动句优先是可行的,也是合理的。

与此相反,《列子》体现出来的语法特点和先秦典籍的差异并不明显,即书中存有多少魏晋时代的语法成分并不清楚;而书中有许多后代词汇成分甚明,故可以词汇为主,以语法为辅。

总起来说,由于汉语史各领域内部发展的不平衡,语音、语法史研究一直走在词汇史研究的前面,加之中古、近代汉语词汇面貌至今尚不很清晰,故除了少数著作外,以词汇为主的可能性并不大。

(2) 鉴别值高者优先

应该指出,同属某一标准的,因为典型性、使用频度、区别性特征等方面的差异,其鉴别价值可能是不同的,这应该引起研究者的注意。例如,同样是语法标准,不同的句式、虚词,其鉴别值可能有别。在考察相关成分而结果不一致时,应该信从鉴别值高者,也就是采用鉴别值高的标准优先的原则。

例如,考察《大唐三藏取经诗话》的成书年代,刘坚(1982)、李时人、蔡镜浩(1997)已经分别利用了一些语法标准,他们倾向于把该书的写作年代上推到晚唐五代。袁宾(1998)根据①"被"字引入主动者的句型在全部被字句里所占比例、②被字句与处置式(将字句、把字句)的混合句型在全部被字句里所占比例两项指标,考察了《取经诗话》的写作年代;袁宾(2000)又根据①被字句中谓语动词带后加成分(宾语、补语或助词)的句型在全部被字句里所占比例、②多小句被字句两项指标,把《取经诗话》和《文选》《世说新语》《百喻经》《敦煌变文集》《祖堂集》"两种元刊平话"等作品作纵向的比较,发现《取经诗话》这四项指标均指向元代前后,据此推测该书写定于元代前后(约 13、14 世纪),其方言基础是北方话。袁文的论证和结论是比较有力的。

再举一个被动句的例子。东汉以降,在"为……所"式的基础上,产生了"为……所见"式,中土文献有汉末的用例,佛典则要晚到三国、西晋。董琨(2002:565)曾就"同经异译"做过很有意思的对比研究,在考察被动句时,举了后汉安世高译《太子慕魄经》两例:"群臣不忍数为属城小国所见陵易""适复念欲闭口不语,而当为王所见生埋"。并认为此前一些学者在揭举这一句式时"大多是西晋陈寿所撰《三国志》及其以后的文献,不若此处东汉译经的两例之早出"。又说:"在同一佛经《慕魄经》的不同译本中,东汉安译有 6 个被动句,西晋竺译有一个,而西晋二沙门所译的《逝童子经》中,则一个被动句也找不到。"而据我们对可靠的东汉译经的考察,"为……所见""所见"式均未见到。由此可见,《太子慕魄经》当非安世高译。

这样看来,同样是语法标准,就《大唐三藏取经诗话》《太子慕魄经》二书而言,被动句(被字句、"为……所见"式)的鉴别价值高,而其他句式、虚词则相对要低一些。当几项标准的指向有出入时(这种情况并不多见),应该坚持鉴定值高者优先的原则。

3. 比较成分和量的要求

进行作品断代和语料鉴别,所选择用以比较的作品的成分和数量是有要求的,并非所有语言现象都可以充当断代和鉴别的标准。梅祖麟(1984)说:"我们从语言史的角度去考订文献的作期,一般只有新兴和衰落这两种语言成分可以利用。如果知道某个新兴的语言成分在甲年才出现,那么含有这成分的文献可以断定是写在甲年之后;如果知道某个在衰退过程中的语言成分到乙年完全消失,那么含有这成分的文献可以断定是写在乙年之前。"当然,梅氏也指出:使用这种方法本身有其局限性,因为新兴和衰落的语言成分出现频率不会太高,相关的文献数量也有限,考订新兴成分出现的上限和衰落成分消失的下限也会碰到种种困难。因此,梅文提出了"量"的观念。说:"过去注重新旧成分的有无,是质的观念。如果改用比例多少这种量的观念,再计算各时代新旧成分比例的数据,或许能把可以用来断代的语言数据的范围扩大。"(125页)梅氏以近代汉语中"便"和"就"的历时更替为例。在表示时间副词时,早期用"便",元代开始用"就",元明是"就"字替代"便"字的过渡阶段。作者经过调查统计,把"便""就"更替过程分为三个时期:①1200年到1300年,副词"就"不见或罕见;②从1300年到1400年,"就"字少见;③到1450年以后,"就"字的出现频率已经超过了"便"字。因此,作者划定出一个根据"便"和"就"的使用比例进行作品断代的标准:(甲)"便""就"比例超过6∶1(如5∶1,4∶1等)的作品必然是写在1300年以后,超过3∶1必然写在1350年以后;(乙)"便"、"就"比例等于或超过1∶1.5(如1∶2,1∶3等)的作品必然是写在1400年以后;(丙)以上的标准只能用来确定某篇作品晚出,不能确定某篇早出。(128—130页)

曹广顺(1987)对梅文涉及的相关问题作了讨论,指出:关汉卿《窦娥冤》《救风尘》宾白中主语"这"、副词"就"、形容词"快"出现频率较高这一现象,既可认为是反映了明代语言的特点,也可以认为是保持了宋末语言的特点,仅凭此三条标准,无法判定两剧的宾白究竟是否为关汉卿所作。尽管梅祖麟的统计分析还是粗线条的,其对"便""就"历时替换的划分也未必准确,但梅氏提出了注意

"量"的观点并作了尝试,值得重视。

随着研究的不断深入,如何更科学地使用上古、中古、近代汉语语料应该提上研究日程。在筚路蓝缕的草创阶段,语料的真伪、纯驳问题似乎可以忽略,但到了今天,学术研究的科学性、真实性则是时代对我们提出的更高要求,也是学者们孜孜以求的更高目标。我们相信,更加科学、准确地鉴别和使用语料,将会对汉语史研究的进一步深化起到推动和促进作用。

(二) 语料鉴别的步骤

发现了语料有问题,要进行鉴别,就进入到了语料鉴别的阶段。根据笔者的肤浅体会,具体的鉴别步骤包括:

1. 通读原著

我们要鉴别某一部作品,应该熟悉鉴别对象的语言词汇,进而熟悉相关的作品。为了达到这一目的,在进行鉴别之前,应该通读原著,最好达到熟读的地步。

2. 提取鉴别标志

这是在通读作品过程中应该做的工作。既然已经打算对某一部作品进行鉴别,这就需要提取该书的鉴别标志。这需要对原著认真阅读、反复体会,在此基础上,方有可能提取出有价值的鉴别标志。

3. 计算统计,利用语料库

在调查、统计鉴别标志时,应该利用现代电脑技术和图书资料信息,利用电子语料库,[①]进行穷尽性的调查和统计,进行定量统

---

① 当然,在利用电子文本时,一定要注意核对原文。现在使用电子文本已经很普遍了,这大大节省了调查语料的时间,提高了研究效率。但同时,我们对电子文本也应审慎对待,应该尽可能地核对原文,不能拷贝下来完事。

计和研究。

4. 分析归纳，找出问题

在掌握了大量的第一手材料后，我们应该对这些材料进行细致分析，综合整理，并尽可能与可靠的作品作对比研究，只有这样，才有可能得出符合事实的结论。

5. 整理成文，提出结论

在分析、比较的基础上，发现问题，搜集证据，作出推断，形成论文框架，写成初稿，修改定稿。

6. 进行检验

以论文形成的结论为核心，考察、检验该部作品，有可能的话推而广之，检验相关的作品，检查论文的结论是否成立，是否符合语言事实。

（三）语料鉴别的方法

对古籍的鉴别有多种方法，包括哲学思想（思想内容上的证据，指作品反映的思想内容）、目录版本（古籍著录、版本校勘等）、语言学（语音、语法和词汇）等。这里主要讨论从语法、词汇的角度考察可疑作品，对其作语言学的鉴别和考订。

1. 语法

总的说来，语法标准可分为两大类：①句式；②虚词。

就句式而言，以考察、鉴别佛典为例，被动式、处置式、疑问句、判断句、动补结构、动词连用式、完成式等，都可以考虑作为鉴别的标准。

虚词方面，则有副词、介词、连词、助词、词缀等。

在做具体的断代和鉴定工作时，上述标准未必需要逐一落实，都拿来进行比较考察，应该视作品的具体情况，从中选择最有代表性、最能显示区别性特征的语法成分作为鉴别标准。[①]

2. 词汇

从词汇的角度进行鉴别,应该先确定鉴别词。如何提取、确定鉴别词,是一项难度很大的工作,值得斟酌、推敲。和系统性、规律性强的语法、语音不同,词汇的总量庞大,系统性较差,要找到具有典型意义、规律性强、具有区别性特征的鉴别词,谈何容易。从这一层意思上说,词汇的鉴别标准较难寻找和确立,也较难成为具有很高鉴别价值的判定标准。

以佛典鉴别为例,我们认为:佛经词汇鉴别词可以大致上分为外来词和本土词两大类。外来词主要指佛教专有名词、人名、地名等的音译词、音义结合词和意译词。本土词主要指传统意义上的实词,如动词、名词、形容词以及代词中的单音词、复音词等,主要指:①具有历时更替变化;②反映当时口语这两类性质的词。

同样是词,基本词和疑难词语的鉴别价值是不同的,前者显然要高于后者。

以基本词"他"为例,郭锡良(1980)对第三人称代词"他"的起源、发展做了翔实的考察研究,指出:"他"的发展,经过了"别的"(先秦)—"别人"(汉末到南北朝)—"第三人称代词"(唐代)三个发展阶段。在考察"别人"义的产生时,作者说:"东汉后期,'他'字的

[①] 就如何寻找作为标准使用的语言特征方面,曹广顺、遇笑容(2000)曾经发表过很好的意见:"要从语言上判定译经的翻译年代问题,就必须首先找出可以作为标准使用的语言特征。而这种特征,如我们曾指出的,必须是规律性强、普遍性好的。"(2页)"用语言标准给古代文献断代或判定作者,是一种较可靠并行之有效的办法,已经有许多学者作过有益的尝试。在这种研究中,最重要,也是最困难的,应是选定语言标准。这些标准必须普遍性好、规律性强,只有如此,它们才可能广泛使用,才可能得出准确、可靠的结论。"(8页)

用法开始发生变化。当时安息(今伊朗)来中国的和尚安世高翻译《佛说罪业应报教化地狱经》时,用'他'字十次,全应作'别人'解。例如:论他好丑,求人长短。……但是安世高所译别的佛经,用'他'字时,没有作'别人'解的。……同时期别的翻译佛经的人,也未见有用'他'作'别人'解的例证。这说明'他'字作'别人'解,可能刚萌芽。"(82—83页)正如郭文中所指出的那样,根据我们对可靠的东汉译经的考察,"他"都是指"别的"而不是"别人","他"指别人,始见于三国以降译经。因此,用"别人"义的"他"作为一个鉴别词,正好说明《佛说罪业应报教化地狱经》不是后汉安世高所译。

日本学者佐藤晴彦对明代冯梦龙编纂的《古今小说》《警世通言》和《醒世恒言》的语言做过深入的研究,试图区分、考定"三言"中哪些是宋元作品,哪些是明代作品。"佐藤晴彦采取的方法是这样的:不是把很难的特殊词汇作为断代的标准,而是以最普通的常用词汇、语法作为断代的标准。这是因为,特殊的词汇数量少,而且容易被有意地模仿;常用词汇、语法却能真实地反映出时代差异。"(蒋绍愚 1994:300)佐藤晴彦的做法是值得赞赏的,因为他认识到了鉴定值的大小问题。

袁宾(2003:107)提出了确立"语言鉴别标志"的问题,认为:"从汉语史学界的研究实践来看,此项工作(引者按:指文献鉴别工作)成败得失的关键之一就是能否找到恰如其分的、有较强鉴别功能的语言标志。""一个可靠的鉴别标志可能要反复研究、反复检验,经过多次验证修订后方可确立。……语言鉴别标志的先行性研究还是一项牵涉面很广、综合性很强、极具开拓意义的课题。"

以词汇为线索,有助于考察作品的真伪。举二例以窥豹一斑。

宁可

《齐民要术·杂说》:"凡人家营田,须量己力,宁可少好,不可多恶。"

宁可,宁愿。考东汉魏晋南北朝时期,"宁可"通常用在动词或动词短语前,后多接疑问语气词"不(否)""乎""邪(耶)"等,表示推度征询语气,相当于"是否……""可否……"。三国吴康僧会译《六度集经》卷八《镜面王经》:"(众比丘)心俱念言:'入城甚早,我曹宁可俱到异学梵志讲堂坐须臾乎?'佥然曰可。"元魏慧觉等译《贤愚经》卷四:"弟子随行,寻自思惟:'我今和上,既已无事,我宁可问向来事不?'"而作"宁愿"义用,表示让步的用法,则未见到用例。

莫要……否

《神仙传》卷六《董奉》:"如是一年余,辞燮去,燮涕泣留之,不住。燮问:'欲何所之?莫要大船否?'奉曰:'不用船,唯要一棺器耳。'"(增订汉魏丛书本、龙威秘书本 10 页)

按:现存《神仙传》,东晋葛洪撰,传世的版本较多。《太平广记》卷一二"董奉"条(出《神仙传》)文字全同(84 页),盖即增订汉魏丛书等所本,十分可疑。"莫要大船否"一句的"莫……否"是唐宋以后才有的用法,如:宋张咏《乖崖集》卷一二《语录》:"因责决一吏,彼枝词不服。公曰:'这的,莫要剑吃?'彼云:'决不得吃剑。'"宋李心传《建炎以来系年要录》卷五二:"坐定,明卑词谢曰:'择日即起兵,岂敢违令?事未须遽,莫要理发否?'仲欣诺。"不可能见于晋代的作品。本条《神仙传》显然混入了后代语言成分,非葛洪原貌。文渊阁四库全书本《神仙传》作"当具大船否"(343 页),应可从。

如前所述,关于可疑作品年代、作者的考辨工作,近百年来,续有论著。而最近二三十年来,关于汉译佛经的翻译年代、译者的考辨文章也屡见不鲜,并有逐渐增多的趋势。我们可以从宏观的角度——从语法、词汇、语音入手来考辨作品年代,具体地说,可以从句法、虚词、基本词、新词新义、有时代特征的名物词等入手,这是一个大方向,但最终还是落实在微观的、具体的考证上,因此如何从作品的实际情况选取恰当的有效的"语言鉴别标志"还是一个很费斟酌的问题,这也牵涉到哪一标准先行的问题,须作综合、全面的考量,谨慎抉择。

第三节　语料鉴别实例

上面已经分别介绍了选择古书、鉴别古书的原则和步骤,也分析了疑伪书的两种情况。以下,结合前贤及笔者个人的体会,就具体的几部疑伪著作列举鉴别实例,以为质的,供读者批评。

一、结合经录著录等文献学证据的考辨

以往对汉译佛经的考辨,多从文献学角度入手。也就是说,部分可疑作品,仅从文献学的角度就可以发现破绽,找出作伪的蛛丝马迹。这里举《太子慕魄经》一例。

近来,有学者在研究佛经语言的文章中,根据《大藏经》的题署,把《太子慕魄经》当作东汉安世高翻译的语料来使用。[①] 其实,从文献著录的角度,就可以发现其中可疑的痕迹。

名为《慕魄经》的佛经有三,早期未见题安世高译。

---

① 参看董琨(2002)。《太子慕魄经》("慕"或作"墓",同。下简称《慕魄经》),一卷,题后汉安世高译。《大正藏》编号为167,在第3卷;《中华大藏经》编号为221,在第19卷。

南朝梁僧祐《出三藏记集》卷一："太子慕魄经一卷,西晋竺法护译。"

隋法经《众经目录》："太子慕魄经一卷,晋世竺法护译。""太子墓魄经一卷(一名太子沐魄)——出《六度集抄》。"

隋彦悰等《众经目录》卷一："太子慕魄经一卷,晋世竺法护译。"

到了隋代费长房《历代三宝记》,首次题为安世高译。该书卷四："太子墓魄经一卷,后汉安世高译。"

《开元释教录》卷一："太子墓魄经一卷,后汉安息三藏安世高译(第一译)太子沐魄经一卷(或作慕魄),西晋三藏竺法护译(第三译拾遗编入)——右二经同本。出六度经第四卷戒度中异译。"又："太子墓魄经一卷(六纸),后汉安息三藏安世高译。太子沐魄经一卷(或作墓魄三纸),西晋三藏竺法护译。"

近人吕澂《新编汉文大藏经目录》从文献著录的角度,对三种《慕魄经》作了考辨,云:"-0792 太子慕魄经1卷。西晋竺法护译【佑】。勘出六度集经第四卷【开】。后题墓魄【宋】。""-0793 太子,墓魄经1卷。失译【经】。后作安世高译【房】。勘出六度集经第四卷。题名作慕魄【开】。"

可见,从佛典著录情况看,道安经录、《出三藏记集》和两种《众经目录》都没有把《慕魄经》和安世高联系起来,以一种《慕魄经》为"后汉安世高译",费长房是始作俑者。

综合《太子慕魄经》的其他特征,笔者以为:《慕魄经》并非安世高所译,该经也非东汉所译。①

---

① 详参拙文《〈太子慕魄经〉非安世高译辨》,第4届中古汉语国际学术研讨会论文,2004年10月,南京。除了佛典著录外,拙文还从行文格式(四字句)和语法词汇等方面对该经作了考辨。

二、结合语法、词汇、版本目录的考辨

除了从文献著录的角度进行考辨外,更多的是从语言的角度进行可疑作品的鉴别。分中土文献和佛典两类评述之。

(一)中土文献类

1.《列子》

张永言(1991、2006)从汉语词汇史的角度,就《列子》在用字用词上的某些特殊现象,尤其是书中所见晚汉以降的新词新义作了考察研究,进一步推定了《列子》一书的写作年代。作者指出:第一,在用字上,《列子》中有时不用"本字"而用"借字",即音同、音近的通假字,有的属于自我作古,有的则是误用。在用词上,《列子》有一些貌似古奥的用法,与古代汉语龃龉不合。第二,《列子》中有不少汉代以后乃至魏晋以后方才行用的词汇成分。文章列举了"诀"(诀窍)、"幻"(虚幻)、"化人""傍人""兰子""乞儿""当生/当身""当年"等新词或新义,凡22例。这些词或义均不见于可靠的先秦文献,足以证明《列子》系魏晋时人伪托。

2. 八卷本《搜神记》

江蓝生(1987)从语法、词汇两方面,对八卷本《搜神记》的语言年代进行了考证。语法方面选择了"疑问副词'还'""测度疑问副词'莫'"等六组鉴定词;词汇方面挑选了"遮莫""伍伯""关节""心口思惟"四组参考鉴定词。作者考证后认为:"遮莫"是唐代开始习用的口语词。作者的结论是:八卷本《搜神记》不是晋干宝所作,也不是六朝时期的作品。它和敦煌本《搜神记》同属一个系列,约为晚唐五代或北宋时期的作品。

在江蓝生(1987)研究的基础上,汪维辉(2000、2001)从词汇史的角度,对八卷本《搜神记》的语言时代作了进一步的考证。汪文

分两部分:(一)证明八卷本《搜神记》不可能作于晋代。所列举的词语有:(1)阿娘(孃);(2)阿婆;(3)方始;(4)合眼;(5)话;(6)浑身;(7)火急……。作者指出:"以上十九个词语可以进一步证明,八卷本《搜神记》绝不可能是晋代干宝所作,而应该成书于唐以后。"(二)八卷本可能写定于北宋。所列举的词语有:(1)分说;(2)干;(3)割麦;(4)狂喜;(5)捏;(6)暖酒;(7)要紧。作者说:"上述七个词语中,有六个暂时未发现宋代以前的用例。"作者赞同江蓝生提出的"八卷本应比敦煌本晚出"的意见。

(二) 佛典

1.《大方便佛报恩经》

在《大藏经》中,《大方便佛报恩经》题署失译,附"后汉录"。

《大方便佛报恩经》,是一部失译的翻译佛经,其译者已经不可考,通常都把此经附入"后汉录",但这大概是有问题的。除了语法上的区别性特征外,从词汇上,也不难发现其蛛丝马迹。

在笔者《翻译佛经语料年代的语言学考察——以〈大方便佛报恩经〉为例》一文中,除了判断句、被动句和疑问句等语法要素外,我们还从词汇(包括"一般语词"、"偏正式复音词"两类词语)角度考察了《大方便佛报恩经》的翻译年代。

以"偏正式复音词"为例:

汉魏以来,复音词大量产生,其中偏正式复音词数量较多,有一些十分能产的复音词构词语素。这里举"切"为例。"切"经常用在"谓词性语素后面",组成"~切"式复音词,数量较多。

在《大方便佛报恩经》中见到三例用在谓词性语素后面的"~切"式复音词用例:

A. 酸切:心酸,悲痛。时诸释女宛转,无复手足。悲号酸切,

苦毒缠身,馀命无几。(《大方便佛报恩经》卷五)

苦切:悲痛,痛苦。时诸释女各称父母兄弟姐妹者,或复称天唤地者,苦切无量。(《大方便佛报恩经》卷五)

B. 抽切:抽搐。时诸太子闻是语已,身体肢节,筋脉抽切。譬如人噎:又不能咽,复不得吐。微声问父王言:今日云何,永弃孤背?(《大方便佛报恩经》卷二)

三例"～切"可分为两类,一类是"形容词＋切",即"酸切""苦切","切"作为构词语素,除了表示程度重外,主要是起到舒缓音节的作用,而这一用法大体上习见于魏晋时期。另一类是"动词＋切","切"的作用也比较虚化,主要是起到舒缓音节的作用,其用法也习见常见于六朝典籍。

先看A类。

酸切

"骨肉销碎,剥裂屠割;炮烧煮炙,楚毒酸切。"(西晋竺法护译《南无诸佛要集经》卷二○)"其地狱中受罪众生,苦痛酸切,无所归依,皆称奈何。"(姚秦佛驮耶舍译《长阿含经》卷一九)"穆松垂祥除,不可居处。言曰酸切,及领军信书不次。羲之报。"(《全晋文》卷二三王羲之《杂帖》)"我之宿罪,生处贫贱,虽遭福田,无有种子。酸切感伤,深自咎悔。"(元魏慧觉等译《贤愚经》卷三)

苦切

"夫谦弱易回,可以赊和而进,夸强难化,应以苦切乃退,隐心检事,不其然乎。"(姚秦鸠摩罗什译《维摩诘所说经》卷下)"苦切责波旬,犹如勇健人。"(鸠摩罗什译《大庄严论经》卷八)"苦切责之已,示以所系珠。"(鸠摩罗什译《妙法莲华经》卷四)"热汤涌沸而煮罪人,号咷叫唤,大叫唤。苦切辛酸,万毒并至。"(姚秦佛驮耶舍译

《长阿含经》卷一九)"地狱苦切,难可度也。诸佛尚不能奈何,何况我乎?"(失译《杂譬喻经》)"尔时诸比丘受佛敕已,于弥多求比丘,苦切捡挍。"(失译(附三秦录)《别译杂阿含经》卷一)"常有人来,持诸刀锯,割剥我身。又破其腹,出其五藏。肉尽筋断,苦切叵忍。"(失译(附东晋录)《饿鬼报应经》)

可以看到,除了失译经(这些失译经的翻译年代不会早于三国)外,姚秦时期的鸠摩罗什翻译的佛经中"苦切"的用例特别多。《大方便佛报恩经》的用法恰好符合那一时期的语言特点。

类似的复音词还有:

痛切

痛心,伤痛。"惟育养之厚,念积累之效,悲思不遂,痛切见弃,举国号咷,拊膺泣血。"(《三国志·魏志·公孙度传》裴注引《魏书》)

感切

感伤。"阴姑素无患苦,何悟奄至祸难!远承凶讳,益以咸切。"(《楼兰尼雅出土文书》第42号)"咸"为"感"之省形字,"咸切"就是"感切"。"飞鸟之类,悲鸣感切,挫戾其身,自拔羽翼。"(元魏慧觉等译《贤愚经》卷六)

再看B类。用在动词语素后面"切"出现年代也不早于三国。例如:

逼切

"正欲道实,恐畏不是;正欲不道,复为诸女,逼切使语。"(旧题三国吴支谦译《撰集百缘经》卷八)"逼切心狂乱,愁毒恒怨嗟。"(刘宋求那跋陀罗译《央掘魔罗经》卷一)

催切

"贫穷负债,债主剥夺,日夜催切,天地虽旷,容身无处。"(梁宝

唱集《经律异相》卷一三)

迫切

"债主急迫切,诸共衣费者。"(刘宋宝云译《佛本行经》卷六)

而"抽切"的年代似更晚,六朝的中土文献有一例,即:

"天不憖遗,奄焉不永,哀痛抽切,震恸于厥心。"(《梁书·太祖五王传·临川靖惠王宏》载梁武帝诏)

此外,经中的某些词语(如"耗扰""怨嫌"和"北方人"等)源自东汉、魏晋,或许可以为考定《大方便佛报恩经》的译经年代提供线索,此从略。

结论:《大方便佛报恩经》不是东汉译经,其翻译年代不早于三国、西晋。

2.《兴起行经》

《兴起行经》二卷,旧题后汉康孟详译。一些学者径直把它当作东汉语料来使用,值得商榷。我们曾从特殊句法、佛经译名、一般语词等几个方面大致考定《兴起行经》的翻译年代为不早于魏晋。现就词汇方面的考证举述如下。

(1) 译名

研究早期翻译佛经中源自原典的音译词的异译名称(参见史光辉 2001:136—139),对考察佛经的翻译年代有重要的参考价值,这方面可挖掘的材料相当多。

这里先举"难提婆罗""耆婆""阎浮""萨薄"四个音译词以见一斑。

难提婆罗

时有一瓦师子,名难提婆罗。(4/172/c)难提婆罗虽为瓦师,手不掘地,亦不使人掘。(同上)

"难提"是梵语 Nandi 的音译词,意译为喜。为佛陀弟子之一。

笔者调查了34部东汉时期的佛经，①"难提"一名仅在《修行本起经》见到，作"难提和罗"，凡三见。"难提婆罗"则在《增壹阿含经》(苻秦昙摩难提译)卷三、《中阿含经》(东晋僧伽提婆译)卷一二、《杂阿含经》(刘宋求那跋陀罗译)卷二二(二见)等佛典中出现。《兴起行经》"难提婆罗"的译名和东汉译经不同，倒和晋宋译经相同。

耆婆

耆婆闻佛为木枪所刺，涕泣至阿阇王所。(4/168/c)

耆婆答曰："我闻佛为木枪刺脚，是以涕耳。"(同上)

耆婆是梵语Jivaka的音译词，是古印度(佛陀时代)的名医。《兴起行经》中凡7见。据笔者对34部东汉佛经的调查，尚未见到此译名。

此外，在失译、附后汉录的两部佛经中见到数例："大目揵连以弟子有病，上忉利天以问耆婆。"(《大方便佛报恩经》卷六，3/160/b)"耆婆后至，顾见目连。"(同上)"时阿难背上生痈，佛命耆婆治阿难所患。"(《分别功德论》，2/37/c)据笔者的初步研究，《大方便佛报恩经》《分别功德论》的翻译年代不会早于三国。②故此二经不能证明"耆婆"一名已见于东汉佛典。

---

① 这34种东汉译经是：安世高译《长阿含十报法经》《佛说人本欲生经》《一切流摄守因经》《四谛经》《本相猗致经》《是法非法经》《漏分布经》《普法义经》《五阴譬喻经》《转法轮经》《八正道经》《七处三观经》《九横经》《明度五十校计经》《大安般守意经》《阴持入经》《禅行法想经》《大道地经》《佛说法受尘经》《阿含口解十二因缘经》《阿毗昙五法行经》，支娄迦谶译《道行般若经》《兜沙经》《阿閦佛国经》《佛说遗日摩尼宝经》《般舟三昧经》(三卷本)、《文殊师利问菩萨署经》《佛说伅真陀罗所问如来三昧经》《佛说阿阇世王经》《佛说内藏百宝经》，安玄、严佛调译《法镜经》，支曜译《成具光明定意经》，竺大力、康孟详译《修行本起经》，昙果、康孟详译《中本起经》。文中所有佛经都据日本《大正藏》。

② 参看方一新(2001:50—56)。总计"耆婆"在《大方便佛报恩经》中6见，《分别功德论》1见。

在三国译经中,已经见到一例:"请大医耆婆,破腹看之。"(旧题吴支谦译《撰集百缘经》卷一〇《长老比丘在母胎中六十年缘》,4/250/c)(参见史光辉 2001:137)但是,《撰集百缘经》究竟是否为支谦所译,也还是个问题。此外,在《增壹阿含经》(苻秦昙摩难提译)、《长阿含经》(姚秦佛驮耶舍译)、《别译杂阿含经》(失译,附三秦录)、中阿含经(东晋僧伽提婆译)、《全上古三代秦汉三国六朝文·全晋文》(数见)等两晋时期的典籍中均见到"耆婆"一名。从《兴起行经》出现"耆婆"译名来看,该经的翻译年代应该在三国以后。

阎浮

阎浮,是"阎浮提"的省称,梵语 jambudvipa 的音译词。阎浮,大树名;提,义译为洲。"阎浮提"本指南赡部洲,以洲上阎浮树最多,故名。常用来指人间世。

所谓昆仑山者,则阎浮利地之中心也。(序,4/163/c)

阎浮勤苦,正欲求此。(4/169/c)

据笔者对 34 种东汉译经及部分三国译经的调查,"阎浮"这一译名在东汉、三国佛典中已经常见,但通常不单用。具体是:

佛经	阎浮提	阎浮利(阎浮利人)	阎浮树
《道行般若经》		32	
《般舟三昧经》(三卷本)	1	9	
《佛说阿阇世王经》		1	
《佛说内藏百宝经》	1		
《中本起经》	1		
《修行本起经》	1		2
《六度集经》	2		
《撰集百缘经》	7		

而在晋代翻译的几部佛经中,如《大楼炭经》(西晋法炬译)、《长阿含经》(姚秦佛驮耶舍译)中,我们发现了"阎浮"的用例。[①]《兴起行经》把"阎浮提"省译作"阎浮",符合西晋、姚秦时期的佛典习惯。

萨薄

萨薄,是 Sabaean 的对音,指商人。《法显传·王城及佛齿供养》:"其城中多居士、长者、萨薄商人。"章巽(1985:155)曾引欧洲学者之说,谓"萨薄"为 Sabaean 之对音,即古代阿拉伯半岛西南部 Saba'地区之居民,素以善航海及经商著名。《兴起行经》中凡13见,如:

第二萨薄,告其部众。(4/169/c)

第一萨薄,闻天女语已,敕其部众。(同上)

据笔者调查,在34种东汉译经中,未见"萨薄"一词。而在《旧杂譬喻经》(旧题吴康僧会译)、《杂譬喻经》(失译)、《首楞严三昧经》(姚秦鸠摩罗什译)、《十诵律》(后秦弗若多罗共罗什译)等佛典中,均见到此译名。《兴起行经》出现"萨薄"一词,这和魏晋以后佛典的用语习惯相合。

(2)一般语词

除了译名外,考察部分其他语词,也往往能发现《兴起行经》翻译年代的蛛丝马迹。这里举"傍边""甘蔗"(名词)、"觅""捉"(动词)、"疼"(形容词)等词以窥豹一斑。

①名词

傍边

佛……于风上立,枪从傍边斜来趣佛前立。(4/168/b)

[①] 《汉语大词典》"阎浮"的第二义是"阎浮提的省称",举南朝梁沈约的《内典序》,例晚。

"傍边"同"旁边",是中古以来产生的一个新词。据考察,34种东汉译经均未见。比较早的是晋代用例:"次得花鬘不著头上,以置傍边。"(后秦鸠摩罗什译《大庄严论经》卷五)再下来有南北朝的例子。"傍边愚人见其毒蛇变成真实,谓为恒尔,复取毒蛇,内著怀里。"(萧齐求那毗地译《百喻经》卷四《得金鼠狼喻》)可见此词产生的年代并不太早,目前尚未见到三国以前的用例。

甘蔗

便右手捺项,左手捉裤腰,两手蹙之,挫折其脊,如折甘蔗。(4/167/c)

"甘蔗",中古新词。34 种东汉译经中,仅在安世高翻译的《道地经》中见到一例,①其他东汉佛经都不见,值得怀疑。

考察三国以来文献,发现"甘蔗"常常出现在魏晋时期的作品里,②中古文献和佛典都有用例。如:

时酒酣耳热,方食芋蔗。(《三国志·魏志·文帝纪》裴注引三国魏曹丕《典论·自叙》)《艺文类聚》卷八七作"干蔗",《太平御览》卷九七四引作"甘蔗"。亮使黄门以银碗并盖就中藏吏取交州所献甘蔗饧。(又《吴志·孙亮传》裴注引《江表传》)去日南远,恐如甘蔗,近杪即薄。(《全三国文》卷六八虞翻《与弟书》)饶诸象马牛羊六畜,甘蔗蒲桃。(旧题三国吴支谦译《撰集百缘经》卷四)我未曾见呵梨勒树能生甘蔗。(支谦译《菩萨本缘经》卷中)彼有乌王,名曰甘蔗。(西晋竺法护译《生经》卷五《佛说拘萨罗国乌王经》)如捣甘蔗,

---

① 《道地经》:"行者得味,譬如笮甘蔗。"据《大正藏》校勘记,宋、元、明三本及宫本"甘蔗"均作"甘露",有异文。

② 季羡林(1997:35—45)对秦汉至南北朝中土典籍中"甘蔗"及其异称有详考,请参看。

若笮蒲萄。(竺法护译《修行道地经》卷三)假使十方,悉满中人,譬如甘蔗。(竺法护译《正法华经》卷一)复有丛林,名甘蔗。(姚秦佛驮耶舍译《长阿含经》)如王边城,畜酥油、蜜及甘蔗。(东晋僧伽提婆译《中阿含经》卷一)《齐民要术》卷一〇《五谷果蓏菜茹非中国物产者》"甘蔗"条云:"《说文》曰:'藷蔗也。'案书传曰:或为芋蔗,或干蔗,或邯睹,或甘蔗,或都蔗,所在不同。……《异物志》曰:'甘蔗远近皆有,交趾所产甘蔗特醇好。'……《家法政》曰:'三月可种甘蔗。'"《兴起行经》出现了魏晋新词"甘蔗",说明其翻译年代不早于三国。

②动词

觅

王即召群臣,遍诣里巷户至觅之。(卷上《佛说孙陀利宿缘经》,4/165/a)"觅",宋元明三本作"视"。诸臣受教,如命觅之。遍觅不得,便复出城。(4/165/a)

觅,寻找。汪维辉(2000:134)曾对该词作过考证,指出:"'觅'字不见于先秦两汉文献,唯一例外的是吕澂《新编汉文大藏经目录》定为'后汉失译'的几部佛经里用了一些'觅'字,共7见。"汪维辉并说,在三国吴支谦所译的几部佛经里,"觅"已经常用。

据笔者初步调查,发现汪说基本符合事实,但犹有可补者。

就中土典籍而言,部分东汉作品中已经见到"觅"字:

眙睕朡而瞑眣。(《全后汉文》卷五八《王孙赋》)眣,清严可均小字注作"觅";盖因前后从目之字而偏旁类化。今之主托,羣以之望形立相,觅迹求功。(同上卷九四关羽《封还曹操所赐告辞书》)

再考察中古译经,则34部东汉佛经未见"觅"字。较早的佛典用例有:

臣即受教,遍往求觅。(旧题三国吴支谦译《撰集百缘经》卷八

《波斯匿王丑女缘》,4/242/b)帝释答言:斯事甚难,当觅有缘。(又卷十《恒伽达缘》,4/254/b)唯须是象,乘之入山,求觅好华,供养诸天已,当令众生若生天上,或入涅槃。(支谦译《菩萨本缘经》卷上)

由此可见,东汉早期译经中尚没有"觅"字出现,①较早的用例见于三国佛典,《兴起行经》最早也是三国以后的译经。

③形容词

疼

疼,痛。"疼"是中古新词,产生于西汉。(参见汪维辉 2000:336—339)在《兴起行经》中共出现了 6 次,如:

诛杀五亲时,诸节皆疼痛。(4/164/b)佛被刺已,苦痛、辛痛、疼痛、断气痛。(4/168/c)

就佛典而言,"疼"在东汉尚未流行,笔者所据的 34 种东汉佛经均未见到。佛经中最早用例见于旧题三国吴支谦的译经:"倍复疼痛,垂欲命终。"(《撰集百缘经》卷三《劫贼恶奴缘》,4/216/c)中土文献中,医书而外,则以晋人诗文为较早见:《晋诗》卷一三程晓《伏日》诗:"摇扇臂中疼,流汗正滂沱。"此外,《八师经》(汪维辉 2000:337)、《修行道地经》(西晋竺法护译)卷三、《搜神后记》(旧题晋陶潜撰)卷三、卷六、《全晋文》卷二七王献之《杂帖》《三国志·魏志·方术传》和《蜀志·关羽传》《增壹阿含经》卷七、卷一八、卷二〇、卷二三、卷三四、卷五一、《出曜经》卷三、《长阿含经》(姚秦佛驮耶舍译)卷一九、《大庄严论经》卷六等也有用例。

在《兴起行经》中,"疼"出现了 6 例,"痛"出现了 36 例。这似

---

① 《说文·辰部》:"覛,斜视也。从辰从见。"段玉裁注:"俗有寻觅字,此篆之讹体。"则《说文》已见"觅"字。此承汪维辉教授见告,谨谢。"覛""觅"盖一字异体。

乎可以透露一个消息,在早期翻译佛经中,口语表达法"疼"刚刚露头,当时还是"痛"占据上风。

综上所述,《兴起行经》所反映的语法和词汇两方面的情况基本上与三国、晋代的翻译佛经相吻合,说明它的译经年代大致处于三国到两晋,最早也在三国时期,有可能晚到晋代。旧题"后汉康孟详译",不可信。

3.《分别功德论》

关于《分别功德论》,笔者曾与高列过博士合写了一篇文章,从被动句、疑问句等语法方面和音译词语、普通词语等词汇角度入手,论证《分别功德论》非东汉时所译。摘要如下:

(1) 语法

①关于疑问句(以"颇(有)……不")为例

六朝时期,"颇"有疑问副词的用法,常和句尾的"不(否)""未""乎"等配合使用,表示疑问(询问)。参看江蓝生(1988:158—161)。

谓阿难曰:"人云瞿昙弟子智慧第一,颇有此不?"(卷一,25/31/c)汝颇见犯欲人能飞不也?(卷二,25/33/a)又问曰:"颇有欲意不?"(卷三,25/40/a)又问曰:"汝先时颇瞻视他病不?"(卷四,25/43/b)堕地便言:"世间颇有金银七宝,可持布施不?"(卷五,25/48/a)问贾人曰:"天下人中,形容姿貌颇有胜我者不?"(卷五,25/49/c)

类似这样用"颇"加疑问语气词的疑问句,在东汉时期的翻译佛经中十分罕见,笔者仅在《中本起经》卷下见到1例:"问须达曰:'今此都下,颇有神人可师宗者不?'"而在魏晋以后的译经中始见增多;中土典籍中也见于魏晋作品。如今仅《分别功德论》就集中出现了6例,这正说明其翻译年代应该不早于三国。

②关于疑问语气词"那"

"那"是一个新产生的句尾语气词,有表示感叹和疑问两种语气。这里要讨论的是句尾疑问语气词。

阿育王曰:"我暂出游,卿等云何便作此事? 我铁轮不在那? 何乃如此纵横耶!"(卷三,25/40/a)拘律陀见来颜色异常,疑获甘露,寻问:"得甘露那?"曰:"得也。"(卷四,25/41/b)

第二例"那",宋元明三本和宫本作"耶"。撇开这例不算,《分别功德论》也有1例。关于句尾疑问语气词"那",朱庆之(1992)和笔者(1994:15—16)都讨论过。就目前掌握的文献材料而言,这是魏晋以来佛典的习惯用法,六朝中土文献亦有少量用例。东汉译经中,只在《中本起经》卷上见到一例:"拘律陀见彼容悦,疑得甘露。即问优波替:'得甘露那? 勿违本要,惠及少少。'"较多的是魏晋时期的用例。

(2) 词汇

①关于音译词

考察佛经音译名词的异译,是考辨疑伪佛经翻译年代的方法之一。在《分别功德论》里,从佛经译名方面也可以看出翻译年代的蛛丝马迹。

阿那律

时佛为大会说法,阿那律在坐上睡眠。(卷四,25/41/c)

阿那律,梵名 Aniruddha,巴利名 Anuruddha。又作阿尼卢陀、阿难律、阿楼陀等。意译无灭、如意、无障、无贪、随顺义人,不争有无。乃佛陀十大弟子之一。古代印度迦毗罗卫城之释氏,佛陀之从弟。考此译名东汉译经未见。三国以降,始见其名,如:"父母爱念,便将小儿,与阿那律,令作沙弥。"(旧题三国吴支谦译《撰集百缘经》卷九)"佛告长老阿那律:'汝行诣维摩诘问疾。'"(支谦译《佛说维摩诘经》卷上)此外,还见于失译《大方便佛报恩经》和旧题吴康僧会译《旧杂譬喻经》。

阿练若

昔有比丘作阿练若,常行乞食。(卷二,25/37/a)

阿练若,即阿兰若,梵语 aranya,巴利语 araññā 之音译。又作阿练茹、阿练若、阿兰那、阿兰攘、阿兰拏,略称兰若、练若。译为山林、荒野。指适合于出家人修行与居住之僻静场所。又译为远离处、寂静处、最闲处、无诤处。

此译名也出现在魏晋以来的译经,如:"彼时尊者卢耶强耆,在释羁瘦阿练若窟中。"(失译,后误西晋竺法护译《尊上经》)"时尊者鸯崛髻,修阿练若,行无人之处,常乞食,不选择家。"(原失译,后作西晋法炬译《鸯崛髻经》)

耆婆/耆域

时阿难背上生痈,佛命耆婆治阿难所患。耆婆白佛:"不敢以手近阿难背。"佛告耆婆:"但治勿疑。"(卷三,25/37/c)佛命耆域治之。曰:"不眠不可治。"(卷四,25/41/c)

耆婆,梵名 Jivaka。又作耆婆伽、祇婆、时婆、耆域、时缚迦。为佛陀时代之名医。虔诚信仰佛教,屡次治愈佛弟子之病。曾引导弑父之阿阇世王至佛陀面前忏悔。其名声可媲美我国战国时代之扁鹊。

就目前掌握的材料看,"耆婆"一名最早见于三国译经:"时诸眷属,载其尸骸,诣于冢间,请大医耆婆,破腹看之。"(旧题三国吴支谦译《撰集百缘经》卷一○)仅此一例而已。此外,在失译《大方便佛报恩经》中凡 9 见,在旧题康孟详译《兴起行经》中凡 7 见,但这两部佛经的翻译年代均有问题，都不能视为东汉译经。西晋以降，如竺法护译《佛五百弟子自说本起经》《修行道地经》《佛说幻士仁贤经》等经中均见此词。

耆域，东汉、三国译经均未见。唯在失译《杂譬喻经》中见到3例。如："佛命耆域：'取此儿来。'耆域即取来出，还本居士。"(《杂譬喻经》)"耆域命终，天下药草一时涕哭，俱发声言：'我皆可用治病，唯有耆域能明我耳。'"(《杂譬喻经》)

南无

昔有长者，将奴礼偷婆云："南无十力世尊。"奴在后礼云："南无十一力如来。"(卷三，25/37/c)两例"无"，宋元明三本及宫本并作"谟"。

南无，梵语 Namas，亦译作"南谟"，归命、敬礼的意思。据初步考察，此词34种东汉译经未见，始见于三国时期的译经："悉起为阿弥陀佛作礼，以头脑著地，皆言南无阿弥陀三耶三佛檀。"(吴支谦译《阿弥陀三耶三佛萨楼檀过度人道经》卷下，12/316/c)"时诸商人，各共同时，称南无佛陀。"(旧题三国吴支谦译《撰集百缘经》卷九)"时五百人俱发大声，称南无佛。"(失译《杂譬喻经》)此外，在《大方便佛报恩经》、《旧杂譬喻经》等经中也见此词。据研究，这两部佛经的翻译年代不会早于三国。这样看来，"南无"大概是从三国起出现在译经中的佛经音译词。

"南无"宋元明三本及宫本又作"南谟"者，据查检《大藏经》语料库，"南谟"一词出现较晚，见于《大般若波罗蜜多经》《大乘理趣六波罗蜜》《佛为胜光天子说王法经》《金光明最胜王经》等唐人译经，《分别功德论》当然不会晚过南北朝，宋元明三本及宫本不可信。

岚

何谓众生不可思议？或云劫烧后，水补火处，随岚吹造宫殿

讫,下有地肥。(卷一,25/1/31a)

按:"随岚",山风。陈秀兰(1999:320)认为"岚"系梵语vairambha一词中-ram-的译音。检34种东汉佛经,未见"岚"字。在晋代佛典中,倒是见到此字的不少用例:

有风名随岚及断截风,飘坏三千大千世界,还复如故。(西晋竺法护译《佛说幻士仁贤经》)复有风起名曰随岚,吹此水聚着一处。(苻秦昙摩难提译《增壹阿含经》卷三四)

"随岚"音转则为"旋岚""惟岚":

四方诸风及寒热,旋岚之风亦成败。(西晋竺法护译《修行道地经》卷四)天下有风,其名惟岚。(失译附西晋录《佛说佛大僧大经》)

此外,也用"岚"作为记音字。如:

天子复问:"文殊师利,云何菩萨得入僧萨陀岚生死法?"(西晋竺法护译《佛说须真天子经》卷三)十二者般遮罗阿拘岚王。(《出曜经》卷二二)此"岚"是梵语记音字。

可见"岚""随岚"是晋代流行的佛教译名。中土典籍也大致如此,见何亚南(1999)。

呵梨勒果

即施一呵梨勒果,但服此药,足消此患。(失译《分别功德论》卷四,25/46/a)

当是一种植物名,但《佛光大词典》《佛学大辞典》等都未收释。

检唐以前佛经,只在魏晋以来的翻译佛经中见到数例,如:

佛便南行,极阎浮提界数千万里,取呵梨勒果,盛满钵还。(吴支谦译《太子瑞应本起经》卷下)胜知如来本宿命时,从无能毁转法轮佛所初发道心,时作履屣师,以呵梨勒果贡上其佛。(西晋竺法护译《贤劫经》卷八)世尊告曰:"当以何方治之?"鹿头梵志白佛言:

"当取呵梨勒果,并取蜜和之。然后服之,此病得愈。"(苻秦昙摩难提译《增壹阿含经》卷二十)

上述各例最早也只是三国、西晋时期的翻译佛典,由此可见《分别功德论》的翻译年代。

②关于普通语词

除此之外,我们还对部分语词的产生年代作了考察。它们是:

双生儿

有双生儿弃之于路,有人收取,养长令大。各出家为道。无人与作字,即字为道生。(卷五,25/51/c)

"双生"犹今言双胞胎,已见于汉人注疏,《公羊传·隐公元年》:"立子以贵不以长。"汉何休注:"其双生也,质家据见,立先生;文家据本意,立后生。""双生儿",不仅在佛典中未见用例,在早期中土典籍中也未见用例。《汉语大词典》未立"双生儿"条,在"双生"条下举《南齐书·五行志》有"双生二儿"一语,又有"双生子"条,举宋马永卿《懒真子》为书证。

骆驼

较法从十驴始:云十驴力不如一凡骆驼力,十凡骆驼力不如一凡象力,十凡象不如一细脚象力。(卷一,25/30/a)

"骆驼"在中土典籍中出现较早,《汉语大词典》已经引汉代陆贾《新语》为例。但在佛典中,则出现较晚,我们只在三国吴支谦译《须赖经》、西晋竺法护译《修行道地经》《生经》和《正法华经》等经中见到用例。

算术

城中有梵志,明于算术,于九十五种中最为第一。(卷一,25/31/c)有梵志从阿难学算术,见阿难颜色发明,告阿阇世王曰:"阿

难颜色异常,将欲取涅槃耶?"(卷二,25/37/b)

"算术"在中土文献中,大约产生于魏晋,《汉语大词典》首例举《三国志》。考察佛典用例,则较早见于西晋竺法护译《普曜经》《所欲致患经》等。

秃头

恶行者,犹昔火鬘童子诽迦叶佛言:"秃头沙门何有道?道难得能得道也。"(卷一,25/33/a)

从笔者的调查来看,"秃头"一词东汉、三国两个时期的翻译佛经都不见,较早见于晋代译经,如苻秦昙摩难提译《增壹阿含经》、东晋僧伽提婆译《中阿含经》等。

殊途同归

一法亦断结,四法亦断结,俱至涅槃,殊途同归耳。(卷二,25/33/c)或因息以悟,或分别解了,或头陀守节,或多闻强记,或神足识微,或揩或训悟——所谓殊途而同归也。(卷三,25/39/a)此例宋元明三本、宫本"途"作"涂"。

"殊途同归"源于《易·系辞下》"天下同归而殊涂",作"殊途同归"者,则较早见于《宋书·律历志中》载三国魏陈群《奏定历》:"皆综尽典理,殊途同归。""途"或本作"涂"。佛典中,此成语产生较晚,《五灯会元》有其例。

由此可见,《分别功德论》出现了不少魏晋以后才在译经或中土文献出现的语言现象,应该不是东汉翻译的佛经。

本章参考文献

陈广忠　1996　《为张湛辨诬——〈列子〉非伪书考之一》《〈列子〉三辨——〈列子〉非伪书考之二》《从古语词看〈列子〉非伪——〈列子〉非伪书考之

三),载《道家文化研究》第十辑267—299页,上海古籍出版社。
陈秀兰 1999 《也考"岚风"》,《中国语文》第4期,319—320页。
曹广顺 1987 《试说"快"和"就"在宋代的使用及有关的断代问题》,《中国语文》第4期。
曹广顺 遇笑容 1998 《也从语言上看〈六度集经〉与〈旧杂譬喻经〉的译者问题》,《古汉语研究》第2期。
—— 2000 《从语言的角度看某些早期译经的翻译年代问题》,载《汉语史研究集刊》第三辑,巴蜀书社。
曹澂明 1992 《〈肯定式"好不"产生的时代〉质疑》,《中国语文》第1期,75页。
岑仲勉 1982 《隋唐史》,中华书局。
丁福林 2002 《宋书校议》,上海古籍出版社。
董琨 2002 《"同经异译"与佛经语言特点管窥》,《中国语文》第6期,559—566页。
方一新 1996 《敦煌写本〈生经·佛说舅甥经〉语词琐记》,《浙江社会科学》第2期。
—— 2001 《〈大方便佛报恩经〉语汇研究》,《浙江大学学报》第5期。
—— 2003 《翻译佛经语料年代的语言学考察——以〈大方便佛报恩经〉为例》,《古汉语研究》第3期。
—— 2003 《〈兴起行经〉翻译年代初探》,《中国语言学报》第十一期,商务印书馆。
方一新 高列过 2003 《〈分别功德论〉翻译年代初探》,《浙江大学学报》第5期。
方一新 王云路 1994 《读〈佛典与中古汉语词汇研究〉》,《古汉语研究》第1期。
高名凯 1948 《唐代禅家语录所见的语法成分》,《燕京学报》第34期;收入《高名凯语言学论文集》134页,商务印书馆,1990。
顾满林 2001 《关于初期汉译佛经的新思考》,《汉语史研究集刊》第四辑,巴蜀书社。
何金松 1990 《肯定式"好不"产生的时代》,《中国语文》第5期,393—394页。
何亚南 1999 《释"岚"》,《中国语文》第4期,317—318页。

胡敕瑞　2005　《中古汉语语料鉴别述要》，见《汉语史学报》第五辑276页，上海教育出版社。

黄　征　1997　《敦煌语文丛说》，台北新文丰出版公司。

吉仕梅　1998　《睡虎地秦墓竹简语料的利用与汉语词汇语法之研究》，《汉语史研究集刊》第一辑，113—131页，巴蜀书社。

季羡林　1997　《文化交流的轨迹——中华蔗糖史》，经济日报出版社。

——　1996　《〈列子〉与佛典》，撰于1949年，载《季羡林文集》第六卷《中国文化与东方文化》41—76页，江西教育出版社1996。

江蓝生　1987　《八卷本〈搜神记〉语言的时代》，《中国语文》第4期，295—303页；收入《近代汉语探源》320—337页，商务印书馆。

蒋礼鸿　1997　《敦煌变文字义通释》，上海古籍出版社。

蒋绍愚　1987　《最早的佛经译文中的东汉口语成分》，《语言学论丛》，第十四辑，197—225页，商务印书馆。

——　1994　《近代汉语研究概况》，北京大学出版社。

——　2005　《近代汉语研究概要》，北京大学出版社。

梁晓虹　1996　《从语言上判定〈旧杂譬喻经〉非康僧会所译》，《中国语文通讯》第12期；收入《佛教与汉语词汇》133—147页，台湾佛光文化事业有限公司，2001。

柳士镇　1989　《从语言角度看〈齐民要术〉卷前〈杂说〉非贾氏所作》，《中国语文》第2期，收入作者《语文丛稿》37—46页，南京大学出版社1998。

梅祖麟　1984　《从语言史看几种元杂剧宾白的写作时期》，《语言学论丛》第十三辑，商务印书馆。

史光辉　2001　《东汉佛经词汇研究》，浙江大学博士学位论文。

[日]太田辰夫　1958　《中国语历史文法·跋》及《引用书目》。中译本，蒋绍愚、徐昌华译，北京大学出版社，1987。

汪维辉　2000　《东汉—隋常用词演变研究》，南京大学出版社。

——　2000　《从词汇史看八卷本〈搜神记〉语言的时代（上）》，《汉语史研究集刊》第三辑，208—223页，巴蜀书社。

——　2001　《从词汇史看八卷本〈搜神记〉语言的时代（下）》，《汉语史研究集刊》第四辑，244—256页，巴蜀书社。

王　锳　2006　《〈八卷本《搜神记》语言的时代〉补证》，《中国语文》第1

期。

魏耕原 2001 《全唐诗语词通释》,中国社会科学出版社。

吴金华 1990 《三国志校诂》,江苏古籍出版社。

徐时仪 2000 《古白话词汇研究论稿》,上海教育出版社。

徐震堮 1984 《世说新语校笺》,中华书局。

[荷]许理和(E. Zürcher) 1977《最早的佛经译文中的东汉口语成分》,蒋绍愚译,《语言学论丛》第十四辑,商务印书馆,1987。

—— 1991 《关于初期汉译佛经的新思考》,顾满林译,《汉语史研究集刊》第四辑,286—312页,巴蜀书社。

杨伯峻 1956 《从汉语史的角度来鉴定中国古籍写作年代的一个实例——〈列子〉著述年代考》,《新建设》7月号;收入《列子集释》,中华书局,1979。

袁 宾 1984 《近代汉语"好不"考》,《中国语文》第3期。

—— 1987 《"好不"续考》,《中国语文》第2期。

—— 2000 《〈大唐三藏取经诗话〉的成书时代与方言基础》,《中国语文》第6期,545—554页。

袁 宾 徐 白 1998 《近代汉语语法札记·〈大唐三藏取经诗话〉里的被字句》,《俗语言研究》第五期,131—133页。

张永言 1991 《从词汇史看〈列子〉的撰写时代》,载《季羡林教授八十华诞纪念论文集》上,江西人民出版社;收入作者《语文学论集》增补本361—392页,语文出版社,1999年第2版;修订稿刊于《汉语史学报》第六辑,1—18页,上海教育出版社,2006。

—— 1984 《"为……所见……"和"'香','臭'对举"出现年代商榷》,《中国语文》第1期,收入《语文学论集》(增补本)244页,语文出版社,1999。

章 巽 1985 《〈法显传〉校注》,上海古籍出版社。

周一良 1997 《读书杂识》,载《魏晋南北朝史论集》296—297页,北京大学出版社。

—— 1985 《〈三国志〉札记》,见《魏晋南北朝史札记》43页,中华书局。

朱庆之 1992 《佛典与中古汉语词汇研究》,台北文津出版社。

第八章 汉魏六朝时期的社会现实与词汇发展

　　明代陈第在《毛诗古音考·自序》中说："盖时有古今,地有南北,字有更革,音有转移,亦势所必至。"从古到今,语言都处在发展变化当中,并非静止不动。任何语言的发展,都和整个社会的政治经济、教育科技、哲学宗教、文学艺术、风俗民情等密切相关,在不同程度上受到社会生活的影响,汉语的发展也不例外。而在语言的诸要素中,词汇的发展变化尤其迅速和频繁,受外界的影响最大。每当社会动荡不安或发生变革之时,也就是语言词汇产生变化之际。正如赵元任(1968[1987:131])所指出的那样:"词汇的变化是最快的,也最受日常生活、社会、政治种种的影响。"在中古、近代汉语时期,政治军事形势、经济生活、社会文化现象较之春秋战国、秦和西汉而言,又有了很大的不同,它们对汉语的发展产生了深远的影响。本章拟讨论中古时期社会现实和汉语词汇发展之间的关系,考察中古词汇的某些特点。

第一节　影响词汇发展的外部因素(上)：
政治、经济、文化

斯大林在《马克思主义和语言学问题》中指出："要了解语言及其发展的规律,就必须把语言同社会发展的历史,同创造这种语言、使用这种语言的人民的历史密切联系起来研究。"(斯大林1950[1964:14])

东汉以来,汉语词汇有了新的发展,出现了很多前代所未曾见到的现象,这主要受到内外两个因素的影响。外部因素,是指当时的政治经济、社会文化情势对语言词汇的影响;内部因素,是指词汇受语法、语音及自身影响而产生的规律性的演变。

从夏禹(约前 21 世纪)算起,我国大约经过了 4000 多年的漫长历史。即以秦始皇统一中国(前 221)后,作为一个大一统的国家算起,到今天,也已经经历了 2200 多年的历史。从整个漫长的历史长河看,中古时期并不算长,总共也就是 600 年左右。在第一章中,我们已经给中古汉语作了分期,大致为：

(1) 早期——东汉(25—220),约 200 年;

(2) 中期——魏晋(220—420),约 200 年;

(3) 晚期——南北朝、隋(420—618),约 200 年。

早、中、晚三期相加是 600 年。就东汉到隋末唐初这约为六个世纪的时间里,中国社会发生了哪些值得注意的变化呢? 约而言之,有如下数端：

一、社会大变动,民族大融合

东汉至隋虽然只有短短的约 600 年时间,但其中的政治动荡、社会变革,却是历史上很罕见的。尤其是"自东汉末年至魏晋南北朝这短短的四百年间,更是社会大动荡、大分化、大裂变时期,其朝代嬗替之快,地方割据之盛,强臣叛乱之多,外族入侵之频,又是其他朝代所难以比拟的"。(参见王云路、方一新 1992:前言)

(一)历史不长,更迭频繁

东汉,从公元 25 年到公元 220 年,经历了光武帝刘秀、明帝刘庄、章帝刘炟、和帝刘肇、殇帝刘隆、安帝刘祜、顺帝刘保、冲帝刘炳、质帝刘缵、桓帝刘志、灵帝刘宏、少帝刘辩、献帝刘协等 13 位皇帝。三国,魏、吴、蜀三足鼎立,三分天下。曹魏从创业起到建国,先后有武帝曹操、文帝曹丕、明帝曹叡、齐王曹芳、高贵乡公曹髦、元帝曹奂等六任君主掌权。西晋,打天下的有司马懿、司马昭父子,西晋成立后历任皇帝是武帝司马炎、惠帝司马衷、怀帝司马炽、愍帝司马邺。东晋开国皇帝是元帝司马睿,继任者有明帝司马绍、成帝司马衍、康帝司马岳、穆帝司马聃、哀帝司马丕、废帝司马奕、简文帝司马昱、孝武帝司马曜、安帝司马德宗、恭帝司马德文,历经 11 位皇帝。宋、齐、梁、陈时间长短不一,宋最长,有 60 年,历经 8 位皇帝,齐最短,仅 23 年,也有 7 位皇帝。除此之外,社会上大的变动还有很多,如东汉末年的黄巾起义,三国的王凌、诸葛诞、魏延的叛乱,两晋的苏峻、王敦、桓玄的造反,等等,都是载入史册的重大事件。一朝天子一朝臣,朝代更迭过于频繁,必然带来社会的动荡不安,使得百姓凋零,生灵涂炭。

正因为皇权更迭频繁,战争连绵不断,百姓生活在水深火热之中,汉魏六朝士人的感伤情怀以及及时行乐的思想是十分明显的,故当时表示哀伤、悲伤情绪的词特别多,如"思",也有悲伤、伤感义,《汉书·东方朔传》:"又坏人冢墓,发人室庐,令幼弱怀土而思,耆老泣涕而悲。"《全宋文》卷四七鲍照《登大雷岸与妹书》:"思尽波涛,悲满潭壑。"《洛阳伽蓝记》卷一《永宁寺》:"思鸟吟青松,哀风吹白杨。昔来闻死苦,何言身自当!"又有"忧思""哀思""悲思"等复合词,《汉诗》卷一〇《乐府古辞·古乐府》:"天寒知被薄,忧思知夜长。"《陆云集》卷八《与兄平原书》:"顷哀思,更力成《岁暮赋》。"《晋诗》卷一九《清商曲辞·子夜歌》:"玉林语石阙,悲思两心同。"

(二)民族融合,语言渗透

伴随着战争频仍、政局动荡的是汉族和少数民族之间的混居杂处,民族融合,语言渗透,成为不可避免的事实。

中华民族发源于黄河、长江流域,源远流长。进入春秋战国以后,以黄河中下游流域为中心聚居的汉族以"中国""华夏"自居,而把周边地区目为"四夷",视周围的少数民族甚至长江中下游一带的汉族为四夷和蛮荒之地,极尽鄙薄之能事。《孟子·滕文公上》讥讽居于楚地的许行为"南蛮𫠡舌之人",主张"用夏变夷",《孟子·梁惠王上》提出"莅中国,抚四夷",都是明证。

其实,自古以来,汉族和少数民族、中华民族和近邻各国就有交往,百姓与百姓之间的聚居、融合更是常事。中原地区的汉族文化没有孟子自视的那么高,长江中下游一带、西南、西北、东南等一些周边地区的文化也没有中原人想象的那么落后。屈原创作的《离骚》等楚辞,就是和《诗经》并驾齐驱、成为先秦诗歌双峰之一的新诗体,取得了很高的艺术成就。吴越、巴蜀等地,也各有自己灿烂的文化遗产和传承。

秦代历史很短,姑且不论。刘邦建立汉朝以后,汉族和外族就始终处于既动荡冲突,又融合协调的时代。汉代初期,为了稳定边防,开疆拓土,汉武帝和匈奴连年征战,国计民生受到较大的影响。西汉后期以后,情况有所好转。到了东汉、三国,汉族和少数民族以及周边各国的交往日益频繁,民族混居、融合情况比以往更为明显。西晋人陈寿编撰的《三国志》中还分别为"乌丸""鲜卑""东夷"作传,如《东夷传》中就包括了"夫余""高句丽""东沃沮""挹娄""濊""韩"和"倭",反映了我国人民早期和朝鲜、日本等周边国家人民交往的情况。西晋建立,少数民族势力进一步发展、壮大,而统治者以清谈为高,以不理事为荣,最终因"五胡乱华"而亡,晋朝被迫东迁,成为东晋。东晋周边仍有"十六国",外族势力照样强大,前秦苻坚兴百万之兵东下,讨伐东晋。虽然最后苻秦兵败淝水,东晋得以延续,但东晋的势力基本局限于江浙一带,影响有限。到了南北朝,总体上看,北方游牧民族的势力日益强大,步步紧逼,南朝各代皇帝心头之患未除,边境强敌的阴影笼罩始终。南朝各代大都需要向北方游牧民族交纳贡品,以换取暂时的安定。《宋书·张畅传》记载了刘宋朝廷和北魏谈判的经过。

罗杰瑞(1995:164—165)在论述汉魏六朝语言时曾说:"从汉末到隋初,除西晋这一段时期(265—316)以外,中国政治上都处于分裂局面。南方是几个很弱的短命的王朝,北方则被几个外族所统治。将近4个世纪的政治、文化的分裂,对汉语的历史有着深刻的影响。那些很晚被征服的南方地区的方言,就有可能不受当时共同语的影响而比较独立地发展自己。在北方,就更少语言统一的可能,而且,显然受非汉族语言的强烈影响。"罗氏认为,伴随着武力征服的是语言的影响,那些很晚被征服的南方地区的语言,有可能不受当时共同语发展影响而比较独立地发展。即便是同一个朝代,由于南方、北方之间的地域差异,导致了语言上的差异,这种差异甚至相当明显,北方地区曾受到非汉语的"强烈影响"。

罗杰瑞(1995:164—165)还说:"社会的因素,在南北朝分裂时期也起着作用。西晋在公元316年灭亡时,贵族、官僚大批移居扬子江以南,和当地的贵族一起组成南朝几代的统治阶级。西晋的移民带去了具有优越地位的北方方言,成了南部书面共同语的基础,这和当地的口语大概有很大不同(陈1936)。江南地区上年纪的人使用的是汉朝时定居下来的人的那种语言,甚至可追溯到战国时期的语言。说北方移民的语言深刻地影响了当地的方言,甚至在某些情况下取代了当地方言,不是没有道理的。北方方言对扬子江流域,特别是南朝首都金陵(今南京)的影响是特别显著的。我们甚至可以猜想,江南地区原来的方言更接近于现在的南方方言闽语,现在这个中部方言的过渡性质主要由于北方方言输入的缘故。"

近年来,方言学界比较重视对各方言特别是南方方言作分层次的研究,这代表了对方言历史和现状的最新认识。现在学者们倾向于认为:现今闽方言区的底层是古代的吴方言,而现今的吴方言则来源于原来长江中下游地区。历史上,南北方言曾经有过多次的交叉和融合。例如,西晋东迁以后,把北方方言带给了长江以南地区如南京、扬州等地。

史学家指出:"三国两晋南北朝隋唐时期,是中国封建社会的发展时期。在这时期,发生了民族间的长期斗争,发生了民族的大规模流动和移居。本来在两汉时期就已开始内迁的匈奴人和羌氐人,现在他们深入内地,并且又有鲜卑人、突厥人、回纥人及其他少数民族的内迁。结果是无论在北方和南方,民族杂居的地区都扩大了。"(参见白寿彝 1989:83—84)正因为六朝时期民族杂居,加之当时社会动荡,战火频仍,促进了汉语和少数民族之间的融合,产生了汉语和外来语互相借用的情况。

《后汉书·南蛮西南夷传·莋都夷》记汉明帝永平中,白狼国国王唐菆"作诗三章",上献汉帝,表示归顺。这就是著名的《白狼歌》。今《后汉书》所载之《远夷乐德歌诗》《远夷慕德歌诗》《远夷怀德歌》三首歌词,都是一句汉语(大字),一句夷语(小字)。郑张尚芳(1993)认为《白狼歌》记录的就是古缅语,并对夷语歌词作了释读和考证。

《世说新语·政事》第 12 则记载东晋丞相王导对一群胡人弹指说"兰闍! 兰闍",[①]以取悦胡人的故事。又,《排调》第 35 则记载郝隆在桓温手下做事,不满于职位较低,借着在节日宴会作诗的机会,使用蛮语"娵隅"来称鱼。这些,都反映了当时汉族民众和少数民族人民的交往和语言的交流、渗透,这无疑促进了汉语本身及外来语的发展。

民族杂居造成语言融合,这会对语言文字产生重大的影响。《魏书·世祖纪上》:"初造新字千余,诏曰:'昔在帝轩,创制造物,乃命仓颉因鸟兽之迹以立文字。自兹以降,随时改作,故篆隶草楷,并行于世。然经历久远,传习多失其真。……今制定文字,世所用者,颁下远近,永为楷式。'"(70 页)北魏为什么要创造新字?徐通锵(1981:208)认为:"由于不同民族在融合过程中出现大量新

[①] 关于"兰闍",张永言(1992:250)释为:"梵语动词 ranja 的记音(义为请高兴些吧)。一说是梵语 lanja(请安住)或 rajan(王爷,转为尊美他人的敬称)的记音。"

事物、新概念,因而在语言中出现大量新词语,原来的文字不能满足需要,只能'好异'而去'专辄造字'。"

(三) 地区有变化,南北见差异

除了民族融合、外来词增多外,汉语词汇的方言特征、地域特点也不可忽视。也就是说,考察汉语词汇的发展演变,还要注意地域特点、方言的影响。例如:

六朝以来,产生了一批新的代词,这些新产生的代词明显地有着区域性的特点。例如:

魏晋南北朝时期有一新生的第一人称代词"侬",用例多见。《异苑》卷六:"又歌云:'坐侬孔雀楼,遥闻凤凰鼓,下我邹山头,仿佛见梁鲁。'"(62页)"侬"和"我"相对义同。《启颜录》:"(陈长沙王叔坚)至食欲饱,即问仓曹云:'可罢未?'仓曹若报道可罢,便嗔责云:'汝欲饿煞侬。'乃与杖一顿。若报道未可罢,又责云:'汝欲胀煞侬。'复令与杖一顿。"(20页)《晋书·会稽王道子传》:"道子额曰:'侬知,侬知。'"《北史·苏绰传附苏威》:"于是旧陈率土皆反,执长吏,抽其肠而杀之,曰:'更使侬诵五教邪!'"(2245页)这些小说、史书用例都是南方人使用的场合(《北史》一例述陈、隋之部将苏威,也不例外),和南朝民歌《清商曲辞·子夜歌》"天不夺人愿,故使侬见郎"、《懊侬曲》"常叹负情侬,郎今果行许"等乐府诗歌的用法相近,显然是一个有南方地域特色的人称代词。所以《玉篇·人部》说:"侬,吴人称我是也。"[①]

再如,同为寻找义,中古时期的新词有"觅"和"寻",但二者的

---

① "侬"后来由第一人称代词转为第二人称代词的过程及原因,潘悟云、陈忠敏《释侬》一文有详考,可以参看。

使用范围不同。汪维辉(2000:138)曾对自晋至隋的"觅"的使用情况作了统计,共收集到用例80多个。这些例子绝大部分都出现在南朝的民歌、小说、文人诗和史书中,北方文献中用例很少。如《北周诗》中见到6例,分别是庾信诗5例,释亡名诗1例,这两人原本也是南方人,是梁代灭亡前后才到北方的,故也还不能算是真正的北朝用例。由此可见,"觅"大致上是一个在南方口语中通行的词。

二、儒释道三教合一,外来文化融入汉语

经过了战国时期的"百家争鸣",也经过西汉的"独尊儒术",东汉的神学经学,东汉末期至魏晋以后,在哲学思想界发生了新的巨大的变化。

就儒家方面而言,汉末以降,以研习《老子》《庄子》和《易经》为中心的玄学思潮兴起,至三国、两晋达到高峰。代表人物有王弼、郭象、张湛等,相当广泛。从《世说新语》及《晋书》等一些史书中可以见到,当时盛行"清谈"的风气,"清谈"就是谈"玄",讨论玄学。当时学者注释先秦古籍,也大都采用与汉代经师迥异的做法,重在阐释思想大意,重点不在词义训诂上。

自汉末开始,道教也开始产生,这是中国土生土长的宗教。它早期只在下层百姓中流传,带有神秘色彩。如汉顺帝汉安元年(142年),张道陵在四川鸣鹤山创立五斗米道(天师道),拥有众多信徒。又如汉末张角发动黄巾起义,就利用"太平道"来传播,受教入道者甚多。进入三国、两晋时期,道教的范围进一步扩大,除了普通百姓外,中上层人士也不乏信奉者。据记载,王羲之、王献之父子就是"天师道"的忠实信徒。早期的道教典籍并不多,有《太平经》《抱朴子内篇》《真诰》等,相关的文献有《周氏冥通记》等,在中古汉语方面也具有相当的研究价值。

佛教起源于南亚的印度,这是一个外来的文化产物。早期在和西域接壤的地区流传。大约在两汉之交,佛教开始传入内地。汉明帝曾梦见闪耀着金光的天使在空中飞翔,傅毅为明帝解梦,说西方有一个叫"佛"的神,形体高大,全身都是金黄色,你所梦见的就是"佛"。汉桓帝(公元158—166年在位)就是虔诚的佛教徒,在宫中供奉佛像。此后,康居、安息、月氏、印度的高僧陆续被请到中国,在汉籍信徒的协助下,宣讲佛教教义,翻译佛教经典。随着佛教的传入,经师们又把佛经原典翻译成汉语本,加快了佛教的传播和影响。早期的佛教势力还不大,靠着借重于统治阶层、依附于道教玄学的发展策略,成功地打入了朝廷和民间。晋代就有不少信奉佛教者,如何充、周嵩等,周嵩"临刑犹颂佛"。《世说新语》中有许多名士和高僧交游的故事。梁武帝三次舍身入佛寺,则大大地推动了佛教的发展,至北魏时期,佛教发展到了极点,《洛阳伽蓝记》记载了这一盛况。南北朝的小说如《幽明录》《宣验记》《冥祥记》《观世音应验记》《还冤记》等都大量地记载了因果报应、信佛免灾的事例。[1] 佛教传入,翻译佛经的产生,对汉语产生了难以估量的影响。

中国小说,原先一般认为诞生在汉魏之际。[2] 它的产生受到

---

[1] 据《出三藏记集》卷一三所载,三国孙峻不信教,且有小便溺佛像的恶作剧,结果马上受到报复,阴部剧痛,祈祷方解。

[2] 1986年,甘肃天水放马滩出土的秦简中有一篇被称作《墓主记》的作品,记叙一个名丹的人死而复活的故事。李学勤研究后认为:"(此文)所记故事颇与《搜神记》等书的一些内容相似,而时代早了500年,有较重要的研究价值。"(《放马滩简中的志怪故事》,《文物》1990年第4期)伏俊琏则发现西晋初年汲冢出土的竹书《古文周书》(出《文选·张衡〈思玄赋〉》李善注,严可均《全上古三代秦汉三国六朝文》卷一五有辑)有一篇与《墓主记》类似的志怪小说,而时代比《墓主记》还早,参见《战国早期的志怪小说》,载《光明日报》2005年8月26日6版"文学遗产"专栏。

印度文学的启发,六朝志怪小说也是从印度故事脱胎而来。著名长篇叙事诗古乐府体,如《孔雀东南飞》也是从马鸣《佛本行赞》等佛经变化而来。(参见沈福伟1992:21—22)

就六朝语言受外来语(胡语、梵语)影响问题,钱锺书(1979:542)曾指出:"佛典习言'胡、汉',仿佛今言'中外',如鸠摩罗什译《大智度论·共摩诃比丘僧释论》第六:'出家人名比丘,譬如胡、汉、羌、虏,各有名字。'释道宣《高僧传》二集卷二载隋僧彦琮著《辩正论》,严辨'胡''梵'之名:……顾初唐官书如《晋书》《隋书》,一则《姚兴载记》上屡称佛经为'胡本',一则《经籍志》四有'皆胡言也''胡僧所译'之语。"

随着佛教的传入,译经工作开始兴起。佛经汉译的过程其实也就是语言接触的过程。东晋僧伽提婆翻译的《中阿含经》译出后,释道慈撰《中阿鋡经序》(《出三藏记集》卷九)记其始末,谓旧译《中阿鋡(经)》《增壹(阿含经)》……"诸经律凡百余万言,并违本失旨,名不当实;依悕属辞,句味亦差。良由译人造次,未善晋言,故使尔耳。"文中指出,此前的诸多经律翻译之所以"名不当实""依悕属辞",其根本原因是"未善晋言"。而由僧伽提婆翻译的后本可信,因为译者在洛阳游历、研讲四五年,"渐晓汉语"。说明外族僧人译经传教也在努力学习汉语。(55/63/c)[①]

后汉竺大力共康孟详译《修行本起经》卷上《试艺品》:"有小国王,名须波佛(汉言善觉)。"汉言,意为汉语是……意思,也说晋言、秦言、梁言,中古佛经多见。竺大力共康孟详译《修行本起经》卷上

---

① 这里的"晋言",刘广和(2000:58—59)把它理解为"洛阳语音",恐误;"晋言"和"秦言"一样,都是泛指汉语,未必是指西晋都城的标准语言(语音)。

《菩萨降身品》:"于时集至梵志相师,普称万岁,即名太子,号为悉达(汉言财吉)。"三国吴支谦译《月明菩萨经》:"是时罗阅祇有大姓豪富家名申日,申日有子,字栴罗法(汉言月明)。"又有"晋言",后汉昙果共康孟详译《中本起经》卷上《现变品》:"于时波罗奈城中,有长者名阿具利。有一子,字曰蛇蛇(晋言宝称)。"有"秦言",后秦佛陀耶舍共竺佛念译《长阿含经》卷五:"佛言:'汝因何事,自称己名为阇尼沙(阇尼沙秦言胜结使)?'"有"隋言",隋阇那崛多译《佛本行集经》卷二四曰:"彼有一城,名为迦毗罗婆苏都(隋言黄头居处)。彼城有一释种之王,号名净饭,是我之父,我是其子。母名摩耶(隋言幻),我名悉达(隋言成利)。"有"唐言",唐玄奘《大唐西域记》卷七:"初,萨婆曷剌他悉陀(唐言一切义成。旧曰悉达多,讹略也)太子逾城之后,栖山隐谷,忘身殉法。"唐窥基《成唯识论述记》卷一(本)曰:"五梵云难陀,唐言欢喜,胜军祖习。"这都反映了当时语言接触的现实。

　　语言是约定俗成的,具有社会性。但有时也会因为某些特殊的原因(如统治者个人的好恶)而变化。作为当朝皇帝,如果决意推行或废止某事,因其地位独尊,有时也会对语言文字产生重要影响。[①] 自汉魏以来,许多皇族贵戚信佛、佞佛,如南朝梁武帝皈依佛门,数次舍身入佛寺,不惜耗费巨资修建佛寺。这在客观上为佛教的弘扬、汉译佛经和汉文佛典(《弘明集》《广弘明集》《高僧传》等佛学论著)的刊行和传播提供了条件,也促使了佛教词汇进入汉族士族阶层和市民百姓的生活。

---

① 这类情况,上古已经见到。如"朕",上古时是自称的通词,《离骚》:"朕皇考曰伯庸。"秦始皇统一中国后,以"朕"作为皇帝的专称,《史记·秦始皇本纪》:"天子自称曰朕。""罪"原作"辠",秦始皇以"辠"和"皇"形近,为避讳计,改"辠"为"罪",沿用至今。

中土文人及其典籍受佛典影响,在语言词汇上留下了痕迹,细心搜索,可以找到不少蛛丝马迹。兹酌举数例,以见一斑。

恶见

《世说新语·方正》:"王文度为桓公长史时,桓为儿求王女,王许咨蓝田。既还,蓝田爱念文度,虽长大,犹抱著膝上。文度因言桓求己女婚。蓝田大怒,排文度下膝,曰:'恶见文度已复痴,畏桓温面。兵,那可嫁女与之!'"恶见,讨厌见到,不愿见到,"恶见文度已复痴"犹言讨厌见到又犯傻了的(王)文度。从文献用例来看,此词当源于佛典。三国吴支谦译《佛说赖吒和罗经》:"晨起被袈裟、持应器入父母里中,向家门乞食;举家无肯应视者。所以者何?用沙门道故,生亡我大夫子。举家恶见沙门,故不应视也。"(1/870/a)恶见沙门,言不愿意见到出家人。苻秦昙摩难提译《增壹阿含经》卷五〇《大爱道般涅槃品》:"时彼女人随寿长短,命终之后,来生人中。在波罗奈大城,与月光长者作妇婢。颜貌粗丑,人所恶见。"(2/824/b)人所恶见,言为人们所不愿见到。

"恶见"也径指讨厌、厌恶。旧题三国吴支谦译《撰集百缘经》卷五《富那奇堕饿鬼缘》:"时长者妇,悭贪心生,便自念言:今若与食,后日复来。此诸人等,甚可恶见。"(4/223/a)甚可恶见,言非常讨厌。西晋竺法护译《生经》卷五《佛说梵志经》:"不可父意,不爱念之。常憎恶见,驱使出舍。"(3/105/c)"恶见"和"憎"同义并列。"恶见"由讨厌见到、不愿见到到讨厌、憎恶,其引申发展的脉络是十分清楚的。佛典的用例要早于《世说新语》,说明晋宋中土文人受到佛典的影响而使用"恶见"一词。

命过

《南史·齐宜都王铿传》:"忽梦铿来,惨然言别,云:'某日命

过,无罪,后三年当生某家。'"曲守约《中古辞语考释》:"核命过谓寿命已告过去,简言之,亦即寿尽也。"(139页)

按:此语源自佛典,这也是中土典籍受到佛典影响的一个例子。

小行

《全晋文》卷二四王羲之《杂帖》:"鄙故匆匆。饮日三斗,小行四升,至可忧虑。"又卷二七王献之《杂帖》:"忽动小行多,昼夜十三四起,所去多。"

检中古翻译佛经,习惯以"大行"指大便,"小行"指小便,或有"大小行"并称者。魏晋已经多见"小行"。西晋竺法护译《修行道地经》卷三:"其子报言:'……我欲小行,逼不相从。身重腹胀,眼反耳聋。头痛背裂,胁肋欲拔。'"东晋佛陀跋陀罗共法显译《摩诃僧祇律》卷一:"于春后月食诸果蓏,四大不适。因其小行,不净流出。时鹿爱群共相驰逐,渴乏求水,饮此小便。"(22/232/c)南北朝沿而用之,元魏吉迦夜共昙曜译《杂宝藏经》卷一《十奢王缘》:"时有梵志,在彼山住。大小便利,恒于石上。后有精气,堕小行处。雌鹿来舐,即便有娠。"(4/452/b)

类似的有"长夜""经行""呼""呼谓"等。

不妨再举"博士"一词为例。

博士

《北齐书》卷三一《王昕传》:"帝谓愔曰:'王元景是尔博士,尔语皆元景所教。'"《晋书》卷九一《徐邈传》:"授太子经,帝谓邈曰:'虽未敕以师礼相待,然不以博士相遇也。'古之帝王受经必敬。自魏晋以来,多使微人教授,号为博士,不复尊以为师,故帝有云。"周一良《魏晋南北朝史札记·〈北齐书〉札记》"博士"条认为"博士由官名引申而有老师之意","博士虽有老师之义,而语近轻忽,南北朝时用法大致如此"。(参见周一良 1985:417—418)

慧琳《一切经音义》卷十三《大宝积经》第四十二卷"邬波柁耶"条:"梵语。唐云亲教师,古译云'和上'。本是胡语讹略,此云博士,非正翻。"唐义净译《根本说一切有部毗奈耶》卷一三:"即于是日,诣彼树下,不见其树。即便走报其师云:'不见树。'……既闻此说,博士自率五百学徒,往旧树边,详观其事。"义净译《根本说一切有部毗奈耶出家事》卷三:"复于异时,其母诣学,告博士曰:'一种与直。何故诸人学问俱备,唯我童儿都无所解?'"在初唐义净的译经中,"博士"可指教师,此二例可证。林梅村(1995:431—443)认为:汉语"和尚"或"和上"实即于阗语 āṣaṇa 和疏勒语 aṣana,意为教师,"相当于疏勒、于阗语'和阇''阿阇梨'和'博士',对译梵语 upādhyāya"。"显然,于阗语 pisai 和疏勒语 pesi 即义净和慧琳所谓'博士'"。因此,他认为周一良所指出的指称教师的"博士""应即于阗或疏勒语的借词。伯希和还指出,汉语'博士'后来又借入回鹘文,写作babši,亦指佛教大师"。如果此说可信,则唐初编的六朝史书中以"博士"称教师,盖源自于于阗或疏勒语,是一个外来词。[①]

自从佛教在两汉之交传入内地后,借助统治阶层和善男信女的喜好和信奉,传播渐广,影响渐深,从皇室贵族到士人百姓,都或多或少地接触了翻译佛经,受其影响,并在文学作品中有所反映。上述各例都说明:中古文人受到汉译佛典影响,在作品中使用了译经词汇。

---

① 或以为"博士"一词汉代即已出现,指通晓某部经典的学者,如"五经博士";由此引申,指称教师,未必不行,林梅村说牵强。

三、科技医学、文学艺术迅速发展,语言词汇日益丰富

东汉至隋末唐初,科学技术,包括医学、农学等都得到了迅速的发展。张衡造地动仪,开创了地震观察史上的新篇章。《九章算术》等的诞生,反映了六朝数学的发达。农学方面,汉代就有氾胜之的《氾胜之书》,至北魏贾思勰《齐民要术》,则开创了农学的极高水平。西汉的名医太仓公、东汉的名医张仲景、汉末三国初年的名医华佗,以及后来的葛洪、陶弘景等人,则撰著了一批古代医书。科技方面的著作(如古医书),因其对象的需要,语言大多比较直截了当,不事雕饰,保留了不少口语成分。

文学艺术方面当时也得到了快速的发展。从汉末的三曹、王粲,到两晋、南北朝的陶渊明、谢灵运、沈约、庾信等,文人辈出,群星璀璨。艺术大家有书法绘画的卫夫人、张芝、王羲之、王献之父子、顾恺之等,下棋的高手有江彪、王恬等,音乐家有阮咸等。在当时的典籍如《世说新语》中,记载了很多与文艺相关的词汇。

汉魏以来,词汇总量增加,反映社会生活的方方面面,相关的词汇都较以前有了很大的发展,兹就几个大的类别举例来说:①

(一)哲学宗教

和佛教有关的如"佛""释氏""世尊""僧""菩萨""罗汉""法师""开士""上人""寺""佛经""弹指"等。

和道教有关的有"大道""符""上章""首过""行气""断谷""导引""呼吸""绝粒""绝谷""肉芝""禹步""乘蹻""黄白""长生久视""白日升天"等。

---

① 各类所举之词,多数是汉魏以来产生的新词,也有少数沿用上古的词,不一一说明。

和玄学有关的如"清谈""清言""题目""目""品题""道""称""叹""赏誉"等。

(二)政治军事

政治类如"天子""县官""刺史""太守""内史""郡守""县令""主簿""为""作""聘""徵""辟""请""召""版""拜""起家""东山""选官""笏"等。

军事类如"将帅""兵厮""戎士""队主""军事""射""起""发""中""破""解""工射""射戏""骑射""盘马""阅骑"等。

(三)经济生活

例如衣食住行方面。

衣有"帛""绢""纱罗""绫罗""葛""葛巾""笺布""凉衣"等。

食有炊具"釜""铛""俎""盌盘""杯"等;食物"食""饭""粥""饼""汤饼""脍""炙""脔""纯羹""茶""茗"等。

住有"廨""官舍""府""听事""宅""庭""斋""墅""别庐"等。

行有"牛车""船""方舟""舫""平乘""布帆""肩舆"等。

与婚嫁有关的有"索""东厢""青庐""交礼""女婿""新婚"等。

(四)文学艺术

文学类的有"作""作诗""著述""属文""文笔""手笔""文章""表""书""铭""颂""启""诔""碑"等。

艺术类的有"弹琴""懊侬曲""宫商""丝""肉""挽歌""妓""作乐""歌啸""起舞""拍张""楷书""楷法""草书""行隶""丹青""飞白""围棋""坐隐""手谈""弈""戏""品"等;赌博游戏类

有"狡狯""弹棋""摴蒱""赌钱"等。

(五)中外交流

魏晋南北朝是各民族大交融、大聚合的时期,华夏民族和周边的少数民族混居,文化互相影响,产生了一批相关的词语。

方言、土语有"吴语""傒语""蛮语"等;和西域有关的有"胡""胡人""胡贼""胡床""胡梯""胡粉""胡饼"等;其他则有"兰阇""娅㜕""两婆""楚""溪狗""傒音""貉子""伧""伧父""酪""羊酪"等。

这其中有些词可能在汉魏以前就已经产生,但汉魏时期则比较常用,故也一并归入此类。

第二节 影响词汇发展的外部因素(下):思维交际

一、交际功能增加,社会需求增大,促使词汇总量不断增加

斯大林在《马克思主义和语言学问题》中说:"语言,主要是它的词汇,是处在几乎不断变化的状态中。"(斯大林 1950[1964:5])在外部环境发生变化的同时,语言内部自身也在不断的发展变化,朝着更丰富、更精密的方向发展。这是因为使用汉语的人口在不断增加,使用汉语的地域总趋势也在增加,社会需求的增加,是语言发展的直接而巨大的动力。

以汉语汉字为例。先说汉字,常用的汉字各个时代会有变化,但数量上不会增加很多,这是事实;[①]但从汉字的总量上看,则的

---

① 香港郑锦全曾撰《词涯八千》一文,论述各个时代的常用汉字大体在 8000 个左右,相去不多。见 2001 年 11 月扬州大学承办的中国语言学会第 11 届年会论文。

确增加了许多,从东汉许慎《说文解字》的9353字,到晋代吕忱《字林》的12824字,再到梁陈之际顾野王《玉篇》的22726字,直至清代的《康熙字典》、今天的《汉语大字典》,随着时代的发展,汉字字数的总量不断增加。

历代字书所收汉字的字数如下表:①

年代	字书	编者	收字数	存佚
100,东汉	说文解字	许慎	9353	存
约230,曹魏	声类	李登	11520	佚
4世纪,西晋	字林	吕忱	12824	佚
543,南朝梁	玉篇	顾野王	22726	后人改写
997,辽	龙龛手镜	行均	26430	存
1011,北宋	广韵	陈彭年等	26194	存
1066,北宋	类篇	司马光等	31319	存
1067,北宋	集韵	丁度等	53525②	存
1212,金	改併五音聚韵四声篇海	韩道昭	35189	存
1615,明	字汇	梅膺祚	33179	存
1671,明	正字通	张自烈	33549	存
1716,清	康熙字典	张玉书等	47035	存
1915,民国	中华大字典	陆费逵等	48000多	存
1986—1990,当代	汉语大字典	徐中舒等	54678	存

再看汉语,汉语变化的痕迹就更明显了。人们常说,上古汉语以单音节词为主,中古以后复音节词逐渐占了上风。这样的结论可能大体不错,但还稍嫌笼统。以复音词为例,我们不妨试作比较。

---

① 参看《汉语大字典》(湖北辞书出版社、四川辞书出版社,1992)附录"历代部分字书收字情况简表"(笔者略有调整)。

② 胡朴安(1983)指出,"考《集韵》所收,併重文为53525字",意谓《集韵》的53525字数实为字头和重文(指重音字)之和,并非《集韵》真收有5万多个单字。(参见胡朴安1983、周录2005:14—18)。

先秦:《左传》,全书约20万字,有单音词2904个,复音词284个;①《韩非子》,全书10.8万字,单音词2278个,复音词1426个。②

秦汉:《吕氏春秋》,20余万字,有单音词2972个,复音词2017个。③《论衡》,约21万字,有单音词1768个,复音词2000多个。(参见程湘清1992)

六朝:《抱朴子》,185973字,有单音词3255个,复音词4764个;《世说新语》,60100字,有单音词3032个,复音词1541个。④

书名	字数	单音词	复音词
左传	200000	2904	284
韩非子	108000	2278	1426
吕氏春秋	200000	2972	2017
论衡	210000	1768	2000
抱朴子	185973	3255	4764
世说新语	60100	3032	1541

变化无疑是明显的。

二、思维更加缜密,表达更丰富,要求语言的表现力、精密度进一步提高

语言随着社会的发展而发展,如上所述,到了中古时期,社会生产力有了进一步的提高,科学技术、文化艺术得到了较快的发展,人们的生活水平也随之有所提高。与之相应的是,对语言这一

---

① 参看陈克炯(1978、1982);杨伯峻(1987)。毛远明(1999)中除去专有名词的复音词有1512个。

② 参看刘诚(1985)。车淑娅(2004)统计,不包含专有名词之外的复音词为2038个,加上专有名词后的复音词则是2223个。

③ 参看张双棣(1989a、b)。此2017个包含《吕氏春秋》中所有的复音词,而除去专有名词之外的复音词则是1074个。

④ 此数字(1541个复音词)据韩惠言(1990)。又据程湘清(1988)统计,《世说新语》中共有2126个复音词。

交流工具的需求也就进一步提高了。要求语言更精密,更具有表现力。

(一)同样的概念,增加了新的表达形式

中古时期,同样的概念,用新的形式来表达是十分常见的,新词新义大量涌现。以称谓词为例,产生了大量的新的称谓词。这里举第一人称代词和其他称谓词以见一斑。

孤

《世说新语·政事》第3则:"陈元方年十一时,候袁公。袁公问曰:'贤家君在坟丘,远近称之,何所履行?'元方曰:'老父在太丘,强者绥之以德,弱者抚之以仁,恣其所安,久而益敬。'袁公曰:'孤往者尝为邺令,正行此事。不知卿家君法孤?孤法卿父?'"

寡人

《世说新语·文学》第19则:"裴散骑娶王太尉女。婚后三日,诸婿大会,当时名士、王、裴子弟悉集。郭子玄在坐,挑与裴谈。子玄才甚丰赡,始数交未快。郭陈张甚盛,裴徐理前语,理致甚微,四坐咨嗟称快。王亦以为奇,谓诸人曰:君辈勿为尔,将受困寡人女婿。"

贫道

《世说新语·文学》第36则:"王逸少作会稽,初至,支道林在焉。孙兴公谓王曰:支道林拔新领异,胸怀所及乃自佳,卿欲见不?王本自有一往隽气,殊自轻之。后孙与支共载往王许,王都领域,不与交言。须臾支退,后正值王当行,车已在门。支语王曰:君可去,贫道与君小语。因论《庄子·逍遥游》。支作数千言,才藻新奇,花烂映发。王遂披襟解带,留连不能已。"

弟子

《世说新语·文学》第38则:"许复执王理,王执许理,更相覆疏,王复屈。王谓支法师曰:弟子向语何似?支从容曰:君语佳则佳矣,何至相苦邪?岂是求理中之谈哉。"又《品藻》第56则:"支道林问孙兴公:君何如许掾?孙曰:高情远致,弟子蚤已服膺;一吟一咏,许将北面。"

下官

《世说新语·品藻》第36则:"'卿自谓何如?'曰:'下官才能所经,悉不如诸贤。至于斟酌时宜,笼罩当世,亦多所不及。然以不才,时复托怀玄胜,远咏老、庄,萧条高寄,不与时务经怀,自谓此心无所与让也。'"又《企羡》第4则:"王司州先为庾公记室参军,后取殷浩为长史。始到,庾公欲遣王使下都,王自启求住曰:'下官希见盛德,渊源始至,犹贪与少日周旋。'"

"孤""寡人",在上古时为君主、侯王自称的谦词,《老子》:"故贵以贱为本,高以下为基,是以侯王自谓孤、寡、不谷。"《礼记·曲礼下》:"诸侯见天子,曰'臣某侯某'。其与民言,自称曰'寡人'。"唐孔颖达疏:"寡人者,言己是寡德之人。"但到了中古,则可用作有一定身份地位者的自称,略带有倨傲的语气。"贫道""弟子",一为僧人自称,一为俗人在出家者面前的谦称,为中古典籍所使用。"下官",则为自称的谦词。这几个都是新产生的第一人称代词。

(二)一词多义现象更为普遍

中古时期,一词多义的情形十分常见。以"何事""不量"为例。

何事

"何事"一词汉魏以降文献习见,作词组时义为"什么事情",成词后词义则较多,不可拘泥于字面,有四义:①何必。《全汉文》卷四二王褒《碧鸡颂》:"归来翔兮,何事南荒。"又见《三国志·魏志·陈思王植传》《宋书·张畅传》和《范晔传》《南齐书·王僧虔传》和《良政传·裴昭明》等。②为何。《论衡·是应》:"古有史官典历主日,王者何事而自数荚?"又见《魏书·李彪传》和《李谐传》。③何能,怎么能。《后汉书·王闳传》:"即带剑至宣德后闼,举手叱贤曰:'宫车晏驾,国嗣未立,公受恩深重,当俯伏号泣,何事久持玺绶以待祸至邪!'"(500页)《文选·庾亮〈让中书令表〉》:"今恭命则愈,违命则苦,臣虽不达,何事背时违上,自贻患责邪?"(124页)④何关,有何干系。《三国志·魏志·董卓传》裴注引《献帝起居注》:"(皇甫)郦出,诣省门,白傕不肯从诏,辞语不顺。侍中胡邈为傕所幸,呼传诏者令饰其辞。……郦答曰:'胡敬才,卿为国家常伯,辅弼之臣也,语言如此,宁可用邪?'邈曰:'念卿失李将军意,恐不易耳! 我与卿何事者?'"(185页)《北齐书·崔㥄传》:"㥄每以籍地自矜,谓卢元明曰:'天下盛门,唯我与尔,博崔、赵李,何事者哉!'"(334页)

不量

本为不自量、不考虑义,如《史记·乐毅列传》:"先王命之曰:'我有积怨深怒于齐,不量轻弱,而欲以齐为事。'"(2431页)"不量轻弱"犹言不自量国力弱小。《南齐书·孔稚珪传》:"近至元嘉,多年无事,末路不量,复挑强敌。"(839页)由此引申,则产生了数个新义。①不察知,不明白。《汉书·京房传赞》:"京房区区,不量浅深,危言刺讥,构怨强臣。"(3195页)《晋书·儒林传·范弘之》:"或荣名显赫,或祸败系踵,此皆不量时趣,以身尝祸。"(2363页)②犹"不揣""不揆",自谦之词。《宋书·符瑞志下》:"臣不量卑懵,窃慕击壤有作,相杵成讴。"(849页)《魏书·宗钦传》:"钦与高允

书曰:'……比公私理异,詶谐路塞,端拱蓬宇,叹慨如何?不量鄙拙,贡诗数韵。'"(1155页)

"消息"一词,在中古时期有丰富的含义,朱庆之(1992:191—195)曾概括其意义(用法)达12项之多,可见一斑。

(三)讲究礼仪,注重等级

和曹操的不拘门第、出身选拔官员的人才观不同,两晋南北朝时期,门阀等级制度十分兴盛,选拔官员讲求出身、族望,注重等级阶梯,婚姻讲求门当户对,都是当时社会文化习俗的反映。体现在词汇上,就有区别等级、讲究身份的词语。当时的第二人称代词就反映了这一点。

汉代以后,同时指称第二人称的还有"公""尊""仁""贤""君""卿""尔""汝"等,其中多数都是中古新产生的第二人称代词(或称呼)。[①]

作为指称对方的称代词,它们的使用场合和级别是不同的。粗略地说,公、尊、仁、贤是敬称,属于第一层级;君、卿是平称,属于第二层级;尔、汝是贱称,属于第三层级。这里以"卿"为例。

《孔雀东南飞》:"我自不驱卿,逼迫有阿母。卿当暂还家……"中等师范学校《阅读与写作》课本注:"卿,这里是丈夫对妻子的爱称。"朱东润主编《历代文学作品选》注:"卿,这里是仲卿对兰芝的亲昵称呼。"

两家的注释都不确。"卿"是上对下的称呼,平辈间关系密切者亦用。晋代夫妇之间妇称夫为"君",夫称妇为"卿",不相紊乱。

---

① 这里提到的"公""尊""仁""贤""君""卿"等,有学者称之为"第二人称的礼貌式"(如向熹1993:233—236);也有学者称之为"相当于人称代词"的"礼貌式称呼"(如柳士镇1992:162—163)。

刘兰芝不能以"卿"称焦仲卿。①读《孔雀东南飞》可知,刘兰芝称焦仲卿为"君",焦仲卿称刘兰芝为"卿"。也说明了这一点。下文又有"良吉三十日,今已二十七,卿可去成婚",是太守叫郡丞去刘家订好结婚日期。"卿"是太守对其下级郡丞的称呼,可见它是上对下的称代词。又如:

"(孙)权叹息曰:'此诸人持议,甚失孤望,今卿廓开大计,正与孤同。此天以卿赐我也。'"(《三国志·吴志·鲁肃传》)"未尝卿士大夫,或问其故,慧晓曰:'贵人不可卿,而贱者可卿。人生何容立轻重于怀抱!'终身常呼人位。"(《南齐书·陆慧晓传》)王太尉不与庾子嵩交,庾卿之不置。王曰:"君不得为尔。"庾曰:"卿自君我,我自卿卿,我自用我法,卿自用卿法。"(《世说新语·方正》)"王安丰妇常卿安丰。安丰曰:'妇人卿婿,于礼为不敬,后勿复尔。'妇曰:'亲卿爱卿,是以卿卿;我不卿卿,谁当卿卿?'遂恒听之。"(《世说新语·惑溺》)清赵翼《陔馀丛考》卷三六:"六朝以来,大抵以'卿'为敌以下之称。王戎妻呼戎为卿。戎曰:'妇那得卿婿?'答曰:'亲卿爱卿,是以卿卿;我不卿卿,谁复卿卿?'山涛谓妻曰:'我当为三公,不知卿堪坐夫人否?'夫呼妻为卿则无词,妻呼夫为卿则谓不可,益见'卿'为敌以下之称也。"

结论:"卿",用于称身份与自己相当或较低者(关系密切者之间多见),与"尔""汝"相近而稍为客气一点。

总之,中古的人称代词有尊称、平称和贱称之分,②这是与上

---

① 《法句譬喻经》卷二《华香品》:"卿今最胜,又奉法斋。"榎本文雄、神塚淑子、菅野博史、末木文美士、引田弘道、松村巧(2001:上册234)注记:"'卿,六朝以降,对下级、晚辈及关系亲近者的称呼。也频繁用于丈夫称妻子的场合。"

② 今日语与此相似,应该是受汉语影响的表现。

古不同的地方。它既是汉民族注重礼仪、讲求等级的现实反映,同时也是当时社会风气的一个缩影。

(四)汉民族崇尚俪偶,讲求对仗,四字一句的句式成为时尚,而句中的双音节音步则加快了词汇的复音化进程

汉族的传统讲求俪偶对仗,四字为句,《诗经》即已如此,而同样是早期诗歌形式的《楚辞》则由于字数长短不一,到后代的诗歌形式中就很少出现。

这种四字一句的形式在先秦的很多典籍中就已出现,但秦汉以后仍然保持,并得到发展。

《说苑·君道》:"晋平公问于师旷曰:'人君之道如何?'对曰:'人君之道,清净无为,务在博爱,趋在任贤,广开耳目,以察万方,不固溺于流俗,不拘系于左右,廓然远见,踔然独立,屡省考绩,以临臣下,此人君之操也。'平公曰:'善。'"这是《君道》篇第一自然段的文字,我们看到,在师旷的答语中,除"不固溺于流俗""不拘系于左右"和"此人君之操也"三句外,均属于四字句。而这三句,去掉虚词(副词、代词、介词和语气词),则也都是四字句,每句都组成两个音步。

《世说新语·品藻》第36则:"抚军问孙兴公:'刘真长何如?'曰:'清蔚简令。''王仲祖何如?'曰:'温润恬和。''桓温何如?'曰:'高爽迈出。''谢仁祖何如?'曰:'清易令达。''阮思旷何如?'曰:'弘润通长。''袁羊何如?'曰:'洮洮清便。''殷洪远何如?'曰:'远有致思。'"除了人物对话无法全用四字格外,孙绰对刘惔等人的评价语都采用了四字一句的形式,每句都恰好组成两个音步。

这种以两个音步组成四字句(四字格)的句式,在一定程度上,也影响了佛经的翻译。

早期如安世高的译经,字数长短不一,我们曾调查了明确是安世高翻译的《四谛经》《人本欲生经》和《一切流摄守因经》三种译经,四言句都在20%以内,非四言句则在80%以上。具体为:《四谛经》共有473句,四言句为90句,占19%。《人本欲生经》共有915句,四言句为141句,占15%。《一切流摄守因经》共有245句,四言句有25句,占10%。而题署安世高译的《太子慕魄经》在句式上就表现出和安译佛经的很大不同:《太子慕魄经》共有528句,其中,四言一顿或按佛经用语习惯可以读成两个四言的八言以及一字两字领起四言句共有460句,占全部句子的87%。如下图:

经名	太子慕魄经	四谛经	人本欲生经	一切流摄守因经
总句数	528	473	915	245
四言句	460	90	141	25
非四言句	68	383	774	220
四言句所占百分比	87%	19%	15%	10%

显然,《慕魄经》四字句所占的比例要远远超过其他三种。据研究,东汉译经中,最早大量采用四字句的是汉灵帝时的支曜的《成具光明定意经》,安世高译经绝无此例。

这可以说明,早期的佛经翻译经过东汉翻译家安世高和支娄迦谶的年代后,发展到东汉后期,从支曜译《成具光明定意经》开始,到康孟详和昙果译《中本起经》、康孟详和竺大力译《修行本起经》,翻译者的汉语水平在不断提高,与早期翻译者相比,译经语言变得更加地道,更像汉语,迈入了双音步四字句的时代,这既说明了翻译佛经汉化的趋势,同时也为汉语词汇的复音化打下了良好基础。正是在中土典籍和汉译佛典的双重作用和影响下,中古汉语词汇走上了迅速复音化特别是双音化的发展道路。

讲求俪偶对仗,四字一句,使许多可以用单音词的时候也用了双音词,用并列方式构成的双音词成为最能产的构词方式。与此同时,出现了类似后代词缀的"～自""～复""～当"等,附加式构词法成为复音新词的主要方式之一。

第三节 中古语言与文化

中古汉语横贯汉、三国、晋、南北朝、隋唐,连结上古汉语和近代汉语,在汉语史上处于承前启后的位置,影响深远。这一时期,从政治上看,战乱频仍,朝代更迭频繁。从思想史上看,儒家学说奠定了主流地位,玄学形成,并逐步繁荣;道教、佛教兴起并迅速发展,翻译佛经和道教著作大量出现。从学术史上看,注疏之风盛行,注释的范围渐趋扩大;字典辞书、考据笔记开始产生。从生活上看,宗教信仰、文学艺术、社会习俗、医农科技等对百姓的日常生活产生影响,这些,都在不同程度影响了语言词汇,促进了汉语的发展。以下,姑从几个侧面,看语言词汇和文化的关系。

一、品评、选官与词汇

自汉代以来,开始重视对人物的品评题鉴,魏晋南北朝尤盛,名人的品题评价,成为选拔官员的重要依据。"汉代郡国举士,注重乡评里选,……魏晋士大夫好尚清谈,讲究言谈容止,品评标榜,相扇成风,一经品题,身价十倍,世俗流传,以为美谈。"(参见徐震堮1984:1—2)六朝时期重视人物的品评,入仕须经名士的鉴赏、品评,在这一风气的影响下,有关人物品评方面的词汇就比较多。如评价人物的词语就有"目""题目""道""论"等(参见第三章第一节)。形容人的美德令行的词语也相当丰富。

(一) 名词性美词

六朝时期,随着玄学、清谈之风的流行,品评、题鉴人物成为名士的一项日常工作,与此相适应,产生了不少名词、形容词性的构词语素,构成了一大批欣赏、赞赏人的复音词,笔者称为"美词",如"韵"。"韵"是中古文人喜欢用的一个语素,在《世说新语》等书中,常常用来构成双音词,表示对人的称赞。[①] 如:

称赞人清高脱俗,说"高韵",谓高雅的气质。《品藻》第 7 则:"冀州刺史杨淮二子乔与髦,俱总角为成器。淮与裴颜、乐广友善,遣见之。颜性弘方,爱乔之有高韵。"

也说"天韵",谓自然的风度气质。《言语》第 32 则刘注引《玠别传》:"玠颖识通达,天韵标令。"

也说"风韵",指风度韵致。《言语》第 39 则刘注引《高坐别传》:"和尚天姿高朗,风韵遒迈。"《赏誉》第 107 则:"庾公曰:'卫风韵虽不及卿诸人,倾倒处亦不近。'孙遂沐浴此言。"如果鄙俗不风雅,则是"不韵"了。《言语》第 63 则:"支道林常养数匹马。或言道人畜马不韵。支曰:'贫道重其神骏。'"

称赞人有思想,会思考,谓之"思韵"。《政事》第 17 则刘注引《晋阳秋》:"何充……思韵淹通,有文义才情。"又《赏誉》第 60 则刘注引《晋阳秋》同。

[①] 钱锺书(1986:104)云:"北宋末俗语称人之姿色,物之格制,每曰'韵',以示其美好。此与范温以'韵'品目诗文书画,时近意合,消息相通。"

称赞人大智若愚,谓之"大韵"。《任诞》第41则:"襄阳罗友有大韵,少时多谓之痴。"①

"高韵""天韵""风韵""思韵""大韵"等都是对人的称赞、夸奖,指人的非同寻常的气质风度,常常用于构成偏正性词语。"风韵"一词沿用至今。

除了"韵"外,"美""令""通""达"等词语也经常出现,此不赘述。

(二) 形容词性美词

六朝人欣赏清新脱俗的名士,故常常用形容词"清"来形容人物或言行,组合成双音词。仅以《世说新语·赏誉》一篇中以"清"字为修饰词构成的双音节词为例,据粗略统计,就有清格、清明、清通、清真、清伦、清微、清淡、清选、清和、清纯、清朗、清识、清职、清才、清虚、清远、清流、清峙、清婉、清中、清厉、清论、清粹、清士、清惠、清标、清令、清言、清贵、清贫、清鉴、清举、清畅、清约、清称、清疏、清辞、清辩等,达38个之多,②全书更不待言。

因为品评人物从最初的评价人的真才实学到后来,就演变为称赞人的才性、风姿仪容等,产生了许多新词。形容词性的词语除了"清"外,还有"渊""峻"等,兹不赘述。

宋闻兵(2003:62—67)曾系统地研究了《宋书》中的双音节评

---

① 以上所举为"偏正"式的"~韵"结构,此外还有并列式的词语,有"韵度",谓风采,气度,名词。《任诞》第13则:"阮浑长成,风气韵度似父,亦欲作达。""韵合",谓和谐,协调,动词。《术解》第1则刘注引《晋后略》:"又诸郡舍仓库,或有汉时故钟,以律命之,皆不叩而应,声音韵合,又皆俱成。"《任诞》第49则刘注引《续晋阳秋》:"伊神色无忤,既吹一弄,乃放笛云:'臣于筝乃不如笛,然自足以韵合歌管。'"

② 此外,《赏誉》还有澄清、刚清、章清等"~清"式双音词,岳峙渊清、清露晨流等成语。

赞类词语,指出这类词语有"主词＋谓词""有＋～"和"谓词＋谓词"三种类型。主词有"风才""风采""风度""风骨""风鉴""风局""风识""风素""风业""风仪""风韵""风姿"等68个;谓词有"奇特""详雅""端雅""端妍""亮直""广流""冲邈""开迈""华润""秀彻""美丽"等87个,数量可观。这都与魏晋南北朝时期品评鉴赏人物的风气盛行有关,反映当时社会政治文化生活的一个特点。

二、尊佛崇教与词汇

东汉三国时期,佛教开始传入内地,为上层统治者和士族阶层所接受,并逐渐向普通民众扩散。整个魏晋南北朝时期,佛教在上层和民间盛行,出现了信佛、佞佛的何充、周嵩,舍身入寺的梁武帝等,《洛阳伽蓝记》记载了北朝时期洛阳一带兴盛的佛教事业和佛寺变迁。与此相应,出现了很多与佛教、高僧有关的词语。例如,在六朝作品中,有关僧人的称谓特别是敬(尊)称就相当多。既记载了僧俗交游,更反映了当时社会生活中人们信奉佛教,对出家人普遍抱有尊敬和崇拜心情的习俗,由此可以略窥宗教信仰对语言词汇的影响之一斑,值得注意。

汉魏以来,佛教传入,影响渐深,上至皇帝大臣,下至士民百姓,信奉者众多。在这样的背景下,对僧人、佛教徒的称谓比较丰富多彩。除了通常的"僧人""道人""和尚""沙门""沙弥"等称呼外,还如:

(一)敬称

大德

佛家对年长德高僧人或佛、菩萨的敬称。梵语为"婆檀陀"(bhadanta)。《大方便佛报恩经》卷二《对治品》:"到一边小国中,有一婆罗门解知佛法。尔时使者径往诣彼。至婆罗门所,问言:

'大德解佛法耶？'答言：'解也。'《洛阳伽蓝记·秦太上君寺》："常有大德名僧讲一切经，受业沙门，亦有千数。"慧琳《一切经音义》卷八八《释法琳本传序音义》"惊上人"条："唐朝大德彦惊法师名。"（54/868/c）《释氏要览》卷上："大德——《智度论》云：'梵语娑（应作"婆"——引者）檀陀，秦言大德。'律中多呼佛为大德。"（54/260/c）

上人

对和尚的尊称。后汉安世高译《七处三观经》四六："如是不比丘自如是譬，上人行者亦如是非一。"（2/882/c）《世说新语·文学》第30则："此道人语，屡设疑难，林公辩答清析，辞气俱爽。此道人每辄摧屈。孙问深公：'上人当是逆风家，向来何以都不言？'"又第43则刘注引《语林》："（殷）浩于佛经有所不了，故遣人迎林公，林乃虚怀欲住。王右军驻之曰：'渊源思致渊富，既未易为敌，且已所不解，上人未必能通。'"后秦鸠摩罗什译《大智度论》卷七三："佛告须菩提：'若菩萨摩诃萨，一心行阿耨多罗三藐三菩提，心不散乱，是名上人。'"（25/575/b）

开士

原谓僧人以能自开觉，又可开他人生信心，故称。后用作对僧人的敬称。《世说新语·文学》第64则刘孝标注引远法师《阿毗昙·叙》："有出家开士字法胜，以《阿毗昙》源流广大，卒难寻究，别撰斯部。"《释氏要览》卷上："经中多呼菩萨为开士。前秦苻坚赐沙门有德解者号开士。"唐颜真卿《怀素上人草书歌》序："开士怀素，僧中之英。"

法师

指精通佛经并能讲解佛法的高僧，亦用为对僧人的尊称。《世说新语·方正》第 45 则刘孝标注引《高逸沙门传》："晋元、明二帝，游心玄虚，托情道味，以宾友礼待法师。"又《伤逝》第 13 则："戴公见林法师墓，曰：'德音未远，而拱木已积。'"南朝齐王中《头陀寺碑文》："宗法师行絜珪璧，拥锡来游。"

阇梨

梵语"阿阇梨"的省称，意谓高僧；亦泛指僧。亦作"阇黎"。《梁书·侯景传》："初言隐伏，久乃方验，人并呼为阇梨，景甚信敬之。"南朝陈徐陵《谏仁山深法师罢道书》："旷济群品，为天人之师，水陆空行，皆所尊贵，言必阇黎和尚，书辄致敬和南，远近嗟咏，贵贱颙仰。"《西游记》第 47 回："阇黎还念经，班首教行罢。"

此外，尚有"导师""禅师""善知识""长老""宗师""律师""胜士""尊者""上坐(座)""座主""龙象"等。①

(二) 昵称

汉魏六朝时期，作为名词词头"阿"，使用的范围十分广泛，可以用在人名、称谓、亲属之间昵称等，推而广之，昵称佛教徒为"阿练""阿上""阿师"等。

阿练

东晋法显译《大般涅槃经》卷上："四者恭敬于师及以上座，五者料理爱敬阿练比丘。"(1/194/a)《系观世音应验记》第 31 则："囚见道人，告曰：'我必无活理，道人事何神，能见救不？'有一阿练莫知所从，语之曰：'有观世音菩萨，能救众生。'"(122 页)又第 47 则："蒋山上定林寺阿练道人释道仙，在蜀识裴，恒闻其自序此事。"(155 页)《隋书·五行志下》："开皇末，渭南有沙门三人，行投陀法

---

① 参见《释氏要览》卷上。

于人场圃之上。夜见大豕来诣其所，小豕从者十余，谓沙门曰：'阿练，我欲得贤圣道，然犹负他一命。'言罢而去。"(652页)

阿上

《高僧传》卷七《释昙谛》："遇见关中僧䂮道人，忽唤䂮名。䂮曰：'童子何以呼宿老名？'谛曰：'向者忽言，阿上是谛沙弥。为众僧采菜，被野猪所伤，不觉失声耳。'䂮经为弘觉法师弟子，为僧采菜，被野猪所伤。"(50/371/a)

阿师

唐释道世《法苑珠林》卷六二："梁州招提寺有沙门名琰，年幼出家。初作沙弥时，有一相师，善能占相。语琰曰：'阿师子虽大聪明，智慧锋锐，然命短寿，不经旬日。'"(53/761/a)段成式《酉阳杂俎》卷五《怪术》："李又曰：'阿师可下阶。'僧又趋下，自投无数，靦鼻败颡不已。"宋范成大《宝现溪》诗："跃珠本具眼，聊共阿师戏。"

（三）平称

更多的，是对和尚、僧人的一般称谓。如：

道人

《世说新语·言语》第48则："竺法深在简文坐。刘君问：'道人何以游朱门？'答曰：'君自见其朱门，贫道如游蓬户。'"《水经注·河水一》："有一道人命过烧葬，烧之数千束樵，故坐火中。"宋叶梦得《避暑录话》卷下："晋宋间佛学初行，其徒犹未有僧称，通曰道人。"

道士

汉牟融《理惑论》："仆尝游于阗之国，数与沙门道士相见。"南朝宋傅亮《光世音应验记》第3则："一道士所住讲堂壁下，先有积（林）[材]。"《齐民要术》卷一〇《五谷果蓏菜茹非中国物产者·檕多》："《嵩山记》曰：'嵩寺中忽有思惟树，即贝多也。……汉道士从外国来,将子于山西脚下种,极高大。'"

和尚/和上

《世说新语·言语》第39则刘孝标注引《高坐别传》:"和尚胡名尸黎密,西域人。"也作"和上"。又《简傲》第7则刘注引《高坐传》:"王公曾诣和上,和上解带偃伏,悟言神解。"

沙门

梵语(一说吐火罗语)的音译。《释氏要览》卷上:"肇师云:'出家之都名也。'"《世说新语·言语》第45则刘孝标注引《澄别传》:"出于敦煌,好佛道,出家为沙门。"晋袁宏《后汉纪·明帝纪下》:"浮屠者,佛也……其精者,号为沙门。沙门者,汉言息心,盖息意去欲而归于无为也。"《魏书·释老志》:"诸服其道者,则剃落须发,释累辞家,结师资,遵律度,相与和居,治心修净,行乞以自给。谓之沙门,或曰桑门,亦声相近,总谓之僧,皆胡言也。"也作"桑门",《后汉书·楚王英传》:"其还赎,以助伊蒲塞桑门之盛馔。"李贤注:"桑门,即沙门。"

此外,尚有"僧""比丘""苾刍""除馑男""上士""头陀""支郎""缁流""空门子""优婆塞"等,参见《释氏要览》卷上。

三、乱世叛逆与词汇

汉末三国以来,藩镇割据,强臣欺主,叛逆造反,屡见不鲜。可谓"乱世英雄起四方"。与此相应,出现了一批表示造反、叛逆的词语。

贼

叛乱,造反。《宋书·庾炳之传》:"诸恶纷纭,过于范晔,所少贼一事耳。"《南齐书·沈文季传》:"上在乐游苑,闻寓之贼,谓豫章王嶷曰:'宋明初九州同反,鼠辈但作,看萧公雷汝头!'"

反

叛乱,造反。《后汉书·方术传·任文公》:"哀帝时,有言越巂太守欲反，刺史大惧，遣文公等五从事检行郡界，潜伺虚实，共止传舍。"《宋书·文九王传·建平宣简王宏传》："元徽三年，景素防阁将军王季符失景素旨，怨恨，因单骑奔京邑，告运长、佃夫云'景素欲反'。"

为逆

做违逆之事，指谋反。《史记·秦本纪》："庶长壮，与大臣诸侯公子为逆，皆诛。"汉刘向《续古列女传》卷八《霍夫人显》："事泄，显恐怖，乃谋为逆，欲废天子而立禹。"《晋书·愍怀太子传》："明年正月，贾后又使黄门自首，欲与太子为逆。"

作恶

叛乱，造反。《三国志·魏志·钟会传》："有顷，白兵走向城。会惊，谓维曰：'兵来似欲作恶，当云何？'"（792页）又《蜀志·魏延传》："仪遣马岱追斩之，致首于仪，仪起自踏之，曰：'庸奴！复能作恶不？'"（1004页）

作反

造反。《魏书·咸阳王禧传》："坐多取此婢辈，贪逐财物，畏罪作反，致今日之事。"（539页）

作乱

叛乱，造反。《搜神记》卷七"徐馥作乱"条："其后吴兴徐馥作乱，杀太守袁琇。"（103页）《南史·张裕传附子永》："未之镇，遇桂阳王休范作乱，永率所领屯白下。"（806页）

作难

造反，叛乱。《后汉书·度尚传》："磐因自列曰：'前长沙贼胡兰作难荆州，馀党散入交阯。'"（1286页）《南齐书·倖臣传·纪僧真》："及上将拜齐公，已剋日，有杨祖之谋于临轩作难。"（974页）

作逆

造反。《异苑》卷四:"(刘毅)尝伸纸作书,约部将王亮储兵作逆。"(35页)《晋书·王舒传》:"在郡二年而苏峻作逆,乃假舒节都督,行扬州刺史事。"(2000页)《太平广记》卷一三九"长星"条(出《朝野佥载》):"自是吐番反,匈奴叛,徐敬业乱,白铁余作逆。"(1005页)

作孽

叛乱,造反。《古小说钩沉》辑《会稽典录》卷上"任光":"时海贼作孽,县令朱嘉将吏人出战于海渚,为贼所射伤。"(33页)

作叛

叛乱。《太平广记》卷一三八"侯弘实"条(出《鉴戒录》):"蜀平之后,无何,与陕府节度使康延孝等作叛。"(996页)

作异

犹言造反。《南史·刘沨传》:"遥光去岁暴风,性理乖错,多时方愈。畅曰:'公去岁违和,今欲发动。'顾左右急呼师视脉。遥光厉声曰:'谘议欲作异邪!'因诃令出。"(1824页)

作贼

造反,作乱。《系观世音应验记》第59则:"及城破,虏主曰:'道人当坐禅行道,而乃作贼耶?'"(180页)《宋书·顾觊之传》:"尝于太祖坐论江左人物,言及顾荣,袁淑谓觊之曰:'卿南人怯懦,岂办作贼?'"《晋书·列女·孟昶妻周氏传》:"(孟昶谓妻周氏曰):'刘迈毁我于桓公,便是一生沦陷,决当作贼。卿幸可早尔离绝,脱得富贵,相迎不晚也。'"

"贼""反"等单音词和"为逆""作恶"等复音词均表叛乱、造反义,从一个侧面反映了汉魏六朝险恶的世道。

四、企盼健康与词汇

东汉末、魏晋南北朝时期政局险恶,战争频繁,加之当时医学尚不发达,疾病、瘟疫严重威胁人们的健康,百姓的生命十分脆弱,朝不保夕,因而产生了人生如梦、及时行乐的思想。尽管如此,企盼长寿、希望健康是人类共同的理想,无论哪个朝代莫不如此。因此,六朝作品特别是书信中有不少询问身体状况,企盼健康的词语。

在佛、道著作以及二王法帖中,表示身体好、健康,有"安""平安""平健""平康""平平""佳""佳善""可"等众多词语,反映了人们渴求健康的心理。

安

"上下安也。和绪过,见之欣然。"(《全晋文》卷二二王羲之《杂帖》,商务印书馆本216页)

平安

"余粗平安,知足下情至。"(《全晋文》卷二二王羲之《杂帖》,商务印书馆本210页)"阮生何如?此粗平安,数绝问为慰。"(《全晋文》卷二六王羲之《杂帖》,商务印书馆本253页)

平健

"妇曰:'若汝立死,食尚叵得,况今平健,欲望我食!'"(《经律异相》卷五引《法句经》第三卷,22页)

平康

"夫人遂善平康也,足下各可不?"(《全晋文》卷二五王羲之《杂帖》,商务印书馆本244页)"后平康无疾,忽告众辞别。"(《高僧传》卷七《释僧含》,276页)

平平

"其次疾病多而不得常平平,忿然往学,可以止之者。……是故吾书教学人,乃以天长寿之法,且夕自力为之,才得且平平耳。"(《太平经》卷四九,161页)

佳

"先生适书,亦小小不能佳,大都可耳。"(《全晋文》卷二二王羲之《杂帖》,商务印书馆本211页)

佳善

"得告:承长平未佳善,得适适,君如常也。知有患者,耿耿。"(《全晋文》卷二五王羲之《杂帖》,商务印书馆本247页)

可

"先生适书,亦小小不能佳,大都可耳。"(《全晋文》卷二二王羲之《杂帖》,商务印书馆本211页)"远妇疾犹尔,其余可耳。"(《全晋文》卷二五王羲之《杂帖》,商务印书馆本247页)

与此同时,因为战乱、瘟疫使人们容易患病,尤其是婴儿、小孩,最容易被各种传染病夺去性命,因此,当人们患了病后,就寻求治疗,盼望治愈。在六朝,表示病情经治疗有好转、治愈、康复,也有众多的词语,如"平""平善""平复""平完""平豫""佳"等词。

平

"(杜)宣意遂解,甚夷怿,由是瘳平。"(《风俗通义·怪神·世间多有见怪惊怖以自伤者》,328页)"吾所苦渐平,明日鸡鸣,年便五十。"(《三国志·魏志·方技传朱建平》,809页)"天子至鼎湖,病甚。……上乃令发根祷之,即有应。上体平,遂迎神君会于甘泉,置之寿宫。"(《续谈助》三引《汉武故事》,《古小说钩沉》458页)

平复

"欲哀我者,使我身体平复如故。"(《道行般若经》卷九《萨陁波伦菩萨品》)"阇士闻之,心大欢喜,即取刀自刺两臂,以血与之,复割两髀肉,又破骨以髓与之。……报言:'天王哀我者,使身平复。愿则如旧疮愈,身强力气逾前。'"(《大明度经》卷六《普慈阇士品》)

"深心菩萨于求他利,不贪身命,以净心布施因缘,臂还平复,无有疮瘢。"(《大宝积经》卷七九《富楼那会》第十七之三,《大悲品》)

平完

"妇因自誓:我今一心,共相尊奉,无有他意大如毛发,若当实尔,至诚不虚,令汝一目,平完如故。"(《贤愚经》卷九《善事太子入海品》)

平愈

"御坐庑下浅露,中风发疾,苦眩甚。……遂到章陵,起居平愈。"(《后汉书·光武帝纪下》李贤注引《东观(汉)记》,68页)

平豫

"有建安殿下感患未瘳,若能治剡县僧护所造石像得成就者,必获平豫。"(《高僧传》卷十三《释僧护》,491页)

佳

"知部儿不快,何所在?今已佳也?"(《全晋文》卷二二王羲之《杂帖》,商务印书馆本212页)"数得桓公问,疾转佳也。"(又卷二三王羲之《杂帖》,商务印书馆本220页)

上面,我们主要从政经文化、思维交际等两个外部因素和"语言与文化"的若干体现考察了东汉以来的汉语词汇,那么,在这样双重因素影响下的汉语词汇,究竟有哪些特点呢?这是我们下面重点要讨论的问题。

第四节　中古汉语词汇的发展及若干特点

由于有上述因素及现象的影响,中古汉语词汇得到了较快的发展,并产生了不同于前代的特点。具体而言,有如下数端。

一、言文分歧加大,产生了迥然不同的词汇特点

(一)口语和文言的距离拉大

如前所述,从汉代开始,言(口语)文(书面语)分歧加大,新兴的古白话作品开始产生,并逐渐取得与典型的文言文作品分庭抗礼的地位,这类作品,多有通俗口语、不登大雅之堂的语言词汇,如汉代王褒《僮约》、戴良《失父零丁》、曹魏嵇康《家戒》(《全三国文》卷五一)等,与占据正统地位的汉赋、三国诗文,形成了鲜明的对比。两晋南北朝时期的情形相似,一方面,是辞赋、诗文等正统文言继续占据着统治地位;另一方面,则是部分反映口语面貌的白话作品屡屡可见。在早期白话作品中,反映口语的生活语词、俚俗语词大量产生,在一定程度上,反映了当时口语的实际面貌。

(二)反映或部分反映口语作品的类别

1. 言文分歧导致词汇总量增加,丰富了汉语词汇系统

言文分离的一个明显标志是,早期白话作品开始产生。这些作品中,口语词数量增加,[①]呈现出一种不同于正宗文言作品的语言风格。

中古汉语时期,随着言文分离的加快,口语性较强的作品自东汉以来逐渐增多。当然,在不同体裁的作品中,口语词的比重是大不相同的。一般说来,佛典、小说、汉乐府、晋南北朝民歌、书信等作品中,含有口语方言词的比重比较大。

[①] 所谓"口语词",我们认为就是反映口语实际面貌的词语,它包括一般词语和常用词,与后文讨论的"新词新义"在一定程度上有重合的情况。在汉魏六朝时期,一般说来,和正统作品如汉赋、骈体文(如《文选》所载辞赋)、纯属应景之作的诗歌如郊庙歌辞、燕射歌辞、相和歌辞(如《宋书·乐志》《晋书·乐志》所载)等相对的非正统作品比较接近口语,含有一定数量的口语词。

东汉魏晋南北朝时期,社会发展十分迅速,人们的思想意识也随之而丰富起来,语言作为社会的交际工具,被时代赋予了更高的要求,即表达形式和手段更加丰富,用词造句的选择范围更加广泛,日益显现出其勃勃生机。表现在词汇上,就是出现了大量的新词新义,丰富了汉语的词汇系统,促进了语言的发展。

2. 生活、俚俗作品的类别

俚俗是和高雅相对而言的。和上古时期一样,汉魏两代,以文人诗文、正史等为主体的正统的文言作品占据主导地位。魏晋以降,辞赋、文人诗歌也是占据上风的主要文学形式。然而,在某些文人的笔下,也出现了部分俳谐、俚俗、具有生活气息的作品,主要有两类:

一类是契约、(寻人)启事、诉讼文书等,比较有代表性的如:契约有西汉王褒的《僮约》、晋石崇《奴券》、前凉升平十一年《王念卖驮券》、西凉建初十四年《严福愿赁蚕桑券》(后二种均见《吐鲁番出土文书》第一册)等;启事、招贴有东汉戴良的《失父零丁》等;诉讼文书有南朝梁任昉的《奏弹刘整》等。

另一类则是文人的俚俗或俳谐之作,以辞赋、散文的形式出现。这方面的作品如:晋代有束皙的《劝农赋》《饼赋》,秦子羽的《头责子羽文》等。

除了文人俚俗、俳谐作品外,乐府诗歌、翻译佛经、小说笔记、书信碑帖等作品中也有程度不一的俚俗成分,此不一一列举。

(三)生活用语、俚俗语词数量增加

中古词汇的重要特点是:接近生活的语词、俚俗语词大量出现。在比较口语化的作品里,出现了平时在高文典册中难以见到的生活用语和俚俗语词,大致有这样几类:

1. 反映日常生活、接近口语的语词

汉魏以来产生的反映日常生活、接近口语的新词,文人雅士每每以其晚近而俚俗,弃而不用。以几个动词为例:

趁

追赶,奔赴。《后汉书·杜诗传》:"闻贼规欲北度,乃与长史急焚其船,部勒郡兵将突骑趂击,斩异等,贼遂蔫灭。""趂",同"趁"。

枨

触碰。《抱朴子内篇·辩问》:"此亦如窃钟枨物,铿然有声,恶他人闻之,因自掩其耳者之类也。"

换

借,借贷。《后汉书·桓帝纪》:"又换王侯租以助军粮,出濯龙中藏钱还之。"(311页)

"趁""枨""换"都是表示某个动作的动词,但可能因为其接近生活,反映口语,故不被士人所喜欢,在文人诗文中鲜见用例。

2. 描写生理、生殖及性的语词

相对西方民族的情感外向、性格直率,东方民族往往偏于内向,感情含蓄,表达委婉,显现出东西方之间的文化差异。地处东亚的汉民族也不例外。反映在中古文献中,大凡描写生理、人体性器官方面的语词,一般的作品都回避不用。以翻译佛经为例,就有"大行""小行""不净""三疮""男根""女根"等词,中土文献也用"污,粪污,恶"等来指称粪便。

(1) 排泄或排泄物

大行/小行

指大小便。魏晋以来的文献中,对大小便有多种称呼,其中之一就是"大行""小行"。西晋竺法护译《佛升忉利天为母说法经》卷下:"彼四大域其境界中,而有一种名蜜合成,常有华实,其味甚美。……食是已后,亦不大行,亦不小便,无有涕唾。"《全晋文》卷二七王献之《杂帖》:"忽动小行多,昼夜十三四起,所去多。又风不差,脚更肿。"南朝梁宝唱等撰集《经律异相》卷一九引《僧祇律》:"因其小行,不净流出,时有牝鹿,渴乏求水,饮此小便,不净著舌,舐其产道。"

不净

也用"不净"婉指粪便。如:失译《杂譬喻经》卷下:"有一老鸦,当其上飞,爪攫粪正堕著羹中,厨士见之,即欲断取,即消散尽。厨人念曰:欲更作羹,时节已晚,欲持食人,中有不净。"《敦煌变文校注·目连缘起》:"化为女狗之身,终朝只向街衢,每日常餐不净。"(1015页)也指腐烂之物,晋法炬共法立译《法句譬喻经》卷四:"于是世尊将此比丘并与大众入舍卫城,到好女舍,好女已死,停尸三日。……身体臭胀,不净流出。"①这些义项后世未见沿用。

(2) 生殖器官

根

中古时期,可以用"根"来婉称人和动物的生殖器,又有"男根""女根"之称,分别婉指男、女生殖器。元魏慧觉等译《贤愚经》卷五《长者无耳目舌品》:"月满生儿。其身浑沌,无复耳目,有口无舌,又无手足,然有男根。"刘宋沮渠京声译《治禅病秘要法》卷下:"夜叉复胜,搏撮罗刹,剥其面皮,劀取女根。"刘宋佛陀什共竺道生等译《五分律》卷一二:"尔时诸比丘尼用胡胶作男根,内女根中,生爱

---

① "不净"在中古佛经中用例甚夥,所指十分广泛,包括月经、精液、粪便等不洁净之物,参看王云路、方一新(1992:56—57)。

欲心。遂有反俗作外道者。"(22/87/a)又卷一七:"时有一比丘,男根灭女根生,诸比丘不知云何,以是白佛。"(22/119/a)"男根",男性外生殖器;"女根",女性外生殖器。① 这是佛典中对男、女生殖器的婉称。比起中土典籍绝不提及来说,翻译佛经应该算是接近生活和口语的。

动物的外生殖器也可称"根",如:南齐求那毗地译《百喻经·搆驴乳喻》:"中捉驴根,谓呼是乳,即便搆之,望得其乳。""驴根",公驴的外生殖器。

对外生殖器的称呼还有一些:

产道

指女性生殖器。东晋佛陀跋陀罗共法显译《摩诃僧祇律》卷一:"时鹿爱群,共相驰逐。渴乏求水,饮此小便。不净著舌,舐其产道。"(22/232/c)东晋僧伽提婆译《中阿含经》卷三九:"如是诸梵志亦如世法,随产道生。"(1/674/a)

疮门/小行道/大行道

东晋佛陀跋陀罗共法显译《摩诃僧祇律》卷三六:"若比丘尼与人男眠觉死,如是非人男畜生男眠觉死,人非人畜生不能男眠觉死。三疮门:若口、若小行道、大行道,若一一受乐者,是比丘尼波罗夷不应共住。"(22/514/b)在这段文字中,"三疮门",指妇女的嘴巴、外阴、肛门。下面一句就是对它的解释。② "小行",小便,"小行

---

① "女根"后来也称"女杀",也是一种委婉的说法:明杨慎《艺林伐山》卷六"莛"条:"今温州有之,名沙蒜,其茎酷似男根。又有淡菜,绝类女杀。亦阴阳之产也。"(丛书集成本36页)

② 后秦弗若多罗译《十诵律》卷三(初诵之三):"比丘教女人言:'汝三疮门中随意与男子者,则为男子所爱。'"(23/16/2)"三疮门"的用法相同。

道"指外阴;"大行",大便,"大行道",指肛门。用的都是委婉语。

谷道

指肛门。西晋竺法护译《修行地道经》卷一:"一种在谷道,名为重身。"(15/188/b)晋道安《鼻奈耶序》:"淫女色三处成弃捐。近常产道,是一弃捐法;近谷道是二弃捐法;若近口是三弃捐法。"(24/852/c)

(3) 描写男女关系的语词

自古以来,祖先教导的就是"男女授受不亲"的传统观念,受其影响,中古时期,正统的文献作品中,在男女关系方面讳莫如深,绝不涉及男女情爱,不谈性。① 倒是佛经比较坦率,特别是律藏,经常涉及一些男女私情方面的词语,有一些不算露骨的性描写。上举"三疮""男根""女根"已经是这方面的例子。再如:

呜/呜口/呜嗽:亲吻

扪摸/捻捉/摩扪:抚摸,摩挲

姚秦佛陀耶舍共竺佛念等译《四分律》卷二(初分之二):"伺诸妇女若居士家妇女来,将入房看,便捉扪摸呜口耶。"(22/580/b)捉,抱住;扪摸,抚摸;呜口,亲嘴。东晋佛陀跋陀罗共法显译《摩诃僧祇律》卷三六:"比丘尼言:'共作是事来。'年少答言:'不敢。馀出家人被袈裟者,我尚不生此心。而况是师,我所尊重。'复言:'若不能者,但抱我呜,捉我上下,扪摸我。'答言:'但须尔者,我能为之。'即便抱呜,捻捉两乳,上下摩扪。得适意已后,数数如是。"(22/515/b)"是事",指男女交欢之事。"呜""扪摸""抱呜""捻捉""摩扪"都是动词,形容男女之间亲吻、抚摸的亲密行为,通常只见于翻译佛经。

---

① 唐宋以后,有一些描写男女性爱的通俗文学作品,如唐白行简《天地阴阳交欢大乐赋》。明清更有一批类似《金瓶梅》这样有露骨的性描写的白话小说,则大谈特谈"性"。

至于交媾等描写性行为的词语，则只在佛经中才能见到，如：

共事

谓交媾，性爱。① 东晋佛陀跋陀罗共法显译《摩诃僧祇律》卷七："男女共事，无可羞处者，一男一女，更无馀人。"（22/290/c）又："不可淫处者，若男女共事可羞耻处。"（22/290/c）姚秦佛陀耶舍共竺佛念等译《四分律》卷三："问者问：'汝大小便道何似？汝云何与夫主共事，云何复与外人共通？'"（22/581/c）

交通

指交媾、性交。西晋法立共法炬译《大楼炭经》卷四："男女各异处，便共往至其树下。若树低荫覆其人上，便共交通。树不覆人上者，不行交通之事，各自别去。"（1/297/a）姚秦竺佛念译《鼻奈耶》卷一〇："即入持华与淫种妇，中夜交通。向明，身体一切生疮。"（24/898/a）

也有直接说的。姚秦佛陀耶舍共竺佛念等译《四分律》卷一："告诸比丘：'宁持男根著毒蛇口中，不持著女根中。……若犯女人，身坏命终，堕三恶道。'"（22/570/b）

中土文献除了较口语化作品有个别用例（如《世说新语·惑溺》和《异苑》的"鸣"）外，通常是见不到此类词语的。当然，也很少有涉及谈婚论嫁的词语。在《世说新语》中有此类语词，如：

婚处

《世说新语·方正》第58则："王文度为桓公长史时，桓为儿求王女，王许咨蓝田。既还，蓝田爱念文度，虽长大犹抱著膝上。文度因言桓求己女婚。蓝田大怒，排文度下膝，曰：'恶见文度已复痴，畏

---

① 佛经中"共事"多指共同生活、交往，指交媾属于特指义。

桓温面。兵,那可嫁女与之!'文度还报云:'下官家中先得婚处。'"又《贤媛》第15则:"王汝南少无婚,自求郝普女。司空以其痴,会无婚处,任其意便许之。"又《假谲》第9则:"却后少日,公报姑云:'已觅得婚处,门地粗可,婿身名宦,尽不减峤。'"又第12则:"因诣文度,求见阿智。既见,便阳言:'此定可,殊不如人所传,那得至今未有婚处?我有一女,乃不恶。但吾寒士,不宜与卿计,欲令阿智娶之。'"

嫁处

西晋法炬共法立译《法句譬喻经》卷四《利养品》:"女以长大,应当嫁处。"(4/603/c)①

上述引例中,"婚处""嫁处"指婚配,嫁娶或对象,配偶,意思是清楚的。可惜在中土文献中,此类例子如凤毛麟角,不易见到。

(四)谦敬、委婉表达方式盛行

所谓谦敬、委婉的表达方式,通常在以下两类情况下使用:

1. 不宜直接称述者

自古以来,国人对死亡总是十分敏感、忌讳的,通常不直接说,而是采用委婉的表述方式。《战国策·赵策四》:"一旦山陵崩,长安君何以自托于赵?"触龙用"山陵崩"婉指赵太后的死。中古、近代时期,这一类的婉称非常多,以出土文献为例,蒋礼鸿(1994)曾对《吐鲁番出土文书》第一册的相关词语作过考释:

"若弘度身毛,仰申智偿。"(义熙五年道人弘度举锦券,

---

① 榎本文雄、神塚淑子、菅野博史、末木文美士、引田弘道、松村巧(2001:下册219)注记:"'应当嫁处'——'处',是具有中古汉语特点的口语助词,'……的时候'义。志村良治《中国中世语法史研究》(三冬社)104页已经略加指出。此外,唐宋词作品中类似的'~处'的用法也经常见到。"作者指出"~处"具有中古汉语口语词的特点,是;但认为"~处"就是"……时候",以"嫁处"为(到了)出嫁的时候,误。

189页)"若长受身东西毛,仰妇儿上(偿)。"(高昌延昌二十二年康长受从道人孟忠边岁出券,191页)"延寿里民翟万去天入地,谨条随身衣裳物数如右。"(北凉缘禾六年翟万随葬衣物疏,176页)

这里,"身毛""身东西毛""去天入地"等说法,都是对立契约的借贷人一方死亡(或外出、失踪)的婉称。在敦煌文献中,类似的词语有"不在""东西""东西不在""不在有东西""不平善""东西不善""东西不平善""道上不平善""路上般次不善""东西逃避"等。(参见蒋礼鸿1986:44,1994:204)

近代汉语时期,这类说法依然常见,如:"我若不在,你母是个最正直不偏心的人,你两个要孝顺他,凡事依他。"(明杨继盛《赴义前一夕遗属二首》之二《父椒山谕应尾应箕两儿》,载《杨忠愍集》卷三)"不在"是作者杨继盛对自己死去的婉称。

同样,对身上某些较为敏感的部位,不宜直接称呼,也往往采用委婉的说法。如唐宋以来诗文或用"胸前雪"来婉指女性的乳房。唐白居易《代谢好妓答崔员外》诗:"青娥小谢娘,白发老崔郎;谩爱胸前雪,其如头上霜。"尹鹗《拨棹子》词:"寸心恰似丁香结,看看瘦尽胸前雪。"清黄之隽《佳人四十首》(《香屑集》卷九)诗:"漫爱胸前雪,鲛纱覆绿蒙。"

以"胸前雪"指称年轻女子的乳房,可称得上是一种委婉的表达方式。

2. 在外交场合使用的词语

从有文献记载的先秦时代起,在史书等典籍中,就经常可以见到类似于今天"外交辞令"的词语,委婉地表达意思。如"子以君师辱于敝邑,不腆敝赋,诘朝请见"(您率领贵国国君的军队光临敝国的土地,敝国的兵力不雄厚,请明早相见)、"臣辱戎士,敢告不敏,摄官承乏"(臣下不称职地充任一名战士,冒昧地禀告我是不称职的,只是由于人才缺乏而暂时代理这个官职——均见《左传·成公二年》),"虽遇执事,其弗敢违"(即使将碰到执事您,我也不敢逃避躲开——《左传·成公三年》)之类,"诘朝请见"言下之意就是下挑战书——我们战场上见!"敢告不敏"言下之意就是要逮捕对方(齐顷公),"其弗敢违"言下之意就是要跟您打上一仗。都是比较典型的委婉表达法,应该透过文字表面来理解其真实的意思。

汉魏六朝时期,这一类的委婉表达方式也可见到,并且使某些词语产生了新的义位。可举"彼"及其系列用语来看。

彼

在六朝史书中,经常可以见到用"彼"来指称交战的对方,例如:《宋书·张畅传》:"安北不乏良驷,送自彼意,非此所求。"(1603页)又:"向送刘康祖头,彼之所见。"(1603页)《南齐书·东南夷传·扶南国》:"知鸠酬罗于彼背叛,窃据林邑,聚凶肆掠,殊宜剪讨。"(1016页)"彼"都指称对方(国家),犹言贵国。与此相同,也可用"彼方""彼国""彼土""彼朝"等指称对方国家,犹言贵国;用"彼军"来指称对方军队,犹言贵军。①

"彼"原来是表示远称的指示代词,用作指人,相当于"那人",如《论语·宪问》:"彼哉!彼哉!"后来演变为第三人称代词,指代他、他们。六朝史书中,"彼"和"此"常常对举使用,分别指称对方和己方。《宋书·武帝纪中》:"天地所不容,在彼不在此矣。"(34页)《南史·陈后主纪》:"书末云:'想彼统内如宜,此宇宙清泰。'"

---

① 参见董志翘、蔡镜浩(1994:25—27)、方一新(1997:7—9)。又,"彼"的此类用法唐代仍见,王继如(2001:66—67)有考释。

(306页)"彼",您那里;"此",我这里。"彼"犹言贵国、贵地的用法当即由此演变而来。从史乘的使用情况看,"彼"大多用于两国使者交谈或信函往还,应该属于外交场合习用的委婉语词。

二、新词新义大量产生

一个时代有一个时代的词汇,语言词汇与生产力发展、社会现实紧密相关。古代有很多字(词)表示"马"的概念,陈原《社会语言学》第50页就举了十几个。陈原说:"一切名词都是现实世界客观事物的反映。"(50页)"语言中没有或少见的语汇,就是这个社会生活中所没有或少见的现象。"(237页)古人不剃胡须,故自先秦两汉至隋唐,都重视胡须,崇尚胡须。正因其如此,就有了专门区别胡子的"髯"(两颊上的胡子)、"髭"(嘴上边的胡子)、"鬚"(嘴下边的胡子)等,区别井然。(参见王力1980:583—584)

中古时期,是社会发展变化十分剧烈的时期,也是语言词汇发展迅速的时期,出现了大量的新词和新义。

(一)新词

1. 反映新事物的新词

陈原说:"语汇是语言中最敏感的构成部分。语汇的变化(变异)是比较显著的,而且不需要等很长时间,语汇变异的速度是比较快的。社会生活出现了新事物,语言中就迅速地出现了与此相应的新语汇。"(《社会语言学》204页)一个时代有一个时代的词汇,中古时期,新产生了很多新生事物,与此相应,也产生了不少表示这些事物的新词。姑分词类举例如下:

(1)名词

盏

一种浅小而敞口的杯子。中古以来习见,如:《齐民要术》卷八

《作酱等法》："食时下姜末调黄,盏盛姜酢。"《宋书·武三王传·江夏文献王义恭》："高祖为性俭约,诸子食不过五盏盘,而义恭爱宠异常,求须果食,日中无算,得未尝唊,悉以乞与傍人。"(1640页)引申为量词,为饮品、粥或灯的单位。《全晋文》卷二六王羲之《杂帖》："鹰嘴爪炙入麝香煎,酥酒一盏服之,治痔瘘有验。"唐孟郊《小隐吟》诗："我饮不在醉,我欢长寂然。酌溪四五盏,听弹两三弦。"白居易《闲居》诗："空腹一盏粥,饥食有余味。"

"盏"是中古新产生的事物,"桌""椅"是唐代新产生的事物,人们都为它们造了相应的新词来表示。

斋

房屋,内室。《搜神记》卷二〇："至太兴中,吴郡太守张懋,闻斋内床下犬声,求而不得。"《世说新语·文学》第40则："支道林、许掾诸人共在会稽王斋头。支为法师,许为都讲。"《太平广记》卷一八"文广通"条(出《神仙感遇传》)："又见西斋有十人相对,弹一弦琴,而五声自韵。"(参见曲守约1968:481)

店

商店,买卖货物的场所。东晋僧伽提婆译《中阿含经》卷一九："诸贤:我离受田业、店肆;断受田业、店肆。"佛陀跋陀罗共法显译《摩诃僧祇律》卷一〇："白言:'好食已尽。今与尊者钱,可于店上易好食。'"后秦弗若多罗译《十诵律》卷五八："比丘从店肆买物,不与价;店肆卖物人从索价,比丘心生不与。"说明"店"作为买卖物品的场所,早在中古就有用例。《汉语大字典》举唐代诗歌作为首见例,显然晚了。

埭

原指堵水的土坝。《玉篇·土部》："埭,以土竭水。"《宋书·沈攸之传》："初攸之贱时,与孙超之、全景文,共乘小船出京都,三人共上引埭，有一人止而相之。"①引申指船舶往来征税之处。《异苑》卷五："会稽石亭埭有大枫树，其中空朽。"(47页)《梁书·武帝纪》："庚辰，诏曰：'……四方所立屯传邸冶，市埭桁渡，津税田园，新旧守宰，遊军戍逻，有不便于民者，尚书州郡，各速条上，当随言除省。'"(89页)《南史·顾觊之传附孙宪之》："浦阳、南北津及柳浦四埭，乞为官领摄，一年格外长四百许万。武帝以示会稽，使陈得失。宪之议曰：'……凡如此类，不经埭烦牛者上详。'"(922页)清雍正年间编的《浙江通志》七《水利》中，汇集了大量带"埭"的地名，如：官埭、建山埭、驿前埭、项公埭、赵家埭、胡埭、南埭、下林埭、大坑埭、上孤埭、小河埭等。征之方言，此词今天仍保留在吴、闽、客家等方言里，尤其是地名中多见。②

桁

浮桥。《世说新语·捷悟》第5则："王敦引军垂至大桁，明帝自出中堂。温峤为丹阳尹，帝令断大桁。"《水经注·涔水》："城北水旧有桁。北渡涔水，水北有赵军城，城北又有桁。"《南齐书·东昏侯纪》："犹不能足，下扬、南徐二州桥桁塘埭丁，计功为直，敛取

---

① 曲守约(1968:42)云："引埭谓以牛引船而经行之埭也。"
② 今浙江各地含"埭"的地名极多。浙江《嘉兴日报》2005年7月8日《林埭良渚文化遗址墓葬群开始"显山露水"》："从5月下旬以来，平湖市林埭镇东南两公里处群新村再次发现良渚文化遗址墓葬群的消息引起了各级新闻媒体和广大市民的普遍关注。"南方其他省份也有，如福建《泉州晚报》2004年8月14日《外走马埭围垦建设公司创立》："昨日，福建省泉州市外走马埭围垦建设有限公司举行创立大会。该公司将承担泉州市外走马埭围垦工程的围堤建设，垦区土地开发建设和经营管理等任务。"《广西壮族自治区桂林市景区·相思埭》(搜狐网2005年7月11日)："桂林市重点文物保护单位。……《新唐书·地理志》记载：'临桂县有相思埭，长寿元年筑，分相思水使东西流。'相思埭工程结构基本仿照秦代灵渠，有分水塘、滚水坝、东西渠道、陡闸等。……相思埭是沟通漓江与柳江的纽带，同时也是中原通往广西西部和云南、贵州的捷径。……今相思埭除仍擅灌溉之利，已再无航运之需，部分设施如陡门等均早已颓圮。"

见钱,供太乐主衣杂费。由是所在塘渎,多有隳废。"(104页)曲守约《中古辞语考释》"大桁即朱雀桁"条据《南齐书·王融传》"行逢大舫开",《南史》作"行遇朱雀桁开",谓:"是大舫(原注:与桁同)即当朱雀门之朱雀桁也。"(19页)[1]

测

本为六朝的一种刑具名。高一尺,圆而窄,仅容两足,不堪长时间站立。《隋书·刑法志》:"立测者,以土为垛,高一尺,上圆,劣容囚两足立。"《南史·循吏传·何远》:"当时士大夫坐法皆不受测,远度已无贶,就测立三七日不款,犹以私藏禁仗除名。"也指用测刑来使犯人招供。《全晋文》卷六二孙绰《喻道论》:"若圣主御世,百司明达,则向之罪人,必见穷测,无逃形之地矣。"南朝梁任昉《奏弹刘整》:"以事诉法,令史潘僧尚议:'整若辄略兄子逡分前婢货卖,及奴教子等私使,若无官令,辄收付近狱测治。'"《陈书·儒林传·沈洙》:"且测人时节,本非古制,近代以来,方有此法。起自晡鼓,迄于二更,岂是常人所能堪忍?"《隋书·刑法志》:"凡系狱者,不即答款,应加测罚,不得以人士为隔。"

"斋""店""埭""桁""测"等均为魏晋以来产生的新生事物,故产生了相应的新词。

(2) 动词

舁

抬。《说文·舁部》:"舁,共举也。"小篆是四手相向共举抬的形状,会意。旧题后汉安世高译《佛说㮈女祇域因缘经》:"语长伍

---

[1] 《世说新语·捷悟》第5则"王敦引军垂至大桁",徐震堮校笺:"大桁——即朱雀航。"与曲氏略同。

曰：'此是国王使，今忽得病。汝等急往，舁取归家，好养护之。'"《三国志·魏志·华歆传》："时华歆亦以高年疾病，朝见皆使载舆车，虎贲舁上殿就坐。"《世说新语·术解》："（殷浩）遂令舁来，为诊脉处方。"近代汉语作品也见此词，五代杜光庭《虬髯客传》："家人自东堂舁出二十床，各以锦绣帕覆之。"《太平广记》卷三五"柏叶道人"条（出《化源记》）："遂命置一斛温水于室，数人舁卧斛中。"

侩

说合买卖双方之间的价钱以成交。《玉篇·人部》："侩，合市也。"本义是撮合成交的行为，动词。《后汉书·逸民传·逢萌》："初，萌与同郡徐房、平原李子云、王君公相友善，并晓阴阳，怀德秽行。房与子云养徒各千人，君公遭乱独不去，侩牛自隐。时人谓之论曰：'避世墙东王君公。'"（2760页）唐代李贤注："侩谓平会两家卖买之价。"又引嵇康《高士传》曰："君公明《易》，为郎。数言事不用，乃自汙与官婢通，免归。诈狂侩牛，口无二价也。"（2761页）《搜神记》卷十一"杨伯雍"条："杨公伯雍，雒阳县人也。本以侩卖为业。"（137页）《广韵·泰韵》："侩：晋令：'侩卖者，皆当著巾，白帖额，言所侩卖及姓名，一足白履，一足黑履。'"由此引申，后世又产生了牙侩、买卖的中间人义，类似于今之中介人。宋洪迈《夷坚甲志·妇人三重齿》："乃召女侩立券，尽以其当得钱，为市脂泽衣服。"明吴应箕《耕田苦》诗："牙樯锦缆何喧哗，调笙理瑟半侩驵。"

贴

典押，质押。《宋书·何承天传》："时有尹嘉者，家贫，母熊自以身贴钱，为嘉偿责。""贴钱"，抵押钱款。《南齐书·周颙传》："亦有捩臂斮手，苟自残落，贩佣贴子，权赴急难。"（731页）"贴子"谓典押儿子。《魏书·肃宗纪》："七品、六品，禄足代耕，亦不听锢贴店肆,争利城市。""锢贴",谓独占典押。又有"贩贴"一词:《南齐书·孝义传·公孙僧远》:"弟亡,无以葬,身贩贴与邻里,供敛送之费。……兄姊未婚嫁,乃自卖为之成礼。"(956 页)"贩贴"犹"贩佣",即下文的"自卖"。

趗/透

跳。《系观世音应验记》第 46 则:"忽然见有大虎从草趗出,跳距大叫,诸羌一时怖走。"(152 页)《宋书·礼志五》:"长跻伎、趗舒、丸剑、博山伎、缘大橦伎、升五案伎,自非正冬会奏舞曲,不得舞。"又《柳元景传》:"元景察贼衰竭,乃命开垒,鼓噪以奔之,贼众大溃,透淮死者甚多。"《集韵·侯韵》:"透、趗:他侯切。《说文》:'跳也,过也。'或从走。"

(3) 形容词

闹

吵闹,喧闹。三国吴康僧会译《六度集经》卷六:"尔等欢闹,邪声乱志,独而无偶。"(3/4/a)姚秦竺佛念译《十住断结经》卷一〇《梦中成道品》:"复有四法:乐在闲静,不处愦闹。"(10/1044/a)东晋瞿昙僧伽提婆译《中阿含经》卷六:"我时唯见童子胜园,往来极好。昼不喧闹,夜则寂静。"(1/460/c)"闹"是一个魏晋以来产生的新词,意为喧杂、喧闹。

宋代睦庵善卿编《祖庭事苑》(台湾佛光山《佛光大藏经·禅藏·杂集部》,凡二册,1994 年)〚䦧〛,正作帀,与闹同,扰也。女教切。(卷六 644 页)"䦧"是"闹"的俗字,写本多见,如:《生经》卷二《佛说舅甥经》:"其人射闹,载两车薪,置其尸上。"又:"人众总闹,以火投薪,薪燃炽盛。"敦煌本"闹"作"䦧",是"闹"的俗字。

谐偶/谐耦

顺利,吉利。三国吴维祇难等译《法句经》卷下:"有信则戒成,从戒多致宝;亦从得谐偶,在所见供养。"西晋竺法护译《生经》卷一《佛说那赖经》:"时有贾客,卖好真珠,枚数甚多,既团明好。时有一女诣欲买之,向欲谐偶。有一男子,迁益倍价,独得珠去。"(3/76/b)西晋无罗叉译《放光般若经》卷四:"'云何菩萨,所愿谐偶?''具足行六波罗蜜,是故谐偶。'"(8/29/b)又作"谐耦"。《易林》卷一六《既济之涣》:"马服长股,宜行善市;蒙祐谐耦,获金五倍。"

(4) 量词

搩手/磔手

一种度量单位,张开手指,从大拇指到中指(或小拇指)之间的距离。犹今言"一拃"。

东晋佛陀跋陀罗共法显译《摩诃僧祇律》卷九:"若比丘作新敷具毡,尼师檀当著。故敷具毡辟方一修伽陀搩手,为坏好色故。……修伽陀者等正觉,一搩手者,长二尺四寸。"(22/309/a)[①]姚秦佛陀耶舍共竺佛念等译《四分律》卷四九:"彼用长厕草。佛言:'不应用长厕草,极长一搩手。'"(22/932/b)失译《萨婆多毗尼毗婆沙》卷三:"制令应量,长十二搩手,内广七搩手者,佛一搩手,凡人一肘半示处者,僧应示作处。"(23/520/c)

也作"磔"。刘宋佛陀什共竺道生等译《弥沙塞部和醯五分律》卷九:"若比丘作尼师檀,应如量作,长二修伽陀磔手,广一磔手半。"(22/71/a)又:"若续方一磔手,若过波逸提。续方一磔手者,

---

① "修伽陀",梵语 sugata 的音译词,意译好去、善逝,如来十号之一。"一修伽陀手"言如同如来手一拃这么长。参看李维琦(2004:374—375)。

截作三分续长头。"(同上)后秦弗若多罗译《十诵律》卷三:"若比丘自乞作舍,无主自为,当应量作。是中量者,长十二修伽陀搩手,内广七搩手。"(23/20/c)两处"搩",宋元明三本、宫本均作"磔"。姚秦佛陀耶舍共竺佛念等译《四分律》卷八:"复作是念:我当听诸比丘作新坐具,取故者纵广一搩手,帖著新者上,坏色故。"(22/616/c)"搩",宫本作"磔"。律藏中此类"搩"多见,宋元明三本、宫本常作"磔"。

2. 反映旧事物的新词

新事物自然要用新词来表示,但旧事物也会换用新词。法国语言学家房德里耶斯(1920[1992:256])指出:"利用派生法和复合法可以创造新词,从而大大增加更换词汇的可能性。派生词一旦创造出来,人们就感到它是一个新词,可以适合于所指定的事物。"这里举几例。

有单音旧词对单音新词,如:

弈/戏

先秦说"弈","弈者举棋不定,不胜其耦。"(《左传·襄公二十五年》)"使弈秋诲二人弈:其一人专心致志……"(《孟子·告子上》)中古以来又说"戏":"于时羽檄交驰,人马擐甲,严驾已讫,祎与敏留意对戏,色无厌倦。"(《三国志·蜀志·费祎传》)"沉密寡言,不以忧喜见色。颇工弈棋,观戏常若未解,当世倍以此推之。"(《宋书·徐羡之传》)《资治通鉴·宋明帝泰豫元年》卷一三三"局竟,敛子内奁毕"元胡三省注:"子,棋子也。弈戏既毕,则敛而纳诸奁中。"(9册4169页)"弈戏"同义并列,属同义连用。

有单音旧词对双音新词,如《方言》卷一二,晋郭璞以"玩习"释"习",就是一例。"习",《说文》解释为"数飞也",本来是鸟多次练习飞翔义,引申出有习惯、习以为常义。汉魏以降,出现了双音词"玩习",意思和"习"相同。如:《后汉书·张霸传附子楷》:"前比征命,盘桓未至,将主者玩习于常,优贤不足,使其难进欤?"(1243页)《宋书·孝武帝纪》:"顷岁多虞,军调繁切,违方设赋,本济一时,而主者玩习,遂为常典。"(122页)

有双音旧词对双音新词,如:

女人/女子/女弱

表示女性,先秦用"女人""女子","子曰:'唯女子与小人为难养也,近之则不孙,远之则怨。'"(《论语·阳货》)中古以来也用"女弱",如:"天暗失道,遥望火光,往投之。见一女子秉烛出,云:'女弱独居,不得宿客。'"(《太平御览》卷七一八引戴祚《甄异录》)"因诛杀谋等三十家,男丁一百三十七人,女弱一百六十二口,收付作部。"(《宋书·刘粹传》)近代汉语也有用例,如:"有西班李将军女,奔波随人,迤逦达兴元,骨肉分散,无所依托。适值凤翔奏将军董司马者,乃晦其门阀,以身托之。而性甚明敏,善于承奉,得至于蜀。寻访亲眷,知在行朝,始谓董生曰:'丧乱之中,女弱不能自济,幸蒙提挈,以至于此。'"(宋孙光宪《北梦琐言》卷九)也用"女子""妇女"等。近代、现代保留了"女子""妇女","女弱"则被淘汰了。

闷绝/迷闷/昏迷

表示昏迷、晕倒,中古以来用"迷闷""闷绝"等词,一直到近代汉语时期仍然沿用。

有说"闷绝",如:失译《大方便佛报恩经》卷二《对治品》:"时诸夫人闻王语已,宛转躃地,举声大哭,闷绝吐逆,良久稣息。"又卷四《恶友品》:"父母闻是语已,举声大哭,闷绝躃地,以冷水洒面,良久乃稣。"《搜神记》卷二〇"华隆家犬"条:"徒伴怪之,随往,见隆闷绝,将归家。"《旧五代史·周书·太祖纪一》:"帝在万众之中,声气沮丧,闷绝数四。"有说"迷闷",《法显传·伽耶城贝多树下》:"夫人伺王不在时,遣人伐其树倒。王来见之,迷闷躃地。"《大庄严论经》卷一二:"尔时大王身体软弱,生长王宫,未曾遭苦,举身毒痛,迷闷殒绝。"宋严用和《济生方》卷六《血气》:"及恶露不下,血上攻心,迷闷不省。"后来则说"昏迷"。

也有旧事物,古代的用词不详,中古用新词表示,如:

事

公文,文书。《梁书·武帝纪下》:"勤于政务,孜孜无怠,每至冬月,四更竟,即敕把烛看事。"曲守约《中古辞语考释》:"按看事即看表章所奏之事及公事也。"(118页)释语尚不够明晰。"事"者,公文、文书也。[①]《三国志·魏志·陶谦传》裴注引《吴书》:"曹公得谦上事,知不罢兵。"(250页)《后汉书·刘玄传》:"韩夫人尤嗜酒,每侍饮,见常侍奏事,辄怒曰:'帝方对我饮,正用此时持事来乎!'起,抵破书案。"(471页)

公文、文书肯定先秦、秦汉已有,但不详当时称作什么,以"事"指称公文、文书,则属于中古新词。

(二)新义

随着社会的进步、语言的发展,许多先秦旧词到汉魏以后产生了新义,构成了一词多义。也就是说,一个词有两个或两个以上的义位。

[①] "事"指文书,周一良(1985)《〈南史〉札记》"事"、《〈魏书〉札记》"公事不应送御史"两条有释,可以参看。

房德里耶斯(1920[1992:221])指出:一词多义是语言中的普遍现象。"一个词愈是频繁地用于不同的上下文,它的意义就愈有发生变化的危险。每一个新的上下文都会把人的心理引到新的方向,结果向他提示要创造一些新的意义。"就产生了一词多义。

房德里耶斯(1920[1992:222])认为:在多义化的过程中,词义的演变一般不是直线的,而是以主要意义为中心向四面八方辐射的,而且派生的每个次要意义本身又可能成为新的语义辐射的中心。在多义词的各个意义当中,总是有一个意义占主导地位,不过这主要的意义不一定永远是主要的,在它的周围有次要的意义包围着,总是想取而代之。

因此,新义有两个层面:一是历时的层面,指在上古旧义的基础上产生新义;二是共时的层面,系指在中古新词中一词多义。

1. 历时层面的新义

晦

藏。"晦"在上古时有许多义位,如阴历每月的最后一天;夜晚;昏暗;等等。中古以来又产生一个新的义位:隐,隐藏。"操清行朗,潜晦幽闲,不答州郡之命。"(《全后汉文》卷七八蔡邕《太尉杨赐碑》,894页a)"潜晦"犹言遁隐。"性高烈,有奇志操,而韬光晦迹,人莫能知。"(南朝梁释慧皎《高僧传》卷一一《释僧周》)"韬""晦"同义。"性好《庄》《老》,每隐身自晦。"(《晋书·山涛传》)近代汉语作品此义也习见。宋孙光宪《北梦琐言》卷九:"有西班李将军女,奔波随人,迤逦达兴元,骨肉分散,无所依托。适值凤翔奏将军董司马者,乃晦其门阀,以身托之。(72页)《五灯会元》卷二《钟山昙璀禅师》:"师默而审之,大悟玄旨。寻晦迹钟山,多历年所。"元陶安《送易生序》:"山林州泽之士,甘心晦遁,穷理高尚,终老文学。""晦遁"同义连文。

犯

奸侮妇女。"犯"上古有侵犯、损坏等义位,中古以降,产生了新的义位,特指侮辱、奸淫妇女。"何等为不持戒者?名为犯五戒:杀,盗,犯人妇女,两舌,饮酒。"(后汉安世高译《九横经》)"犯人妇女"是说侮辱、奸淫他人的妇女。"世尊复问:'尊者阿难,颇闻跋耆不以力势而犯他妇、他童女耶?'"(东晋僧伽提婆译《中阿含经》卷三五,1/648/c)近代汉语作品也有用例。元陶宗仪《南村辍耕录》卷一一"女奴义烈"条:"寇允解主妇缚,朵那乃探金银珠玉币帛等,散置堂上,寇争夺,竟又欲犯朵那身。朵那持刀欲自屠,曰:'我主二千石,我誓不奴它姓主,况汝贼乎?'"(136页)

2. 共时层面的新义

对

中古时期产生了一些新的义位,例如:

配偶。"同县孟氏有女……择对不嫁,至年三十。"(《后汉书·逸民传·梁鸿》)"彼虎如是,毛色光鲜,为于无量诸兽求觅,欲取为对。"(隋阇那崛多译《佛本行集经》卷一四)

对手;对头,冤家。"(刘备)今在境界,此强对也。"(《三国志·吴志·陆逊传》)"如此二十馀年,乃与同学辞诀云:'我当往广州,毕宿世之对。'"(南朝梁慧皎《高僧传》卷一《安清》)

拟

中古新词,有多个义位,如:

指向,对准。"(卫律)复举剑拟之,(苏)武不动。"(《汉书·苏武传》)"是以晏婴临盟,拟以曲戟,不易其辞。"(《全后汉文》卷二〇冯衍《遗田邑书》)"坐正中床,不侵前后;叉手而坐,未尝指拟。"(三国吴支谦译《梵摩渝经》)"尔时六群比丘于禅坊中起,以侧掌刀拟十六群比丘,作如是言:'我以掌刀斫堕汝面。'彼恐怖故,即便大啼。"(东晋佛陀跋陀罗共法显译《摩诃僧祇律》卷一八)特指对准后击砍。"客以剑拟王,王头随堕汤中。客亦自拟己头,头复堕汤中。"(《搜神记》卷一一"三王墓"条)

准备,打算;对付。"尔时国王作是思惟:'我先养马,规拟敌国,今皆退散,养马何为?'"(后秦鸠摩罗什译《大庄严论经》卷一五)"弟子以百箭杀百人,如是二百三百乃至九百九十九人,唯留一箭,以拟贼主。"(后秦弗若多罗译《十诵律》卷三七)特指委任。"王中郎年少时,江虨为仆射领选,欲拟之为尚书郎。"(《世说新语·方正》第46则)

学习,仿效。"庾仲初作《扬都赋》成,……都下纸为之贵。谢太傅云:'不得尔,此是屋下架屋耳。事事拟学,而不免俭狭。'"(《世说新语·文学》第79则)拟,仿效,学习;"拟学"同义连用。"夜中松罗复见威仪器械,人众数十,一人戴帻送书,粗纸有七十许字,笔迹婉媚,远拟羲、献。"(《异苑》卷六)"拟羲、献"谓仿效王羲之、王献之父子的书体。"今有此书,非敢叨拟中散,诚不能顾影负心,纯盗虚声。"(《宋书·王微传》)"非敢叨拟中散"是说不敢窃学嵇康。

横

中古有二个新的义位:①凭空,无端。"宣王见胜,胜自陈无他功劳,横蒙特恩,当为本州。"(《三国志·魏志·曹爽传》裴注引《魏末传》)"晋太元中,有妖星。帝普下诸国有德沙门,令斋,忏悔攘灾,猷乃祈诚冥感。至六日旦,见青衣小儿来悔过云:'横劳法师。'是夕星退。"(《高僧传》卷十一《竺昙猷》)

②胡乱,枉屈,冤枉。"于时此盟止有刘岱等五人而已,《魏氏春秋》横内刘表等数人,皆非事实。"(《三国志·魏志·臧洪传》裴

注)"历十余年,时所在劫盗,昭之被横录为劫主,系狱余杭。"(《搜神记》卷二十"董昭之"条)"州境或应有灾祟,及僧尼横延衅戾,像则流汗。"(《高僧传》卷十三《释法悦》)

三、复音化程度加快,产生了大量的复音词,出现了许多能产的构词语素

汉代特别是东汉以来,在内因、外因的共同作用下,汉语词汇复音化的程度加快,产生了大量的复音词。①

(一)中古时期,出现了一些特别能产的构词语素,是复音化程度加快的重要标志

名词性的有"师""匠""子"等,动词性的有"作""为"等,形容词性的有"毒"等。详见本书下章。

(二)很多场合,上古时用单音词,到中古以后就变成了复音词(主要是双音词),以古书注解为例

1. 东汉两种章句

东汉的"章句"体注释中,经常以注释或串讲的方式解释原文,其中不乏用双音词释单音词之例。

《楚辞·离骚》王逸章句(《楚辞补注》,中华书局,1983):

"肇锡余以嘉名。"王注:"……故赐我以美善之名也。"(4页)以"美善"释"嘉"。

"初既与余成言兮,后悔遁而有他。"王注:"遁,隐也。……后用逸言,中道悔恨,隐匿其情,而有他志也。"(10页)以"悔恨"释"悔","隐匿"释"遁"。

《孟子·梁惠王上》赵岐章句(黄侃经文句读《十三经注疏》之

---

① 关于复音词的类型及构词方式,本书下一节将详细讨论。

十三，上海古籍出版社，1990)：

"百姓皆以王为爱也。"赵注："爱，啬也。……然百姓皆谓王啬爱其财。"(23页)以"啬爱"释"爱"。

"权，然后知轻重；度，然后知长短。"赵注："权，铨衡也；可以称轻重。度，丈尺也，可以量长短。"(24页)以"铨衡"释"权"，"丈尺"释"度"。

《孟子·滕文公上》赵岐章句：

"其徒数十人，皆衣褐，捆屦织席以为食。"赵注："捆，犹叩椓也。织屦欲使坚，故叩之也。"(98页)以"叩椓"释"捆"。

"今也滕有仓廪府库，则是厉民而以自养也。"赵注："今滕赋税有仓廪府库之富，是为厉病其民以自奉养。"(98页)以"厉病"释"厉"，"奉养"释"养"。

2. 晋代郭璞的《尔雅注》和《方言注》

兹以郭璞《尔雅注》为例。

(1) 以双音词释释词

《释诂》："赉、贡、锡、畀、予、贶，赐也。"郭注："皆赐与也。"

又："舒、业、顺，叙也。"郭注："皆谓次序。"又："舒、业、顺、叙，绪也。"郭注："四者又为端绪。"

《释言》："竞、逐，强也。"郭注："皆自勉强。"

(2) 以双音词释被释词

《释诂》："忽、灭、罄……，尽也。"郭注："忽然，尽貌。"

又："楼，聚也。"郭注："楼，犹今言拘楼，聚也。"

《释言》："隐，占也。"郭注："隐度。"

(3) 以双音词同时解释释词和被释词

《释言》："基，经也。"郭注："基业所以自经营。"

又:"探,试也。"郭注:"刺探,尝试。"

又:"赈,富也。"郭注:"谓隐赈、富有。"

至于《方言注》用双音词释单音词的体例,已见第一章第二节,此不赘举。

(三) 当时产生的大量新词,多数是复音词,特别是双音词

新产生的复音词,除了大量实词外,也有许多虚词;其中不少新生虚词也是复音词。仅以范围副词和连词为例,窥豹一斑。

1. 范围副词

表示范围的副词,中古甚多,有"悉""皆""并""普""咸"等类别,兹酌举部分实例。[①]

悉皆

后汉支娄迦谶译《道行般若经》卷三:"天中天,般若波罗蜜,于一切法,悉皆自然。"(8/440/b)后秦弗若多罗译《十诵律》卷七:"到崄道中,一估客车轴折,牛脚伤破。……诸估客悉皆舍去。"(23/49/c)

悉共

后汉支娄迦谶译《道行般若经》卷四:"诸佛悉共念之,悉共授之,悉共护之。"(8/446/a)姚秦竺佛念译《出曜经》卷二五:"是时调达转进入宫殿,坐菩萨床,宫人见之,悉共嫌恨。"(4/744/b)

悉咸

西晋竺法护译《贤劫经》卷一:"时雨细微华,三千世天人,悉咸咨嗟之。"(14/9/c)刘宋功德直译《菩萨念佛三昧经》卷一:"近世及远世,我悉咸了知。"(13/798/c)

---

① 关于中古、近代的范围副词,本书下章有讨论,可以参看。

悉都

旧题三国吴支谦译《撰集百缘经》卷九："如是遍问诸大弟子，悉为在不？父王答曰：'今悉都在。'"(4/245/c)西晋竺法护译《文殊师利佛土严净经》卷上："(诸鬼王)皆各稽首，以次就位，悉都专精志愿经道，饥虚于法。"(11/890/c)

悉普

西晋竺法护译《光赞经》卷一："捷沓恕阿须伦神人民，悉普来会。"(8/149/a)西晋竺法护译《等集众德三昧经》卷下："钩锁菩萨往诣魔所，而谓之曰：'云何菩萨，而悉普学。'"(12/984/a)

皆悉

后汉支娄迦谶译《道行般若经》卷八："时菩萨学般若波罗蜜时，诸波罗蜜皆悉属。"(8/465/a)西晋竺法护译《正法华经》卷八："无数亿百千劫供养奉侍，诸度无极，皆悉充备。"(9/117/a)

皆共

后汉竺大力共康孟详译《修行本起经》卷上《现变品》："是时国中百官群臣，谓佛大众，来攻夺国。皆共议言：'今当兴师，逆往拒之。'"(3/461/b)元魏般若流支译《奋迅王问经》卷下："无量菩萨闻彼声已，皆共和合，而来集会。"(13/947/c)

皆咸

西晋竺法护译《渐备一切智德经》卷二："时诸会者，皆咸得闻第四住地最胜之子知解诸法，欢喜踊跃，心中欣然。"(10/473/a)《法苑珠林》卷二五引《高僧传》："每至夏坐讫，龙辄化作一小蛇，两耳悉白。众皆咸识是龙。"(53/475/b)

皆普

西晋竺法护译《生经》卷五："如佛不兴出，导师不现世；外沙门梵志,皆普得供事。"(3/105/a)唐义净译《根本说一切有部毗奈耶杂事》卷一八:"于时王舍城中,并余住处,人皆普闻。"(24/287/c)

咸皆

西晋竺法护译《普曜经》卷二:"今此真人清净殊貌,其妃如类邪?尊人所厚,咸皆羡之,各执花香,抱爱敬心。"(3/490/a)元魏慧觉等译《贤愚经》卷一:"夫人婇女,太子大臣,一切众会,咸皆同时,向王求哀。"(4/350/c)

咸悉

西晋竺法护译《大哀经》卷六:"一切所有珍宝璎珞,一一枚珠,各有无数,不可称载,化菩萨现,咸悉共见。"(13/440/a)《洛阳伽蓝记》卷三《龙华寺》:"天下难得之货,咸悉在焉。"

咸共

旧题后汉安世高译《太子慕魄经》:"如是未久,复来攻伐,数数非一;大国群僚,咸共瞋恚。"(3/409/b)三国吴康僧会译《六度集经》卷八:"当时见者靡不踊豫,咸共叹曰:'真所谓天中天者也。'"(3/48/b)

咸普

西晋竺法护译《普曜经》卷一:"生长国王宫,既尊无所越,名称咸普流。"(3/486/c)

共皆

唐菩提流志译《不空胃索神变真言经》卷二七:"一切执金刚秘密主、菩萨摩诃萨共皆护持。"(20/379/b)

共咸

灌顶撰《隋天台智者大师别传》:"还届半山,忽见沙门,眉发皓然,秉锡当路。众共咸睹,行次渐近。"(50/195/c)

并皆

般若译《大方广佛华严经》卷二三:"遭逢世难,父母兄弟,姊妹妻息,内外宗亲,并皆散失。"(10/767/c)唐张鷟《游仙窟》:"侍婢数人,并皆歔欷,不能仰视。"(《唐五代卷》22页)

共普

姚秦竺佛念译《出曜经》卷一:"便共普会,集此诸经。"(4/610/c)西晋竺法护译《佛说阿惟越致遮经》卷上:"如是有未尝法,当共普听。"(9/201/a)

普皆

东汉竺大力共康孟详译《修行本起经》卷上《试艺品》:"至其时日,裘夷从五百侍女诣国门上。诸国术士,普皆云集。"(3/465/c)后秦佛陀耶舍共竺佛念译《长阿含经》卷二:"又诸比丘尼、优婆塞、优婆夷,普皆如是,亦复未集。"

普悉

西晋竺法护译《普曜经》卷六:"供养世尊,普悉庄严。"(3/524/b)元魏慧觉等译《贤愚经》卷一一:"阿鼗贼奇,夙夜勤业。一日谙受,胜馀终年。学未经久,普悉通达。"(4/423/b)

普咸

李通玄撰《新华严经论》:"先圣法门,普咸垂训。随根权实,事非一途。深可久思,具闲佛意。了明权实,顺教流通。"(36/757/c)

总悉

唐张鷟《游仙窟》:"十娘笑曰:'汉骑驴则胡步行,胡步行则汉骑驴,总悉输他便点。'"

2. 连词

中古时期,产生了一些双音连词,如"及以""及与"等。

及以

旧题三国吴支谦译《撰集百缘经》卷一《窳惰子难陀见佛缘》："白六师言：'我唯一子，甚为窳惰，眠不肯起。唯愿大师，为我教诏，令修家业及以经论。'"(4/204/a)后秦鸠摩罗什译《大庄严论经》卷一〇："比丘白王：'何故语我张口漱口？'时王答言：'我闻香气，心生疑故。使汝张口及以漱口，香气踊盛。'"(4/309/c)

及与

旧题吴康僧会译《旧杂譬喻经》卷上："手足及与头，五事虽绊羁；但当前就死，跳踉复何为？"(4/510/c)旧题三国吴支谦译《撰集百缘经》卷八《比丘尼品》："当于尔时，彼女心恼，自责罪咎。我种何罪？为夫所憎，恒见幽闭，处在暗室，不睹日月及与诸人。"(4/242/c)姚秦竺佛念译《出曜经》卷三〇："犹若以针，欲贯蓝豆及与芥子，难可获也。"(4/771/c)

类似这样的同义并列式复音词的大量产生，使得六朝时期新词数量急剧增加，这也正是汉语词汇复音化的重要特征。

四、聚合、组合关系日益丰富，同义词大量增加

聚合、组合关系的日益丰富和发展，推动了汉语词汇的日趋丰富，特征之一，就是当时的同义词非常丰富，而且往往与当时的政治、哲学、文化、风俗习惯等密切相关。

（一）聚合

与前代相比，中古时期的同义词发展迅速，数量大量增加。这里以表示疾病、诊治、病愈（好转）的三个语义场的三组词语为例。

我国古代医药落后，死亡率高，这一情况到了汉魏六朝，仍然没有根本性的改变，产生了很多表示身体不舒服或有病的词语，与此相应，出现了一批用于治疗的词语，产生了病愈、病情有所好转的词语,形成了同义词聚合。

1. 表示诊治语义场的一组词

东汉魏晋南北朝时期,社会动荡不安,生产力低下,人们患病夭折的情况十分常见。与此相适应,表示患病、诊治、痊愈的各组词相当丰富,盖适应了当时的社会需求而然。以表示治疗的词语而言,《风俗通义》《三国志》《抱朴子》等书就有:

治

"又有一郡守病,佗以为其人盛怒则差,乃多受其货而不加治。"(《三国志·魏志·华佗传》,801页)

复音形式有"攻治",如:

"其日便得胸腹痛切,妨损饮食,大用羸露,攻治万端,不为愈。"((《风俗通义·怪神·世间多有见怪惊怖以自伤者》,328页)"佗曰:'此近难济,恒事攻治,可延岁月。'"(《三国志·魏志·华佗传》,802页)

疗

"又精方药,其疗疾,合汤不过数种。"(《三国志·魏志·华佗传》,799页)

除

"士大夫不耐痛痒,必欲除之。佗遂下手,所患寻差。"(同上,801页)

护

"为道者以救人危使免祸,护人疾病,令不枉死,为上功也。"(《抱朴子内篇·对俗》,53页)"护"是治疗的意思,"护人疾病"就是治人疾病。同篇又云:"故老子有言,以狸头之治鼠漏,以啄木之护龋齿,此亦可以类求者也。"(50页)又《至理》:"甘遂、葶苈之逐痰癖,括楼、黄连之愈消渴,荠苨、甘草之解百毒,芦如、益热之护众创。"(113页)"护"和"治""逐""愈"等词同义。

复音形式有"治护",如:

《三国志·吴志·吕蒙传》:"会蒙疾发,权时在公安,迎置内殿,所以治护者万方。"《世说新语·伤逝》第19则刘注引《幽明录》:"(索)元在历阳疾病。西界一年少女子姓某,自言为神所降,来与元相闻,许为治护。"又有"救护":《魏书·高祖纪下》:"及不满六十而有废痼之疾,无大功之亲,穷困无以自疗者,皆於别坊遣医救护,给医师四人,豫请药物以疗之。""治护""救护"盖同义连文,"护"均为治义。

救

《抱朴子内篇·对俗》:"设令抱危笃之疾,须良药之救,而不肯即服。"(50页)王明校释:"'救'下《敦煌(本)》有'治'字。《影古写本》同。"(63页)"救治"固然可通,但"救"字绝非有误。"救"在此为治疗义,习见于中古以来典籍。如:《出三藏记集》卷一四《鸠摩罗什传》:"(吕)光中书监张资,……寝疾困笃,光博营救疗。""救"就是"疗","救疗"同义连文。《高僧传》卷九《单道开》:"开能救眼疾,时秦公石韬就开治目。""救眼疾"就是"治目"。《太平广记》卷三二"颜真卿"条(出《仙传拾遗》):"卧疾百余日,医不能愈。有道士过其家,自称北山君,出丹砂粟许救之,顷刻即愈。"本书也多见此义:《至理》:"理中四顺,可以救霍乱;款冬、紫苑,可以治咳逆。"《道意》:"既不能修疗病之术,又不能返其大迷,不务药石之救,惟专祝祭之谬。"(172页)"救"义并同。

复音形式有"济救",如:

《三国志·魏志·华佗传》:"佗曰:'此病后三期当发,遇良医乃可济救。'"(801页)又有"治救":《抱朴子内篇·微旨》:"禁御百毒,治救众疾。"(125页)又有"救疗":《魏书·术艺传·崔彧》:"性仁恕,见疾苦,好与治之。广教门生,令多救疗。""济救""治救""救疗"均为同义连文。

2. 表示疾患好转或病愈语义场的两组词

疾病经过治疗,病情可能有所好转或者痊愈,由此也产生了一批词语,先看《三国志·魏志·华佗传》一段文字:

华佗字元化,沛国谯人也,一名旉。游学徐土,兼通数经。沛相陈珪举孝廉,太尉黄琬辟,皆不就。晓养性之术,时人以为年且百岁而貌有壮容。又精方药,其疗疾,合汤不过数种,心解分剂,不复称量,煮熟便饮,语其节度,舍去辄愈。若当灸,不过一两处,每处不过七八壮,病亦应除。若当针,亦不过一两处,下针言"当引某许,若至,语人"。病者言"已到",应便拔针,病亦行差。若病结积在内,针药所不能及,当须刳割者,便饮其麻沸散,须臾便如醉死无所知,因破取。病若在肠中,便断肠湔洗,缝腹膏摩,四五日差,不痛,人亦不自寤,一月之间,即平复矣。(799页)

在这一段 200 余字的文字中,表示病愈、病情好转的词就有"愈""除""差""平复",它们是一组词义相近的同义词聚合关系,构成一个表示疾病痊愈、好转的语义场。

类似的词语还有很多。再举一些表示病情稍有好转的词语,如:

小差

"佗舍去,妇稍小差。百余日复动。"(《三国志·魏志·华佗传》)"顷犹小差,欲极游目之娱,而吏卒守之,可叹耳。"(《全晋文》卷二四王羲之《杂帖》)

小佳

"此日中冷,患之始小佳,力及不一一。"(《全晋文》卷二三王羲之《杂帖》)"伦等还,殊慰,意增慨。知足下疾患小佳。"(同上卷

二六)①

小减

"去冬年盈七十,病小减而酒量颇加。"(清赵执信《〈酒令陞官谱〉自序》)②

小间

"帝虽小间,犹怀身后虑。"(《南史·褚彦回传》)

小可

"吾小可,当自力芜湖迎汝。"(《全晋文》卷二七王献之《杂帖》)"至七八年,热疾益甚,……诸疮溃烂,黄水遍身如胶。母亦意其死。忽自云:'体今小可,须一沐浴。'"(《太平广记》卷三五"柏叶道人"条,出《化源记》)

小宽

《诸病源候论》卷一《风病诸候上·贼风候》:"但觉身内索索冷,欲得热物熨痛处,即小宽。"(9页)"母患乳痈,诸医疗不愈,康祚乃跪,两手捧痈,大悲泣,母即觉小宽,因此渐差。"(《南史·孝义传上·康祚》,1822页)

小尔

"得昨告,承饮动,悬情,想小尔耳。"(《全晋文》卷二三王羲之《杂帖》,商务印书馆本218页)"得袁妹腰痛,冀当小尔耳。"(同上,221页)

小起

"与君散两钱,当吐二升余脓血讫,快自养,一月可小起。"(《三

---

① "小佳"基本义位是稍好,略好。如:《北史·齐纪中》:"帝每为后私营服翫,小佳,文襄即令逼取。"故指称疾病好转,当是其特指义之一,本条下所举各词,多有其例,不一一说明。

② 此例"小减"与"颇加"相对应,似为词组而非词。

国志·魏志·华佗传》)

小却

"来月必欲就到家,而得其问,云尚多溪毒,当复小却耳。"(《全晋文》卷二四王羲之《杂帖》)"献之遂不堪暑,气力恒惙,恐是恶风;大都将息,近似小却。"(又卷二七王献之《杂帖》)

小损

"时刁玄亮为尚书令,营救备亲好之至,良久小损。"(《世说新语·方正》)

之所以产生这样的变化,是因为随着生产力的发展,人们的生活水平提高了,对生命的渴求和希望值也提高了,这时,人们更关注生命,关注自己的身体,忌怕疾患,寻求长寿之道,因此,就出现了更多的和疾患、治疗、病愈有关的词语。

其实,早在先秦时期,就有了表示这一义位的词——小愈。《孟子·公孙丑下》:"今病小愈,趋造于朝。"汉魏以后的"小差"(小瘥)等词都是同一义位的不同表达法,类似这样的同义词、近义词的增多,既反映了当时人们对疾病经诊治后病情好转、痊愈的社会需求和变文避复的语用心理,也展示了中古、近代词汇表达上的丰富多彩。

(二)组合

蒋绍愚(1989)指出:"词的组合关系,简单地说就是词的搭配关系。"同一个词,随着时代的不同,其组合关系、词语搭配就可能不同,有时甚至有比较大的差异。在本书第三章中,我们曾经列举了"病"(张诒三 2004)和"脉"的组合情况,这里再举一例。

洗

《说文·水部》:"洗,洒足也。"本义即为洗脚。《礼记·内则》:"足垢,燂汤请洗。"《论衡·讥日》:"洗,去足垢;盥,去手垢。"《史记·黥布列传》:"淮南王至,上方踞床洗,召布入见。"《汉书·高帝纪上》:"沛公方踞床,使两女子洗。"①唐颜师古注:"洗,洗足也。"又《黥布传》:"(布)至,汉王方踞床洗,而召布入见。"颜师古注:"洗,濯足也,音先典反。"

大约从汉代起,"洗"开始可以带宾语,出现了"洗足"一类的组合结构。我们利用CBETA电子文本,调查了《大正藏》,如:

后汉支娄迦谶译《佛说内藏百宝经》:"佛足譬如莲花,不受尘垢。佛洗足,随世间习俗而入。"(17/751/c)旧题后汉康孟详译《佛说兴起行经》卷上:"耆婆即便礼佛洗足,著生肌药已。"(4/169/a)失译《大方便佛报恩经》卷三:"尔时南窟仙人在此石上浣衣、洗足已,便还所止。"(3/139/a)三国吴支谦译《梵摩渝经》:"入园洗足,亦不摩拉,而足自净。"(1/884/b)西晋竺法护译《梵网六十二见经》:"出饭食已,澡手,洗足,去钵。"(1/265/c)西晋法立共法炬译《法句譬喻经》卷三:"佛踞绳床,告罗云曰:'澡盘取水,为吾洗足。'"(4/599/c)②

"洗"本来就是洗足(脚),后面又加宾语"足",可谓叠床架屋。稍晚一点,大约在东晋十六国,又出现了"洗脚"一词。

姚秦佛陀耶舍共竺佛念等译《四分律》卷三三:"授与和尚已,当安洗脚石,与水洗脚。取拭脚巾与,当取洗足。"(22/802/c)后秦

---

① 《汉书·高帝纪上》例,《史记·高祖本纪》作"洗足",浙江大学汉语史研究中心硕士研究生秦桦林认为"足"字盖衍。
② "洗足"之"洗",或作"洒",旧题后汉安世高译《大比丘三千威仪》卷上:"欲上床有五事。……五者洗足未燥,当拭之。"(24/915/c)洗,宫本作"洒"。三国吴支谦译《佛说阿弥陀三耶三佛萨楼佛檀过度人道经》卷下:"洗心易行,端正中表。"(12/316/a)洗,宋元明三本作"洒"。西晋聂道真译《诸菩萨求佛本业经》:"菩萨漱齿洗口时,心念言:'十方天下人,皆使诸垢浊。'"(10/452/b)洗,宋元明三本、宫本作"洒"。

弗若多罗译《十诵律》卷一二:"诸居士即时出迎,问讯礼拜。汤水洗脚,苏油涂足。"(23/89/c)东晋佛陀跋陀罗共法显译《摩诃僧祇律》卷二六:"与敷置床褥,请令就座。坐已,与洗脚水、涂足油、非时浆。"(22/439/b)

这几例,或"足""脚"对举,或前说"洗脚",后说"洗足",说明当时表示"脚掌"这一概念的词正处在由"足"向"脚"的演变过程。

魏晋以后,单独的"洗脚"用例也逐渐增多:

西晋竺法护译《普曜经》卷七:"受钵器者前,布座者稽首作礼,取水洗脚。"(3/529/a)姚秦龟兹三藏鸠摩罗什译《佛藏经》卷下:"在净水边可修道处置食一面,洗脚而坐。"(15/802/a)东晋佛陀跋陀罗共法显译《摩诃僧祇律》卷一六:"即敷床褥,与水洗脚,给涂足油及非时饮。"(22/315/b1)

从佛经用例看,大约从东汉开始,"洗+身体部位名词"的组合渐多,用例甚夥。从头往下,多有用例:

洗头

苻秦昙摩难提译《增壹阿含经》卷三三:"是时转轮圣王十五日清旦,沐浴洗头。"(2/731/c)隋那连提耶舍译《大方等大集经》卷四二:"毕牛轸星,此三宿日,乃宜斗战及以远行、剃头洗头。"(13/276/b)

洗鼻

西晋法立共法炬译《大楼炭经》卷一:"中有象为王洗鼻、口者,中有洗牙齿者。"(1/279/c)

洗眼

西晋竺法护译《离睡经》:"若不离者,汝目乾连,当以冷水洗眼及洗身支节。"(1/837/a)姚秦鸠摩罗什译《成实论》卷四:"又水能益眼,如人洗眼,眼即明了。"(32/266/c)失译(今附东晋录)《七佛八菩萨所说大陀罗尼神咒经》卷四:"三升曲一斗水,煎得三升,接取二升。呪二七遍,日取一茧,用唾之。亦洗眼二七日。"(21/560/a)

洗耳

后秦弘始年佛陀耶舍共竺佛念译《长阿含经》卷一八:"或有象为王洗鼻者,或有洗口,洗头,洗牙,洗耳,洗腹,洗背,洗尾,洗足者。"(1/117/b)陈真谛译《佛说立世阿毗昙论》卷二:"取此池水,摩洗王身,或来洗面,或来洗耳。"(32/179/a)

洗口

西晋竺法护译《贤劫经》卷一:"除其左右,饭食,澡手洗口。"(14/7/c)东晋佛陀跋陀罗共法显译《摩诃僧祇律》卷一〇:"酥者七日药,澡手洗口令净。"(22/318/b)后秦弗若多罗译《十诵律》卷一四:"若用有虫水洗手洗脚,洗口面目,洗身,随尔所虫死,一一波逸提。"(23/97/b)后秦弗若多罗译《十诵律》卷五八:"是舍主晨朝洗头洗身,著新白衣,在中门间座。"(23/437/c)

洗牙齿

西晋法立共法炬译《大楼炭经》卷一:"中有象为王洗鼻、口者,中有洗牙齿者。"(1/279/c)

洗面

旧题后汉安世高译《佛说骂意经》:"七者洗面,八者观骨。"(17/532/a)西晋聂道真译《诸菩萨求佛本业经》:"菩萨洗面时,心念言:十方天下人,皆使入佛经道,面门莫令有瑕秽。"(10/452/b)东晋佛陀跋陀罗共法显译《摩诃僧祇律》卷一四:"尊者,食时未至,我未得洗面及洗器物。"(22/341/a)姚秦佛陀耶舍共竺佛念等译

《四分律》卷五〇:"时诸比丘冷水洗面,手脚患冷。"(22/942/c)

洗手

后汉竺大力共康孟详译《修行本起经》卷下:"食毕,洗手漱口。"(3/470/a)失译(附后汉录)《杂譬喻经》卷下:"食竟,洗手漱口。"(4/506/c)西晋法炬译《罗云忍辱经》:"饭竟澡钵,洗手漱口。"(14/769/b)北凉昙无谶译《大般涅盘经》卷四:"洗足洗手,洗面漱口,嚼杨枝等。"(12/389/a)刘宋佛陀什共竺道生等译《弥沙塞部和醯五分律》卷二五:"有诸比丘于房内嚼杨枝、洗手面及洗脚,湿地,坏僧卧具。"(22/167/c)

也有"洗手足(脚)""洗手面"连言者,如:

三国吴支谦译《佛说义足经》卷上:"众比丘闻如是,持空应器,出城洗手足。"(4/176/c)姚秦竺佛念译《出曜经》卷七:"众多比丘乞食讫,还出城到精舍。澡洗手脚,敷尼师坛。"(4/647/a)姚秦鸠摩罗什等于长安逍遥园译《禅法要解》卷上:"譬如热极得清冷水,持洗手面。"(15/289/b)

洗心

刘宋求那跋陀罗译《杂阿含经》卷二三:"王闻是语忧恼,迷闷擗地。时诸臣辈以水洗心面,良久得稣。"(2/167/c)

比较多的是比喻的说法,如:

三国吴康僧会译《六度集经》卷八:"远离爱欲,捐诸恶行,内洗心垢,灭诸外念。"(3/50/a)西晋法炬共法立译《法句譬喻经》卷一:"夫妻惊愕,精神战惧,改恶洗心,头脑打地。"(4/578/c)

洗腹

东晋僧伽提婆译《中阿含经》卷三二:"力士将去以水洗髀、洗脊、洗胁、洗腹、洗牙、洗头及水中戏,我亦如是。"(1/629/a)

洗尾

南朝梁宝唱集《经律异相》卷四七引《长阿含经》："或有象王洗尾、背、髀、足者。"(53/247/a)

洗身

后汉昙果共康孟详译《中本起经》卷上："在我家时，澡浴名香汁，处于山树间，何物洗身垢。"(4/155/b)西晋竺法护译《离睡经》："若不离者，汝目乾连，当以冷水洗眼及洗身支节。"(1/837/a)北凉昙无谶译《金光明经》卷三："是时宝冥，净洗身体，著净妙衣。"(16/348/c)元魏慧觉等译《贤愚经》卷四："彼作是念已，将一可信常所使人却入静室，净自洗身。"(4/375/a)

也有一些综合出现"洗＋身体部位"的组合形式：

西晋法立共法炬译《大楼炭经》卷一："时善住象王至摩那摩池中，洗浴，作伎，乐相娱乐。中有象为王洗鼻口者，中有洗牙齿者，中有洗头者，中有洗背者，中有洗腹者，中有洗胜者，中有洗膝者，中有洗足者，中有洗尾者。"(1/279/c)胜，宋元明三本作"髀"。后秦佛陀耶舍共竺佛念译《长阿含经》卷一八："时善住象王入池洗浴，作倡伎乐，共相娱乐。或有象王洗鼻者，或有洗口，洗头，洗牙，洗耳，洗腹，洗背，洗尾，洗足者。"(1/117/b)后秦弗若多罗译《十诵律》卷一四："若用有虫水洗手洗脚，洗口面目，洗身，随尔所虫死，一一波逸提。"(23/97/b)东晋僧伽提婆译《中阿含经》卷三二："力士将去，以水洗髀，洗脊，洗胁，洗腹，洗牙，洗头及水中戏。"(629/a)东晋佛陀跋陀罗共法显译《摩诃僧祇律》卷一八："若比丘无上诸时，当作陶家浴法：先洗两髀两脚，后洗头面、腰背、臂肘、胸腋。"(22/372/c)

当然，还有其他用例，如洗牙、洗脊、洗胁、洗髀、洗胜、洗膝，等等,不一一列举。

本章参考文献

白寿彝主编 1989 《中国通史》第一卷《导论》、第四卷《中古时代·秦汉时期》,第五卷《中古时代·三国两晋南北朝时期》,上海人民出版社。
车淑娅 2004 《〈韩非子〉词汇研究》,浙江大学博士学位论文;巴蜀书社,2008。
陈克炯 1978 《〈左传〉复音词初探》,《华中师范学院学报》第4期。
—— 1982 《〈左传〉词汇简论》,《华中师范学院学报》第1期。
程湘清 1988 《〈世说新语〉复音词研究》,载《魏晋南北朝汉语研究》,山东教育出版社;收入《汉语史专书复音词研究》,商务印书馆,2003。
—— 1992 《〈论衡〉复音词研究》,载《两汉汉语研究》,山东教育出版社。
储泰松 2002 《"和尚"的语源及其形义的演变》一文,载《语言研究》2002年第1期。
董志翘 蔡镜浩 1994 《中古虚词语法例释》,吉林教育出版社。
方一新 1997 《东汉魏晋南北朝史书词语笺释》,黄山书社。
[法]房德里耶斯 1920 《语言》,中译本,岑麒祥、叶蜚声译,商务印书馆1992。
郭在贻 2005 《训诂学》,中华书局。
韩惠言 1990 《〈世说新语〉复音词构词方法初探》,《固原师专学报》第1期。
胡朴安 1983 《中国文学学史》,中国书店。
[日]榎本文雄 神塚淑子 菅野博史 末木文美士 引田弘道 松村巧 2001 《真理の偈と物語——〈〈法句譬喻经〉現代語訳》,日本大藏出版株式会社。
李维琦 2004 《佛经词语汇释》,湖南师范大学出版社。
李学勤 1990 《放马滩简中的志怪故事》,《文物》第4期。
林梅村 1995 《"和尚"词源考》,载《西域文明——考古、民族、语言和宗教新论》431—443页,东方出版社。
刘 诚 1985 《〈韩非子〉构词法》,《湖南师大学报》第2期。
刘广和 2000 《东晋译经对音的晋语声母系统》,载《汉语论集》58—59页,人民日报出版社。

柳士镇　1992　《魏晋南北朝历史语法》,南京大学出版社。

[美]罗杰瑞　1995　《汉语概说》,张惠英译,语文出版社。

蒋礼鸿　1986　《〈敦煌资料〉(第一辑)词释》,载《怀任斋文集》44页,上海古籍出版社;见《蒋礼鸿集》,浙江教育出版社,2001。

——　1994　《〈吐鲁番出土文书〉(第一册)词释》,载《蒋礼鸿语言文字学论丛》204页,浙江古籍出版社;见《蒋礼鸿集》,浙江教育出版社2001。

蒋绍愚　1989　《关于汉语词汇系统及其发展变化的几点想法》,《中国语文》第1期;收入《汉语词汇语法史论文集》,商务印书馆,2000。

毛远明　1999　《左传词汇研究》,西南师范大学出版社。

钱锺书　1979　《管锥编》第二册,中华书局。

——　1986　《管锥编》第四册增订,中华书局。

曲守约　1968　《中古辞语考释》,台湾商务印书馆。

[苏]斯大林　1950　《马克思主义和语言学问题》,原载于苏联《真理报》6月20日;中译本,人民出版社,1964。

沈福伟　1992　《中外文化因缘》,台北贯雅文化事业有限公司。

宋闻兵　2003　《〈宋书〉词语研究》,浙江大学博士学位论文。

汪维辉　2000　《东汉—隋常用词演变研究》,南京大学出版社。

王继如　2001　《唐文语词札记》,载《训诂问学丛稿》66—67页,江苏古籍出版社。

王　力　1980　《汉语史稿》,中华书局。

王云路　1997　《〈高僧传〉标点商兑》,《古籍整理研究学刊》第3期。

——　1999　《六朝诗歌语词研究》,黑龙江教育出版社。

王云路　方一新　1992　《中古汉语语词例释》,吉林教育出版社。

向　熹　1993　《简明汉语史》,高等教育出版社。

徐通锵　1981　《历史上汉语和其它语言的融合问题说略》,《语言学论丛》第七辑208页,商务印书馆。

徐震堮　1984　《世说新语校笺·前言》,中华书局。

杨伯峻　1987　《〈春秋左传注〉词典》,中华书局。

张双棣　1989a　《〈吕氏春秋〉词汇简论》,《北京大学学报》第5期。

——　1989b　《〈吕氏春秋〉词汇研究》,山东教育出版社。

张诒三　2005　《词语搭配变化研究——以隋以前若干动词与名词的搭配变

化为例》,齐鲁书社。
张永言主编 1992 《世说新语辞典》,四川人民出版社。
赵元任 1968 《语言问题》,台湾商务印书馆,1968年初版;1987年第5版。
郑张尚芳 1993 《上古缅歌——白狼歌的全文解读》,《民族语文》第1—2期。
周 录 2005 《〈类篇〉部首异体字研究》,浙江大学硕士学位论文。
周一良 1985 《魏晋南北朝史札记》,中华书局。
周祖谟 1956 《〈方言〉校笺通检·自序》,科学出版社。
朱庆之 1992 《佛典与中古汉语词汇研究》,台北文津出版社。

第九章 唐宋元明清时期的社会生活与词汇发展

从唐代开始,到明末清初,汉语词汇发生了根本性的质的变化,有了许多新的发展,出现了很多前代所未曾见到的新词新义和词汇现象,语言词汇的面貌大为改观。和中古一样,这主要受到内外两个因素的影响。外部因素,指的是从唐代到明末清初的政治经济、社会文化背景对语言词汇的影响;内部因素,指的是汉语词汇自身产生的规律性的演变。本章拟就该时期的政治经济、社会文化对汉语词汇的发展的影响及相关特点作些探讨。

第一节 唐宋元明清时期的社会政治经济形势与语言的发展

一、中晚唐至清初的政治、军事及经济形势与语言的发展

按照目前多数人的看法,从晚唐五代至明末清初为近代汉语

阶段。① 就整个近代汉语时期而言，呈现出历史年代长、社会安宁与动荡交替出现、华夏民族与少数民族相互渗透融合、经济得到较快发展的态势。

语言是思想的直接现实，是人类社会最重要的交际工具。任何一个时代的语言文字，都与当时的政治形势、社会背景有着千丝万缕的联系。我们不能脱离当时的社会情势来谈语言的发展。以下，就近代汉语三个时期的政治、军事、经济文化的概貌及语言文字的特点略作考述。

（一）历史时期长，社会或安宁，或动荡，交替出现

历史跨度长，经历的朝代多，这是近代汉语时期的特点。

和中古时期一样，近代汉语时期也是一个安定和动乱交替出现，充满了变化的历史时期。并且由于其跨度大，年代久，这种变化较之中古时期，是有过之而无不及。故近代汉语时期，就其语言的复杂性而言，超过了中古汉语。

从年代上看，如果从始于公元618年的唐代算起，到清初的康熙元年(1662)，近代汉语时期横跨唐、宋（辽、金）、元、明、清五个朝代，共有一千多年，超过中古汉语的近六百年约四成。在这长达一千多年的历史时期里，既有像唐代、北宋前期、元代、明代等较为稳定的历史朝代，也有像晚唐、五代十国、宋末元初、明末等出现动荡不安甚至分崩离析政治局面的时期，不同时代之间的差异非常明显。

（二）近代汉语三个时期的不同的历史背景

---

① 笔者以为：中唐也可视为近代汉语时期，初唐则可视为从中古汉语向近代汉语过渡的阶段。

如第一章所述,为了研究的方便,在前贤研究的基础上,我们把近代汉语内部划分为三个时期,即:

(1) 早期——晚唐五代至北宋;

(2) 中期——南宋、辽金至元代;

(3) 晚期——明代至清初。

这三期的政治局面是不很相同的。

(1) 早期(晚唐至北宋):分为两段——前半(晚唐五代),社会动荡,战乱频仍;后半(北宋),社会稳定,经济繁荣。

(2) 中期(南宋、辽金至元代):外族频频入侵,汉族与外族交融,蒙古人入主中原。

(3) 晚期(明代至清初):社会相对稳定,经济发展较快,基督教文化传入中国,中西方文化交流频繁。

(三) 建都北方,使北方方言成为汉语的共同语

自隋代开始,历代基本上都建都北方,促使北方方言成为汉民族的共同语。隋朝、唐朝建都长安(今西安);北宋建都开封,至南宋方移至长江以南;元代建都大都(今北京);明代开国皇帝朱元璋建都南京,后来也移到北京;清代也定都北京。显然,除了南宋及明代初期外,近代汉语时期的历代皇朝都建都北方,这使得分歧较少的北方方言成为汉民族的共同语,有利于中国的统一和稳定。

二、社会生活、宗教文化、风俗人情与语言的发展

在近代汉语时期,除了当时的政治、军事、经济等对语言的影响外,社会生活、宗教文化、风俗人情方面的影响同样不可低估,而这正是近代汉语三个时期特点形成的重要条件。以下,就内在的发展趋势、外来文化影响、文体对语言的影响、正统与俚俗的作品特点、文人雅书与市井文化等与当时语言词汇的发展演变有直接

联系的相关问题作一些考述。

(一)内在趋势——汉语发展的内部动因

汉语在近代汉语阶段得到较快的发展,显然其本身所具有的内部因素是主要的。这些内在的因素大致包括:词汇双音化,词义的多义性,常用词的更替演变,同义词、反义词的发展。相关的内容,详见第三节。

(二)外来文化——汉语发展的外部动因

1. 近代汉语时期的文化交流

汉语之所以成为今天这样一个在世界上占有重要地位、使用人口最多的语言,就在于它的开放性和包容性。在汉语发展的历史长河里,在不同的历史时期,分别受到多个国家、许多民族语言的渗透和影响,形成了数量可观的外来词。可以说,正是在不断吸收外来文化精核、不断创新的过程中,汉语得到了迅速的发展,词汇量不断扩大,表达方式更趋严密,可供选择的词汇日益丰富。在中古汉语时期如此,在近代汉语时期更是这样。

从整体上看,近代汉语时期民族矛盾激烈,战争绵延不断,促进了不同语言的接触和交流。

近代汉语时期,有少数民族入主中原的朝代(元代),有自唐五代以来华夏民族和少数民族、汉族和外族交往、渗透、融合的历史,有明清传教士试图把西方基督教文化与中国传统文化相结合的历史。总之,这是一个跨文化交往、不同民族之间相互沟通的时期。在这样的大背景下,汉语和少数民族语言、汉语和外语之间的交流十分兴盛,相互影响程度进一步加深。

在近代汉语阶段,外来文化的接触和影响,对文学、语言都产生了相当大的影响。

如前所述,随着佛教的传入,翻译佛经的产生,对我国古代的语言文学产生了相当大的影响。从语言上看,由于翻译佛经的对象是普通民众,加之传教的需要,汉译佛经一开始就不用"之乎者也",有自己独特的风格;同时,因为是对巴利文、梵文的翻译,故也不可避免地受到了原典的影响。从总体上看,汉译佛经无疑比较口语化,是古白话的重要源头之一。从文学上看,翻译佛经中有一类是佛传及佛本生故事,通过讲述佛陀的经历、事件,或者通过譬喻的形式解释佛理,故事性强,生动形象。这些,对后世的文学创作产生了深远的影响。唐代盛行宣讲佛经故事,出现了韵、散交互使用的文学形式——"变文","变文"边讲边唱,称为"俗讲",集其大成者就是皇皇两大册的《敦煌变文集》。"变文"的这种"俗讲"方式,直接针对的就是文化程度不高的普通民众,其语言和形式都对后来的市民文学、弹词、宝卷等讲唱文学的产生和发展产生了积极的推动作用。

佛教自从两汉之交传入我国后,发展至唐代,势力逐渐壮大,并且开始了汉化的过程,明显的标志就是,修行方法的变革,修行时间的缩短,佛学新派——提倡顿悟的禅宗出现,并随之产生了记录禅宗大师言谈举止的著作体作品禅宗语录。唐代神会和尚有《神会语录》。从晚唐到五代时期,社会开始进入动荡不安的时代,动乱频仍,战火不断。但禅宗语录则兴旺多产,《祖堂集》《景德传灯录》《五灯会元》等相继问世。禅宗语录的特点是比喻生动,机锋毕露,显示了高僧们深厚的学识和出色的思辨能力。

同时,在近代汉语时期,汉族文化和异族文化进行接触和交流,既对异域文化产生了巨大的影响,也受到异域文化的影响。唐朝是中国历史上最强盛的时期之一,民族关系比较融洽,唐太宗在少数民族中有崇高的威望,被尊为"天可汗"。文成公主远嫁西藏,促进了民族团结。唐朝对外交流十分频繁,日本、朝鲜派遣大批留学生入唐求法学习,鉴真和尚东渡日本传法,义净、玄奘法师西天取经。自五代起,北方游牧民族势力日益强盛,逼近中原,对汉族的封建王朝构成严重威胁。北宋先受契丹族的辽朝侵扰,后因女真族的金朝攻破开封,掳获宋帝而亡。南宋也在金人的打压下偏安于江南,最后被蒙古族的元朝所灭。当时还有一个地处西北的西夏,曾经强盛一时。蒙古人入主中原,建立了元代,这是中国历史上第一个由少数民族建立的大一统王朝,中原文化直接受到异域文化的影响。大约和中国的明代相当,欧洲兴起了工业革命,资本主义得到迅速发展,但明清时期的统治者仍然夜郎自大,实行闭关守国的方针。尽管如此,西方文明的劲风还是吹进了封闭的中国,元明之际的西方人士如马可·波罗、传教士利玛窦等相继来到中国,为封闭的中国人了解西方提供了很好的媒介。中国的有识之士如徐光启、宋应星开始翻译西方科学著作,并进行农学、科技等方面的研究,方以智等则采用科学的方法从事语言学研究,在词汇训诂之学等方面取得了突出的成绩。

2. 外来文化的类型

近代汉语时期,时间长,跨度大,曾经受到来自西域的印度佛教文化、西北地区的少数民族文化、北方游牧民族(蒙古)文化、传教士带来的基督教文化等不同文化的影响。大略地说,受外来文化影响的作品包括宗教著作、戏曲小说、会话书、外族外籍人士的汉文作品等等。

(1) 佛教文化

与中古时期佛教飞速发展相比,近代汉语时期佛教的发展同样十分快捷、十分繁荣,尤其是在早期阶段(中唐至北宋)。例如,唐代的义净、玄奘,都是当时翻译佛经的大家,翻译了多部篇幅可观的佛经,影响十分深远。义净翻译的"一切有部律"佛经有:《根本说一切有部毗奈耶》(50卷)、《根本说一切有部苾刍尼毗奈耶》(20卷)、《根本说一切有部毗奈耶出家事》(4卷)、《根本说一切有部毗奈耶杂事》(40卷)、《根本说一切有部毗奈耶药事》(18卷)、《根本说一切有部毗奈耶破僧事》(20卷)等。这些佛经程式化的程度不高,具有较高的语言研究价值。玄奘翻译的经典译语用词华丽,语言规范,属于译经中的"学院派"风格,研究价值略逊一筹。他和辩机撰的《大唐西域记》记载了赴印度取经的所见所闻,性质与东晋法显的《法显传》(又名《佛国记》)相似而字数数倍于后者,季羡林等的校注本可以参考。

宋明以后,佛经翻译程式化的气氛越来越浓,翻译佛经的语言研究价值有所降低。五代、北宋,随着禅宗的兴起,佛教中国化走上了快车道。禅学大师机智多变、机锋毕露的"语录",成为一种新的文体,以《祖堂集》为代表的禅宗著作,成为一种新的外来文化本土化的产物。

当然,佛教文化是由多种西域文化(语言)而非单一文化(语言)组成的,包括梵语、印度俗语、吐火罗语、巴利文、于阗语、疏勒语等等。

举"和尚"一词为例。一般认为:"和尚"(早期多作"和上")源于梵语,是 upādhyāya 的不确切译音,指称男性出家人。《汉语大词典》"和尚"条释云:"梵语在古西域语中的不确切的音译。为印度对亲教师的通称。"这是依据唐慧琳《一切经音义》卷十三《大宝积经》第四十二卷"邬波柁耶"条:"梵语。唐云亲教师,古译云'和上'。本是胡语讹略,此云博士,非正翻。"但在慧琳之前的玄应、慧苑二人所说不同。慧琳《一切经音义》卷四七引玄应《显扬圣教论》第一卷音义"邬波挖耶"条:"此云亲教,或言郁波地耶夜,亦云近诵。以弟子年小,不离于师,常随常近,受经不诵也。旧云和上,或云和阇,皆于阗等诸国语讹也。义译云知罪知无罪为和上也。"又卷二二引唐慧苑撰《新译大方广佛花严经音义》卷中"和上"条:"案五天雅言,和上谓之坞波地耶。然其彼土流俗谓和上,媪社、于阗、疏勒乃云鹘社,今此方讹音,谓之和上。虽诸方舛异,今依正释言:坞波者,此云近也。地耶者,读也。言此尊师为弟子亲近习读之者,旧云亲教是也。"

据林梅村(1995:431—449)考证,汉语"和尚"或"和上"实即于阗语 āṣaṣa 和疏勒语 aṣana,意为教师,源于梵语之说不确。林氏指出:"在汉译佛经中,'和尚'最初写作'和上',见粟特高僧康僧铠译《郁伽长者所问经》和安息高僧昙无谛(或译昙帝)译《昙无德羯磨》。""从前引康僧铠和昙无谛译经看,'和上'总是和于阗语'阿阇梨(āśirī)连用,这个现象告诉我们,他们译经所据原本系杂有于阗语的佛典。""和尚"("和上")一词经于阗语借入汉语后,又产生了一系列连锁反应,后来又借入汉藏语系的藏语,并随汉文化的传播走向东亚和印度支那各国,包括越南、朝鲜、日本,借入到了越南语、朝鲜语和日语。

(2)蒙古文化

元代蒙古人入主中原后,带来了以蒙语为主要内容的蒙古文化。蒙语受汉语的影响非常大,反过来,汉语也受到蒙语的不少影响。典型的如"歹""站""把式"等,今人张清常、方龄贵等都有较好的研究。试举两例:

鞑靼/达达

"达达家比喻说你了不得,我偻罗有,那言语休说者。"(《原本老乞大》59页)

达达,通常作"鞑靼",古代部族名。原为突厥统治下的一个部落,后泛指北方游牧民族。元杨显之《酷寒亭》第三折:"他道你是甚么人?我道也不是回回人,也不是达达人,也不是汉儿人。"明叶子奇《草木子·杂俎》:"达达即鞑靼,耶律即契丹,大金即完颜氏。"

打剌孙/莎搭八/牙不约儿赤/撒因答剌孙

元刘唐卿《降桑椹》一【金盏儿】白:"哥也,俺打剌孙多了,您兄弟莎搭八了,俺牙不约儿赤罢。"元关汉卿《哭孝存》一白:"撒因答剌孙,见了抢着吃。喝的莎搭八,跌倒就是睡。"

撒因,好。答剌孙,也作"打剌孙",酒。莎搭八,喝酒喝醉。牙不约儿赤,走。"牙不",走;"约儿赤","去","牙不"和"约儿赤"近义连用。(参见李崇兴等1998)

所以,前一例翻译成现代汉语,就是:兄弟,我酒喝多了,您老兄也喝酒喝醉了,我走吧。

(3)其他

波斯语

我国和伊朗、斯里兰卡等波斯湾国家的交往甚早,段成式《酉阳杂俎》等书多有记载。以饮食为例,唐代慧琳《一切经音义》卷三七《陀罗尼集》第十二"餢麦生"条:"此油饼本是胡食,中国效之,微有改变,所以近代亦有此名。诸儒随意制字,元无正体,未知孰是。胡食者即饆饠、烧饼、胡饼、搭纳等是。"《资治通鉴·唐肃宗至德元载》:"日向中,上犹未食,杨国忠自市胡饼以献。"胡三省注:"胡饼,今之蒸饼。高似孙曰：'胡饼，言以胡麻著之也。'崔鸿《前赵录》：'石虎讳胡，改胡饼曰麻饼。'《缃素杂记》曰：'有鬻胡饼者不晓名之所谓，易其名曰炉饼；以为胡人所啗，故曰胡饼也。'"(6972页)据向达(1957:49—50)考证，唐代的"烧饼"与"胡饼"之别，即在于后者放胡麻(芝麻)，而前者不放。"饆饠"则是"今日中亚、印度、新疆等处伊斯兰教民族中所盛行之抓饭耳"。

唐李肇《国史补》卷下记载当代的名酒云："酒则有……京城之西市腔、虾蟆陵郎官清、阿婆清。又有三勒浆类，酒法出波斯。三勒者，谓菴摩勒、毗梨勒、诃梨勒。"向达(1957:50)指出："有唐一代，西域酒在长安亦甚流行。唐初有高昌之蒲萄酒，其后有波斯之三勒浆，又有龙膏酒，大约亦出于波斯，俱为时人所称美。"

契丹语

中国和契丹的交往甚早，隋唐时期就有来往。北宋沈括在《梦溪笔谈》中就记载了汉使出使契丹作诗的情形。此事清赵翼《陔馀丛考》第477页亦有记载，卷二四"番语成诗"条："《诗话总龟》及《诗史》载余靖作胡语诗云：'夜筵没罗言后盛臣拜洗言受赐，两朝厥荷言通好情干勒言厚也，微臣雅鲁言钝祝君统，圣寿铁摆言嵩高俱可忒言无疆。'又沈存中《笔谈》载刁约使契丹，戏为诗云：'押宴移离毕如中国执政官，看房贺跋支执衣防阁人。饯行三匹裂小木罂，密赐十貔狸形如鼠而大，辽人以为珍馐。'"这些诗中都夹杂使用了契丹语、胡语，用小字注明汉语的含义，反映了汉族和少数民族官方往来的情形。

"契丹"后来成为中国的代称，元代朝鲜使用的汉语课本《老乞大》，"'乞大'据说是蒙古语的译音，就是'契丹'，指中国，'老乞大'就是'中国通'的意思。"(参见汪维辉2005)

此外，明清以后，满语、英语、日语等不同民族、国家的语言、文化也对汉语造成了一定的影响，这里就不赘述了。

（三）正统与俚俗——文白之争，白话作品不登大雅之堂

从上古汉语开始，到中古汉语、近代汉语，在汉语发展、演变的进程中，始终有一条竞争的主线，即正统与俚俗。就近代汉语而言，所谓"正统"，包括正史、散文（如唐宋八大家）、文人诗词等。所谓"俚俗"，包括历代的古白话作品。这些白话作品有：僧人写的白话诗、敦煌变文、禅宗语录、宋儒语录、宋元话本、元曲、明清小说等。毋庸讳言，高文典册的正统作品的地位远高于不登大雅之堂的俚俗作品。

在我国古代历史发展的长河中，文言文始终占据着主要地位，即便是中晚唐以后，出现了基本用口语写就的敦煌变文和通篇全用口语的王梵志诗等也不例外。尤其是文人，始终把用文言写作视为正宗、正途，瞧不起白话作品。即便写了白话作品，也往往托名作伪，不愿意承认。白话作品的地位远远不及传统文言。打个比方说，正统文言相当于阳春白雪，而通俗口语则近似于下里巴人了。王梵志诗属于白话诗歌，但《全唐诗》不载，如果不是敦煌遗书多有保存，几近失传。刘坚（1985：417）曾指出，这是"因为在文言占统治地位的古代，很少有人用纯粹的白话来写文章"。

从历史上看，尽管文言文始终占据统治、主导的地位，但口语和白话的影响也不小，时常冲击正统的书面语言——文言，文言和白话，雅驯书面语和通俗、俚俗口语之间的较量一直没有停止过。

近代汉语时期，随着生产力的不断发展，经济的增长，整个国力增强了；与此同时，文化艺术和科技事业也兴旺发达起来，每个时代都有自己独擅胜场的文学形式，唐诗、宋词、元曲、明清小说就

是它们的代表。

隋代的历史虽然不长(581—618),但结束了南北朝长期分裂的局面,统一了中国,为唐代的繁荣、稳定打下了基础。唐代自开国以来,经过贞观之治、开元之治,生产力得到了较快的发展,国力强盛。唐代盛行的科举考试制度,也为文人应试入仕提供了途径。唐诗应运而起,唐朝也成为中国历史上诗歌创作的高峰。

唐代是中国历史上强盛的朝代之一,初唐、中唐、盛唐的很长时期里,政治开明,社会安定,这为文学创作提供了良好的保障。"以最能代表唐文学特色和成就的唐诗而论,有唐一代,据清代编撰的《全唐诗》及今人陈尚君等的《全唐诗外编》所录,有诗人三千多家,诗歌五万五千多首。"(参见张炯 2003:400)盛况空前。而在安禄山叛乱后,唐朝盛极而衰,每况愈下。① 有意思的是,唐代和六朝、隋相距很近,但语言风格则迥然不同。试比较南北朝乐府诗和王梵志诗,张鹫《游仙窟》和六朝小说,即不难察觉。梅祖麟(1986)说,唐代是近代汉语的分水岭,的确如此。

当然,有唐一代占统治地位的还是正统的诗和文,洋洋大观的《全唐诗》《全唐文》汇集了这一朝代的绝大多数文人作品。虽不乏口语作品,如王梵志诗、寒山诗、拾得诗等,但显然不是主流。唐代传奇《李娃传》《莺莺传》《南柯太守传》等虽然其中也不乏唐代口语词,但还是有着比较浓厚的文言色彩的,像《游仙窟》这样的小说毕竟是凤毛麟角。但从晚唐五代起,通俗文学即在很多方面迅速发展,有了和正统文学相抗衡的势头,19世纪末20世纪初在敦煌莫

---

① 史念海(1997:201)指出:"安史之乱的暴发,是唐代由强盛转向衰弱的标志,因此,一般历史家往往把安史之乱作为唐代前、后期的分期线。"

高窟发现的敦煌俗文学作品,就是这一新情况的很好证明。1957年,敦煌遗书中通俗文学类的作品由王重民、向达等六位先生汇校编成《敦煌变文集》;敦煌曲子词方面则由任二北汇编成《敦煌歌辞总编》,于1987年出版。① 这两类著作被视为是敦煌俗文学的代表,使人们得知在传统的诗文之外还有讲唱文学、民间诗词这样一种文学形式,大开眼界。从语言的角度看,以敦煌变文为代表的晚唐五代讲唱文学在很大程度上反映了当时的口语面貌,是研究唐五代口语词汇的最重要的材料。

从晚唐五代起,词的创作就开始兴盛起来,到了宋代,词成为重要的文学创作形式,涌现出了很多著名的词人。

宋代是我国历史上仅次于唐代的兴盛时期,尤其是北宋,疆土辽阔,国家安宁,百姓安居乐业。但当时的辽金等少数民族政权对宋朝虎视眈眈,骚扰不断。打了又和,和了还打,始终不能太平无事,宋朝和辽金的谈判也就势在必行。在沈括《乙卯入国奏请(并别录)》等文件中,记录了宋朝和金人的谈判情况,据实记录,口语性较强。

宋代是程朱理学兴起的时代,北宋二程、南宋朱熹,在传道授业之余,都留下了大量的语录。理学家的学说絮絮叨叨,有时不免令人心烦,但因为是聊天漫谈性质的讲课记录,故语言轻松自然,接近口语,有许多宝贵的口语材料。宋代也是话本小说兴起的时代,这一类的作品以讲故事的性质写就,其口语化程度很高,并且为元代话本和明代小说(如:"三言""二拍")开启了范本。

元曲是继唐诗、宋词之后,在元代兴起的又一新的文学形式,

---

① 上海古籍出版社2006年又出版了新版《敦煌歌辞总编》,全三册。

对后世戏曲创作和演出影响很大。

元代是外族入主中原的朝代,在中原文化的影响下,兴起了以北方话创作的元杂剧和用南方方言创作的南戏,它们的口语程度都很高,元杂剧中还夹杂着不少蒙古语词。元朝还兴起了用白话疏讲经书的形式,如《孝经直解》《大学直解》;元代的白话碑也很有研究价值。还值得一提的是,唐宋以来中国和高丽(今朝鲜、韩国)等国交往甚密,高丽人编的汉语会话课本《老乞大》《朴通事》都印证两国之间密切的经济文化交流,同时也成为汉语史学者研究元明清时代的汉语的很好材料。

明清小说是中国古典小说的高峰,对后世影响很大。

明清是封建社会的最后两个朝代,它们在建国之初,都繁荣昌盛,气象更新,后来都走了下坡路。就文学创作而言,明清两代的小说是中国古典小说的高峰,明代有所谓"四大奇书"之称,清代承明代而来,小说也很有成绩。值得注意的是,明代的小说语言有南北方言的差距,主要用北方方言写的有《金瓶梅》《醒世姻缘传》等,而用南方方言写的则有"三言"(《警世通言》《醒世恒言》《喻世明言》)、"二拍"(《拍案惊奇》《二刻拍案惊奇》)等。此外,明代的戏曲、诉讼案录等也有不少口语材料。

有两点必须指出:

第一,汉魏六朝直至唐宋元明清时代,整个中古、近代汉语,口语化的作品都不是社会的主流,六朝不消说,唐五代到明清也不例外。这正如太田辰夫(1954[1991:187—188])所指出的那样:"概而言之,在文献中记录下来的口语还是相当贫乏,不容否定这种记录不足以反映出口语来。诚然宋代以降出现了相当口语化的作品,但它们不管怎么说还是作为旁系而存在的,不能看作中国文章的主流。"换言之,在整个中国历代作品里,文言作品是主流,白话作品只是不登大雅之堂的旁支别流。这是毋庸置疑的事实。

第二,尽管文言文自古以来就是中国古代作品的主流,但它们也并非一成不变、历经数千年而面貌如一的。汉代的文言文有别于先秦,六朝又有别于汉代。"唐宋以降的文言文大体以周汉文章为轨范,但词汇也好语法也好都不可能全数为唐宋以后的文言文所继承,所谓的僻词废义被淘汰,它的最大公约数才在后世留存下来。"其实,在汉魏六朝以后的正统的文言作品中,也会或多或少地夹杂着口语化的材料,如正史。因为当时说话的语言(口语)和行文的语言(书面语)已经不同,"文言常常受到口语的影响。要想在文言文中防止口语因素的混入是很困难的,不论有意还是无意,拒绝口语反映到文章中去是不可能做到的。"[1]因此,除了口语化和比较口语化的语料外,口语性较弱的文言文作品(如正史)其中也不乏口语词和俚俗词语,也是从事中古、近代汉语词汇研究的人所不应忽视的重要语料。

(四)文体、个人风格的影响——不同文体有不同的语言风格,同一作者,可以雅俗并存

1. 不同文体,对语言词汇产生的影响[2]

(1)唐代白话诗

文体不同,会有不同的语言风格。同样是通俗文学作品,王梵志诗和敦煌变文也有差异。

先举一王梵志诗的例子(见《王梵志诗校注·家中渐渐贫》):

---

[1] 这两段引文参看太田辰夫(1954)。
[2] 王锳(1990:4)曾指出:"(近代汉语)韵文中有些历来公认的'语辞',很可能出于特殊的修辞需要和格律要求,并不一定反映当时口语。"

家中渐渐贫,良由慵懒妇。长头爱床坐,饱吃没娑肚。频年憨生儿,不肯收家具。饮酒五夫敌,不解缝衫袴。事当好衣裳,得便走出去。不要男为伴,心里恒攀慕。东家能涅舌,西家好合斗。两家既不合,角眼相蛆妒。别觅好时对,趁却莫交住。(《王梵志诗校注》,155页)

这首诗里的"慵懒""长头""没娑""家具""不解""事当""得便""攀慕""涅舌""合斗""角眼""蛆妒""时对""趂却(趂同趁)""交"等都是唐诗中少用或罕用的,显示出王梵志诗俚俗化的特点。

项楚(1993:326—329)曾举《世间慵懒人》诗为例:"世间慵懒人,五分向有二。例著一草衫,两膊成山字。出语觜头高,诈作达官子。草舍元无床,无毡复无被。他家人定卧,日西展脚睡。诸人五更走,日高未肯起。朝庭数十人,平章共博戏。菜粥吃一椀,街头阔立地。逢人若共语,荒说天下事。唤女作家生,将儿作奴使。妻即赤体行,寻常饥欲死。一群病癞贼,却搦父母耻。日月甚宽恩,不照五逆鬼。"指出:"王梵志诗以'通俗'著称。……王梵志诗在语言上的突出特点是采用当时的口语写作,诚如三卷本王梵志诗集原序所云:'不守经典,皆陈俗语。'这和初唐文人诗坛继承六朝文风的浮华风格大异其趣,是吹进诗坛的一股强烈的清新空气。然而也正因为王梵志诗采用了大量唐代口语词汇,所以我们今天对那些最通俗的俚语,反而很难索解了。""在表现手法上,王梵志诗主要是用白描、叙述和议论的方式再现和评价生活。……他好像是出色的肖像画家,非常擅长描摹生活中各类人物的形象,并且常用对照或对比的方式构成组诗,以突出主题。……他笔下的人物,都给读者留下了深刻的印象。"

口语入诗,用白话写作,在唐代民间蔚然成风。在敦煌抄本中,有时可以看到经卷抄写者即兴创作的白话诗。如北京国家图书馆藏宿字99号卷子题诗:"写书今日了,因何不送钱?谁家无赖汉,迴面不相看。"就是抄手发泄对雇主不满的诗篇。"王梵志诗的直接影响,便是开创了唐代白话诗派,寒山、拾得直接继承了王梵志白话诗的传统,顾况、白居易直到杜荀鹤、罗隐等爱以俗语入诗的诗人,也多少受了王梵志诗的某种影响。"(参见项楚 1993:330—332)

(2) 唐五代敦煌变文

敦煌通俗文学的特点是俚俗,经常用俗字俗语,口语性强,这一点在敦煌变文中表现得尤其明显。兹举《敦煌变文校注·燕子赋》一例为证:

鹞鹨奉命,不敢久停。半走半骤,疾如奔星,行至门外,良久立听。正闻雀儿,窟里语声。雀儿云:"吾昨夜梦恶,今朝眼眴。若不私斗,克被官嗔。比来傜役,征已应频。多是燕子,下牒申论,约束男女,必莫开门。有人觅我,道向东村。"鹞鹨隔门遥唤:"阿你莫漫辄藏!向来闻你所说,急出共我平章。何为夺他宅舍,仍更打他损伤,凤凰令遣追捉,身作还自抵当,入孔亦不得脱,任你百种思量。"雀儿怕怖,悚惧恐惶,浑家大小,亦总惊忙。遂出跪拜鹞鹨,唤作大郎二郎:"使人远来冲热,且向窟里逐凉。卒客无卒主人,暂坐撩治家常。"鹞鹨恶发,把腰即曰:"者汉大痴,好不自知!恰见宽纵,苟徒过时。饭食浪道,我亦不饥。火急须去,恐王怪迟。"(376页)

这里的"骤""男女""阿""漫""平章""抵当""百种""思量""怕""惧""浑家""总""惊忙""大郎二郎""冲热""逐凉""撩治""家常""恶发""把""者""好不""浪""火急"等词大都是唐代产生的新词或

新用法。

类似的如"分雪"(《伍子胥变文》,《唐五代卷》197页)、"什摩""为什摩"(《祖堂集》卷三,同上,454页)、"适来"(《伍子胥变文》,同上,197页)、"知委"(《伍子胥变文》,同上,197页)、"不委"(《祖堂集》卷二,同上,451页)等,也都有类似的特点。

(3) 宋代的禅宗语录

禅宗语录的特点,在宋代《嘉泰普灯录》卷二五中有如下阐明:"禅宗语言不尚浮华,唯要朴实,直须似三家村里纳税汉及婴儿相似,始得相应。……今时人往往嗤笑禅家语言鄙野,所谓不笑不足以为道。"前人时贤对禅宗语录特点的研究和介绍,粗粗归纳,大致有这样几点:

一曰俚俗。行文不避俚俗,是禅宗语录的一大特点。例如:

干屎橛

干大便。《大慧普觉禅师书·答吕郎中》:"僧问云门:'如何是佛?'门云:'干屎橛。'"(《宋代卷》223页)

粪壤

粪土。《大慧普觉禅师书·答吕郎中》:"观渠如此说话,返不如三家村里省事汉,却无如许多粪壤,死也死得瞥脱。'"(同上,223页)

屙

解大便,动词。《碧岩录》:"尽大地是沙门一只眼,汝等诸人向什么处屙?"(同上,62页)

二曰机智。行文对白机智、巧妙,妙语连珠,是禅宗语录的另一特色。

《五灯会元》卷三《马祖一禅师法嗣·石臼和尚》:"初参马祖,

祖问:'甚么处来。'师曰:'乌臼来。'祖曰:'乌臼近日有何言句?'师曰:'几人于此茫然。'祖曰:'茫然且置。悄然一句作么生。'师乃近前三步。祖曰:'我有七棒寄打乌臼,你还甘否?'师曰:'和尚先吃。某甲后甘。'"(175页)

《五灯会元》卷五《石头迁禅师法嗣·丹霞天然禅师》:"师因去马祖处,路逢一老人与一童子。师问:'公住何处?'老人曰:'上是天。下是地。'师曰:'忽遇天崩地陷,又作么生?'老人曰:'苍天!苍天!'童子嘘一声。师曰:'非父不生其子。'老人便与童子入山去。""师与庞居士行次。见一泓水。士以手指曰:'便与么也还辨不出?'师曰:'灼然是辨不出。'士乃㪺水,泼师二掬。师曰:'莫与么,莫与么。'士曰:'须与么,须与么。'师却㪺水,泼士三掬。师曰:'正与么时,堪作甚么?'士曰:'无外物。'师曰:'得便宜者少。'士曰:'谁是落便宜者?'"(262页)

三曰平白如话。禅宗语录大多记载人物对话,故使用生活化的口语,平白如话,这是禅宗语录的又一特色。

明杨慎《丹铅续录》卷七"活泼泼地"条曾对禅宗语录、宋儒语录以俚俗词语入书表示不解,说:

"《中庸章句》引程子语云:'活泼泼地。'僧家语录有云:'顶门之窍露堂堂,脚根之机活泼泼。'又云:'圆陀陀,活泼泼。'程子之言,未必用僧语。盖当时有此俗语,故偶同耳。有人问尹和靖曰:'《伊川语录》载,人问鸢飞鱼跃。答曰:会得时活泼泼地,会不得时只是弄精魂。不知当时曾有此语否?'先生曰:'便是学者不善记录。伊川教人,多以俗语引之。人便记了此两句。焞尝问:莫只是顺理否? 伊川曰:到此吾人只得点头。今不成书先生教人点头。呜呼! 和靖亲炙伊川,其言若此,盖恐俗语误后人,可谓不阿所好矣。朱子乃以入章句,所见何其不同邪! 愚尝评之曰:《说文》之解字,《尔雅》之训诂,上以解经,下以修辞,岂不正大简易哉! 世之有《说文》《尔雅》,犹中原人之正音也,外此则侏(僷)之夷言,商贾之市语矣。汉唐以下解经,率用《说文》《尔雅》。匪惟解经为然也,鸠摩罗什以汉语释梵书,亦用《说文》《尔雅》,可见二书可通行百世矣。至宋时僧徒陋劣,乃作语录,始有喝棒咄咦之粗态,屎厥狗子之鄙谈。今以宋僧语录,比罗什之经论,不啻玉石。宋之儒者,亦学僧家作语录,正犹以夷音市语而变中原正音。或一方之语,不可通于他方;一时之言,不可施于后世。如吃紧活泼,便辟近理,今不知为何物语。欲求易晓,反为难知。本欲明经,适以晦道矣。甚者因陋就简,以打乖筋斗入诗章,以间眉合眼入文字。曰:我所述程朱之说,道理之谈。辞达而已,不求工也。予笑之曰:君以此为辞达,正所以为不达也。"(101—102页)

杨慎所批评的禅宗语录、宋儒语录、朱熹章句以俚俗词语入书,从语言研究的角度看,正说明这几类著作的研究价值大。但站在正统文人的角度,则杨氏的批评自然不无道理。此节评述对禅宗语录、宋儒语录以俗语入书的看法,不无偏颇,反映了当时人对此问题的认识上的局限。

唐五代白话作品、宋代禅宗语录的这些语言特点,也被宋元以后的小说、宋儒语录所继承,例如:

《大唐三藏取经诗话》卷上:"遂令行者前去买菜做饭。"(《宋代卷》239页)"买菜做饭",和今天所说的话完全一样。《大唐三藏取经诗话》卷中:"满国焚香,都来恭敬。"(同上,243页)"都来"和今义完全一样。《朱子语类·训门人》:"工夫到时,才主一便觉意思好,卓然精明;不然便缓散消索了,没意思。"(同上,261页)"没意思",今天仍这样说。

2. 不同的行文风格,对语言词汇产生的影响

同一作者,因文体不同,其行文风格、语言面貌亦有差异。例如,同是张鷟(张文成),其小说《游仙窟》和笔记《朝野佥载》、类书《龙筋凤髓判》就有不同的风格。

晋代的葛洪,既撰写了《神仙传》《西京杂记》,又写作了《抱朴子》,而《抱朴子内篇》和《抱朴子外篇》也有不同的风格。南朝梁的任昉,既创作了许多典雅的诗文(见《先秦汉魏晋南北朝诗》、《全上古三代秦汉三国六朝文·全梁文》),也撰著了志怪小说《续齐谐记》、弹文(诉讼文章)《奏弹刘整》(中间原告及证人口述作证部分),后者具有很高的口语成分。北齐的颜之推,既有语言比较典雅的诫世类著作《颜氏家训》,也写了志怪小说《还冤记》。都是这方面的例子。

同一作者,可能既有白话作品,也有文言作品,未必整齐一律。顾之川(2000:72)指出:"冯梦龙固然编辑创作了'三言'、《挂枝儿》《山歌》等白话作品,但他的《智囊》《甲申纪事》《笑史》《中兴实录》等却都用文言。凌濛初的'二拍'是用白话写成的,但他的《后汉书纂》《南音三籁》《谈曲杂札》等也都是用文言写成的。"

唐代小说方面,有许多六朝时期不见的语言现象和口语词,以唐张文成《游仙窟》为例:

《游仙窟》中有一些口语性很强的词,如:便点(《唐五代卷》7页、19页)、遮莫(同上,21页)、可可(同上,19页)、加诸(同上,8页)、若个(同上,8页)、真成(同上,3页、5页)、负持(同上,3页)、浪(同上,7页)、自隐(同上,8页)、分疏(同上,8页,《宋代卷》53页)、勾当(《唐五代卷》22页)等。这些口语词大抵产生于唐代,具

有唐代词汇的特点。再举数例如下:

(1) 由动词重叠构成的词

入穹崇之室宇,步步心惊;见傥朗之门庭,看看眼燥。(《唐五代卷》5页)徐行步步香风散,欲语时时媚子开。(同上,3页)

(2) 出现多例名词词尾"子"

有"面子",就是"面",指容貌:虫蛆面子,妒杀阳城;蚕贼容仪,迷伤下蔡。(《唐五代卷》180页)

有"眼子",就是"眼",指眼睛、眼睫毛:婀娜腰支细细许,瞕睅眼子长长馨。(同上,3页)

有"手子":局至,十娘引手向前。眼子盱睐,手子腽腯。(同上,7页)

有"口子":又咏曰:"腰支一遇勒,心中百处伤。若为得口子,馀事不承望。"(同上,21页)

有"舌子":口子郁郁,鼻似薰穿;舌子芬芳,颊疑钻破。(同上,21页)

(3) 形容词词尾"许""馨""生"①

婀娜腰支细细许,瞕睅眼子长长馨。(同上,3页)看时未必相看死,难时那许太难生。(同上,3页)儿递换作,少府公太能生!(同上,7页)五嫂曰:"张郎太贪生,一箭射两垛。"(同上,8页)

《朝野佥载》虽然也有一定的口语化成分,但少见这样口语、俚俗的内容。

3. 类型相同的文体,作者不同,语言风格也有差异

---

① 关于这类"生",前贤多有论述,参看志村良治(1984[1995:303—315])。

同为敦煌变文,《燕子赋》和《庐山远公话》就有差异,《搜神记》(《敦煌变文集校注》不把它作为变文)和《维摩诘经讲经文》自有不同。

同一作品中,既有白话成分,也有文言成分。中古时期如《奏弹刘整》,开头和结尾部分用骈文,属文言;当中诉讼文字则为口语对话的实录,用口语。[①] 近代汉语时期,如《皇明诏令》,其中文言成分占 90% 以上,白话成分只占很小的一部分。(参见顾之川 2000:72)

宋元明时期,白话作品更加集中,宋儒语录、宋元话本、元杂剧、明代白话小说等,都是重要的白话作品,向来受人重视。即便是文人作品如书信,也常常较为口语化,盖因其性质使然。举一例:

我若不在(婉指死),你母是个最正直不偏心的人,你两个要孝顺他,凡事(不论什么事)依他,不可说你母向那个儿子,不向那个儿子;向那个媳妇(儿子的配偶),不向那个媳妇。要着他生一些儿(一点点)气,便是不孝,不但天诛你,我在九泉之下,也摆布(犹言报复)你。你两个是一母同胞的兄弟,当和好到老,不可各积私财,致起争端(引起争执的事由);不可因言语差错,小事差池(差错),便面红面赤。应箕性暴些,应尾自幼晓得他性儿(性子、脾气)的,看我面皮(面子),若有些冲撞(冒犯),担待(原谅)他罢。应箕敬你哥哥要十分小心(恭顺,留神),合敬我一般(一样)的敬才是。若你

[①] 《奏弹刘整》全文今载于《文选》卷四〇,这是注者李善的功劳。萧统在编《文选》时,只选了任昉开头和结尾的弹文,删去了范氏等人的诉讼证词,这与《文选》的编选主旨是一致的。李善补上这一部分内容后注云:"昭明删此文大略,故详引之,令与弹相应也。"

哥计较(计算比较)你些儿(些许,一点),你便自家跪拜,与他陪礼(认错,陪不是)。他若十分(非常,很)恼,不解你,便央及(请求,恳求)你哥相好(要好)的朋友劝他,不可他恼了,你就不让他。你大伯(伯父)这样无情的摆布我,我还敬他,是你眼见的。你待你哥,要学我才好。应尾媳妇是儒家女,应箕媳妇是官家女,此最难处。应尾要教导你媳妇,爱弟妻如亲妹,不可因他是官宦(做官)人家女,便气不过(谓气到极点),生猜忌之心。应箕要教导你媳妇,敬嫂嫂如亲姐,衣服首饰休(不要)穿戴十分好的,你嫂嫂见了,口虽不言,心里便有几分不耐烦(开心,高兴),嫌隙自此生矣。四季衣服,每遇出入,妯娌两个是一样的,兄弟两个也是一样的。每吃饭,你两个同你母一处吃,两个媳妇一处吃,不可各人合各人媳妇自己房里吃,久则就生恶了。你两个不拘(不论,不管)有天来大(像天一样大)恼,要私下(自己进行的,不通过公众的)请众亲戚讲和,切记(谓务必牢记),不可告之于官!若是一人先始无终,虽欲外面(外边)做好人,也被人看破(看透,看穿)你。(明杨继盛《杨忠愍集》卷三《赴义前一夕遗属二首》之二《父椒山谕应尾应箕两儿》)

这一段书信文字,语言平朴直白,通俗易懂,与一般的书面文章自有不同。盖因作者系在狱中给两个儿子的遗书,叮嘱他们要如何为人、如何处世,拳拳舐犊之情,清晰可见。许多词语都是宋元以来产生或使用的,并且一直沿用到今天,故有些词语不解释也都明白。不少词语,辞书失收或晚收,如"大伯"一词,《汉语大词典》在指"父亲的长兄"一义下举鲁迅《呐喊·故乡》"大伯!我们什么时候回来"为例,偏晚。

4. 南北方言、俗语不同,产生词汇差异

近代汉语时期,南北方言不同,也造成了不小的词汇差异。例

如,明代田汝成曾对杭州话有过一番描述:

"《辍耕录》言,杭州人好为隐语,以欺外方。如物不坚致曰憨大,暗换易物曰捣包儿,粗蠢人曰朳子,朴实曰艮头。《白獭髓》言,杭俗浇薄,语年甲则曰年末,语居止则曰只在前面,语家口则曰一差牙齿,语仕禄则曰小差遣,此皆宋时事耳。乃今三百六十行,各有市语,不相通用,仓猝聆之,竟不知为何等语也。有曰四平市语者,以一为忆多娇,二为耳边风,三为散秋香,四为思乡马,五为误佳期,六为柳摇金,七为砌花台,八为霸陵桥,九为救情郎,十为舍利子。小为消黎花,大为朵朵云,老为落梅风,讳低物为靸,以其足下物也。复讳靸为撒金钱,则又义意全无,徒以惑乱观听耳。"(明田汝成《西湖游览志馀》卷二五《委巷丛谈》)就说明了这一点。

第二节　近代汉语词汇与思想文化、社会生活的关系

近代汉语时期,历史跨度大,年代长,白话作品十分丰富。随着作品的丰富多彩,反映社会生活的面更加广泛。

任何一个时期的语言词汇的发展,都与该时期的思想文化、社会生活、习俗风尚有关,近代汉语时期也不例外。以下,我们从称谓、名物词、科举制度、表演讲唱以及体育活动等几个方面与文化、社会的关系的词语为例,尝鼎一脔。

一、称谓与文化

称谓是社会生活、文化习俗的一个缩影。每一个时代,都有一批相对固定的称谓词,这些称谓词既有承接前代而来的,又有新产生的,往往映射出社会文化的特点和影响,值得注意。

唐代以来，关于妇女的称谓产生了一些新的变化，以下酌作讨论。

(一) 儿：妇女自称

在唐宋以来的文献中，习见妇女用"儿"来自称。① 例如：《北齐书·崔暹传》："天保时，显祖尝问乐安公主：'达拏于汝何似？'答曰：'甚相敬重，唯阿家憎儿。'"(406页)唐张鷟《游仙窟》："仆因问曰：'主人姓望何处？夫主何在？'十娘答曰：'儿是清河崔公之末孙，适弘农杨府君之长子。……'"《敦煌变文校注·孟姜女变文》："君若有神，儿当接引。"(61页)

与此相应，女子自称其家曰"儿家"：《寒山诗》："何须久相弄，儿家夫婿知。"称丈夫为"儿婿"：《敦煌变文校注·丑女缘起》："妻见儿婿怨烦，不免再三盘问。"(1106页)也称"儿夫"：《刘知远诸宫调》："儿夫来何太晚？兼兄嫂持棒，专待尔来。"(《宋代卷》351页)"儿夫"是李三娘称丈夫刘知远。

妇女之所以用"儿"自称，与自汉魏六朝以来，"儿"带有嘲诋意味有关。② 由于"儿"带有嘲诋意味，所以当时往往用以称呼低贱之人。③ 妇女称"儿"贬低自身，以示对丈夫的谦敬，这跟下文妇人自称"奴"类似。

(二) 奴：宋代以来的妇女自称

---

① 六朝时，"儿"为儿童自称。《法苑珠林》卷二六引《冥祥记》述晋代向靖先前病死了一个数岁的女儿，这个女儿曾经因玩小刀而误伤过母亲。一年后，母亲又生一女，长到四岁时，索要原先玩过的小刀，"靖曰：'可更觅数个刀子，合置一处，令女自择。'女见大喜，即取先者，曰：'此是儿许。'父母大小乃知前女审其先身。"(《古小说钩沉》603页)"此是儿许"犹言这是我玩过的小刀，"儿"是这个小女孩自称。《法苑珠林》卷二三引《冥祥记》："元嘉初，女年十四，病死，七日而苏。……下启父言：'儿死，便往无量寿国，见父兄及己三人。'"(同上，613页)"儿"也是这位十四岁女孩的自称。

② 关于"儿"自汉魏六朝以来带有嘲诋意味，参看贺昌群(2003)。

③ 汉魏以来"儿"可指称低贱之人，参看何亚南(1997)、王云路(1998)。

"奴",近代汉语时期可以用作自称,男女都可用,如:《敦煌变文校注·王昭君变文》:"异方歌乐,不解奴愁。"(157页)这是王昭君自称。又《丑女缘起》:"争那就中容貌差,交(教)奴耻见国朝臣。"这是国王自称。也作"孥",《太平广记》卷二八一"张生"条(出《纂异记》):"昨夜梦草莽之处,有六七人,遍令饮酒,各请歌。孥凡歌六七曲,有长须者频抛觥。方饮次,外有发瓦来,第二中孥额。"宋代以后,成为女子自称的专词,如:《琵琶记》第十出:"奴自有些金珠,解当充粮米。"

(三) 老婆:俗称妻子

"老婆"在当今是妻子的俗称。此词产生于唐五代,原来是一个多义词,有两义:一是指老妇人,如:唐寒山《诗》之三六:"东家一老婆,富来三五年;昔日贫于我,今笑我无钱。"五代静、筠《祖堂集》卷十八《赵州和尚》:"有人问老婆:'赵州路什摩处去?'婆云:'蓦底去。'"(《唐五代卷》561页)二是禅宗术语,指在字句上纠缠不清或多作解释者。到宋元以后,"老婆"又产生出了现代汉语词义,指妻子。如:宋吴自牧《梦粱录·夜市》:"更有叫'时运来时,买庄田,取老婆'卖卦者。"《清平山堂话本·杨温拦路虎传》:"大王新近夺得一个妇女,乃是客人的老婆,且是生得好,把来做扎寨夫人。"(《宋代卷》430页)

(四) 新妇/息(媳)妇/新娘、新人

同样是儿子的妻子,中古时说"新妇",后代也沿用;[1]引申又

---

[1] 《后汉书·何进传》:"(张)让向子妇叩头曰:'老臣得罪,当与新妇俱归私门。'"(2251页)又《列女传·周郁妻》:"郁骄淫轻躁,多行无礼。郁父伟谓阿曰:'新妇贤者女,当以道匡夫。'"《大唐三藏取经诗话》卷上:"今告师兄,放还我家新妇。"(《宋代卷》239页)《刘知远诸宫调》:"夜深不敢依门户,跳过墙来见新妇。"(同上,353页)(接下页)

为妇女自称，如：唐张文成《游仙窟》："五嫂曰：'娘子把酒莫瞋，新妇更亦不敢。'"（《唐五代卷》6页）也说"子妇"：宋曾敏志《独醒杂志》卷四："王荆公作《字说》，一日踟蹰徘徊，若有所思而不得。子妇适侍见，因请其故。"（37页）

唐代以后称"息妇"，如：《白孔六帖》卷十八《母子》"新息妇人杀子"，注云："后汉贾彪为新息令，人贫困多不养子，彪严为制，与杀人同罪。城南有盗害人，城北妇人杀子。"① 宋张师正《括异志·孙翰林》："乃召子妇诘之。云：'老妪言，来日郎君欲就息妇房中宴饮。'"宋庄绰《鸡肋编》卷中："谚有'巧息妇做不得没面馎饦'与'远井不救近渴之语'。"

后作"媳妇"，如：宋孟元老《东京梦华录》卷五《娶妇》："凡娶媳妇，先起草帖子，两家允许，然后起细帖子。"《五灯会元》卷二〇《龙门远禅师法嗣·安吉州道场正堂明辩禅师》："作女人拜，曰：'莫怪下房媳妇触忤大人好。'"明杨继盛《赴义前一夕遗嘱二首》之二《父椒山谕应尾应箕两儿》："应尾媳妇是儒家女，应箕媳妇是官家女，此最难处。"

历代笔记对"新妇""息（媳）妇"多有考证，如：

宋王得臣《麈史》卷二《辨误》："《吕氏春秋》：白圭曰：新与惠子相见，惠子说之，以强惠子出，白圭告人曰：'有新娶妇者，孺子操蕉

（接上页）《张协状元》十一出："它若有这一项，我自与孩儿讨个新妇。"（同上，532页）《二刻拍案惊奇》卷二六："不管嘈坏郎君，只是贪看新妇。"《春闺秘史》第七回："何况他那傻小子，只知自己畅快，不顾他人死活，一味狂抽狠弄，痛得新妇哭哭啼啼，他还满不在意。"

① 清俞樾《茶香室续钞·媳》："古人称子为息，息妇者，子妇也。"正确解释了"息（后偏旁类化为'媳'）妇"的理据。《白帖》以"息妇"为"新息之妇"，当为俗语源，未可据信。

火而钜,新妇曰:蕉火太钜。今惠子遇我尚新,其说我太甚者。'惠子闻之曰:'何事比我于新妇乎!'按今之尊者斥卑者之妇曰新妇,卑对尊称其妻,及妇人凡自称者,则亦然;则世人之语,岂尽无稽哉! 而不学者辄易之曰媳妇,又曰室妇,不知何也。"

宋吴曾《能改斋漫录》卷五《辨误·息妇新妇》引王得臣说后云:"予按《战国策》:'卫人迎新妇,妇上车,问:"骖马谁马也?"御曰:"借之。"新妇谓仆曰:"拊骖无笞。"服车至门,扶教送母,曰:"灭灶将失火。"入室见臼,曰:"徙之牖下,妨往来者。"主人笑之。此三言者,皆要言也。然而不免为笑者,早晚之时失也。'高诱注曰:'虽要,非新妇所宜言也。'然则彦辅辨息妇之误而不及此者,岂偶忘之耶?"

清黄生《义府》卷下"新妇"条:"汉以还,呼子妇为新妇。《后汉·何进传》:'张让向子妇叩头,云:"老臣得罪,当与新妇俱归私门。"'《世说》:'王浑妻钟氏云:"若使新妇得配参军,生儿当不啻如此。"'凉张骏时童谣云:'刘新妇簸,石新妇炊。'北齐时童谣云:'寄书与妇母,好看新妇子。'盖必当时谓妇初来者为新妇,习之既久,此称遂不复改耳。又古者,谓子为息,息之训,生也。《国策》:'左师触龙云:"老臣贱息舒祺。"'梁武帝《长安有狭邪行》云:'大息组细缊,中息佩陆离。小息尚清绮,总辔游南皮。'今俗谓子妇为媳妇,此必因息谬加女旁耳。又或单呼为媳,益可笑也。吾乡俚语,至今尚称新妇,反存古意。"①

表示新成家的女子,近代汉语起称"新娘",沿用至今。《醒世恒

---

① 今吴语仍称儿媳妇为"新妇",是古语之留存。另据《汉语方言大词典》,吴语之外,今江淮官话、徽方言、湘方言、赣方言、客家话、粤语、闽语等都保留了这种用法。

言》卷七:"其夜酒阑人散,高赞老夫妇亲送新郎进房。伴娘替新娘卸了头面,几遍催新郎安置,钱青只不答应。"《儒林外史》第2回:"就如女儿嫁人的,嫁时称为'新娘'。"《儿女英雄传》第28回:"新娘听公公讲完了这篇考据,才一一的见过亲族,俗叫作分大小儿。"

"新娘"的早期形式则有"息妇""媳妇""新妇",但词义不完全相同。大致说,"息妇""媳妇"类似于后代的"新娘";①而"新妇"则既可称新娘,也可称已婚妇女,甚至有一定年龄的妇女。可用图示意如下:

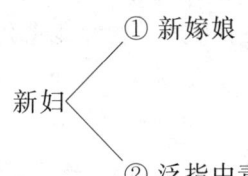

新娘＝息妇、媳妇

新妇 ① 新嫁娘
　　 ② 泛指中青年妇女

也可在"新娘"后加词尾"子",称为"新娘子",指新婚妻子或新婚妇女。明谢肃《别新娘子》诗:"与尔从来未几时,可怜生女又生儿;他年若嫁吾宁见,守得宗风在尔为。"归有光《书张贞女死事》:"新娘子诚大佳,吾已寝处其姑,其妇宁能走上天乎?"《二刻拍案惊奇》卷二六:"谢三郎走进新房,不见新娘子在内,疑他床上睡了,揭帐一看,仍然是张空床。"

也称"新人",《醒世恒言》卷七:"颜俊道:'既结了亲,这三夜钱大官人难道竟在新人房里睡的?'"《清平山堂话本·快嘴李翠莲记》:"先

---

① 明清时期,"新娘"又可指妾,如《警世通言·唐解元一笑姻缘》:"堂中灯烛辉煌,里面传呼:'新娘来!'只见两个丫鬟,伏侍一位小娘子,轻移莲步而出。……解元一把扯住衣袖,道:'此小妾也,通家长者,合当拜见,不必避嫌。'"《儒林外史》第2回:"若是嫁与人家做妾,就到头发白了,还要唤做'新娘'。"

生道:'新娘子息怒。她是个媒人,出言不可太甚。自古新人无有此等道理!'"《二十年目睹之怪现状》第70回:"是午过未来,还是寂无消息。办事的人便打发人到坤宅去打听,回报说新人正在那里梳妆呢。"现代汉语中,"新人"虽可特指新娘,但多兼指新娘和新郎。

二、事物名称与文化

事物名称和文化有着密切的关系,这里举"酒"的异称为例。

酒是传统饮食文化中的重要角色,喜怒哀乐、悲欢离合,都离不开酒。对酒的称呼,古往今来相当多,而且有褒贬之异。① 向来爱酒者多称赞其能排解人的忧愁、烦恼。三国魏曹操《短歌行》:"对酒当歌,人生几何。……何以解忧,唯有杜康。"褒者,以"欢伯""忘忧物""忘忧君""销忧药"等称之,如:

欢伯

旧题汉焦延寿《易林》卷二《坎之兑》:"酒为欢伯,除忧来乐。福喜入门,与君相索,使我有得。"唐陆龟蒙《奉和袭美酒中十咏·酒篘》诗:"山斋酝方熟,野童编近成。持来欢伯内,坐使贤人清。"元楚材《赠蒲察元帅五首》之四诗:"主人开宴醉华胥,一派丝篁沸九衢。……金波泛蚁斟欢伯,雪浪浮花点酪奴。"

忘忧物

晋陶潜《饮酒》诗之七:"泛此忘忧物,远我遗世情。一觞虽独进,杯尽壶自倾。"宋张耒《东园》诗:"翻书只作随睡具,倾壶屡进忘忧物。"

忘忧君

唐施肩吾《句》诗:"茶为涤烦子,酒为忘忧君。"

---

① 关于酒的异称,林伦伦、朱永锴(1993:13)有考证。

销忧药

唐白居易《劝酒寄元九》诗:"何不饮美酒?胡然自悲嗟。俗号销忧药,神速无以加。"

贬者则因酒能伤身误事而斥之为"狂水""狂药""魔浆""祸泉"等,如:

狂水/狂药

西晋竺法护译《生经》卷一《佛说舅甥经》:"甥酤美酒,呼请乳母及微伺者,就于酒家劝酒。大醉眠卧,便盗儿去。醒悟失儿,具以启王。王又诏曰:'卿等顽駿,贪嗜狂水。既不得贼,复亡失儿。'"《广弘明集》卷二六梁武帝萧衍《断酒肉文》四首之一:"僧尼授白衣五戒,令不饮酒,令不妄语。云何翻自饮酒,违负约誓?……若白衣人甘此狂药,出家人犹当诃止。"《晋书·裴楷传》:"长水校尉孙季舒尝与崇酣燕,慢傲过度,崇欲表免之。楷闻之,谓崇曰:'足下饮人狂药,责人正礼,不亦乖乎!'"唐释法琳《辩正论》卷一:"言不饮者,酒为乱本,亦称狂药。遍兴三毒之愆,备造六根之衅。"宋吴淑《事类赋》卷一七《饮食部·酒》:"岂顾季鹰之身后,且醉高欢之手中,应彼东风,酝兹狂药。"因为酒能乱性、误事,故称之为"狂水""狂药",谓饮用以后会让人耍酒疯、发狂。

魔浆

南朝梁武帝萧衍《断酒肉文》之四:"内外众魔,共相娆作。所以行者,思念鱼肉。酒是魔浆,故不待言。"

祸泉

宋陶谷《清异录》卷下"酒浆":"置之瓶中酒也,酌于杯,注于肠。善恶喜怒交矣,祸福得失岐矣。倘夫性昏志乱,胆胀身狂,平日不敢为者为之,平日不容为者为之,言腾烟焰,事堕阱机,是岂圣人贤人乎？一言蔽之曰，祸泉而已！"

可见，同一种事物，因为心情、场合、作用及看问题的角度不同，就会有截然相反的两种评价。然而酒的魅力也正在于此。

三、科举制度与文化

唐代之所以能成为中国历史上少数几个在世界范围内强盛的朝代，与它的科举制度有相当的关系。唐代的科举制度一反六朝重门阀地望的九品中正制，不分贫富贵贱，不论门第出身，鼓励读书人和其他阶层的人士选择科目，参加考试，择优录用，显得开放而富有活力。随着新的科举制度的兴起，与此相应，产生了一批新词。

及第／中第／高第

科举应试中选谓之"及第"（因榜上题名有甲乙次第，故名）。唐陈子昂《故宣议郎骑都尉行曹州离狐县丞高府君墓志铭》："唐龙朔元年，有制举忠鲠，君对策及第，试守永州湘源县尉。"沈亚之《送同年任畹归蜀序》："十年新及第，进士将去都。"齐己《与张先辈话别》诗："及第还全蜀，游方归二林。"宋高承《事物纪原》卷三《学校贡举·及第》："汉之取士，其射策中者，谓之高第，隋唐以来，进士诸科遂有及第之目。"

也称"中第"。唐白居易《喜敏中及第偶示所怀》诗："自知群从为儒少，岂料词场中第频。"《太平广记》卷一四四"卢献卿"条（出《本事诗》）："连年不中第，荡游衡湘，至郴而病。"

也称"高第"。唐贾岛《送陈商》诗："联翩曾数举，昨登高第名。"宋刘克庄《后村诗话》卷三："擢高第，登贵仕，皆早学之力。"

落第／下第／放落

科举时代考试不中者称"落第"。唐贾岛《送康秀才》诗："俱为落第年，相识落花前。"白居易《把酒思闲事二首》诗之一："把酒思闲事,春愁谁最深?乞钱羁客面,落第举人心。"五代王定保《唐摭言》卷一〇"海叙不遇"条:"张倬者,柬之孙也。尝举进士落第,捧登科记顶戴之,曰:'此即千佛名经也。'"

又称"下第"。唐綦毋潜《送章彝下第》诗:"三十名未立,君还惜寸阴。"韦应物《送槐广落第归扬州》诗:"下第常称屈,少年心独轻。"唐刘得仁有《送友人下第归觐》《送友人下第归扬州觐省》二诗(《全唐诗》卷五四四)。

又称"放落"。《太平广记》卷一七八"府解"条(出《(唐)摭言》):"小宗伯倚而选之,或悉中第,不然,十得其七八。苟异于是,则往往牒贡院,请放落之由。"后又有成语"名落孙山"。

又有"棚推/棚头""关试""春关""行卷/温卷"等相关词语。

棚推/棚头

唐封演《封氏闻见记》卷三《贡举》:"在馆诸生更相造诣,互结朋党,以相渔夺,号之为棚推,声望者为棚头,权门贵盛,无不走也。""棚推"犹言党羽,战友,"棚头"犹言党魁,魁首。

关试

《太平广记》卷二七四"欧阳詹"条(出《闽川名士传》):"贞元年,登进士第,毕关试簿,游太原。"唐曹邺有《关试前送进士姚潜下第归南阳》诗,顾非熊有《关试后嘉会里闻蝉感怀呈主司》诗,韩仪有《记知闻近过关试》诗。宋胡仔《渔隐丛话后集》卷二一:"蔡宽夫《诗话》云:'唐举子既发榜,止云及第,皆守选,而后释褐。选未满而再试,判为拔萃,于吏部或就制举而中,方谓之登科。韩退之所谓四举于礼部,乃一得三;选于吏部,卒无成。盖退之未尝登科也。自闻喜宴后,始试制两节于吏部,其名始隶曹,谓之关试,犹今之参选。关试后,始称前进士。'"《宋史·选举志一》:"登科之人,例纳朱胶绫纸之直,赴吏部南曹,试判三道,谓之关试。"关试,唐代以来,吏部组织的对进士的考试,合格者才能做官。

春关

李肇《唐国史补》卷下"春关":"得第,谓之前进士;俱捷,谓之同年;列姓名于慈恩寺,谓之题名;籍而入选,谓之春关;不捷而醉饱,谓之打毷氉。"唐姚合《酬卢汀谏议》诗:"遥贺来年二三月,彩衣先辈过春关。""春关"是唐代产生的和科举制度有关的新词。唐代以来举进士,登记入选,谓之春关。发给的凭证,亦称春关。参阅《宋史·选举志一》。明胡震亨《唐音癸签》卷十八《诂笺三》:"关试,吏部试也。进士放榜敕下后,礼部始关吏部。吏部试判两节,授春关,谓之关试,始属吏部守选。"

行卷/温卷/请见/谢见

宋计敏夫《唐诗纪事》卷六五"裴说"条:"唐举子先投所业于公卿之门,谓之行卷。"

宋江少虞《事实类苑》卷六三"风俗杂志·举子投贽"条(出《渑水燕谈》):"国初袭唐末士风,举子见先达,先投刺字,谓之请见。既与之见,他日再投启事,谓之谢见。又数日再投启事,谓之温卷。""行卷""温卷""请见""谢见"等都是指考生拜见先贤名人。

除了"春关""前进士""同年""题名""打毷氉"等词外,主考官称为"座主",考生则为"门生"。拜访请托权贵的行为称为"关节",互相吹捧叫作"往还",落第者不出京城而居僻静处温习举业称为"过夏",新写成的文章称为"夏课",举子私下结伙宴请名人以探听题目的行为称为"私试"。榜上有名的进士结伴前往主考官府上答谢;在皇帝未正式批准之前,新科进士连续几天都到主考官的官署门前集合参见;一等正式批准,就由主考官领着到尚书省都

堂拜见宰相,分别称为"谢恩""期集"和"过堂"。(参见史念海1997:921—922)

先辈

唐代同时考中进士的人相互敬称先辈。唐李肇《唐国史补》卷下:"得第谓之前进士,互相推敬谓之先辈。"白居易《自城东至以诗代书戏招李六拾遗崔二十六先辈》诗:"暂游还忆崔先辈,欲醉先邀李拾遗。"明胡震亨《唐音癸签》卷十八《诂笺三·先辈》:"原以称及第者,观诸家诗集中,题有《下第献新先辈诗》,可见。后乃以为应试举子通称。"[①]

措大

读书人也有一些俗称,如人们习知的"措大"一词,产生于唐代,系对读书人的戏称、贬称。《全唐诗》卷八七六引《江陵语》:"琵琶多于饭甑,措大多于鲫鱼。"(2141a)唐李义山《杂纂》:"必不来:措大唤妓女。"宋苏轼《东坡志林》卷一一:"有二措大相与言志。一云:我平生不足惟饭与睡耳。他日得志,当饱吃,饭了便睡,睡了又吃饭。"宋孙光宪《北梦琐言》卷十二:"又曰:'措大暮年,方婚少女,一生之事,遗丑可知。'"(96页)宋庄绰《鸡肋编》卷上:"又作字谜云:'常随措大官人,满腹文章儒雅,有时一面红妆,爱向风前月下。'"(2页)宋徐梦莘《三朝北盟会编·茅斋自叙》:"措大弓箭,软弱不堪。"(《宋代卷》105页)明沈周《谒谦斋少师》诗:"阍吏未知穷措大,相公自识老门生。"也作"醋大",《太平广记》卷一〇五"刘鸿渐"(出《广异记》):"须臾,持大麻衫及腰带,令鸿渐著。笑云:'真

[①] "先辈"是中古新词,原为"依次排列于前者"(见《诗·小雅·采薇》郑笺)和"对前辈的尊称"(见《三国志·吴志·阚泽传》)义,与唐代用法不同。

醋大衫也。'"唐李匡义《资暇集》卷下:"代称士流为醋大,言其峭醋而冠四人之首。"也作"酢大",唐圆仁《入唐求法巡礼行记》卷四:"此处是两京大路,乞客浩汗,行人事不辨,若不是大官,是寻常衣冠酢大来,极是慇懃者,即得一匹两匹。"(《唐五代卷》161页)"酢"同"醋";而"醋""措"或通"作",如:《敦煌变文集·秋吟一本》:"安禅动止锵锵,举醋威仪济济。"(810页)"醋"读作"措"。故"醋大"或作"酢大",或作"措大",其义一也。①

四、表演、讲唱文学与文化

新词新义的产生和社会生活的关系极为密切。近代汉语时期,表演、讲唱活动十分频繁,产生了大量的民间通俗作品(如宋元话本、元明戏曲等),由此产生了很多俚俗活泼、不受传统文献制约的新词,行业俚语也大量产生。

以讲唱文学为例,这一文学形式从唐代开始兴起,一直到五代、宋元,盛行不衰,产生了许多新词。如:

瓦舍/瓦子/瓦市

宋元时城市里各种娱乐集中的场所。宋孟元老《东京梦华录》卷二"东角楼街巷"条:"街南桑家瓦子,近北则中瓦,次里瓦。"周密《武林旧事》卷六"瓦子勾栏"条,《梦粱录》有瓦舍,《都城纪胜》有瓦市。《元曲释词》"瓦市"条:"宋、元时代妓院、茶楼、酒馆、卦铺、游戏场、赌博场等集中的场所,叫做瓦市或瓦子。"(三·527页)又多见于文学作品,《梦粱录》卷二〇"角觗"条:"瓦市相扑者,即路歧人聚集一等伴侣,以图撦手之资。"《百花亭》三、白:"才离瓦市,恰出茶房,迅指转过翠红乡。"《水浒传》第110回:"来到瓦子前,听的勾

---

① 关于"措大",江蓝生(1995)作过很好的研究,可参看。

栏内锣响。"(1656页)《古今小说》卷二九:"只这通和坊这条街,金波桥下,有座花月楼,又东去为熙春楼、南瓦子,又南去为抱剑营、漆器墙、沙皮巷、融和坊,其西为太平坊、巾子巷、狮子巷,这几个去处都是瓦子。"《西湖二集·巧妓佐夫成名》:"一时瓦子、勾阑之盛,殆不可言。"《金瓶梅词话》第95回:"土番跪下禀说,如此这般拐带出来,瓦子里宿娼,拿金银头面行使。"

元代兴盛的杂剧也是这样。在元杂剧、诸宫调等戏曲作品中,经常可以见到"～老"构成的复音词,主要用法有二:

(1) 指称人身体的某一部位

庵老

肚子,腹。《墨娥小录》卷十四:"肚,庵老。"也作"奄老"。《全元散曲》高安道《哨遍·嗓淡行院》:"一个个青布裙紧紧的兜着奄老。""兜着奄老",也就是裹住肚子。"奄老"即"庵老"。

渌老

眼,眼睛。《董解元西厢记》卷一:"小颗颗的一点朱唇,溜刃刃一双渌老。"又:"那多情媚脸儿,那鹘鸰渌老儿,难道不清雅?"

躯老

身体。《董解元西厢记》卷五:"东倾西侧的做些腌躯老,闻生没死的陪笑。"又:"入时衣袂,脱体别穿一套,煞懒懒地做些魏躯老。"《西厢记》第五本第三折:"乔嘴脸,腌躯老,死身分,少不得有家难奔。"《清忠谱》第九折:"打碎你惯吞噬馋眼脑,打杀你被刀锯残躯老。"

爪老

指甲。《玉壶春》第二折:"走将来平白地生波浪,睁着一对白眼睛,舒着一双黑爪老,搭着一条黄桑棒。"《两世姻缘》第一折:"搽一个红颊腮似赤马猴,舒着双黑爪老似通臂猿。"

(2) 指称某种人物或身份①

鲍老

戏曲或民间舞队中引人发笑的角色。《金瓶梅词话》第42回:"呀,一壁厢舞鲍老,仕女每打扮的清标。"

顶老

妓女。明徐渭《南词叙录·叙文》:"顶老,伎之浑名。"②《琵琶记》十七出:"终日走千遭,走得脚无毛。何曾见汤水面?也不见半钱糟。倒不如做虔婆顶老,也得些鸭汁吃饱。"特指妓院里做杂活的小丫头。《金瓶梅词话》第94回:"炕上坐着个五六十岁的婆子,还有个十七八顶老丫头。"

孤老

妓女长期固定的客人。《金瓶梅词话》第15回:"常言道:好子弟不阙一个粉头,粉头不接一个孤老。"

盖老

市语,丈夫。《金瓶梅词话》第2回:"他的盖老便是街上卖炊饼的武大郎。"

抱老/鼎(顶)老

明《黑娥小录·行院声嗽·人物》:"女,鼎老。"明《金陵六院市语》:"保儿为'抱老'。小娃子为'顶老'。"

五、商业发展与文化

近代汉语时期,特别是宋元以来,商品经济得到了较快的发

---

① 这几条参看白维国(1991)。
② 见《〈南词叙录〉注释》122页,明徐渭原著,李复波、熊澄宇注释,中国戏剧出版社,1989。

展,出现了很多和经商、贸易、买卖、合同契约等相关的词语。

以《原本老乞大》(外语教学与研究出版社,2002)为例,就有:

(一) 名词

马价:马的价格。

"哥哥,曾知得大都马价如何?"(35页)

吃食:粮食,食品。

"'大都吃食贵贱?''俺那相识人曾说,他来时六两一斗粳米。'"(35页)

定:计钱单位。后多作"锭"。

"近有相识人来说,马的价钱这其间也好。似这一等的马卖五定之上,这一等的马卖四定之上。"(35页)

行货:指商品,货物。

"'恁高丽田地里将甚么行货来?''俺将的几个马来。''更有甚么行货?''别没甚么。'"(50页)

钞:钞票。

"绵子每四两卖布一匹,折钞十两。"(36页)"阿的般钞使不得。"(48页)

价钱:价格。

"便将到市上,市上人也出不上价钱。"(49页)

利钱:指赚到的钱。

"俺年时根着汉儿伴当,到高唐收买些绵绢,将到王京卖了,也觅了些利钱。"(36页)"通滚算着,除了牙税缴计外,也觅了加五利钱。"(36页)"加五利钱",指赚到了百分之五十的利润。《老乞大集览》"加五"条:"十分为本,取息五分,则十分之外加得五分也。

又有加一加二之语。"(385页)①

利家：生意人，商家。

"俺不是利家，这段子价钱俺都知道。"(55页)

钱本：本钱。

"碍甚事？俺则是赶着这几个马，又无甚么钱本，那厮每待要俺甚么？"(39页)

盘缠

①路费。"俺这一宿人马，盘缠通该多少？"(38页)②花费。"辞别那汉儿伴当，已前盘缠了的火帐都算计明白。"(66页)

牙人

也称"牙子"，旧时为买卖双方撮合从中取得佣金的人。"这马恰才牙人定来的价钱，犹自亏着俺有。"(52页)

牙家

同"牙人"。"文契着谁写？牙家就写。"(53页)

牙税钱：佣金。

"'体例里，买主管税，卖主管牙。你各自算将牙税钱来。''俺这八十五定价钱里，该多少牙税钱？'"(53页)

牙

同"牙税钱"。"体例里，买主管税，卖主管牙。"(53页)

从《原本老乞大》可以得知，当时的贸易、买卖活动十分频繁，仅仅是用做货币的钞票，就有"料钞""好钞""烂钞""择钞""中统钞"等说法，(参见夏凤梅2005：14)可见一斑。"吃食""牙税钱"等

---

① 夏凤梅(2005：14)释"加五利钱"为"得到十分之五的利息"，似不甚确。此"利钱"指做生意赚到的钱，不是指放贷得到的钱(利息)。

词,"牙"指"佣金"一义《元语言词典》未收,可供补收。

(二)动词

回:支付。

"吃了酒也,回了酒钱去来。"(48页)

回钞:付钱。

"'好酒么?''好酒。你试尝,酒不好,不回钞。'"(47—48页)

贴:找回(零钱)。

"'通该多少?''二两烧饼,一两半羊肉,通是三两半。''兀的五两钞,贴一两半来。'"(47页)

评:估算,估价。

"'你这马……要多少价钱?''一个家评了价钱,通要一百二十定钞。'"(52页)"'这五个好马、十个歹马,恁评多少?''这五个好马,俺评五十定。这十个歹马,俺评七十定。'"(52页)

类似"回""贴"这样动词,都是近代汉语时期产生或通用的新词,在《原本老乞大》中出现,从一个侧面,反映了当时兴盛的商业活动。

六、体育活动与文化

我国古代就有许多体育活动,既和军事活动有关,又能比试竞技,强身健体,受到人们的欢迎。如早期射箭活动"射",六朝时的"弹棋""蹴鞠",隋唐以后的"打球"。

射

先秦有所谓"六艺","射"即其一。《论语·八佾》:"子曰:'君子无所争,必也,射乎?揖让而升,下而饮,其争也君子。'"大意是说,君子在比试射箭这一技艺时也是要尽力争胜的。

弹棋

六朝时,有"弹棋",见三国魏曹丕《与吴质书》:"妙思六经,逍遥百氏,弹棋闲设,终以博奕。"《后汉书·梁冀传》"能挽满弹棋"唐李贤注引《艺经》曰:"弹棋,两人对局,白黑棋各六枚,先列棋相当,更先弹也。其局以石为之。"

蹴鞠

见《史记·扁鹊仓公列传》:"(项)处后蹴鞠,要蹙寒,汗出多,即呕血。"《西京杂记》卷二:"成帝好蹴鞠,群臣以蹴鞠为劳体,非至尊所宜。"《后汉书·梁冀传》:"少为贵戚,逸游自恣,性嗜酒,能挽满、弹棋、格五、六博、蹴鞠、意钱之戏。"唐李贤注引刘向《别录》曰:"蹴鞠者,传言黄帝所作,或曰起战国之时。蹴鞠,兵埶也,所以讲武,知有材也。"

打毬

今天常说的"打球",唐代已经见到,"球"或作"毬",指波斯毬。"打毬"者,系在马上打波斯毬的活动。宋金等代沿用不替。《金史·礼志八》:"已而击毬。各乘所常习马,持鞠杖。杖长数尺,其端如偃月。分其众为两队,共争击一毬。先于球场南立双桓,置板,下开一孔为门,而加网为囊。能夺得鞠,击入网囊者为胜。或曰两端对立二门,互相排击,各以出门为胜。毬状小如拳,以轻韧木枵其中而朱之,皆所以习跷捷也。"向达(1957:80—88)考证说:"波斯球传入中国当始于唐太宗时。唐以前只有蹴鞠,不及打球。至唐太宗,始令人习此。""波斯球传入中国,历唐、宋、元、明而不衰。"

第三节　近代汉语词汇的发展及特点

不同的时代,有其固有的语言特色。就汉语词汇史而言,近代汉语时期汉语词汇得到了较快的发展,出现了许多特点。包括:①汉语词汇复音化的特点更加明显,在复音词构词法中,附加式复音词的构成也大量增加,成为复音新词的重要来源;②在汉语词汇的发展中,词组词化是新词产生的重要途径,实词虚化、较虚的词更加虚化,也是词汇发展的必然趋势。

近代汉语各类作品的语言面貌及特点,在第五章中已经有所介绍,这里,拟再就各个时期词汇的若干特点及发展略作举述。

一、实词的发展

和中古时期一样,近代汉语时期,在不同的时代,都产生了大量的新词和新义,其数量比中古时期还要惊人。这其中有相当数量是当时的口语词,包括很多俚俗活泼、不受传统文献制约的新词。

(一) 名词

1. 单音名词

桌(原作"卓")/椅(也作"倚")、椅子

上古、中古均未见,是唐代产生的两种器具。宋黄朝英《靖康缃素杂记》卷三"倚卓"条:"今人用倚卓字,多从木旁,殊无义理。……故杨文公(指杨亿——引者)《谈苑》有云:'咸平、景德中,主家造檀香倚卓一副。'未尝用椅棹字。"《张协状元》第十六出:"坐须要凳,盘须要卓。"唐圆仁《入唐求法巡礼行记》卷一:"唱:'且坐。'即俱坐椅子啜茶。"(68页)此例据董志翘(2000:119—121)。《敦煌变文校注·双恩记》:"未到先排珂贝倚(椅),遥来已卷水精帘。"(936页)《古尊宿语录》卷十八:"师乃敲椅子三下云:'你作么生会?'"《明清民歌时调集》:"单卓儿,单椅儿,单单独坐,单床儿,单帐儿,单单被窝,单形儿,单影儿,(打点)单单独卧。"

春

指酒。唐代以来，多以"春"名酒，后遂以"春"为酒的代称。唐杜甫《拨闷》诗："闻道云安曲米春，才倾一盏即醺人。"李肇《唐国史补》卷下："酒则有郢州之富水，乌程之若下，荥阳之土窟春，富平之石冻春，剑南之烧春。"《敦煌变文校注·季布诗咏》："千金不博老头春，醉卧阶前忘却贫。"（1197页）（参见项楚1990:775）

哥/歌

指称父亲。唐代常称父亲为哥，或写作"歌"。《旧唐书·王琚传》："玄宗泣曰：'四哥仁孝。'""四哥"，指玄宗之父睿宗。武后生四子，睿宗排行第四。又《棣王琰传》："琰顿首谢曰：'臣实不知有符，恐此三人所为也，惟三哥辩其罪人。'""三哥"，指李琰之父玄宗。玄宗排行第三。也作"哥哥"（歌歌）。《敦煌变文集·搜神记》："其田章年始五岁，乃于家啼哭，唤歌歌娘娘。"元白朴《墙头马上》第三折："接不着你哥哥，正撞见你爷爷。"

伴

通"畔"，边。方位名词。《太平广记》卷三四〇"卢顼"条（出《通幽录》）："'汝看此样，绣取七躯，佛子七口幡子。'言讫，又曰：'作八口，吾误言耳。八口，一伴四口。'"《敦煌变文校注·佛说阿弥陀经讲经文》："南边其形稍黑，北伴来者体黄。"（669页）（参见项楚1990:117）

汉

原指分支的细小水流。《集韵·祃韵》："汉，水歧流也。"唐方干《赠桐溪主人》诗："岭猿沙鹤似同游，竹汉荷湾可漾舟。"陆龟蒙《引泉诗（睦州龙兴观老君院作）》："上有擎云峰，下有喷壑泉。泉分数十汉，落处皆峥潺。"也指分支的河流、海流。唐段成式《酉阳俎》卷一四《诺皋记上》:"王乃令具舟,命两使随士人,谓曰:'烦驸马一谒海龙王,但言东海第三汊第七岛长须国有难求救。我国绝微,须再三言之。'"金元好问《善应寺五首》诗:"平岗回合尽桑麻,百汊清泉两岸花。"

2. 双音名词

专甲

犹言我,第一人称代词。五代静、筠《祖堂集》卷四《石头和尚》:"对曰:'和尚也须道取一半,为什摩独考专甲?'"(《唐五代卷》470页)又卷五《云嵒和尚》:"师煎茶次,道吾问:'作什摩?'师曰:'煎茶。'吾曰:'与阿谁吃?'师曰:'有一人要。'道吾云:'何不教伊自煎?'师云:'幸有专甲在。'"(同上,496页)又:"洞山当时无对,隔三日道:'恐怕和尚与专甲。'师肯之。"(同上,498页)又卷六《洞山和尚》:"假使起模尽样觅得片衣口食,总须作奴婢偿他定也。专甲敢保。"(同上,513页)又:"任运随缘,莫生住著,专甲家风,只如此也。"(同上)又卷十六《南泉和尚》:"陆亘大夫问:'弟子从六合来,彼中还有专甲身也无?'师云:'分明记取,已后举似作家。'"(同上,548页)《汉语大词典》《唐五代语言词典》《宋语言词典》均未收。①

亲情

指亲人。唐圆仁《入唐求法巡礼行记》卷四:"军健等再三辞诉云:'三年打回鹘,辛苦疲乏。近到家乡,未见亲情父母等,伏请差别兵马者。'"(《唐五代卷》155页)《敦煌变文校注·韩擒虎话本》:"叵耐遮

---

① 关于"专甲"的来源,有学者认为系"某甲"之误。"某"可俗简为"厶","某甲"又作"厶甲";而"厶"又曾是"专"的俗写,故书手误把"厶(某)甲"转写成"专甲",约定俗成,产生新词。参看袁宾、张秀清(2005)。

(这)贼,临阵交锋,识认亲情,坏却阿奴社稷。"(302页)《唐五代语言词典》此条下"①泛指亲戚"一义举白居易、张籍等人的诗。(302页)

只今

现在,如今。唐李白《苏台览古》诗:"只今惟有西江月,曾照吴王宫里人。"《敦煌变文校注·伍子胥变文》:"鱼人问曰:'只今逃逝,拟投何国?'"(8页)五代静、筠《祖堂集》卷四《石头和尚》:"思曰:'你只今识吾不?'对曰:'识又争能识得?'"(《唐五代卷》471页)也作"祇今"。唐岑参《凯歌》诗:"天子预开麟阁待,祇今谁数贰师功!"

家书

家信。唐孟浩然《登万岁楼》诗:"今朝偶见同袍友,却喜家书寄八行。"《大唐三藏取经诗话》卷下:"去经半载,逢遇相知人回,附得家书一封。"(《宋代卷》253页)①

房卧

私房钱。《警世通言·万秀娘仇报山亭儿》:"今日听得说,万员外底女儿万秀娘死了夫婿,带着一个房卧,也有数万贯钱物。"(《宋代卷》465页)

(二)动词

1. 单音动词

蹭

踏;踩。元关汉卿《王闰香夜月四春园》第二折:"我如今蹭着脚踪直到李庆安家。"元陈椿《熬波图》卷下:"各各挑担入淋,先用生灰一担铺底,却着所晒咸灰倾入,满了又用生灰一担盖面,用脚

---

① "家书"指家信,唐前已有用例,如:《宋书·武帝纪中》:"皇后寝疾之际,汤药不周,手与家书,多所求告。"

蹯踏坚实,实则卤易流,虚则卤不下。"明唐顺之《稗编》卷七八《文艺七·书法》引王羲之《草诀歌》:"长短分知去,微茫视每安,步观牛引足,羞见羊蹯田,六手宜为稟,七红即是袁。"

挦

用手断物。宋蒋捷《秋夜雨》词:"黄云水驿秋筯咽,吹人双鬓如雪。愁多无奈处,谩碎把,寒花轻挦。"明周王朱橚《普济方》卷二五五《杂治门·怪疾》"治血自皮肤溅":"右以煮酒瓶上纸碎挦如杨花,用手捏在出血处,立止。"也形容断绝,宋蒋捷《秋夜雨》词:"金衣露湿莺喉咽,春情不解分雪,宝筝弦断尽,但万缕闲愁难挦。"

闪

抛撇,扔下。《崔府君断冤家债主·第三折》:"还只道沉沉的卧著床褥,谁知他悠悠的赴了冥途,空把我孩儿叫道有千百句。阎君也,你好狠心肠;土地也,你好歹做处。闪的我鳏寡孤独,怎下的便撇了你这爹先去。"

似

用在动词后面,相当于"给",其后常跟动作涉及的对象。①"把似",拿给。② 唐贾岛《剑客》诗:"十年磨一剑,霜刃未曾试。今日把似君,若为不平事?""说似",说给……听。《敦煌变文校注·维摩诘经讲经文》(斯4571):"今日分明说似君,途教人众除疑

---

① 关于"似"的这一用法,时贤已有讨论。张相(1953)认为"似""犹与也",江蓝生(1988)作了更为详细的考证,并可参看。

② "把似"是一个多义词,除了有"拿给"义外,还有"与其……(不如)"等义:宋邵雍《先几吟》:"把似众中呈丑拙,争如静里且诙谐。"《警世通言·万秀娘仇报山亭儿》:"大官人说:'大丈夫,告他做甚么! 把似告他,何似自告。'"(《宋代卷》465页)又:"教他推了这牛子,左右不肯。把似你今日不肯,明日又不肯,不如我与你下手推了这牛子,免致后患。"(同上,467页)

虑。"(755页)"举似",说给……听。五代静、筠《祖堂集》卷三《慧忠国师》："后有人举似仰山,仰山云:'水中半月现。'"(《唐五代卷》464页)又卷四《石头和尚》："侍者持此偈举似师。师答曰:'任你哭声哀,终不过山来。'"(同上,472页)又卷一一《保福和尚》："彦上举似长庆,长庆却问上座:'当此问,上座代和尚作摩生道?'"(同上,530页)"呈似",呈送给……五代静、筠《祖堂集》卷四《药山和尚》："百丈索道吾信,嵒便取,呈似和尚。"(同上,487页)《虚堂和尚语录》："侍依所教,果然不打,归,举似临际。"(《宋代卷》388页)

除了新词外,也产生了一批新义。例如:

泥

软磨,硬缠。《敦煌变文校注·双恩记》："深知自过为人错,莫泥他冤出令行。"(933页)项楚《敦煌变文选注》："泥:软缠。……此句言不要纠缠主库大臣,使他枉受下令开库之过错。"(814页)唐曹唐《小游仙》诗："无央公子停鸾辔,笑泥娇妃索玉鞭。"五代静、筠《祖堂集》卷六《洞山和尚》："僧曰:'为什摩承当不得?'师曰:'汝为什摩泥他有言?'"(《唐五代卷》511页)"泥"作动词,本为阻滞、阻隔义,《论语·子张》："虽小道,必有可观者焉,致远恐泥,是以君子不为也。"软求、硬缠义当即由此引申出来。唐宋以来"泥"还有迷恋、留连义,例从略。

2. 双音动词

从汉魏开始,汉语复音词就得到了较快的发展,这一趋势自隋唐以后越发明显。随着词汇复音化进程的加快,新生词汇大多以复音节的形式出现,其数量遥遥领先。这里酌举数例,以见一斑。

勾当

办理,处理。《北史·序传》："事无大小,士彦一委仲举,推寻勾当,丝发无遗,于军用甚有助焉。"(3340页)唐圆仁《入唐求法巡礼行记》卷二:"所将驴一头,寄在停点院,嘱院主僧勾当草料。"(《唐五代卷》119页)又卷三:"头陁云:'余本心欲送和上直到汾州,在路作主人。今到此间勾当事未了,不免停住十数日间,不遂本请。'"(同上,139页)又卷四:"廿九日,覆墓。同院僧惠见、僧宗信专勾当葬事。"(同上,151页)《敦煌变文校注·舜子变》:"辽阳城兵马下,今年大好经记(纪),阿耶暂到辽阳,沿路觅些些宜利。遗我子勾当家事。"(200页)

加被

也作"加备","备"通作"被"。犹言保佑、帮助、恩赐。唐圆仁《入唐求法巡礼行记》卷三:"更见大鞋和上影,曾在此山修行,巡五台五十遍,又曾在中台顶,冬夏不下,住顶三年,遂得大圣加被。"(《唐五代卷》126页)《敦煌变文校注·破魔变》:"故知佛力垂加备,姊妹三人胜于前。"(536页)又《金刚丑女缘起》:"赖为如来亲加被,还同枯木再生春。"(1108页)(参见蒋礼鸿1997:202)

起首

开始。唐圆仁《入唐求法巡礼行记》卷四:"皇帝依奏,敕令两军于内里筑仙台,高百五十尺,十月起首,每日使左右神策军健三千人般土筑造。"(《唐五代卷》156页)又:"缘准敕行,故从四月一日起首,年册已下僧尼尽勒还俗,递归本贯。"(同上,159页)

借问

询问。《敦煌变文校注·目连变文》:"长者闻言情怆悲,始知和上是亲儿;互诉寒温相借问,不觉号咷泪双垂。"(1072页)《敦煌变文集·搜神记》:"父母兄弟亲情怪之,借问,亦不言委由,常在村南候望不住。"(871页)五代静、筠《祖堂集》卷三《慧忠国师》:"和尚借问:

'山人所住是雌山,是雄山?'"(《唐五代卷》460页)《大唐三藏取经诗话》卷中:"行者曰:'前去借问,休劳叹息。'"(《宋代卷》245页)

操练

并列结构。这是一个宋代产生的新词,有二义:①以队列形式学习和练习军事或体育等方面的技能。宋龙衮《江南野史》卷一〇《卢绛》:"号令日严,操练水战,金鼓使知前却。"②泛指训练或锻炼。清李汝珍《镜花缘》第25回:"如今这里无人,墙又不高,妹夫就同公子操练操练,省得晚上费手。"

差(chāi)点

本指清点、招收。始见于唐五代。五代后晋刘昫撰《旧唐书·职官志一》:"仓曹参军二人,掌粮廪、公廨、田园、厨膳、过所等事。兵曹参军事二人,掌兵士、簿帐、差点等事。"又《郑余庆传》:"卿宜差点本道兵士,酌量多少,付北面副招讨,使诸葛爽俾令入援。"宋陈均《九朝编年备要》卷一一:"知院张方平言其不便,以为去岁初降,勅命差点强壮弓手之时,民间喧然,皆言此时差点,虽以强壮弓手为名,实欲黜补军籍。"[①]

拍浮

沉缅、陶醉。(参见袁宾等1997:213)宋蔡松年《寄王仲侯》诗:"拍浮花里知恩否? 寄与新诗洗醉惊。"杨万里《寄题萧国贤俛我堂》诗:"软红尘里几时休,重碧杯中且拍浮。"元辛文房《唐才子传·施肩吾》:"而少存箕颍之情,拍浮诗酒,搴擘烟霞。"引申出留

[①] 明清以后又有"差(chā)点",有二义:①副词,表示某种事情接近实现或勉强实现。佚名《狐狸缘全传》第22回:"花言巧语,勾情引诱,每夜偷着找上门来,几个月的功夫,便将他的精气神伤到这部田地,差点儿作了幽冥之鬼。"②(质量)稍次。清方成培《雷峰塔》第十二出:"介没唔个鱼桶,比子我个帽店差点。"当是另一新词,现代汉语沿用。

连、盘桓义。清陈康祺《郎潜纪闻》卷九："康熙庚子,竹垞偕粤东诗人屈翁山会饮杭州酒楼,拍浮屡日。"考"拍浮"出现于中古,本义当指浸泡(于酒中),(在酒里)游泳。《世说新语·任诞》第21则:"毕茂世云:'一手持蟹螯,一手持酒杯,拍浮酒池中,便足了一生。'"(397页)此例写毕卓好酒,故有此奇想。《三国志·吴志·吴主传》裴注引《吴书》:"郑泉……性嗜酒,其闲居每曰:'愿得美酒满五百斛船,以四时甘脆置两头,反覆没饮之,惫即住而啖肴膳。'"(1129页)"反覆没饮之"和"拍浮酒池中"的情景相类。①也泛指游泳。《南史·戴僧静传》:"魏军奔退,又追斩三级。时天寒甚,乃脱衣,口衔三头,拍浮而还。"(1150页)《北史·刘丰传》:"船缆忽绝,漂至城下。丰拍浮向土山,为浪激,不时至。"(1902页)近代汉语中,"拍浮"的游泳义仍然沿用,如:《敦煌变文集·庐山远公话》:"凡人渡水,第一须解怕浮,不解,徒劳入水。"(190页;《敦煌变文校注》267页)王庆菽校"怕浮"为"拍浮",确。

睃趁

用目光追寻;察看。元王实甫《西厢记》第一本第二折:"却怎睃趁着你头上放毫光,打扮的特来晃。"元邓玉宾[村里迓鼓]《仕女圆社气球双关》小令【后庭花】:"把闲家扎垫的饱,六老儿睃趁的早,脚步儿赶趁的巧。"

(三)形容词

恶

愤怒,恼火。唐张鷟《朝野佥载》卷六:"乘驴于街中,有骑马人

---

① 类似的用法后代多有:宋苏舜钦《病起》诗:"争得松江变醇酒,拍浮终日恣酣歌。"杨万里《再和云龙歌留陆务观西湖小集》诗:"老夫不愿万户侯,但愿与君酒船万斛同拍浮。"明邵宝《太白像》诗:"拍浮绿酒唤不醒,葛巾飒飒生天风。"

靴鼻拨其膝，遂怒，大骂，将殴之。马走，遂无所及，忍恶不得，遂嚼路旁棘子流血。"《刘知远诸宫调》："当时间知远恶，忿气填胸，怎纳无明火。"（《宋代卷》363页）又："洪信生嗔，洪义发恶。"（同上，364页）"发恶"就是发怒。唐代以降，有"恶发"一词，谓发火，发脾气。《敦煌变文校注·难陀出家缘起》："扫又扫不得，难陀又怕妻怪，恶发便骂世尊。"（591页）宋陆游《老学庵笔记》卷八："魏公憎其喋喋，因置不复取。白席者又曰：'资政恶发也，请众客放下荔支。'魏公为一笑。恶发，犹云怒也。"有"怒发"，《大唐三藏取经诗话》卷上："猴行者当下怒发，却将主人家新妇……化此新妇作一束青草，放在驴子口伴。"（《宋代卷》239页）宋吴惟信《牛渚山观大江》诗："九道惊湍相击撞，雷声怒发谁敢当。"

又有"怒恶"连言者，《刘知远诸宫调》："刘安抚从怒恶，不似今番瞰。"（《宋代卷》368页）又："两个怒恶发不善。各施威勇，斗骋英彦。"（同上，370页）金董解元《西厢记诸宫调》卷一："解元休心头怒恶！""怒恶"就是愤怒、恼怒。"怒"和"恶"都有愤怒义，是同义连文。

宋佚名《张协状元》戏文第一出："强人不管他说。怒从心上起，恶向胆边生。左手坤住张协头梢……打得他大痛无声。"《古今小说·宋四公大闹禁魂张》："侯兴看罢，怒从心上起，恶向胆边生。"（《宋代卷》490页）"怒从……"两句是熟语，"恶向胆边生"的"恶"，和"怒"对文同义，也是"怒"的意思，不是凶恶。

恓惶

悲伤，凄凉，可怜。又作"栖惶""栖遑"。唐圆仁《入唐求法巡礼行记》卷四："诸寺被夺供养物，恓惶甚也。"（《唐五代卷》154页）《敦煌变文集·董永变文》："董永向前便跪拜：少先（失）父母大恓惶。"(同上,111页;《敦煌变文校注》作"悽惶",174页)《大唐三藏取经诗话》卷上:"前去路途尽是虎狼蛇兔之处,逢人不语,万种恓惶。"(《宋代卷》238页)《张协状元》五出:"独离西川无伴侣,一路想恓惶。"(同上,514页)元高文秀《黑旋风》第三折:"阁不住两眼恓惶泪,俺哥哥含冤负屈有谁知?"《醒世姻缘传》第57回:"(小琏哥)看见晁夫人怪哭。晁夫人不由得甚是恓惶。"后世也叠音作"恓恓惶惶"。《西游记》第90回:"八戒捆在旁边,与王父子、唐僧,俱攒在一处,恓恓惶惶受苦。"

孤恓

可怜。《张协状元》三十五出:"说得好孤恓。"(《宋代卷》589页)

惨醋

羞恼,羞愧。又作"偢(惨)酢","酢"同"醋"。《急就篇》第三章:"酸醎酢淡辨浊清。"颜师古注:"大酸谓之酢。"《敦煌变文集·降魔变文》:"六师闻请佛来住,心生忿怒,颊怅(胀)㗇(嘶)高,双眉斗(陡)竖,切齿冲牙,非常惨醋。"(374页;《校注》559页)又:"两度佛家皆得胜,外道意极计无方。"(384页;《校注》565页)王重民《敦煌变文集》"校记":"丁卷'意极计无方'作'偢酢口燋黄'。"(392页)"偢酢"就是"惨酢",也就是"惨醋"。

憸㦗

害羞,惭愧。《碧岩录》:"这野狐精,不免一场憸㦗,从西过东,从东过西。"(《宋代卷》48页)又作"礳䂾",《敦煌变文校注·庐山远公话》:"于是道安被数,礳䂾非常,耻见相公,羞看四众。"(265页)《集韵·果韵》:"憸,憸㦗,惭也。"参见《敦煌变文字义通释·释情貌》。

乖角

①乖戾,不顺从。《魏书·李崇传》:"朝廷以诸将乖角,不相顺

赴,乃以尚书李平兼右仆射,持节节度之。"《金史·强伸传》:"伸语不逊,兵卒相谓曰:'此人乖角如此,若见大帅,其能降乎? 不若杀之。'"(1470页)《太平广记》卷五四"韩愈外甥"条(出《仙传拾遗》):"元和中,忽归长安,知识阒茸,衣服滓弊,行止乖角。"(331页)特指分离,离别。唐韩愈《食河曲驿》诗:"亲戚顿乖角,图史弃纵横。"②谬误,出错。《高僧传》卷一《安清》:"余访寻众录,纪载高公,互有出没。将以权迹隐显,应废多端;或由传者纰缪,致成乖角。"《朱子语类》卷一三九《论文上》:"老苏之文高,只议论乖角。"《刘知远诸宫调》:"两个姊娌更乖角:待你久后身荣并奋发,把三斗咸盐须吃他。"(《宋代卷》356页)此词学者已有考证:宋朱彧《萍洲可谈》卷一:"都下市井辈谓不循理者为乖角。"明方以智《通雅》卷四九《谚原》"乖剌"条:"东方朔谓吾强乖剌而无当,杜预谓陛下无乖剌之心。剌,音卢达切。王楙曰:今人有此语。余乡骂人喎剌,亦乖剌之转。宋子京谓:俗以不循理曰乖角。"

近代汉语作品中,有一些词语可能有二种甚至多种不同的写法,所谓"声近义通"是也,应该注意相似的情况。

希差

稀奇,怪异。《刘知远诸宫调》:"方欲出门行,一事好希差。"(《宋代卷》367页)此词是唐宋以来的口语词,多见于白话作品,字形有多种变化。可作"希嗟",如:《敦煌变文校注·八相变》:"仙师见太子出来,流泪满目,手拭眼泪,口赞'希嗟'。"(509页)"嗟"是"差"的增旁俗字,"希嗟"就是希差。可作"希吒",如:《张协状元》戏文第十出:"贫女回来必不容它,凭小圣说教希吒。"可作"希咤",如:元杨立斋《哨遍》套曲:"《五代史》止是谈些更变,《三国志》无过说些战伐,也不希咤。"可作"希姹",如:《张协状元》戏文第十六出:"婆婆讨卓(桌)来看,甚希姹!"可作"希诧",如:元无名氏《射柳捶丸》第三折:"我做番官实希诧,阵前对手闻吾怕。"

除了"希差"外,"希吒""希咤""希姹""希诧"并当读作"希差",都是稀奇、怪异的意思,①是不值得奇怪的。

(四)代词

除了名词、动词和形容词外,近代汉语时期,代词系统也有较大的发展和变化,这里酌举例证,以见一斑:

六朝有"此""彼""此中""彼中",唐五代仍然沿用。唐代有"这""那""这个""那个""这里""那里""那头"等。

那

唐圆仁《入唐求法巡礼行记》卷三:"中心有一大孔,透见那畔之空,其孔远见如笠子许大。"(《唐五代卷》138页)

这个

五代静、筠《祖堂集》卷四《石头和尚》:"和尚拈起和痒子曰:'彼中还有这个也无?'"(《唐五代卷》470页)沈括《乙卯入国奏请(并别录)》:"颖云:'只是紧执定这个文字!'"(《宋代卷》11页)

此个

《大慧普觉禅师书·答刘宝学》:"公既于此个门中,自信不疑不是小事。"(《宋代卷》219页)

那个

五代静、筠《祖堂集》卷四《石头和尚》:"师将锹子划草次,隐峰

---

① "差"有奇异义,"差事"犹言奇事、怪事,唐宋典籍多见,参看蒋礼鸿(1997)"差嗟"条。

问:'只划得这个,还划得那个摩?'"(《唐五代卷》474页)《碧岩录》:"阿那个是端的底观音?"(《宋代卷》50页)《朱子语类·总训门人》:"若此书晓未得,我宁死也不看那个。"(334页)

这里

五代静、筠《祖堂集》卷三《鸟窠和尚》:"师曰:'若是佛法,我这里亦有小许。'"(《唐五代卷》455页)宋祝穆《古今事文类聚·后集》卷十六《人伦部·宠妾》"子烝父妾":"却要燃蜜炬,豁扉照曰:'阿堵贫儿,争敢向这里宿!'四子掩面而走。"

那里

五代静、筠《祖堂集》卷三《慧忠国师》:"禅师曰:'广南漕溪山,有一善知识,唤作六祖,广六百众,你去那里出家。'"(《唐五代卷》457页)

有时候"这里""那里"同时出现:五代静、筠《祖堂集》卷一一《保福和尚》:"鼓山问静道者:'古人道:这里则易,那里则难。这里则且从,那里事作摩生?'道者曰:'还有这里那里摩?'"(《唐五代卷》530页)

那头

五代静、筠《祖堂集》卷五《云嵒和尚》:"曰:'何不过那头来?'师曰:'用那头作什摩。'"(《唐五代卷》492页)

这边

五代静、筠《祖堂集》卷六《洞山和尚》:"师曰:'此犹是这边事,那边事作摩生?'"(《唐五代卷》509页)

那边

五代静、筠《祖堂集》卷六《洞山和尚》:"师云:'那边事作摩生?'对曰:'无下手处。'"(《唐五代卷》509页)

什没

疑问代词"什么"的前身,"没"也作"摩""麽"等。五代静、筠《祖堂集》卷三《鹤林和尚》:"有僧敲门,师问:'是什摩人?'对曰:'僧。'"(《唐五代卷》454页)

代词的复音化也成为趋势。唐宋以来,有不少代词产生了复音的形式,仅以"～侬"系列为例,就有(参见潘悟云、陈忠敏1993):

我侬

唐安锜《题贾岛墓》诗:"驰誉超先辈,居官下我侬。"宋刘克庄《汉宫秋》词:"此老先生,尚不留东阁,肯博西凉。我侬争敢,来近思旷之旁。"

尔侬

唐司空图《力疾山下吴村看杏花十九首》诗之七:"王老小儿吹笛看,我侬试舞尔侬看。"

你侬

宋吴处厚《青箱杂记》卷八:"当时无名子嘲曰:'路授则家住关西,打赏骂赏;饶瑄则生居浙右,你侬我侬。'"

渠侬

宋苏轼《马祖庞公真赞》(《苏轼集》卷九五):"天下是老师脚,西江即渠侬口。"《禅林僧宝传·云居简禅师》:"道人行立处,尘世有谁争。无间功不立,渠侬尊贵生。"

他侬

《晋诗》卷一九《清商曲辞·孟珠》:"扬州石榴花,摘插双襟中。葳蕤当忆我,莫持艳他侬。"《宋诗》卷一一《清商曲辞·读曲歌》:"诈我不出门,冥就他侬宿。鹿转方相头,丁倒欺人目。"

谁侬

《牡丹亭》第二十出："【前腔】〔贴〕为着谁侬,俏样子等闲抛送?"清赵执信《海鸥小谱》："轻衣乍褪夭红,微波暗逗春浓。坐久双蛾颦久,芳心更属谁侬。"

这些"～侬"系代词,现代汉语普通话虽不说,但还保留在吴方言中,经常使用。

梅祖麟(1986)指出:从南北朝到五代这段时间,指代词另一个显著的演变是复音化,例如:

阿×:阿你、阿侬、阿奴、阿谁、阿没"什么"、阿堵"这"、阿那。

×物、×没、×摩:是物、只没、与摩、异没、作没生、作摩、任摩。

×底、×的:甚底、遮底、这底、兀底、阿底、阿的、恁的。

梅氏把指代词词汇的发展列为两个表格,指出:"这个简单的表说明:①新兴的指代词大多数最早出现于唐代,唐代是古代和近代的分水岭;②近代指代词的一个特征是三身代词区别单数和复数,复数用语尾们字……"

以上为双音词例。三音节以上的词也时有所见,如"阿堵物",参见第十章第三节。

代词的发展,还可以为汉语史分期、语料的鉴别提供材料。苏联语言学家佐格拉夫(И.Т.Зограф 1979)指出:"下列语法现象在宋、元时期或已出现,或已被广泛采用:第二人称代词'你',反身代词'自家'和'自己',指示代词'这',否定性动词'没',疑问语气词'么',原因连词'所以',系词谓语的否定形式'不是',虚词'把'和'将',在独立句开头使用被动意义的动词,主谓语间祈使结构标志的使用,等等。"

二、虚词的发展

这里所说的虚词,包括数词、副词、介词、量词等,它们在这一时期都有了很多的变化,产生了大量新词。

(一) 数词

些子

少许,一点点。唐贯休《苦热寄赤松道者》诗:"天云如烧人如炙,天地垆中更何适。蝉喘雷干冰井融,些子清风有何益。"五代静、筠《祖堂集》卷四《药山和尚》:"此处行不异,方有小许些子相应之分。"(《唐五代卷》490 页)沈括《乙卯入国奏请(并别录)》:"昨来萧相公、梁学士为在代州界上住了许多时日,不曾商量得些子处了当。"(《宋代卷》25 页)

些儿

同"些子"。《大唐三藏取经诗话》卷下:"我师诣竺国,前路只些儿。"(《宋代卷》249 页)《张协状元》二九出:"料奴容貌,不入那人,眼目些儿。"(同上,579 页)

些个

一些。《清平山堂话本·简贴和尚》:"这厮偷了本师二百两银器,不见了,吃了些个情拷。"(《宋代卷》407 页)《古今小说·宋四公大闹禁魂张》:"侯兴也会水,来得迟些个。"(同上,491 页)

较些子

"些子"是一点点的意思,"较"犹言相差、相距;"较些子"是说差一点点。"较"也作"交"。五代静、筠《祖堂集》卷三《慧忠国师》:"又问:'更有什摩言说?'对曰:'非心非佛,亦曰不是心、不是佛、不是物。'师笑曰:'犹较些子。'"(《唐五代卷》463 页)又卷七《岩头和

尚》:"虽然如此,交些子。"(同上,515页)《碧岩录》:"可惜许,却较些子。"(《宋代卷》48页)

(二)量词

个

量词"个"的一种用法是,用在时间名词前,表示一段时间。《六祖坛经》:"时有一行者,遂差惠能于碓房,踏碓八个余月。"(《唐五代卷》72页)唐慧超《往五天竺国传·一三、南天竺国》:"即从中天国南行三个余月,至南天竺国王所住。"(42页)又《一五、阇兰达罗国》:"又从西天北行三个余月,至北天国也。"(50页)从以上用例来看,"个"通常用于表示多出几个月的意思,用在数词和相当于多的"余(月)"之间,如"八个余月"就等于八个多月。有时也指整个月的时间,如:唐圆仁《入唐求法巡礼行记》卷四:"弟子僧惟晓从去年十二月一日病,至今年七月,都计八个月病。"(《唐五代卷》150页)

"个"还可以用在时间名词之外的其他名词,如处所名词前面。唐慧超《往五天竺国传·三六、骨咄国》:"此国属大寔所管,外国虽云道国,共汉地一个大州相似。"(133页)又《三九、识匿国》:"又胡蜜国北山里,有九个识匿国,九个王各领兵马而住。"(145页)

(三)副词

莫、莫是、莫要、莫须,表示揣度、询问语气,在疑问句中常与句尾疑问语气词"不(否)""摩""无"等连用,例如:

莫

五代静、筠《祖堂集》卷四《丹霞和尚》:"禅德曰:'莫只这个便是不?'"(《唐五代卷》476页)稗海本《搜神记》卷六"德化张令"条:"召使者反报曰:'莫又违上帝遣责否?'"(《搜神后记》附,104页)沈括《乙卯入国奏请(并别录)》:"颖云:'莫馆使错?'臣评云:'评不错,是学士错。'"(《宋代卷》15页)《虚堂和尚语录》:"报恩莫有方便么?"(同上,394页)有时候,"莫"用在句中,只表疑问的语气,不一定能对译成现代汉语。沈括《乙卯入国奏请(并别录)》:"两朝通好七八十年,这些事道理如此分白,不如早了,却是和好。各自守取道理莫好?"(《宋代卷》21页)"莫好"犹言好吗,只表征询的疑问语气。

莫是

五代静、筠《祖堂集》卷五《云喦和尚》:"师曰:'莫是湖南去不?'对曰:'无。'师曰:'莫是归乡去不?'对曰:'也无。'"(《唐五代卷》495页)宋睦庵善卿编《祖庭事苑》卷二:"参衢州子湖岩利踪和上,师才见,便问:'莫是刘铁磨否?'"(168页)《碧岩录》:"且道意作么生,莫是颠么?"(《宋代卷》58页)《朱子语类·训门人》:"莫是云在青天水在瓶么?"(同上,292页)《虚堂和尚语录》:"清指露柱云:'莫是不见者个法么?'"(同上,395页、554页)

有意思的是,"莫是"作"莫不是",中间加一个"不",词义相同。如:《大唐三藏取经诗话》卷上:"便揖和尚:'万福,万福!和尚今往何处?莫不是再往西天取经否?'"(《宋代卷》235页)"莫不是"和"否"相应,仍然是表示询问。

莫要

五代静、筠《祖堂集》卷五《长髭和尚》:"石头曰:'莫要点眼不?'对曰:'便请点眼。'"(《唐五代卷》492页)

莫须

宋徐梦莘《三朝北盟会编·燕云奉使录》:"设若本朝委曲从之,莫须折当?"(《宋代卷》88页)《朱子语类·训门人》:"问:'五峰所谓天理人欲,同行异情,莫须这理要分别否?'"(同上,272页)

莫教

《警世通言·一窟鬼癞道人除怪》:"莫教也是鬼?"(《宋代卷》458页)

也有"莫"后跟否定词的,如:

莫不

五代静、筠《祖堂集》卷七《岩头和尚》:"有人问:'中时如何?'师云:'莫不识痛痒摩?'"(《唐五代卷》515页)《清平山堂话本·杨温拦路虎传》:"茶博士道:'官人莫不病起来?'"(《宋代卷》420页)

莫非

《敦煌变文校注·太子成道变文》:"孩童虽生宫内,以世绝伦,莫非鬼魅妖神,莫是化生菩萨?"(491页)《古今小说·宋四公大闹禁魂张》:"便问王保道:'你莫非挟仇陷害么?有甚么证据?'"(《宋代卷》498页)

可笑

原是动词,和今义相近。如《世说新语·容止》第20则:"周伯仁道桓茂伦:'嶔崎历落,可笑人。'"(338页)但在唐五代时期,"可笑"又演变出非常、很、极其的意思,作程度副词,如五代静、筠《祖堂集》卷五《云嵒和尚》:"因此洞山息疑情,乃作偈曰:'可笑奇,可笑奇,无情解说不思议。"(《唐五代卷》495页)

遮莫

尽管,纵然。《敦煌变文校注·金刚丑女缘起》:"天然既没红桃色,遮莫七宝叫身铺。"(1105页)五代静、筠《祖堂集》卷四《丹霞和尚》:"二时粗糖随缘过,一身遮莫布毛裘。"(《唐五代卷》477页)

著便

五代静、筠《祖堂集》卷七《岩头和尚》:"峰云:'今生不著便,共文遂个汉行数处,被他带累。'"(《唐五代卷》515页)"著便"谓方便,项楚有解释。

煞/杀

程度副词,相当于极、甚、非常,可作状语,也可作补语。作补语时前面可以是形容词,也可以是动词。五代静、筠《祖堂集》卷五《云嵒和尚》:"其僧竖起五指,师云:'苦杀人,泪错放过者个汉。'"(《唐五代卷》497页)这是作补语的例子。徐梦莘《三朝北盟会编·燕云奉使录》:"皇帝圣意甚厚,欲成交好,尽数许了,已是煞多。"(《宋代卷》88页)《张协状元》四十五出:"见一佳人困穷,似胜花娘子无异,血染得衣衫煞红。"(同上,606页)这是作状语的例子。

忽

如果,倘如。《虚堂和尚语录》:"前程忽有人道著报恩爷名,不须讳却。"(《宋代卷》392页)

忽若

如果,若。《敦煌变文校注·伍子胥变文》:"臣今见王无道,虑恐失国丧邦。忽若国乱臣逃,岂不由秦公之女!"(2页)又《舜子变》:"忽若尧王敕知,兼我也遭带累。"(202页)

忽尔

如果,倘如。《敦煌变文校注·伍子胥变文》:"忽尔事相当,愿勿生遗弃。"(13页)又《秋胡变文》:"婆教新妇,不敢违言;于后忽尔儿来,遣妾将何申吐?"(233页)

忽然

如果,倘若。《六祖坛经》:"怒力修道莫悠悠,忽然虚度一世

休。"(《唐五代卷》83页)《敦煌变文校注·捉季布传文》:"若是生人须早语,忽然是鬼奔丘坟。"(93页)①

(四)介词②

共

同,跟。唐慧立、彦悰《大慈恩寺三藏法师传》卷一:"又命国统王法师,年逾八十,共法师同处,仍遣劝住,勿往西方。"(19页)唐慧超《往五天竺国传·一六、苏跋那具怛罗国》:"东有一小国,名苏跋那具怛罗,属土蕃国所管。衣著共北天相似,言音即别。"(51页)"共"在先秦是不及物动词,如《论语·公冶长》:"子路曰:'愿车马衣轻裘,与朋友共,敝之而无憾。'"作介词是后起的用法。《后汉书·吴汉传》:"汉乃召诸将,厉之曰:'吾共诸君逾越险阻,转战千里,所在斩获。'"佛经的合译者,经常题署"某人共某人译",如《中本起经》,题"后汉昙果共康孟详译";《修行本起经》,题"后汉竺大力共康孟祥译",这些"共"也都是介词。

和

连,带。《敦煌变文校注·地狱变文》:"老去和头全换却,少年眼也拟椀将。"宋欧阳修《怨春郎》词:"奈每每人前道著伊,空把相思泪眼和衣揾。"

蓦

朝向,对着。介词。五代静、筠《祖堂集》卷四《药山和尚》:"师带刀行次,道吾问:'背后底是什摩?'师拔刀便蓦口斫。"(《唐五代卷》484页)又卷一〇《长庆和尚》:"也大差,也大差,卷上帘来满天

---

① 以上"忽""忽若"等条,参看蒋礼鸿(1997:397—403)。
② "介词""连词"部分参看刘坚、江蓝生、白维国、曹广顺(1992:198—210)。

下。有人问我会何宗,拈起拂子蓦口打。"(同上,519页)"蓦"此义辞书失收。

(五) 连词

共

用在两个名词中间,表示和、与。唐慧立、彦悰《大慈恩寺三藏法师传》卷二:"将至其都,王共诸僧并出城来迎。"(34页)《镇州临济慧照禅师语录》(《大正藏》卷四七):"我共你入净妙国土中。"

和

与,和。唐卢纶《早春归盩厔旧居》诗:"引水忽惊冰满涧,向田空见石和云。"唐郑谷《郊园》诗:"溪光何以报?只有醉和吟。"

(六) 语气词

只如

用于句首,相当于至于、说到。又作"祇如"。五代静、筠《祖堂集》卷六《洞山和尚》:"问:'和尚与摩道,有一人不肯。'师曰:'为肯者说,不为不肯底,只如不肯底人,教伊出头来,我要见。'"(《唐五代卷》510页)

摩

表示疑问,相当于现代汉语的"吗"。五代静、筠《祖堂集》卷四《丹霞和尚》:"保福曰:'和尚还为人摩?'"(《唐五代卷》482页)

也无

两个语气词连用,用在选择问句中,连接并列的两项。五代静、筠《祖堂集》卷四《石头和尚》:"和尚曰:'你应到西天也无?'"(《唐五代卷》470页)又:"师受戒后,思和尚问:'你已是受戒了也,还听律也无?'"(同上,471页)

(七) 助词

1. 了

唐沈传师《寄大府兄侍史》诗:"将军破了单于阵,更把兵书仔细看。"宋沈括《乙卯入国奏请》:"因萧禧已受了文字,却改差臣等作回谢之意。"(《宋代卷》5页)

2. 却

唐圆仁《入唐求法巡礼行记》卷四:"拟卖却船,别雇唐船载物来。"(《唐五代卷》164页)《敦煌变文·韩擒虎话本》:"圣人若饮,致却酒名,唤甚即得?"(同上,288页)

3. 著(着)

唐圆仁《入唐求法巡礼行记》卷四:"捉界首牧牛儿耕田夫等送入京,妄称捉叛人来。敕赐封刀于街衢而斩三段,两军兵马围著煞之。"(《唐五代卷》154页)五代静、筠《祖堂集》卷七《岩头和尚》:"问:'三界竞起时如何?'师云:'坐却著。'"(同上,515页)

4. 过

《祖堂集》卷四:"村里男女有什摩气息?未得草草,更须勘过始得。"(《唐五代卷》490页)又卷五:"师云:'苦杀人,泪错放过者个汉。'"(同上,497页)①

5. ～地

(1) 多用于"卧""坐""立""住"等动词后,表示动作的持续。②

卧地

"正见雀儿卧地,面色恰似垒土。"(《敦煌变文校注·燕子赋》)

---

① 以上四词,参看曹广顺(1995:10—45)。
② 此类"地"是否属于助词,尚有不同看法,有学者称之为"动词词尾",如江蓝生、曹广顺(1997:93)。

坐地

五代静、筠《祖堂集》卷四《药山和尚》:"两人坐地歇息次,道吾起来礼拜曰:'某甲有一段事,欲问多时,未得其便。'"(《唐五代卷》486页)《王俊首岳侯状》:"张太尉先与一和尚何泽,点着烛,对面坐地说话。"(《宋代卷》227页)《清平山堂话本·简帖和尚》:"有个官人,夫妻两个正在家坐地。"(同上,399页)

立地

五代静、筠《祖堂集》卷五《云嵒和尚》:"师比色垸里贮柑橘,洞山来不审立地。"(《唐五代卷》498页)又卷十四《江西马祖》:"师教他身边立地。"(同上,540页)宋庄绰《鸡肋编》卷上:"王介甫作字谜云:'兄弟四人两人大,一人立地三人坐,家中更有一两口,任是凶年也得过。'"(2页)《古今小说·宋四公大闹禁魂张》:"却在金梁桥顶上立地。"(《宋代卷》492页)《张协状元》十出:"早早开门,莫教奴家立地。"(同上,527页)

住地

《警世通言·崔待诏生死冤家》:"郭立道:'也不知他仔细,只见他在那里住地,依旧挂招牌做生活。'"(444页)

(2) 用于形容词、副词之后,作状语,表示情状。

划地

《警世通言·万秀娘仇报山亭儿》:"奸骗了我身己,划地把我来卖了。"(《宋代卷》469页)《张协状元》十六出:"五鸡山上一个大王,划地与人做鸭,到叫作鸭精大王。"(同上,542页)(参见徐时仪2000:232)

托地

《张协状元》一出:"才听此一句话,托地两行泪下。"(《宋代卷》,

503页)

密地

《张协状元》三十四出:"还有村夫并妇人,不得放入,须密地前来通报。"(《宋代卷》587页)

三、同义词的发展——概念和词汇的互动发展

这里所说的"概念和词汇的互动发展"包括两种情况:一种是概念相同,用词不同,也就是说,同一个概念,生活中使用不同的词语来表达;另一种是词语相同,概念不同,也就是说,字面相同的词语,表达的却是完全不同的概念。

(一)概念相同,用词不同

"概念相同,用词不同"又分共时和历时两个情况。

1. 历时不同

比较多的是历时的不同,即某些概念在不同的时代有不同的说法。例如:

阿堵:

作代词用,表示"这个"意思的,中古、近代汉语用法有别:中古汉语有"阿堵",近代汉语也有"阿堵"用例,如:

宋辛弃疾《临江仙》词:"杜陵真好事,留得一钱看。岁晚人欺程不识,怎教阿堵留连?"苏轼《和陶连雨独饮二首》之二:"阿堵不解醉,谁欤此颓然。误入无功乡,掉臂嵇阮间。"(中华书局本《苏轼诗集》第七册,2253页)又《和陶拟古九首》之二:"昔我未尝达,今者亦安穷。穷达不到处,我在阿堵中。"宋刘宰《谢乌鹊》诗:"朝来不成寐,啼乌绕西东。……举手谢乌鹊,忧喜当何从。吉凶两不到,我在阿堵中。"(中华书局本《宋诗钞》第三册2621页)

这仅仅是宋人的几个用例,明清用例还有,如《聊斋志异》卷四:"顷之入室取用,则阿堵化为乌有,惟母钱十余枚尚在。"此不赘述。徐时仪《古白话词汇研究论稿》谓:"'阿堵'在唐宋以降未见用例"(30页),不确。

近代汉语新产生的指示代词有"兀底(兀的)""这的(这底)""这下""这壁"等,如:

兀底

这,如此。《董西厢》卷一:"这一双鹘鸰眼,须看了可憎底千万,兀底般媚脸儿不曾见。"也作"兀的"。

这的/这底

这,这个。《董西厢》卷六:"比似他时,再相逢也,这的般愁,兀的般闷,终做话儿说。"《元典章·台纲一》:"奉圣旨,这的休疑惑者。恁根底勾当的人每,恁根底不商量了呵,休与者。"

患者/患子

生病的人,近代汉语或称"患者",如宋孙光宪《北梦琐言》卷二〇:"患者归视功德堂内,本无它物,忖思久之。"(140页)或称"患子",元吴昌龄《张天师》楔子:"'老哥,你着那患子来我看。'[张千云]:'他染病,怎么走得动?'"又:"他是患子,你怎么打他?"现代则称"患者"。

割/削

同样是削果皮,唐宋以来说"割",有"割梨":《游仙窟》:"十娘曰:'暂借少府刀子割梨。'下官咏刀子曰:'自怜胶漆重,相思意不穷。可惜尖头物,终日在皮中。'"(《唐五代卷》17页)《太平广记》卷三三三"琅邪人"条(出《广异记》):"琅邪有人行过任城,暮宿郭外,主人相见甚欢,为设杂果。客探取怀中犀靶小刀子,将以割梨。"《金史·外国传下·高丽》:"高丽傔人以小佩刀割梨,庑下巡廊奉职,见而纠之。"有"割果":宋司马光《涑水记闻》卷二:"王因入茶果阁门,拒之,取割果刀自刭。"(中华书局本36页)现代说"削"。

还面/回面/回头

同样是扭头、转脸,中古时说"还面",《世说新语·雅量》第21则:"周仲智饮酒醉,瞋目还面,谓伯仁曰:'君才不如弟,而横得重名!'"(203页)唐宋时也说"回(迴)面":唐张鷟《游仙窟》:"然后逶迤迴面,娅姹向前。"(《唐五代卷》3页)又:"迴面则日照莲花,翻身则风吹弱柳。"(同上,18页)许国霖《敦煌石室写经题记》:"写书今日了,因何不送钱?谁家无赖汉,回面不相看。"唐韩偓《厌花落》诗:"也曾同在华堂宴,佯佯拢鬓偷迴面。半醉狂心忍不禁,分明一任傍人见。"宋孙光宪《北梦琐言》卷十二:"幕中有昆弟之子省之,亚台回面,且云不识。"(95页)也说"回头":唐张鷟《游仙窟》:"十娘遂回头唤桂心曰:'料理中堂,将小府安置。'"(《唐五代卷》3页)唐圆仁《入唐求法巡礼行记》卷四:"行十五里,回头望西,见辛长史走马趁来。"(同上,162页)《敦煌变文校注·伍子胥变文》:"子胥回头耿长望,怜念女子怀惆怅。"(4页)

怨家/冤家/敌头

同样是对头、仇人,汉魏以来说"怨家",如《史记·张耳陈馀列传》:"汉九年,贯高怨家知其谋,乃上变告之。"失译《大方便佛报恩经》卷一《孝养品》:"正欲小停,惧怨家至;若为怨得,必死不疑。"《长寿王经》:"王因取以置边,而告之曰:'我有怨家,是长寿王子。'"唐道世《法苑珠林》卷五二引《法句喻经》:"沙门答曰:'卿杀父妻母,供养怨家,不知惭耻,反谓乞士,何不惭羞!'"(53/674/c)魏晋起也说"冤家",西晋竺法护译《须菩提菩萨经》:"一者瞋恚不起,视冤家如善知识。"(12/76/c)姚秦昙摩埤共竺佛念译《摩诃般若钞经》卷二《功德品》:"正使于中当死,若冤家在中欲共害之。"(8/514/a)后秦佛陀耶舍共竺佛念译《长阿含经》卷一七:"告寿命曰:'汝今诳我,陷固于我。引我大众,欲与冤家。'"(1/107/c)①

元代则说"敌头",《西厢记》四本二折:"【幺篇】世有、便休、罢手,大恩人怎做敌头?"《赵氏孤儿》第二折:"这两家做下敌头重,但要访的孤儿有影踪。"元无名氏《陈州粜米》第二折:"老夫有件事向君王陈奏,只说那权豪每是俺敌头。"也说"两事家":《牡丹亭》第四十七出:"一天之下,南北分开两事家。中间放着个蓼儿洼,明助着番家打汉家。"《黑旋风双献功》第四折:"酒果做缘由,安排下这场歹斗,两事家不肯干休。"《后庭花》第三折:"则这包龙图怕也不怕,老夫怎敢共夫人做两事家?"现代则说敌人,仇人。

刺/名/名刺/名纸/名帖/名片

同样是名片,早期说"刺",《世说新语·言语》第8则刘注引《文士传》曰:"或劝其诣京师贵游者,(祢)衡怀一刺,遂至漫灭,竟无所诣。"也说"名",《颜氏家训·风操》:"识轻服而不识主人,则不于会所而吊,他日修名诣其家。"《南史·文学传·何思澄》:"每宿昔作名一束,晓便命驾……投晚还家,所赍名必尽。"

南北朝以后说"名刺",《南史·江淹传》:"永元中,崔慧景举兵围都,衣冠悉投名刺,淹称疾不往。"唐元稹《重酬乐天》诗:"最笑近来黄叔度,自投名刺占陂湖。"元盛如梓《庶斋老学丛谈》卷下:"南轩先生赴静江,至杨楼桥市,方食,吏执名纸立于庭下。食毕,先生呼吏见客,曰:'已留名刺去矣。'"

---

① 上述三例"冤家",《大正藏》附校宋元明三本均作"怨家",有异文。

也说"名纸",《太平广记》卷二四八"侯白"(出《启颜录》):"开皇中,有人姓出,名六斤,欲参素,赍名纸至省门,遇白,请为题其姓。"唐刘鲁风《江西投谒所知为典客所阻因赋》:"万卷书生刘鲁风,烟波万里谒文翁。无钱乞与韩知客,名纸毛生不肯通。"五代齐已《勉吟僧》诗:"千途万辙乱真源,白昼劳形夜断魂。忍着袈裟把名纸,学他低折五侯门。"《朱子语类》卷三《鬼神》:"而后行士人之过者,必以名纸称:'门生某人谒庙。'"

也说"名帖",《玉娇梨》第16回:"走到门前,就叫小童将名帖递将过去。"明徐宏祖《徐霞客游记》卷十一上《西南游日记十九》:"已而吴公令把总持名帖,道意余出观街子,因往晤潘捷、余捷,余宴买宝舍人,留余同事。"明陆容《菽园杂记》卷五:"至此者,不问识与不识,望门投刺。有不下马或不过其门,令人送名帖者,遇黠仆应门,则皆却而不受。"

也说"名片",清俞樾《茶香室续钞·古人书疏皆题后以答》:"按此则知今人所用名片,始明季也。"王西彦《古城的忧郁·灾祸》:"他走得很匆忙,一听见你不在家就打回头,连名片也没有留。"

历代笔记多有考证,如:

宋吴曾《能改斋漫录》卷二《事始·名纸》:"名纸之始,高承《事物纪原》云:'《释名》曰:"书名字于奏上曰刺。"后汉祢衡,初游许下,怀一刺。既无所之适,至于刺字漫灭。盖今名纸之制也。则名纸之始,起于汉刺也。'以上皆高说。予以为不然,盖《祢衡传》只言刺,不言名纸。虽名纸为刺之变,然高说无所据。予按,梁何思澄终日造谒,每宿昔作名纸一束,晓便命驾,朝贤无不悉狎。盖名纸始见于此。"

明方以智《通雅》卷三一《器用·书札》:"书姓名于奏白曰刺,或曰名纸,唐曰门状。祢衡怀刺漫灭,郭泰、符融赍刺入仇览房是也。《释名》曰:'书姓名于奏白曰刺简。'以奏事白事故曰奏白。今刺姓名于简,上行平行皆用之。或曰奏刺上行也。今人谓之拜帖,上行谓之手本。通书曰禀帖。文移之手本则又平行之称。《高彪传》:'访马融,融疾不见,彪覆刺遗书。'谓取回其帖书其后以遗之也。爵里刺即今之履历手版也。《世语》曰:'夏侯荣,渊之五子也,七岁属文,经目辄识,魏文闻而请焉。宾客百余人,人各奏刺,悉书其乡邑名氏,世所谓爵里刺也。荣一目遍览不谬。今脚色、手本、履历,亦相谓为手版,其亦古之奏刺者乎?何思澄'名纸必尽'。孔平仲《谈苑》曰:'古刺以纸书,曰名纸。'李德裕贵后,人具衔候起居,谓之门状。《补笔谈》又曰'大状'。《老学庵》曰:'元丰后盛行手刺'。……跋刺从束,刺从束。"

清赵翼《陔馀丛考·名帖》:"刘冯《事始》云:'古昔削木以书姓名,故谓之刺,后世以纸书,谓之名帖。'按此说亦有可疑者,既云'削木为刺',则应是未有笔墨以前,乃六经及先秦、西汉之书,并无'刺'字,汉初犹谓之'谒'。"

得无/将无(不)/莫

同样是表示不确定的语气、推测的语气,早期用"得无",后来用"将无""将不",近代汉语说"莫",如五代静、筠《祖堂集》卷四《丹霞和尚》:"禅德曰:'莫只这个便是不?'"(《唐五代卷》476页)

曾不(无)/初不(无)/都无(未)/都不

同样是表示完全的否定,早期是"曾不""曾无",中古是"初不""初无",也有"都无""都未"等,近代汉语也有"都不",五代静、筠《祖堂集》卷四《丹霞和尚》:"师放下衣钵便问讯二人,二人都不顾

视。"(《唐五代卷》476页)

2.共时不同

同一时代,同一概念,也可用不同词语。如:都是安排、料理,近代汉语中或说"指挥",或说"区分"。宋孙光宪《北梦琐言》卷一〇记唐僖宗时,翰林待诏滑能棋艺高强,一张姓少年与之对弈,后直言相告:"'不必前迈。某非棋客,天帝命我取公著棋,请指挥家事。'滑生惊愕,妻子啜泣,奄然而逝。"(79页)又:"或大期将至,即肋下微痛,此丹自下,便须指挥家事,以俟终焉。"(85页)"指挥家事"犹言安排(家中)后事。也说"区分":《北梦琐言》卷一〇:"无何,此公来报肋下痛,不日其药果下,急区分家事,后凡二十日卒。"(85页)又《逸文》卷三:"及妻子以诚祈之,乞容旬月,区分家事。"(163页)"区分家事"就是"指挥家事",也就是安排后事。

过日子,度日,中古时说"解日",《全晋文》卷二二王羲之《杂帖》:"仆日弊而得此热,忽忽解日尔。力遣不具。"又卷二六《杂帖》:"吾疾故尔沉滞,忧悴解日。"(参见王云路、方一新1992:227)南北朝以后则说"销日"或"消日",如:北齐颜之推《颜氏家训·勉学》:"饱食醉酒,忽忽无事,以此销日,以此终年。"明何良俊《四友斋丛说》卷八:"谢木斋致仕还家,每日与诸女孙斗叶子以消日,常买青州大柿饼、宣州好栗,戏赌以为乐,不问外事。"(69页)南北朝以后还产生了"度日"。陈月婆首那译《胜天王般若波罗蜜经》卷四:"或见食麻,或见食米,或见饮水,而以度日。"(8/708/b)唐义净译《根本说一切有部毗奈耶》卷三四:"诸人报曰:'观汝形势,未解客作。但可度日,何苦自身?'"(23/812/b)唐王绩《游北山赋》:"属天下之多事,遇山中之可留,聊将度日,忽已经秋。"

(二) 词语相同,概念不同

王力(1990:11卷,616—631)曾讨论"词是怎样变了意义的",论及词义演变的三种情况:扩大、缩小、转移(《汉语词汇史》第五章),指出:"汉语词义的引申情况大致也可以归入这三类。"

蒋绍愚(1989:70—93)指出:"引申是基于联想作用而产生的一种词义发展。甲义引申为乙义,两个意义之间必然有某种联系,或者说意义有相关的部分。""从引申的方式来看,大致有两种类型,一是连锁式,即一环套一环的引申。……一是辐射式,即从本义出发,向不同的方向引申出几个引申义。"

与前述"概念相同,用词不同"相反,也有相同的词语,而表达的含义不同的情况,这就是王力、蒋绍愚两位所提到的因词义引申而造成的词义演变。

作贼

作贼,在六朝时期,主要有两个义位:

一是"叛乱""造反"的意思。《三国志·吴志·孙皓传》裴注引《华阳国志》:"吴人生剖其腹,允割其心肝,骂曰:'庸复作贼!'"(1169页)《南齐书·王奂传》:"奂曰:'我不作贼,欲先遣启自申。'"(850页)《魏书·崔亮传附从父弟光韶》:"光韶曰:'凡起兵者,须有名义,使君今日举动,直是作贼耳!父老知复何计?'"(1484页)

一是当强盗、行劫夺(之事)。失译《大方便佛报恩经》卷五《慈品》:"尔时崛山中有五百人,止住其中,断道劫人,作诸非法。如来尔时以方便力,化作一人,……往至崛山。尔时山中五百群贼,遥见是人而相谓言:'我等积年作贼,未见此也。'"元魏吉迦夜共昙曜译《杂宝藏经》卷八《大力士化旷野群贼缘》:"即出募言:'谁能往化五百群盗，使不作贼，当重爵赏。'"

大约在南北朝、隋唐开始，"贼"可指窃贼、小偷，如《太平广记》卷二二四"僧处弘"条（出《北梦琐言》）："僧处弘习禅于武当山，王建微时贩醝于均房间，仍行小窃，号曰贼王八。处弘见而勉之曰：'子他日位极人臣，何不从戎。别图功业，而夜游昼伏，沾贼之号乎？'"故"作贼"也可指当小偷，偷窃，《太平广记》卷一六五"王叟"条（出《原化记》）："相州王叟者，家邺城。富有财……庄宅尤广，客二百余户。叟尝巡行客坊，忽见一客方食，盘餐丰盛，叟问其业。客云：'唯卖杂粉香药而已。'叟疑其作贼，问：'汝有几财而衣食过丰也？'"《喻世明言·晏平仲二桃杀三士》："少刻，金瓜簇拥一人至筵前，其人口称冤屈。晏子视之，乃齐国带来从者，问：'得何罪？'楚臣对曰：'来筵前作贼，盗酒器而出。被户尉所获，乃真赃正犯也。'"《聊斋志异》卷四："翁怒曰：'我本与君文字交，不谋与君作贼！便如秀才意，只合寻梁上君交好得，老夫不能承命！'"

特指剽窃。《北齐书·魏收传》："（邢）邵又云：'江南任昉，文体本疏，魏收非直模拟，亦大偷窃。'收闻乃曰：'伊常于《沈约集》中作贼，何意道我偷任昉？'"清冯班《钝吟杂录》卷四："夺胎接骨，宋人谬说，只是向古人集中作贼耳！"

"作贼"后来也作"做贼"，义为当小偷、做窃贼，《西游记》38回："行者说：'那太子告诵我说，那妖精有件宝贝，万夫不当之勇。……我想着打人不过，不如先下手。我和你去偷他的来，却不是好？'八戒道：'哥哥，你哄我去做贼哩。'"《拍案惊奇》卷十三："众人仔细齐来相了一回，多道：'是也，是也。却为甚做贼偷自家的东西？却被儿子杀了，好蹊跷作怪的事！'"

冤家

"冤家",中古时就为仇人义,近代汉语亦然。但后来又反其意而用之,用作对情人的称呼。元张可久【醉太平】《无题》:"小冤家怕不道心儿里爱,老妖精拘管的人来煞。"(《元语言词典》402页)《小张屠焚儿救母》第一折:"将孩儿焰腾腾一炉火光,磣可可一灵身,舍了个小冤家一心侍奉老尊堂。"(《元代明代卷》122页)又第二折:"两行清泪星眸中堕,我这九曲柔肠刀割。弃了个小冤家凄凉杀他,存得个老尊堂快活杀我。"(同上,127页)《小孙屠》第九出:"【梁州令】一对鸾凤共宴乐,恨连日抛弹。这冤家莫景信涠唆,把奴家,恩和爱,尽奚落。"(同上,154页)又第十七出:"【红衲袄】我当初不三思,撞着冤家如醉痴。最苦娘亲又倾弃,家私坏了懊恨迟。(同上,173页)

子弟

"子弟",中古时为子侄义,如《世说新语》。近代汉语中则有了指嫖客的用法,如:元《玉壶春》二白:"相公,你不思进取功名,只要上花台做子弟,有甚么好处?"(参见《元语言词典》443页)《宣和遗事》:"这个佳人,是两京诗酒客,烟花帐子头,京师上停行首,姓李名做师师。一片心只求待食巴谩,两只手偏会拏云握雾。便有富贵郎君,也使得七零八落;或撞着村沙子弟,也坏得弃生就死。"(《元代明代卷》74页)

零落

近代汉语中有"遗失"义,《太平广记》卷四七三"发妖"条(出《广古今五行记》):"琅邪费县王家恒失物,谓是人偷,每以扃钥为意,而零落不已。"《敦煌变文校注·韩朋赋》:"书若有感,直到朋前;书若无感,零落草间。"(212页)《情史》卷二四《情迹类》:"孟淑卿,姑苏训导澄之女,有才辨,工诗,自以配不得志,号曰荆

山居士。其诗零落已多,最传者数篇。"(参《唐五代语言词典》235页)

批判

在近代汉语中有评判是非义。如:《祖堂集》卷一一"仙宗和尚":"问:'非言所及,非解所到,什摩人能到?'师云:'阿谁教你担枷带索!'僧云:'今日得遇明师批判!'"《五灯会元》卷一二《泐潭祥禅师法嗣·明州香山道渊禅师》:"上堂:香山有个话头,弥满四大神洲。若以佛法批判,还如认马作牛。诸人既不作佛法批判,毕竟是甚么道理。"(参《唐五代语言词典》278页)和今义不同。

骗

本义是跨骑马匹,引申泛指跨乘牲口,后又泛指跨越、骑乘。(《元语言词典》225页)但和哄骗的"骗"不同。

绿沉

本义为浓绿色。《太平御览》卷七〇二引晋陆翙《邺中记》:"(石虎)用象牙桃枝扇,其上竹或绿沉色,或木兰色。"唐杜甫《重过何氏》诗之四:"雨抛金锁甲,苔卧绿沉枪。"唐皮日休《公斋四咏·新竹》诗:"一架三百本,绿沉森冥冥。"因为常用来形容竹子,于是引申为指用竹子制作的弓箭,宋吴淑《事类·弓赋》:"绿沉亦复精坚。"注引《广志》曰:"绿沉,古弓名。"又引刘劭《赵郡赋》:"其器用则六弓四弩,绿沉黄间,堂溪鱼肠,了令角端。"[①]《汉语大词典》"绿沉"条下未收此义。

(三)常用同义词的个案研究

[①] 参看宋吴曾《能改斋漫录》卷四"绿沈"条、赵令畤《侯鲭录》卷一"绿沈"条,中华书局,2002。

1. 一组有关"问题、试题"的同义词:问端/问头/问题

问题、试题:审讯犯人的书面提问。近代汉语中有一些不同说法。

问端

较早时称"问端"。《旧唐书·元载传》:"辩罪问端,皆出自禁中,仍遣中使诘以阴事,载、缙皆伏罪。"明方以智《通雅》卷二七《事制·刑法》:"问端,犹言问头也。《唐书》:'收元载、王缙鞫之,问端皆出禁中。'审之曰问端,犹今言问头也。今但谓之审款。"(873页)也说"问题":宋曾敏行《独醒杂志》卷三:"既入试,问题正出疏中。"宋觉范、慧洪《林间录》:"予戏语之曰:'遮僧问端未稳,何不曰:如何是天下第一等生菜?'"专指审讯犯人时用书面提出的问题。《资治通鉴·唐代宗睿文孝武皇帝中之下》:"又收仲武及卓英倩等系狱,命吏部尚书刘晏与御史大夫李涵等同鞫之,问端皆出禁中。"

其实,在早期翻译的佛经中,已经见到此词。后秦鸠摩罗什译《大智度论》卷三三:"优陀那者名有法,佛必应说而无有问者。佛略开问端,如佛在舍婆提毗舍佉堂上阴地经行,自说优陀那。"唐宋以后译经多有承用。唐义净译《根本说一切有部毗奈耶杂事》卷八:"王白佛言:'世尊,我昔曾见,诸余沙门婆罗门等,有少智能,自恃贡高。为难于他,造作书论。人皆谓是,能善分析,所有见解,众并随顺,别竖宗量,构立问端。'"宋惟净等译《佛说大乘菩萨藏正》卷七:"假使一切众生类,互发问端辞犹海。"施护法护惟净同译《尼拘陀梵志经》卷上:"长者,若或沙门瞿昙来此会中,我时必当相与议论,建立胜义。发一问端,而为叩击,我应得胜,彼必堕负。""问端"也见于唐修六朝史书:《陈书·马枢传》:"王欲极观优劣,乃谓

众曰：'与马学士论义，必使屈伏，不得空立主客。'于是数家学者各起问端，枢乃依次剖判，开其宗旨，然后枝分流别，转变无穷，论者拱默听受而已。"（264页）《汉语大词典》"问端"条有两个义项：①写在纸上的审讯罪犯的问题；②问题。义项排列失当。又"问题"义下举鲁迅《坟》为例，太晚。

也称"问头"。

《敦煌变文校注·唐太宗入冥记》："陛下若□□（不通）文状，臣有一个问头，陛下若答得，即却归长安。"（213页）又《燕子赋》："雀儿被吓，更害气咽，把得问头，特地更闷。"（252页）五代王定保《唐摭言》卷十三《无名子谤议篇》："其问又'金盘'对于'玉府'，非唯问头不识，抑亦义理全乖。"五代静、筠《祖堂集》卷四《药山和尚》："嵒才得个问头，便去和尚处，续前问：'何故如此？'"（《唐五代卷》489页）《碧岩录》："我爱韶阳新定机，一生与人抽钉拔楔，垂个问头。"（《宋代卷》64页）特指官府审问犯人时提的书面问题。唐韦绚《刘宾客嘉话录》："王缙之下狱也，问头云：'身为宰相，夜醮何求？'王答曰：'知则不知，死则合死。'"

也称"问题"。

《独醒杂志》卷一："天圣八年，应书判拔萃科者凡八人。仁宗皇帝御崇政殿试之，中选者六人，余襄公、尹师鲁、毛子仁、李惇裕，其二则失其姓名。问题十通，一问：戊不学孙吴，丁诘之，曰顾方略如何尔。二问……"又卷三："既入试，问题正出疏中。"《三朝名臣言行录》卷十一《丞相范忠宣公》："既而在廷，颇分朋党，论议多出私意浸润之说，稍行学士苏轼草策问题，或言引用不当。"《宋史·选举志三》："今请罢去经义，仍分六场，以五场断案，一场律义为定。问题稍减字数，而求精于法律者为试官，各供五六题，纳监试或主文临时点定。如是,谳议得人矣。"(3675页)清戴璐《藤阴杂记》卷五:"壬申乡试,有人求签问题,得'阴里相看怪尔曹,舟中敌国笑中刀。藩篱剖破浑无事,一种天生惜羽毛',茫然未喻。入闱,首题乃《'夫子莞尔而笑'二句》,次题《'故天之生物'二句》,三题《'交闻文王十尺'三句》,方验。"

到后来,"问端""问头"都已淘汰不用,今现代汉语只说"问题"。

2. 一组关于"身体不适"的同义词:不佳/不快/不适/违和/违忧

同义词也有一个共时和历时的问题,不同的时期,有不同的同义词。

(1)身体不适,有病,通常采用委婉的说法,以近代汉语为例,有"不佳""不快""不适""违和"等。

沿用中古词汇的,有:

不佳

宋司马光《涑水记闻》卷九:"抃见吏衣紫,误以为医官,因引手案上,谓曰:'抃数日来体中不佳,君试为诊之。'闻者传以为笑。"宋赵与峕《宾退录》卷六:"朱希真《梦记》略云:'绍兴戊寅除夜,体中不佳,三更方得睡。'"

不快

《黄庭内景经》肺部章第九:"素锦衣裳黄云带,喘息呼吸体不快。"《喻世明言》卷三:"吴山道:'我身子不快,不要点心。'"

不适

《续资治通鉴》卷九三:"攸别居赐第,一日,诣京,甫入,遽起,握父手为诊视状,曰:'大人脉势舒缓,体中得毋有不适乎?'京曰:'无之。'"《阅微草堂笔记》卷十九《滦阳续录一》:"尝见一人服松脂十余年,肌肤充溢,精神强固,自以为得力。然久而觉腹中小不适,又久而病燥结,润以麻仁之类,不应。"

违和①

五代静、筠《祖堂集》卷六《洞山和尚》:"问:'四大违和,还有不病者也无?'"(《唐五代卷》511页)又卷十四《江西马祖》:"院主问:'和尚四体违和,近日如何?'"(同上,543页)《五灯会元》卷一二《广慧琎禅师法嗣·文公杨亿居士》:"公因微恙,问环大师曰:'某今日忽违和。大师慈悲,如何医疗?'"(727页)明杨爵《慰人心以隆治道疏》:"数年以来,因圣体违和,朝仪间缺,经筵未讲。"

违忧

唐韩愈《鸣雁》诗:"违忧怀息性匪他,凌风一举君谓何?"钱仲联《韩愈诗集释》引陈景云说:"违忧怀息,即有病求息义。"

关于有病、身体欠佳,南北朝、唐宋以后产生了一些新的表达法:

欠安

《二刻拍案惊奇》卷三:"翰林道:'昨日到宅,渴想妹子芳容一见,见说玉体欠安,不敢惊动。'"明无名氏《霞笺记·父子伤情》:"下官前日获一小恙,身体欠安。"《明珠缘》第47回:"不意圣躬欠安,客巴巴传出信来,叫忠贤亲往问安。见圣躬日渐清癯。"《红楼梦》第26回:"总是我没造化,偏又遇着叔叔欠安。"

欠爽

本指无精打采,不爽快。《海上花列传》第48回:"子富独在房中,觉得精神欠爽,意欲吸口鸦片烟。"也指身体欠佳、不适。《玉蟾记》第33回:"彩鸾说:'我又怕吃茶了。铃儿,我精神欠爽,莫不是

---

① "违和"已见于南北朝,如:南朝梁沈约《南齐禅林寺尼净秀行状》:"又于一时,复违和,亦甚危困。"

昨日在园中受些风露么？你禀知夫人去。'铃儿到夫人楼上说：'小姐今日欠安。'夫人说：'快去请徐先生诊视。'"

3. 小郎/小叔(子)

现代汉语中，妻子称丈夫的弟弟为"小叔子"，这是一个亲属的称呼。在中古和近代汉语时期分别用不同的词来表现。

中古（魏晋南北朝）时用"小郎"来称丈夫的弟弟，《世说新语·规箴》第10则："王平子年十四五，见王夷甫妻郭氏贪欲，令婢路上担粪。平子谏之，并言不可。郭大怒，谓平子曰：'昔夫人临终，以小郎嘱新妇，不以新妇嘱小郎。'"王平子（王澄）是王夷甫（王衍）的弟弟，郭氏是他的嫂子。《晋书·列女传·王凝之妻谢氏》："凝之弟献之尝与宾客谈议，词理将屈，（谢）道韫遣婢白献之曰：'欲为小郎解围。'"王献之是王凝之的弟弟，谢道韫是王献之的嫂子。这一称呼又见于《宋书》《南史》等典籍。

唐宋以后，"小郎"的词义有所转变，用来尊称他人年轻的儿子。宋析彦实《过太平州拜李端叔遗像》："小郎出见我，问知雏凤凰。"后来演变为年轻人的通称。《西游记》第52回："太子道：'今已天晚，不若安眠一宿，明早去罢。'行者笑道：'这小郎不知世事！那见做贼的好白日里下手？'"《水浒传》第37回："那店家说道：'小郎已自都分付了，我们如何敢卖与你们吃？'"（580页）《金瓶梅词话》第31回："西门庆一见小郎伶俐，满心欢喜。"（371页）又第92回："这小郎才慌了，和娟的齐起来，跺开房门，向前解卸下来。"（1378页）①

既然近代汉语阶段"小郎"一词的词义已经转变，则应该有一

---

① 白维国(1991:584)"小郎"条有二义：①小僮；年轻的伙计。②年轻男子；小伙儿。可参看。

个新词来称呼丈夫的弟弟这个概念,于是出现了"小叔"一词。大约从唐代开始,今"小叔子"一义就直接用"小叔"来代替,完成了角色的转换。如:《史记·苏秦列传》"见季子位高金多也"一句下唐司马贞索隐:"按:其嫂呼小叔为季子耳。"《清平山堂话本·快嘴李翠莲记》:"才向西来又向东,休将新妇便牵笼。转来转去无定相,恼得心头火气冲。不知那个是妈妈,不知那个是公公。诸亲九眷闹丛丛,姑娘小叔乱哄哄。"《金瓶梅词话》第 2 回:"我初嫁武大时,不曾听得有甚小叔。"(585 页)

"小叔"后面加上后缀"子",变成"小叔子",不知是什么时候的事;至晚到《红楼梦》已经出现,第 52 回:"别人不过是礼上的面情儿,实在他是真疼小姑子小叔子。"一直沿用至今。

从中古的"小郎"到近代"小叔",再到现代的"小叔子","丈夫的弟弟"这个概念完成了语词的历时更替演变。这是很有意思的现象。友生孙尊章说:今梅州客家话称丈夫的弟弟为"小郎叔"。

4. 呜/嗽/吻

这是一组关于亲吻的同义词。同样是亲吻这个动作,随着时代的演变,发生了历时的更替变化。汉代、魏晋南北朝口语性的作品中习用"呜""呜撮",唐宋元明也沿用,并有了"呜损""呜咂""呜嗫"等;但宋元以来产生了"嗽",近代开始用"吻",是概念相同,而词汇发生历时演变的典型例子。

亲吻这个动作,从古到今都有,但用词颇有差异。

呜

从声音上看,呜、吻都是合口字,声音相近。呜,《广韵》哀都切,影纽模韵;吻,武粉切,明纽吻韵。

从先秦到西汉的上古汉语中,未见到相应的词语。盖此词属于男女情爱的动作,文人雅士不屑于使用。到了东汉,许慎撰写《说文解字》,在《欠部》收有一个"歈"字,释义为:"一曰口相就也。"清代段玉裁注:"谓口与口相就也。"段氏说得很明白,"歈"就是今天所说的"亲吻"。但"歈"不见于载籍使用,倒是翻译佛经及小说中,出现了较多的"呜"的用例。

在汉魏以来的翻译佛经中,"呜"的对象有两种,一种是佛陀,往往是呜其手足,表示极其崇敬、五体投地的崇拜。"梵志欣然起立,五体投地,头面著佛足,以口呜佛足,以手摩佛足。"(吴康僧会译《梵摩渝经》)"佛便以水洒阿难,阿难乃起,起已,礼佛足,摩拭佛足,呜佛足。"(失译《佛说兴起行经》卷上)"从空来下稽首于地,呜佛足,摩佛足,跪自陈。"(西晋竺法护译《佛说月光童子经》)"提婆达多於众人前,向佛忏悔,呜如来足。"(元魏吉迦夜共昙曜译《杂宝藏经》卷三)

不仅信徒对佛陀呜手呜足,动物也会有此动作:"牛径前往趣佛,屈前两脚,而呜佛足,泪出交横。"(《生经》卷四)这种拟人化的描写神话了佛陀的感染力量。

另一种是普通民众,有父母对子女:"将至尸所,父以首著膝上,母抱其足,呜口唝足,各以一手扪其箭疮。"(吴康僧会译《六度集经》卷五)"如是乃至一日不饮不食,二日三日至到六日,父母忧愁畏其不济。七日即前,呜抱手足。善言诱喻,可起饮食。"(失译《大方便佛报恩经》卷四)

当然,更多的是男女之间的亲吻,如:"昔有一道士,造婆罗门家乞食。婆罗门使妇擎食食之。妇在前立,其妇端正。道士观之,心便生变。语婆罗门言:'欲味过患出。'婆罗门不解,便问言:'何等欲味过患出?'道士便抱其妇咽共呜,呜已,语婆罗门言:'此是欲味。'"(姚秦鸠摩罗什译《杂譬喻经》)"卒见偷罗难陀,意谓是己妇,即便就卧,手捉扪摸呜口。"(姚秦佛陀耶舍共竺佛念等译《四分律》卷二七)"佛告大慧:须陀洹远离与诸女人和合,不为现在乐,种未来苦因。远离打掴,呜抱昤视。"(元魏菩提留支译《入楞伽经》卷四)"先所行者,彼既见已,无始来习,欲火发起。即便疾走,趣彼妇女。彼妇女者,恶业所作,身皆是铁。既前到已,为彼所抱。复呜其口,食其唇等。"(元魏瞿昙般若流支译《正法念处经》卷十四)"犹如帝释,受诸玉女,娱乐歌舞,最胜最妙,语言姿媚,相嘱相笑,相抱相呜,相观相昤。"(隋阇那崛多译《佛本行集经》卷十四)

"呜"又产生了若干复音的形式,如:

呜噈

"女即怀妊,十月生男,男大端正。使乳母抱行,周遍国中。有人见与有呜噈者,便缚送来。"(西晋竺法护译《生经》卷二《佛说舅甥经》)"儿前母闻生子如是,偶往看见,爱之,即抱呜噈,开口求食。"(失译《杂譬喻经》卷下)唐慧琳《一切经音义》卷五五引玄应《生经》卷一音义"呜噈":"《声类》:'噈亦呜也。'"

呜唼

"时婆罗门见是事已,心惊毛竖,……谛观心闷,抱置膝上,对之呜唼,并作是言……"(三国吴支谦译《菩萨本缘经》卷下)"又化作小儿,众宝璎珞,庄严其身,在阿阇世膝上。时阿阇世抱取呜唼,唾其口中。"(失译附三秦录《别译杂阿含经》卷一)"幻尸陀罗木作一女人,端正奇特。于大众前,抱捉此女而呜唼之,共为欲事。"(姚秦鸠摩罗什译《大庄严论经》卷五)"或作婴孩坐其膝上,王子抱之,呜唼与唾。"(鸠摩罗什译《大智度论》卷一四)"是时女人即得见我,便生子想。还得本心,前抱我身,呜唼我口。"(北凉昙无谶译《大般

涅槃经》卷十六)

与"呜"词义相近的有"咂""嗒"二词:

"若有众生,咂我唇吻,则离贪欲。"(《大方广佛华严经》卷十五)"抱持于我者,摄受不舍众生义;咂我唇吻者,受教说法义。"(唐李通玄《新华严经论》卷三七)"若有众生,嗒我唇吻,则离贪欲。"(《大方广佛华严经》卷六八)

唐代以后,"呜"一词仍然沿用,明汤显祖《牡丹亭·寻梦》:"他兴心儿紧嚥嚥,呜著咱香肩。"

宋代以后,亲吻这一概念又有新的表达形式,出现了新词"噈",如:宋黄庭坚《少年心·添字》词:"待来时,鬲上与厮噈则个。"金董解元《西厢记诸宫调》卷五:"灯下偎香恣怜宠,拍惜了一顿,呜咂了多时,紧抱着噈,那孩儿不动。"又:"只被你个多情姐,噈得人困也、怕也!"明汤显祖《牡丹亭·欢挠》:"待噈著脸,恣情的呜嘬。"

与此同时,"呜"的复音形式也多有产生,如:

呜损

谓极力亲吻,用力亲吻。金董解元《西厢记诸宫调》卷五:"抱来怀里惜多时,贪欢处呜损脸窝。"又:"痛怜呜损臙脂颊。"

呜咂

亲吻。金董解元《西厢记诸宫调》卷五:"灯下偎香恣怜宠,拍惜了一顿,呜咂了多时,紧抱着噈,那孩儿不动。"

呜嘬

亲吻。金董解元《西厢记诸宫调》卷五:"恣恣地觑了可喜冤家,忍不得恣情吻嘬。"明汤显祖《牡丹亭·欢挠》:"待噈著脸,恣情的呜嘬。"清洪昇《长生殿·窥浴》:"不住的香肩呜嘬,不住的纤腰抱围。"

明清以后，又产生了"亲嘴""作嘴"等词。《明清民歌时调集·山歌》卷二"长情"："摸奶要摸蒸饼奶，亲嘴须亲红嘴唇。"《儒林外史》第十四回："戴着斗笠亲嘴，差着一帽子。"《西凉湖方言》（见新浪"西凉湖的博客"，2008年6月7日）："作嘴，亲嘴。"《家里有》（雅虎"胡言的空间"，2007年12月17日）："两人热血沸腾，抱在了一起，唇齿含一。书中描写叫做'接吻'，英文'KS'，东北农村叫'亲嘴''作嘴'。"黄云峰长篇小说《苦嫁》第八章第四节："贝娜一口北方方言，天生常逗她。'宝宝，给我亲个嘴。''作嘴。'她纠正天生的话，因为陵河人把'亲吻'叫'作嘴'。'亲嘴。'天生故意逗她。'作嘴。'贝娜认真纠正。"

现代汉语表示"亲吻"这一概念用"吻"。是始于何时呢？大约始于清末，如：

"当太后出自朝堂时，加尔女士趋其前，而吻其手，致渠大愕，惟面色间未呈露耳。"（《清宫禁二年记》）"一夕，鹏郎嘻嘻然白其母曰：'先生爱儿甚，加儿于膝，揽儿于怀，握儿手，吻儿颊，笑问儿曰：鹏郎、鹏郎，汝肯离却慈母而伴余眠乎？鹏郎、鹏郎，汝知余独宿无聊，寝不成寐乎？'"（《玉梨魂》第3章）

当时"吻"还有名词"嘴唇"的用法，但已经可以和"接"组合使用，如："狐女蹶然推枕曰：'君作是念，即是善人。害善人者有大罚，吾自此逝矣。'以吻相接，嘘气良久，乃挥手而去。韩自是壮健如初。"（《阅微草堂笔记》卷十《如是我闻四》，上海古籍出版社，1980，213页）"以吻相接"就是用嘴唇相接触，是为了向嘴里"嘘气"，和男女亲爱无关。"六姊频犯，连引十余爵，酡然竟醉，芳体娇懒，荏弱难持，无何亡去。徐烛而觅之，则酣寝暗帏中，近接其吻，亦不觉。"（《聊斋志异》卷十二《萧七》，齐鲁书社，1981，1200页）

"女执两人残卮,强使易饮,曰:'吻已接矣,作态何为?'"(同上,1203页)"近接其吻"就是"就近亲吻她的嘴唇","吻已接矣"犹言"嘴已经亲过了",这两例"吻""接"才是男女情爱的表示。

疑"接吻"一语由此而来,如:"又尝宿山店,夜觉被中蠕蠕动,疑为蛇鼠;俄枝梧撑拄,渐长渐巨,突出并枕,乃一裸妇人。双臂抱持,如巨绠束缚,接吻嘘气,血腥贯鼻,不觉晕绝。次日得灌救,乃苏。"(《阅微草堂笔记》卷七《如是我闻一》,129页)"见亲友、宾客,无跪拜、揖让之仪,惟接吻以为礼。"(《榆巢杂识》下卷)"娇娜使松娘捧其首,兄以金簪拨其齿,自乃撮其颐,以舌度红丸入,又接吻而呵之。红丸随气入喉,格格作响,移时,豁然而苏。"(《聊斋志异》卷一)"闻得外国风俗,公使夫人,一样要见客赴会,握手接吻。"(《孽海花》第8回)

现代汉语中,"吻"单用通常只作动词,名词义仅保留在"接吻""唇吻"等词语中。《汉语大词典》"接吻"条举清黄钧宰《金壶逸墨·洞元镜》"西人谓欧洲诸国男女,不避嫌疑,亲属相逢,则握手接吻以为礼"和巴金《家》为例。

四、熟语的发展

近代汉语时期,汉语词汇发展是多方面的,既有"词"的发展,也有"语"的发展,这里所说的"语",就是指成语、熟语之类。以唐代的熟语为例,就有:

赤脚人趁兔,著靴人吃肉。(《全唐诗》卷八七六《佛书引语》)

耕田人打兔,蹋履人吃臛。(《敦煌变文校注·燕子赋》,376页)

人急烧香,狗急蓦墙。(《敦煌变文校注·燕子赋》,377页)

卒客无卒主人。(《敦煌变文校注·燕子赋》,377页,又《唐五代语言词典》72页)

学如牛毛,成如骐角。(《敦煌变文校注·秋胡变文》,232页)

一虎虽然猛,不如众狗强。(《敦煌变文校注·燕子赋(二)》,414页)

一马不被两鞍,单牛岂有双车并驾。(《敦煌变文校注·秋胡变文》,234页)

家和可养冬蚕,进退皆须以礼。(《敦煌变文校注·降魔变文》,557页)

官不容针,私[可]容车。(《敦煌变文校注·燕子赋》,377页)比喻官法虽严,私下却可通融。

"休那般说。贼每怎知你有钱没钱?小心必胜。"(《原本老乞大》39页,外语教学与研究出版社)"休那般说,小心必胜。"(同上,41页)"小心必胜"犹言"小心为好""谨慎为上"。

本章参考文献

白寿彝主编 1989 《中国通史》第一卷《导论》,第六卷《中古时代·隋唐时期》,第七卷《中古时代·五代辽宋金夏时期》,第八卷《中古时代·元时期》,第九卷《中古时代·明时期》,第十卷《中古时代·清时期》,上海人民出版社。
白维国 1991 《金瓶梅词典》,中华书局。
曹广顺 1995 《近代汉语助词》,语文出版社。
储泰松 2002 《"和尚"的语源及其形义的演变》,《语言研究》第1期。
董志翘 2000 《〈入唐求法巡礼行记〉词汇研究》,中国社会科学出版社。
方龄贵 1991 《元明戏曲中的蒙古语》,汉语大词典出版社。
顾之川 2000 《明代汉语词汇研究》,河南大学出版社。
何亚南 1997 《中古汉语词汇通释二则》,《中国语文》第6期。
贺昌群 2003 《"儿"之为词语起于汉魏间历史语言之转变》,载《贺昌群文集》(第三卷)《文论及其他》,商务印书馆。
胡双宝 1980 《说"哥"》,《语言学论丛》第六辑;收入《词汇学论文汇编》,北京大学中文系《语言学论丛》编辑委员会编,商务印书馆1989。

季羡林 2004 《〈大唐西域记〉校注》,中华书局。

江蓝生 1988 《"举似"补说》,《古汉语研究》第1期;收入《近代汉语探源》266—274页,商务印书馆,2000。

—— 1995 《说"措大"》,《语言研究》第1期;收入《近代汉语探源》290—298页,商务印书馆,2000。

江蓝生 曹广顺 1997 《唐五代语言词典》,上海教育出版社。

蒋冀骋 1991 《近代汉语词汇研究》,湖南教育出版社。

蒋礼鸿 1997 《敦煌变文字义通释》(增补定本),上海古籍出版社。

蒋绍愚 1989 《论词的"相因生义"》,《语言文字学术论文集——庆祝王力先生学术活动五十周年》,知识出版社;收入作者《汉语词汇语法史论文集》93—109页,商务印书馆,2000。

[美]劳费尔 1964 《中国伊朗编》,商务印书馆。

李崇兴等 1998 《元语言词典》,上海教育出版社。

李复波 熊澄宇 1989 《〈南词叙录〉注释》,中国戏剧出版社。

林伦伦 朱永锴 1993 《古诗文别称词与中国文化》,暨南大学出版社。

林梅村 1995 《"和尚"词源考》,载《西域文明——考古、民族、语言和宗教新论》431—443页,东方出版社。

刘 坚 1985 《近代汉语读本》,上海教育出版社;修订本,上海教育出版社,2005。

刘 坚 江蓝生 白维国 曹广顺 1992 《近代汉语虚词研究》,语文出版社。

梅祖麟 1986 《关于近代汉语指代词——读吕著〈近代汉语指代词〉》,《中国语文》第6期,404—405页。

潘悟云 陈忠敏 1993 《释"侬"》,《中国语言学报》第2期。

史念海主编 1997 《中国通史》第六卷《中古时代·隋唐时期(上)》,上海人民出版社。

[日]太田辰夫 1954 《关于汉儿言语——试论白话发展史》,《神户外大论丛》5—3;收入《汉语史通考》187—188页,江蓝生、白维国译,重庆出版社,1991。

汪维辉 2000 《东汉—隋常用词演变研究》,南京大学出版社。

—— 2005 《朝鲜时代汉语教科书丛刊(一)·〈原本老乞大解题〉》《〈朴

通事谚解〉解题》,中华书局。

王　力　1990　《王力文集》,山东教育出版社。

王　锳　1990　《唐宋笔记语辞汇释·前言》,中华书局。

王云路　1998　《说"儿"》,《杭州大学学报》第2期。

王云路　方一新　1992　《中古汉语语词例释》,吉林教育出版社。

夏凤梅　2005　《〈老乞大〉四种版本词汇对比研究》,浙江大学博士学位论文。

向　达　1957　《唐代长安与西域文明》,生活·读书·新知三联书店。

项　楚　1993　《敦煌诗歌导论》,台北新文丰出版公司。

——　2000　《寒山诗注》,中华书局。

——　1990　《敦煌变文选注》,巴蜀书社。

谢　弗　2000　《唐代外来文明》,商务印书馆。

徐时仪　2000　《古白话词汇研究论稿》,上海教育出版社。

袁　宾等　1997　《宋语言词典》,上海教育出版社。

袁　宾　张秀清　2005　《禅录词语"专甲"与"某专甲"源流考释》,《中国语文》第6期。

张　炯　2003　《中华文学发展史·上世史》,长江文艺出版社。

张清常　1978　《漫谈汉语中的蒙语借词》,《中国语文》第3期,196页;收入《张清常语言学论文集》355—360页,商务印书馆,1993。

张　相　1953　《诗词曲语词汇释》,中华书局。

赵　翼　1963　《陔馀丛考》,中华书局新1版。

[日]志村良治　1984　《中国中世语法史研究》,日本三冬社;中译本,江蓝生、白维国译,中华书局,1995。

[苏]佐格拉夫　1979　《中古汉语研究概况》(《中古汉语的形成和发展》一书的序言),王海棻译,卫志强校,《国外语言学》1980年第6期,18—24页。

第十章　中古近代汉语新词的构成方式[①]

中古近代汉语产生了大量的新词,这些新词多数是复音词,它们的构成方式,与前代相比,也有了较大的不同。总体表现为:语音构词的比重下降,而语法构词比重上升;与此同时,通过截取、借代等修辞方式产生的新词数量也在上升,占据了相当的比例。

汉语构词方式的特点反映在词汇上,就是:词汇复音化进程进一步加快,复音词大量产生;新增复音词中语法造词超过语音造词,语法造词中"附加式"出现并增多;同义词、反义词增多,等等。

在中古汉语——东汉魏晋南北朝时期,新产生的词中,双音词占了相当大的比重,这些双音词中,有通过重叠等语音造词方式产生的,但主要是通过语法造词方式产生的,这些方式包括并列式、偏正式、动宾式、附加式等。

[①] 本章介绍新词的构词方式,主要以中古汉语词汇为主,间或涉及近代汉语词汇。

第一节　语音造词

一、叠音词

晻晻

同"暗暗"。①昏暗,黑暗。《汉书·五行志》:"厥食日失位,光晻晻,月形见。"《艺文类聚》卷二引汉蔡邕《愁霖赋》:"夫何季秋之淫雨兮,既弥日而成霖,瞻玄云之晻晻兮,听长雷之淋淋。"《抱朴子内篇·塞难》:"又向日看之,晻晻纯黑色。"《广雅·释训》云:"晻晻,暗也。"②暗地里,暗中。《世说新语·识鉴》第4则刘孝标注引《名士传》:"王夷甫推叹涛:'晻晻为与道合,其深不可测。'"

"晻""暗"古音义并同。《荀子·不苟》:"是奸人将以盗名于晻世者也,险莫大焉。"《汉书·元帝纪》:"然而阴阳未调,三光晻昧。"杨倞、颜师古注并云:"晻与暗同。"故本条刘义庆《世说新语》正文作"公闾与道合",《晋书·山涛传》作"而暗与之合",均可证"晻晻"与"暗"同义。

的的

清楚、明白的样子。《淮南子·说林》:"的的者获,提提者射。"东汉高诱注:"的的,明也。为众所见,故获。"汉刘向《新序·杂事二》:"故阖庐用子胥以兴,夫差杀之而亡;昭王用乐毅以胜,惠王逐之而败。此的的然若白黑。"《太平御览》卷四七引《会稽记》:"有射的石,远望有白点,的的如射侯,形甚圆明。"隋阇那崛多译《佛本行集经》卷二六:"甜淡美声,分明的的,遥入耳声。"(3/773/a)也借"适适"为之,"适"通作"的"。《搜神记》卷十六:"天明,母重启济:

'虽云梦不足怪,此何太适适?亦何惜不一验之?'"经过语法化,后代产生了真实、的确义。《神会语录·菩提达摩南宗定是非论》:"众人又问:'是僧?是俗?''亦不知是僧是俗。'和上的的知,恐畏有损伤者,遂作此言。"(《唐五代卷》56页)《全唐诗》卷七九九赵氏《夫下第》诗:"良人的的有奇才,何事年年被放回?"

骹骹

努力、坚忍的样子。《敦煌变文校注·李陵变文》:"陵军骹骹向前催,虏骑芬芬逐后来。"(129页)又《燕子赋》:"当时骹骹劝谏,拗捩不相用语。"(378页)

唐颜师古《匡谬正俗》卷七"殹研"条:"今俗谓人强忍坚抗为殹研。"(93页)蒋礼鸿《敦煌变文字义通释·释情貌》"骹骹"条云:"徐复以为'骹'和'研''訮'音近通用,由叠字转为叠韵联绵字,则为'殹研'。""强力谏诤或强力坚忍貌。"

波波摩摩

爸爸妈妈。隋阇那崛多译《佛本行集经》卷四五:"时毕钵罗耶那童子白父母言:'波波摩摩,我心不乐娶妻畜妇,我意愿乐,欲修梵行。'……时彼童子报父母言:'波波摩摩,我今不用立世相传,亦复不用继续于后,我当梵行。'"(3/862/b)"波波摩摩"犹言爸爸妈妈,盖梵语的音译词。李维琦(2004:24)说:"波、摩中古都是歌韵字,歌韵的主要元音高本汉拟为 a,……现在爸妈的主要元音是 a,读音一脉相承。"

二、联绵词

刺促

烦扰不安的样子。《世说新语·政事》第5则刘注引王隐《晋书》:"初,(山)涛领吏部,潘岳内非之,密为作谣曰:'阁东有大牛,王济鞅,裴楷鞦,和峤刺促不得休。'"(92页)本条正文"刺促"作

"剔嬲"。徐氏《校笺》:"剔嬲二字连文,盖烦扰不安之意。《晋书》作剌促,义并相近。"张万起《世说新语词典·副编》收有"剌促"一条,释为"烦扰不安"。

按:"剌促"当为双声联绵词,联缀表义,诸家释义皆是,唯未明来源。考其源头,当出《楚辞》。《卜居》:"宁超然高举以保真乎?将哫訾栗斯,喔咿儒儿,以事妇人乎?""哫訾栗斯"一作"促訾粟斯"。王逸注"哫訾栗斯"云:"承颜色也。"洪兴祖释"哫訾"云:"以言求媚也。""剌促"盖即"哫訾"或"促訾"之倒文,"哫訾""促訾"谓以言语求媚,"剌促"(促剌)状干犯、干扰貌,义亦相应。《北史·阳尼传》:"剌促昔粟,罔顾耻辱,以求媚兮。""剌促"也是干犯、冒犯义。郭在贻(1992)考证"剌促昔粟"就是《卜居》的"哫訾栗斯",十分确当。①

狼抗

桀骜不驯、耿直的样子。《世说新语·方正》第 31 则:"王大将军当下,时咸谓无缘尔。伯仁曰:'今主非尧、舜,何能无过?且人臣安得称兵以向朝廷?处仲狼抗刚愎,王平子何在?'"又《识鉴》第 14 则:"周嵩起,长跪而泣曰:'不如阿母言。……嵩性狼抗,亦不容于世。'"《宋书·始安王休仁传》:"休佑平生,狼抗无赖。"也作"狼犺",宋司马光《家范》卷七《夫》:"初而骄之,至于狼犺,浸不可制,非一朝一夕之所致也。"也作"狼伉",《资治通鉴·后唐明宗长兴四年》:"初,孙岳颇得豫内廷密谋,冯、朱患从荣狼伉,岳尝为之极言祸福之归。""狼亢",清夏燮《中西纪事·粤民义师》:"自相国去后,英人自恃其积年之狼亢,见后至者,以为土室懦夫,易而侮之。""欨欣",《玉篇·欠部》:"欨,来当切。

---

① 另参魏耕原(2001:47)"剌促"条。

欿欹,贪貌。"音转则作"康寉",为空、虚义,宋李诫《营造法式》卷一《总释上·宫》:"空室谓之康寉。"注:"上音康,下音郎。"明黄佐撰《乾清宫赋》:"歔欸赫以岁魄,儵康寉而斋停。"明黎民表《双节赋》:"庭康寉而无人兮,勘余生之何托。"见第十一章第四节。

杈枒/查牙/差牙

参差错落,尖耸突出;差错。"杈枒",亦作"杈桠",指树的分枝。《方言》卷二:"江东谓树歧曰杈桠。"《文选·王延寿〈鲁灵光殿赋〉》:"芝栭攒罗以戢舂,枝掌杈枒而斜据。"李善注:"杈枒,参差之貌。杈,楚加切;枒,音牙。"引申泛指参差错落,不齐整。唐杜甫《雕赋》:"击蒙薄之不开,突杈枒而皆折。"明蓝智《题李遵道枯木图为建安朱炯作》诗:"君家枯木称小李,老干杈枒翠微里。"

音转则为"查牙",仍为错落不齐或尖耸突出义。唐李贺《马诗》之六:"饥卧骨查牙,粗毛刺破花。"孙樵《出蜀赋》:"嵌嵒嵒而查牙兮,上攒罗而戛天。"曹唐《病马呈郑校书》诗:"堕月兔毛干觳觫,失云龙骨瘦查牙。"元处机《初入峡门》诗:"入峡清游分外嘉,群峰列岫戟查牙。"

又为"差牙",多指差错、不同、有出入。宋王称《东都事略》卷九二:"少卿司马光问默:'复乡差牙前法,如何?'"《册府元龟》卷九三一《总录部·枉横》:"时季柔为崔道固长史,带济南太守,城将降,先驰马赴白曜军,幼度豫令左右觇迎之,而差牙不相值,为乱兵所害。"①五代田淳《谏用兵疏》:"至于法律刑名,声明文物,彼长此大,差牙不同。"元杨维桢《长兴知州韩侯去思碑》:"僧某下狱室,几

---

① 此条本事出《魏书·崔玄伯传附崔模》。今中华书局1989年影印本《宋本册府元龟》(第四册3713页)作"差牙",即"差互";中华书局本《魏书》(第二册627页)亦作"差互",均不误。

死,侯辨其衣物差牙,即伸其柩。"①

第二节 语法造词

一、并列式

在新产生的复音词中,并列式成为最能产的构词方式,在新生复音词中占一半以上,数量可观。名词、动词、形容词、副词、代词都有。以下,酌举动词、形容词和副词若干例,以见一斑。

（一）动词

以一组表示"知道、了解、明白"义的复合动词为例。六朝隋、初唐时期,该义域的复合动词较多,如：

了知

《宋书·殷琰传》："所以携手相舍,非有怨恨也,了知事不可济,祸害已及故耳。"(2210页)

了具

《梁书·沈约传》："岁逾十稔,方忝襄阳县,公私情计,非所了具。"(235页)

---

① 魏晋时期,有"差互"一词,谓交错、差错。《世说新语·栖逸》第15则："郗为傅约亦办百万资,傅隐事差互,故不果遗。"南朝梁侯景《奉武帝启》："愿陛下速敕境上,各置重兵,与臣影响,不使差互。"《五灯会元》卷四《南岳下三世·华严藏禅师法嗣》："师有偈曰：'猛炽焰中人有路,旋风顶上屹然栖。镇常历劫谁差互,杲日无言运照齐。'"因"互"俗体作"乎",与"牙"相近,常误成"差牙",如《三国志·蜀志·姜维传》裴注引《汉晋春秋》："夫功成理外,然后为奇,不可以事有差互,而抑谓不然。"今本《三国志》多误成"差牙"(如中华书局排印本、殿本等),参见清卢弼《〈三国志〉集解》、周一良《魏晋南北朝史札记·〈三国志〉札记》"牙与分"条。可见早期"差牙"当系"差互"之误。但近代汉语时期,"差牙"一词极有可能系因"杈枒""查牙"二词的音转而来,未必是误字。

具委

《北史·隋房陵王勇传》:"帝既数闻谗谮,疑朝臣具委,故有斯问,冀闻太子之愆。"(2461页)

委悉

《魏书·韩麒麟传》:"著作之任,国书是司。卿等之文,朕自委悉。"

到了唐五代以后,除了上面这些复合动词外,又产生了一批新的复音词,如:

知委

唐义净译《根本说一切有部苾刍尼毗奈耶》卷一九:"城中人民,咸悉知委,尼有眇卖。"(23/1012/c)《敦煌变文校注·舜子变》:"上界帝释知委,化一老人,便往下界来至。"(201页)《唐高僧传·释法顺》:"朝野知委,闻彻皇帝。"

委知

《敦煌变文校注·伍子胥变文》:"远使将书,云舍慈父之罪,臣不细委知,遣往相看。"(13页)

知悉

《大唐三藏取经诗话》卷中:"启和尚知悉,此国之中,全无五谷。"(《宋代卷》245页)

在这几个动词里,构成复音词的语素"了""具""知""悉""委"都有知道、了解的意思,[①]故得以并列连用,构成复合动词。

再举"治"为例。中古时期,"治"是一个能产的语素,常常用在动词之后,表示某一动作。在"～治"的复音结构中,"治"仍然是收拾、整治义,词义尚未虚化。

[①] "具"有知悉义,详方一新(1997:84—85)。

壅治

培土,栽培。《世说新语·言语》第84则:"斋前种一株松,恒自手壅治之。"

营治

建造,经营。《世说新语·排调》第51则刘注引《晋阳秋》:"充弟准亦精勤,唯读佛经,营治寺庙而已矣。"

钉治

钉,收拾。《系观世音应验记》第23则:"因自钉治其锁,依常著之。"(110页)董志翘《〈观世音应验记〉译注》:"钉治:钉。治,动词后缀,不表义。"(111页)似可商榷。

宰治

宰杀。明周王朱橚《普济方》卷二三七《尸疰门·传尸复连殗殜》:"先养乌雌鸡一只,以硫黄三两为末,分作三十分,每日拌饭喂。……喂尽宰治,去毛皮、嘴爪并肚肠,留心肝。"

耕治

耕种,耕耘。北魏贾思勰《齐民要术》卷五《种桑柘》:"《氾胜之书》曰:'种桑法:五月取椹著水中,即以手溃之,以水灌洗,取子阴干,治肥四十亩,荒田久不耕者尤善,好耕治之。'"(326页)

(二) 形容词

分别举同义并列和反义并列的两个词为例。

忧惨

典出《诗经》。《诗·小雅·正月》:"忧心惨惨,念国之为虐。""惨惨"就是忧愁的样子(《毛传》:"惨惨,犹戚戚也。"),"忧惨"一词当即由此演化而出。《世说新语·言语》第30则:"庾公造周伯仁,伯仁曰:'君何所欣说而忽肥?'庾曰:'君复何所忧惨而忽瘦?'伯仁曰:'吾无所忧,直是清虚日来,滓秽日去耳!'"

按:"忧惨"即忧虑、忧愁义,二字同义连文,"惨"也是忧的意思。《玉篇·心部》:"惨,愁也。"《诗·陈风·月出》:"月出照兮,佼人僚兮。舒夭绍兮,劳心惨兮。"唐陆德明释文:"惨,忧也。"是"惨"字有忧义。《世说新语》此例中,"忧惨"与"欣说"相对,"说"即"悦"的古字,"欣说"是同义连文,"忧惨"也是如此。另外,上文言"何所忧惨",下文说"无所忧",明"忧惨"与"忧"同义,变文以避复耳。汉魏以来译经、史书多见此词,后汉竺大力共康孟详译《修行本起经》卷上《现变品》:"王问裘夷:'太子今有六万婇女,伎乐供养。太子宁乐乎?'答言:'太子夙夜专精志道,不思欲乐。'王闻忧惨。"《三国志·蜀志·蒋琬传》:"自臣奉辞汉中,已经六年,臣既暗弱,加婴疾疢,规方无成,夙夜忧惨。"《宋书·五行志三》:"吴孙权太元二年正月,封前太子和为南阳王,遣之长沙。有鹊巢其帆樯。和故宫僚闻之,皆忧惨,以为樯末倾危,非久安之象。""忧惨"也是忧愁义。《汉语大词典》释"忧惨"为"忧愁痛苦",未确。

惨舒

出自汉张衡《西京赋》:"夫人在阳时则舒,在阴时则惨,此牵乎天者也。"此后组合连用,犹言舒展收缩、盛衰、忧乐等,为并列词组。晋陆机《于承明作与弟士龙》诗:"怀往欢绝端,悼来忧成绪,感别惨舒翮,思归乐遵渚。"《文心雕龙·物色》:"春秋代序,阴阳惨舒,物色之动,心亦摇矣。"北周庾信《奉和永丰殿下言志十首》诗之一:"未论惊宠辱,安知系惨舒。"后可指衰落、凋敝,由反义结构组合成词。唐刘禹锡《酬皇甫十少尹暮秋久雨喜晴有怀见示》诗:"雨余独坐卷帘帷,便得诗人喜霁诗,摇落从来长年感,惨舒偏是病身知。"宋华岳《诮胡同巡》诗:"岳昔游时卿,兄尝过弊庐。扪心论事业,耐久良非虚。岳今隶城旦,气象诚惨舒。凭黰塞粪壤,敢辱长者车?"

（三）副词

中古近代汉语时期,副词的发展、增量十分明显,新生的复音副词中,总括副词就有许多,如：

1. "都～"系：总括副词"都"+其他总括副词。

都皆

《刘知远诸宫调》："满营军健,都皆喜悦笑无休。"（《宋代卷》358页）

都总

本为动词,《晋书·刘颂传》："秦汉以来,九列执事,丞相都总。"（1303页）"丞相都总"就是丞相总管,"都总"是总负责、总管的意思。

2. "皆～"系：总括副词"皆"+其他总括副词。

皆悉

《经律异相》卷四一引《旧杂譬喻经》："诸余小龙,亦皆併命,得作天子,皆悉来下,住于佛边。"（220页下栏）

3. "尽～"系：总括副词"尽"+其他总括副词。

尽都

《警世通言·万秀娘仇报山亭儿》："直入城来,把一担山亭儿和担一时尽都把来倾在河里。"（《宋代卷》473页）《张协状元》四十一出："莫是有人来阴害你,浑身尽都是鲜血。"（同上,600页）

尽皆

《大唐三藏取经诗话》卷上："大小蛇儿见法师七人前来,其蛇

尽皆避路,闭目低头,人过一无所伤。"(《宋代卷》,238页)

尽总

《刘知远诸宫调》:"洪信和洪义好鳖憟,引两个妻儿尽总来到。"(同上,364页)《张协状元》二十四出:"都城在,眼下里,尽总是繁华地。"(同上,565页)

4. "悉~"系:总括副词"悉"+其他总括副词。

悉皆

东汉竺大力共康孟详译《修行本起经》卷上:"诸来决艺,悉皆受折,惭辱而去。"姚秦鸠摩罗什译《大庄严论经》卷五:"一切诸亲友,悉皆有败失。"姚秦竺佛念译《出曜经》卷二七:"男女大小靡不欢喜,朋友同伴悉皆蒙恩。"

5. "咸~"系:总括副词"咸"+其他总括副词。

咸皆

《三国志·魏志·武帝纪》裴注引《魏书》:"长吏受取贪饕,依倚贵势,历前相不见举;闻太祖至,咸皆举免,小大震怖。"(4页)姚秦鸠摩罗什译《大庄严论经》卷五:"幻尸陀罗木作一女人,端正奇特。于大众前,抱捉此女而呜唼之,共为欲事。时诸比丘见此事已,咸皆嫌忿,而作是言:此无惭人所为鄙亵,知其如是,不受其供。"

上述这些"都~""皆~""尽~""悉~""咸~"系列的同义并列式复音词,都属于总括副词,表示范围广,无一例外的意思。自汉魏六朝以来一直沿用到近代汉语阶段,用例甚夥。

二、偏正式

并列式之外,比较多见的复音词构词方式就是偏正式了。这里举"家""师"等常用的名词构词成分为例。

1. 家

名词构词语素"家",接在名词之后,表示从事某一职业的人,仍然具有较实的含义。安世高译《道地经》,出现了以下各词:

猎家

猎人。"亦见堕网中,猎家牵去。"

屠家

屠夫。"譬如猪为屠家所杀,馀猪见惊,怖畏效死。"

田家

农夫。"亦譬如田家,愿获五谷著舍中。"

陶家

陶匠。"如陶家作器,或时在拘。"

买金家

买金者。"譬如买金家见金不观试,如是应止。"

怨家

有二义:①埋怨者。"是身为譬,如会坏城,多怨家。"②仇人,对头。"是身为譬,如怨家常成事逢恶因缘。"

这些"～家"多指从事某项职业的人,如猎家、田家;也指某种特定身份的人,如买金家、怨家。

"家"的这一用法汉代其他典籍亦可引征,如"怨家"的仇人义,又见后汉支娄迦谶译《道行般若经》卷二《功德品》:"若怨家在其中,欲共害者。"

2. 师

作为一个常用的名词构词语素,"师"具有很强的构词能力,可与许多名词或体词性词组组合成词,表示从事某一职业或以某行当为生的人。

师

指学有专长、精通某种技艺的人。《孟子·告子上》已有"场师",佛经中这类称呼则多见。

冶师

铁匠。三国吴康僧会译《六度集经》卷五《忍辱度无极章》:"父凶念生,厥性恶重,前家有冶师,去城七里。"

饼师

烙饼师傅。西晋竺法护译《生经》卷二《佛说舅甥经》:"甥为饼师,住饼炉下,小儿饥啼,乳母抱儿,趣饼炉下,市饼餔儿。"

木师/画师

分别指木匠、画家。后秦鸠摩罗什译《杂譬喻经·木师画师喻》:"时日以暮,木师入宿,亦留画师令住止。"

舞师

舞蹈家。旧题三国吴支谦译《撰集百缘经》卷八《舞师女作比丘尼比缘》:"时有舞师夫妇二人,从南方来,将一美女,……善解舞法,回转俯仰,曲得节解。"

医师

医生。失译《佛说㮈女祇域因缘经》:"其王病疾,积年不差,恒苦瞋恚,眭眥杀人。……医师合药,辄疑恐有毒,亦杀之。"梁宝唱等撰集《经律异相》卷四四引《杂譬喻经》:"时边方小国,摄属大王,有一医师,善能治病。"

猎师

猎人。西晋竺法护译《佛说鹿母经》:"猎师闻声,便往视之,见鹿心喜,适前欲杀。"西晋法炬共法立等译《法句譬喻经》卷三《忿怒品》:"昔有国王,喜食雁肉,常遣猎师,张网捕雁,日送一雁,以供王食。"

捕鸟师

捉鸟的人。后秦鸠摩罗什译《杂譬喻经·捕鸟师喻》:"昔有捕鸟师,张罗网于泽上,以鸟所食物著其中。"

捕鱼师

渔民。元魏慧觉等译《贤愚经》卷九《善事太子入海品》:"(太子)到河池边,见捕鱼师张网捕鱼,狼藉在地。"

结花鬘师

花匠。隋阇那崛多译《佛本行集经》卷三一:"时彼河岸有一人,是结花鬘师;其人有园,在彼河侧。"

工匠师

工匠。南齐求那毗地译《百喻经·诈称眼盲喻》:"昔有工匠师,为王作务,不堪其苦,诈言眼盲,便得脱苦。"

金师

金匠。南齐求那毗地译《百喻经·为恶贼所劫失氎喻》:"而语贼言:'此是真金。若不信我语,今此草中,有好金师,可往问之。'"

相师

相面先生。元魏慧觉等译《贤愚经》卷二《降六师品》:"日月满足,生一男儿,端政超异,姿相显美。……即召相师,占其吉不。"

船师

船老大。隋阇那崛多译《佛本行集经》卷四九:"备诸船舶,复雇五人。其五人者,一者执船,二者执棹,三者抒漏,四者善巧沉浮,五者船师。"

瓦师/砖师

隋阇那崛多译《佛本行集经》卷五:"又复国内竹匠、皮匠、瓦师、砖师、造屋木师、造酒食师、剃须发师、染洗衣师、屠儿、按摩、治病、合药、钓鱼等师,闻王欲驱四子出国,'审如是不?'王言:'实尔'。""瓦师"指做(烧)瓦师傅,"砖师"指做(烧)砖师傅,馀可类推。

三、动宾式

中古时期,动宾式十分常见,这里举"作～"复音词为例。① 动词"作"是一个相当能产的构词成分(语素、词),构词能力很强。"作"有制作义,可构成"作帐""作屐""作械""作船"等;更多的是和其他词组合成词,表示多种动作或意义。

"作～"表示做某件事,制作某种器物,充任某种身份等意义时,"作"多与体词合用,例如:

作碑

写碑文。《世说新语·品藻》第 10 则:"王夷甫以王东海比乐令,故王中郎作碑云:'当时标榜,为乐广之俪。'"《古小说钩沉》辑《裴子语林》(出《太平御览》卷五八九):"桓公后遣传教,令作敬夫人碑。郡人云:'故当有才,不尔,桓公那得令作碑?'"(154 页)

作婢

当婢女。《晋书·胡奋传》:"骏曰:'卿女不在天家乎?'奋曰:'我女与卿女作婢耳,何能损益!'"(1557 页)

作佛

做佛,当佛陀。《世说新语·排调》第 22 则:"阮曰:'我图数千户郡,尚不能得;卿乃图作佛,不亦大乎?'"(428 页)

作人₁

做人;为人。名词。后汉支娄迦谶译《道行般若经》卷七:"佛

---

① 当然,有些"作～"是词组,未成词;本节意在列举此类现象,故不作区分。

言：'云何须菩提,阎浮利人民及四面蜎飞蠕动,悉令作人,各各得人道已。'"(8/462/b)《世说新语·方正》第32则:"(王敦)问温曰:'皇太子作人何似?'温曰:'小人无以测君子。'"

作人₂

指役夫、长工、佣人等劳动者。名词。东晋佛陀跋陀罗共法显译《摩诃僧祇律》卷一四:"尔时优婆夷即以家中作人残宿食与之。"(22/341/b)《水经注·若水》:"汉武帝时,通博南山道,渡兰仓津,土地绝远,行者苦之,歌曰:'汉德广,开不宾,渡博南,越仓津,渡兰仓,为作人。'"清赵一清注:"作人,犹役徒也。"

作父

当父亲。《世说新语·宠礼》第5则:"孝武在西堂会,伏滔预坐。还,下车呼其儿,语之曰:'百人高会,临坐未得他语,先问:伏滔何在,在此不?此故未易得。为人作父如此,何如?'"(389页)

作妇

当妻子。《太平广记》卷一三九"惠炤师"条(出《广古今五行记》):"云:'罢道之日,与我作妇。'"(1002页)

作病₁

染病,患病。《晋书·顾荣传》:"恒纵酒酣畅,谓友人张翰曰:'惟酒可以忘忧,但无如作病何耳!'"(1811页)

作病₂

造出病患。《太平广记》卷一〇八"李琚"条(出《报应记》):"便觉头痛,至一塔下,闻人云:'我是道安和尚,作病卓头两下,愿得尔道心坚固。'"(734页)

作采

获胜,拔头筹。《世说新语·任诞》第34则刘注引《郭子》:"桓

公撙蒱失数百斛米,求救于袁躭。躭在艰中,便云:'大快,我必作采。卿但大唤。'"(402页)

作船

造船。《搜神记》卷一八"船飞"条:"吴王伐树作船,使童男女三十人牵挽之。"(218页)

作辞

撰写文辞。《世说新语·方正》第 6 则刘注引《世语》:"(钟)毓以玄名士,节高不可屈,而狱当竟,夜为作辞,令与事相附。"(157页)

作炊

做饭。《世说新语·汰侈》第 4 则:"王君夫以饴糒澳釜,石季伦用蜡烛作炊。"(469页)《说郛》卷一一八下引宋郭彖《睽车志》:"妇一日作炊未熟,而其子呼之他所。"

作歌

唱歌。《异苑》卷六:"临川聂包死数年,忽诣南丰相沈道袭作歌,其歌笑甚有伦次。每歌辄作'花上盈盈正闻行,当归不闻死复生',事异辞怪。"(58页)

作估

经商。《古小说钩沉》辑《荀氏灵鬼志》(出《太平御览》卷七三六):"石虎时,有胡道人驱驴作估于外国。"(314页)

作卦

算卦。《异苑》卷九:"(管)辂与相见,经曰:'近有一怪,大不喜之,欲烦作卦。'"(90页)

作官

当官。《启颜录·昏忘》:"(王)德乃执笏近前,挹曰:'公作官

来几番?'"(15页)

作火

生火,取火(种)。《太平广记》卷七一"葛玄"条(出《神仙传》):"时天寒,玄谓客曰:'贫居,不能人人得炉火,请作火,共使得暖。'"(442页)

作祸

成灾,酿成祸患。《抱朴子内篇·仙药》:"有吴延稚者,志欲服玉,得玉经方不具,了不知其节度禁忌,乃招合得珪璋环璧,及校剑所用甚多,欲饵治服之。后余为说此不中用,乃叹息曰:'事不可不精,不但无益,乃几作祸也。'"(204页)《后汉书·独行传·赵苞》:"苞率骑二万,与贼对阵。贼出母以示苞,苞悲号谓母曰:'为子无状,欲以微禄奉养朝夕,不图为母作祸。'"(2692页)

作屐

做木屐,做鞋子。《搜神记》卷七"方头屐"条:"初作屐者,妇人圆头,男子方头,盖作意欲别男女也。"《太平广记》卷四四二"山中孝子"条(出《法苑珠林》):"晋海西公时,有一人母终,家贫,无以葬。因移柩深山,于其侧作屐,昼夜不休。"

作几

制作几案。《异苑》卷五:"'闻君巧侔班匠,刻几尤妙,太山府君相召。'……刘作几有名,遂以致毙。"(46页)

作伎

演奏歌舞。《世说新语·言语》第86则刘注引《魏武遗令》:"以吾妾与妓人皆著铜雀台上,施六尺床,缌帷,月朝十五日,辄使向帐作伎。"(80页)《古小说钩沉》辑《幽明录》(出《太平御览》卷七三五):"庾楷为临海太守,过诣周,设馔作伎。"(390页)《梁书·陈伯之传》:"伯之每旦常作伎,日晡辄卧,左右仗身皆休息。"(313页)也作"作妓"。《世说新语·汰侈》第1则刘注引《王丞相德音记》:"闻君从弟佳人,又解音律,欲一作妓,可与共来。"此为名词义,即歌伎。(468页)《古小说钩沉》辑《俗说》:"司马郎君时贵,好作伎。"(197页)

作家

治家,持家。《三国志·蜀志·杨戏传》裴松之注引《襄阳记》:"(诸葛)亮尝自校簿书,颙直入谏曰:'为治有体,上下不可相侵,请为明公以作家譬之。……忽一旦尽欲以身亲其役,不复付任,劳其体力。……岂其智之不如奴婢鸡狗哉?失为家主之法也。'"(1083页)《后汉纪·灵帝纪下》:"上本侯家,居贫。即位常曰:'桓帝不能作家,曾无私钱。'"(705页)

作家居

治家,经营家产。《后汉书·宦者传》:"帝本侯家,宿贫,每叹桓帝不能作家居,故聚为私臧,复寄小黄门常侍钱各数千万。"(2536页)

作茧

喻指做官。《太平广记》卷一四六"王显"条(出《朝野佥载》):"帝微时,常戏曰:'王显抵老不作茧。'"(1049页)

作蹇

学瘸腿,模仿瘸子。《古小说钩沉》辑《幽明录》(出《太平广记》卷三二〇):"有一远方人过赵所门外,远方人行十余步,忽作蹇。赵怪问其故,远人笑曰:'前有一蹇鬼,故效以戏耳。'"(414页)

作劫

行劫;当强盗。《古小说钩沉》辑《述异记》(出《太平广记》卷三二三):"其中一人是大乐伎,不为劫,而陶逼杀之。将死,曰:'我实不作劫,遂见枉杀。'"(296页)《晋书·戴若思传》:"(陆)机察见之,知非常人,在舫屋上遥谓之曰:'卿才器如此,乃复作劫邪!'"(1846页)

作金

淘金。《后汉书·方术传·甘始》李贤注引曹植《辩道论》:"尝与师于南海作金,前后数四,投数万斤金于海。"(2750页)

作军₁

治军。《三国志·蜀志·廖立传》:"是羽怙恃勇名,作军无法,直以意突耳,故前后数丧师众也。"(997页)

作军₂

布阵,摆开阵营。《宋书·王镇恶传》:"(高祖)戒之曰:'若贼知吾上,比军至,亦当少日耳。政当岸上作军,未办便下船也。'"(1366页)

作窠

筑巢。《古小说钩沉》辑《述异记》(出《太平御览》卷八八四):"(山都)于深山树中作窠,窠形如坚鸟卵。"(280页)

作吏

当官。《晋书·嵇康传》载康《与山涛告绝书》:"游山泽,观鱼鸟,心甚乐之。一行作吏,此事便废。"(1371页)

作媒

当媒人。《太平广记》卷一三〇"窦凝妾"条(出《通幽记》):"鬼知而怒曰:'和尚为人作媒,得无怍乎?'"(920页)

作谜

设谜语。《启颜录·嘲诮》第61则:"北齐高祖尝宴近臣为乐,高祖曰:'我欲汝等作谜,可共射之。'"(50页)

作墓

作墓地。《古小说钩沉》辑《祖台之志怪》(出《太平御览》卷九〇〇):"向于山冈上见一牛,眠山圩中,必是君牛。此牛所眠处,便好作墓。安坟当之,致极贵。"(322页)

作奴

当奴隶。《古小说钩沉》辑《冥祥记》(出《法苑珠林》卷一七):"既而军小失利,(潘道)秀窜逸被掠,经数处作奴。"(599页)《北齐书·唐邕传》:"显祖或时切责侍臣不称旨者:'观卿等举措,不中与唐邕作奴。'"(531页)

作妻

当妻子。《搜神记》卷一"杜兰香"条:"本为君作妻,情无旷远。"(16页)

作家室

做夫妻。旧题三国吴康僧会译《旧杂譬喻经》卷上:"逢见梵志,独行来入,水池浴出饭食。作术吐出一壶,壶中有女人,与于屏处作家室。"(4/514/a)

作器

制作器皿。《异苑》卷二:"锻银作器,货卖倍售。"(9页)也可指制作的器皿。《高僧传》卷九《耆域》:"时咸云:昔闻此匠实以作器著瓦下。"(365页)

作气

负气,赌气。《陈书·傅縡传》:"虽复终日按剑,极夜击柝,瞋目以争得失,作气以求胜负,在谁处乎?"(404页)

作妾

当妾。《世说新语·贤媛》第18则:"络秀语伯仁等:'我所以

屈节为汝家作妾，门户计耳。'"(373页)

作色

发怒。《后汉书·张酺传》："知公门有仪，不屏气鞠躬以须诏命，反作色大言，怨让使臣。"(1533页)《北齐书·元坦传》："（元）树知之，泣谓坦曰：'……汝何肆其猜忌，忘在原之义，腰背虽伟，善无可称。'坦作色而去。"(383页)

作态

做作，矫揉造作。《后汉书·列女传·曹世叔妻》载班昭作《女诫》："入则乱发坏形，出则窈窕作态。"

作声$_1$

发出声音。《海内十洲记》："扣其树，亦能自作声，声如群牛吼，闻之者皆心震神骇。"《搜神记》卷三："护军张劭母病笃，智筮之，使西出市沐猴系母臂，令傍人搥拍，恒使作声。"

作声$_2$

说话。《世说新语·文学》第10则："何晏注《老子》未毕，见王弼，自说注《老子》旨，何意多所短，不复得作声，但应诺诺，遂不复注。"

作使

当佣人、做差役。《太平广记》卷一一一"王琦"条（出《广异记》）："旁人云：'凡召人来，不合放去，当合作使，方可去尔。'"（769页）

作羹

烧羹，做羹。《肘后备急方》卷四《治卒大腹水病方》："又方：生茅根一把细切，以猪肉一斤合作羹，尽啜食之。"《异苑》卷五："王尝从人止石上，命作羹，从者曰：'无水。'"

作臛

烧鱼。《异苑》卷五:"有估客载生鳣至此,聊放一头于朽树中,以为狡狯。……后估客返,见其如此,即取作臛,于是遂绝。"(47页)

作酱

做豆瓣酱。《异苑》卷六:"别房作酱,(荀)泽曰:'汝知丧家不当作酱,而故为之。'"(54页)《启颜录》:"其人即答云:'我若有豆,即归舍作酱,何因此间欲酢来?'"(27页)

作酒

酿酒。《搜神记》卷一六"鬼酣醉"条:"东莱人姓池,家常作酒。"(198页)《太平广记》卷六〇"女几"条(出《女仙传》):"女几者,陈市上酒妇也,作酒常美。"(368页)

作脍

烧鱼,烹调鱼肉。《搜神记》卷二:"谢纠尝食客,以朱书符投井中,有一双鲤鱼跳出,即命作脍,一坐皆得遍。"《肘后备急方》卷三《治风毒脚弱痹满上气方》:"孙真人方:主脚气及上气。取鲫鱼一尺长者作脍,食一两,顿差。"

作糜

烧稀饭,烧软饭。《古小说钩沉》辑《述异记》(出《太平御览》卷九九〇):"(刘)遁密市冶葛,煮以作糜。"(286页)又辑《录异传》(出《北堂书钞》卷一四四):"遭饥荒,罗鼎作糜。"(523页)

作食₁

做饭。《三国志·魏志·管辂传》:"(郭)恩使客节酒、戒肉、慎火,而射鸡作食。"(815页)《搜神后记》卷五:"周便求寄宿,此女为燃火作食。"

作食₂

开饭,(设宴)招待。《三国志·吴志·步骘传》:"征羌作食,身享大案,殽膳重沓,以小盘饭与骘、旌,惟菜茹而已。"(1236页)《太平广记》卷三二三"张隆"条(出《幽明录》):"宋永初三年,吴郡张隆家忽有一鬼,云:'汝与我食,当相佑助。'后为作食,因以大刀斫其所食处,便闻数十人哭。"

作汤

烧热水。《搜神记》卷一二"蛇蛊"条:"忽见屋中有大缸,妇试发之,见有大蛇,妇乃作汤,灌杀之。"(158页)《古小说钩沉》辑《杂鬼神志怪》(出《太平广记》卷三一八):"因然火作汤,虽闻沸声,探之尚冷。"(537页)

作鲊

烧鱼。《异苑》卷三:"果云园中茅积下得一鱼,质状非常,乃以作鲊,过美。"(19页)《古小说钩沉》辑《齐谐记》(出《太平御览》卷八六二):"自至长桥南,见眾者挫鱼作鲊,以钱一千,求作一饱。"(348页)

作诗

写诗。《古小说钩沉》辑《俗说》(出《艺文类聚》卷六八):"桓玄作诗,思不来,辄作鼓吹。"(193页)

作书₁

写字。《世说新语·雅量》第3则:"夏侯太初尝倚柱作书,时大雨,霹雳破所倚柱。"(195页)

作书₂

写信。《世说新语·巧艺》第4则:"(钟)会善书,学荀手迹,作书与母取剑,仍窃去不还。"(385页)写信。《异苑》卷五:"经衡山,望岩下有数年少,并执笔作书。"(47页)《太平广记》卷九九"李大

安"条(出《冥报记》):"大安曰:'拔刃便死,可先取纸笔作书。书毕,县官亦至。'"(664页)

作文

写文章。《世说新语·赏誉》第107则:"孙曰:'此子神情都不关山水,而能作文。'"(261页)

作屋

建房,造房子。《东观汉记校注》卷一六《钟离意》(出《后汉书·钟离意传》李贤注):"初到县,市无屋,意出奉钱,帅人作屋。"(671页)《三国志·魏志·乌丸鲜卑东夷传》裴注引《魏略》:"其国作屋,横累木为之,有似牢狱也。"(853页)《齐民要术》卷六《养鸡》:"便买黄雌鸡十只,雄一只,于地上作屋。"(450页)

作言

写信,撰文。《古小说钩沉》辑《列异传》(出《太平御览》卷八八四):"索纸作言,辞义满纸。"(250页)

作谣

创作民谣。《世说新语·政事》第5则刘注引王隐《晋书》:"初,(山)涛领吏部,潘岳内非之,密为作谣曰:'阁东有大牛,王济鞅,裴楷鞦,和峤刺促不得休。'"(92页)

作药

制药。《抱朴子内篇·金丹》:"作药者若不绝迹幽僻之地,令俗间愚人得经过闻见之,则诸神便责作药者之不遵承经戒。"(84页)

作炭

烧炭。《晋书·隐逸传·孙登》:"尝住宜阳山,有作炭人见之,知非常人,与语。"(2426页)

作郡

当太守、内史。《太平御览》卷八四八引王隐《晋书》:"今作郡而送之,是贵城阳太守而轻鸿季也。"(245页)《世说新语·任诞》第41则刘注引《晋阳秋》:"于中路逢一鬼,大见揶揄,云:'我只见汝送人作郡,何以不见人送汝作郡?'"(405页)

作县

当县令。《南齐书·良政传·傅琰》:"将别,谓之曰:'作县唯日食一升饭,而莫饮酒。'"(915页)

作州

当刺史。《宋书·宗室传·长沙景王道怜》:"秉当权,遐累求方伯,秉曰:'我在,用汝作州,于听望不足。'"(1469页)

作粥

烧稀饭。《世说新语·德行》第28则刘注引邓粲《晋纪》:"向为老姥作粥,失火延逸,罪应万死。"(17页)《古小说钩沉》辑《述异记》(出《法苑珠林》卷九五):"妻久病,女于外为母作粥,将熟变而为血。"(301页)

作主人

设宴,摆宴席。《三国志·吴志·孙韶传》裴注引《吴历》:"时诸县令长并会见翙,翙以妻徐氏颇晓卜,翙入语徐:'吾明日欲为长吏作主人,卿试卜之。'徐言:'卦不能佳,可须异日。'翙以长吏来久,宜速遣,乃大请宾客。"(1215页)又《步骘传》裴注引《吴录》:"(孙)权曰:'此曹衰弱,何能有图?必不敢来。若不如孤言,当以牛千头,为君作主人。'"(1240页)又《薛综传》:"九真太守儋萌为妻父周京作主人,并请大吏,酒酣作乐。"(1252页)《古小说钩沉》辑《幽明录》(出《太平广记》卷四四〇):"清河郡太守至,前后辄死,

新太守到,如厕,有人长三尺,冠帻皂服,云:'府君某日死。'太守不应,意甚不乐,催使吏为作主人,外颇怪。"(419页)

作字₁

写字。《世说新语·黜免》第3则:"殷中军被废,在信安,终日恒书空作字。"(462页)

作字₂

取字。《启颜录》第60则:"(王元景)每事机捷。有奴名典琴,尝旦起,令索食,谓之解斋。奴曰:'公不作斋,何故尝云解斋?'元景徐谓奴曰:'我不作斋,不得为解斋;汝作字典琴,何处有琴可典?'"(49页)

作义

阐述经义。《出三藏记集》卷一五《道安法师传》:"佛经故最是所长,作义乃似法兰、法祖辈,统以大无,不肯稍齐物等智。"(562页)

作友

交友,交往。《世说新语·赏誉》第73则:"庾稚恭与桓温书,称:'刘道生日夕在事,大小殊快,义怀通乐既佳,且足作友。'"(186页)

作棹

划桨。《系观世音应验记》第54则:"劫并力作棹,终不得追流下去,船还如初。"(171页)

"作～"表示从事某一行为的意义时,"作"多与谓词性词语,如动词、形容词合用,例如:

作伴

陪同,陪伴。《古小说钩沉》辑《幽明录》(出《太平广记》卷三二二):"庾崇者,建元中于江州溺死。尔日即还家见形,一如平生,多在妻乐氏室中。妻初恐惧,每呼诸从女作伴。"《云笈七签》卷九九"一叶题曰撼浩然":"其诗曰:行时云作伴,坐即酒为侣。"

作达

放诞,行为不拘礼法。《世说新语·任诞》第13则:"阮浑长成,风气韵度似父,亦欲作达。"(394页)

作恶

叛乱,造反。《三国志·魏志·钟会传》:"有顷,白兵走向城。会惊,谓维曰:'兵来似欲作恶,当云何?'"(792页)又《蜀志·魏延传》:"仪遣马岱追斩之,致首于仪,仪起自踏之,曰:'庸奴!复能作恶不?'"(1004页)

作反

造反。《魏书·咸阳王禧传》:"坐多取此婢辈,贪逐财物,畏罪作反,致今日之事。"(539页)

作烦

烦扰,麻烦。《后汉书·周黄徐姜申屠传序》李注引皇甫谧《高士传》:"(周)党见仲叔食无菜,遗之生蒜。仲叔曰:'我欲省烦耳,今更作烦邪?'"(1740页)

作覆

设谜(语)。《太平广记》卷八一"梁四公"条(出《梁四公记》):"帝见之甚悦,因命沈隐侯约作覆,将与百寮共射之。"(517页)

作感

感动菩萨。《系观世音应验记》第24则:"处茂曰:'卿既能作感,即兼得见济。'"(112页)

作怪[1]

作祟。《风俗通义》卷九《怪神》有《世间多有蛇作怪者》篇。

《古小说钩沉》辑《幽明录》(出《太平广记》卷三二一):"友鬼云:'此甚易耳,但为人作怪,人必大怖,当与卿食。'"(431页)

作怪₂

奇怪。《清平山堂话本·杨温拦路虎传》:"这大伯是个作怪人,这员外也不是平人。"(《宋代卷》428页)

作扞

扞卫,保卫。《宋书·刘穆之传》:"顷戎车远役,居中作扞,抚寄之勋,实洽朝野。"扞,同"捍"。《魏书·于栗䃅传》:"乃言于世宗,称中山要镇,作捍须才。"(742页)

作活

生活,谋生。《魏书·北海王详传》:"及详得免,高云:'自今而后,不愿富贵,但令母子相保,共汝扫市作活也。'"(562页)宋王楙《野客丛书》卷九"李陆娱老之趣":"二公临老能自享如此,是非高见邪?其有断断焉?计较口腹、疲精竭力为子孙作活,至老死而不知休者,人之贤愚相去几何哉?"

作计₁

谋划,考虑。《三国志·魏志·田豫传》:"凡逋亡奸宄,为胡作计不利官者,豫皆构刺搅离,使凶邪之谋不遂,聚居之类不安。"(727页)《汉诗》卷一〇《古诗为焦仲卿妻作》:"举言谓阿妹:作计何不量!"又:"府吏再拜还,长叹空房中,作计乃尔立。"《太平广记》卷一〇三"窦德玄"条(出《报应记》):"闻王遥语曰:'你与他作计,漏泄吾事。'遂受杖三十。"(696页)

作计₂

决定,打算。《南史·垣荣祖传》:"安都曰:'不知诸人云何,我不畏此。大蹄马在近,急便作计。'"(687页)

作健

振作,奋发。《三国志·魏志·仓慈传》裴松之注引《魏略》:"其家人从者见斐病甚,劝之,言'平原当自勉励作健'。"(514页)《世说新语·轻诋》第27则:"殷颛、庾恒并是谢镇西外孙。殷少而率悟,庾每不推。尝俱诣谢公,谢公熟视殷曰:'阿巢故似镇西。'于是庾下声语曰:'定何似?'谢公续复云:'巢颇似镇西。'庾复云:'颇似,足作健不?'"(453页)《梁诗》卷二九《横吹曲辞·企喻歌》:"男儿欲作健,结伴不须多。"

作娇

撒娇。《宋诗》卷一一《华山畿》:"夜相思,投壶不得箭,忆欢作娇时。"(1338页)

作乱

叛乱,造反。《搜神记》卷七"徐馥作乱"条:"其后吴兴徐馥作乱,杀太守袁琇。"(103页)《南史·张裕传附子永》:"未之镇,遇桂阳王休范作乱,永率所领屯白下。"(806页)

作虑

考虑,打算。《晋书·桓玄传》:"玄曰:'仲堪为人不能专决,常怀成败之计,为儿子作虑,我兄必无忧矣。'"(2589页)

作率

当将军,统帅军队。《宋书·蔡兴宗传》:"且安都作率十年,殷恒中庶百日,今又领校,不为少也。"(1576页)

作难₁

造反,叛乱。《后汉书·度尚传》:"磐因自列曰:'前长沙贼胡兰作难荆州,余党散入交阯。'"(1286页)《南齐书·倖臣传·纪僧真》:"及上将拜齐公,已剋日,有杨祖之谋于临轩作难。"(974页)

作难₂

发难。《世说新语·文学》第6则:"(何)晏闻弼名,因条向者胜理语弼曰:'此理仆以为极,可得复难不?'弼便作难,一坐人便以为屈。"(106页)

作逆

造反,作乱。《异苑》卷四:"(刘毅)尝伸纸作书,约部将王亮储兵作逆。"(35页)《晋书·王舒传》:"在郡二年而苏峻作逆,乃假舒节都督,行扬州刺史事。"(2000页)《太平广记》卷一三九"长星"条(出《朝野佥载》):"自是吐番反,匈奴叛,徐敬业乱,白铁余作逆。"(1005页)

作孽

叛乱,造反。《古小说钩沉》辑《会稽典录》卷上"任光":"时海贼作孽,县令朱嘉将吏人出战于海渚,为贼所射伤。"(33页)

作佞

拍马,奉承。《宋书·文九王传·始安王休仁》:"休仁又说休祐云:'汝但作佞,此法自足安。……但试用,看有验不?'"(1876页)

作叛

叛乱。《太平广记》卷一三八"侯弘实"条(出《鉴戒录》):"蜀平之后,无何,与陕府节度使康延孝等作叛。"(996页)

作势

挣扎,努力。《晋书·王敦传》:"语参军吕宝曰:'我当力行。'因作势而起,困之复卧。"(2565页)

作适

戏耍,玩耍。《南齐书·桓康传》:"帝曰:'我今夕欲一处作适,待明日夜。'"(558页)《南史·垣荣祖传》:"苍梧至府,而曰:'且申

今夕，须至一处作适，还当取奴。'"（687页）

作态

捣鬼，玩花招。西晋竺法护译《生经》卷一《佛说和难经》："时和难见可信可保，不观内态，不复狐疑，信之如一。以诸衣被及钵震越诸供养具，皆用托之，出外游行。意中安隐，不谓作态。"

作调

开玩笑。《世说》佚文（出《太平御览》卷三七四）："钟毓兄弟警悟过人，每有嘲语，未尝屈踬。毓语会：'闻安陆能作调，试共视之。'于是与弟盛饰共载，从东至西门。一女子笑曰：'车中央殊高。'二钟都不觉。车后一门生云：'向已被嘲。'钟愕然。门生曰：'中央高者，两头膻。'毓兄弟多须，故以此调之。"宋祝穆《古今事文类聚后集》卷二〇《肖貌部·须髯》"以羝嘲须"条："钟毓兄弟好嘲，闻安陵能作调，试共视之。"

作偷

偷窃，偷盗。《宋书·王景文传》："吾自了不作偷，犹如不作贼。"（2180页）

作物

振作，出色。《北齐书·方伎传·皇甫玉》："善相人，常游王侯家。世宗自颍川振旅而还，显祖从后。玉于道旁纵观，谓人曰：'大将军不作物，会是道北垂鼻涕者。'"（678页）

作戏

玩耍，开玩笑。《太平广记》卷七三"郑君"条（出《逸史》）："明旦，摆拨复自门来至，使等惊异，皆迎接。曰：'我本与汝作戏，矿但重炼，无虑也。'"（457页）《清平山堂话本·杨温拦路虎传》："小儿作戏弄人头，媳妇拜婆学劫墓。"（《宋代卷》427页）

作笑

腾笑,丢丑。《三国志·蜀志·邓张宗杨传赞》:"靡有匡救,倍成奔北,自绝于人,作笑二国。"(1090页)

作械

制作武器。《搜神记》卷一七"釜中白头公"条:"卜云:'此大怪,应灭门。'便归,大作械。"(213页)

作业

做事,干活。《东观汉记校注》卷一三《魏霸》:"为将作大匠,吏皆怀恩,人自竭节作业,无谴过。"(471页)

作疑

怀疑。《晋书·毛宝传》:"苏峻作逆,峤将赴难,而征西将军陶侃怀疑不从……会宝别使还,闻之,说峤曰:'凡举大事,当与天下共同,众克在和,不闻有异。假令可疑,犹当外示不觉,况自作疑耶!'"(2122页)

作异$_1$

唱反调,对着干。《晋书·陶侃传》:"事有合于时宜,臣岂敢与陛下有违,理有益于圣世,臣岂与朝廷作异。"(1776页)又《王彪之传》:"人才非可豫量,但当令不与殿下作异者耳。"(2010页)按:"作异"本谓变化,不同。《汉书·李寻传》:"四时失序,则辰星作异。"又:"间者关东地数震,五星作异,亦未大逆。"引申则可有本条义。

作异$_2$

犹言造反。《南史·刘讽传》:"遥光去岁暴风,性理乖错,多时方愈。畅曰:'公去岁违和,今欲发动。'顾左右急呼师视脉。遥光厉声曰:'谘议欲作异邪!'因诃令出。"(1824页)

作缘

交往,打交道。《世说新语·方正》第51则:"有相识小人贻其餐,肴案甚盛,真长辞焉。仲祖曰:'聊以充虚,何苦辞?'真长曰:'小人都不可与作缘。'"(186页)

作乐

奏乐。《世说新语·术解》第1则:"每至正会,殿庭作乐,自调宫商,无不谐韵。"(379页)《古小说钩沉》辑《幽明录》(出《太平御览》卷五七七):"近见蒋家女鬼相录,在山石间,专使弹琴作乐,恐欲致灾也。"(385页)

作帐

做蚊帐,制作帐幕。《古小说钩沉》辑《俗说》(出《太平御览》卷六九九):"桓玄在南州,妾当产,畏风,应须帐,桓曰:'不须作帐,可以夫人故帐与之。'"(103页)

作者

①指从事文章撰述或艺术创作的人。三国魏吴质《答东阿王书》:"还治讽采所著,观省英玮,实赋颂之宗,作者之师也。"《后汉书·蔡邕传》:"而诸生竞利,作者鼎沸,其高者颇引经训风喻之言,下则连偶俗语,有类俳优。"②指隐士。典出《论语·宪问》:"子曰:'贤者辟世,其次辟地,其次辟色,其次辟言。'子曰:'作者七人矣。'"宋邢昺疏:"此章言自古隐逸贤者之行也。……作,为也,言为此行者,凡有七人。"后以称隐逸之士。《后汉书·逸民传序》:"汉室中微,王莽篡位,士之蕴藉义愤深矣。是时裂冠毁冕,相携持而去之者,盖不可胜数。……盖录其绝尘不反,同夫作者,列之此篇。"《后汉书·黄琼传》:"伏见处士巴郡黄错、汉阳任棠,年皆耆耋,有作者七人之志。"唐李贤注:"《论语》曰:'作者七人。'注云:

'谓伯夷、叔齐、虞仲、夷逸、朱张、柳下惠、少连。'"

作直

(为人)方正,刚正不阿。《晋书·傅咸传》:"卫公云:'酒色之杀人,此甚于作直。坐酒色死,人不为悔;逆畏以直致祸。'"(1326页)

作藏

掘墓。《太平御览》卷五五六引晋武帝《赐刘廙葬钱诏》:"故侍中刘廙……墓为盗贼所发,甚用恻然。其子阜素甚清贫,今当殡葬,其给辒车铭旌,赐钱给作藏人功。"

作斋

斋戒。《启颜录》第60则:"(王元景)每事机捷。有奴名典琴,尝旦起,令索食,谓之解斋。奴曰:'公不作斋,何故尝云解斋?'"(49页)

作治

治疗。《南齐书·褚渊传附徐嗣》:"嗣为作治,盛冬月,令伧父裸身坐石,启以百瓶水,从头自灌。"(432页)

作罪

犯过错。《古小说钩沉》辑《冥祥记》(出《法苑珠林》卷九〇):"乃敛颜正色谓曰:'出家之人,何宜多过?'达曰:'有识以来,不忆作罪。'"(639页)

根据上述"作~"的用例,我们可以概括出"作~"式词语或短语的几个特点:①同形多义(一词多义)普遍;②有词组,有词,词汇化程度、演进不一;③有关造反、叛乱的词多,盖当时情势使然。

根据"作~"结构,可帮助校勘。

作簏

（整理的）箱箧。《世说新语·德行》第 29 则："王长豫为人谨顺，事亲尽色养之孝。……恒与曹夫人并当箱箧。长豫亡后，……曹夫人作簏，封而不忍开。"徐震堮《校笺》："沈笺（按：指沈剑知《世说新语校笺》）曰：'封'字疑当在'作簏'上。按原文自可通，作簏者谓贮于簏中。"(18 页)

按：沈氏议移"封"在"作簏"之上，固然未妥；徐氏释"作簏"为"贮于簏中"，也未确当。"作簏"，本盖为整理箱箧，这里指整理好（整理过）的箱箧。《晋书·王悦传》："恒为母曹氏襞敛箱箧中物……悦亡后，其母长封作箧，不忍复开。""作箧"同"作簏"，也指整理过的箱箧。

四、附加式

中古时期，复音化程度加快，复音词大量增加的一个重要标志是：附加式构词方式的兴起和发展。汉魏六朝附加式复音词的大量产生，是这一时期汉语词汇双音化的重要特点之一。

这些新产生的复音词，大体可分为前附加式和后附加式，附加的有名词词头和词尾、动词词尾、形容词词尾、副词词尾。

（一）名词词头

"阿"是中古时期使用甚广的名词词头，[①]可以用在名字之前，如：

《太平御览》卷四七二引《风俗通》佚文："母谓婢，试问其形状，奴曰：'家居邺时，在富乐里宛西。妇艾氏女，字阿横，大儿字阿巍，

[①] 关于"阿"，前人时贤已经多有讨论，如宋赵彦卫《云麓漫钞》卷四、清顾炎武《日知录》卷三二"阿"、翟灏《通俗编·语辞》、江蓝生(1988)等，拙编(2006)《洛阳伽蓝记·景宁寺》注⑤亦曾注及，并请参看。

小儿曰越子;时为县吏,为人所略卖。阿横右足下有黑子,右胲下赤志如半柿。'"

汉代以来,在身份名词前面加"阿",用来称呼亲属。称父亲为"阿爹""阿父""阿爷",母亲为"阿母",如:

《太平御览》卷五九八引东汉戴良《失父零丁》:"今月七日失阿爹,念此酷毒可痛伤。"《汉诗》卷一〇《古诗为焦仲卿妻作》:"阿母谓阿女:'汝可去应之。'阿女衔泪答:'兰芝初还时,府吏见丁宁,结誓不别离。'"古乐府《木兰诗》:"阿爷无大儿,木兰无长兄。"《法苑珠林》卷五引《冥祥记》:"世光与信于家去时,其六岁儿见之,指语祖母曰:'阿爷飞上天,婆为见不?'""爷"也作"耶",南朝梁宝唱等集《经律异相》卷四四引《杂譬喻经》:"复经少时,父子相与,共到树下。让父先上,儿便唤言:'阿耶可飞!'父即欲飞,堕岩石上,身体粉碎。"(53/231/c)"耶",宋元明三本、宫本均作"爷"。

佛经则有"阿姨""阿舅"等词语,如:

东晋佛陀跋陀罗共法显译《摩诃僧祇律》卷一二:"遥见诸比丘尼僧,便下车步进,褊袒右肩,右膝着地,合掌白言:'善来阿姨,行道不疲极耶?'"(22/330/b)刘宋求那跋陀罗译《杂阿含经》卷四五:"即化作年少,容貌端正,往诣彼比丘尼所,语比丘尼言:'阿姨,欲何处去?'比丘尼答言:'贤者,到远离处去。'"(2/325/c)

刘宋求那跋陀罗译《杂阿含经》卷四八:"时有六广大天宫天女,来至憍萨罗国氀牛弹琴人所,语氀牛弹琴人言:'阿舅,阿舅!为我弹琴,我当歌舞。'氀牛弹琴者言:'如是,姊妹。我当为汝弹琴。'"(2/353/b)唐义净译《根本说一切有部毗奈耶破僧事》卷九:"时一婇女往天河护所白言:'阿舅,王若欢喜,问舅所须,即应请王,解所诵偈。'"(24/147/a)

"阿姨""阿舅"也可单称"姨""舅"(如义净译《根本说一切有部毗奈耶破僧事》例,前言"阿舅",后径称"舅"),可见"阿"为用于称谓前面的词头。

此外,称父亲为"阿翁""阿公",母亲为"阿婆""阿姨",婆婆为"阿家"("家"音 gū),叔叔为"阿叔",舅舅为"阿舅",姐姐为"阿姊",儿子为"阿儿",妾为"阿妾"等,多见于汉魏六朝文献,不一一枚举。

关于亲属称谓前面用"阿",东晋佛陀跋陀罗共法显译《摩诃僧祇律》卷三五有一段很有意思的记载:"佛住舍卫城,尔时六群比丘展转作俗人相唤:阿翁、阿母、阿兄、阿弟。诸比丘以是因缘往白世尊。佛问六群比丘:'汝实尔不?'答言:'实尔。'佛言:'从今日后,应如是共语问讯:共翁语时,不得唤言阿翁阿爷摩诃罗,应言婆路酰多。共母语时,不得言阿母阿婆,应言婆路酰帝。共兄语时,不得言阿兄,当言婆路酰多。共姊语时,不得言婆鞞,应言婆路酰帝。……语法应如是,若不如是,越威仪法也。'"(22/510/b)"阿翁"的"翁",宋元明三本作"公",可见称呼父亲、母亲、兄弟为"阿翁"(阿公、阿爷)、"阿母"(阿婆)、"阿兄"、"阿弟",为当时"俗人相唤",也就是普通百姓的称谓。

"阿"也可以用在一般称谓名词之前,如:

《太平御览》卷八四六引《风俗通》:"巴郡宋迁,母名静,往阿奴家饮酒。"阿奴,指家奴。

此外,诸如尊称和尚为"阿上""阿师""阿练",贬称为"阿秃师",称尼姑为"阿尼",称小和尚为"阿弥",自称或称对方为"阿侬",称教育抚养贵族子女的妇女为"阿保",称主人家儿子为"阿郎",称儿童为"阿奴""阿童",昵称年轻女子为"阿子"(阿紫)等等,辞书大都已经收录,不赘举。

(二) 名词词尾

1. 头

"头"自汉代起已经虚化,成为一个构词成分。[①] 例如:

初头

就是当初。后汉支娄迦谶译《道行般若经》卷六《怛竭优婆夷品》:"譬如然灯炷,用初出明然炷,用后来明然炷?须菩提言:'非初头明然炷,亦不离初头明然炷;亦非后明然炷,亦不离后明然炷。'"

前头

就是前面。后汉支娄迦谶译《道行般若经》卷七《守空品》:"不可数千弟子,不可数百千弟子共会,在中央坐说经,与比丘僧相随,最在前头。"

上头/后头

就是上面、后面。后汉安世高译《阿含口解十二因缘经》:"人生有三因缘:一者合会,二者聚,三者心、意、识。……上头为上,头为心,中央为意,后头为识。"

东头

就是东面。《三国志·魏志·管辂传》裴注:"汝径往门前,伺无人时,取一瓦子,密发其碓屋东头第七椽,以瓦著下。"(829页)

鼻头

就是鼻子。后汉安世高译《道地经》:"见身重骨节不随,鼻头曲戾,皮黑吒干。"安世高译《大安般守意经》卷上:"问:'第三止何以故止在鼻头?'报:'用数息相随止观还净,皆从鼻出入,意习故

---

① 参看柳士镇(1992:103)、向熹(1993:180—181)、方一新(1997:6)。

处,亦为易识,以是故著鼻头也。'"

"头"的这种虚化用法后代也习见。唐宋时期,出现了许多用在时间名词后面的"～头"式复音词,如:

当头

当即,当下。《王梵志诗·天下浮逃人》:"欲似鸟作群,惊即当头散。"(278首)

老头

年老的时候,老年。《王梵志诗·夫妇生五男》:"少年生夜叉,老头自受苦。"(264首)

前头

有二义:①从前,以前。《敦煌变文校注·丑女缘起》:"夫主入来全不识,却觅前头丑阿婆。"(1107页) ②以后,今后。《敦煌变文校注·庐山远公话》:"前头好恶,有贱奴身在。"(257页)

晚头

晚上。《入唐求法巡礼行记》卷一:"十月三日,晚头,请益、留学两僧往平桥馆,为大使、判官等入京作别。"(50页)[①]

夜头

夜里。《敦煌变文校注·佛说阿弥陀经讲经文》:"夜头早去阿郎嗔,日午斋时娘子打。"(682页)

长头

长久,长时间。《王梵志诗·家中渐渐贫》:"长头爱床坐,饱吃没娑肚。"(38首)又《吾死不须哭》:"只愿长头醉,作伴唤刘伶。"

[①] "晚头"在《入唐求法巡礼行记》中有不少用例,董志翘(2000:195)已有考述,可参看。

(261首)唐慧光集释《大乘开心显性顿悟真宗论》:"问曰:'分别是凡,不分别是圣。如小婴儿,长头不分别,可是圣人乎?'"(85/1279/a)

2.来

在由"名词(多为时间词)+来"构成"～来"这样的复音词中,"由来"早已凝固成词,而其他的"～来"则系模仿"由来"而造成的,"来"基本上都是构词成分。例如:

后汉支娄迦谶译《道行般若经》卷五《不可计品》:"前世学人,今来复得深般若波罗蜜,便信乐不远离也。"(8/451/b)

由此可知,"～来"式的复音词产生于汉代,后世一直沿用,用例很多。例如:

比来

从前,原来。《敦煌变文校注·金刚丑女缘起》:"比来丑陋前生种,今日端严遇释迦。"(1107页)

曾来

从来。唐白居易《病后寒食》诗:"抛掷风光负寒食,曾来未省似今年。"

古来

《魏书·文苑传·邢臧》:"撰古来文章,并叙作者氏族。"(1872页)

今来

后汉支娄迦谶译《道行般若经》卷五《不可计品》:"前世学人,今来复得深般若波罗蜜,便信乐不远离也。(8/451/b)沈括《乙卯入国奏请(并别录)》:"今来皇帝喜欢,方始一齐告示放散。"(《宋代卷》26页)

旧来

《北史·齐宗室诸王传上·永安简平王浚》:"二兄旧来,不甚了了,自登阼已后,识解顿进。"(1860页)唐释寒山"寒山诗":"璨璨庐家女,旧来名莫愁。"

老来

今吴方言中仍有类似的说法,如宁波方言,"老来",指老年时。唐王维《偶然作》诗:"老来懒赋诗,惟有老相随。""少年勿做家,老来当狗爬。"(《宁波方言词典》82页)

前来

刚才。《敦煌变文校注·维摩诘经讲经文》:"前来会里众声闻,个个推辞言不去。"(914页)

顷来

往昔,过去。唐杜甫《奉赠李八丈判官》诗:"顷来树嘉政,皆已传众口。"

日来

几天来;近来。高适《途中酬李少府赠别之作》诗:"日来知自强,风气殊未痊。"

上来

刚才。《敦煌变文校注·庐山远公话》:"善庆问曰:'……上来所说,总属外缘。'"(266页)

适来

刚才,近来。《敦煌变文校注·庐山远公话》:"老人又问:'适来闻和尚妙响,是何之声?'"(253页)

晚来

近来。《魏书·鹿悆传》:"顿首君,我昔有以向南,且遣相唤,

欲闻乡事。晚来患动,不获相见。"(1763页)

夕来

犹"晚来""夜来"。昨晚。《太平广记》卷四三九"李汾"条(出《集异记》):"女曰:'非也。妾乃山下张家女也。夕来以父母暂过东村,窃至于此,私面君子,幸无责也。'"

先来

先前,从前。《北史·孟信传》:"因告之曰:'此牛先来有病,小用便发,君不须也。'"(2434页)《敦煌变文校注·庐山远公话》:"此寺先来贫虚,都无一物。"(255页)

向来

刚才。《敦煌变文校注·燕子赋》:"向来闻你所说,急出共我平章。"(376页)

晓来

早晨。唐杜甫《偪仄行赠毕曜》诗:"晓来急雨春风颠,睡美不闻钟鼓传。"

夜来

昨夜;夜里。《敦煌变文校注·韩擒虎话本》:"夜来三更奉天符牒下,将军合作阴司之主。"(304页)五代静、筠《祖堂集》卷十一《保福和尚》:"有时上堂云:'夜来还有悟底摩?乞个消息。'"(《唐五代卷》525页)

昨来

昨天;引申作最近、昔日解。《南齐书·孝义传·杜栖》:"小儿疑之,问云:'母尝数问我病,昨来觉声羸,今不复闻,何谓也?'"(966页)《祖堂集》卷四《石头和尚》:"师初至南台,师僧去看,转来向让和尚说:'昨来到和尚处问佛法,轻忽底后生来东石头上坐。'"(《唐五代卷》472页)沈括《乙卯入国奏请(并别录)》:"奉圣旨,昨来蔚、应、朔三州地界公事,朝廷两遣使人诣南朝理办。"(《宋代卷》8页)

3. 自

作为一个组合能力很强的构词成分,"～自"往往具有副词性,可用于名词之后、动词之前,这一用法早见于先秦。《墨子·兼爱中》:"'越国之宝尽在此!'越王亲自鼓其士而进之。"汉魏六朝以降沿而用之。

躬自

亲身,亲自。《三国志·魏志·高贵乡公纪》:"而此儿便将左右出云龙门,雷战鼓,躬自拔刃,与左右杂卫共入兵陈间,为前锋所害。"(144页)

口自

亲自,亲口。《三国志·吴志·朱然传》:"然每遣使表疾病消息,权辄召见,口自问讯,入赐酒食,出送布帛。"(1308页)《南齐书·张敬儿传》:"遗诏加敬儿开府仪同三司,将拜,谓其妓妾曰:'我拜后,应开黄阁。'因口自为鼓声。"(473页)

面自

当面。《魏书·刘休宾传》:"高祖遣尚书李冲宣诏问曰:'卿欲何言?听卿面自申尽。'于是引见。"(966页)

亲自

《史记·孝文本纪》:"帝亲自劳军,勒兵申教令,赐军吏卒。"宋程大昌《演繁露》卷七《行香》:"行道者,主斋之人,亲自周行道场之中。"

身自

亲身,亲自。《风俗通义·穷通·司徒中山祝恬》:"伯休辞让,融遂不听,归取衣车,厚其荐蓐,躬自御之,手为丸药,口尝馈粥,身自分热。"(277页)《三国志·魏志·武帝纪》裴注引《曹瞒传》:"被服轻绡,身自佩小鞶囊,以盛手巾细物。"(54页)

手自

亲手,亲自。《风俗通义·穷通·司徒中山祝恬》:"时令汝南应融义高闻之惊愕,即严便出,径诣床蓐,手自扠摸,对之垂涕。"(276页)

体自

身体。《系观世音应验记》第45则:"(栾)苟知是神人,即投水就之,体自不没,脚如蹋地。"(150页)

上述各词多为表示身体部位的名词加"自",也有动词加"自"的:

理自

按理,理应。《晋书·苏峻传》:"往者国危累卵,非我不济,狡兔既死,猎犬理自应烹,但当死报造谋者耳。"(2629页)

应该指出:就多数用例而言,这些用于名词后面的"自"还是有自己、自身的意思,并未虚化为词尾。①

(三)副词词尾②

东汉以来,随着附加式造词法渐趋成熟,由接近或相当于词缀的构词成分"自""复""当"等构成的双音词大量产生,兹举"～自""～复"和"～当"等复音形式以见一斑。

1. ～自

---

① 关于名词后的"自",参看太田辰夫(1988[1991:16—17])。
② 关于词尾"自"和"复",参看蒋绍愚(1980)、姚振武(1997)、蒋宗许(2004)。

本自

本来。《后汉书·应奉传》:"妻乘朝车出,元义于路傍观之,谓人曰:'此我故妇,非有他过,家夫人遇之实酷,本自相贵。'"(1607页)

必自

必然。《晋书·桓伊传》:"伊又云:'御府人于臣必自不合,臣有一奴,善相便串。'"(2118页)

便自

便,就。失译《杂譬喻经·医师治王病喻》:"从见象马及入舍内,皆知是治王病功报所得,便自追恨:本治王病,功夫少也。"符秦昙摩难提译《增壹阿含经》卷六:"昔日此舍卫城中有一人,迎新妇端正无双,尔时彼人未经几时,便自贫穷。"《世说新语·伤逝》第17则:"孝武山陵夕,王孝伯入临,告其弟曰:'虽榱桷惟新,便自有《黍离》之哀。'"近代汉语作品也多见,如:《朱子语类·训门人》:"真个做工夫人,便自不说此话。"(《宋代卷》290页)

大自

十分,非常。《宋书·文九王传·始安王休仁》:"而休仁得吾召入,大自惊疑,遂入辞杨太妃,颜色状意,甚与常异。"(1876页)

果自

果然。《北齐书·杨愔传》:"又调之曰:'名以定体,漫汉果自不虚。'"(457页)

过自

犹言特别,努力。《梁书·沈约传》:"而开年以来,病增虑切,当由生灵有限,劳役过差。……外观傍览,尚似全人,而形骸力用,不相综摄。常须过自束持,方可俛偄。解衣一卧,支体不复相关。"

(235页)"过自束持"犹言特别用力,努力坚持。

忽自

忽然,马上。旧题三国吴支谦译《撰集百缘经》卷六《五百雁闻佛说法缘》:"于此命终,生忉利天,忽自长大,如八岁儿。"(4/234/a)

既自

本来,原本。《宋书·张畅传》:"房不能复来,既自可保,如其更至,此议亦不可立。"(1605页)

今自

如今,现在。《魏书·郭祚传》:"祚退谓密友曰:'琼真伪今自未辨,我家何为减之?'"(1427页)

竟自

终究,最终。《三国志·吴志·吴主传》:"蜀竟自无谋,如权所筹。"(1146页)

空自

徒劳,白白。《孟子·尽心下》:"生斯世也,为斯世也,善斯可矣。阉然媚于世也者,是乡原也。"东汉赵岐注:"乡原者,外欲慕古之人,而其心曰:古之人何为空自踽踽凉凉而生于今之世,无所用之乎?"(中华书局《十三经注疏》本)《后汉书·宦者传·吕强》:"如是,三公得免选举之负,尚书亦复不坐,责赏无归,岂肯空自苦劳乎!"(2532页)

默自

默默。《太平经》卷一一六:"然夫上善大乐岁,凡万物尽生善,人人欢喜,心中常乐欲歌舞,人默自相爱,不变争,自生乐。"(646页)又:"夫大凶年,凡物无一善者,人人皆饥寒,啼呼哭泣,更相剋

贼。默自生愁苦忿恚,心中不乐,何而歌舞乐,默自废绝。"(646页)

乃自

便,就。《宋书·范晔传》载晔《狱中与诸甥侄书》:"赞自是吾文之杰思,殆无一字空设,奇变不穷,同合异体,乃自不知所以称之。"(1831页)

颇自

十分,非常。《晋书·张轨传附张寔》:"寔自恃险远,颇自骄恣。"(2230页)

唐自

白白,徒劳。西晋法炬共法立译《法句譬喻经》卷三:"梵志即往,见儿与诸小儿共戏,即前抱之,向之啼泣,曰:'我昼夜念汝,食寐不甘,汝宁念父母辛苦以不?'小儿惊唤,逆呵之曰:'痴骏老翁!不达道理。寄住须臾,名人为子,勿妄多言,不如早去。今我此间自有父母,邂逅之间,唐自抱乎?'"(4/597/c)

甚自

很,非常。《北齐书·陆法和传》:"谓将士曰:'聊观彼龙睡不动,吾军之龙甚自踊跃,即攻之。'"(428页)

庶自

希冀。三国吴康僧会《六度集经》卷二《须大拏经》:"太子润馨,逞迤咏歌,故远归命,庶自稣息。"(3/9/b)

信自

的确,实在。《宋书·谢庄传》:"此段不堪见宾,已数十日,持此苦生,而使铨综九流,应对无方之诉,实由圣慈罔已,然当之信自苦剧。"(2171页)

续自

陆续。失译(附凉录)《三慧经》:"譬如地不犁,续自生蒺藜诸恶物。"

寻自

即将,不久。《宋书·二凶传·刘浚》:"天下事寻自当判,愿小宽忧煎,必不上累。"(2437页)

要自

终归,终究。《三国志·魏志·钟会传》:"我要自当以信义待人,但人不当负我,我岂可先人生心哉!"(794页)《北齐书·平鉴传》:"老公失阿刘,与死何异!要自为身作计,不得不然。"(372页)

犹自

仍然,还是。《宋书·五行志三》:"义熙十一年,京都所在大行火灾,吴界尤甚。火防甚峻,犹自不绝。"(936页)

已自

已经。《宋书·宗室传·临川烈武王道规》:"吾今取谦,往至便克,沉疑之间,已自还反。"(1473页)《南史·萧思话附子萧惠开》:"但一往眼额,已殊有所震。"(497页)《梁书·陈庆之传》:"颢欲从之,元延明说颢曰:'陈庆之兵不出数千,已自难制;今增其众,宁肯复为用乎?'"(462页)

乍自

时而,时而。《论衡·自然》:"三皇之时,坐者于于,行者居居,乍自以为马,乍自以为牛。"(1042页)中华书局本《论衡注释》译"乍自"两句为:"时而觉得自己是马,时而觉得自己是牛。"把"自"坐实为自己,似不确。

"自"作为副词词缀的用法到唐代仍然常见,蒋绍愚(1980)曾举"犹自""本自""要自""已自""尚自""空自"等唐诗用例。宋代亦见,如:

《张协状元》二十四出:"此处安泊,尽自不妨。"(《宋代卷》566页)

从东汉以来,"～自"的使用不断扩大,以南朝人撰写的《观世音应验记》(三种)为例,除了书中大量出现东汉魏晋以来的"～自"式复音词外,还出现了个别早期尚未见到的"～自"式,这就是"初自"和"了自",这是两例比较特殊的例子。

"初+自+否定词"例。初自:"初+自",就是"初",后跟否定词,表示否定。

南朝梁宝唱撰《比丘尼传》卷二《南皮张国寺普照尼传》:"及师慧孜亡,杜于庆吊而苦行绝伦。宋元嘉十八年十二月,因感劳疾,虽剧,而笃情深信,初自不改。"(50/938/c)《南史·谢朓传》:"近代小官不让,遂成恒俗,恐有乖让意。王蓝田、刘安西并贵重,初自不让,今岂可慕此不让邪?"(533页)在汉魏六朝文献中,"初+否定词"构成"初无""初不""初未"等结构,表示完全的否定是十分常见的,但"初+自+否定词"则比较少见,这和"了+自+否定词"也比较少见一样。说明到南北朝时期,"～自"式复音词有了进一步的发展。

与此相类似的有"了自"例。了自:"了+自",就是"了",后跟否定词,表示否定。

《光世音应验记》第7则:"后得病积时,攻治备至,而了自不损。"(8页)"了"后接否定词的用法多见(如了不、了无、了未等),但像这样"了+自+否定词"的用法似较少见,故衣川贤次教授据《法苑珠林》卷九五、《太平广记》卷二〇引《述异记》无"自"字而认为"自"或许有误。① 按："了自不损"就是"了不损"，"自"也是副词词尾。《系观世音应验记》第 16 则："下刀斫颈，了自不伤。"(29页)《南史·隐逸传下·沙门释宝志》："蔡仲熊尝问仕何所至，了自不答，直解杖头左索绳掷与之，莫之解。"(1901 页)可证"了自"不误。②

我们知道，汉魏六朝时期，"初"后加上否定词，为"初不……"、"初无……"等式习见，"了"后加否定词也是如此，多见"了不……""了无……"等句式，而这两例"初自不""了自不"则把"～自"式和"初不"式"了不"式杂糅在一起，成为一个"初(了)＋自＋否定词"这样一种特殊而罕见的表达法。

当然，对"副词＋自"构成的"～自"也要具体分析，不能把这类"自"都看成是词尾，例如：

《三国志·吴志·诸葛瑾传》："吴郡太守朱治，权举将也，权曾有以望之，而素加敬，难自诘让，忿忿不解。"(1232 页)本例"自"仍有实义，"难自"义为难于自己，"自"不是词尾。

2. ～复

忽复

突然，忽然。《太平御览》卷三五九引《荀氏灵鬼志》："明旦，其父母老在堂上，忽复不见，举家惶怖，不知所在。"

---

① 参看衣川贤次(1997)。日本新发现《佚名诸菩萨感应抄》一书，保存了三种《观世音应验记》文字三十五条，可与本书比照对勘。衣川先生文章即据《佚名诸菩萨感应抄》的有关材料作了校释研究。

② "了自"的用法后代也可见到，如：唐任要《兖州团练使诗一首》："虽然有两翅，了自无毛衣。"《朱子语类》卷二六《论语八》："这是两项动容周旋中礼，这是圣人事，闻道自不足以言之，自与道为一，了自无可得，闻行法以俟命，是见得了立定恁地做问。"均其例。

空复

徒劳,白白。《三国志·魏志·臧洪传》:"绍惭,左右使人牵出,谓曰:'汝非臧洪俦,空复何为!'"(237页)

况复

何况,况且。《世说新语·黜免》第4则:"桓公曰:'同盘尚不相助,况复危难乎?'"(462页)

聊复

姑且,暂且。《法苑珠林》卷四六(出《述异记》):"此廨本是沈宅,来看宅,聊复语掷狡狯。"(53/639/c)

弥复

更加,越发。《法苑珠林》卷一八(出《冥祥记》):"敷死时,友人疑其得道,及闻此经,弥复惊异。"(53/418/a)

乃复

乃,于是。《三国志·魏志·曹爽传》裴注引《魏末传》:"宣王乃复阳为昏谬,曰:'君方到并州,努力自爱。'"(285页)

岂复

岂,难道。《先秦汉魏晋南北朝诗·汉诗》卷七蔡琰《悲愤诗》:"人言母当去,岂复有还时!"《三国志·魏志·杨阜传》裴注按语:"夫项托、颜渊,岂复百年? 贵存义耳。"(703页)《宋书·乐志一》:"魏三祖各有舞乐,岂复是异庙邪?"(545页)

虽复

即便,就是。《后汉书·延笃传》李贤注引《先贤行状》:"典闻之叹曰:'嗟乎延生! 虽复端木闻一知二,未足为喻。'"(2103页)《三国志·魏志·王肃传》裴注引《魏略》:"是时郎官及司徒领吏二万余人,虽复分布,见在京师者尚且万人,而应书与议者略无几人。"(421

页)元魏慧觉等译《贤愚经》卷五《长者无耳目舌品》:"此既小事,但作一言,得三十万。彼若得胜,虽复侄儿,无一钱分。"(46页)

遂复

《世说新语·排调》第26则刘注引《妇人集》载桓玄问王凝之妻谢氏曰:"太傅东山二十余年,遂复不终,其理云何?"(429页)

脱复

偶尔,偶或。《世说新语·赏誉》第17则刘注引邓粲《晋纪》:"谓湛曰:'叔父用此何为? 颇曾看不?'湛笑曰:'体中佳时,脱复看耳。'"(234页)

无复

没有。《太平御览》卷六九四引《裴子语林》:"谢万就安乞裘,云畏寒。答曰:'君妄语,正欲以为豪具耳! 若畏寒,无复胜绵者。'"《三国志·魏志·齐王芳纪》裴注引《魏书》:"皇太后还北宫,杀张美人及禺婉,帝恚望,语景等:'太后横杀我所宠爱,此无复母子恩。'"(130页)

勿复

不要,别。《三国志·魏志·华歆传》:"宜勉修所职,以迈先贤,勿复纷纷。"(1468页)

因复

于是,便,就。《太平御览》卷三八七、八八四引《列异传》:"定伯因复担鬼,鬼略无重。"元魏慧觉等译《贤愚经》卷一《恒迦达品》:"王寻告曰:'听汝出家,修学圣道。'因复将之,共到佛所。"

行复

将近,接近。《文选·曹丕〈与吴质书〉》:"岁月易得,别来行复四年。"

犹复

仍然,还是。《三国志·魏志·华歆传》:"兵民之家,犹复逐俗,内无儋石之储,而出有绫绮之服。"(1468页)

政复

即使,即便。《光世音应验记》第1则:"长舒家是草屋,又正在下风,自计火已逼近,政复出物,所全无几。"(3页)

正复

即使。《三国志·魏志·王粲传》:"善属文,举笔便成,无所改定,时人常以为宿构;然正复精意覃思,亦不能加也。"(599页)《抱朴子内篇·辨问》:"正复使圣人不为此事,未可谓无其效也。"(229页)

自复

原本,本来。《三国志·蜀志·诸葛亮传》裴注引山涛《启事》:"京治郎自复有称,臣以为宜以补东宫舍人,以明事人之理。"(933页)

纵复

即使,即便。姚秦鸠摩罗什译《大智度论》卷三二:"如罗汉辟支佛住于实际,纵复恒沙诸佛为其说法,亦不能更有精进。"《世说新语·文学》第43则刘注引《语林》:"且己所不解,上人未必能通;纵复服从,亦名不益高。"

类似的结构还有很多,这里只是举例性质的。需要指出的是,和"~自"式复音结构一样,在"~复"式复音词中,也要注意辨别附加式和(同义)并列式的不同。例如,"已复""续复"等词,应该就属于同义并列式的复音词,而非附加式复音词。

3.~当

但当

只要,只须。《世说新语·规箴》第1则:"朔曰:'此非唇舌所

争,尔必望济者,将去时,但当屡顾帝,慎勿言,此或可万一冀耳。'"(300页)

将当

将要。《世说新语·术解》第7则:"郭景纯过江,居于暨阳,墓去水不盈百步。时人以为近水,景纯曰:'将当为陆。'"(382页)

乃当

乃,竟然。《三国志·蜀志·邓芝传》:"权大笑曰:'君之诚款,乃当尔邪!'"(1072页)

岂当

岂,难道。《宋书·宗室传·长沙景王道怜》:"太后曰:'道怜年出五十,岂当不如汝十岁儿邪?'"(1463页)

特当

只,只须。《三国志·魏志·武帝纪》裴注引《曹瞒传》:"后军中言太祖欺众,太祖谓主者曰:'特当借君死以厌众,不然事不解。'"(55页)

为当

是……还是,还是。旧题三国吴支谦译《撰集百缘经》卷八《额上有真珠鬘比丘尼缘》:"夫从外来,见妇头上无有珠鬘,寻即问言:'汝此珠鬘,为当与谁?'"(4/241/a)又卷九《罽宾宁王缘》:"先遣一使,白大王言:'臣等所领三万六千诸小王辈,为当都去,将半来耶?'"(4/247/c)

对"～自""～复""～当",须作具体分析,不能只要看到"～自""～复""～当"就一概把"自""复""当"视作构词成分,这里提出几条鉴别的标准。

第一,后词素"自""复""当"具有和前词素相同意义时,这个双音词究应作何结构理解,宜谨慎。如:

垂当

元魏慧觉等译《贤愚经》卷五《长者无耳目舍品》："时彼国法,若其命终,家无男儿,所有财物,悉应入官。王遣大臣,摄录其财,垂当入官。""当"自来有将要、即将义,"垂当"的"垂"是即将、马上义,"当"也是即将、马上义,"垂当"是并列式复合词,"当"不是构词成分。

续复

元魏慧觉等译《贤愚经》卷二《降六师品》："波罗奈人,明日乃知,六师徒众,续复驰逐。"南朝梁宝唱集《经律异相》卷四六引《杂藏经》："我常为大狗利牙赤白来唊我肉,唯有骨在,风来吹起,肉续复生,狗复来唊。""续"有复、又义,"续复"当属并列式的复合词。"复"不是词尾。

仍复

《太平广记》卷三二二"袁无忌"条(出《志怪录》)："仍复出门南走,临道有井,遂入其中。""仍"有又、还是、重新义,"复"也有此义,故"仍复"也是同义连文。

第二,后词素"自""复""当"按其字面义也可以解释时,不宜视作词尾(构词成分)。如《先秦汉魏晋南北朝诗·梁诗》卷二七王台卿《同萧治中十咏二首》之一《荡妇高楼月》："空庭高楼月,非复三五圆。""非复"可以解释为不再有,"复"仍有再义,不宜视作词尾。只有当用"复"的又、再义去解释文句而解释不通时,才可以当作词尾对待。如上举《贤愚经》："王寻告曰：'听汝出家,修学圣道。'因复将之,共到佛所。"上文并未说到王已经带着恒迦达去过"佛所"了,"因复"只能解释为"因",于是、就的意思,而不是"于是又";《列异传》"因复担鬼"也是一样,"复"没有实在的词汇意义。

又如,《三国志·魏志·荀彧传》裴注引张衡《文士传》："顾此人素有虚名,远远所闻,今日杀之,人将谓孤不能容。今送与刘表,视卒当何如?"(312页)"卒"是最终、终究义,"当"是将要义,"卒当"犹言终将(最终将要),"当"仍有实义。

第三节 修辞造词

中古时期,修辞造词得到了较快的发展,出现了许多新的成词方式,反映了人们在运用语言中丰富的想象力和创造力。

一、截取

所谓截取,就是截取一句话的一部分来表示另一部分的意思。这样产生的新词,两个语素本来不在一个语义平面上,在不该停顿的地方停顿了。截取手法的运用,形成了一批复音词。①

友于

东汉魏晋以来典籍中,可以见到截取使用上古词句,赋予新义的做法,姑且称之为"截取式"。典型的是"友于",前人已多有论述。② 该

---

① 关于"截取"式造词,前人时贤多有论述,如赵克勤(1994:70)称之为"割裂法",举"弱冠""而立""不惑""友于"等例。冯胜利(1997)则从韵律角度作了研究,认为:这一类新词的产生,都与韵律有关,也就是说,它们开始产生,是韵律表达上的需要,这时候,句法需要服从韵律,它们是韵律词;使用多了,约定俗成,就变成了语法词了。董秀芳(2001)则归之为跨层结构造词。

② 关于这类造词法,古代学者也有讨论,有从词语搭配的角度,如:清胡鸣玉《订讹杂录》卷七"容易否则"条论及"世俗语言,有割裂成文,沿用既久,不觉其非者",谓:《汉书·东方朔传》:"吴王曰:'先生可以谈矣。'先生曰:'谈何容易。'何容,犹言岂可也。容字不连易字读。……后人辄曰容易,非也。"又举《尚书·无逸》:"……乃逸乃谚既诞,否则侮厥父母曰。"指出:"昔之人无闻知,否字断句,则侮厥父母曰六字自为一句。……今以否则二字为句,似未协。"(78页)胡氏列举的属于误读,还有故意肢解割裂的。

词来源于上古文献"子曰:《书》云:'孝乎惟孝,友于兄弟,施于有政。'"(《论语·为政》)"惟孝友于兄弟。"(《尚书·君陈》)"友于兄弟"的属读关系是"友/于/兄弟";"惟孝友于兄弟"的属读关系是"惟/孝友/于/兄弟","孝友"连读,指兄弟之间应该尊敬兄长,爱护幼弟。在这两例中,"于"都是介词,引进动词谓语的对象。魏晋人从中间截取"友于"二字,用来指代兄弟之间的情意。于是约定俗成,产生了一个新词。"友"和"于"不在同一个句法平面上,语义上也不连读。后来的人们截取使用,以"友于"喻兄弟,构成了一个新词。

这种成词方式本来源自于"误用",但语言是约定俗成的,误用用得多了,也就成为社会上人们普通使用的词汇了,由误用转为"正用",这也是语汇产生的一种途径。值得注意的是,中古不少新词的产生,都是通过这类"截取"的修辞手法构成的,再如"山陵""而立""健讼""烹鲜""盍各"等。

烹鲜

语本《老子》第六〇章:"治大国若烹小鲜。""烹(小)鲜"本谓烧(小)鱼,动宾结构。魏晋以来凝固成词,喻指治理(国家)、为政。《抱朴子外篇·逸民》:"夫攻守异容,道贵知变,而吕尚无烹鲜之术。"《宋书·何承天传》:"财赂既逞,狱讼必繁,惧亏圣明烹鲜之美。"(1705页)

健讼

语本《易·讼》:"上刚下险,险而健,讼。"唐孔颖达疏:"犹人意怀险恶,性又刚健,所以讼也。"后人误将"健讼"连读,用以指称喜欢打官司(者)。宋袁采《袁氏世范》卷中《处己》:"乡曲更有健讼之人,把持短长,妄有论讼,以致追扰,州县不敢治其罪。"《朱子语类》

卷七八《尚书一》:"以非为是,所以舜治他。但那人也是崎岖。且说而今暗昧底人,解与人健讼不解？惟其启明后,方解嚚讼。又问:'尧既知鲧,如何尚用之。'"(1993页)宋黄震《黄氏日钞》卷七九《公移·江西提刑司·又再榜谕吉州词诉》:"当职自交割后四五十日之间,已判过吉州不切公事七八百件。今住司人来尚复有之,岂真吉州人之健讼,亦本司旧弊轻易,泛受误人于多讼之地耳。今并住行,使吾吉州之人,各知好恶,守分相安,一变前日之为,以洗健讼之谤也。"清王士禛《池北偶谈》卷八《秦襄毅公年谱》:"到秦一年,三年拖欠粮草皆完,健讼与盗贼敛迹。"宋洪迈《容斋四笔》卷九"健讼之误"条有考证,可参。

盍各

语出《论语·公冶长》:"颜渊、季路侍。子曰:'盍各言尔志？'"盍,何不;各,各自;尔志,你们的志向。六朝时,有把"盍各言尔志"缩用为"盍各尔志"者,如《后汉书·祭祀志中》刘昭注:"盍各尔志,宣尼所许,显其一说,亦何伤乎!"(3187页)于是进一步凝缩成"盍各"一语,意思是各言其志,各抒己见。《后汉书·律历志中》刘昭注、《梁书·文学传上·庾肩吾》均出现了"盍各"一语,之所以省"盍各言尔志""盍各尔志"为"盍各"者,主要是句式韵律的要求。先看《后汉书·律历志》刘注例,"公卿结正,足惩浅妄之徒;诏书勿治,亦深盍各之致。"(3040页)刘昭是梁代的学者,他为《续汉书》八志作注,虽然不是正式的典型的骈体文,但在句式上无疑也受到了当时风行文坛的骈文四六字句的影响,此即一例。从文字上,"公卿结正,足惩浅妄之徒"对"诏书勿治,亦深盍各之致",字数恰好相对,若作"盍各言尔志""盍各尔志",则失对了。再看《梁书·文学传上·庾肩吾》例,"若以今文为是,则古文为非;若昔贤可称,则今体宜弃。俱为盍各,则未之敢许。"(690页)去掉虚词"若以""则""若",则均为四字一句,这也是受骈文影响的句子,故"盍各言尔志""盍各尔志"省作"盍各"。

二、用典

用典造词,是古已有之的修辞造词法,中古时期仍然习见。

渭阳

表示外甥对舅舅的情谊。典出《诗经·秦风·渭阳》:"我送舅氏,曰至渭阳。"相传此诗是秦康公罃为太子的时候,在渭河北岸送别舅父晋公子重耳(文公)时所作。后遂用"渭阳"表示外甥对舅舅的情谊。《世说新语·言语》第13则:"魏明帝为外祖母筑馆于甄氏,既成,自行视,谓左右曰:'馆当以何为名?'侍中缪袭曰:'……此馆之兴,情钟舅氏,宜以渭阳为名。'"(40页)《晋书·谢绚传》:"(绚)曾于公坐戏调,无礼于其舅袁湛。湛甚不堪之,谓曰:'汝父昔已轻舅,汝今复来加我,可谓世无渭阳情也。'"(2088页)父亲轻视妻弟、外甥轻视舅舅,所以被指斥为"世无渭阳情也"。《南史·齐武帝诸子传·晋安王子懋》记子懋欲起兵"入讨君侧",先告诉母亲阮氏,阮氏又告诉了胞弟、子懋舅舅于瑶之:"(于)琳之从二百人仗自入斋,子懋笑谓之曰:'不意渭阳,翻成枭镜。'琳之以袖障面,使人害之。"(1112页)于琳之是萧子懋的舅舅,萧子懋起兵谋反,被于琳之镇压。外甥死于舅父之手,故子懋有"不意渭阳,翻成枭镜"之语,"枭镜"盖其自称。①

---

① 清胡鸣玉《订讹杂录》卷七"渭阳"条云:"今人言生脚注舅事,辄曰渭阳。母亡则可,若母在而称之,是死其母也,不祥孰甚焉!"(丛书集成初编本,78页)观《南史》本例,似未必。

在陈

处于饥困的境地。也作"在陈之厄"。用孔子在陈受困饥饿的典故。《论语·卫灵公》:"(孔子)在陈绝粮,从者病,莫能兴。"后来就用"在陈之厄"或"在陈"来表示(处于)饥困的境地。唐韩愈《秋雨联句》:"吾人犹在陈,僮仆诚自郐。"《苏轼集·补遗》:"惠米五硕,可得醇酒三十斗,日饮一胜,并旧有者,已足年计。既免东篱之叹,又无北海之忧……幸甚。来年食口稍众,又免在陈,不惟软饱,遂可硬饱矣。""又免在陈"是说又可免除饥困之厄。

我庾

指仓库。典出《诗经·小雅·楚茨》:"我仓既盈,我庾维亿。"庾,露天堆积谷物处。"我"和"庾"本来不属于同一个句法层面,因为在句中的位置相邻,中古以后成词,《抱朴子外篇·守塉》:"收莽秬之千仓,积我庾之惟亿。"隋辛德源《至真观记》:"穰穰我庾,邵父匹而知惭。"

阿堵/阿堵物

指钱。典出《世说新语·规箴》第 9 则:"王夷甫雅尚玄远,常嫉其妇贪浊,口未尝言钱字。妇欲试之,令婢以钱绕床,不得行。夷甫晨起,见钱阁行,呼婢曰:'举却阿堵物。'"宋张耒《和无咎》诗之二:"爱酒苦无阿堵物,寻春那有主人家。"明凌濛初《二刻拍案惊奇》卷二六:"正是:世情看冷暖,人面逐高低。任是亲儿女,还随阿堵移。"清况周颐《眉庐丛话》:"琉璃厂大贾某姓,持五千金为寿,以厂肆国粹所关,亟应保全,乞赛为之道地。赛慨然曰:'兹细事,何足道。剞义所当为,阿堵物胡为者!'竟毅然自任,却其金,亟婉切言于瓦。""阿堵(物)"指钱。宋马永卿《懒真子》卷三:"古今之语大都相同,但其字各别耳。古所谓阿堵者,乃今所谓兀底也。王衍口不言钱，家人欲试之，以钱绕床不能行，因曰：'去阿堵物。'谓口不言去却钱，但云去却兀底尔。如'传神写照，正在阿堵中'。盖当时以手指眼，谓在兀底中尔。后人遂以钱为阿堵物，眼为阿堵中，皆非是。盖此两阿堵同一意也。"

绿酨

指酒。《张协状元》十六出："叶无妻，见欲成姻契，献神绿酨。"（《宋代卷》543页）又："更满斟一盏，献神绿酨。"（同上，544页）前一例下胡双宝"校记"："'酨，钱（指钱南扬——引者）校本谓应作'蚁'，下同。"（同上，548页）

按："绿酨"指酒，盖出唐白居易《问刘十九》诗："绿蚁新醅酒，红泥小火炉。"原作"虫蚁"的"蚁"，因其指酒，故后人改用从酉之"酨"，似不必改字。

三、比喻

这种造词方式以喻体和本体之间的相似性为意义转移的基础。"所谓相似性就是两个事物之间相似的地方。相似有物理的相似性和心理的相似性之分，相似性还有程度上的不同。物理的相似性可以是在形状上、外表上或功能上的一种相似，心理相似性是指由于文化、传说或其他心理因素使得说话者或听话者认为某些事物之间存在某些方面的相似。"（束定芳 2000：172）从认知角度看，喻体和本体间的联系体现了不同领域内一个范畴向另一个范畴的语义延伸，也就是不同认知域之间的投射。汉魏以来的典籍中，时常可见用比喻形成的新词。如：

蹲鸱

指大芋、芋头。因为芋头的形状像蹲伏的鸱鸟，故名。《史记·货殖列传》："吾闻汶山之下，沃野，下有蹲鸱，至死不饥。"《颜氏家训·勉学》记江南有一权贵,读《文选·蜀都赋注》,却没有选择好的版本。原文有一处"蹲鸱,芋也",他所据的本子"芋"字误作"羊"字,权贵就以为"蹲鸱"是指羊。别人送给他羊肉,权贵回信道谢,信上写:"损惠蹲鸱。"闹了笑话。

隋唐以后比喻造词也十分常见,如:唐代的韦陟用"五云"来表示署名,"我的名字陟,宛如五朵云。"唐代王度《古镜记》称镜子为"寿光先生"(寿光侯),隋代用"月露风云"来代表"文学";等等。(参见高本汉 1931[1985:141—142])

四、借代

从认知角度看,"借代"造词方式所涉及的是一种"接近"和"突显"的关系。"接近"是指"在认知上,距离相近的事物容易被看作是一个单位",而"突显"则是指"人们的注意力更容易观察和记忆事物比较突显的方面"。(赵艳芳 2001:98—99)常见的借代主要体现为部分代整体或部分代部分。

通过借代造词,是六朝新词产生的重要途径。

(一)关于皇帝及其亲属的称呼

国家

古代诸侯的封地称国,大夫的封地称家。也用"国家"为国的通称,因借来指称皇帝。《东观汉记校注》卷一〇《祭遵传》:"国家知将军不易,亦不遗力。"(368 页)《晋书·愍怀太子传》:"二十九日早,入见国家,须臾遣至中宫。"(1461 页)

中宫

原指皇后居住的地方。《汉书·外戚传下·孝成赵皇后》:"常给我言从中宫来,即从中宫来,许美人儿何从生中?"唐颜师古注:"中宫,皇后所居。"后用来借指皇后。《周礼·天官·内宰》"以阴礼教六宫"下汉郑玄注:"六宫,谓后也。若今称皇后为中宫矣。"《晋书·愍怀太子传》:"中宫又宜速自了,不了,吾当手了之。"(1459页)又:"中宫左右陈舞见语:'中宫旦来吐,不快。'"(1461页)两例"中宫"都指晋帝贾后。

东宫

原指太子居住的地方,借指太子。晋李密《陈情表》:"猥以微贱,当侍东宫。"《世说新语·方正》第9则:"和峤为武帝所亲重,语峤曰:'东宫顷似更成进,卿试往看。'还,问何如。答云:'皇太子圣质如初。'"

以上这些称呼都已经比较固定,可以称之为词了。但也有一些属于临时的称呼,如:

南第

"凡劭、濬相与书疏类如此,所言皆为名号,谓上为'彼人',或以为'其人';以太尉江夏王义恭为'佞人';东阳主第在西掖门外,故云'南第',王即鹦鹉姓,躬上启闻者,令道育上天白天神也。"(《宋书·二凶传·刘劭》,2425页)在这段文字中,"南第"指东阳主的住处,是一种指代的用法。

(二) 关于艺术、人物、生活的一组称代词

手谈/坐隐

指下围棋。《世说新语·巧艺》第10则:"王中郎以围棋是坐隐,支公以围棋为手谈。"(387页)《南史·齐高帝诸子下·武陵昭王晔》:"尝于武帝前与竟陵王子良围棋,子良大北。及退,豫章文献王谓晔曰:'汝与司徒手谈,故当小相推让。'"(1082页)明郎瑛《七修类稿》(上海书店,2001)卷二一"和靖能棋"条:"骚人墨客多能手谈,而林和靖乃曰:'平生所不能者,担粪与著棋耳。'"(214页)

曹公

指梅子。曹公本来指曹操，《三国志·蜀志·武帝纪》裴注引《曹瞒传》："吾与子共戮力，比曹公军来，关羽兵亦至矣。"（51页）后来因为曹操曾经有过让将士望梅止渴的典故，因以"曹公"代指梅子。沈括《梦溪笔谈·讥谑》："吴人多谓梅子为曹公，以其尝望梅止渴也。"

右军

指鹅。本来称王羲之，王曾官右军将军。宋彭窦辑《续墨客挥犀》卷八"吴人好雅"条，"吴人……又谓鹅为右军，以其好养鹅也。有一士人遣人醋梅与烰鹅，作书云：'醋浸曹公一瓨，汤烰右军两只，聊备一馔。'"（中华书局本504页）①

青州从事／平原督邮

分别喻指好酒、劣酒。《世说新语·术解》第9则："桓公有主簿，善别酒，有酒辄令先尝，好者谓'青州从事'，恶者谓'平原督邮'。青州有齐郡，平原有鬲县；'从事'言到脐，'督邮'言在鬲上住。"（383页）后来就以"青州从事"和"平原督邮"分别喻指美酒和劣酒。如：唐皮日休《醉中寄鲁望一壶并一绝》诗："门巷寥寥空紫苔，先生应渴解醒杯。醉中不得亲相倚，故遣青州从事来。"又韦庄《江上题所居》诗："青州从事来偏熟，泉布先生老渐悭。不是对花长酩酊，永嘉时代不如闲。"宋苏轼《真一酒》诗："晓日着颜红有晕，春风入髓散无声。人间真一东坡老，与作青州从事名。"明谢肇淛《五杂俎》卷一一《物部三》："酒以淡为上，苦冽次之，甘者最下。青州从事，向擅声称，今所传者，色味殊劣，不胜

---

① 本条实袭自沈括《梦溪笔谈》。

平原督邮也。"清李汝珍《镜花缘》第96回:"尽是青州从事,那有平原督邮。"

云根

本来指深山云起之处,晋张协《杂诗》之一〇:"云根临八极,雨足洒四溟。"引申指僧寺道院,因为僧寺道院都建于深山云深处,故名。南朝宋谢灵运《山居赋》:"愒曾台兮陟云根,坐涧下兮越风穴。"也可指山石,盖山石的形状和云朵相似而然。明杨慎《艺林伐山》卷四"云根"条:"《古诗》:'默默布云根,森森散雨足。'云生于石,故名石曰云根。沈约赋:'户接云根,庭流松响。'杜诗:'井邑住云根。'贾岛诗:'移石动云根。'元魏裴粲传:'栖素云根,饵芝清壑。'"(丛书集成本24页)

奈园

指称佛寺。唐王勃《八仙径》诗:"奈园欣八正,松岩访九仙。"明杨慎《药市赋》:"蓬丘仙伯匕刀圭而通神,奈园老宿品千二而称珍。"也作"奈苑"。后蜀杜光庭《谢独引令宣付编入国史表》:"由是蓬岛芝宫,咸加炳焕;祇林奈苑,毕集精严。"宋杨亿《译经光梵大师》诗:"琅函香拂袂,奈苑树交阴。"

汉译佛经有"奈园"一词:后汉昙果共康孟详译《中本起经》卷下《须达品》:"是时城中有长者子五百同辈,闻佛来垂训,止住奈园,即皆俱行,诣佛听法。"(4/161/c)西晋河内沙门白法祖译《佛般泥洹经》卷上:"时佛在奈园中与千比丘俱,为诸比丘说经。"(1/163/c)《法苑珠林》卷四九引《(大)智度论》:"王子意惑,于奈园中大立精舍,四种供养。"(53/660/a)以"奈园"指称佛寺,当即由此而来。宋王子韶《鸡跖集》(《说郛》卷七五引):"昔西域国有奈树生果,果生有一女子,王收为妃,女乃以苑地施佛为伽蓝,故曰柰苑。"①

白暗/黑暗

指象牙、犀角。唐段成式《酉阳杂俎》卷一六《广动植之一·毛篇》:"或云犀角通者,是其病。然其理有倒插、正插、腰鼓插。倒者,一半已下通;正者,一半已上通;腰鼓者,中断不通。故波斯谓牙为白暗,犀为黑暗。"(160页)宋释惠洪《冷斋夜话》卷二《诗用方言》:"诗人多用方言。南人谓象牙为白暗,犀为黑暗。故老杜诗曰:'黑暗通蛮货。'"(又见《墨客挥犀》卷一"诗人多用方言"条)宋苏轼《送乔施州》诗:"鸡号黑暗通蛮货,蜂闹黄连采蜜花。"自注:"胡人谓犀为黑暗。"

软饱

指饮酒。《苏轼集》卷二二《发广州》诗:"朝市日已远,此身良自如。三杯软饱后,一枕黑甜余。"自注:"浙人谓饮酒为软饱。"《蕙风词话》续编卷一:"劝君频举觥,软饱醉乡,黑甜睡方,悬琴端按宫商,宁知辛苦忙。"

黑甜/黑酣

指睡得香。苏轼《发广州》诗:"三杯软饱后,一枕黑甜余。"自注:"俗谓睡为黑甜。"《红楼梦》第63回:"大家黑甜一觉,不知所之。及至天明,袭人睁眼一看,只见天色晶明。"《围城》第一章:"明天早晨方鸿渐起来,太阳满窗,表上九点多了。他想这一晚的睡好甜,充实得梦都没做,无怪睡叫'黑甜乡',又想到鲍小姐皮肤暗,笑

---

① 《渊鉴类函》卷三一六引《孔丛子》云:"昔西域国苑中有柰树生果,中有一女子,王收为妃,乃以苑地施佛为伽蓝,故曰王柰苑。"与此略同。或以为因洛阳白马寺有柰林而得名。明杨慎《艺林伐山》卷四"柰园"条:"寺称柰园者,白马寺有柰林也。见《洛阳伽蓝记》。王勃诗:'柰园欣八正。'"(丛书集成本25页)

起来甜甜的,等会见面可叫他'黑甜'。"

又有"黑酣"一词,义近"黑甜"。清黄遵宪《庚午中秋夜始识罗少珊文仲于矮屋中遂偕诗五共登明远楼看月少珊有诗作此追和时癸酉孟秋也》诗:"三更夜深风露重,下士万蚁齐黑酣。"

五、委婉

包括汉族在内的东方民族一向以含蓄、内向著称,不喜欢直露地表达感情。反映在语言表达上,常常使用委婉、含蓄的词语,通过委婉表达法产生新词。陈原指出:"当人们不愿意说出禁忌的名物或动作,而又不得不指明这种名物或动作时,人们就不得不用动听的(好听的)语词来暗示人家不愿听的话,不得不用隐喻来暗示人家不愿说出的东西,用曲折的表达来提示双方都知道但不愿点破的事物——所有这些好听的、代用的或暗示性的语词,就是委婉语词。"(《社会语言学》343页,学林出版社,1983)

委婉的用法通常有两类:一类用于外交或社交的场合,另一类则用在指称与生殖、生理有关的事物上。

(一)外交、社交词语

1. 彼

阅读六朝初唐史书,会发现,书中经常用"彼"以及系列词来指称交战中的对方(敌国),如:《宋书·张畅传》:"黄甘幸彼所丰,可更见分。"(1603页)"彼"犹言贵国、贵地。这是北魏使者对刘宋使者说的话,希望南朝刘宋政府再给他们一些南方特产——柑橘。《魏书·李孝伯传》:"向送刘康祖首,彼之所见。"(1171页)"彼之所见",是说贵国所看到的。《梁书·王僧辩传》:"今歃不忘信,信实由衷,谨遣臣第七息显,显所生刘并弟子世珍,往彼充质。"(634页)"往彼充质",是说到贵国充当人质。

除了"彼"以外,还有"彼方""彼国""彼土""彼朝"等称呼,犹言贵国,如《宋书·索虏传》:"而彼方君臣,苞藏祸心,屡为边寇。"(2334页)又有"彼军"一词,犹言贵军。

"彼"的这一用法至唐代仍见沿用,唐张九龄《敕金城公主书》(《曲江集》卷一二):"比者通好,信使数来。知彼所宜,善足为慰。"又《敕突厥苾伽可汗书》(《曲江集》卷一一):"敕突厥苾伽可汗:比数有信,知彼平安,良足慰也。""彼",均指对方,犹言贵国、您。《敕吐蕃赞普书》(《曲江集》卷一一):"皇帝问赞普:'自与彼蕃连姻,亦已数代;又与赞普结约,于今五年。入使往还,未尝有间。'""彼蕃",犹言贵国。(参见王继如2001:66—67)

从六朝初唐史书、唐人书信等诸多用例来看,"彼"及其系列用语"彼方"等大多用在两国使者交谈或信函往来的时候,应该属于外交场合习用的外交辞令;从修辞的角度看,它是一种委婉的表达方式。就像当今国际上谴责一国对另一国的入侵,联合国决议通常是说"外国军队必须撤出某国领土"云云,而不直接指斥该国的名称。详见第八章。

2. 不便

根据现代语用学"礼貌原则",人们在社会交往中,避免说对方不好的地方。即便对方身患某种残疾,也往往用委婉的方式表达。

(1) 婉指身患残疾。《三国志·魏志·陈思王植传》裴注引《魏略》:"闻仪为令士,虽未见,欲以爱女妻之,以问五官将。五官将曰:'女人观貌,而正礼目不便,诚恐爱女未必悦也。'"(562页)"不便",婉指一只眼睛瞎。故下文有"丁掾,好士也,即使其两目盲,尚当与女,何况但眇"的话。①

(2) 疾患的委婉表达法

生病或身体不适,除可用"不便"委婉表达外,还有一些委婉的说法,如中古时期的"不安""不佳",近代的"违和":《祖堂集》卷十四《江西马祖》:"院主问:'和尚四体违和,近日如何?'"(《唐五代卷》543页)

像这类由于委婉的修辞方式造成的词,往往不能根据其字面求得确诂,是值得我们特别注意的。

(二) 与人类生殖、生理有关的词语

相对西方民族的情感外向、性格直率,东方民族往往偏于内向,感情含蓄,表达委婉,对一些与人类生殖、生理有关的词语,如生殖器、交媾、如厕、月经、排泄物等往往采用委婉的说法,这类委婉词屡见于六朝典籍。近代汉语亦不乏用例,如以"净手"为上厕所。《原本老乞大》:"咱每则这后园里大净手不好那?我拿着马,怎净手去,我不索净手。"(外语教学与研究出版社,41页)"净手"就是如厕的委婉说法。详参第八章第四节,此不赘述。

六、避讳

汉民族是一个禁忌颇多的民族,避讳是封建社会里一种十分普通的文化现象,在漫长的社会历史进程中,因避讳而造出新词屡见不鲜。

(一) 对死的避忌

死是人所避忌的,故对死亡常常采用委婉、含蓄的说法,不直接说。中古时期有"身毛""不在""东西""东西不在"等词语(详见第八章第四节)。近代汉语也有许多类似的说法,举"有好歹"一例

---

① 到了近代汉语,"不便"又可以用来隐指外生殖器,如:《金瓶梅词话》第79回:"西门庆只望一两日好些出来,谁知过了一夜,到次日,内边虚阳肿胀,不便处发出红瘰来,连肾囊都肿的明滴溜如茄子大。"现代汉语中,"不便"又可以婉指手头紧、缺钱花。

以见一斑。

宋元以来的通俗作品如元杂剧中,常常用"若有好歹""倘或有些(有个)好歹"等词语来婉称死亡,如:

"老夫今年六十五岁,倘或有些好歹呵,着谁人说与孩儿知道,替他赵氏报仇?"(《赵氏孤儿》第四折)"这酒不是家里带来的酒,是买的酒;大人吃下去,若有好歹,药杀了大人,我可怎么了!"(《望江亭》第三折)"(贾仁云)我儿,我这病觑天远,入地近,多分是死的人了。我儿,你可怎么发送我?(小末云)若父亲有些好歹呵,你孩儿买一个好杉木棺材与父亲。"(《看钱奴买冤家债主》第三折)"若孩儿有些好歹,老身性命也便休了。"(《水浒传》第51回)"这会子你倘或有个好歹,丢下我,叫我靠那一个!"(《红楼梦》第33回)

这几例"好歹"都偏指"歹",意指丧命、死亡,通常前面有表示假设的连词(若、倘或、万一、要是等),并与"有""有个""有些"连用,沿用至今。与此相类似的有"若有不测"(书面语)、"若有个三长两短"(口语)等说法。

(二) 对人名的避忌

麻胡

传说中的人名。以残暴著称,民间用来恐吓小儿。主要有两个说法:①东晋十六国的后赵石勒,有一个将领名麻秋,系太原的胡人,生性凶狠。见《太平广记》卷二六七引张鷟《朝野佥载》。②隋朝的将军麻祜(字叔谋),秉性残暴,儿童望风生畏,互相恐吓说"麻祜来",发音不正,转为"麻胡"。①

---

① 参看宋彭窦辑《续墨客挥犀》卷七:"今人呼麻胡以怖小儿,其说有二。"(489页)又参徐时仪(2005)。

阳秋

本来是春秋，指史乘。晋代避晋简文帝太后阿春的名讳，改为"阳秋"。史书有《晋阳秋》，东晋孙盛撰，见南朝宋裴松之《三国志注》、南朝梁刘孝标《世说新语注》等六朝著作征引。西晋褚裒口不臧否人物，人称"皮里阳秋"，见《世说新语·赏誉》第66则、《晋书·褚裒传》。后代继续沿用，"阳秋"遂成一词。如宋人葛常之撰《韵语阳秋》。

七、其他

除了上述几种修辞手法创造新词外，也有一些场合，临时活用，造成新词。例如：

一般/一般般

《大唐三藏取经诗话》卷下："孟氏居那无两样，从今衣禄一般般。"（《宋代卷》255页）"一般"犹"一同"，是一样的意思。这里因是七言诗歌，故"一般"衍生为"一般般"。这属于临时修辞手法造词。

八、熟语

熟语，包括成语、谚语等，是劳动人民口中传授，被载籍记载下来的活的语言，一般来说，都比较俚俗易懂，琅琅上口。从汉代到六朝，这方面的材料很多，兹就部分谚语作些介绍。

（一）谚语

《全三国文》卷八魏文帝曹丕《太子》："余蒙隆宠，忝当上嗣，忧惶踧踖。上书自陈，欲繁辞博称，则父子之间不文也；欲略言直说，则喜惧之心不达也。里语曰：'汝无自誉，观汝作家书。'言其难也。"（《意林》卷五《太子篇》序）里语，谓里巷之言，民间之语。

1. 两汉时期

出自《史记》:变古乱常,不死则亡。(《袁盎列传》)当断不断,反受其乱。(《春申君列传》)桃李不言,下自成蹊。(《李将军列传》)力田不如逢年,善仕不如遇合。(《佞幸列传》)

出自《汉书》:千人所指,无病而死。(《王嘉传》)水至清则无鱼,人至察则无徒。(东方朔《客难》)狡兔死走狗烹,飞鸟尽良弓藏,敌国破谋臣亡。(《韩信传》)遗子黄金满籯,不如教子一经。(《韦贤传》)

出自《风俗通义》:狐欲渡河,无奈尾何。(《正失第二·宋均令虎渡江》)妇死腹悲,惟身知之。(《愆礼第三·山阳太守汝南薛恭祖》)县官漫漫,怨死者半。(《太平御览》卷二二六、四九六引)金不可作,世不可度。(《正失第二·王阳能铸黄金》)

出自他书:人闻长安乐,出门向西笑;知肉味美,则对屠门而嚼。(《艺文类聚》卷七二引桓谭《新论》)少所见多所怪,见橐驼言马肿背。(东汉牟融《牟子》引)人中有吕布,马中有赤兔。(《太平御览》卷四九六引《曹操别传》)

2. 六朝时期

出自《后汉书》:灶下养,中郎将;烂羊头,关内侯。(《刘圣公传》)贵易交,富易妻(《宋宏传》)万事不理问伯始,天下中庸有胡公。(《胡广传》京师谚)关西出将,关东出相。(《虞诩传》)

出自《颜氏家训》:上车不落则著作,体中何如则秘书。(《勉学》)积财千万,不如薄伎在身。(《勉学》)尺牍书疏,千里面目。(《杂艺》)教妇初来,教儿婴孩。(《教子》)

出自他书:数面成亲旧。(晋陶潜《答庞参军诗序》引)颠马破车,恶妇破家。(《易纬》引)虽有神药,不如年少;虽有珠玉,不如金

钱。(南朝宋祖冲之《述异记》引)官中无人,不如归田。(晋鲁褒《钱神论》引)

有的是当时的习语,如"急急如律令",原为公文下达时用语,意谓迅速按照文件要求办理。后引申为咒语,常用于医疗、农业以及宗教祷祝的场合。例如:晋葛洪《肘后备急方》卷三《治寒热诸疟方》:"咒云:瞽瞽圆圆,行路非难,捉取疟鬼,送与河官。急急如律令,投于水,不得回顾。"《齐民要术》卷七《造神曲并酒》:"祝曲文:'敬告再三,格言斯整。神之听之,福应自冥。人愿无违,希从毕永。急急如律令!'祝三遍,各再拜。"元关汉卿《窦娥冤》第四折宾白:"有鬼有鬼,撮盐入水,太上老君,急急如律令,敕!"

关于汉魏六朝的民谚歌谣,明郎瑛《七修类稿》(上海书店,2001)卷二四"谚语始"(257页)、卷二五"古语有本"(270页),清赵翼《陔馀丛考》(上中下三册,中华书局,1963年新1版)卷二二"汉谚用韵法"已经多举其例,可以参看。

(二) 格言警句

"不痴不聋,不作家翁。"(语出《慎子》逸文,亦见刘熙《释名》)后代沿用甚广。

"上曰:鄙谚有之:'不痴不聋,不作家翁。'儿女子闺房之言,何足听也。"(《资治通鉴·唐代宗睿文孝武皇帝中之上》)

《因话录》有"不痴不聋,不作家翁"条:"郭暧尝与升平公主琴瑟不调,暧骂公主:'倚乃父为天子,我父嫌天子不作。'主恚,入奏上曰:'他父实嫌天子不作,使不嫌,社稷岂汝家有也!'尚父拘暧,诣朝堂待罪。上曰:'不痴不聋,不作阿家阿翁。小儿女闺闱之言,大臣安用听。'锡赉以遣之。尚父杖暧数十。"(宋曾慥《类说》卷一四引)

"长孙平开皇中为兵部尚书,有人告大都督邶绍非毁朝廷为愤愤者,高祖怒,将斩之。平进谏曰:'川泽纳污,所以成其深;山岳藏疾,所以就其大。臣不胜志愿,愿陛下弘山海之量,茂宽裕之德。鄙谚曰:不痴不聋,未堪作大家翁。此言虽小,可以喻大。邶绍之言,不应闻奏。'"(《册府元龟》卷五四二《谏诤部·直谏》)

唐代宗谓郭子仪曰:"鄙谚有云:'不痴不聋,不作家翁。'"(《南村辍耕录》卷六"家翁"条,74页)

本章参考文献

白寿彝主编 1989 《中国通史》第一卷《导论》,第四卷《中古时代·秦汉时期》,第五卷《中古时代·三国两晋南北朝时期》,上海人民出版社。

陈　原 1983 《社会语言学》,学林出版社。

董秀芳 2001 《词汇化——汉语双音词的衍生和发展》,四川民族出版社。

董志翘 2000 《〈入唐求法巡礼行记〉词汇研究》,中国社会科学出版社。

方一新 1997 《东汉魏晋南北朝史书词语笺释》,黄山书社。

方一新　王云路 2006 《中古汉语读本》(修订本),上海教育出版社。

冯胜利 1997 《汉语的韵律、词法与句法》,北京大学出版社。

[瑞典]高本汉 1931 《中国语和中国文》,张世禄译,商务印书馆;台北文史哲出版社,1985。

郭在贻 1992 《魏晋南北朝史书语词琐记》,载《郭在贻语言文学论稿》,浙江古籍出版社。

黄　征　张涌泉 1997 《敦煌变文校注》,中华书局。

江蓝生 1988 《魏晋南北朝小说词语汇释》,语文出版社。

蒋绍愚 1980 《杜诗词语札记》,《语言学论丛》第六辑;又载《汉语词汇语法史论文集》,商务印书馆 2000。

蒋宗许 2004 《词尾"自""复"三说》,《四川理工学院学报》第 2 期。

李维琦 2004 《佛经词语汇释》,湖南师范大学出版社。

林伦伦　朱永锴 1993 《古诗文别称词与中国文化》,暨南大学出版社。

柳士镇 1992 《魏晋南北朝历史语法》,南京大学出版社。

束定芳　2000　《隐喻学研究》,上海外语教育出版社。
[日]太田辰夫　1988　《汉语史通考》,中译本,江蓝生、白维国译,重庆出版社,1991。
汤珍珠等　1997　《宁波方言词典》,江苏教育出版社。
王继如　2001　《唐文语词札记》,载《训诂问学丛稿》,江苏古籍出版社。
王　力　1980　《汉语史稿》,中华书局。
———主编　1999　《古代汉语》,中华书局。
王云路　1997　《汉魏六朝诗歌语言论稿》,陕西人民教育出版社。
———　1999　《六朝诗歌语词研究》,黑龙江教育出版社。
魏耕原　2001　《全唐诗语词通释》,中国社会科学出版社。
向　熹　1993　《简明汉语史》,高等教育出版社。
徐时仪　2005　《"马虎"探源》,《语文研究》第3期。
徐震堮　1984　《世说新语校笺》,中华书局。
姚振武　1997　《再谈中古汉语的"自"和"复"及相关问题》,《中国语文》第1期。
[日]衣川贤次　1997　《傅亮〈光世音应验记〉译注》,《花园大学文学部研究纪要》第二十九号。
张万起　2000　《〈世说新语〉复音词问题》,载《中古汉语研究》,商务印书馆。
赵克勤　1994　《古代汉语词汇学》,商务印书馆。
赵艳芳　2001　《认知语言学概论》,上海外语教育出版社。
郑　光　2003　《原本老乞大》,外语教学与研究出版社。

第十一章 中古近代汉语词义考释法

从事学术研究工作,方法是第一位的,应该重视方法论。掌握了正确科学的研究方法,研究工作就会事半功倍,否则非但事倍功半,甚至会得出错误的结论。

前辈学者都很重视研究方法。王力(1983:272)曾经说过:"科研有两个条件,一个条件是时间,一个条件是分析能力。没有时间就没法充分占有材料。要有分析能力就要有科学的头脑,逻辑的头脑。"所谓"科学的头脑",实际上就是掌握正确的研究方法。郭在贻(1986[2005:114])也指出:"作研究工作,有两点最要注意:一是材料,二是方法。俗语词研究也不例外。"[①]具有科学头脑,掌握了科学的研究方法,是杰出学者的共同特点,值得我们学习和借鉴。

[①] 著名古文字学家唐兰(1981:192—193)曾说:"一般学者所谓已认识的甲骨文字,不过一千字左右,而且还有许多错误。假使我们有了方法再去整理,至少可以使可识的字增加出一倍来。……用旧时的方法去研究,偶然也可发见十个八个字,但大体上是有限制了。所以,我们所认为最重要的,是研究出更精密的方法。"也指出了研究方法的重要性。

方法问题有大有小,最大的方法,是整个语言学研究法;其次,则是汉语史研究法;再其次,则是本章拟着重介绍的古代词义考释法。谈整个语言学的研究方法是我们力所不及的,本章的重点是介绍中古近代汉语词义考释法,而既然中古、近代汉语词汇研究属于汉语词汇史研究的领域,则在重点介绍词义考释法的同时,不妨了解一下汉语史研究的基本原则和方法,在词义考释过程中应该注意的相关问题,兹分述如下。

第一节 汉语史研究的基本原则和方法

一、基本原则

这里所说的"基本原则",是指从事汉语史研究所应遵循的最基本的原则。从宏观的角度看,从事汉语史研究应该掌握以下几个原则:

(一) 历时和共时相结合的原则

瑞士语言学家索绪尔曾指出:"有关语言学静态方面的一切都是共时的,有关演化的一切都是历时的。"(《普通语言学教程》)我国语言学家蒋礼鸿认为:"研究古代语言,我以为应该从纵横两方面做起。所谓横的方面是研究一代的语言,如元代。其中可以包括一种文学作品方面的,如元剧;也可以综合这一时代的各种材料,如元剧之外,可以加上那时的小说、笔记、诏令等。当然后者的做法更能看出一个时代语言的全貌。所谓纵的方面,就是联系起各个时代的语言来看它们的继承、发展和异同,《诗词曲语辞汇释》就是这样做的。入手不妨而且也只能从一小部分一小部分做起,但到后来总不能为这一小部分所限制;无论是纵的和横的,都应该有较广泛的综合。"(《敦煌变文字义通释·序目》)在广泛积累的基础上,纵、横两方面相结合进行研究,这是蒋礼鸿数十年治学生涯的经验总结,《通释》就是很好的示范。蒋礼鸿研究的是敦煌变文,这基本上是一个共时的材料,作者除了搜集变文的本证、敦煌曲子词、唐五代笔记小说、诗词、史乘、碑帖等旁证进行共时的考释研究外,还广泛搜集其他时代的相关材料,上溯源头,下探流变,征引极为广博,从而把词语考释纳入了词汇史的范畴,其得出的结论的可信度自然就相当高了。

朱德熙在研究"的"字结构的两种方言来源时,就曾经把这个方言的材料上溯,追溯源流,纵横比较,得出了令人信服的结论。

(二)宏观和微观相结合,理论探讨和实证研究相结合的原则

1. 在历时、共时相结合的同时,还值得注意的是宏观和微观相结合的原则。具体地说,是指点和面、断代和通史相结合的原则。

王锳在引述《通释》"纵横结合"的观点后指出:"纵横结合,熔各类体裁于一炉,这个意见无疑是中肯的。不过这应是一个总体的目标,为了达到这个目标,个别的研究者尽可侧重于某些方面,然后集腋成裘,汇溪流为江海。另外,在横的也即共时研究的具体做法上,似乎还应该强调点和面的结合。这里所谓'点',指的是专书词汇研究。如能选择若干部时代确切而有代表性的作品,对其中的词汇现象进行全面的穷尽式的分析排比,整理归纳,这无疑会给词汇史的研究与大型辞书的编纂打下坚实的基础。所谓'面',则是从一代或一个历史阶段的某一类或几类体裁的作品中去博观约取,作为专书研究的一种补充,以利于克服专人专著在词汇面上

存在的局限。这样,经过许多人坚持不懈的努力,汉语史词汇研究的这一段空白是完全能够较快地填补起来的。"(《唐宋笔记语辞汇释·前言》)

的确,从事汉语史研究,既要做宏观架构、整体论述的工作,也要做那些攻关拔寨、集腋成裘的专题或专书研究性的工作,而且后者是前者的基础,理应先做起来。尤其是专书语言研究、专题性语言研究,是整个汉语史研究的基础工作。程湘清主编的《汉语史研究系列》,从《先秦汉语研究》《两汉汉语研究》《魏晋南北朝汉语研究》《隋唐汉语研究》《宋元明汉语研究》,从一部一部专书或一个一个专题做起,集为断代研究,从一个角度反映了汉语发展的基本轮廓,合在一起看,就是一段汉语的发展史。

2. 从事汉语史研究,应该用科学的理论作指导。这些理论可能是自觉或不自觉地在研究者脑海里,指导着我们的研究和实践。它包括:

注重系统性。语言是一个系统,与此相对应,语言的语音、语法、词汇等部门也都有各自的系统,从事汉语史的研究不能不注意系统性。

注意社会性。语言是人们进行交际的工具,在社会生活中,语言的使用受到规范、通用等方面的限制,个人的言语行为若要变成约定俗成的通行法则,必须符合语言的社会性的要求。

注意相关学科的联系和融合。在语言的发展进程中,语音、语法、词汇各个部门有着密切的联系,研究其中的一个部门时,必须充分看到这一点。另外,语言和文学、史学、哲学、民俗、文化等的联系同样十分密切,从事汉语史研究应该注意相关学科的交叉和融合。

而在汉语史研究过程中,还应该注意借鉴、吸收国内外语言学界的新观点、新方法,使之与汉语的实际相结合,解决汉语本身的问题。比如当前较为热门的语法化问题、认知语言学、计算语言学等,都值得汉语史研究者留意。

就整体而言,从事汉语史研究的学者投入理论思考的时间很不够,对理论探讨和借鉴的热情也很不足,呈现出重实证,轻理论,重描写,轻解释的倾向,这容易使研究显得支离破碎,不够系统,只见树木,不见森林,多为具体研究,而少见规律探寻,笔者就是这样。这是值得我们重视的大问题,有必要在今后逐步地加以纠正。

当然,重视理论,加强理论研究,并不是说实证研究可以不要,词语考释不要做,这毕竟是语言研究的基础。汉语史的研究需要理论指导,但也不能空谈理论,或借谈理论之名,故弄玄虚,不切汉语实际,不解决汉语的实际问题。我们的研究还必须从大量掌握第一手材料入手,通过语言事实总结规律,说明问题。

(三)基础研究与实际应用相结合的原则

在西方,近百年来的科学发展史业已证明,语言学是一门领先的学科,它的发展,促进了哲学、美学、文艺学、逻辑学、计算机科学等相关学科的发展,具有很高的地位。

我国的汉语研究有着悠久的历史,源远流长,名家辈出。古代的小学研究是为经学服务的,被看作是经学的附庸。到了近代,有识之士矢志改革,陈独秀、钱玄同、胡适等掀起了白话文运动,一改文风;章太炎、沈兼士、黄侃等在传统文字声韵训诂的基础上建立了语言文字之学;马建忠撰著《马氏文通》,标志着近代语法学的诞生。这都是具有历史意义的重大事件,堪称丰碑,值得纪念。

从事现代语言学的研究,无论是哪一个分科门类,都应该避免脱离实际,躲在象牙塔里孤芳自赏。在今天,在加强基础学科即纯语言学研究的同时,应该大力发展应用语言学,促使科学研究为现代社会服务,为人民大众服务。就是基础研究本身,也有一个转变观念的问题,我们应该冲破古今的隔阂,摸索学术研究服务于社会的途径,探讨基础研究的成果转化成社会生产力的可能性。从这个意义上讲,汉语史研究应该与现代汉语研究相结合,与现代汉语方言调查相结合,在古代汉语和现代汉语之间架起桥梁,使相关的研究成果尽快地发表出来并应用于社会,为社会主义市场经济以及两个文明建设服务。

以传统学科训诂学为例,早在20世纪80年代中期,郭在贻撰著《训诂学》,就明确提出训诂学研究要有实用性,即训诂学研究可以为古籍整理服务,为辞书编纂服务,反对侈谈理论,为我们树立了榜样。

进入20世纪90年代,随着计算机技术的飞速发展、个人电脑的普及,计算机进入了千家万户,成为学者代笔的良好工具。近十年来,汉字输入,人机对话,软件编程,都离不开语言学的支持。像计算语言学这样一个跨学科的领域,既需要精通计算机技术的电脑专家,也需要有一定工科素养的语言学家,更需要二者兼顾的佼佼者,促使语言学研究和计算机联姻,开拓计算语言学、汉字编码和输入、软件开发的新天地。

二、基本方法

研究汉语史,不论是语音史、语法史还是词汇史,都必须掌握一定的方法。

汉语史研究的基本方法,指从事汉语史研究经常采用的研究方法(包括语音、语法和词汇史研究的主要方法)。从事汉语史研究和从事其他学科的研究是一样的,所能采用的方法应该是丰富多彩、自主灵活的,并无一定之规,也没有一成不变的法则。每个分支领域及其研究者,都应该选择适合该领域及自己的方法,进行研究。

比如,研究汉语语音史方面的上古韵部,清代学者如顾炎武、孔广森、段玉裁、王念孙等采取的是系联法(归纳《诗经》《楚辞》的用韵,系联押韵字)、谐声偏旁类比法;钱大昕考察上古声母,提出了"古无轻唇音""古无舌上音",运用了异文求证法、方言佐证法。近代高本汉研究中古韵,采用的是构拟法,李方桂、董同龢、王力也是这样。现代学者比较多的采用比较的方法,如汉藏语系的比较研究,汉语和少数民族语言的比较研究等。

研究古文字,也有研究的方法。唐兰(1981)曾总结释读、研究古文字的方法,有对照法(或比较法)、推勘法、偏旁的分析、历史的考证,等等。

就方法而言,尽管没有固定的模式,但常用的类别还是有的。笼统地说,这些类别大致包括共时描写,历时考察,比较互证,排比归纳,推理演绎,定量统计,参证方言等等,在前辈学者的论著中可以找到不少实例。

(一)共时描写

自从瑞士语言学家索绪尔明确区分语言的共时和历时,强调共时研究的重要性后,区别共时研究和历时研究已经成为语言学界的共识。汉语史是研究汉语发展历史的学科,因此,从总的研究趋向来看,这是一门从事历时性研究的学科。但事物都是相辅相成的。共时研究是历时研究的基础或前提,各个阶段的共时研究没有做好,则历时研究无从谈起。同样,共时研究也应该以历时研究为方面和目标,因为语言是处在不断的发展变化当中的,研究语言尤其是汉语史的学者而不关心语言的发展,仅仅满足于共时的描写,这当然也是很不够的。因此,共时研究和历时研究是密不可分的连体婴儿,是形影不离的孪生兄弟,合则双美,分则俱伤,其道理是显而易见的。

研究汉语语法史,吕叔湘采用的是结构主义的描写法,如对近代汉语代词的描写研究,很详尽,很细致,可以他的《近代汉语指代词》为代表。赵元任研究北京方言,罗杰瑞研究闽语,都采用了共时描写的方法。

此外,专书语言研究通常都采取共时描写的方法,例如,董志翘著《〈入唐求法巡礼行记〉词汇研究》,就详尽搜集《入唐求法巡礼行记》里的用例,考释疑难词语,梳理新词新义,总结词汇特色,进行描写研究。系统的断代语言词典——《唐五代语言词典》《宋语言词典》《元语言词典》,也都采用共时的方式编纂,对各自所反映的语言时段的词汇作了描写和总结,诠释了当时产生或流行的语词。

(二)历时考察

历时考察的研究,是20世纪近代汉语词汇研究的一个总的趋势,得到了继承和发展。前人时贤的许多著作都作了很好的示范。

张相撰著《诗词曲语辞汇释》,以征引、利用唐宋元时期的诗词曲语料为主,在这同时,也上溯了部分词语的源头,作了历时的考察。

蒋礼鸿《敦煌变文字义通释·序目》,提出了"纵""横"相结合的词汇研究方法,并对所释的敦煌语词上溯源头,下探流变,溯源工作尤其到位,是上个世纪最出色的近代汉语共时、历时相结合的词汇研究专著。

专书语言研究在共时研究的基础上,也可以进行历时的探索。汪维辉著《〈齐民要术〉词汇语法研究》，在不少条目下，征引了六朝时期的相关例证，为《齐民要术》词汇语法作纵的系联提供了参考。

（三）比较分析

近代学者王国维（1994：2—3）曾提出著名的"二重证据法"："吾辈生于今日，幸于纸上之材料外更得地下之新材料。由此种材料，我辈固得据以补正纸上之材料，亦得证明古书之某部分全为实录，即百家不雅驯之言亦不无表示一面之事实。此二重证据法惟在今日始得为之。"王氏所说的就是地下出土文献和传世书面文献相结合，这实际上就是一种比较互证的方法。

比较的方法运用十分广泛，各个分支学科都有运用。

吕叔湘（1977）指出："一种事物的特点，要跟别的事物比较才显出来。……语言也是这样，要认识汉语的特点，就要跟非汉语比较；要认识现代汉语的特点，就要跟古代汉语比较；要认识普通话的特点，就要跟方言比较；无论语音、语汇、语法，都可以通过对比来研究。"

梅祖麟研究近代汉语语法史，采用了比较互证法：语音、语法和词汇打通，并上溯先秦、汉魏六朝，下考现代方言。例如，梅氏《现代汉语选择问句法的来源》，着重讨论了从5世纪到12世纪的汉语选择问句法。作者先考察古今选择问句法的差异，列举5世纪以来选择问的新句式，找到了现代选择问的来源。作者以"为"及其复词化的"为是""为复""为当"为考察对象，也调查了作为选择问记号的"还""是"的用法，指出："还……还""是……是""还是……还是""是……还是"早在《朱子语类》里就出现了。并以粤方言为例，考察了粤方言选择问记号"定"的来源。文章的结论是：

现代汉语选择问的句法在 5 世纪已经成形,以后发生了若干词汇的变化,在 12 世纪产生"是……还是"这类现代选择问的句子。

以汉语词汇史研究及相关研究而言,如柳士镇(1988)曾就《世说新语》和《晋书》的异文语言作过比较研究,指出,《世说新语》与《晋书》的异文在语言上的差别主要表现在以下七个方面:用词不同形成异文,句末语气词的有无,判断句的表达方式,被动句的表达方式,处所语与关系语的位置,动词与宾语之间的"于"字,理解不同而致歧异。其中,首尾两种类型形成的异文,恰好说明二书在遣词用语方面的不同:《世说新语》是当时口语的反映,而《晋书》则有意无意地改为文言词语,如《世说新语·惑溺》"呜"(亲吻),《晋书·贾充传》改为"拊"(轻拍),所谓"改俗为雅"是也。

研究中古汉语词汇史,以往或偏重于利用中土文献的材料,或利用佛典,近年来,有学者尝试把二者结合起来,采用比较的方法,进行研究。

胡敕瑞曾就《论衡》与东汉佛典的词语作过比较研究,撰写了一部着眼于比较的博士学位论文。胡敕瑞(2002:6)指出:"只有比较才能发现异同,有了异同才能认清各个时代词汇系统的特点,有了各个时代词汇系统的特点才能建立整个汉语词汇史。直到今天,我们还很难把某个时代的词汇系统的特点说清楚,这与词汇的比较研究开展得很少不无关系。"

类似的研究都较有新意,为汉语史的研究开辟了一条值得尝试、探索的途径,相信这一领域的天空还十分广阔,有志者会大有用武之地的。

(四)定量统计

陆致极(1992:112—113)考察了北京话和济南话、西安话、太原话、汉口话、成都话、扬州话之间在声母感知上的接近程度,采用了两种方法:第一,利用《最常用的汉字是哪些》中所列的汉字的频率,调查了2314个字在北京话声母中的累计频率和出现率,以此与济南等六种方言相比较。第二,陆和郑锦全合作,以《汉语方音字汇》为基本材料,联系中古音系声类,对汉语17个方言调查点的声母分布作过相关程度和归类的计量描写,得出北京话和其他六种方音之间的相关程度。两种调查都采用的定量统计的方法,有详细的统计数据。虽然前者是从交际过程中语音感知的角度出发的,后者则着眼于以中古音系分类的语音单位在现代方言中实际读音的分布的数量比较,二者的观察角度和计算方法都不相同,但结果基本一致:就声母而言,北京话和同属于北方方言华北次方言的济南话最接近;其次是属于西北次方言的西安话;再次是太原话;而和属于西南次方言的汉口话、成都话的差别最大。

郭锡良(1983)曾经对第三人称代词"他"做过比较详尽的调查统计,作者按照不同时期,分别调查了"他"的使用情况,列出表格,标明统计数字。

唐钰明(1985a、b,1987,1988)对自先秦至明清的汉语被动句作过系统的研究,其特点之一就是采用了定量统计的研究方法,调查了大量的传世文献,对每一时期、每种代表性作品都进行了穷尽性的统计研究,在论文中列有统计数字和图表,增强了结论的可信程度。

遇笑容的近作《〈儒林外史〉词汇研究》,通过考察整部著作的词汇系统来判断《儒林外史》的作者,令人耳目一新。作者以全椒方言为中心,对书中带有方言色彩的词语进行了广泛的调查和收集;在此基础上,选取776个方言词作了细致的调查和分析,最终得出了《儒林外史》的作者应该是全椒、南京一带人,该书的前后两部分应出自不同人之手的结论。翔实的统计数据大大增强了结论的说明力。

(五) 归纳推阐

研究汉语词汇史,运用最多的是归纳法,即对出现次数较多的词语,采用"汇证"的方法,排比用例,进行考释。张相《诗词曲语辞汇释》、蒋礼鸿《敦煌变文字义通释》都运用了这一方法并取得了杰出的成绩。这一方法的具体运用,我们在后面还会提到。

有时候,有的疑难词语只出现了很少的几例,有的干脆就是孤证。在证据有限,归纳法不能奏效的情况下,推阐和演绎就成为另一种值得一试的方法。具体说,是指在本例之外,搜集相通、相关的例证,通过推理演绎或综合分析的办法,加以疏通证明。江蓝生(1998)曾列举实例,对此作了很好的论述。在该文中,作者从四个方面论述了演绎法在近代汉语词语考释中的作用。这四个方面是:①合成词中联合结构的同义复词;②构词上的类化现象;③词义的类同引申;④词义通借现象。作者是这方面的专家,有实际考释的经验,观其所举各例,确实单凭归纳法无法得出结论,应该打开思路,采用综合和比较、演绎的方法。江文在研究方法上有所突破和创新,是值得肯定的。

(六) 参证方言

朱德熙研究现代汉语两种反复问句,采用了结合方言的研究方法。他的《汉语方言里的两种反复问句》(《中国语文》1985年第1期)、《"V-neg-VO"与"VO-neg-V"两种反复问句在汉语方言里的分布》(《中国语文》1991年第5期)两篇重要文章,标志着汉语方言语法比较研究的开始。

李行健、[日]折敷濑兴(1987)指出：("其性质泰半通俗，非雅诂旧义所能赅，亦非八家派古文所习见"一类)"词语主要存在于诗词曲和变文语录小说等作品中。它们无旧注和专书可供查阅参考，但却还有许多留存在方言口语中。因此，对于这类词语的训释，方言大有用武之地。"

蒋礼鸿撰著《敦煌变文字义通释》《义府续貂》，经常采用自己的家乡话——嘉兴方言(属吴语区)来印证结论。

李申《金瓶梅词话方言俗语汇释》利用现代北方(徐州等地)方言，对近代汉语词汇进行了调查和分析。

海外学者的研究往往注意把书面文献和现代方言结合起来，梅祖麟《汉语方言里虚词"著"字三种用法的来源》就是一例。文章考察了汉语方言里"著"分别作方位介词、持续貌词尾、完成貌词尾的三种用法，除了普通话(官话)外，还考察了闽语、吴语、湘语、鄂方言等"著"的使用情况和音韵变化，具体选取的几个点是北京、厦门、湘潭、兰州、上海、长沙、青田。梅文把书面文献和方言材料很好地结合起来，增强了结论的说服力。

不妨举一例古语保留在现代方言里的例子。《古小说钩沉》辑南朝梁殷芸《小说》："刘道真年十五六，在门前戏，鼻上垂涕至胸。洛下少年乘车从门前过，曰：'此少年甚啊塠！'刘随车后问：'此言为善为恶？'答以为善。刘曰：'若佳言，令尔翁啊塠，尔母啊塠！'"《裴子语林》也记此事，而"啊塠"均倒文作"塠坰"。江蓝生认为："啊塠、塠坰"为叠韵连绵词，……'啊塠'当即'虺隤'。……'虺隤'义为疾病，'隤'又作'陨、颓'。《诗·周南·卷耳》：'我马虺隤。'孙炎曰：'马罢不能升高之病。'……'坰塠'亦指病态，与'虺隤'音义均合。"①《魏晋南北朝小说词语汇释》从联绵词入手考释《小说》中的僻词"啒堌"(堌圎),有道理。可以补充的是,近现代吴方言仍有此语,如《天台县志稿》卷二〇《天台风土略·方言》:"老不中用曰虺尵(俗作灰颓)。"②这样,"虺隤""啒堌""堌圎"这组声近义通的叠韵联绵词从《诗经》(马疲病貌)到六朝(人肮脏萎靡貌)再到现代吴方言(人老不中用貌),就都联系起来了。

上面所谈的是汉语史研究的一般方法,为了述说的方便,分为六种类型。在实际的研究工作中,这些方法都是交叉使用、参互并出的,前面举到的各种研究著作也是如此,理解上不能过于呆板。此外,在进行研究的时候,应该根据具体的研究对象采用相应的方法,没有固定的模式,不可机械套用。

以下,拟结合具体实例,分三节来讨论词义考释的相关问题。

第二节 中古近代汉语词义考释的先期工作

中古近代汉语词义考释,是研究中古近代汉语词汇的基础工作。可以说,中古近代汉语词汇研究是从单个词语考释起步的。自从20世纪后半叶开始,尤其是近二十多年来,中古近代汉语词汇研究在词语考释领域取得了令人瞩目的成绩,成果颇丰。该工作开始得早,成绩卓著,这是很自然的——要对中古近代汉语作

---

① 《尔雅·释诂》:"虺尵,病也。"郭璞注谓"虺尵""玄黄"都是"人病之通名"。参见江蓝生(1988:82—83)。

② 编于1938年的《天台县志稿》卷二十,原卷现藏于天台县档案馆。此据戴昭铭(2003:274)。

品进行研究,首先必须懂得词语的意思,过词汇关。要准确考定词义,需要掌握正确的方法。尽管中古近代汉语词义考释取得了较多的成果,但总结经验、探讨方法的论著还不多见。[①] 本文试图在前人时贤研究的基础上,结合实例,讨论中古近代汉语词义考释的方法及相关问题,并辅以实例。

所谓词义考释,就是指一个陌生的词放在我们面前,通过什么方法来解释这个词,并尽可能地说明得义之由。毫无疑问,考定一个词的词义,用通俗的话加以解释,是词义考释的核心工作。但在进行释义的前后,还有一些先期和后续的工作。因此,进一步看,词义考释工作又可细分为先期工作、主体工作(上)和主体工作(下)三大块。下面三节分别论述。

众所周知,在阅读中古、近代汉语作品,从事研究之前,需要了解相关作品的版本、目录、校勘、辑佚等文献学的知识。在此基础上,开始阅读、研究。在阅读过程中,会发现一些值得考释和求证的词语。通常情况下,在考释词义之前,还有一些先期的工作要做,先期工作,是指在正式考释词义之前首先要做的工作。大致包括:辨字、明词、查考。

一、考辨字形

(一)校正文字

[①] 张相在(1979:叙言)里讲到他"假定一义之经过",实际上就是考释词语的方法问题。关于中古、近代汉语词义求证的方法,郭在贻(1986[2005:79—104,165—170])蒋绍愚(1994)、蔡镜浩(1990:前言)、蒋冀骋(1991)等著作都有介绍。袁宾(1992)分别论述汉语的一般研究方法和词语训释法。对一般研究方法列了专章,小标题是"语言调查与合理假设""比较研究""综合研究";在《词汇》最后一节讨论了"词语训释法",具体阐述了排列归纳法、比较法、因声求义法这三种训释词语的方法。这样把不同层面上的问题区别开来,比较可取。江蓝生(1998)一文对词义考释方法作了补充。此外,朱城(1997)专门论述了词义求证法。笔者孤陋,所了解的情况大致如此。

古书在传抄过程中，很容易产生错误。"书字人知之，犹尚写之多误。故谚曰：'书三写，鱼成鲁，虚成虎，此之谓也。'"（《抱朴子内篇·遐览》）"古语云：'笔久厌劳，书刁成刀；事历终古，写鱼为鲁。'"（宋睦庵善卿编《祖庭事苑》卷二）在古籍中，前人所指出的这类讹误可以说比比皆是。因此，求证考释词义，首先必须依据可靠的版本和文字。人们常说，校书如扫落叶，随扫随生。故光有好的版本还不够，在研究过程中仍需要进行必要的校勘。因此，辨识文字正误就成为释词的第一步工作。例如：

劲粹

《古小说钩沉》辑郭澄之《郭子》："既前，抚军与之语，咨嗟称善，数日乃止，曰：'张凭劲粹，为理之窟。'"

按：劲粹，未详，疑"劲"为"勃"之形近之误。"勃粹"，联绵词。《太平御览》卷二二九引《郭子》作"勃倅"，《艺文类聚》卷四六引《郭子》作"勃崒"，《世说新语》《晋书》同。"粹""倅""崒"三字都从"卒"得声，声音相近，故可通作；"勃粹""勃倅""勃崒"用以形容才华横溢、言辞精彩纷呈的样子，应该是一词之异写。（参见王云路、方一新 1993：120/2006：157）

目

《异苑》卷四："桓玄生而有光照室，善占者云：'此儿生有奇曜，宜目为天人。'宣武嫌其三文；复言为神灵宝，犹复用三。既难重前，却减神一字，名曰灵宝。"（33页）

按："目为天人"费解。考今本《世说新语·任诞》第50则刘孝标注引《异苑》正载此事，而"目"作"自"，余嘉锡《世说新语笺疏》、徐震堮《世说新语校笺》都据影宋本、沈校本改"自"为"字"。实则"自"盖为"字"之音近代用，可不改字。《敦煌类书·对语甲·春第六》"暮春芳禊,潘正叔之良游":"……潘尼自正叔,于□泉青禊饮。"潘尼字正叔,"自"即"字"。明李清《三垣笔记下·弘光》:"闯伪防御使武愫至徐张示,谓'自'为'字','成'为'丞',避李自成讳也。"(121页)说明"自""字"通作。准此,《世说》刘注引《异苑》或作"字",或作"自",以"自"或可用作"字";今本《异苑》作"目"者,则又"自"字形近之误,应据正。

解白

《全晋文》卷二三王羲之《杂帖》:"仆日弊,而得此热,匆匆解白耳。"(1591页)

按:此据中华书局影印清严可均《全上古三代秦汉三国六朝文》辑本。"解白"费解,疑文字有误。二王书帖中多见"解日"一词,义为混日子、度日,如"匆匆解日尔""劣劣解日""忧悴解日"等,"白"应当是"日"的形近之误。(参见王云路、方一新 1992 "解日"条)

(二) 识别俗字

考释汉魏以降的中古语词,还应注意因为写本俗字而造成的错误和问题。

在汉字的发展演变过程中,魏晋南北朝是一个重要的阶段。这一阶段汉字特别是碑铭、写卷中的异形别构变化繁多,产生了大量的俗字。识别俗字,是考释词义的关键。在六朝古籍中因俗字造成的讹误十分常见,至少有以下几类:

一是因俗写加点而误。

斤—斥

《高僧传》卷四《支遁》:"昔匠石废斤于郢人,牙生辍弦于钟子。"(163页)中华本校注:"原本'斤'作'斥',据《弘教》本、《世说》

改正。"按:写本俗字中,在一个字上加点是通例,如"床"作"床""数"作"數""氏"作"氐""社"作"祉""吐"作"吐""民"作"民""弄"作"弄""友"作"发"等,"斤"加点成"斥"也是其例。梓民不察,遂误作"斥"了。

二是因俗写加横而误。

印—仰

《异苑》卷九:"永康有骑石山,山上有石人骑石马,(赵)侯以印指之,人马一时落首,今犹在山下。"(90页)中华书局本《校勘记》:"《太平御览》卷七百三十七引'印'作'仰',此句当作'侯仰以指之'。"

按:校"印"为"仰",出发点大体不错,但没有找到错误的根源。其实"印"是"卬"的俗字("卬"俗写加一横线成"印")之误,而"卬"是"仰"的古字;《异苑》作"卬",《太平广记》作"仰",二者是古今字关系。"印"原系"卬"之俗写,手民不知,误作"印"耳。《世说新语·排调》第28则:"支道林因人就深公买印山,深公答曰:'未闻巢、由买山而隐。'"(430页)"印山"就是"卬山",其致误原因和《异苑》本例相同。王利器、徐震堮等径校为"岬山",同样未得其源。进一步看,从"卬"之字在写本或早期的刻本中常添一横线作"印",如:"迎"作"迎",或作"迎";"抑"作"抑";"仰"作"仰",等等。

三是因俗写偏旁相混而误。

藉—籍

唐义净《南海寄归内法传》卷四:"斯乃西方承籍礼敬之仪。"(54/227/b)据大正藏校记:"籍",宋元明三本作"藉"。"承藉"言继承凭借,中古以来载籍习见。失译《别译杂阿含经》卷一三:"时有摩纳名曰极慢,其所承藉七世以来。"(2/463/c)《世说新语·政事》第21则:"承藉猛政,故可以和静致治。"写本从艸从竹之字往往相混,故又作"承籍"。《古诗为焦仲卿妻作》:"说有兰家女,承籍有宦官。"失译《辟支佛因缘论》卷上:"我虽生王宫,承籍祖先后。"(32/474/a)都是"藉""籍"相混的例子。(参见徐复1958)

四是因俗写形讹而误。

鲝—鯍

《世说新语·纰漏》第7则:"虞啸父为孝武侍中,帝从容问曰:'卿在门下,初不闻有所献替。'虞家富春,近海,谓帝望其意气,对曰:'天时尚暖,鱟鱼虾鯍未可致,寻当有所上献。'"(488页)"鯍"字字书不载,莫详其义。影宋本作"鲝",《晋书·虞啸父传》作"鲊"。"鲝"同"鲊",《集韵·马韵》:"鲝,《说文》:'藏鱼也。'南方谓之鲝,北方谓之鲝。或作鲊。"指腌鱼。则"鯍"当为"鲝"字之误。李慈铭《世说新语简端记》有校,可从。实则此字的谬误也和俗字有关。盖俗书"差"作"羌"形,"鲝"俗写作"鯍"。浅人不识,遂误"鯍"为"鯍",赖宋本得以存其真。

五是因俗写二字合为一字或一字析为二字而误。

上下—弄

《世说新语·规箴》第26则:"王绪、王国宝相为唇齿,并上下权要。"(315页)"上下"二字,残写本作"弄",余嘉锡《笺疏》、徐震堮《校笺》并校从写本。

按:古书有一字误为二字者,如《礼记·祭义》:"见闻以侠甒。"郑玄注:"'见闻'当为'覸'。"参俞樾《古书疑义举例》卷五。"弄"字俗体作"卡",《龙龛手鉴·入声·杂部》:"卡,古文,灵贡反。"(552页)《字汇补·卜部》:"卡,与弄同。"后人少见"卡"字,手民遂误分"卡"为"上下"二字,以致文意扞格不通。"弄"写作"卡",碑帖如北魏《孝文帝吊比干文》(《碑别字新编》37页)也见。

除了以上几种情况外,还有因俗写加偏旁构成俗字的,像"习"和"憎"。《生经》卷二《佛说舅甥经》:"王诏之曰:'勿广宣之,令外人知。舅甥盗者,谓王多事,不能觉察;至于后日,遂当憎忕,必复重来。'""憎忕"即"习忕",意思是习惯、习以为常。(参见太田辰夫、江蓝生1989)"憎"是"習"(习)的增旁俗字,"忕"是"忕"的加点俗字。① "習"之所以写作"憎",大概是受"忕"的影响偏旁类化而然。与此相反,也有因俗写省偏旁而成俗字的,像"俘"和"孚"。敦煌写卷 P.2965《佛说生经》:"饮酒过多,皆共醉寐。孚困酒瓶,受骨而去,守者不觉。""孚困"二字,现今的刻本如《大正藏》等均作"俘囚"。写卷"困"当为"囚"字之误,而"孚"则为"俘"之俗省。写本中既有增旁俗字,也有省旁俗字,"俘"之省作"孚",就是一例。"俘囚酒瓶"意即俘获酒瓶、缴得酒瓶,是较为风趣的说法。类似之处,也应细加辨察,避免出错。

不仅中古词汇如此,从事近代汉语词汇研究,首先要过识字关,这里所说的字,就是指六朝以来的写本俗字和唐宋以后的刻本俗字。要正确地解释词义,辨别文字,是一个必备的基本功。

识别俗字是正确校录写本的前提。

《敦煌变文集·伍子胥变文》:"凡人得他一食,惭人一包(饱);得人两食,为他着力。"校记:"'饱'字用启校。'包'通作'报',亦通。"(29页)②

---

① 《后汉书·冯异传》:"虏兵临境,忸忕小利,遂欲深入。"中华书局点校本据《后汉书集解》本及李贤注改"忕"为"忕"(671页),实属不必。
② 《敦煌变文校注·伍子胥变文》作:"凡人'得他一食,惭人一色;得人两食,为他着力'。"(8页)

第十一章　中古近代汉语词义考释法　753

按：蒋礼鸿《敦煌变文字义通释》校"包"为"色"，确。原卷"包"实作"色"，即"色"的俗字。校为"饱"、读作"报"均不确。下文"得他一食，惭人一包（饱）；得他两食，谢他不足"的"包"也当作"色"。

《敦煌变文集·李陵变文》："李陵处分左右：火急交人拚（拆）车，人执一根车辐棒，杖（打）着从头面奄沙。"（88页）又："临时用快无过棒，火急交人拚（拆）破车，人执一根车辐棒，着者从头面掩沙。"（88页）

按：拚，拆之俗字。《敦煌变文校注》径录作"拆"。（130页）

《世说新语·豪爽》第11则："陈林道在西岸，都下诸人共要至牛渚会。陈理既佳，人欲共言折，陈以如意拄颊，望鸡笼山叹曰：'孙伯符志业不遂。'于是竟坐不得谈。"（330页）"折"，残写本《世说新书》作"枂"。王利器、徐震堮等校"折"为"枂"，"枂"即"析"字。《经律异相》卷三九引《六师誓经》："彼所道说，达古知今，前知无极，却睹无穷，判义枂理，事不烦重。"（上海古籍出版社，1988，208c）也用俗字。"言析"犹言言谈剖析，也就是下文"不得谈"的"谈"，指清谈玄理；"言折"不可解，诸家所校是。写本中从手从木之字往往相混，其例甚多，"析"之误作"折"，就是一例。《异苑》卷五"见炭悉碎折"（44页），《太平御览》卷八七一引作"见炭碎析"（3861a）。《出三藏记集》卷八释道安《摩诃钵罗若波罗蜜经抄序》："于常首尾相违、句不通者，则冥如合符，厌如复折。"（291页）中华书局本《校勘记》："厌如复折，'折'字宋本、碛砂本、元本、明本作'析'。"（317页）《高僧传》卷六《释道恒》："至于敷折妙典，研究幽微，足以启童稚，助化功德。"（247页）中华书局本《校注》："三本、金陵本'折'作'析'。"（248页）都是

"折""析"相混的例子。①

(三) 熟悉俗语

在熟悉文字的基础上,倘能进一步熟悉俗语,则对释义工作大有助益。

《敦煌变文集·伍子胥变文》:"今闻将军伐楚,臣等贺不胜,遥助(祝)快哉,深加踊跃。"(23页)②

按:"助",整理者读为"祝",未当。"助",本义是帮助,《说文·力部》:"助,左也。"引申为表示和他人有同感。用于忧伤哀愁时有助哀之义,义为"同……(哀)"。《太平经》卷四五:"吾所以常恐骇者,见天地毒气积众多,贼杀不绝,帝王愁苦,其治不平,常助其忧之,子何豫助王者忧是乎?"(122页)用于喜悦开心时则为助喜之义,义为"同……(喜)"或"贺":《太平经》卷一一〇:"见为善,助其欢悦,不欲闻其恶。"(534页)《搜神记》卷三"管辂(二)"条:"见超寿止可十九岁,乃取笔挑上,语曰:'救汝至九十年活。'颜拜而回。管语颜曰:'大助子,且喜得增寿。'"佛典中此类用法尤为多见。《敦煌变文校注·双恩记》:"吾得宝珠,见在髻内。朝昏守护,动止隄(提)防。贵满父母之忧怜,兼救生灵之贫困。助弟喜庆,莫至劳心。"(936页)(参见项楚2006:81)

《敦煌变文集·叶净能诗》:"诸亲向前,哀析(祈)下拜,使但任将张令妻去,亲情清(请)回报府君:'不用留此女人,致他太一嗔

---

① 本例"枅"为"析"之俗写,上例"抾"为"拆"之俗写者,是因为"'斤'旁'斥'旁俗书皆可写作'片'"(《敦煌变文校注》144页注[115])。

② 《敦煌变文校注·伍子胥变文》:"今闻将军伐楚,臣等熹贺不胜,遥助快哉,深加踊跃。"(14页)

怒。'"(218页)①王重民"校记"引周一良云:"唐人常称亲戚为亲情,如《舜子变文》《韩擒虎话本》,皆可证。此处当是'亲情请回报府君',请误为清。"(228页)

按:"亲情"是唐代以来口语,指亲人、亲戚,用例甚夥,周说是。如,《敦煌变文校注·父母恩重经讲经文》(伯2418):"亲情劝着何曾听,父母教招似不闻。"(970页)又《父母恩重经讲经文》(北图河字12号):"几度亲情屈唤,无心拟去相随。"(1000页)又《孖䌷新妇文》:"斗乱亲情,欺邻逐里。"(《敦煌变文集》858页,《敦煌变文校注》1216页)又《捉季布传文》:"归宅亲故来软脚,开筵列馔广铺陈。"(95页)"亲故",丁、庚两卷作"亲情",可知"亲情""亲故"意思相近,就是指亲人、故友。

实际上,识别俗字,熟悉俗语,往往是需要同时掌握的。举一例。

《敦煌变文集·季布诗咏》:"千金不传老头春,醉卧阶前忘却贫。"(845页)《敦煌变文新书》校记:"甲卷'传'作'愽'。"《敦煌变文集校议》:"考甲卷'传'字作'愽',当为'博'字俗书。"(437页)项楚《敦煌变文选注》谓"作'博'是"(775页),极确。② 考"博"自六朝以来就有换易、交换义。《宋书·索虏传》载拓跋焘与宋武帝刘裕书:"若厌其区宇者,可来平城居;我往扬州住,且可博与土地。"注:"伧人谓换易为博。"(2347页)《齐民要术》卷三《荏蓼》:"良地十石,多种博谷则倍收,与诸田不同。""多种博谷"是说多种荏蓼以换

---

① 《敦煌变文校注·叶净能诗》作:"诸亲向前,哀析(祈)下拜:'使但任将张令妻去。'亲情回报府君:'不用留此女人,致他太一嗔怒!'"(334页)

② 《敦煌变文校注·季布诗咏》作:"千金不博老头春,醉卧阶前忘却贫。"(1197页)

取谷子。唐代以后用例更多。(参见张相1953[1979:643])《王梵志诗校注·父子相怜爱》:"父子相怜爱,千金不肯博。"《敦煌变文校注·茶酒论》:"剂酒乾和,博锦博罗。"(423页)宋孙光宪《北梦琐言》卷一〇:"俾妳姬将煎饼盘就彼诱儿童,若抛砖瓦中一纸标,得一个饼。儿童奔走抛砖瓦博煎饼。"(84页)各家校《季布诗咏》的"不传"作"不博",正是在辨识俗字的基础上又通晓"博"有换义而然。

二、区分词与非词

从事考释工作,就要进行词的切分,区别词与非词,明确考释对象。这是词语考释的前提。如果对象都不清楚,如何考释?

求证词义,首先必须作词的切分,确定词与非词。"由于汉文没有分词书写的传统"(张永言1982:5),词与非词的界限是比较模糊的,要正确切分并不容易。尤其是古语词,有时不能套用现代汉语中区分词与词组的方法。如《诗·邶风·柏舟》:"政事一埤益我。"通常的切分是"政事/一/埤益/我"。而高亨《诗经今注》则切分为"政事/一埤/益/我",以"一埤"连读,释作"一并"。这就使得对诗句的语法分析迥然不同。笔者虽然不赞同高氏的属读,但对为何只能是"埤益"连读而不能"一埤"连读,除了说"埤"也有"益"义,古籍中未尝见到"一埤"连用的例子外,也说不出更多的道理。①

中古语词中这类例子并不鲜见。谨参考张永言主编《世说新语辞典》(下简称《辞典》)和张万起《世说新语词典》(下简称《词典》),举《世说新语》的例子。

---

① 《礼记·玉藻》:"缟冠素纰。"郑注:"纰,读如埤益之埤。"是郑玄也以"埤益"连读。

(一)《辞典》立条而《词典》未收释的如：

游肆

谢车骑道谢公："游肆复无乃高唱，但恭坐捻鼻顾睐，便自有寝处山泽间仪。"(《容止》第 36 则)

刑辟

岂有盛德感人若斯之甚，而不自卫，反招刑辟，殆不然乎？(《言语》第 6 则刘注)

(二)《词典》收释而《辞典》未收的如：

游集

是时胤十余岁，(王)胡之每出，尝于篱中见而异焉。谓胤父曰："此儿当致高名。"后游集，恒命之。(《识鉴》第 27 则)

行来

每与周旋行来，往名胜许，辄与俱。(《赏誉》第 114 则)

两部词典互有得失。如"游肆"，又见本书《识鉴》第 21 则、《任诞》第 36 则两条注；"刑辟"，《宋书·百官志上》："廷尉一人，丞一人。掌刑辟。"(1230 页)犹言"刑法""惩罚"；"游集"，又见《识鉴》第 27 则刘注、《宋书·武帝纪上》等，都是晋宋习语。"行来"，始见于《诗经毛传》，中土典籍及佛典多见。这几个词似都可考虑收释。

再举一例：

父祖

我父祖名播海内，宁有不知，鬼子敢尔！(《方正》第 18 则)真独简贵，不减父祖。(《品藻》第 23 则)

《词典》收释此词，释为："泛指祖上、先辈，包括已逝的父亲和祖父。"《辞典》未收。在《辞典》后附的《世说新语》原文中，将该条标点为"我父、祖名播海内……"

考"父祖"一词在中古时有两义：①父亲、祖父。《三国志·魏志·王粲传附陈琳》："太祖谓曰：'卿昔为本初移书，但可罪状孤而已，恶恶止其身，何乃上及父祖邪！'"《宋书·殷孝祖传》："殷孝祖，陈郡长平人也。曾祖羡，晋光禄勋。父祖并不达。"近代汉语作品仍有用例：《河南程氏遗书》："因问：'陈乞封父祖，如何？'"(《宋代卷》43页)作此义用时，"父""祖"间可施顿号，不加亦可。②泛指祖先，先人。《抱朴子内篇·至理》："二君所以信天下之有仙者，盖各以其父祖及见卜成者成仙升天故耳。"(115页)《搜神记》卷十七"度朔君"条："须臾，子来。度朔君自云：父祖昔作兖州。"(212页)

观《世说新语》二例，"父祖"当指父亲、祖父，故标点时可在"父""祖"之间加顿号；但就其在中古的使用状况而言，应该作为一个词收释。

（三）也有两部词典都没收的词，例如：

善能

（杨）朗有器识才量，善能当世。(《识鉴》第13则刘注)刘琨善能招延，而拙于抚御。(《尤悔》第4则)"能"也有善于、擅长义，故"善能"谓擅长、善于，当属同义复合词，多见于汉魏六朝载籍。后代文献亦见此词。《刘知远诸宫调》："若言这人所为，做处只要便宜，掇坐善能饮醉酒，冲蓆整顿吃馓糜。"(《宋代卷》342页)

舌本

"殷仲堪云：'三日不读《道德经》，便觉舌本间强。'"(《文学》第63则，133页)舌本，舌根。间，犹言"处"。强，发紧，发涩。殷仲堪是说,三天不读《老子》,就会觉得舌根发硬,语言不畅了。①《辞典》《词典》均只出"舌",不出"舌本"。其实与其列"舌",不如列"舌本",因为在六朝典籍中,经常见到"舌本"连言者。如:

古代医书中多见,《黄帝内经素问·热论篇》:"五日少阴受之。少阴脉贯肾络于肺,系舌本,故口燥舌干而渴。"《诸病源候论》卷三《虚劳病诸候上·虚劳候》:"脾劳者,舌本苦直,不得咽唾。"

佛经等典籍也不乏其例。西晋竺法护译《光赞经》卷一:"于是世尊,从其舌本悉覆佛土,而出无数亿百千光明,照此三千大千世界。"(8/147/c)隋阇那崛多译《佛本行集经》卷三三:"尔时世尊,从口出舌,至二耳孔,至二鼻孔;以舌拄塞鼻孔已,还复以舌自舐于舌,遍覆其面。覆已还缩,依旧还置舌本。"(3/810/a)

此外,还有"舌本强"一类的辞句。《灵枢经》卷三《经脉》:"是动则病舌本强,食则呕,胃脘痛,腹胀善噫。"《诸病源候论》卷十五《五脏六府病·诸候肝病候》:"心气不足,则胸腹大胁下与腰背相引痛,惊悸恍惚,少颜色,舌本强,善忧悲,是为心气之虚也。"

觉损

郭在贻(1984[2002:16—17])曾举《世说新语·言语》:"谢太傅语王右军曰:'中年伤于哀乐。与亲友别,辄作数日恶。'王曰:'年在桑榆,自然至此,正赖丝竹陶写。恒恐儿辈觉,损欣乐之趣。'"认为:"文中'觉损'二字应该连读。觉者,减也,差也;损也有差减的意思,'觉损'是同义并列复合词。……今考《全上古三代秦

---

① 郭师在贻解"间强"为"扞格",阻隔不通之义,似属读有误。《世说新语·文学》:"会须露布文,唤袁倚马前令作,手不辍笔,殊可观。东亭在侧,极叹其才。袁虎云:'当令齿舌间得利。'""舌本间"与"齿舌间"的"间"用法相同,"间""强"不连读。参见吴金华(1994:72—73)。

汉三国六朝文·全晋文》卷十九王导书:'改朔情增伤感,湿蒸事何如? 颇小觉损不?'所谓'颇小觉损',即是稍许减轻的意思(颇在这里当稍讲),觉损之间绝不能断开。同样,《世说新语》的'恒恐儿辈觉损欣乐之趣',也绝不能斩为两截。"①

"觉损"究竟该不该连读,是困惑笔者多年的一个问题。郭师认为"觉损"应该连读,一个有力的证据,就是晋王导书"颇小觉损不"。今天看来,这个证据似有问题。② 查考佛经,发现这样的用例:姚秦竺佛念译《鼻奈耶》卷一:"世尊告薄佉罗比丘:'堪忍浆粥,得消化不? 体中苦痛疼,有除降不? 除降觉增、觉损不?'薄佉罗比丘白佛言:'唯然世尊。不堪忍浆粥,无有消化。有苦痛疼,但增无损。觉增不觉损。'"(24/856/c)"觉增",觉得增加(加重),"觉损",觉得减少(减轻),"觉"和"损"不连读。东晋僧伽提婆译《中阿含经》卷六:"问曰:'陀然,所患今者何似? 饮食多少,疾苦转损,不至增耶?'陀然答曰:'所患至困,饮食不进,疾苦但增,而不觉损。'"(26/458/a)这例"觉损"也是一样,"觉"表示感觉,而不是差减。因为人所患疾病的减轻或加重,首先源自于患者个人的感觉。我们又搜寻了"觉"和"损"挨着的用例,如:姚秦鸠摩罗什译《百论》卷上:"若益他觉是名福,若损他觉是名罪,一切慧人心信是法。若益他觉、损他觉是一者,应罪、福一相。"(30/171/c)上文已有"益他觉""损他觉","觉损"不连读。隋智𫖮说、灌顶记《妙法莲华经玄义》卷二上:"智慧破惑如耘,增道损生,意在于此。四十一地,皆有十法也。若就妙觉,亦九亦十。何者中道智慧,乃是损生。生既未

---

① 参见《〈世说新语〉词语考释》"觉损"条。
② 王导书"颇小觉损不"的"颇……不"是中古表示是非问的常见句式,意为"……吗"。"颇"表疑问,当不是稍微义。

尽。故有诸地,生灭不同。妙觉损生义足。最后那得论报。"(33/695/a)上文已有"妙觉""损生","觉损"不连读。《景德传灯录》卷二〇《前高安白水本仁禅师法嗣》录一偈语:"我有一间舍,父母为修盖。住来八十年,近来觉损坏。"(51/367/a)"觉损坏",觉得(感觉)损坏,指父母生下自己八十余年了,近来觉得身体快不行了,有所损坏。"损坏"是"觉"的生理感觉,"觉"和"损坏"不在一个语义平面上,不连读。因此,《世说新语·言语》"恒恐儿辈觉,损欣乐之趣","觉"仍是发觉、觉察义,"觉损"不应连读。这一则言上了年纪的人容易为离别动感情,但又不愿让儿孙辈察觉,影响他们的欣乐的情绪。附带说一下,《汉语大词典》有"小觉(jué)"条,第②义是"稍微觉得",举晋王导《与人书》"湿蒸事何如?颇小觉损不?"为例(第 2 册 1645 页),编者对"觉"和"损"的意义关系的理解是对的。

当然,除了词以外,有些词组或固定结构也是需要研究考释的,篇幅所限,这里就不展开。

三、查考已有成果

所谓"查考",是指调查了解前人对所释词语的研究情况,这是第三项外围工作。"查考",也称"依据古训",调查的对象除了今人的著作外,就是通常所说的"古训",包括历代的注释、字典辞书和笔记三个方面。学术研究有如接力赛跑,应该在吸取前人成果的基础上进行。因此,有必要在正式考释之前,全面了解这方面已经取得的成果,做到知己知彼,避免重复劳动。

(一)注意挖掘古训,为释义佐证

段玉裁《经韵楼集》卷五《与章子卿论"加"字》引《史通·采撰篇》、韩愈《诤臣论》及仆固怀恩《陈情书》,谓唐人用子贡"加诸"语,义训皆与《说文》合:"'加'者,'诬也,赠也。'"按:《论语·公冶长》:

"子贡曰:'我不欲人之加诸我也。'"与后代的"加诸"两码事,段氏未辨,失之。不过,"加"确有"诬、谮"义,钱锺书(1979:177)多举汉代何休、高诱注文、《三国志》等例,说"古人每曰'加诬',或曰'加增',皆言虚夸不信"。

历代的注解中有很多值得挖掘的材料。如胡三省《资治通鉴注》,就多有诠释中古、近代语词的例子。除了传统的经史等注释外,还值得注意的是佛经音义。如:

遁迈

三国吴康僧会译《六度集经》中数见"遁迈"一词(卷二:"夜则逾城,遁迈入山。")时贤有解释。检碛砂藏《经律异相》卷三一后附音义:"遁迈,逃往也。"可知此词是逃跑的意思。"叛"有逃跑义,学者多有抉发,宋碛砂藏本《经律异相》卷一九后附音义:"叛,音畔,逃叛。"都已释其义。

有时候,根据文意,已经可以作出解释,但如果有旧训佐证,就会更有说服力。

换

《搜神记》卷一〇"张车子"条:"吾昔梦从天换钱,外白以张车子钱贷我,必是子也。财当归之矣。"(123页)《南史·曹武传》:"时帝在戎多乏,就武换借,未尝不得,遂至十七万。"(1154页)从两例的上下文来看,已经可以推知"换"有和借贷大致相当的义位。检《玉篇·手部》:"换,贷也。"说明"换"确实有借贷的意思。

有时候,某个词语在古训中已有载录,但须作一些辨识的工作。

闪

《三国志·魏志·梁习传》裴注引《魏略·苛吏传》:"白日常自

於墙壁间窥闪,夜使干廉察诸曹。"(471页)这里的"闪"也是窥视的意思,"窥闪"当属同义连文。《说文·门部》:"闪,窥头门中也。"《三国志》此例正是用其本义。(参见郭在贻1985:209)

唐宋以来的考据笔记中,有不少考释中古语词的条目,参看本书第五章第三节,此从略。

(二) 对古训也要甄别,合理利用

在查考、利用古训时,应该注意两点:

一是对古训要认真研究,注意分清是非。如唐释慧琳《一切经音义》是一部重要的佛经音义著作,每为研究中古、近代汉语词汇者所取资。但作者比较保守,常常对俗字、俗语的演变不以为然,斥之为"非""非也",缺乏语言发展的历史观点。

二是对古注要明其体例,合理取舍。

不翅

中古习见"不翅"一词,[①] 义为不止、不仅仅。三国魏王仲宣《公宴》诗:"见眷良不翅,守分岂能违。"《世说新语·文学》第60则:"殷仲堪精覈玄论,人谓莫不研究,殷乃叹曰:'使我解四本,谈不翅尔。'"原作"不啻",《书·多士》:"尔不克敬,尔不啻不有尔土,予亦致天之罚于尔躬。"孔传:"不但不得还本土而已,我亦致天罚于汝身。"孔传用串讲的方式解释"尔不啻不有尔土",两相对照,则"不啻"为"不但"(不仅)义甚明。王粲(字仲宣)《公宴》诗"见眷良不翅"一句,《文选》张铣注:"不翅,犹过多也。言见眷过多,守分不敢违忤。"良,很,非常,程度副词。"不翅"仍为不止、不限于义,"见眷良不翅"犹言非常眷顾我,照顾我很多。张铣"犹过多也"阐

---

① 《庄子·大宗师》:"阴阳于人,不翅于父母。"是"不翅"连用的早期用例。

释了王诗中"不啻"的含义,"不翅"的基本含义未变。《汉语大词典》"不翅"条据张铣此注专立一个义项"过多",当可不必。后代"不啻"、"不翅"并用,含义也更加丰富,但都不离其"不止、不仅"这一基本义。

三是在古训的基础之上,还应该搜集其他证据,单文孤证,终究是缺乏说服力的。

㧪

佛经及中土文献中,此字多见,也作"振",义为触,碰。东晋僧伽提婆译《中阿含经》卷四一:"行时两踝终不相㧪。"《抱朴子内篇·勤求》:"此亦如窃钟㧪物,铿然有声,恶他人闻之,因自掩其耳者之类也。"(258页)唐道世《法苑珠林》卷五二引《须摩提长者经》:"譬如大风鼓扇林树,枝柯相㧪。"这些"㧪"或"振"都是指实物相触碰。也有虚指的触犯。《抱朴子外篇·疾谬》:"不㧪人之所讳,不犯人之所惜。"(602页)也可以和近义词连用,如:《寒山诗校注·我行》(一四三):"欹斜有瓮瓶,振拨无簪笏。"(141页)清赵翼《青山庄歌》诗:"我闻此语心㧪触,信有兴衰如转毂。""振拨"就是拨弄,"㧪触"犹言感触,都是同义连文。考《文选·谢惠连〈祭古冢文〉》:"初开见,悉是人形,以物㧪拨之,应手灰灭。"李善注:"《说文》曰:'㧪,杖也。'宅庚切。然南人以物触物为㧪。"(1104页)已经对此字作出了解释。有了前述这些用例,则李注就确然无疑了。

没娑

《王梵志诗校注·家中渐渐贫》:"家中渐渐贫,良由慵懒妇。长头爱床坐,饱吃没娑肚。"(38首)"没娑"同"摩娑",就是抚摸、按摩的意思。东汉刘熙《释名·释姿容》:"摩娑,犹末杀也,手上下之言也。"清王先谦《释名疏证补》:"今人读'末杀'为平声,乃摩抚之意,其音即为摩娑,知声义通转也。"(137页)《周礼·春官·司尊彝》:"凡六彝六尊之酌,郁齐献酌。"郑玄注:"献读为摩莎之莎,齐语声之误也。"(774页)《后汉书·方术传下·蓟子训》:"后人复于长安东霸城见之,与一老公共摩挲铜人。"(2746页)《搜神记》卷一"蓟子训"条"摩挲"作"摩娑"。(8页)《游仙窟》:"拍搦奶房间,摩挲髀子上。"(《唐人小说》38页)"摩娑""末杀""摩莎""摩挲""没娑"并声近义同。(参见项楚1991:156)在《释名》释义的基础上,再搜寻、系联相关词语,使"没娑"的解释更加可信。

第三节 中古近代汉语词义考释的主体工作(上)

辨正了文字、确定了考释对象、调查了古训和今人的著作,接下去,就是词义考释了。主体工作(上),是指在先期工作的基础之上,进入到的释义阶段。顾名思义,释义是词义考释的主体或中心工作。一个词语究竟如何理解,就要通过这一环节加以解决。释义的步骤大致有以下几个:汇证、推阐、审例、比较、探源、求验。

一、排比汇证

考释一个词语,最基本也是行之有效的方法就是归纳法,这是首选的研究方法。前人所说的"例不十,法不立",说的就是这个道理。

王引之认为训释的结论要能够"揆之本文而协,验之他卷而通",要做到这一点,首先必须把有关的"他卷"给找出来;在综合归纳了较多的例证后得出的结论,自然比较可靠。唐宋以来文献中多见"差事"一词,如《敦煌变文校注·妙法莲华经讲经文(一)》:

"今朝采果来迟,只为逢于差事:路上见个师子,威德甚是希奇。"(709页)又《金刚丑女因缘》:"丈人丈母不知,今日浑成差事!小娘子如今变也,不是旧时精魅。"(1108页)蒋礼鸿(1997:348—351)汇集二十余例"差""差事""希差"等书证,指出"差"有奇异、怪异义,"差事"就是怪事,得其正诂。

排比归纳的例证中,既有本证,也有旁证。

在可能的情况下,首先应尽量利用本证。蒋礼鸿撰《敦煌变文字义通释》,每释一词,首先把《敦煌变文集》中所有的例证都收集起来,加以举证;张永言主编《世说新语辞典》、张万起编《世说新语词典》,在词条的每个义项下都统计词频。类似这样的研究都充分利用了本证。

在利用本证的基础上,也要利用旁证,以便使研究结论"揆之本文而协,验之他卷而通"。①

《敦煌变文校注·捉季布传文》标题:"大汉三年,楚将季布骂阵,汉王羞耻群臣,拔马收军词文。"(91页)词文又说:"拔马挥鞭而便走。"(53页)《敦煌变文字义通释》解释说:"'拔马'就是回马。"变文而外,又征引严武、李商隐、朱庆馀、元稹、杜甫等唐人诗作、《北梦琐言》《资治通鉴》《旧唐书》《旧五代史》《挥麈后录》以及王安石、陆游的诗作作为旁证。

《王梵志诗校注·兄弟义居活》:"兄弟义居活,一种有男女。"项楚《王梵志诗校注》释"义居"为"聚族而居",并举《独异志》《敦煌变文集·搜神记》《文苑英华·义居芝草判》《邵氏闻见录》《鹤林玉露》《宋史》六种书七条书证加以证明。(253页)

---

① 见清王引之《经传释词·自序》,《经传释词》3页,岳麓书社,1984。

下面再举"肉薄""蓐食"两例来谈谈汇证方法的运用。

肉薄

"肉薄",中古常用的一个词,习见于汉魏六朝史书。《汉语大词典》释为"两军迫近,以徒手或短兵器搏斗"。从此词的实际用例来看,这个解释值得商榷。

《宋书·朱龄石传附弟超石》:"虏见营阵既立,乃进围营,超石先以软弓小箭射虏,虏以众少兵弱,四面俱至。(托跋)嗣又遣南平公托跋嵩三万骑至,遂肉薄攻营。"(1425页)又《臧质传》:"虏乃肉薄登城,分番相代,坠而复升,莫有退者,杀伤万计,虏死者与城平。"(1913页)又《索虏传》:"宪于内更筑圩城,立栅以补之,虏肉薄攻城,死者甚众。"《南齐书·垣崇祖传》:"崇祖谓长史封延伯曰:'虏贪而少虑,必悉力攻小城,图破此堰。见堑狭城小,谓一往可趌,当以蚁附攻之。放水一激,急踰三峡,事穷奔透,自然沉溺。此岂非小劳而大利邪?'虏众由西道集堰南,分军东路,肉薄攻小城。"(462页)《南史·王僧辩传》:"(侯)景军肉薄苦攻,城内同时鼓譟,矢石雨下,贼乃引退。(1537页)

"肉薄"者,"肉",指(士兵)身体;"薄",靠近,紧挨,"肉薄"就字面义而言,是说身体挨着身体,用来描述交战中进攻一方的攻势时,则犹言成群结队,蜂拥而上,以状投入进攻的兵力多,攻势猛。《南齐书》例上言"当以蚁附攻之",下言"肉薄攻小城",明"肉薄"与"蚁附"(像蚂蚁一样趋集缘附)意近。元李治《敬斋古今黈》卷三:"肉薄攻城,或以肉薄为裸袒,或以肉薄为逼之使若鱼肉,然皆非是。肉薄,大抵谓士卒身相匝,如肉相迫也。"良是,然今人每有误解者:《汉语大字典》"薄"的第 24 个义项是"通'博'。搏击",举的最后一例是《南史·臧质传》"魏军乃肉薄登城"。

按:"薄"自有作搏击解的用例,但"肉薄"之"薄"则应照原字作靠近理解,不是"博"的借字。《汉语大词典》"肉薄"条已引《敬斋古今黈拾遗》的释义,但仍解其义为"两军迫近,以徒手或短兵器搏斗",举《宋书·臧质传》等四例,未当。究其原因,盖与"肉搏"(徒手或用短兵器搏斗)一词相混的缘故。至少可以说,六朝史书中的"肉薄"是用来形容进攻方人数多,而不是两军"肉搏"的意思。

综合各例来看,"肉薄"攻打的对象都是"城"或"营",用来形容进攻一方兵力多,攻势猛,"肉薄"犹言成群结队,蜂拥而上,或搭人梯(强攻),这是此词的语义重点,而不是"以徒手或短兵器搏斗"(虽然也可能出现这种情况)。辞书之误,在于没有区分它和"肉搏"一词的差别。

蓐食

始见于《左传》,《史记·淮阴侯列传》也有"晨炊蓐食"的话。杜预在《文公七年》"秣马蓐食"下注:"蓐食,早食于寝蓐也。"张晏注《史记》(裴骃《集解》引)云:"未起而床蓐中食。"① 王引之不同意杜、张二注,据《方言》《广雅》"蓐,厚也"之训,释为"食之丰厚于常"(厚食),说见《经义述闻》卷一七。

笔者对从《三国志》《后汉书》到《南史》《北史》《隋书》等十三种六朝及唐人撰写的史书作了调查,一共收集到"蓐食"的 15 个后代用例(有 2 例重出),如:

《三国志·吴志·太史慈传》:"于是严行蓐食,须明,便带鞬摄弓上马,将两骑自随。"(1187 页)《后汉书·耿弇传》:"蓝闻之,晨

---

① 《后汉书·廉范传》:"虏遥望火多,谓汉兵救至,大惊。待旦将退,范乃令军中蓐食,晨往赴之。"唐李贤注:"蓐食,早起食于寝蓐中也。"(1103 页)显然参考了杜预、张晏的注释。

夜儆守。至期夜半,斞敕诸将皆蓐食,会明至临淄城。"(710页)又《度尚传》:"众闻咸愤踊,尚敕令秣马蓐食,明旦,径赴贼屯。"(1285页)《南齐书·崔慧景传》:"时慧景等蓐食轻行,皆有饥惧之色。"(873页)《晋书·王如传》:"遂夜令三军蓐食待命,鸡鸣而驾,后出者斩。"(2618页)又《刘曜载记》:"伊馀有骄色。子远候其无备,夜,誓众蓐食,晨,大风雾,子远曰:'天赞我也!'躬先士卒,扫壁而出,迟明覆之,生擒伊馀,悉俘其众。"(2687页)《陈书·侯瑱传》:"瑱令军中晨炊蓐食,分樵荡顿芜湖洲尾以待之。"(156页)《南史·陈高祖武皇帝纪》:"会文帝遣送米三千石,鸭千头,帝即炊米煮鸭,誓申一战。士及防身,计粮数脔,人人裹饭,媲以鸭肉。帝令众军蓐食,攻之,齐军大溃。"(263页)《北史·彭乐传》:"候骑言,贼去洛州四十里,蓐食干饭,神武曰:'自应渴死,何待我杀!'"(1923页)《隋书·王充传》:"充夜遣二百余骑潜入北山,伏溪谷中,令军秣马蓐食。既而宵济,人奔马驰,迟明而薄密。"

综观上述各例,发现两个特点:其一,这些"蓐食"用例,除了倒数第二例时间不明外,其余各例都是在正常的食时前(夜里或凌晨)提前开饭。其二,是匆忙进食,或以干粮充饥,这都是行军打仗的特点造成的。在作战前夕,为了节省时间、避免暴露或限于条件,将士可能会将就着吃一些饭或干粮,而未必能好饭好菜,饱餐一顿。《南史》一例有"三千石米和千头鸭",似乎可以饱食一顿了。其实,这里叙述陈和北齐的战斗,虽然史书没有明确记载陈兵的数量,但从北齐方面出兵"十万"的情况看,陈兵当也不能少到哪里去,以数万将士在饥肠辘辘的情况下吃这些饭和鸭肉,当也是有所限量,不可放开肚子吃饱的,"计粮数脔"即其证。《陈书》作"高祖命众秣马蓐食,迟明攻之",可资参证。因此,至少从六朝的例证来看,"蓐食"不是饱食,而是早食、提前开饭。

二、考察文例

所谓"审例","审"就是审度考察,"例"就是古书惯用的文例。"审例"是指考察古人行文的规律,包括连文、对文、异文,此外还有通览全书用词惯例、考察上下文等。通过审度文例的方法来求证词义,也是古已有之的研究方法,兹分述之。

研究汉语词汇史,需要熟悉相关的作品及行文惯例,并合理利用这些文例来考察文意和词义。例如,研究唐宋元明时期的词汇,必须了解近代汉语作品,熟悉重要作品的行文惯例。张相《诗词曲语辞汇释·叙言》中谈到自己的研究方法时说:"假定一义之经过,就其要者粗陈于下:一曰体会声韵……二曰辨认字形……三曰玩绎章法……四曰揣摩情节……五曰比照意义……"其实这五种方法中,真正的属于语言学的研究方法就是"体会声韵""辨认字形"和"比照意义"了。特别是"比照意义",张氏又特地分为六种情况:甲、有异义相对者,取相对之字以定其义;乙、有同义互文者,从互文之字以定其义;丙、有前后相应者,就相应之字以定其义;丁、有文从省略者,玩全段之文以定其义;戊、有以异文印证者;己、有以同义异文印证者。这可以说是对近代汉语词汇研究的考释方法首次作了理论上的总结。张相所依据的考定词义的方法包括:对文(也包括张相所说的"互文")求证法、异文求证法、上下文参互证明法等。

在古书文例方面,清代学者王引之《经义述闻·通说》、俞樾《古书疑义举例》及四种补作、近代学者黄侃《文心雕龙札记》、现代学者郭在贻《训诂学》等都有总结,可以参看。

结合前人时贤的有关论述,加上笔者的肤浅体会,我们把中古近代汉语作品中的一些行文条例归纳如下：

（一）连文

所谓"连文"是指同义（近义）或反义语素组合成的复音词，以双音节连文为最常见，也有三音节或多音节连文。同义连文一般由两个写法不同但词义、词性都相同的语素或词组成，反义连文则由两个词义相反的语素或词组成。前代学者已经指出这类复音词的特点，如王引之说："古人之连语，上下不殊义也。""古人自多复语，不必分为二义。"①

洪波指出："汉语的韵律节奏从上古时期开始就表现出强烈的双音节节奏音步的倾向。"

"从先秦文献里存在着大量的同义连用的语词和所谓的偏义复词，这两种语词从语义表达角度来看，是一种羡余，不符合语言的经济原则，其所以会产生且有较高的使用频率，唯一的解释就是为了适应节奏的需要。"（《坚果集》170页）

"双音节复合词绝大多数都是先经历双音节'韵律词'（也就是音步）而后固定为词汇单位的。在汉语词汇史研究中，面对大量的双音节复合单位，学者们往往不容易确定它们究竟是复合词还是词组，直到现代汉语里，仍然有不少词语不易确定是词还是词组。这种现象的存在证明由韵律词向语法词发展是汉语的语言事实。"（《坚果集》172页）

汉魏六朝以来是汉语词汇复音化的重要阶段，产生了大量的复音词。这当中多数是由词义相同或相近的两个语素构成的并列式复音词。不了解这类复音词的语义结构，就容易误解词义。

---

① 分见《经义述闻》卷二一《国语下》"是先主覆露子也"条、《国语下》"惑蛊"条。

例如：

称叫

《生经》卷二《佛说舅甥经》："甥素殃黠，预持死人臂，以用授女。女便放衣，转捉死臂，而大称叫。""称"也有叫义，"称叫"就是叫喊，应该属于同义复合词。"称"此义在六朝典籍中并不鲜见，如《三国志·魏志·吕布传》裴注引《先贤行状》："城上称庆，若大军到。""称庆"谓欢呼庆贺。又可以和同义词连用，构成"称叫""称唤"等并列式复音词。

忧惨

旧题三国吴支谦译《撰集百缘经》卷一《长者七日作王缘》："时有长者，多饶财宝，不可称计，闻王愁恼，来白王言：'……今者何故，忧惨如是？'""惨"有忧义，"忧惨"同义并列，就是忧愁，多见于东汉六朝典籍。

还可以举《敦煌变文字义通释》为例。

有同义连文。这类例子很多，如"恋着 贪着 著"条，"着"本作"著"，本身也有贪恋义，"恋着""贪着"是同义连文。（282页）"过与 过以 过"条，"过"单用也有给予义，故"过与"是同义连文。（195页）

有近义连文。如"占相"条，"占"是占卜，"相"是相术，合在一起是相面的意思。（256页）又如"惊忙"，《木兰诗》："出门看火伴，火伴皆惊忙。""惊"是惊慌，"忙"是畏惧，"惊忙"近义连文。宋范成大《夏日田园杂兴》诗之十："家人暗识船行处，时有惊忙小鸭飞。"

有反义连文。如"去就"，字面意义恰好相反，"去"本义是离开，"就"本义是接近，走向。组合成词后，有"行为举动"和"行为举动得体，有礼貌"两义。（119页）

掌握连文规律,可用于词语考释。比如,得知了复合词中一个语素的含义,就可以推知另一语素。详见下节。

当然,运用连文来求证词义,要注意科学性,应该注意两点:一是必须对构成连文的词语有正确的理解;二是连文同义的情况很多,是一条规律,但并不是凡连文都同义,具体例子要作具体分析。忽视了这两点,容易产生偏差。如:

《水浒传》可见"骗马"的说法,第46回:"(时迁)流落在此,则一地里做些飞檐走壁、跳篱骗马的勾当。"第98回:"时迁却把飞檐走壁、跳篱骗马的本事出来,这些石壁,拈指扒过去了。"有学者指出,旧注把"骗马"解释为"偷盗拐骗一类的行径",实为望文生训。这两例和"偷盗拐骗"无涉。解释说:"今依'骗马'与'跳篱'连用之例,可知其义当相同或相近。联系前文所引'骗马'的具体描写(指《儿女英雄传》第18回"都教那些小厮骗马作耍"的描述),所谓'骗马'本当指从马身上跃过,进而泛指跃过某一障碍——这就与'跳篱'的泛指相同。"并批评《汉语大词典》解释《水浒传》第98回"骗马"为"跃上马背、骑马"的释义"似嫌笼统"。(参见郭芹纳2002:140)

按:旧注用"偷盗拐骗一类的行径"来解释"骗马"完全错误,批评得很对。但"骗马"恐非"与'跳篱'的泛指相同",把它解释为"泛指跃过某一障碍",并不确当。"骗"的本义是跃而上马,早见于中古作品,引申指跨骑、骑乘。《经律异相》卷三一引《奈女经》:"作一木马,高七尺余,学习骗上。"《南史·兰钦传》:"宋末随父子云在洛阳,恒于市骗橐驼。"(1504页)唐宋以来也不乏用例。[①]《儿女英雄

---

① 现今北方方言中,常把侧身抬腿跨上称为"骗",如"骗自行车""骗墙"等。

传》第18回叙述"骗马作耍"的行为为"有的从老远跑来一纵身就过去的,有的打着踢级转着纺车过去的……"云云,只是对"骗马"的一种临时的比喻说法,即把"马"当作类似于今天的木马了;"骗马"本身并没有"泛指跃过某一障碍"的固定义位。再者《水浒传》是明代的作品,《儿女英雄传》是晚清的作品,以后代的用例来求证前代的词义,也不当。究其实,在于说者因为"跳篱"和"骗马"连用,认定它们"其义当相同或相近",才会作出这样的解释的。其实"跳篱"是指跳过篱笆,"骗马"是说跃而上马(这也是一种本领),无妨连用而意义不同。

(二) 对文

所谓"对文",是指处在对应文句中相同位置上的两个词语,词义(包括词性)相近或相反。运用对文求证词义,是一条行之有效的方法。举三条对文同义的例子:

能—善

"(殷)浩善《老》《易》,能清言。"(《世说新语·文学》第27则注引《浩别传》)"(羊)忱性能草书,亦善行隶。"(又《巧艺》第5则注引《文字志》)

"能"和"善"相对,可知"能"就是善,指擅长某种才能技艺,而非能够义。

分—恩、情

"平生结交,情厚分深。"(《人物志·八观》"爱惠分笃,虽傲狎不离"下刘昞注,22页)"仆小人也,本因行役,寇窃大州,恩深分厚。"(《三国志·魏志·臧洪传》,233页)

两例"分"分别和"恩""情"相对,那么"分"就有恩情、情谊义。

譬—犹、若

"夫九偏之才,有同有反有杂。同则相解。"注:"譬水流于水。""反则相非。"注:"犹火灭于水。"(《人物志·材理》,12页)"窃见玉书,称美玉白若截肪,黑譬纯漆。"(《三国志·魏志·钟繇传》裴注引《魏略》,一三/396页)

"譬"分别和"犹""若"对文,说明"譬"有好像、如同义。

能—解

李商隐《俳谐》诗:"莺能歌子夜,蝶解舞宫城。""能"和"解"对文,"解"也是能义。

时—处

杜牧《见吴秀才与池妓别因成绝句》诗:"红烛短时羌笛怨,清歌咽处蜀弦高。""时""处"对文,"处"犹"时"也。

和连文一样,掌握了对文同义规律,就可用于词语考释。比如,得知了上下两句中一个词的含义,就可以推知相对位置的另一词的词义。

运用对文求义法要科学合理,注意从词义出发,兼顾词性、句法,不能扩大无边,凡是对文者必定同义。如杜甫诗:"内蕊繁于缬,宫莎软胜绵。"徐仁甫《广释词》认为"于""胜"相对,"于"犹"胜",谓内蕊繁胜缬也。(29页)其实"于"仍然是介词,用来引进比较的对象,"繁于缬"犹言比缬繁,"于"本身并无"胜"义。

(三)异文

所谓"异文",是指同一书的不同版本,或同一件事的不同记载,文字上有差异。从词义的角度看,同义、近义或反义词都可以形成异文。举一例因不明同义异文而产生的误校。

顿—俱

"又得一布衣，从海中浮出，其身如中国人衣，但两袖顿长三尺。"（《异苑》卷一，5页）中华书局点校本"校勘记"："'顿'，《太平御览》卷六百九十三引作'俱'。《三国志·魏志》卷三十《乌丸鲜卑东夷传》及《后汉书》卷八十五《东夷列传》并无'顿'字。"

按："顿"犹皆、俱，"两袖顿长三尺"谓两只袖子都长三尺（按："尺"当作"丈"。《御览》引《异苑》作"三丈"，《三国志·魏志·乌丸鲜卑东夷传》《后汉书·东夷列传》并同，可从），其长度大大超过汉族人衣服，所以为异；"顿"字可通。六朝典籍中，"顿"有皆、俱义，是范围副词。如：《搜神记》卷一七"竹中长人"条："（一人）面如方相，从竹中出，径语陈臣：'我在家多年，汝不知，今辞汝去，当令汝知之。'去一月许日，家大失火，奴婢顿死。"言家中奴婢都被烧死了。《魏书·杨侃传》："夫兵散而更合，疮愈而更战，持此收功，自古不少，岂可以一图不全，而众虑顿废？"又《郭祚传》："过郭淮庙，（高祖）问祚曰：'是卿祖宗所承也？'祚曰：'是臣七世伯祖。'高祖曰：'先贤后哲，顿在一门。'"《太平广记》卷二四六"胡谐之"条（出《谈薮》）："（太祖）以其家人语偎，语音不正，乃遣宫内数人，至谐之家，教其子女。二年，上问之：'卿家语音正未？'答曰：'宫人少，臣家人多，非惟不能正音，遂使宫人顿偎语。'上大笑。""顿"也都是皆、都之义。由此看来，"顿"字未必有误，《御览》引作"俱"者，盖宋人不知"顿"有皆义而改，但亦可以旁证"顿"字之义。

形—身

《异苑》卷八："须臾，见一人形长七尺，毛而不衣。"（82页）"形"，《太平广记》卷三九七引作"身"。

按："形"谓身、身体，"形长七尺"就是身高七尺。又卷一一六引《辨正论》："又见二人,形悉丈余,容姿甚伟。"《高僧传》卷五《竺法汰》："汰形长八尺,风姿可观。""形"的用法都和《异苑》相同。在身高这一义位上,"形"和"身"相同。《广记》是用其同义词。中华书局本《异苑·校勘记》认为"身"是"形"非,当属误校。

有些异文是因后人不明词义而擅改。如：

剩—利

《周书·寇儁传》："家人曾卖物与人,而剩得绢五匹。"(657页)"剩",《北史》作"利"。"剩"有多义,习见于六朝及唐宋以来作品,"剩得绢五匹"就是多得了五匹绢,切合文义。作"利"可能出于误改。

也有因易俗为雅而改。像《世说新语·惑溺》"充就乳母手中呜之"的"呜",《晋书·贾充传》改为"拊"。又《雅量》："下官家故有两婆千万。""婆"犹言三,是一个方言词。《太平御览》卷六八七引作"两千万",删去"婆"字。总起来看,《晋书》采写《世说》的内容,唐宋类书引六朝典籍,往往存在着"以雅代俗"的倾向。

运用异文求证法同样要注意科学性,因为造成异文的原因十分复杂,有形讹、音讹,有同音假借,有同义互换,有同词异写,有后人妄改,有来源、版本的不同等等,不可一概而论。

（四）上下文及正文注文相互参证

所谓"相互参证",就是对所释作品本身以及相关文献作比较考察,发现规律,考定词义。有时候,根据文章的上下文（包括正文与正文,正文与注文）,也可以推知词义。就中土文献而言,像《三国志》《世说新语》,既有正文,又有注文,正文、注文可以参照对比,进行研究。再如《三国志》和《后汉书》《世说新语》和《晋书》等也有比较研究的价值。佛典如同时代的译者或同经异译之间也可作对比研究。试以《世说新语》为例,酌举二例如下：

信受—信

《方正》第9则刘注引干宝《晋纪》:"皇太子有醇古之风,美于信受。"(160页)"信受"是什么意思?本条下文云:"侍中和峤数言于上曰:'季世多伪,而太子尚信,非四海之主。'""信"相当于"信受"的"文中自注",那么"信受"就是"信",也就是相信、取信的意思。太子指司马衷,后来的晋惠帝,资质愚钝,容易受人欺骗,故说"尚信",也就是上文所说的"美于信受",译成白话,就是容易相信别人。

毁悴—哀毁

《德行》第17则刘注引《晋阳秋》:"(王戎)遭母忧,性至孝,不拘礼制,饮酒食肉,或观棋奕,而容貌毁悴,杖而后起。"(11页)如果单就字面看,也大致能够猜出"毁悴"的含义,但下文述另一名士和峤居丧的情况时说"处大忧,量米而食,然颠顇哀毁,不逮戎也"。合而观之,"颠顇哀毁"就相当于对"毁悴"的"文中自注"。

不少词语可以根据上下文来印证。如果能找出规律,举一反三的话,定能起到事半功倍的作用。

诗歌也有类似的例子。

专由—专

《汉诗》卷一〇《古诗为焦仲卿妻作》:"此妇无礼节,举动自专由。""专由"何义?下文又有"奉事循公姥,进止敢自专"?则"专由"犹言专擅、自作主张。[①]

---

① "专由"一语典籍多见:"蛾眉非本质,蝉鬓改真形。专由妾命薄,误使君恩轻。"(《乐府诗集》卷二九)"梵志之心,觉世非常。布施为福,取妻之后,情惑淫欲,愚蔽自拥。背真向邪,专由女色。"(《佛说优填王经》)"如仪志,汉亚献之事,专由上司,不由秩宗贵官也。"(《宋书·礼志三》)"夫王者之兴,岂专由女德,惟其后世因妇人以致衰乱,则宜思其初有妇德之助以兴尔。"(《欧阳修集》卷六一、《居士外集》卷十一)这些"专由"都是全由的意思,属偏正词组。与《孔雀东南飞》含义、用法均不同。

郭芹纳(1998)曾经论述过"文中自注"的现象,指出:"作者在行文中,常常会以各种方式对自己所使用的某些词语加以'解释',这就为读者和训释者提供了正确理解这些词语之义的内部途径。由于这种'解释'是在作者的'文本'中出现的,可以说是由作者自己所作出的一种'注释',因此,我们姑且名之为'文中自注'。"上下文出现了意义相同或相近的词语,可以通过甲来求证乙,是古书的文例之一。上面所举几例,以及下面将要论述的"正文注文互证法"都是通过上下文来求证词义的,这是对这一规律的具体运用。

(五)利用相同句式对比的方式

视瞻停谛—视瞻不转

《世说新语·言语》第 15 则刘注引嵇绍《赵至叙》:"先君尝谓之曰:'卿头小而锐,瞳子白黑分明,视瞻停谛,有白起风。'"(41页)"视瞻停谛"一句的"视瞻"是目光、视线义,但"停谛"一词何义,颇费斟酌。下文刘注又引严尤《三将叙》,其中有平原君评价白起的话说:"渑池之会,臣察武安君小头而面锐,瞳子白黑分明,视瞻不转。"这两例都是描述白起的外貌,语言环境相差不多,而有"视瞻停谛"和"视瞻不转"之别。两相对比,可知"停谛"就是"(目光)不转"的意思,两句文字有别而含义实同。

《敦煌变文校注·难陀出家缘起》:"世尊直到难陀门前,道三两声'家常'!"下文难陀告诉他的妻子说:"伏缘师兄道(到)来,现在门前化饭。"(590 页)《敦煌变文字义通释》"家常"条云:"这说明'家常'就是化饭的话。"并把"家常"释为"求乞饭食的话。又指待客的酒饭。"(199 页)

1. 正文、注文互证法之一——正文印证注文

谵述—赞

《世说新语·赏誉》第62则刘注:"言非圣人,不能无过,意讥谵述之徒。"(251页)"谵述"何义?本条正文云:"常集聚,王公每发言,众人竞赞之;(王)述于末坐曰:'主非尧、舜,何得事事皆是!'"刘孝标用"谵述"来代替正文的"赞",可见"谵述"和"赞"同义,就是称赞。

加人—假人

《世说新语·栖逸》第4则刘注引《文字志》:"司徒王导复辟之,(李)廞曰:'茂弘乃复以一爵加人!'"(357页)"加人"是借给人的意思,看正文就可明了:"(李廞)既有高名,王丞相欲招礼之,故辟为府掾。廞得笺命,笑曰:'茂弘乃复以一爵假人!'""假人"语出《左传·成公二年》:"唯器与名不可以假人。""假"即"假借"之"假","加"和"假"同义。

2. 正文、注文互证法之二——注文印证正文

可儿—可人

《世说新语·赏誉》第79则:"桓温行经王敦墓边过,望之云:'可儿!可儿!'"刘注引孙绰《与庾亮笺》:"王敦可人之目,数十年间也。"(256页)魏晋时"儿"有"人"义,故"可儿"犹言"可人",注文正好为正文作注脚。(参见郭在贻1992:3)

3. 正文、注文互证法之三——正文、注文印证注文

丑领—丑

《世说新语·容止》第7则刘注引《续文章志》:"(左)思貌丑领,不持仪饰。"(335页)何谓"丑领"?本条正文云:"左太冲绝丑,亦复效岳游遨,于是群妪齐共乱唾之。"又注引《语林》:"张孟阳至丑,每行,小儿以瓦石投之,亦满车。"所述情节相似,都是指容貌丑

陋者外出时所遇到的难堪场景。然则从正文所说的"绝丑"、注文所说的"至丑"中可以体会"丑颔"的意思:"丑颔"就是丑,当为同义连文,"颔"也为丑义。

与此相仿的是《世说新语·容止》第13则:"刘伶身长六尺,貌甚丑颔。"(337页)刘注引梁祚《魏国统》:"刘伶字伯伦,形貌丑陋,身长六尺。"注文"丑陋"恰好是正文"丑颔"的最好注脚。

(六)根据古人的用词惯例

古人行文,自有某些习惯和偏好,有些词语或说法是经常出现的。这样,从事词义考释,就可以根据古人的用词惯例来加以研究、求证。具体说,又分两种情况:

1. 习惯说法

古人行文,有一些习惯的表达语句,这些语句可能是有所依凭或沿袭的,往往不能从字面上作机械理解。

不食汝馀

《世说新语·贤媛》第4则:"魏武帝崩,文帝悉取武帝宫人自侍。及帝病困,卞后出看疾。太后入户,见直侍并是昔日所爱幸者。太后问:'何时来邪?'云:'正伏魄时过。'因不得前而叹曰:'狗鼠不食汝馀,死故应尔。'至山陵,亦竟不临。""不食汝馀"是有出处的,《左传·庄公六年》:"三甥曰:'亡邓国者,必此人也。若不早图,后君噬齐,其及图之乎?图之,此为时矣。'邓侯曰:'人将不食吾馀。'对曰:'若不从三臣,抑社稷实不血食,而君焉取馀?'"对"不食吾馀"一句,唐代孔颖达疏云:"食,谓啖之。为甥设享而因享害之,所有馀食,更为人设之,将贱吾,不肯复食。"则此句的意思是,人们将鄙视我,唾弃我。(参见魏德胜1996)《世说新语》中,曹丕的母亲用"狗鼠不食汝馀"来表达对儿子荒淫乱伦行为的痛斥,意即曹丕是连狗鼠也不肯吃的东西。

面缚/自缚

《三国志·蜀志·后主传》:"(邓)艾至城北,后主舆榇自缚,诣军垒门;艾解缚焚榇,延请相见。"(900页)"自缚"谓自绑,是六朝习见的一个词语,有请罪和自首二义,史书中多见。① 但此例"自缚"应该是"面缚"之讹,"自""面"形近易误。这里的理由有二:第一,刘禅向魏将邓艾投降事,同书《魏志·邓艾传》也载,作:"艾至成都,禅率太子诸王及群臣六十余人,面缚舆榇诣军门,艾执节解缚焚榇,受而宥之。"(779页)《宋书·乐志四》:"刘子面缚至,武皇许其成。"(646页)又:"刘备逆帝命,禅、亮承其余。拥众数十万,阚隙乘我虚。驿骑进羽檄,天下不遑居。……逋虏畏天诛,面缚造垒门。"(651页)《晋书·段灼传》:"(邓艾)自投死地,勇气陵云,将士乘势,故能使刘禅震怖,君臣面缚。"(1337页)又《李特载记》:"特随流人将入于蜀,至剑阁,箕踞太息,顾眄险阻曰:'刘禅有如此之地而面缚于人,岂非庸才邪!'"(3022页)都记述了刘禅自绑投降一事,都作"面缚"。第二,"面缚舆榇"言双手反绑,车载空棺,是古代君臣表示投降请罪、甘受刑戮的方式之一,最早见于《左传·僖公六年》,历代多所沿用,也可作"舆榇面缚",如本例。综而言之,"面缚舆榇"也好,"舆榇面缚"也好,都是古书的习用语,"自缚"应该作"面缚"。

2. 同义异词

所谓"同义异词",是指在上下文里,同一个意思,用了不同的词。我们可以利用已知来考求未知,这也是考求词义的方法之一。

---

① 例如:《三国志·魏志·曹真传》《吴志·孙和传》《后汉书·赵熹传》和《赵孝传》《后汉纪·光武帝纪八》《晋书·邓攸传》《北史·尉迟迥传》《南史·孝义传下·张景仁》等。

骤/数

《隋书·李密传》:"让数为须陀所败,闻其来,大惧,将远避之。密曰:'须陀勇而无谋,兵又骤胜,既骄且狠,可一战而擒。'"郭在贻(1985:188)考释"骤"有屡次、多次义曾举此例,指出:"骤字与上文数字呼应,骤即是数。"

看/接对

《太平广记》卷一八引《续玄怪录》:"阿春因教凤花台鸟:'何不看客?三十娘子以黄郎不在,不敢接对郎君。'"上说"看客",下说"接对郎君",可知"看"就是"接对"。(参见蒋礼鸿 1997:201)

三、因声求义

清代学者取得了度越前人的卓著成绩,和他们正确地认识形、音、义三者之间的关系,善于因声求义、破除假借有关。这一用法在近代汉语词汇研究中仍然适用。

宜适/仪适

《风俗通义佚文》:"(宋)迁母坐上失气,奴谓迁曰:'汝母在坐上,何无宜适?'"(423页,《永乐大典》卷一二〇四四引)《太平御览》卷八四六引《风俗通》"宜适"作"仪适"。("简体本"803页)

"宜适""仪适"何者为是?须要作些考察。"宜适",谓恰当、合适。如:《吕氏春秋·离俗》:"譬之若钓者,鱼有小大,饵有宜适,羽有动静。"《史记·礼书》:"是以君臣朝廷尊卑贵贱之序,下及黎庶车舆衣服、宫室饮食、嫁娶丧祭之分,事有宜适,物有节文。"汉王充《论衡·书虚》:"圣人举事,求其宜适也。"《风俗通义》此例"宜适"显然不是"恰当"、"合适"的意思。

"仪适",言礼节,规矩。《后汉书·窦融传》:"融先遣从事问会见仪适。"李贤注:"犹言仪注。"《宋书·后妃传·孝武文穆王皇后》:"况今义绝傍私,虔恭正匹,而每事必言无仪适,设辞辄言轻易我。(1291页)"宜"可通"仪",《易·渐·上九》:"鸿渐于陆,其羽可用为仪。"汉帛书本"仪"作"宜"。《诗·小雅·角弓》:"如食宜驱。"唐陆德明《释文》:"宜字本作仪。"因此,这例"宜适"应读作"仪适","何无宜适"就是为什么没有规矩。《太平御览》引《风俗通义》佚文作"仪适"者,用其本字;而《永乐大典》所引作"宜适"者,用其假借字。① 《三国志·蜀书·郤正传》:"后主东迁洛阳,时扰攘仓卒,蜀之大臣无翼从者,惟郤正及殿中督汝南张通,舍妻子单身随侍。后主赖正相导,宜适举动无阙,乃慨然叹息,恨知正之晚。"《资治通鉴·魏元帝咸熙元年》"宜适举动无阙",胡三省注:"宜,当也;适亦当也。禅初入洛,见魏君臣,其礼各有所当。"②

枂枂(析析)/惜惜

唐陆龟蒙《五歌·刘猎》诗:"天职谁司下民籍,苟有区区宜枂枂。本作耕耘意若何,虫豸兼教食人食。""枂"同"析",《玉篇·手部》:"枂,俗析字。""枂枂"当读为"惜惜",③"宜枂枂"即应该爱惜、理应珍惜之义。《广韵》"析""先击切",心纽锡韵;"惜""思积切",心纽昔韵,声同韵邻,"枂"和"惜"盖以音近而假借。

洋洋/佯佯

《敦煌变文校注·叶净能诗》:"陛下但诏净能上殿赐座,殿后蜜(密)排五百口剑,陛下洋洋问法,净能道法之次,洋洋振龙威,臣

---

① 参看周一良(1985:206)"无宜适、与手、言论"条、蔡镜浩(1990)"仪适 宜适"条。
② 此二例蒙友生真大成博士提供,谨此致谢。
③ "析析"另有象声词的用法,形容风吹树木声。《文选·谢灵运〈邻里相送方山〉诗》:"析析就衰林,皎皎明秋月。"唐刘良注:"析析,风吹木声也。"元戴良《故人子以早年中选喜而有赋》诗:"吴门九月秋气满,析析西风吹叶断。"

暗点号,五百人一时攒剑上殿,而悉必煞之。"(340页)唐韩偓《不见》诗:"动静防闲又怕疑,佯佯脉脉是深机。""洋洋"与"佯佯"或通作,唐柳宗元《始得西山宴游记》:"洋洋乎与造物者游,而不知其所穷。""洋洋",《文苑英华》卷八二三引作"佯佯"。蒋礼鸿《敦煌变文字义通释》释"洋洋"云:"'佯佯'的假借,伪装。"(310页)

峭/悄

五代静、筠《祖堂集》卷六《洞山和尚》:"其僧去涅槃堂里,两人对坐,说话一切后,当胸合掌,峭底便去。"(《唐五代卷》506页)又:"病僧曰:'若与摩,则珍重。'峭然便去。"(同上,510页)"峭"读作"悄",参看江蓝生、曹广顺《唐五代语言词典》"峭然"条。

婢/裨

《文选·任昉〈奏弹刘整〉》是一篇弹劾文章,除了首尾部分外,记述了诉讼当事人的陈诉和证词,都是当时口语的直接记录,是研究南朝口语面貌的宝贵材料。其中有一些难解之处,如:"(刘整)又以钱婢姊妹、弟温,仍留奴自使。""亡寅后,第二弟整仍夺教子,云应入众。整便留自使。婢姊及弟各准钱五千文,不分逡。"

这两例"婢"和本篇中其他"婢"(如婢绿草、婢采音)的用法不同,显然不是"婢女"之义。考许多从"卑"得声的字都有增加、补益的意思,"婢"从"卑"得声,这是考释该词的一条线索。疑两例"婢"为"裨"字之借。中古音"裨"隶并母支韵,"婢"并母纸韵,声音很近,具备通假条件。在这篇实录的原始文书中,不知是说话者还是记录者的原因,把"裨"写成了"婢"。"裨"有补益、补偿义,也有给予义,《广雅·释诂三》:"裨,予也。"《南史·蔡兴宗传》:"起二宅,先成东宅以与兄轨。轨罢长沙郡还,送钱五十万以裨宅直。""裨",《宋书·蔡兴宗传》作"补"。"婢"读为"裨",上面两例都说得通了。第一例是说,刘整用钱补偿给他的姐姐和名温的弟弟后,就把原来供全家使唤的奴隶教子、当伯当作自己的私奴来使唤。第二句是说,刘整付给姐、弟各五千文,用作独自使唤教子一奴的补偿金。

上例阐明了文字通假。破除通假、因声求义是传统训诂学在词义考释过程中的重要的法则和锐利武器,前辈学者已经作出了很好的示范。在求证中古、近代汉语词义时,仍然应该遵循这一原则。

使用推阐特别是破假借的方法要谨慎,要有足够的证据,避免滥用。

极/劚

如汉魏以来习以"极"表示疲劳,或以为是"劚"字之借。[①] "极"本指房屋的正梁,由此引申则有极点、尽头义。人的体力到了极点就会疲倦,由此产生出疲劳、疲倦义,其引申途径是一清二楚的,似不必别求本字。关于"极"字,明杨慎《丹铅杂录》卷五"欯极同义"条有考证:"《尔雅》欯音剧,郭璞曰:'疲极也。'相如《子虚赋》:'徼欯受诎。'《说文》:'欯,劳也。燕人谓劳曰极。'字一作勮,俗又作'欯',皆笔势小变耳。别作殨。《方言》引《春秋外传》:'余病殨矣。'又作像,音义并同。晋人但用极,《世说新语》:'顾和谒王导,导小极,对之疲睡也。'《商芸小说》载晋明帝问沐,启云:'沐伏久劳极,不审尊体何如?'帝答之曰:'去垢甚佳,身不极也。'后读《神农本草》云:'劳极洒洒。'注:'极,欯倦也。'则极字反古于欯、殨诸字。晋人所用,当是从《本草》,未可以为俗书也。"

这就是说,因声求义也要适度,不可过滥。当按字面解释完全可通时,就要慎用通借之说。比如,有时候,学者喜欢给一些词语

---

① 徐震堮(1984:52)注"小极"说:"谓体中不适也,乃尔时常语。'极'盖'劚'之借字。"

找本字:《敦煌歌辞总编》卷三《十种缘》:"第八为避恶业缘,躬亲负重驀关山。"《敦煌变文校注·伍子胥变文》:"今日登山驀岭,粮食罄穷。"(3页)又《汉将王陵变》:"二将驀营行数里,在后唯闻相煞声。"(67页)"驀"都是跨越、跨过的意思。蒋礼鸿《敦煌变文字义通释》:"《广韵》入声二十陌韵,驀、䣛、陌都是莫白切,䣛义为趂越。驀应为䣛的假借字。……䣛、驀、陌三字同音通用,其义都是邪越。"(143页)

按:《通释》谓"䣛""驀""陌"三字同音通用,极确。但"驀"字本义为上马、骑乘,《说文》:"驀,上马也。"由此引申出跨越、跨过义,是十分合理而明晰的,不一定说"驀"字此义是"䣛"的假借字。唐慧琳《一切经音义》卷三六:"驀,《考声》:'逾越也。'"《龙龛手镜》:"驀,逾也。"均其证。

四、考察语法

这是指结合语法分析来推定词义。以往有些词语考释者往往就词释义,不太顾及语法,不从句法或虚词用法上来考虑,故有的释义值得商榷。在这方面,吕叔湘、蒋礼鸿、梅祖麟等做得比较好。这里举几例:

首先是明词性。

亲亲

《三国志·魏志·曹植传》载植于太和五年"复上疏,求存问亲戚,因致其意曰"云云,《文选》卷三七标题为"求通亲亲表","亲亲"何义?周一良(1985:21—22)考证说:"亲亲二字非动名结构,如亲亲而仁名之类,乃名词,与亲戚同,泛指同姓(包括兄弟)及异姓而言也。""亲亲"一语出现很早,早期属于动宾结构的词组,就是周氏所说的"动名结构",如《汉书·翼奉传》:"古者朝廷必有同姓以明亲亲，必有异姓以明贤贤，此圣王之所以大通天下也。"又《哀帝纪》："汉家之制，推亲亲以显尊尊。"颜师古注："天子之至亲，当极尊号。"[①]"亲亲"当是亲近、敬重同姓的意思，前一"亲"的动词，后一"亲"则是名词宾语，"推亲亲显尊尊"是说推崇亲近同姓（的做法），显赫尊敬尊长（的行为）。由此引申，就产生出指代亲戚、亲人的用法，转为名词。此义在魏晋南北朝文献中屡见，周氏下文举《陆云集·与杨彦明书》"然亲亲所以相恤之一感耳"，王羲之书札"馀亲亲皆佳""亲亲集事""明晚共亲亲集"，《淳化阁帖》二郗愔书"想亲亲悉如常"、《世说新语·贤媛篇》"汝若不与吾家作亲亲者，吾亦不惜余年"等例都是。

其次是明句式。

事须

南北朝、隋唐期间产生了一个新词"事须"，应该，必须的意思。如：《魏书·献文六王传上·广陵王羽》："然廷尉所司，人命之本。事须心平性正、抑强哀弱、不避贵势、直情折狱者可为上等。"（547页）[②]唐圆仁《入唐求法巡礼行记》卷四："准敕不许僧尼街里行犯钟声，若有出者，事须诸寺钟声未动已前各归本寺讫。"（《唐五代卷》153页）《敦煌变文校注·目连缘起》："吾今赐汝威光，一一事须记取。"（1015页）金元戏曲中，多作"是须""是必"，张相《诗词曲语辞汇释》、朱居易《元剧俗语方言例释》都已收释。如张相《汇释》

[①] 这两例《汉语大词典》已经收释。只是《汉语大词典》把《汉书·哀帝纪》一例当作"亲人，亲戚"理解，似可商榷。

[②] "事须"是中古时期常用的口语词，但每有误解者。中华书局标点本此段文字标作："然廷尉所司，人命之本事，须心平性正……"卷后"校勘记"云："人命之本事《册府》卷六九七五页'本'作'大'，疑是。"（567页）误以"事"字属上句，割裂"事须"一词；《册府元龟》改"本"为"大"，实属误读造成的误改，校点者以之为是，均可商。

卷一"是(五)"条:"是,犹务也。《董西厢》二:'是须休怕怖,请夫人放心无虑。'是须,务须也。……《董西厢》四:'你咱是必把音书频寄。'是必,务必也。"(18页)

蒋礼鸿《敦煌变文字义通释》指出:张氏释"是"为"务",也只是按整句的祈使语气推求得来的假象。这类词语的上一字本应从变文作"事","是"是音近借用。"事须""事必",是由"于事,必须……"凝缩而成的形式。并非"事""是"本身有"应""须""务""必"等义,只要看变文和戏曲里绝无"事""是"独用而有这些意义的,就可以知道了。(465页)谨按:"事须"本来应该是"于事,必须"或"按道理,应该"的凝缩,"是须""是必"的"是"都是"事"的借字。张氏《汇释》以"是"字立条,没有理清本字和借字的关系,也缺乏语法观点,应该以"事须"或"是须""是必"立条,并说明"是"和"事"的关系,《通释》的解释是对的。

五、参证方言

现代汉语方言是汉语词汇史研究的宝贵材料,在书面用例作为主要材料的基础上,若能再利用现代方言作为旁证,则会使结论更加可靠。

李行健、[日]折敷濑兴《现代汉语方言词语的研究与近代汉语词语的考释》一文在利用活的方言材料考释近代汉语词语方面作了尝试。价值有二:①对传统的近代汉语词语考释中排比用例的方法提出了质疑,认为存在着局限,容易产生望文生义的错误。主张近代汉语词语的研究应从方法上有所改进,应该注意利用方言材料。②利用活的方言材料对旧注提出质疑,纠正了以往的研究结论。这些错误有"望文生义""随文释义""似是而非""不够贴切"以及"知其然,不知其所以然"。

这一做法，古代早已有之。晋代郭璞注《尔雅》《方言》，就经常引用晋代语言来证明原书之义，使释义更加可信。唐代颜师古注《汉书》，也常常引用唐代口语来证明汉代词汇。历代笔记更是不乏其例，姑举一二以见一斑。宋龚明之《中吴纪闻》卷四"蟹"条："吴之出蟹旧矣。……今吴人谓之输芒。"①陆游《老学庵笔记》卷二："《酉阳杂俎》云：'茄子，一名落苏。'今吴人正谓之落苏。"明徐渭《南词叙录》："奴家：妇人自称。今闽人犹然。"(247页)又："恁的：犹言'如此'也。吴人曰'更个'。"(249页)

中古新产生的词义有些只在六朝通行，有些沿用到唐宋、元明清，有些直到现在仍然活跃在普通话或某些方言中。所谓"验证"，就是检核现代汉语特别是方言的材料，对中古词义的考释进行检验证实，用来证明释义的准确性和可信度，加强古今汉语的沟通。例如：

敧

用筷子夹取。《世说新语·黜免》第4则："桓公坐有参军敧烝薤，不时解，共食者又不助，而敧终不放。""敧"，本字是"攲"，《广韵·支韵》："攲，居宜切。箸取物也。"今吴方言仍有此语。

倚

有站立义。《世说新语·俭啬》第9则："郗公大聚敛，有钱数千万，嘉宾意甚不同。常朝旦问讯，郗家法，子弟不坐，因倚语移时，遂及财货事。""因倚语移时"是说"于是就站着谈了好长时间"。这从后代作品及现代方言中可以得到证明，如吴方言中的浙江台

---

① "输芒"，吴人称蟹。事本唐段成式《酉阳杂俎前集》卷一七《鳞介篇》："蟹，八月腹中有芒，芒真稻芒也，长寸许，向东输与海神，未输不可食。"(165页)宋王十朋《会稽风俗赋》："输芒之蟹，孕珠之蠃。"元谢应芳《寄王尚絅陈子仪诸友》诗："虾蟇产黿横山下，螃蟹输芒漷浦边。"

州、湘方言中的湖南祁阳等地仍称站立为"倚"（读《集韵·纸韵》"巨绮切"音），是古语的留存。

捺

义为用手摁压。《兴起行经》卷上《佛说背痛宿缘经》："便右手捺项，左手捉裤腰，两手蹙之，挫折其脊，如折甘蔗。"《百喻经·老母捉熊喻》："老母得急，即时合树，捺熊两手，熊不能动。"今浙江台州方言仍把用手摁住叫作"捺"。

过

有用菜肴等下饭、下酒义。《齐民要术》卷八《脯腊》："白如珂雪，味又绝伦，过饭下酒，极是珍美也。"《水浒传》第27回："我从来吃不得寡酒，你再切些肉来与我过。"今吴方言仍然有这样的说法，如说"格个小菜过老酒蛮好"。

颠

宋睦庵善卿编《祖庭事苑》卷七："大巅本作颠，未详名氏。……予尝读韩退之与孟简书，且曰：'潮州有一老僧，号大颠，颇聪明，识道理。因召至州郭，留十数日。实能外形骸，以理自胜，不为事物侵乱。'窃观韩公之言大颠，趣向可尚矣。"（753页）以"颠"指疯子，是吴方言的习语。今浙东台州方言仍称疯子为"颠人"，人疯了为"颠了"，等等。友生孙尊章说：今梅州客家话称疯子为"颠鬼"。

准（準）

折合（钱财）、抵价。自先秦就有此义，《奏弹刘整》有三例。唐韩愈《赠崔立之评事》诗："墙根菊花好沽酒，钱帛纵空衣可準。"清代赵翼《廿二史札记》卷三十："元太宗八年，始造交钞。……每二贯準白银一两。"今广西柳州、桂林仍把折钱、抵价叫"准"（音

[tʃen⁴⁴]),如说:一笼鸡,三天两头拿去酒厂准酒喝,都搞光了。①

用现代方言来证古语是求证词义的辅助手段,而不是主要证据。此外,由于时代悬隔,语言(包括语音、词汇、语法等)变迁,运用这一方法应该谨慎从事,注意科学性。

相打

六朝以来有"相打"一词,义为打架。元陶宗仪《南村辍耕录》卷六"沙魇"条:"湖南益阳州,夜中,同寝之人无故忽自相打,每每有之,名曰沙魇。"(74页)用"相打"指称打架,至今吴方言区的人还这么说,也说"打相打"。友生孙尊章说:今梅州客家话仍用"相打"指打架,用"相吵"指吵架。

角䀇

《世说新语》有"角䀇"一词,《轻诋》第13则:"仁祖曰:'近见高柔,大自敷奏,然未有所得。'真长云:'故不可在偏地居,轻在角䀇中,为人作议论。'""角䀇"一词近代吴方言仍说,如《吴歌甲集·山歌好唱口难开》:"田角落里碰着种田汉。"注:"'田角落里',即'田角'。吴中方言凡言'角'都云'角落里'。第十首云'门角落里',与此同例。"(《吴歌》111—113页)

纳亨

《世说新语》有"如馨""尔馨",后来有"宁馨"。吴方言音转则为"纳亨"。②《吴歌甲集·一爿小酒店》:"究竟纳亨?实在真关

---

① 广西方言和《廿二史札记》的例子,是方言学家、广西师范大学中文系刘春汉教授惠告的,谨致谢忱。

② 宋徐渊子《一剪梅》词:"他年青史总无名,我也能亨,你也能亨。"(见宋周密《癸辛杂识续集》卷下)徐震堮认为:"'宁馨'与'能亨'一音之转,……解作'怎样'或'这样',并通。"参见《〈世说新语〉校笺》后附《世说新语词语简释》。

店!"注:"'纳亨',如何也。古诗作'奈许',实即'奈何'。"(《吴歌》50页)又《山歌好唱口难开》:"纳亨样式唱歌郎?纳亨样式贩桃郎?纳亨样式种田汉?纳亨样式捉鱼郎?长长大大唱歌郎,矮矮短短贩桃郎,黑铁襪搭种田郎,赤脚零丁捉鱼郎。"(《吴歌》112页)

埭

张惠英《吴语劄记》(之三)(《中国语文》1984年第5期,348—349页),其中释"埭""通"两词,从现代吴语出发,联系中古典籍《搜神记》《南齐书》等,很有价值,值得重视。"埭"一词在今吴方言、闽方言等方言中还保存着。

阿家

《宋书·范晔传》:"所生母泣曰:'主上念汝无极,汝曾不能感恩,又不念我老,今日奈何?'……妻云:'罪人,阿家莫念。'"《北齐书·崔暹传》:"天保时,显祖尝问东安公主:'达拏于汝何似?'答曰:'甚相敬重,唯阿家憎儿。'显祖召达拏母入内,杀之,投尸漳水。"今甘肃陇右方言中,仍称媳妇的婆婆为"阿家"。如:"她阿家是个贤惠人。""她阿家对她阿公赏心(关心)得很。""媳妇孝道,阿家也疼肠。"(参见元鸿仁1999:41、73)

"观范晔临刑,其妻骂曰:'君不为百岁阿家。'其母云云。妻曰:'阿家莫忆。'袁君正父疾不眠,专侍左右。家人劝令暂卧。答曰:'官既未差,眠亦不安。'"谓"吴人称翁为官,称姑为家。"(王楙《野客丛书》卷一二"称翁姑为官家",135页)

按:六朝时子可以称父为"官",媳妇可以称婆婆为"家""阿家"("家"音"姑"),但"官"不限于子称父,"家"不限于媳妇称婆婆,王氏所论不够全面。

刚肠

《文选·三国嵇康〈与山巨源绝交书〉》:"刚肠疾恶,轻肆直言,遇事便发。"甘肃陇右方言引申之可指性格耿直、身体强壮。"你爸身体怎样？答：'遇到那么大的打击，但还刚肠得很。'""他那人刚肠得很！"(元鸿仁《方言源考与训诂新探》91页)

兰弹/阑单

中古以来有"兰弹""阑单"等词，表示疲弊不振，见郭著及《训诂学概论》。甘肃陇右方言仍有"兰弹"此词，意谓疲弊不振貌，由人至物，亦谓环境不整不洁之状。如谓："我看那人太兰弹了。""院子兰弹得很，收拾一下，不的话，天一下(雨)更难打扫了。"(《方言源考与训诂新探》98页)

治鱼

中古以来，对剖杀洗鱼有一专用词叫"治"，刘坚(1978:116)曾撰文讨论。《说文·刀部》："劙，楚人谓治鱼也。"《广韵·屑韵》："劙，割治鱼也。"可见"治鱼"一语出现甚早。又有一后出本字"剚"(chí)，《字汇·刀部》："剚，剚鱼。"明代李实《蜀语》："破鱼曰剚。剚音迟。"

"治鱼"一类的说法，自汉魏六朝到近代，不乏其例。《搜神记》卷一："须臾，有大鱼数百头，使人治之。"《宋诗》卷十一《清商曲辞·华山畿》之四："开门枕水渚，三刀治一鱼，历乱伤杀汝。"南朝梁宝唱等集《经律异相》卷四四引《杂譬喻经》："时下国主遣人市鱼，将还城内，用刀治鱼。儿在腹中唱曰：'徐徐勿伤我也。'即破鱼肠，见一小儿，端正无双，举国欢喜。"《大唐三藏取经诗话》卷下："启白长者：'鱼已买回。'长者遂问法师，作何修治。"(《宋代卷》254页)今江淮官话、吴语、赣语、客家话等均有"治(chí)鱼"的说法。[①]

[①] 关于"治""治鱼"，前后有多位学者讨论过，参见罗杰瑞(1979)、郭在贻(1979)、潘荣生(1983)、董志翘(1987)、刘坚(1987)、吴海(1988)、张美兰(2001:342)。

词义考释的主要步骤有上述七种。而具体的词义求证考释过程错综复杂,并无一定之规,往往是多种方法参互贯通,综合运用。因此,对方法的运用不应呆板教条,流于形式。

第四节　中古近代汉语词义考释的主体工作(下)

词语考释是一项创造性的劳动,在具体的考释过程中,需要综合各种知识,运用多种方法,并非轻而易举就能做到的。轻视这项工作,以之为雕虫小技,不可以语于道,固然不对;但从另一方面看,求证诠释了词义还不是最终目的,我们应该在此基础上,注意从词汇系统的角度进一步系联同义词或相关的结构,探讨词义由来和构词理据,总结词义的发展演变规律,做好"解释"的工作。这就需要在考释词义的基础上,进一步做好相关工作,以便使词义考释工作更加完善,更有价值,上升到新的高度。主体工作(下),是指在初步释义的同时,对所释词语的词族(相关词语)、来源、得义由来(构词理据)、演变规律进行探讨,在描写基础上,进一步加以解释。

作为"主体工作"的补充和深入,大致上包括以下几个方面:

一、追溯语源

科学的汉语史研究,应该在释义之外,再追溯词语的源头。蒋礼鸿曾就词语考释提出了解疑、通文、探源、证俗、博引五个要求,所谓"解疑"就是解决文献中字、词、句等不易理解的问题,解除读者心中的疑惑;所谓"通文"就是所考释的词义不仅在某一条文献中讲得通,而且要在所有相同、相似的例句中都讲得通,举一反三,触类旁通;所谓"证俗"就是能在社会生活中得到印证,表明某个词语确实存在;所谓"探源"就是对所释词语能溯其源流,尽可能地把词义演变的来龙去脉搞清楚。所谓"博引"就是参证的材料要多,征集的范围要广,应该旁征博引。(参见蒋礼鸿1984;骆驼1992)

郭在贻也提出了类似的说法。"笔者有一个想法,就是语词考释一类的工作,必须具备四个程序,方能称得上是高层次的研究。这四个程序是:求证、溯源、祛惑、通文。所谓求证,就是从浩如烟海的文献中寻求证据。有了确凿而又充分的证据,词义的考释才能立于不败之地。证据又有本证、旁证之分。所谓溯源,就是要从历时语言学的角度,搞清楚某一词语的来龙去脉及其所以得义之由。所谓祛惑,就是要指出前贤时人(包括各种辞书)的某些谬解误见,使读者恍然悟到过去所传承下来的某一解释原来是错误的。所谓通文,就是用你考释所得的结论,去畅通无阻地解释其他一些作品中的同类词语,做到如清儒王引之所说的'揆之本文而协,验之他卷而通'。"(《读江蓝生〈魏晋南北朝小说词语汇释〉》)

蒋、郭两位的意见值得重视。在实际的中古、近代汉语词语考释工作中,只满足于排比用例,作出解释而忽略溯源的情况并不鲜见。溯源是对词义演变作"史"的探究,深化词语考释工作的重要一环,有条件的研究者都应该从我做起。这里举几例:

不媚/薄媚/白面

《敦煌变文校注·燕子赋(二)》:"凤凰当处分:'二鸟近前头。不言我早悉,事状见喽喽。薄媚黄头雀,便漫说缘由。急手还他窟,不得更勾留。'"(415页)唐张鷟《游仙窟》:"谁知可憎病鹊,夜半惊人;薄媚狂鸡,三更唱晓。"(《唐五代卷》22页)蒋礼鸿《敦煌变文字义通释》释"薄媚"为"骂人的话,有放肆、捣蛋等意"。并引《乐府诗集》卷六六杜甫《少年行》:"马上谁家白面郎!临阶下马据人床。不通姓氏粗豪甚,指点银瓶索酒尝。""白面"下注道:"一云'薄媚'。"指出:"如果依杜诗的一本作'薄媚',那么它和'粗豪'的意义也是相应的。""今本作'白面',声误和不了解'薄媚'的意义都可能是它的原因。"(303页)

《通释》指出"薄媚""白面"在声音上有联系,极确。释义也稳妥可从。所可补充的是,倘进一步追溯源头,则"薄媚""白面"可能来自于中古的"不媚"。旧题汉焦延寿《易林》卷七《颐之睽》:"缺囊破筐,空无黍稷;不媚如公,弃于粪墙。"又卷九《明夷之艮》:"鸤鸠取妇,深目窈身,折腰不媚,弃于粪墙。"旧题后汉安世高译《佛说分别善恶所起经》:"五者从地狱中来出,生为人,弊性不媚,为众人所憎。今见有不媚急性,为众人所憎者,皆从故世宿命,不孝父母、不敬长老所致也。""不媚"犹言恶劣,可憎。"不媚"与"薄媚"当有渊源关系。从语音上说,"不"、"薄"都是唇音字,韵部则之、鱼对转。从意义上说,汉魏时期的"不媚"是恶劣、可憎的意思,到唐五代,则产生了捣蛋、讨厌义,如《游仙窟》、《敦煌变文》。

古代字书、韵书中,释语中也经常出现"不媚"。《说文·女部》:"婪,不媚,前却婪婪也。"徐锴系传:"乍进乍退,无姿制也。"《玉篇·页部》:"颏,薄不媚也。"又《心部》:"忮,懻忮,害心。又不媚,劲很。"《广韵·肴韵》:"颏,颏颅,头不媚。"《龙龛手镜·页部》:"颏,颏颅,头凹不媚也。"《集韵·爻韵》:"颏,颏赘,不媚也。"又《效韵》:"颏,不媚。"《类篇·女部》:"婓,婓妓,妇人不媚貌。""不媚"就是不漂亮、不好看。也作"薄媚"。《集韵·巧韵》:"颏,薄媚。"金韩道昭《五音集韵·巧韵》:"颏,薄媚。"是"不媚"和"薄媚"相通。至于杜甫诗"薄媚"一作"白面"者,盖后人不明"薄媚"含义,以"白面"

通俗易懂而改；然"薄媚"和"白面"声韵均近，也有声误或通借的可能。

狼抗

中古作品有"狼抗"一词。① 《世说新语·识鉴》第14则："周嵩起，长跪而泣曰：'不如阿母言。……嵩性狼抗，亦不容于世。'"狼抗，形容为人傲慢，乖戾不驯。《说文》："㝩，屋㝩㝗也。"李恭《陇右方言探微》："今陇右尚以'㝩㝗'为空之形况词，如云'空㝩㝗'是也。读若'康狼'。""狼犺""狼抗"则是"㝩㝗"语素颠倒的异写。联绵词字无定形，"㝩㝗""狼犺""狼抗""㝩㝗"应该都是从同一语源发展而来，声近义通。由这一语源派生出来的类似词语还有很多。

明杨慎《艺林伐山》卷七"㝩㝗鱼"条："《方言》：'康之为言空也。'注：'㝩㝗，空貌。……今澂江有鱼，滇人呼为㝗㝩鱼，其鱼亦干而中空。"（丛书集成本37页）按："㝩㝗""㝗㝩"就是"狼犺"、"狼抗"，都是粗笨、不灵便的意思。②

亲情

《敦煌变文集》多见"亲情"一词，说者多释为唐代口语词，这自然不错。但项楚《敦煌变文选注》则进一步征引《宋书·庐江王祎传》："淡薄亲情，厚结行路。"（263页、318页）把此词的出现年代上推到南北朝，追溯了它的源头。《汉语大词典》"亲情"条释为：

---

① 本条蒙友生真大成博士提供材料，谨此致谢。关于"狼抗"及其变体，已有多位学者作过论述，参看蒋礼鸿（1981［1987：78—79]）、汪维辉（1994）。

② 真大成解释"狼犺"有傲慢、暴戾义时说："我猜想这可能是由'㝩㝗'的'虚空'义派生出来的：形容物的'虚空'→转而形容人的眼高于顶，目空一切（自大）→形容人傲慢→形容人暴戾。从'空'到'大'，当可引申出粗笨、不灵便的意思。"又云："从'康'得声之字多有'空'义，而'良'从古文字上看大概也可表此义。可以参阅何金松《释"良"》（《中国语文》1985年第3期）一文。"

"①亲戚。亦指亲戚情谊。"首例举北魏郦道元《水经注》。(10册347页)

按:"亲情"一词的产生不晚于南朝宋,《宋书·文九王传·始安王休仁》载宋明帝刘彧《与诸方镇及诸大臣诏》:"吾与休仁,亲情实异,年少以来,恒相追随,情向大趣,亦往往多同。"(1875—1878页)"亲情"原指手足之情、亲戚情谊,当是其早期用法。《魏书·崔亮传附崔光韶》:"刺史元弼前妻,是光韶之继室兄女,而弼贪婪,多诸不法,光韶以亲情,亟相非责,弼衔之。"(1483页)又《夏侯道迁传》:"两家虽为姻好,而亲情不协,遂单骑归国。"(1580页)"亲情"也都指亲戚情谊。近代汉语作品中此词常指亲人、亲戚当是其后出的引申义。①今现代汉语仍说"亲情",同样是指亲人、亲戚情谊,词义又回到中古时的起点了。《汉语大词典》没有理清其演变的轨迹。

偏

蒋绍愚(1980)曾释"偏"有最、尤、特别义,副词。举杜甫《白水明府》诗"碧山晴又湿,白水雨偏多"、元稹《遣悲怀》诗"谢公最小偏怜女,自嫁黔娄百事乖"等为例。并进一步考证说:"此义战国时即有。《庄子·庚桑楚》:'老聃之役有庚桑楚者,偏得老子之道。''偏得'即'最得'。南北朝时亦有。《水经注·沔水》:'沔水又东偏浅。''偏浅'即'尤浅'。唐诗中更不胜枚举。刘淇《助字辨略》:'偏,畸重之词。'虽表述不甚准确,然其大意不差。"既溯了"偏"当最、特别讲的上古源头,又找到了前人已有的训释,是溯源的好例。

---

① 《宋书·庐江王祎传》:"淡薄亲情,厚结行路。""亲情"与"行路"(路人,陌生人)对举,似已指亲戚,是该义项之早见者。

诠释词义后,如果能进一步对其来源、理据作出解释或推测,那就属于"探源"工作了。这项工作的目的是企图"知其然而且知其所以然",难度很大,当然也很有意义。

矜

《世说新语·规箴》第14则有"冰衿而出"的话,残写本《世说新书》作"冰矜"。历来对此词的解释纷出。其实,"矜"有寒冷义,《诸病源候论》卷六《解散病诸候·寒食散发候》:"或矜战恶寒如伤寒。""矜战"犹言寒战。其本字当作"㵎",古从"禁"从"今"之字多相通。《玉篇·冫部》:"㵎,寒极也。""矜"或"衿"都是"㵎"的借字,表寒冷。"冰矜"("冰衿")同义连言,犹言"冷冰冰的样子",是由生理上的寒冷引申为心理上或表情上的冰冷。(参见王云路 1996)五代静、筠《祖堂集》卷十一《保福和尚》:"因举曹山云:'佛既说一言五百害心生,如何是此言?'师云:'冷侵侵地。'"(《唐五代卷》528页)按:"侵侵"可能来自中古的"矜"或"衿",与《诸病源候论》的"矜""㵎"等词声近义通。

匆匆

二王法帖中有"匆匆"一词,郭在贻《训诂丛稿》根据大量用例,已经指出其大都用于表示身体状况或心情欠佳的场合,"乃疲顿、困乏、心绪恶劣之意",纠正了以往的误说。(参见郭在贻 1985:64—66)那么,"匆匆"是如何有"疲顿、困乏、心绪恶劣之意"的呢,其构词理据是什么? 笔者以为,"匆匆"实际上就是"忽忽"的省写。"忽忽"有闷闷不乐义,也有身体不佳义,《全晋文》卷二二王羲之《杂帖》:"仆日弊,而得此热,忽忽解日耳。"在卷二四《杂帖》中有相似的文句,而"忽忽"作"匆匆",是其证。《诸病源候论》中多见"忽忽"一词,形容身体状况不好。书札就是昔日的便条,写时龙飞凤舞，只求便捷，故把"忽忽"省写作"匆匆"了。与此相似的是句尾疑问语气词"耶"在法帖中常常被省写作"耳"。这是书法家的一种临时创造或即兴书写，未必符合汉字简化的规律。

软刺答

元明文献中有"软刺答"一语，形容软奄、无力、柔弱的样子。《玉清庵错送鸳鸯被》第二折："【小梁州】就把姑姑央及煞，可怜我这没照觑的娇娃。早唬的来手儿脚儿软刺答，怎抬踏，好着我便心似热油炸。"汤式【一枝花】《赠玉芝春》："风韵似软刺答石上猗兰，雅淡似矮婆娑月中老桂。"《元语言词典》有释。如果进一步问其词源，则词典或可补苴。

"软刺答"是单音节形容词"软"＋双音节形容词"刺答"组成的合成词，其中"刺答"是一个联绵词。在六朝至唐宋以来文献中，有一组联绵词，和"刺答"音近义通。有"兰单"，《全上古三代秦汉三国六朝文·全晋文》卷八七束皙《近游赋》："乘筚辂之偃蹇，驾兰单之疲牛。"有"兰殚"，《太平广记》卷一七五"苏颋"条（出《开天传信记》）："兔子死兰殚，持来挂竹竿。"有"郎当"，宋朱熹《朱子语类》卷一三〇："张文潜软郎当。他所作诗，前四五句好，后数句胡乱填满。"以上这几个词都是联绵词，声近而义通。就声音而言，每个词的前一音节为来母字，属舌音；后一音节为端、透、定母等，也属舌音，故词与词之间属于双声相转。又每个词的两个音节之间大都具有叠韵的关系，如"郎"和"当"同在阳部，"兰"和"单"同在元部。就意义而言，这些词的共同义根都是形容疲软无力的样子，在意思上也相通。由此可见通过语音线索考察词义的重要性。

"探源"是不容易做好却又是不可缺少的一步，推测不妨大胆，但求证必须小心，做到"实事求是，无征不信"，避免穿凿附会。

二、分析内部结构

一个生僻或易误解的复音词,考释其意义后,如果有可能,最好进一步分析其内部结构——即复音词的结构关系。有时候,因为误解了词的内部结构,对词义的解释就会出问题。反之,对词义的解释有误,也可看出对该词的内部结构的理解有误。

疲极

《汉语大字典》"𠷎"(jué)②:"极度疲劳。也作'倒'。《史记·司马相如列传》:'观壮士之暴怒,与猛兽之恐惧,徼𠷎受诎,殚睹众物之变态。'裴骃集解:徐广曰:'𠷎,音剧。'骃按:郭璞曰:'𠷎,疲极也。'又:"与其穷极倦𠷎,惊惮慑伏。""

"极"有疲劳、疲倦义,故"疲极"当属同义连用,"疲极"就是疲,属于同义并列结构,而非偏正结构。《汉语大字典》"极度疲劳"云云显然是误解了"疲极"的内部结构,把它当作"偏正词组"来理解了。

严惮

《世说新语·德行》第31则刘孝标引《晋阳秋》:"侍从父琛避地会稽,端拱嶷然,郡人严惮之,觐接之者,数人而已。"(19页)张万起《世说新语词典·副编》在"严"的"形容程度高。犹'极'"义项下举《晋阳秋》例,则是把它当作偏正结构。"严"有畏惧义,《孟子·公孙丑上》:"无严诸侯,恶声至,必反之。"朱熹集注:"严,畏惮也。""严惮"连言,也已见于《史记》。由于"严"在六朝时又有程度副词的用法,犹言极、甚,故在"严惮"一类的"严~"结构中其语义构成关系就值得推敲。

挺生

《世说新语·方正》第56则刘注引《罗府君别传》:"及致仕还家,阶庭忽兰菊挺生。"(189页)《吕氏春秋·仲冬》:"芸始生,荔挺出。"高诱注:"挺,生出也。"《抱朴子内篇·塞难》:"圣人之死,非天所杀,则圣人之生,非天所挺也。"(138页)《宋书·谢灵运传》载其《山居赋》:"寒葱摽倩以陵阴。"自注:"庾阐云:'寒葱挺园。'"挺园,生于园。这样看来,"挺生"当为同义连文,"挺"也是"生"的意思。《世说新语词典·副编》未收此词。《汉语大词典》释"挺生"为"挺拔生长。亦谓杰出",疑误解了"挺生"一词的内部结构。

不少复音词的结构中,有相同的语素,对这些相同的语素也应该作具体的区分与归类,注意区别其不同内部结构。例如,同样是"～拔",都属于并列结构,就有"提拔、荐拔"和"挺拔"之不同。

在六朝时期,由"拔"作后语素,用"～拔"的格式组合成复音词,十分常用。例如:

第一组(动词+拔):

采拔

"行任数以御物,而知人善采拔。"(《晋书·孝愍帝纪论》,133页)

济拔

"(何晏)主选举,宿旧者多得济拔。"(《世说新语·言语》第14则刘孝标注引《魏略》,40页)

鉴拔

"其余亦多所鉴拔,皆如其言。"(《后汉书·郑玄传》,1212页)

奖拔

"其奖拔士人,皆如所鉴。"(《后汉书·郭太传》,2227页)

荐拔

"岱知其可成,……与共言论,后遂荐拔。"(《三国志·吴志·吕岱传》)

眷拔

"王珣、郗超并有奇才,为大司马所眷拔。珣为主簿,超为记室参军。"(《世说新语·宠礼》第3则)"眷拔"犹言器重提拔。①

赏拔

"夫十室之邑,必有忠信;率土之人,岂无贞贤,未闻朝廷有所赏拔,非所以求善赞务,弘济元元。"(《后汉书·郎𫖮传》,1060页)

识拔

"初,林识拔同郡王经于民伍之中,卒为名士,世以此称之。"(《三国志·魏志·崔林传》裴注引《晋诸公赞》,682页)"(傅)武泣曰:'武小人,蒙大人识拔,以至于是。'"(《晋书·刘聪载记》,2662页)

提拔

"其所提拔在无闻之中,若陈元龙、何伯求终成秀异者六十余人。"(晋袁宏《后汉纪·灵帝纪上》)

引拔

"缵居选,其后门寒素,有一介皆见引拔。"(《梁书·张缵传》,493页)

甄拔

"臣实庸鄙,无足奖进。陛下甄拔之旨,要是许其一节。"(《南齐书·王思远传》,765页)

征拔

"勇力诛嬖幸,然后征拔英俊,以兴汉室,功遂身退,岂不快

---

① 徐震堮《世说新语校笺》标作"为大司马所眷,拔珣为主簿……",分断"眷拔"一词,误。见徐震堮(1984:389)。

邪?"(《后汉纪·孝灵皇帝纪下》,715页)

拯拔

"皆感激旧恩,规相拯拔。"(《宋书·范晔传》,1822页)

知拔

"(王象)既为俊所知拔,果有才志。"(《三国志·魏志·杨俊传》裴注引《魏略》,664页)"(王)舒风槩简正,允作雅人,自多于邃,最是臣少所知拔。"(《世说新语·赏誉》第46则,246页)

资拔

"(杨)俊自少及长,以人伦自任。同郡审固、陈留卫恂本皆出自兵伍,俊资拔奖致,咸作佳士。"(《三国志·魏志·杨俊传》,664页)

类似上述这些"～拔"复音词,通常是一个表示品鉴、举荐或提拔的词作前语素,后接"拔",表示任用提拔、赏荐提拔等,如"采拔"谓任用提拔、"济拔"谓眷顾提拔,等等,余可类推。它们都是动词或动词性词组,属于类义并列。

第二组(形容词$_1$+拔):

明拔

"文武群才,多所明拔。"(《三国志·魏志·崔琰传》裴注引《先贤行状》,369页)

显拔

"沙汰秽恶,显拔幽滞。"(《后汉纪·孝灵皇帝纪下》,728页)"幽滞之士,多所显拔。"(《后汉书·董卓传》,2326页)

"明拔"谓明鉴提拔,"显拔"谓重加提拔,这两个词都是状谓(偏正)结构,尚属短语。

第三组(形容词$_2$+拔):

亮拔

清亮挺拔。"济曰：'此人非乡评所能名，吾自状之。'曰：'天才英特，亮拔不群。'"(《世说新语·言语》第24则刘孝标注引《晋阳秋》，47页)

朗拔

开朗出色。"(王)羲之少朗拔，为叔父廙所赏。"(《世说新语·言语》第62则刘孝标注引《文字志》，68页)

藻拔

出色有文采。"会虎在运租船中讽咏，声既清会，辞又藻拔。"(《世说新语·文学》第88则刘孝标注引《续晋阳秋》，144页)

这几个词，从语义上看属于近义并列，从结构上看则属于并列式的，都是形容词性。

类似这样的词，在中国古代用例甚夥，宜加搜集整理，并注意其不同的内部结构，区别对待。

三、系联归并

系联，指通过词语（主要指复音词）在结构、语义方面的联系，把相关的词语放在一起进行考释，考察的可以是一组同义词，也可以是一个语义场，通过系联，探究词义演变的规律，考察词汇系统。

(一) ～著

汉魏六朝典籍尤其是翻译佛经中，经常可以看到表示喜欢、爱恋、着迷的"著"，有单用的例子。"我刹女人，恶色丑恶舌，嫉妒于法，意著邪事。"(《佛说阿閦佛国经》卷上)更多的是和同义或近义词连用，组合双音节复合词。

爱著

"爱欲名为所为,五乐爱著,发往可求。"(《阴持入经》卷下)

贪著

"皆由贪著财色,不能施惠。"(《无量寿经》卷下)

恋著

"色欲无常,合会有离,如泡如沫;愚者恋著,殃祸由生。"(《中本起经》卷上)

染著

"凡夫颠倒,妄生染著,为渴爱所逼,如逐焰之蛾。"(《摩登伽经》卷上)

迷著

"观身巢屈,受众色爱;观身贪惑,迷著五乐。"(《菩萨修行经》)

耽著

"女人多欲,耽著男子。"(《经律异相》卷四五引《出曜经》)

显然,"爱著""贪著""恋著""染著""迷著"和"耽著"等词都是同义(近义)连文,表示喜爱、贪恋的意思。(参见王云路、方一新1992:477—479)

"著"此义在唐宋作品中仍然多见,如唐白居易《游仙游山诗》:"自嫌恋著未全尽,犹爱云泉多在山。"《五灯会元》卷二《六祖大鉴禅师旁出法嗣·广州志道阐释道》:"又推涅槃常乐,言有身受者,斯乃执吝生死,耽著世乐。"宋陆游《听雪为客置茶果》诗:"平生外形骸,常恐堕贪著。"(参见蒋礼鸿1997:282—285)

(二)～毒

忧毒/痛毒

东汉以来翻译佛经、中土文献中,可以见到"忧毒""痛毒"等词,谓忧愁、痛苦。① 如:后汉昙果共康孟详译《中本起经》卷下:"其年七岁,得病便亡。其父忧毒,卧不安席,不复饮食。"(4/160/a)后秦弗若多罗译《十诵律》卷一八:"女人所有怨嫉忧毒,无过对妇。"(23/125/c)后汉竺大力共康孟详译《修行本起经》卷下:"天化为病人,在于道侧。身瘦腹大,躯体黄熟,咳嗽呕哕,百节痛毒。"(3/466/c)元魏慧觉等译《贤愚经》卷一:"见前死尸,故在山间。父母悲悼,缠绵痛毒。"(4/353/a)

此外,还有:

悲毒

刘宋求那跋陀罗译《杂阿含经》卷二三:"比丘闻其所说,心生悲毒,泣泪满目。"(2/164/a)

瞋毒

姚秦鸠摩罗什译《大智度论》卷一六:"或作恶龙,瞋毒忿恚,放大雹雨,冰冻害人。"(25/177/b)

愁毒

后汉支娄迦谶译《道行般若经》卷三:"其人闻之,心便愁毒,如自消尽。"(8/441/b)西晋竺法护译《正法华经》卷二:"若在宴室,谨勑自守,一身经行,益用愁毒。"(9/73/b)

烦毒

后汉竺大力共康孟详译《修行本起经》卷下:"观见菩萨,已在树下,清净无欲,精思不懈,心中烦毒,饮食不甘。"(3/470/c)

---

① 朱庆之(1992:146—148)已经列举佛典中"用在谓词性语素后面"的"实语素""毒",举了"悲毒""酸毒"等15个用例。

患毒

旧题后汉安世高译《分别善恶所起经》:"一者自欺身,亦为人所患毒。"(17/519/a)

恚毒

吴康僧会译《六度集经》卷五:"菩萨觉之,即自誓曰:吾宁就汤火之酷,葅醢之患,终不恚毒加于众生也!"(3/24/a)

苦毒

失译《大方便佛报恩经》卷二:"我若先知此井无水,尚不眼视,而况往取。今日苦毒,为井所误。"(3/132/a)

酷毒

西晋竺法护译《生经》卷四:"其主长者,甚怀瞋恨。还归在家,鞭挞酷毒,不与水草。"(3/99/c)

酸毒

姚秦竺佛念译《出曜经》卷二四:"是时世尊即接难陀,将至地狱,示彼苦痛,考掠搒笞,酸毒难计。"(4/740/a)唐义净译《根本说一切有部毗奈耶破僧事》卷五:"彼诸人等,纵苦其身,受诸极苦,忍诸酸毒,受如此受。"(24/121/a)

悒毒

西晋竺法护译《方等般泥洹经》卷上:"我亦用是故,悲叫憎悒毒。"①(12/914/b)

郁毒

后汉安玄译《法镜经》:"若欲施若已施,而不郁毒,无有悔者,是为思惟度无极。"(12/18/a)

---

① "憎",《大正藏》出校:宋元明三本作"增"。

憎毒

西晋竺法护译《生经》卷四:"今者大家,独见憎毒,不得水草,挝鞭甚酷。"(3/99/c)

捶毒

《长者音悦经》:"既使长者得闻真言,又可免于捶毒之痛。"(14/808/c)

楚毒

失译《大方便佛报恩经》卷一:"有诸蚊虻,闻血肉香,来封身上。遍体唼食,楚毒苦痛,不可复言。"(3/129/b)

老毒

后汉安世高译《阿含口解十二因缘经》:"何以故为碎?身老毒故。"(25/54/c)

恋毒

西晋竺法护译《方等般泥洹经》卷上:"尊天今灭度,阿难岂知耶?呜呼感恋毒,佛将般泥曰。"(12/912/b)

类似这样,不仅解释单个的词语,而且进一步把相关、同类型的词语一并串联起来,加以解释,从而既便于推知词语的含义,也有利于系联同义词,考察词汇系统。

(三) 作～

六朝时多见由动词前语素"作"构成的"作～"式复合词。① 有以下一些复音形式:

------

① 周一良《魏晋南北朝史札记·〈宋书〉札记》"刘彧与方镇及大臣诏书中当时口语"条云:"作某云云为当时习语。"(197页)已论及这组复合词,并多举其例,请参看。

作达

谓放荡不羁。《世说新语·任诞》第13则:"阮浑长成,风气韵度似父,亦欲作达。"

作调

谓开玩笑。《太平御览》卷七三四引《世说新语》佚文:"曾闻安陵能作调。"

作健

犹言振作、奋发。《世说新语·轻诋》第27则:"颇似,足作健不?"《梁诗》卷一四《企喻歌》:"男儿欲作健,结伴不须多。"

作娇

犹言撒娇。《宋诗》卷十一《清商曲辞·华山畿》之三:"夜相思,投壶不得箭,忆欢作娇时。"

作佞

犹今言拍马。《宋书·文九王传·始安王休仁》:"休仁又说休祐云:'汝但作佞,此法自足安。我常秉许为家,从来颇得此力。但试用,看有验不?'"

作适

犹言玩耍。《南齐书·桓康传》:"我今夕欲一处作适。"

作偷

偷盗。《宋书·王景文传》:"吾自了不作偷,犹如不作贼。"

作异

唱反调,对着干。《晋书·王彪之传》:"但当令不与殿下作异耳。"《南史·刘沨传》:"谘议欲作异耶?"

作直

犹言坚持梗直不阿。《晋书·傅咸传》:"卫公云:'酒色之杀人,此甚于作直。坐酒色死,人不为悔,逆畏以直致祸。'"

作贼

犹言造反。《世说新语·贤媛》第 32 则:"韩康伯母殷,随孙绘之之衡阳,于阖庐洲中逢桓南郡。卞鞠是其外孙,时来问讯。谓鞠曰:'我不死,见此竖二世作贼。'"

近代汉语作品中也时见类似的结构,如:

作耍

玩耍。《儿女英雄传》第 18 回:"拉了一匹划马,着个人拉着,都教那些小厮骗马作耍。"

类似这样一些复音形式,"作"的词义比较宽泛,其实基本上都是复音词,而不是复音的动宾词组。关于由前语素"作"构成的"作~"式复合词,第十章已有举述,可以参看。

(四)"取~"与"行~"

汉魏六朝作品中,"取"作为前构词语素,后面加动词,组成"取V"式双音词的比例也相当高,可以见到的用例很多,如:

取合

迎合。《史记·韩长孺列传》:"安国为人多大略,智足以当世取合,而出于忠厚焉。"

取容

犹"取合",迎合。《三国志·魏志·武帝纪》裴注引《魏书》:"于是权臣专朝,贵戚横恣。太祖不能违道取容,数数干忤。"(4 页)

取钱

要钱。《宋书·吴喜传》:"喜兄茹公等悉下取钱,盈村满里。"(2119 页)

取假

请假。《晋书·潘尼传》:"尼遂疾笃,取假拜归扫坟墓。"(1515页)又《沮渠蒙逊传》:"蒙逊期与男成同祭兰门山,密遣司马许咸告业曰:'男成欲谋叛,许以取假日作逆。'"(3191页)

取急

犹"取假",请假。《三国志·魏志·张既传》裴注引《魏略》:"(李)丰时取急出,子貏往见之,有所咨道。"(478页)《晋书·石勒载记下》:"至是,(张)披取急,召不时至,因此遂杀之。"(2740页)《北史·房法寿传》:"病卒,豹取急,亲送柩还乡。"(1416页)

取死

找死;自杀。《世说新语·谗险》第1则刘孝标注引邓粲《晋纪》:"(王澄)后果为王敦所害。刘琨闻之,曰:'自取死耳。'"(476页)自取死,就是自己找死。《魏书·李䜣传》:"昨来每欲为此取死,引簪自刺,以带自绞,而不能致绝。"(1041页)"取死"言自杀。

取亡

灭亡。《魏书·西域传》:"若通其使人,知我国事,取亡必近,不如绝之,可以支久。"(2260页)

与"取V"相类似的有"行N",在六朝作品中也很常见:

行酒

在酒席上为宾客斟酒。《三国志·魏志·袁绍传》裴注引《英雄记》载曹操作《董卓歌》:"德行不亏缺,变故自难常。郑康成行酒,伏地气绝。"(195页)《搜神记》卷一"左慈"条:"手自倾罂,行酒百官,百官莫不醉饱。"(9页)

行食

分送饮食。苻秦昙摩难提译《增壹阿含经》卷四五《牧牛品》:"是时,翅宁梵志欢喜无量,躬自行食,供养佛及比丘僧。"《经律异相》卷三六引《十律诵》:"众僧受取,共相谓言:'今日贫儿竭力作会,人人皆当为之稍食。'及到居士舍,手自行食,皆云少与,食遂无减。"(196页中栏)

行茶

唐白居易《春尽劝客酒》诗:"尝酒留闲客,行茶使小娃。"

行水

为众人分送清洁水,用于净手。吴康僧会译《六度集经》卷五:"后日长者复请比丘,普令众僧,悉令诣舍,办饮食具。时至皆到,坐定行水。"(18/901/c)《南齐书·竟陵文宣王子良传》:"数于邸园营斋戒,大集朝臣众僧,至于赋食行水,或躬亲其事。"(700页)

行香

《高僧传》卷二《释法遇》:"即命维那鸣槌集众,以杖筒置香橙上,行香毕,遇乃起。"(201页)《南史·齐武帝诸子·鱼复侯子响传》:"百日于华林为子响作斋,上自行香,对诸朝士嚬蹙。"(1109页)[①]

从六朝文献看,"行"单用就可用于分送饮食义,这是中古时期产生的一个新义,如:东晋法显译《佛说杂藏经》:"汝前世时作沙弥,行果瓜子,到师所,敬其师故,偏心多与,实长七枚。"(34/398/a)《经律异相》卷四一引《僧祇(律)》:"佛遥唤来,问:'器中何等?'答曰:'是饼。'佛言:'可行与众僧。'答:'少,不能遍。'佛言:'但与人行一番。'"(220页下栏)两例"行"都是分送(饼)的意思。

---

① 清赵翼对"行香"有考证,参看《陔馀丛考》卷二六543页,中华书局,1963年新1版。

由此发展,则可组成"行+名词"的动宾结构,上举"行酒""行食""行香""行水"等都是动词"行"后加表示饮食、生活的名词,用于分发、分送食品或生活用品的场合。

四、分析演变规律

在释义的基础上,如能进一步对词义演变的规律进行研究,分析规律,指明演变的途径,则是更进一步的工作。以下主要结合复音词词义演变、复合型新词的词义结构等方面作些分析。

(一) 并列式复音词的语义取向(AB→A;AB→B)

汉语词汇有部分复音词的构成有如下特点,即:本来是由近义或类义的甲和乙两个语素构成,在连用过程中,某一时期词义或偏向甲,某一时期或偏向乙,由此引申出词义指向不同的两个义位。如:

功能

有功绩、功劳和才能、才干两义。汉代时为功绩、政绩义,如:《汉书·宣帝纪》:"五日一听事,自丞相以下各奉职奏事,以傅奏其言,考试功能。"颜师古注引应劭曰:"敷,陈也。各自奏陈其言,然后试之以官,考其功德也。""考试功能"是说考察功绩、政绩。因此引申出功劳义,如唐圆仁《入唐求法巡礼行记》卷四:"其人说打回鹘功能,不合煞之,具录事由闻奏。"(《唐五代卷》155页)"打回鹘功能"就是打回鹘功劳。六朝时期此词又有才能、才干的意思。《三国志·吴志·朱桓传》:"桓佐军进谏,刺杀佐军,遂托狂发,诣建业治病。权惜其功能,故不罪。"(1314页)《后汉书·公孙述传论》:"昔赵佗自王番禺,公孙亦窃帝蜀汉,推其无他功能,而至于后亡者,将以地边处远,非王化之所先乎?"(544页)"功能"都是指才能、才干。"功能"是由"功"和"能"两个语素组合成词,"功"指功劳,功绩,"能"

指才能,才干,当词义偏向"功"时,此词就有功绩、政绩、功劳义;当词义偏向"能"时,则有才能、才干义,由此产生了两个不同的义位。

类似的例子,如"骚动""委任",参见拙著《东汉魏晋南北朝史书词语笺释》20页。

(二)词义沾染

词义产生的另一个途径是,因为两个语素经常连用,受对方的词义影响,于是甲语素或乙语素也就慢慢地带上了对方的词义,单用时也有这一词义了。如:

怪

笑的意思。唐圆仁《入唐求法巡礼行记》卷四:"仍仰中官收纳家中物钱,象牙满屋,珠玉金银等尽皆满库,钱帛匹段不知数。……自余宝佩奇异之物不可计数。皇帝到内库看,拍手怪曰:'朕库不曾有此等物。'"(《唐五代卷》155页)"怪"是笑的意思。"怪"的本义是奇异、奇特(《说文·心部》:"怪,异也。"),怎么会有笑义呢?原来,六朝以来,有"怪笑"一词,如:《敦煌变文校注·金刚丑女缘起》:"王郎不用怪笑,只缘新妇幼少。"(1105页)又:"且须遣妻不出,恐怕朋友怪笑。"(同上)五代静、筠《祖堂集》卷十一《保福和尚》:"师云:'还解怪笑得摩?'"(《唐五代卷》526页)又:"僧云:'还解怪笑得摩?'师云:'非常怪笑得。'"(同上,528页)由于"怪"常和"笑"连用,词义受到"笑"的影响,也产生了笑义,并且单用也就有了笑这一义位了。

道

指围棋子。与此相对应,"路"也有此义,盖所谓词义沾染是也。宋孙光宪《北梦琐言》卷一〇:"唐僖宗朝,翰林待诏滑能,棋品甚高,少逢敌手。有一张小子,年可十四,来谒觅棋,请饶一路。"

(79页)"请饶一路"犹云请让一子。

促

有急忙、赶紧义,《三国志·魏志·华佗传》:"今疾已结,促去可得与家相见,五日卒。"(801页)"催促"连言,后来"催"也带上了"急速"义。《搜神记》卷一七:"众果毕植,行列整齐,如人行,甘子正熟。三人共食,致饱,乃怀二枚,欲出示人。闻空中语云:'催放双甘,乃听汝去。'"①

(三) 并列式复音词的词义结构及判定

自汉代以来,随着汉语复音化进程的加快,新产生的复音词中,除了部分单音新词外,复音新词逐渐占据了主导地位。因此,分析复音新词产生的方式和途径,总结其产生的原因,应该是汉语词汇史研究的内容之一。

在并列式复音新词的形成中,比较常见的有以下几种类型:

1. 同义并列的产生年代

东汉魏晋以后,复音词大量产生,迨及唐宋元明清,新产生的词仍然以复音词为主。而由同义连文形式产生的复音词要在所有复音词中占有相当的比例。这些同义连文的复音词,其最初或早期形式其实是单用的单音词,后来才组合成复音词。其单、双音词的使用年代,可能有这样几种类型。

(1) 单音新词和复音新词产生的年代,基本上属于同时代,复音新词稍晚些的。

倚立

《异苑》卷六:"中宵笼月,户牖少开,有人倚立户外,状似小

---

① 分别参看张永言(1992)"促"、江蓝生(1988)"催"两条。

儿。"《南齐书·五行志》："及海陵废，明帝之立，劝进之事，倚立可待也。"南朝梁皇侃《论语·阳货义疏》："言周、邵二南既多所合载，读之则多识草木鸟兽，及可事君亲，故若不学诗者，则如人面正向墙而倚立，终无所瞻见也。"(17 页，29 页)"倚立"就是立。考古代"倚"有立义：①《系观世音应验记》第 45 条："须臾，见一人倚江中央，水裁至腰。"(47 页)《世说新语·俭啬》第 9 则："郗家法，子弟不坐，因倚语移时。"又《仇隙》第 3 则刘注引《王廙别传》："尔日迅风飞帆，廙倚船楼长啸，神气甚逸。"《晋诗》卷十九《清商曲辞一·读曲歌》："坐倚无精魂，使我生百虑。"《古小说钩沉》辑《冥祥记》(出《太平广记》卷三七七)："有鬼持叉，倚于其侧。""倚"都是站立义。均可为证。

承闻

听，听说。从东汉以来，"承"就有闻、听说义(参见江蓝生 1988:24)，如：严可均辑《全上古三代秦汉三国六朝文·全后汉文》卷九六引徐淑的《答夫秦嘉书》(出《艺文类聚》卷三二)："自初承问，心愿东还；迫疾，惟宜抱叹而已。"(990 页)"承问"意思是"听到消息"。《搜神记》卷一四"女化蚕"条："(女)穷居幽处，思念其父，乃戏马曰：'尔能为我迎得父还，吾将嫁汝。'马既承此言，乃绝缰而去，径至父所。"(172 页)《楼兰尼雅出土文书》第 42 号："远承凶讳，益以咸切念，追惟剥截，不可为怀！"由此"承"和"闻"组合成"承闻"这一同义复合词。旧题三国吴支谦译《撰集百缘经》卷二："善爱自言：'承闻王边有乾闼婆，善巧弹琴歌舞戏笑。今在何许？'"《晋书·蔡谟传》："谟曰：'佛者，夷狄之俗，非经典之制。先帝量同天

---

① "倚"之立义，参看王念孙《读书杂志·荀子第七》"倚而观"条。

地,多才多艺,聊因临时而画此象,至于雅好佛道,所未承闻也……'"(2035页)五代静、筠《祖堂集》卷五《云嵒和尚》:"沩山问师:'承闻长老在药山,解弄师子是不?'"(《唐五代卷》496页)

融液

融化,由"液"和同义词"融"连用而来。《异苑》卷一:"掘得一黑物,无有首尾,形如数百斛舡,长数十丈,蠢蠢而动。有顷,悉融液成汁,时人莫能识。"(3页)"液"单用就有融化、消融义。南朝宋刘敬叔《异苑》卷四:"行次真定,时久积雪而当其门,前方十数步,独液不积。"(30页)液,融化。"独液不积"是说唯独这一块地方的雪都融化了。又卷八:"元嘉中,高平平丘孝妇怀妊,生一团冰,得日,便消液成水。"(81页)所以能和"融"并列连用。"融液"一词近代汉语作品中也见:明何良俊《四友斋丛说》卷三二:"(陈)几有子婿陈令,颇知其术,曰暖外肾而已。其法:以两手掬而暖之,默坐调息,至千息,两肾融液,如泥瀹入腰间。此术至妙。"(293页)"融液"当也是消融、融解之义,盖用调息运气的变法温暖睾丸(旧以"外肾"称睾丸),起到驱病强身的作用。

(2)复音新词产生的年代要比单音新词晚。

"掷",跳,跳跃。经常和同义词连用,构成"透掷""跳掷""腾掷""掷投"等同义并列复音词,义为"跳跃、腾越"。

掷

"掷"字单用的例子如:《搜神记》卷二〇"猿母猿子"条:"临川东兴,有人入山,得猿子,便将归。猿母自后逐至家。……此人既不能放,竟射杀之。猿母悲唤,自掷而死。"(242页)《世说新语·假谲》第1则:"魏武乃入,抽刃劫新妇,与绍还出。失道,坠枳棘中,绍不能得动。复大叫云:'偷儿在此!'绍遑迫,自掷出,遂以俱免。"(454页)南朝齐陆杲《系观世音应验记》第47条:"斯须追至,安起心悟,复唤狼:'若是观世音,更来救我。'道此未竟,应声即出。安起,跳往抱之,狼一掷便过南岸。"(48页)宋赵令畤《侯鲭录》(中华书局,2002,孔凡礼点校)卷四"猴部头"条:"唐昭宗养一猴,……朱全忠篡后,因御筵引至坐侧,视梁祖,忽奔走号掷,裭其冠服。"(109页)

透掷

《南史·齐武帝诸子传·鱼复侯子响》:"他日出景阳山,见一猿透掷悲鸣,问后堂丞:'此猨何意?'答曰:'猿子前日堕崖致死,其母求之不见,故尔。'"(1109页)"透掷"犹言跳跃,腾越,形容猿母痛失爱子后的悲哀绝望的举止。考"透"和"掷"一样,单用即有跳跃、腾空义,如:《全上古三代秦汉三国六朝文·全后汉文》卷五八引王延寿《王孙赋》描写猴子的举止:"或群跳而电透,或瓜悬而瓠垂。"(791页)《北史·神武纪上》:"文襄及魏永熙后皆幼,武明后于牛上抱负之。文襄屡落牛,神武弯弓将射之以决去。后呼荣求救,赖荣透下取之以免。"(2页)"透下"就是跳下。殿本"透"作"遽",当是不明六朝口语词者而改。

跳掷/跳躑

《敦煌变文校注·四兽因缘》:"次问猕猴:'汝见树时,其树大小?'猕猴答云:'我于树上捉其枝条,腾跃跳掷,胜得我也。'"(1213页)《太平广记》卷一三一"王昙略"条(出《广古今五行记》):"宋谯国城父人王昙略,常以牛作脯为业。欲杀一牛,牛见刀,辄跳躑欲走去。"(929页)又卷一四四"李宗闵"条(出《宣室记》):"尝退朝于靖安里第,其榻前有熨斗,忽跳躑久之,宗闵异且恶。"(1035页)"躑"同"掷",如前引《搜神记》卷二〇"猿母猿子"条"自掷而死",

《太平广记》卷一三一"东兴人"条引《搜神后记》文字全同此条,而作"自躑而死"。(930页)

腾掷

《太平广记》卷四四"萧洞玄"条(出《河东记》):"俄然有虎狼猛兽十余种类,哮叫腾掷,张口向无为,无为亦不为动。"(277页)

掷投

《太平广记》卷八"张道陵"条(出《神仙传》):"陵将诸弟子,登云台绝岩之上,下有一桃树,如人臂,傍生石壁,下临不测之渊,桃大有实。陵谓诸弟子曰:'有人能得此桃实,当告以道要。'于时伏而窥之者三百余人,股战流汗,无敢久临视之者,莫不却退而还,谢不能得。升一人乃曰:'神之所护,何险之有!……'乃从上自掷投树上,足不蹉跌,取桃实满怀。"(57页)"掷投"就是"投","投"也有跳义,下文云:"赵升心自正,能投树上,足不蹉跌。"可证。

(3) 有时候,同义并列复合词产生的年代和单音词的年代隔得较远,换句话说,单音新词比复音新词产生的年代要早许多。这里举"准折"一例。

准折

宋徐梦莘《三朝北盟会编》靖康元年二月《靖康城下奉使录》:"先是二十二日召桧与望之对福宁殿。上云:'国家无许多金银,禁中却煞有珠玉等。卿等可过去商量,以此准折。'"《近代汉语读本》注:"准折:折合。"(109页)

按:注是。"准"和"折"都有折合、抵押义,故"准折"系同义连文。但是,"准"和"折"各自具有折合、抵押义的时代不同。

"准"有折合义,《管子》已然。《后汉书·章帝纪》李注引丁孚《汉仪式》:"郁林用象牙一,长三尺已上,若翠羽各二十,准以当金。"(142页)南朝梁元帝《金楼子》卷二《后妃篇》:"每大官供进,并以准取钱,纤毫已上,皆施宣业寺。"(二·2页)《文选·任昉〈奏弹刘整〉》:"突进房中,屏风上取车帷准米。"

而"折"的本义是折断,《说文》:"折,断也。"产生出折合义,年代较晚。如《汉语大字典》举宋苏轼《上神宗皇帝书》:"买绢未尝不折盐,粮草未尝不折钞。"正因为如此,故"准折"一词的产生,也是从宋代以后,如上举《三朝北盟会编》一例即是。

2. 同义并列式的判定

(1) 推导法——由甲推出乙

在双音词的两个语素中,如果已知甲有 A 义,则可能乙亦有 A 义,由甲推导出乙。也就是说,如果已知其一,就可以推知其二。

A→B

诱捄

引诱。西晋竺法护译《生经》卷一《佛说鳖猕猴经》:"其妇不信,谓为不然。又瞋猕猴,诱捄我夫。""诱捄"费解。"诱"有引诱、利诱义,人所习知,或作"唀"。《龙龛手镜·口部》:"唀,俗,音诱。唀,捄也。"(272页)"唀",同"诱"。则与"诱"组合连用的词也应该有相近的意义。考"捄"乃"救"的俗字,与诱导、引诱义无关,当有讹误。疑"捄"为"俅"字之误,"俅"者诱也,"诱俅"是同义连文,典籍有用例。

B→A

反之亦然。举清代训诂学家王念孙的一个例子:

意忌

《史记·平津侯主父列传》:"为人意忌,外宽内深。"司马贞《索隐》:"谓外宽内深,意多有忌害也。"王念孙指出:"小司马以意为志意之意,非也。意忌二字平列,意者疑也,内多疑忌,故曰外宽内深也。《陈丞相世家》曰:'项王为人意忌信谗。'《酷吏传》曰:'张汤文深意忌。'义并与此同。古者谓疑为'意',说见《孟尝君传》。"(《读书杂志》三《史记第六》"意忌"条,中国书店本35页)

在中古以来的作品中,类似的例子十分常见,如:

蓦忽

《朱子语类》卷五九:"若只管兀然守在这里,蓦忽有事至于吾前,操底便散了。"《张协状元》第十三出:"蓦忽心闲,小楼东栏桿镇倚。""蓦忽"何义?"忽"的字面义易知,就是忽然、突然,则可由"忽"推知"蓦","蓦"也应为忽然义,"蓦忽"当为同义并列式复合词。

勤绝

《祖庭事苑》卷四页414"勤绝":"上子小切,绝也。勤绝,古之重语。"

蹴踏

《祖庭事苑》卷二页124"蹴踏"条:"上子六切,下徒阖切。蹴,亦踏也。《维摩》云:'龙象蹴踏,非驴所堪。'"

例皆

五代静、筠《祖堂集》卷六《洞山和尚》:"师曰:'苦哉!苦哉!今时学者,例皆如此。'"(《唐五代卷》507页)"皆"有全部义自不待言,"例"也有一概、全都义,如唐刘禹锡《题招隐寺》诗:"楚野花多思,南禽声例哀。"

(2) 正、反逆序确定法

如果一个双音词,既有 AB 式,又有 BA 式,则在排除了联绵词后,基本上可以判断为同义并列复合词。

寿算—算寿

寿算,指寿命。"寿算"连言已见于东汉典籍。后汉昙果共康孟详译《中本起经》卷下《须达品》:"梵志寿算,终于夜半。"(4/156/c)此义近代汉语中屡见不鲜。如:《太平广记》卷六七"崔少玄"条(出《少玄本传》):"后二年,谓陲曰:'少玄之父,寿算止于二月十七日。某虽神仙中人,生于人世,为有抚养之恩,若不救之,枉其报矣。'"(415页)《水浒传》第90回:"愿今斋主身心安乐,寿算延长,日转千阶,名垂万载!"(1469页)

又可作"算寿"。《太平广记》卷三八〇引唐谷神子《博异志·郑洁》:"且请检某算寿几何,若未合来,即请依前说;若合命尽,伏听处分。"

由此可见,"寿算"系同义并列式复音词,故可倒作"算寿"。

善能—能善

"能"有善于、擅长义,《荀子·劝学》:"假舟楫者,非能水也,而绝江河。"唐杨倞注:"能,善也。"故可与同义词组成"善能"一词,义即善于,擅长。《三国志·魏志·王肃传》裴注引《魏略》:"(贾洪)善能谈戏,王彪亦雅好文学,常师宗之。"(421页)失译《佛说㮈女祇域因缘经》:"耆域始至,长者子已死,伎乐送出。……耆域善能分别一切音声,即言语使回还,此非死人。"刘宋功德直译《菩萨念佛三昧经》卷一《不空见本事品》:"风吹诸树更相枨触,出微妙声,譬如乐师善能击发五种之音。"南朝梁宝唱等撰集《经律异相》卷四四引《杂譬喻经》:"时边方小国,摄属大王,有一医师,善能治病。"

又作"能善"。《世说新语·德行》"孔仆射为孝武侍中"条南朝梁刘孝标注引《续晋阳秋》:"少而孤贫,能善树节,以儒素见称。"刘宋佛陀什共竺道生等译《弥沙塞部和醯五分律》卷一："便作是念：我身幸能善于和泥，何为不作，完成瓦屋，以勉斯患？"《诸病源候论》卷六《解散病诸候·寒食散发候》："适大要在能善消息节度，专心候察，不可失意。"

"善能"又可作"能善"，可见这是由同义并列式语素组成的并列式复音词，就是善于、擅长。

除了实词外，虚词也有同义连文的现象，如：

似欲—欲似

似欲

如同，好像。"欲"也是"似"的意思。《三国志·魏志·辛毗传》："毗上疏曰：'窃闻诸葛亮讲武治兵，而孙权市马辽东，量其意指，似欲相左右。'"（698页）《世说新语·赏誉》："王大将军称其儿云：'其神侯似欲可。'"刘宋求那跋陀罗译《杂阿含经》卷十九："世尊为说，闻已随喜，似欲更有所问义。"（2/133/b）

欲似

同"似欲"。《大宝积经》卷一○九隋阇那崛多译《贤护长者会》第三十九之一："当于彼时，有一最大巨富商主长者之子名跋陀罗波梨，与其一千眷属围绕，威力欲似震动大地。"（11/608/a）唐张鷟《游仙窟》："欲似蟠龙婉转，野鹄低昂。"（《唐五代卷》18页）五代静、筠《祖堂集》卷七《岩头和尚》："德山谛视，久而自曰：'者阿师欲似一个行脚人。'"（同上，514页）

（3）既有同义并列，又有加否定词构成"不V"这样表示否定的，如果能确定其中之一的语素的话，则另一语素特别是整个词的含义就可明了了。其发展演变的关系如下：

同义并列→词序颠倒→加否定词

① "委"

复音新词产生的方式,除了同义连用外,也有加否定词而产生新词。这里举"委"一例。

委

知,知道。和同义词连用,产生了"委知""知委""委悉"等同义并列复合词,义同"委"。①

委知

《敦煌变文校注·维摩诘经讲经文》(伯 2292 号):"我也委知难去,不是阶齐,如荧火之光明,敌太阳之赫弈。"(861 页)

知委

《敦煌变文校注·伍子胥变文》:"自拙为人,幸愿先生知委。"(7 页)又《秋胡变文》:"臣今忠列(烈)事王,家内无由知委。"(234 页)

委悉

南朝梁释僧祐《出三藏记集》卷八道安《摩诃钵罗若波罗蜜经抄序第一》:"三者胡经委悉,至于叹咏,叮咛反覆,或三或四,不嫌其烦。"(290 页)南朝梁释慧皎《高僧传》卷一○《释慧通传》:"通后自往江陵,而慧绪已死。入其房中,讯问委悉,因留江陵少时。"(393 页)《宋书·谢庄传》:"本意诏文不得委悉,故复纸墨具陈。"(2174 页)《南齐书·豫章文献王嶷传》:"宜有敕事,吾亦必道,顷见汝自更委悉,书不欲多及。"(413 页)

除了这些同义复合词外,也有在"委"的前面加否定词,构成

---

① "委"及其复合词有知晓义,蒋礼鸿(1997:223—226)"委 知委 委知"条释之已详,请参看。

"不委""未委",义为"不知",都是六朝以来新产生的口语词。

不委

《高僧传》卷一《竺法兰》:"又昔汉武穿昆明池底得黑灰,以问东方朔,朔云:'不委,可问西域人。'"(3页)宋元明三本"委"并作"知"。唐圆仁《入唐求法巡礼行记》卷四:"近住寺僧不委来由者尽捉京兆府。"(《唐五代卷》152页)五代静、筠《祖堂集》卷十《长庆和尚》:"师云:'教什摩人委?'太傅云:'大师不委。'"(同上,522页)

未委

《全上古三代秦汉三国六朝文·全晋文》卷二六王羲之《杂帖》:"白屋之人,复得还转,极佳。未委几人?"《敦煌变文校注·秋胡变文》:"仰赐黄金二两,乱采(綵)一束,暂请娘子片时在于怀抱,未委娘子赐许以不?"(234页)

因此,一个较能产的单音新词,往往能够和否定词、同义词组合成复音新词,"委"和"不委""未委"及"委知""知委""委悉"等词就是一例,即:

委(单用)→委知、知委、委悉(同义并列)→不委、未委("委"前加否定词)

② "展"

类似的还如"展"。"展"是一个新词,在魏晋时期有及、到的意思。但往往和否定词连用,组成"不展""未展"。如:

未展

(来)不及,够不上。《三国志·魏志·臧洪传》裴注引徐众《三国评》曰:"为洪计者,苟力所不足,可奔他国以求赴救,若谋力未展以待事机,则宜徐更观衅,效死于超。"(237页)《世说新语·德行》第45则:"吴郡陈遗,母好食铛底焦饭,遗作郡主簿,恒装一囊,每煮食,辄贮录焦饭,归以遗母。后值孙恩贼出吴郡,袁府君即日便征。遗已聚敛得数斗焦饭,未展归家,遂带以从军。"(27页)南朝梁宝唱等集《经律异相》卷四四引《百句譬喻经》:"(劫贼)他处共分,各取杂物,谓是奇好;馀此一帊,未展分张。"(283页)梁元帝萧绎《代旧姬有怨》诗(《艺文类聚》卷三二引):"宁为万里隔,乍作死生离,那堪眼前见,故爱逐新移;未展春花落,遽被凉风吹,怨黛舒还敛,啼红拭复垂。"(565页)《全唐诗》卷七七骆宾王《夏日游德州赠高四》:"未展从东骏,空戢图南翼。"

不展

义同"未展"。《全上古三代秦汉三国六朝文·全晋文》卷二四王羲之《杂帖》:"及以令弟食后来,想必如期果之,小晚恐不展也。故复旨示。"《南齐书·王俭传》:"俭年德富盛,志用方隆,岂意暴疾,不展救护,便为异世,奄忽如此,痛酷弥深。"

此外,词语的含义考定后,还可以顺带着做的就是校正他书的讹误。

五、校正他书讹误

在正确理解词义的基础上,还可以附带做校正讹误的工作。古书传抄既久,其中错讹衍脱在所难免,这些讹误经常和误解词义特别是口语词有关,在释义的同时可一并进行校勘。

拔—掖

"拔"有回转、掉转义,唐宋以来有"拔马""拔军"等用例,"拔"也作"跋"。杜甫《江涨》诗:"渔人萦小楫,容易拔船头。""拔船头"就是转船头,"拔船头"的"拔"和"拔马"的"拔"词义相同。今杜诗"拔"一本作"掖",当是不知"拔"有掉转义的后人而改。(参见蒋礼鸿1997:143—144)

供问—借问

《敦煌变文集·韩朋赋》:"使者下车,打门而唤。朋母出看,心中惊怕,即问唤者:'是谁使者?'"(138页)王庆菽校:"'即'原作'供',据甲、乙、丁卷改。"(145页)又《孟姜女变文》:"姜女悲啼,向前供问:'如许髑髅,佳俱(家居)何郡?'"(34页)《敦煌变文集校议》指出,"(《韩朋赋》'即问唤者')当作'借问唤者',……作'供'者,'借'之形误也。""(《孟姜女变文》)'供问'亦'借问'之误。"(453页)[1]

"借问"是唐人习语,意思是询问,《敦煌变文集》及唐诗中多见。"供问"费解,《校议》所校是。

正确理解了词义,也能发现误校的情况。

思在—实在

敦煌写本《鱼歌子·上王次郎词》:"恨惶交,不归早,交妾思在懊恼。"任二北《敦煌曲校录》校改为"恨狂夫,不归早,教妾实在烦恼",认为"实""思"是音近相讹。其实唐五代以来有"在思"一词,就是思念、想念的意思,《敦煌变文集·韩朋赋》:"久不相见,心中在思。"[2]倒之就是"思在"。心意贯注不移叫作"在",也叫作"存","在"和"思"意义相近,合成复词,就是"在思"或"思在"。推溯其源,则上古汉语就有"思存"一词,义同"思在",《诗·郑风·出其东门》:"出其东门,有女如云。虽则如云,匪我思存。"《抱朴子内篇·杂应》:"或用明镜九寸以上自照,有所思存七日七夕,则见神仙。"《论衡·订鬼》:"(伯乐学相马,庖丁学解牛)二者用精至矣。思念

---

[1] 《敦煌变文校注·韩朋赋》作:"使者下车,打门而唤。朋母出看,心中惊怕:'借问唤者,是谁使者?'"(212页)

[2] 《敦煌变文校注·韩朋赋》校"在"为"存",作:"久不相见,心中存思。"(212页)

存想,自见异物也。""思念存想"就是"思存"的扩展。可见敦煌曲"思在"不应改作"实在"。(参见蒋礼鸿1997:280—282)

第五节 从事中古近代汉语词义考释应该注意的几个问题

前面已经提到,词语考释是一项创造性的劳动,属于汉语词汇史、训诂学研究的范畴。因此,在具体的考释工作中,我们应该注意考释的科学性,尊重语言事实,避免先入为主,主观臆断。根据前人时贤的研究,结合个人的浅见,我们认为,在从事中古、近代汉语词义考释的时候,还有一些值得注意的方面和问题,姑一并举述如下。

一、注意研究的综合性

在第二章中,我们讨论了词汇史研究与相关学科的关系。众所周知,语言与社会生活、经济文化都有着密切的联系。作为一个词汇史研究者,是否具有较好的知识结构、宽广的知识面和丰富的古代社会文化知识,影响到研究的质量甚至成败。

罗常培(1950[1989:11—12])指出:"语言不是孤立的,而是和多方面联系的。……所以语言学的研究万不能抱残守缺地局限在语言本身的资料以内,必须要扩大研究范围,让语言现象跟其他社会现象和意识联系起来,才能格外发挥语言的功能,阐扬语言学的原理。"

罗先生是就一般的语言学研究而言的,同样也适用于词语考释。我们在做词语考释工作时,常常需要综合分析,综合运用相关的考释方法,调动已有的知识积累;换句话说,词语考释并不是很简单的词义解释,轻而易举就能做到,它需要丰富的社会文化及相关知识。

《敦煌变文集·大目乾连冥间救母变文》:"贫道生年有父母,日夜持斋常矩午。"(721页)"矩午"费解。① 《敦煌变文字义通释》考释说:"'矩'是'短'字形近之误。佛说阿弥陀经讲经文:'矩发天然宜剃度。''矩发'就是'短发'之误,可证。'短'又是'断'的声误或同音通用字。……断午谓过午不食,是佛家的一种规矩。"(271页)

佛教有过午不食的规定,唐释道世《诸经要集》卷五《食时缘第六》:"问曰:'何名食时?何名过食时?'答曰:'依《四分律》云:谓明相出时,始得食粥,明相未出,即是非时。乃至日中。案此午时为法,即是食时。依《僧祇律》云:过此午时影,一发一瞬草叶等即是非时。四天下准此皆同。故《毗罗三昧经》:世尊为慧法菩萨说云:'食有四种:平旦天食时,午法食时,暮畜生食时,夜鬼神食时。佛断六趣因,令同三世佛。故日午时,是法食时也。过此已后,同于下趣非上食时,故曰非时也。'"(54/45/a)《释氏要览》卷下"杂纪·清斋":"《智度论》云:'劫初,有圣人教人持斋,修善避凶,直以一日不食为斋。后佛出世,教人过中不食为斋。此为正法。言中者日午也,过午不得食。'"(54/304/c)故有"过午""过中""断午""断中"等词,谓过中午不食。

从训诂学的考释方法看,《通释》本例先考字形,校正讹字;再

---

① 《敦煌变文校注·大目乾连冥间救母变文》作:"贫道生年有父母,日夜持斋常短午。"(1027页)

破假借,指出"短午"就是"断午",再结合佛教文化习俗,说明佛家"断午"之规矩,综合运用了多种方法,才得其正解。

与佛教"过午不食"的习俗相关,后来径以"断中""过午"等词指称僧人吃午饭,①如唐圆仁《入唐求法巡礼行记》卷二:"〔开成五年四月〕廿二日。早朝主人施粥。向正北行廿里,到南楼村刘家断中。"(《唐五代卷》117页)又卷三:"十八日。赴善住阁院主请,到彼断中。"(《唐五代卷》128页)《锦江禅灯》卷十六:"定光不知何许人,爰从入法,厥性弗拘。粝食断中,粗襦卒岁。"(85/203/b)后来泛指吃午饭,词义范围更加扩大。明陈耀文《天中记》卷三九:"召吏检之,只有干荷叶三石,因令注于簿。自此宁每断中,唯荷叶汤而已。"《水浒传》第61回:"卢俊义留道:'先生少坐,过午了去。'"《歧路灯》第3回:"今日先生、世兄、姐夫、外甥,我通要请到我家过午。"

"断中"(断午、过午、过中)本为佛家过中不食,引申之则可指吃斋饭、泛指吃中饭,动词,是一个唐宋以后的新义。

二、注意语言的社会性

语言是社会交际的工具,本身就具有社会性这一属性。关于语言的社会性问题,前人曾经有过论述。

瑞士语言学家索绪尔(1980:36)说:"语言的特征可以概括如下:……它是言语活动的社会部分,个人以外的东西;个人独自不能创造语言,也不能改变语言;它只凭社会的成员间通过的一种契约而存在。"

法国语言学家房德里耶斯(1920[1922:14])说:"语言是在社会内部形成的。从人类感到有互相交际需要的那一天起就有了语

---

① 参看黄征、张涌泉(1997:483)"注㉘"、张美兰(2001:324—325)。

言。……语言是最好不过的社会事实,社会接触的结果。"

斯大林在《马克思主义和语言学问题》一文中,反复论述了语言是社会现象这一命题。

这里先举几个例子:

应

《诗·周颂·赉》:"文王既勤止,我应受之。"辞书、注家都释此"应"为应当。但无同时代旁证。刘利(2000:22)认为"应"有"受"义,"应受"为同义连文,指出:"'应'表'应当'如果在《诗经》时代已经出现,那么它何以只在《诗经》中孤零零地冒出一例,而在先秦其他文献中却全然见不到它的踪影呢?这不能不让人怀疑它的存在。我们的看法是,'应'在先秦时期还没有产生出助动词用法。"

地

表示状态的词尾"地",对其来源有不同的看法。吕叔湘(1943)认为:"地字的来历不明,最早的例子见于《世说新语·方正篇》:使君如馨地,宁可斗战求胜?但只有这么一个孤例,下去就要到唐人诗中才有私地、忽地等例。"和吕先生持相同看法,认为此例是词尾"地"早期用例的不乏其人。其实,这个"孤例"是可疑的。首先,在例句的标点上就有问题,应标作:"使君,如馨地宁可斗战求胜!"属读有误,理解也就跟着错了。其次,"如馨地"就是"如馨之地",与《世说新语·雅量》"此中最是难测地"、《规箴》"自起泻著梁柱间地"的"难测地""梁柱间地"相似,"地"仍然是地方、处所义,不是词尾。①

---

① 参见柳士镇(1992:142—144)、汪维辉(1996:82—83)。

可笑

"可笑"一词唐宋以来有程度副词的用法,犹言很是、非常、极甚。唐圆仁《入唐求法巡礼行记》卷四:"孤山高耸,般终南山磐石作四山崖,龛窟盘道,克饰精妙,便栽松柏奇异之树,可笑称意。"(《唐五代卷》157页)于是有学者认为《世说新语·容止》"钦崎历落,可笑人"的"可笑"也是程度副词。

按:此说值得商榷。在六朝时期,"可笑"还根本没有副词的用法。

莫

"莫",唐宋以来有疑问副词的用法,犹言莫非、莫不是,有学者推求其源头,认为早在先秦文献中就已出现,举《论语·述而》:"文,莫吾犹人也?"《庄子·则阳》:"曰:'莫为盗?莫为杀人?'"《左传·昭公二十四年》:"阳不克,莫将积聚也?"也有学者认为《世说新语·言语》"谢胡儿语庾道季:'诸人莫当就卿谈,可坚城垒'"的"莫"也是表测度之词。①

我们认为:先秦几例"莫",向来都不作疑问副词解,如《论语》一例,通常都以"文莫"连言,新解可疑。《世说新语》例,"莫"当读作"暮",书中此类省形通假的例子多见。(参见方一新1988)此外还有《幽明录》的例子"所传莫妄",江蓝生(1988:144—145)指出:"在六朝时期的其它文献中,尚未发现'莫'作推度副词用的例子,因此单凭《幽明录》一例,还不能说六朝'莫'字已可作推度副词用。"所论良是。

---

① 分参刘坚、江蓝生、白维国、曹广顺(1992:261)、郭在贻(1992:8—9)。

三、树立历史观点，注意方法的科学性

王力在多篇论著中强调，从事古代语言的学习和研究，要树立历史观点，避免以今度古、以今律古。① 这是很正确的。

匆匆

东晋王羲之、王献之父子法帖中习见"匆匆"一词，是中古产生的一个口语词，义为困顿、乏力，心绪不佳。（参见郭在贻1981）北朝颜之推《颜氏家训·勉学》考证说："世中书翰，多称勿勿，相承如此，不知所由。或有妄言，此忽忽之残缺耳。案：《说文》：'勿者，州里所建之旗也，象其柄及三旒之形，所以趣民事。'故匆遽者称为勿勿。"（214页）宋黄伯思《东观馀论》、明杨慎《丹铅总录》卷五也有考证。要之未能区分《说文》之"勿"和二王《杂帖》"勿勿"之别，缺乏历史观点。

在研究方法，要注意辩证地运用，不可以偏概全，机械死板。前面提到的考察文例，有对文求义、异文求义等方法，但必须具体例证具体分析，并辅之以其他证据。徐仁甫《广释词》凡对文、异文即视为同义，故其考释多有可商者，在方法论上存在着问题，今人应引以为鉴。

此外，要注意重视旧注，慎立新说。比较而言，古代作注者接近被注著作的年代，注者对词语的理解，只要能说得通，就不要轻易地去否定，另立新说。除了有充足的证据外，应慎立新说。

难

白居易《琵琶行》："间关莺语花底滑，幽咽泉流水下难。"难，一

---

① 参看王力《研究古代汉语要建立历史发展观点》《怎样学习古代汉语》《谈谈学习古代汉语》以及《古代汉语的学习和教学》等文章，俱见王力（1984）。

作滩。《中华活页文选》合订本（五）注："间关——鸟叫的声音。这句说：琵琶声音的宛转利落，像黄莺在花下啼叫一样。幽咽——水流得不畅快。这句说：琵琶弹得低沉时，就像缓慢的水流向沙滩一样。"周祖谟《古籍校勘述例》："'难'或作'滩'，与'滑'不相类。'水下难'，段玉裁谓当是'冰下难'，若作'水下难'，义不可通。"

陈抡（1987：53—54）认为这两说"均似是而非"。这两句诗的关键字眼是"花底"的"底"和"水"、"下"三字。陈氏提出"底""下"作"中"讲，并说"'水'当作'木'字，所谓'形近而误'。因为'冰'也不相类"。把诗句解释为：琵琶女的琴音有时明丽宛转有如花丛中的莺声那样清亮圆润，琴声有时低沉幽微好像山涧泉水流到草木中间流不动的样子。

陈氏把"底"和"下"都解释为中间的"中"，根据已经不足，再判定"水"当作"木"，说是"形近而误"，则没有任何根据，纯属臆说。这两句诗尤其是"水下难"向来见仁见智，聚讼纷纭，是研究的难点，但像这样任意改字的校释方法是应该避免的。不然，每当碰到难点、疑点就改动文字，或凭空说通假，古籍岂不成了任人篡改的对象？诸如此类都是难以服人的。①

词语考释，不同于辞书编纂。辞书编纂的义项宜概括，而词语考释可能会比较细致。例如，为了研究"看"在中古时期词义的变化，朱庆之（1992：180—184）把它的意义或用法分为15种。作者的目的是为了探明词义演变的线索，故不嫌其细。②但这不适合于

---

① 近来，汪少华（2003：285—298）对白诗"水下滩"的诸家训释作了系统的梳理和翔实的考证，认为"水下滩"就是"似水从滩上流下的声响"，其结论似较可信。

② 作者已经说明："如果是辞典归纳义位，以上分别或许过细，但这里是要说明词义变化的过程和中间环节，因此尽量分得细一些，不妨包括了一些'用法'。"

辞书。辞书的释语宜概括，应对所有例子作深入的分析，通盘考虑，不能只通于此而不能通于彼。

此外，所解释的义项与义项应有联系，把握住本义后，纲举目张。不应像《经传释词》《古书虚字集释》等传统解释虚词的书一样，对一个词分出许多义项，彼此的排列也看不出联系。近代汉语词汇的开山之作《诗词曲语辞汇释》也有这个问题，张永言（1960）对"却"一条词义的梳理，蒋冀骋（1991：57—67）对《诗词曲语辞汇释》《诗词曲语辞例释》《宋元语言词典》等书的若干条词语义项排列的梳理、订正都可参考。

蒋绍愚（1994[2000：92]）提出，考释词语"不能简单地采用以同义词训释的方法，而应当仔细揣摩这个词语在不同上下文中的意义和用法，找出其间的内在联系，从而在总体上来把握这个词语"。这样既能避免随文立义，也能避免义项之间的漫无条理，缺少联系，很有道理。

正如罗常培（1950[1989：95—96]）所说的那样："对于语义的研究，咱们不应该再墨守传统的训诂学方法；应该知道词义不能离开上下文而孤立，词书或字典里的解释是不可靠的；应该用古生物学的方法分析各时代词义演变的'累积基层'；应该用历史唯物论的方法推究词义死亡、转变、新生的社会背景和经济条件。取材的范围不可再存'雅''俗'的偏见，自经籍子史、词书、专集、语录、笔记、小说、戏曲、传奇，以至于民间谣谚，大众文艺都应该广泛地搜集。研究的方法，一方面要由上而下地从经籍递推到大众口语，另一方面还得根据大众的词汇逆溯到它们的最初来源，照这样就可以把古今雅俗的材料一切都联系起来了。"

本章参考文献

蔡镜浩 1990 《魏晋南北朝词语例释》,江苏古籍出版社。

陈 抡 1987 《历史比较法与古籍校释》,湖南教育出版社。

戴昭铭 2002 《天台方言初探》"附录"(《天台县志稿》卷二十,原卷现藏于天台县档案馆),中国社会科学出版社。

董志翘 1987 《也说"治"》,《中国语文》第3期。

—— 2000 《〈入唐求法巡礼行记〉词汇研究》,中国社会科学出版社。

方一新 1988 《〈世说新语〉词语札记》,《杭州大学学报》增刊。

—— 1997 《东汉魏晋南北朝史书词语笺释》,黄山书社。

—— 2003 《中古汉语词义求证法论略》,浙江大学学报第5期。

方一新 王云路 1993 《中古汉语读本》,吉林教育出版社;又修订本,上海教育出版社,2006。

[法]房德里耶斯 1920 《语言》,中译本,岑麒祥、叶蜚声译,商务印书馆,1992。

高 亨 1980 《诗经今注》,上海古籍出版社。

郭芹纳 1998 《文中自注说》,第八届近代汉语学术讨论会论文,河南大学(开封);载《训诂散论》128—142页,中国社会科学出版社,2002。

—— 2002 《训诂散论》,中国社会科学出版社。

郭锡良 1983 《汉语第三人称代词的起源和发展》一文,见《语言学论丛》第六辑64—93页,商务印书馆;收入《汉语史论文集》,商务印书馆,1997。

郭在贻 1979 《古代汉语词义札记(二)》,《中国语文》第2期。

—— 1981 《释"匆匆""无赖"》,《中国语文》第1期;收入《训诂丛稿》64—66页,上海古籍出版社,1985;又见《郭在贻文集》第一卷65—67页,中华书局,2002。

—— 1984 《〈世说新语〉词语考释》,《字词天地》第4辑;收入《郭在贻文集》第三卷16—17页,中华书局,2002。

—— 1985 《训诂丛稿》,上海古籍出版社;又《郭在贻文集》第一卷,中华书局,2002。

—— 1986 《训诂学》,湖南人民出版社;中华书局,2005。

—— 1992 《郭在贻语言文学论稿》,浙江古籍出版社。

郭在贻 张涌泉 黄征 1991 《敦煌变文集校议》,岳麓社。

何金松　1985　《释"良"》,《中国语文》第3期。
洪　波　1999　《坚果集》,南开大学出版社。
胡敕瑞　2002　《〈论衡〉与东汉佛典词语比较研究》,巴蜀书社。
黄　侃　2006　《文心雕龙札记》,中华书局。
黄　征　张涌泉　1997　《敦煌变文校注》,中华书局。
江蓝生　1988　《魏晋南北朝小说词语汇释》,语文出版社。
——　1998　《演绎法与近代汉语词语考释》,《语言学论丛》第二十辑,商务印书馆;收入作者《近代汉语探源》299—308页,商务印书馆,2000。
蒋冀骋　1991　《近代汉语词汇研究》,湖南教育出版社。
蒋礼鸿　1981　《义府续貂》,中华书局,1987增订本。
——　1984　《关于〈敦煌变文字义通释〉》,《杭州大学学报》第2期;收入《蒋礼鸿集》第六卷258—274页,浙江教育出版社,2001。
——　1997　《敦煌变文字义通释》,上海古籍出版社;又《蒋礼鸿集》第一卷,浙江教育出版社,2001。
蒋绍愚　1980　《杜诗词语札记》,《语言学论丛》第六辑;又《汉语词汇语法史论文集》,商务印书馆,2000。
——　1994　《近代汉语研究概况》,北京大学出版社。
——　1994　《白居易诗词诠释》,《国学研究》第2卷;载《汉语词汇语法史论文集》,商务印书馆,2000。
——　2000　《汉语词汇语法史论文集》,商务印书馆。
李崇兴　1998　《元语言词典》,上海教育出版社。
李　申　1992　《金瓶梅词话方言俗语汇释》,北京师范学院出版社。
李行健　[日]折敷濑兴　1987　《现代汉语方言词语的研究与近代汉语词语的考释》,《中国语文》第3期,183—190页。
刘　坚　1978　《语词杂说》,《中国语文》第2期。
——　1987　《治鱼补说》,《中国语文》第6期。
——　2005　《近代汉语读本》,上海教育出版社。
刘　坚　江蓝生　白维国　曹广顺　1992　《近代汉语虚词研究》,语文出版社。
刘　利　2000　《先秦汉语助动词研究》,北京师范大学出版社。
柳士镇　1988　《〈世说新语〉〈晋书〉异文语言比较研究》,《中州学刊》第6期;收入作者《语文丛稿》64—78页,南京大学出版社,1998。

柳士镇　1992　《魏晋南北朝历史语法》,南京大学出版社。
陆致极　1992　《汉语方言数量研究探索》,语文出版社。
罗常培　1950　《语言与文化》,国立北京大学出版社;语文出版社,1989。
[美]罗杰瑞　1979　*The Verb* 治—*A Note on min Etymology*,《方言》第 3 期。
骆　驼　1992　《〈敦煌变文字义通释〉评介》,《古籍整理出版情况简报》第 262 期。
吕叔湘　1943　《论"底""地"之辨及"底"字的由来》,《金陵、齐鲁、华西大学中国文化汇刊》第 3 卷;收《汉语语法论文集》(增订本),商务印书馆,1984。
——　1977　《通过对比研究语法》,载《语言教学与研究》第 2 期,1—3 页。
梅祖麟　1978　《现代汉语选择问句法的来源》,《历史语言研究所集刊》第四十九本第一分;收入《梅祖麟语言学论文集》3—27 页,商务印书馆,2000。
——　1988　《汉语方言里虚词"著"字三种用法的来源》,《中国语言学报》第三期;收入《梅祖麟语言学论文集》155—187 页,商务印书馆,2000。
潘重规　1994　《敦煌变文新书》,台北文津出版社。
潘荣生　1983　《治鱼》,《中国语文》第 2 期。
钱锺书　1979　《管锥编》第一册,中华书局。
秦　公　1985　《碑别字新编》,文物出版社。
任二北　1955　《敦煌曲校录》,上海文艺联合出版社。
[瑞士]索绪尔　1980　《普通语言学教程》,高名凯译,商务印书馆。
[日]太田辰夫　江蓝生　1989　《〈生经·舅甥经〉词语札记》,《语言研究》第 1 期。
唐　兰　1981　《古文字学导论》(增订本),齐鲁书社。
唐钰明　1985a　《论上古汉语被动式的起源》,《学术研究》第 5 期
——　1985b　《论先秦汉语被动式的发展》,《中国语文》第 4 期。
——　1987　《汉魏六朝被动式略论》,《中国语文》第 3 期。
——　1988　《唐至清的"被动句"》,《中国语文》第 6 期。
汪少华　2003　《白居易〈琵琶行〉"水下滩"训释平议》,《中国语言学报》第十一期,285—298 页,商务印书馆。
汪维辉　1994　《说"狼犺"》,《古籍整理研究学刊》第 2 期。

汪维辉 1996 《〈世说新语〉"如馨地"再讨论》,《古汉语研究》第 4 期。
—— 2007 《〈齐民要求〉词汇语法研究》,上海教育出版社。
王重民等 1957 《敦煌变文集》,人民文学出版社。
王国维 1994 《古史新证》,清华大学出版社。
王 力 1983 《谈谈写论文》,载《王力论学新著》272 页,广西人民出版社。
—— 1984 《谈谈学习古代汉语》,山东教育出版社。
王 锳 2001 《唐宋笔记语辞汇释·前言》,中华书局。
王云路 1996 《试说"冰矜"》,《中国语文》第 6 期。
王云路 方一新 1992 《中古汉语语词例释》,吉林教育出版社。
魏德胜 1996 《上古汉语的习惯用语》,《语文研究》第 4 期。
吴 海 1988 《对〈治鱼补说〉的一点补充》,《中国语文》第 5 期。
吴金华 1994 《世说新语考释》,安徽教育出版社。
项 楚 1991 《王梵志诗校注》,上海古籍出版社。
—— 2006 《敦煌变文选注》,中华书局。
徐 复 1958 《从语言上推测〈孔雀东南飞〉一诗的写定年代》,《学术月刊》第 2 期;收入《徐复语言文字学丛稿》317—332 页,江苏古籍出版社,1990。
徐震堮 1984 《世说新语校笺》,中华书局。
余嘉锡 1983 《世说新语笺疏》,中华书局。
遇笑容 2001 《〈儒林外史〉词汇研究》,北京大学出版社。
元鸿仁 1999 《方言源考与训诂新探》,甘肃人民出版社。
袁 宾 1992 《近代汉语概论》,上海教育出版社。
张惠英 1984 《吴语劄记(之三)》,《中国语文》第 5 期。
张美兰 2001 《近代汉语语言研究》,天津教育出版社。
张万起 1993 《世说新语词典》,商务印书馆。
张 相 1953 《诗词曲语辞汇释》,中华书局,1979。
张永言 1960 《古典诗歌"语辞"研究的一些问题——评张相著〈诗词曲语辞汇释〉》,原载《中国语文》第 4 期;收入作者《语文学论集》(增订本)72—98 页,语文出版社 1999。
—— 1982 《词汇学简论》,华中工学院出版社。

张永言 1992 《世说新语辞典》,四川人民出版社。
周一良 1985 《魏晋南北朝史札记》,中华书局,2007第2版。
朱 城 1997 《古书词义求证法》,四川人民出版社。
朱庆之 1992 《佛典与中古汉语词汇研究》,台北文津出版社。